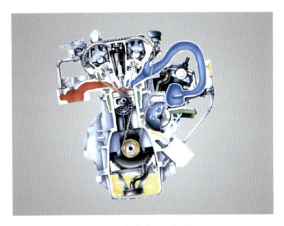

典型进气道多点电喷汽油机

丰田 4 缸直列 2.0 L D4 缸内直喷汽油机

马自达 SKYACTIV-X 发动机

东风 DCI11 高压共轨增压柴油机

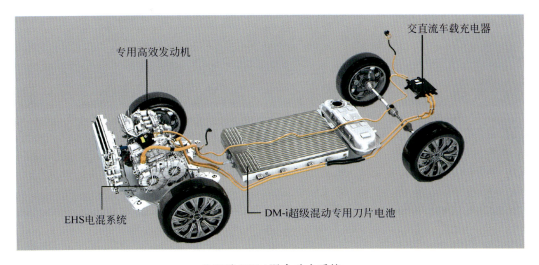

比亚迪 DM-i 混合动力系统

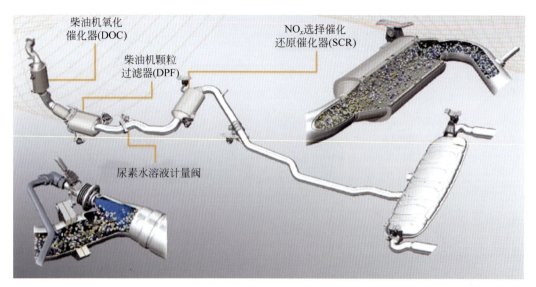

奥迪 TDI 柴油车超低排放后处理（DOC＋DPF＋SCR）系统

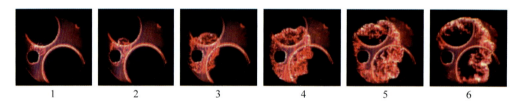

汽油机火焰传播高速纹影摄影（来源：宝马公司）

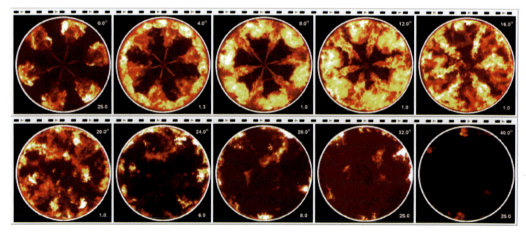

柴油机燃烧过程高速摄影（来源：美国 Sandia 国家实验室）

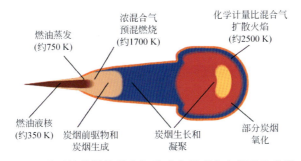

柴油机喷雾扩散燃烧混合气浓度和温度分布模型示意图

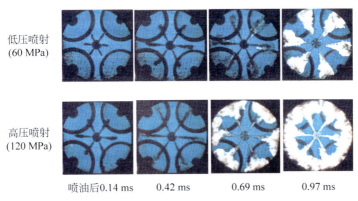

不同喷射压力对柴油机燃烧过程的影响

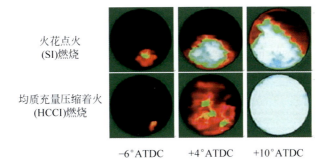

汽油 HCCI 燃烧与传统 SI 燃烧过程的对比（来源：本田公司）

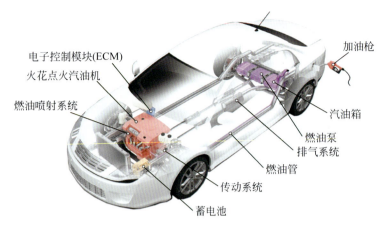

汽油车(SI-ICEV)及其动力系统(来源：https://afdc.energy.gov/vehicles/)

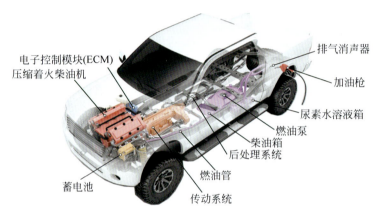

柴油车(CI-ICEV)及其动力系统(来源：https://afdc.energy.gov/vehicles/)

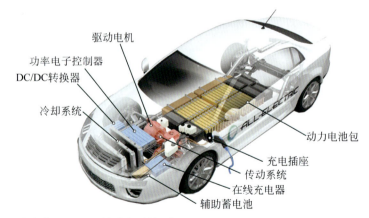

纯电动汽车(BEV)及其动力系统(来源：https://afdc.energy.gov/vehicles/)

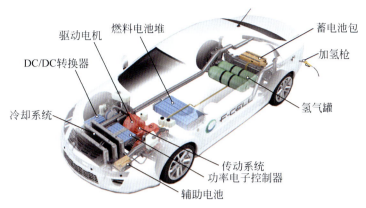

燃料电池汽车（FCEV）及其动力系统（来源：https://afdc.energy.gov/vehicles/）

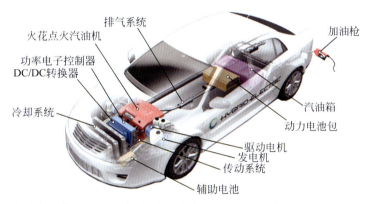

非插电混合动力汽车（HEV）及其动力系统（来源：https://afdc.energy.gov/vehicles/）

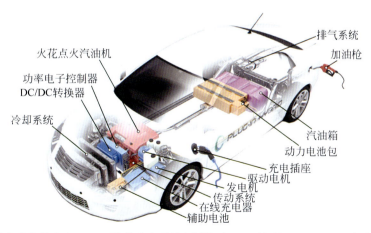

插电混合动力汽车（PHEV）及其动力系统（来源：https://afdc.energy.gov/vehicles/）

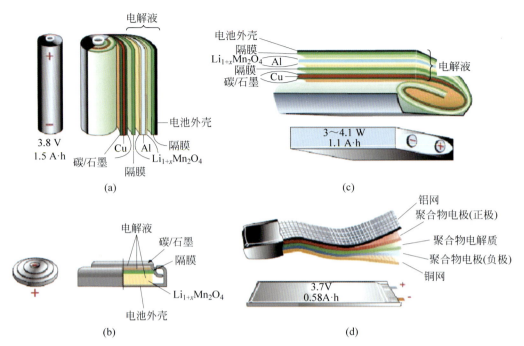

不同类型锂离子电池的多层结构与极耳位置
(a) 圆柱型;(b) 纽扣型;(c) 方形卷绕型;(d) 叠片型

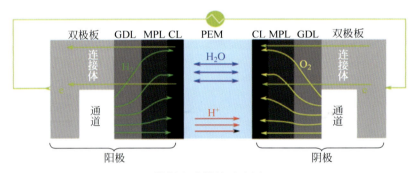

燃料电池结构示意图

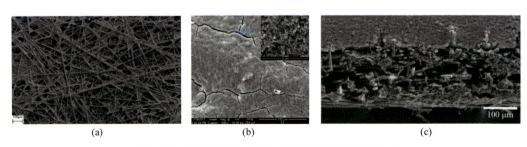

燃料电池气体扩散层(GDL)的基底层和微孔层结构
(a) 基底层表面形貌;(b) 微孔层表面形貌;(c) 断面形貌

清华大学车辆与运载学院系列教材

汽车动力系统原理

主编 帅石金 王 志
参编 高大威 马 骁 金振华
　　　徐梁飞 李 哲

清华大学出版社
北京

内 容 简 介

本书分别围绕车用内燃动力工作原理(上篇)和电驱动力工作原理(下篇)进行介绍。在内燃动力部分，重点阐述内燃机性能指标与影响因素、燃料理化特性与热化学、工作循环与能量利用、换气过程与进气充量、缸内混合气形成与燃烧、有害物生成机理与排放控制、运行特性与整车匹配等。在电驱动力部分，重点介绍车用驱动电机系统、动力电池系统、燃料电池系统以及混合动力系统等的工作原理。本书始终贯穿汽油机与柴油机以及内燃动力与电驱动力的对比分析，以便于读者更好地理解常见车用动力系统的工作原理及优缺点。本书可作为车辆工程和动力机械及工程专业学生的专业教材以及相关技术和管理人员的专业参考书。

版权所有，侵权必究。举报: 010-62782989，beiqinquan@tup.tsinghua.edu.cn。

图书在版编目(CIP)数据

汽车动力系统原理/帅石金，王志主编. —北京:清华大学出版社，2021.8(2023.1 重印)
清华大学车辆与运载学院系列教材
ISBN 978-7-302-56575-8

Ⅰ. ①汽… Ⅱ. ①帅… ②王… Ⅲ. ①汽车－动力系统－高等学校－教材 Ⅳ. ①U463

中国版本图书馆 CIP 数据核字(2020)第 187117 号

责任编辑: 许　龙
封面设计: 傅瑞学
责任校对: 刘玉霞
责任印制: 朱雨萌

出版发行: 清华大学出版社
网　　址: http://www.tup.com.cn, http://www.wqbook.com
地　　址: 北京清华大学学研大厦 A 座　　邮　编: 100084
社　总　机: 010-83470000　　邮　购: 010-62786544
投稿与读者服务: 010-62776969, c-service@tup.tsinghua.edu.cn
质量反馈: 010-62772015, zhiliang@tup.tsinghua.edu.cn
印 装 者: 三河市龙大印装有限公司
经　　销: 全国新华书店
开　　本: 185mm×260mm　　印　张: 27　　插　页: 3　　字　数: 667 千字
版　　次: 2021 年 8 月第 1 版　　印　次: 2023 年 1 月第 3 次印刷
定　　价: 76.00 元

产品编号: 089009-01

前　言

随着汽车节能和排放法规不断严格,汽车动力系统呈现电动化和多元化发展趋势。内燃动力具有能量密度高、续驶里程长、使用维护便捷等优势,在相当长的时间内仍然是汽车的主流动力。混合动力的内燃机与电机协同工作可以大幅节能减排,未来有可能成为乘用车的主流动力之一。纯电动力具有使用能耗低、运行零排放等突出优点,适合用作短途、城市工况乘用车动力,未来会得到越来越广泛的应用。燃料电池动力具有续驶里程长、运行零污染物排放等突出优点,适合用作长距离、货物运输商用车动力,未来有可能会得到推广应用。

《汽车动力系统原理》可作为车辆工程和动力机械及工程专业学生的专业教材以及相关技术和管理人员的专业参考书。本书分别围绕车用内燃动力工作原理(上篇)和电驱动力工作原理(下篇)进行介绍。在内燃动力部分,重点阐述内燃机性能指标与影响因素、燃料理化特性与热化学、工作循环与能量利用、换气过程与进气充量、缸内混合气形成与燃烧、有害物生成机理与排放控制、运行特性与整车匹配等。在电驱动力部分,重点介绍车用驱动电机系统、动力电池系统、燃料电池系统以及混合动力系统等的工作原理。本书始终贯穿汽油机与柴油机以及内燃动力与电驱动力的对比分析,以便于读者更好地理解常见车用动力系统的工作原理及优缺点。

本书是在王建昕教授和帅石金教授主编的《汽车发动机原理》(2011年清华大学出版社出版)基础上,为了适应近年来内燃动力在燃烧与排放控制方面的技术进步以及汽车动力电动化和多元化发展趋势而编写的。帅石金教授负责全书体系的梳理以及第1、2、4、7、8章的编写,王志教授重点负责第5、6章的编写,并参与第12章混合动力专用发动机部分的编写,马骁副教授负责第3章的编写,高大威副研究员负责第9章的编写,李哲副教授负责第10章的编写,徐梁飞副教授负责第11章的编写,金振华副研究员负责第12章的编写。王建昕教授负责全书的审定。

目 录

第 1 章 车用动力系统概论 ········ 1
1.1 车用动力系统分类与发展历程 ········ 1
1.1.1 车用动力系统分类 ········ 1
1.1.2 车用动力系统发展历程 ········ 2
1.2 主要车用动力系统特点及对比分析 ········ 10
1.2.1 内燃动力系统 ········ 10
1.2.2 纯电动力系统 ········ 11
1.2.3 燃料电池动力系统 ········ 12
1.2.4 混合动力系统 ········ 14
1.2.5 车用动力系统对比分析及未来发展 ········ 15
思考与练习题 ········ 18
参考文献 ········ 18

上篇 内燃动力工作原理

第 2 章 内燃机动力经济性指标与影响因素 ········ 19
2.1 内燃机工质做功与示功图 ········ 19
2.1.1 工质做功与示功图 ········ 19
2.1.2 自然吸气四冲程内燃机示功图 ········ 20
2.1.3 增压四冲程内燃机示功图 ········ 21
2.1.4 二冲程内燃机示功图与曲轴箱换气功 ········ 22
2.2 动力性和经济性指标 ········ 24
2.2.1 指示指标与有效指标 ········ 24
2.2.2 指示指标与有效指标的定义和换算 ········ 24
2.2.3 动力性速度指标 ········ 28
2.3 影响动力经济性指标的环节与因素 ········ 28
2.3.1 决定动力输出的"量"与"质"环节 ········ 29
2.3.2 燃料与可燃混合气热值 ········ 29
2.3.3 燃料消耗率与可燃混合气流量 ········ 30
2.3.4 燃料能量转换效率 ········ 31
2.3.5 有效功率与燃料消耗率的综合表达式 ········ 32
思考与练习题 ········ 34
参考文献 ········ 36

第3章 内燃机燃料理化特性与热化学 ……………………………………………………… 37
3.1 车用燃料成分及理化特性 …………………………………………………………… 37
　　3.1.1 车用燃料概述 ……………………………………………………………… 37
　　3.1.2 车用燃料主要理化特性及评定 …………………………………………… 38
　　3.1.3 烃燃料成分与结构 ………………………………………………………… 47
　　3.1.4 单烃理化特性及其变化规律 ……………………………………………… 48
　　3.1.5 含氧燃料 …………………………………………………………………… 50
3.2 汽柴油质量标准 ……………………………………………………………………… 52
　　3.2.1 汽油质量要求 ……………………………………………………………… 53
　　3.2.2 柴油质量要求 ……………………………………………………………… 54
　　3.2.3 中国汽油质量标准 ………………………………………………………… 56
　　3.2.4 中国柴油质量标准 ………………………………………………………… 56
3.3 燃料理化特性对内燃机工作模式的影响 …………………………………………… 56
　　3.3.1 对混合气形成方式的影响 ………………………………………………… 57
　　3.3.2 对着火燃烧模式的影响 …………………………………………………… 57
　　3.3.3 对负荷调节方式的影响 …………………………………………………… 57
3.4 燃料燃烧热化学 ……………………………………………………………………… 58
　　3.4.1 燃料完全燃烧所需空气量 ………………………………………………… 58
　　3.4.2 残余废气系数与废气再循环 ……………………………………………… 59
　　3.4.3 分子变化系数 ……………………………………………………………… 59
　　3.4.4 化学反应热效应与燃料热值 ……………………………………………… 60
　　3.4.5 可燃混合气热值 …………………………………………………………… 61
　　3.4.6 燃料绝热燃烧温度 ………………………………………………………… 62
　　3.4.7 化学平衡与燃烧平衡产物 ………………………………………………… 63
思考与练习题 ……………………………………………………………………………… 63
参考文献 …………………………………………………………………………………… 65

第4章 内燃机工作循环与能量利用 …………………………………………………… 66
4.1 内燃机热力过程与循环 ……………………………………………………………… 66
　　4.1.1 热力系统简化 ……………………………………………………………… 66
　　4.1.2 热机循环与热效率 ………………………………………………………… 66
　　4.1.3 热力过程简化 ……………………………………………………………… 68
4.2 理想工质的理想循环 ………………………………………………………………… 68
　　4.2.1 模型基本假设 ……………………………………………………………… 68
　　4.2.2 理论循环类型及参数表达式 ……………………………………………… 69
　　4.2.3 循环参数对循环热效率的影响 …………………………………………… 72
　　4.2.4 理论循环对改善动力经济性的指导意义 ………………………………… 75
4.3 真实工质的理想循环 ………………………………………………………………… 77
　　4.3.1 模型构成、特点与意义 …………………………………………………… 77

	4.3.2	工质特性及其对热效率的影响	77
	4.3.3	理想循环条件下内燃机热效率的对比	80
4.4	真实工质的真实循环	81
	4.4.1	工质向外传热损失	81
	4.4.2	燃烧提前时间损失及后燃损失	83
	4.4.3	换气损失	83
	4.4.4	不完全燃烧损失	83
	4.4.5	缸内流动损失	83
	4.4.6	工质泄漏损失	84
4.5	机械损失与机械效率	84
	4.5.1	机械损失组成	84
	4.5.2	机械损失各部分所占比例	85
	4.5.3	机械损失测量方法	87
	4.5.4	影响机械效率的主要因素	90
4.6	内燃机能量分配与合理利用	92
	4.6.1	内燃机能量平衡	92
	4.6.2	内燃机能量合理利用	92
思考与练习题			100
参考文献			102

第 5 章 内燃机换气过程与进气充量 ··· 103

5.1	内燃机换气过程	103
	5.1.1	换气过程与换气系统	103
	5.1.2	换气过程分期	103
	5.1.3	进排气相位角及其对性能的影响	105
5.2	充量系数及其影响因素	110
	5.2.1	充量系数解析式	110
	5.2.2	充量系数影响因素	111
	5.2.3	稳态条件下进气速度特性	117
5.3	进排气系统动态效应	119
	5.3.1	进排气动态特征	119
	5.3.2	单缸机进气管动态效应	120
	5.3.3	多缸机动态效应与各缸进气不均匀	122
5.4	内燃机增压	124
	5.4.1	增压度与增压比	124
	5.4.2	增压方式与增压系统	125
	5.4.3	涡轮增压系统	126
	5.4.4	涡轮增压柴油机性能分析	129
	5.4.5	涡轮增压汽油机面临的挑战及解决措施	130

5.4.6　涡轮增压内燃机性能改进方法 …………………………… 131
　思考与练习题 ………………………………………………………… 133
　参考文献 ……………………………………………………………… 135

第6章　内燃机混合气形成与燃烧 ………………………………… 136
　6.1　液体燃料喷雾特性 …………………………………………… 136
　　6.1.1　喷射雾化机理 …………………………………………… 136
　　6.1.2　喷雾特性 ………………………………………………… 137
　6.2　可燃混合气着火理论 ………………………………………… 140
　　6.2.1　热着火理论 ……………………………………………… 140
　　6.2.2　链式着火理论 …………………………………………… 142
　6.3　展开示功图与燃烧放热率 …………………………………… 145
　　6.3.1　展开示功图 ……………………………………………… 145
　　6.3.2　燃烧放热速率 …………………………………………… 146
　　6.3.3　累计放热率 ……………………………………………… 146
　6.4　柴油机混合气形成与燃烧过程 ……………………………… 147
　　6.4.1　柴油机混合气形成 ……………………………………… 147
　　6.4.2　柴油机燃烧过程及其特性分析 ………………………… 155
　6.5　汽油机混合气形成与燃烧过程 ……………………………… 161
　　6.5.1　汽油机混合气形成 ……………………………………… 161
　　6.5.2　汽油机燃烧过程及其特点 ……………………………… 166
　　6.5.3　汽油机异常燃烧 ………………………………………… 171
　　6.5.4　汽油机燃烧室及其特性 ………………………………… 178
　　6.5.5　缸内直喷汽油机 ………………………………………… 181
　6.6　内燃机新燃烧模式 …………………………………………… 189
　　6.6.1　汽油均质混合气压燃 …………………………………… 189
　　6.6.2　柴油均质混合气压燃 …………………………………… 192
　　6.6.3　HCCI燃烧模式的演化 ………………………………… 195
　思考与练习题 ………………………………………………………… 202
　参考文献 ……………………………………………………………… 206

第7章　内燃机有害排放物生成与控制 …………………………… 208
　7.1　汽车排放法规简介 …………………………………………… 208
　　7.1.1　排放法规分类 …………………………………………… 208
　　7.1.2　轻型车排放法规 ………………………………………… 209
　　7.1.3　重型车排放法规 ………………………………………… 213
　7.2　有害排放物生成机理及影响因素 …………………………… 218
　　7.2.1　有害排放物种类及危害 ………………………………… 218
　　7.2.2　有害排放物生成机理 …………………………………… 220

		7.2.3 有害排放物生成影响因素	228

7.3 汽油机机内净化技术 231
   7.3.1 推迟点火时间 231
   7.3.2 废气再循环 231
   7.3.3 提高燃油喷射压力 232
   7.3.4 优化燃烧系统设计 233
   7.3.5 提高点火能量 234
   7.3.6 电控技术 234

7.4 柴油机机内净化技术 234
   7.4.1 柴油机清洁燃烧思路 235
   7.4.2 改善喷雾燃烧 236
   7.4.3 改善燃料品质 241
   7.4.4 满足不同排放法规的技术路线 241

7.5 汽油机排气后处理技术 243
   7.5.1 热反应器 243
   7.5.2 催化转化器 243
   7.5.3 稀燃 NO_x 吸附还原催化器 246
   7.5.4 汽油机颗粒过滤器 247
   7.5.5 冷起动排放后处理技术 248

7.6 柴油机排气后处理技术 249
   7.6.1 柴油机氧化催化器 249
   7.6.2 柴油机颗粒过滤器 250
   7.6.3 NO_x 还原催化器 253
   7.6.4 四效催化器 254
   7.6.5 重型柴油机后处理技术路线 255

7.7 非排气污染物控制技术 257
   7.7.1 曲轴箱强制通风系统 257
   7.7.2 燃油蒸发控制系统 258

思考与练习题 259
参考文献 260

第8章 内燃机运行特性与整车匹配 262

8.1 运行工况与功率标定 262
   8.1.1 内燃机运行工况 262
   8.1.2 内燃机工况平面与工作区域 262
   8.1.3 内燃机功率标定 263

8.2 特性分类及运行特性分析方法 264
   8.2.1 内燃机特性分类 264
   8.2.2 运行特性及其分析方法 265

8.3 速度特性与整车动力性 ··· 267
　　8.3.1 汽油机速度特性 ··· 267
　　8.3.2 柴油机速度特性 ··· 268
　　8.3.3 汽油机与柴油机速度特性对比 ·································· 269
　　8.3.4 内燃机外特性对汽车动力性的影响 ···························· 270
　　8.3.5 外特性运行稳定性与柴油机调速特性 ························· 274
　　8.3.6 提高汽车动力性的措施 ··· 277
8.4 负荷特性及全特性与整车经济性 ··· 279
　　8.4.1 汽油机负荷特性 ··· 279
　　8.4.2 柴油机负荷特性 ··· 280
　　8.4.3 汽油机和柴油机负荷特性对比 ·································· 281
　　8.4.4 内燃机全特性 ··· 282
　　8.4.5 提高汽车经济性的措施 ··· 283
8.5 满足排放法规的汽油机匹配标定 ··· 289
　　8.5.1 冷起动开环空燃比标定 ··· 289
　　8.5.2 催化器起燃过程空燃比标定 ····································· 289
　　8.5.3 热机状态空燃比标定 ··· 290
　　8.5.4 颗粒物排放控制 ··· 292
思考与练习题 ·· 293
参考文献 ·· 295

下篇　电驱动力工作原理

第9章　驱动电机系统工作原理 ·· 297
9.1 驱动电机概述 ·· 297
　　9.1.1 驱动电机系统组成 ··· 297
　　9.1.2 驱动电机分类 ··· 298
　　9.1.3 驱动电机机械特性与效率 ·· 299
　　9.1.4 驱动电机转矩 ··· 301
9.2 直流电机工作原理 ·· 302
　　9.2.1 电机结构 ·· 302
　　9.2.2 工作原理 ·· 304
　　9.2.3 数学模型与工作特性 ·· 305
　　9.2.4 电机控制 ·· 307
9.3 无刷直流电机工作原理 ··· 307
　　9.3.1 电机结构 ·· 307
　　9.3.2 工作原理 ·· 308
　　9.3.3 数学模型与工作特性 ·· 309
　　9.3.4 电机控制 ·· 310

9.4 永磁同步电机工作原理 ... 311
9.4.1 电机结构 ... 311
9.4.2 工作原理 ... 312
9.4.3 数学模型 ... 312
9.4.4 磁场定向控制与转矩特性 ... 313
9.5 交流感应电机工作原理 ... 318
9.5.1 电机结构 ... 318
9.5.2 工作原理 ... 318
9.5.3 数学模型 ... 319
9.5.4 转子磁场定向控制 ... 322
9.6 开关磁阻电机工作原理 ... 326
9.6.1 电机结构 ... 326
9.6.2 工作原理 ... 326
9.6.3 数学模型 ... 328
9.6.4 电机控制与工作特性 ... 329
思考与练习题 ... 330
参考文献 ... 330

第10章 动力电池系统工作原理 ... 332
10.1 车用动力电池概述 ... 332
10.2 锂离子电池工作原理 ... 333
10.3 锂离子电池材料与部件 ... 334
10.4 锂离子电池性能参数 ... 338
10.5 锂离子电池常用模型 ... 342
思考与练习题 ... 349
参考文献 ... 350

第11章 燃料电池系统工作原理 ... 352
11.1 燃料电池概述 ... 352
11.2 质子交换膜燃料电池工作原理 ... 353
11.2.1 基本原理 ... 353
11.2.2 组成和结构 ... 355
11.2.3 电压计算方法 ... 358
11.2.4 性能影响因素 ... 364
11.2.5 效率 ... 368
11.3 质子交换膜燃料电池发动机工作原理 ... 370
11.4 质子交换膜燃料电池动力系统工作原理 ... 373
思考与练习题 ... 375
参考文献 ... 375

第 12 章 混合动力系统工作原理 ······ 377
12.1 混合动力系统概述 ······ 377
12.2 串联混合动力系统 ······ 379
12.2.1 工作模式 ······ 379
12.2.2 能量管理策略 ······ 380
12.3 并联混合动力系统 ······ 382
12.3.1 工作模式 ······ 382
12.3.2 能量管理策略 ······ 384
12.4 混联混合动力系统 ······ 387
12.4.1 功率分流混合动力系统 ······ 387
12.4.2 串并联混合动力系统 ······ 394
12.5 混合动力系统能量管理 ······ 397
12.5.1 基于规则的能量管理 ······ 397
12.5.2 基于优化算法的能量管理 ······ 397
12.5.3 插电混合动力系统能量管理 ······ 398
15.5.4 混合动力系统能量管理策略对比 ······ 399
12.6 混合动力专用内燃机 ······ 400
12.6.1 专用内燃机特征 ······ 400
12.6.2 专用内燃机运行特性 ······ 400
12.6.3 专用内燃机技术要求 ······ 401
思考与练习题 ······ 407
参考文献 ······ 408

附录 A 油品标准 ······ 411

附录 B 主要缩略语表 ······ 414

第1章　车用动力系统概论

本书分上、下两篇,分别针对车用内燃动力系统和电驱动力系统的基本工作原理进行介绍。本章首先从宏观层面对车用动力系统的分类、发展历程进行概述,在此基础上对常见的车用内燃动力系统、纯电动力系统、燃料电池动力系统以及混合动力系统等的基本结构、技术特点以及未来的发展趋势进行分析,以便为读者更好地理解后续各章相关动力系统的工作原理及运行特性打下基础。

1.1　车用动力系统分类与发展历程

1.1.1　车用动力系统分类

车用动力系统是指从能源载体(如汽油、柴油、天然气等碳氢燃料,甲醇、乙醇、二甲醚、生物柴油等含氧燃料,氢气,电等)的存储、转化,到输出机械功的整个装置总成。车用动力系统依据能源来源和转化方式不同,可分为热力动力系统和电驱动力系统两大类。

1. 热力动力系统

热力动力系统(以下简称热力机)是将燃料化学能通过燃烧和热功转换过程变为机械能的动力装置。依据加热方式和做功工质不同,热力机可分为外燃机和内燃机(图1-1)。外燃机是一种利用热源或燃料燃烧放热从外部加热封闭循环工质做功的动力装置,如蒸汽机、斯特林(Stirling)机等。内燃机(也称为发动机)是一种将燃料与氧化剂(一般是空气中的氧气)在燃烧室内混合燃烧,通过高温高压燃气工质做功的动力装置。内燃机依据运转机构形式的不同,又可分为往复活塞式内燃机、旋转活塞式内燃机(即转子发动机)、自由活塞式内燃机和旋转叶轮式内燃机(即涡轮发动机)。目前主流的车用内燃机是往复活塞式内燃机(以下简称内燃机),主要有点燃式内燃机如汽油机、天然气发动机、甲醇发动机、乙醇发动机等,和压燃式内燃机如柴油机、二甲醚发动机等两大类。转子发动机具有结构简单紧凑、运转平稳的优点,用作小型混合动力专用发动机有一定优势,但其燃油经济性较差、有害物排放较

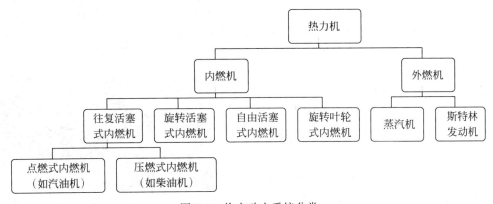

图1-1　热力动力系统分类

高。自由活塞式内燃机的结构简单紧凑,与直线电机结合用作增程器有一定优势,但发动机与电机联合工作的控制难度大。涡轮发动机具有良好的动力性,但热效率低、排放高,在强调动力性的特殊车辆有时会用到。

2. 电驱动力系统

电驱动力系统是依据电磁感应原理,将电能与机械能相互转化的动力装置。依据电的来源不同,分为动力蓄电池(以下简称动力电池)电驱动力系统(又称纯电动力系统)、燃料电池电驱动力系统(以下简称燃料电池动力系统)和太阳能电池电驱动力系统。纯电动力系统采用动力电池存储的电直接驱动车辆,而燃料电池动力系统则是采用氢气与氧气通过电化学转化得到的电能驱动车辆,燃料电池本质是一个氢能转化为电能的能量转化装置,而不是一个电能存储装置。太阳能电池是通过光电效应直接把光能转化成电能的装置,由于目前光电转化效率低,电池成本高,太阳能电动车离实用还存在一定距离,本书不作重点介绍。混合动力系统是指内燃机与驱动电机通过串联、并联、混联等方式,共同驱动车辆的动力系统。由于混合动力系统包含有电驱动力系统,一般也把混合动力系统归为电驱动力系统中的一种(图 1-2)。

图 1-2 常见车用电驱动力系统分类

1.1.2 车用动力系统发展历程

1. 热力动力系统

1) 蒸汽机

最早的车用动力系统是蒸汽机。世界第一辆汽车是 1769 年由法国军事工程师尼古拉斯·古诺(Nicholas Cugnot)建造的三轮蒸汽机汽车(图 1-3),该蒸汽机汽车是古代交通运输(人、畜或风为动力)与近代交通运输(机器为动力)的分水岭,具有划时代意义。古诺的尝试给后人以极大的启发和激励,19 世纪初在欧美出现了一个研究和制造蒸汽机汽车的热潮,各种用途的蒸汽机汽车相继问世。1801 年,英国人理查德·特雷维西克(Richard Trevithick)发明了高压蒸汽机驱动的三轮汽车,并成功爬上了附近一座山坡,这台车被认为是最早的、较为实用的蒸汽机汽车。1803 年,特雷维西克又造出了一台可以载 8 个人的蒸汽机公共汽车。1805 年,美国人奥利弗·艾文思(Oliver Evans)首次制造了蒸汽机驱动的水陆两用汽车。1825 年,英国人哥德斯沃西·古尔内(Goldsworthy Gurney)制成了一辆 18 座、车速 19 km/h 的蒸汽机公共汽车。1833 年,英国人沃尔特·汉考克(Walter Hancock)用制造的"奋进"(Enterprise)号蒸汽机公共汽车,开始了世界上第一个固定线路的收费公共汽车运营

图 1-3 古诺发明的世界第一辆蒸汽机汽车

服务。到了19世纪中叶,蒸汽机汽车已经开始在欧洲和美国盛行。当时的蒸汽机汽车笨重且行动缓慢,产生很大的噪声及异味,因此受到一定的限制。1865年,英国议会针对蒸汽汽车专门制定出一项《机动车道路法案》(俗称"红旗法"),对驾驶人数和车速进行限定。到了20世纪初,随着电动汽车和内燃机汽车的大量涌现和性能的不断提高,蒸汽机汽车开始渐渐退出历史舞台。

2) 内燃机

(1) 早期车用内燃机

19世纪末,内燃机开始走入车用动力的历史舞台。1876年,德国人尼古拉斯·奥托(Nikolaus Otto)发明并制造了世界第一台四冲程点燃式煤气机(图1-4)。1886年1月29日,德国人卡尔·本茨(Karl Benz)在曼海姆(Mannheim)发明制造了闻名于世的"奔驰一号"内燃机汽车。这辆汽车自身质量为254 kg,装有3个实心轮胎的车轮,发动机为单缸四冲程汽油机,排量0.576 L,功率0.52 kW,转速300 r/min,车速15 km/h,并具备现代汽车的一些基本特征,如采用火花点火水冷汽油机、钢管车架、钢板弹簧、后轮驱动、前轮转向、手把制动等。在本茨发明三轮汽车的同时,德国人戈特利布·戴姆勒(Gottlieb Daimler)和他的助手威廉姆·迈巴赫(Wilhelm Maybach),在坎施塔特(Cannstatt)也从事以汽油机为动力的机动车研究,并于1885年制造出一台风冷立式单缸二冲程汽油机,排量0.264 L,转速600 r/min,最大功率0.5 ps(1 ps=0.735 kW),这是世界上第一台立式发动机,又被称为"老爷钟"(Grandfather Clock)。两人把这台发动机安装在以橡木为车架的两轮车上,世界第一辆摩托车诞生。1886年8月,戴姆勒以妻子生日礼物的名义,订购了一辆四轮马车,将改进了的"老爷钟"发动机(功率1.1 ps)装在这辆马车上,采用皮带传动,以16 km/h的速度从斯图加特(Stuttgart)开到了坎施塔特,当时人们称之为"没有马的马车",这是世界上第一辆内燃机驱动的四轮汽车。

1890年,德国人鲁道夫·狄塞尔(Rudolf Diesel)提出了压缩空气辅助燃油喷射压缩着火的概念,并在1892年申请了专利,1897年制造出了第一台压燃式柴油机产品(图1-5),其热效率达到了26%,大大高于同期的其他热力机。狄塞尔借助高压(7 MPa)空气将燃油喷入气缸,因为那时没有高压液体燃油泵,空气喷射需要高成本的高压空气泵和大容积储气罐,使得柴油机只能用于固定发电装置和轮船。直到1920年,小型高速柴油机才开始用作车用动力。狄塞尔早期曾用花生植物油作为压燃燃料,但试验发现燃烧不稳定,成本太高;后来采用石油蒸馏得到汽油之后剩余的重油(当时称为废油)压燃,人们为了纪念狄塞尔,把这种重油称为"Diesel",即柴油。

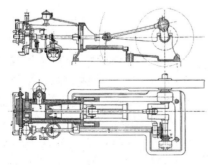

图1-4 奥托发明的四冲程点燃式煤气机

图1-5 狄塞尔发明的压燃式柴油机

(2) 车用汽油机技术演变

自奥托发明四冲程汽油机以来,随着汽车油耗和排放法规不断加严,车用汽油机燃油雾化混合系统经历了从早期的化油器系统,到20世纪80年代开始的进气道电控喷射(PFI)系统大规模应用,再到20世纪90年代末出现的汽油缸内直喷(GDI)系统的演变(图1-6)。燃油雾化混合系统演变的主要目标由早期以动力性和燃油经济性为主,发展到90年代开始的以燃油经济性和排放性能为主并兼顾动力性的阶段。从化油器机械控制混合气的浓稀,发展到电控进气道喷射和缸内直喷混合气的浓稀及其分布,体现了从70~80年代开始的电控技术的进步,实现了汽油机动力性、燃油经济性和排放性能的大幅提升。从20世纪90年代开始,PFI加三效催化器(TWC)成为降低汽油机排放的主流技术路线,但由于PFI汽油机的压缩比低,泵气损失大,因此其燃油经济性较差。GDI汽油机与PFI汽油机相比具有许多优势,如充气效率高、燃油经济性好、瞬时响应快、起动快、空燃比控制精确等。从PFI汽油机发展到GDI汽油机,突破了传统均质混合气燃烧理论,实现了燃油喷射灵活可控的均质或分层混合气燃烧。GDI汽油机的燃烧模式,也从早期以节能为主要目标的稀燃模式,发展到21世纪初以低排放为主的化学计量比燃烧模式。近10年来,涡轮增压技术在GDI汽油机上得到广泛应用,在提高升功率(可超过100 kW/L)的同时,还改善了汽油机的燃油经济性。增压小排量(downsizing)汽油机结构紧凑,重量减轻,整车燃油经济性可进一步提高。

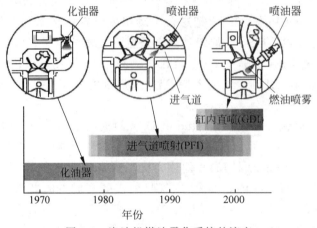

图1-6 汽油机燃油雾化系统的演变

为了提高汽油机的燃油经济性,量产汽油机的压缩比由2010年之前的8~10,提升到近10年的10~15,峰值有效热效率也由过去的35%左右,提高到目前超过40%(尤其是混合动力专用汽油机),并通过稀燃、隔热、低摩擦等节能技术的综合应用,进一步朝45%~50%的目标迈进(图1-7)。

汽油机的排放控制由过去只关注HC、CO和NO_x三种有害气体排放,发展到目前同时关注有害气体排放和颗粒物排放,并且既控制颗粒物质量(PM)排放,也控制颗粒物数量(PN)排放。控制手段从机内控制,如采用废气再循环(EGR)、燃烧室优化等,发展到机内与后处理协同控制。后处理技术路线由满足国一/欧Ⅰ~国五/欧Ⅴ法规的三效催化器(TWC)主流技术路线,发展到满足国六/欧Ⅵ法规的TWC与颗粒捕集器(GPF)集成的主流技术路线(图1-8),实现了有害物排放对环境的影响可以忽略不计(zero impact emissions),即近零排放。此外,为了满足节能和排放要求,汽油品质经历了不断提高辛烷

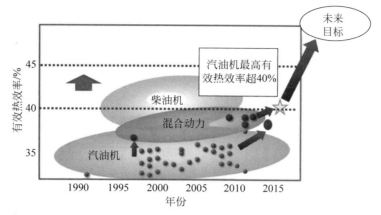

图 1-7　车用汽油机峰值有效热效率不断提升

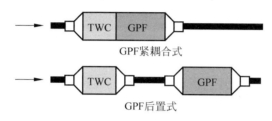

图 1-8　满足国六/欧Ⅵ排放法规的汽油机后处理系统

值、无铅化、无硫化和组分重整等发展历程。

（3）车用柴油机技术演变

自狄塞尔发明四冲程柴油机以来，为了提升柴油机的动力性、燃油经济性和排放性能，车用柴油机逐步由早期的自然吸气式，发展到20世纪50年代康明斯、沃尔沃和斯堪尼亚等柴油机制造商开始在卡车上运用废气涡轮增压器技术。现代车用柴油机几乎是"无机不增压"，甚至有产品使用双级涡轮增压技术，动力性得到大幅提升，升功率超过50 kW/L。柴油机燃油喷射系统经历了从机械柱塞泵系统，到电控单体泵和泵喷嘴系统，再到电控高压共轨系统的演变（图1-9），这得益于20世纪80年代汽车电控技术的进步。喷射压力由早期机械泵几百个大气压力，提升到现代高压共轨近2000个大气压力。燃油喷射系统由位置控制式机械泵喷射系统（第一代），发展到时间控制式电控喷射系统（第二代），再到20世纪90年代末出现的压力-时间控制式电控高压共轨系统（第三代）大规模应用，燃油喷射压力与发动机转速解耦，实现了灵活可变的燃油喷射控制策略，包括可变的喷射压力、喷射时刻和喷射次数等，这是降低柴油机氮氧化物（NO_x）和颗粒物（PM）有效的机内净化技术，使柴油机的燃油经济性与有害物排放以及振动噪声得到了较好的提升与控制。

随着重型柴油车节能法规的不断加严，国内外整车和整机企业从燃烧系统优化、减少泵气损失、降低摩擦损失以及排气能量回收利用等几个方面开展研究，将现有量产柴油机的有效热效率从42%左右提升到50%（美国2010—2015年第一期超级卡车计划目标，如图1-10所示），甚至到55%（美国2016年启动第二期超级卡车计划目标）。

近年来，一些新型燃烧方式如均质充量压燃（HCCI）、预混充量压燃（PCCI）、稀扩散燃烧（LDC）、高预混燃烧（HPCC）、多段预混压燃（MPCI）和低温燃烧（LTC）等技术在压燃发动机研究领域受到关注，通过预混低温燃烧，可同时实现低的炭烟和NO_x排放。

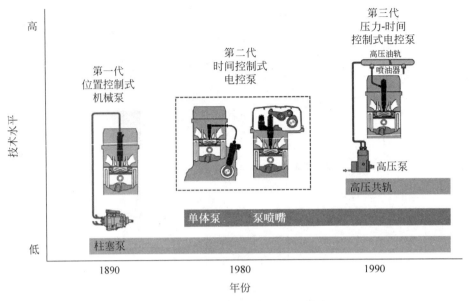

图 1-9 柴油机燃油喷射系统的演变

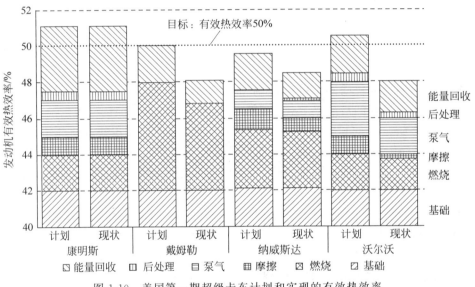

图 1-10 美国第一期超级卡车计划和实现的有效热效率

为了满足日趋严格的排放法规,柴油机的排放控制也由以机内控制为主,发展到机内与后处理协同控制。从 2005 年开始实施欧Ⅳ排放法规起,重型柴油机必须使用后处理装置才能满足法规要求。后处理装置主要有氧化催化器(DOC)、尿素选择催化还原器(SCR)、颗粒捕集器(DPF)、氨泄漏催化器(ASC)等。重型柴油机通过"DOC+DPF+SCR+ASC"集成后处理系统可以满足国六/欧Ⅵ/US2010 等近零排放法规(图 1-11),实现 NO_x 和 PM 排放对环境的零影响(zero impact emissions)。此外,为了满足排放控制技术要求,柴油品质经历了从高硫(硫含量超过 1000×10^{-6})到低硫($(50\sim150)\times10^{-6}$),再到无硫(小于 10×10^{-6})的发展过程。

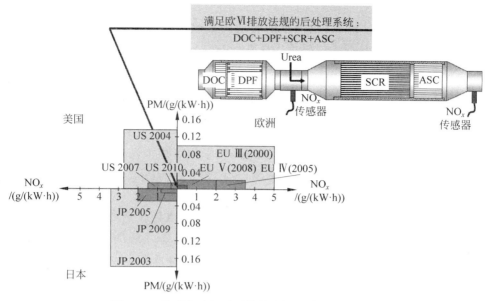

图 1-11 重型柴油机近零排放法规及其后处理系统

2. 电驱动力系统

1) 纯电动力系统

19 世纪 30 年代前后,电动汽车开始进入人们的视野。1821—1831 年,英国人迈克尔·法拉第(Michael Faraday)开始探索电磁运动向机械运动的转换,并发现了电磁感应定律,让电能转化为机械能成为可能。1828 年,匈牙利人安约斯·杰德里克(Anyos Jedlik)造出了世界第一台直流电机,被称为"直流电机之父"。之后,杰德里克将直流电机装在一块木板上来驱动轮子,这是世界第一台原理性电动汽车。1834 年,英国人罗伯特·安德森(Robert Anderson)将干电池装在马车上,这是真正意义上的世界第一辆电动汽车。1835 年,荷兰人西博兰斯·斯特町(Sibrandus Stratingh)组装了一台电动三轮车。1859 年,法国人加斯通·普兰特(Gaston Plante)发明了铅酸蓄电池,这是人类历史上第一种可充电电池。电动汽车的转机出现在 1881 年,法国人卡米勒·福尔(Camille Faure)改进提高了铅酸蓄电池的充电容量,电池体积缩小,适合作为电动汽车的电源使用,为电动汽车的繁荣铺平了道路。1881 年,法国人古斯塔法·特鲁夫(Gustave Trouve)装配了一台以全新铅酸蓄电池供电的三轮电动汽车,在巴黎举办的国际电器展览会上引起轰动。1882 年,英国人威廉姆·阿顿(William Ayrton)和约翰·培里(John Perry)制成了一辆实用的由铅酸蓄电池供电、直流电机驱动的电动三轮车(图 1-12),车速 14.5 km/h。从 19 世纪末到 20 世纪初,电动汽车进入黄金发展时期,1912 年达到高峰,当时美国的电动汽车保有量高达 3.4 万辆。这期间,蒸汽机、电机和内燃机三种动力汽车拉开竞争序幕。

图 1-12 阿顿和培里制成的铅酸蓄电池和直流电机驱动三轮车

到了 20 世纪 30 年代,电动汽车基本不再使用。电动汽车当时衰落主要是由于蓄电池能量密度低、行驶里程短、充电不便等造成的,加上那时石油得到大规模开采,汽油价格较低,加油便捷,汽油车价格(500~1000 美元/辆)远低于电动汽车,汽油车的起动问题通过采用起动电机也得到了很好的解决,因此燃油汽车在美国开始大规模走入百姓家庭。

20 世纪 40~60 年代美国洛杉矶出现的光化学烟雾大气污染事件,以及 70~80 年代爆发的中东石油危机,使得电动汽车再次受到重视。20 世纪 80 年代,通用、福特、丰田、本田等汽车公司均开发了电动汽车,驱动电机大都采用可靠性和效率更高的交流电机,但由于电池能量密度低、制造成本高、充电不便和续驶里程受限等问题没有得到根本解决,电动汽车再次被放弃。以通用生产的 EV1 电动汽车为例,采用了最大功率 100 kW 的交流异步电机,从 1996 年到 2000 年仅售出大约 1117 辆,生产和经营一直处于亏损状态,公司 2000 年停止生产 EV1。

进入 21 世纪,全球能源供需矛盾缓解,但 CO_2 温室气体排放和城市大气污染加剧,汽车能耗和排放法规进一步加严,纯电动汽车又再次受到关注。高能量密度的锂离子动力电池实现了大规模产业化,给纯电动汽车带来了新机遇,全球开始了新一轮电动汽车研发与产业化竞争热潮,涌现出了以美国特斯拉(Tesla)为代表的一批电动车造车新势力。

纵观电动汽车的发展历程不难看出,之前电动汽车没有大规模发展起来的最主要原因是受动力电池技术的制约。从 19 世纪 30 年代至今,人们尝试不同体系的电池作为车辆驱动源,如铅酸电池、镍氢电池、锂离子电池等。电动汽车最早使用的是铅酸电池,铅及其氧化物制成电极材料,硫酸溶液作为电解液,其最大的优势是低成本。但是,铅酸电池的能量密度低,带来了体积大、容量小、行驶里程短等问题,只适合于低速短程行驶电动车。镍氢电池正极为镍氢化合物,负极为金属氢化物,其能量密度、充放电次数相比铅酸电池有较大提升,并且电解液不可燃,安全有保障,制造工艺成熟。但是,镍氢电池充电效率不高,有充电记忆效应(电池使用后内部产生结晶的一种效应),工作电压较低,无法使用高电压快充,不适合用作车用单一动力源,更适合辅助发动机工作,如丰田第一代、第二代 Prius 油电混合动力车就是采用镍氢电池(电池总能较小,1~2 kW·h)。锂离子电池采用锂化合物作为正极材料,石墨作为负极材料,其优势在于能量密度高、体积小、重量轻、充电效率高,但面临成本和安全的挑战。

1976 年,英国人 M. 斯坦利·威廷汉(M. Stanley Whittingham)提出了锂电池概念,并造出了可以充放电的锂电池,电压超过 2 V,但是安全性还有较大问题,威廷汉是锂电池的奠基人。1980 年,美国人约翰·B. 古迪纳夫(John B. Goodenough)研究出了钴酸锂电池,其电压比威廷汉的锂电池高一倍(4 V)。1985 年,日本人吉野彰(Akira Yoshino)在古迪纳夫成果基础上,用更安全的锂离子替代了纯锂,发明了采用碳材料作为负极的锂离子电池,使得锂离子电池获得了更高的稳定性,确立了现代锂离子电池的基本框架。1997 年,古迪纳夫又开发出低成本的磷酸铁锂($LiFePO_4$)正极材料,加快了锂离子电池的商业化。磷酸铁锂的优势在于安全,且充放电性能好、廉价、对环境无污染,具有优异的电池循环寿命、低自放电。2019 年 10 月,瑞典皇家科学院将 2019 年诺贝尔化学奖授予古迪纳夫、威廷汉和吉野彰三人,以表彰他们在锂离子电池研发领域做出的杰出贡献。

2)燃料电池动力系统

燃料电池的发展历史可以追溯到 19 世纪初。1838 年,瑞士人克里斯蒂安·弗里德里希·尚班(Christian Friedrich Schönbein)首次对燃料电池现象进行了研究,发现了燃料电池效应——铂电极上的氢和氧反应会形成电流。1839年,被誉为"燃料电池之父"的英国人威廉·葛洛夫(William Grove)发表了第一篇有关燃料电池的报告,并于1842年研制出"气体伏打电池"(gaseous voltaic battery)。该电池利用硫酸作为电解质,混合氢气和氧气产生了电流,奠定了燃料电池的基本原理。1889年,英国人蒙德(L. Mond)和澳大利亚人朗格尔(C. Langer)发展了Grove气体电池,并首次提出"燃料电池"(fuel cell,FC)这一名称。20世纪50年代,英国人弗朗西斯·T.培根(Francis T. Bacon)研制出第一个实用的5 kW氢氧碱性燃料电池,寿命达到1000 h,奠定了现代燃料电池应用的技术基础。

燃料电池动力系统用于驱动汽车,始于20世纪60年代。1966年,美国通用汽车公司开发了第一辆碱性燃料电池(AFC)汽车,并与美国国家航空航天局(NASA)开始共同联手开发氢能源月球车,1971年,这辆月球车首度在月球表面行驶(图1-13)。20世纪60年代,质子交换膜燃料电池(PEMFC)开始进入人们的视野。1960年,来自通用电气公司(GE)的格鲁伯(Grubb)和尼德拉赫(Niedrach)首次研制出质子交换膜,当时称为ion-exchange membrane(IEM)燃料

图1-13 通用汽车公司开发的首款燃料电池月球车

电池,现称proton exchange membrane(PEM)燃料电池。1972年,美国杜邦(DuPont)公司的沃尔瑟·格罗特(Walther G. Grot)发明了聚四氟乙烯磺酸膜(Nafion)。1986年,美国Los Alamos国家实验室的雷斯瑞克(Raistrick)发明了一种制造电极的方法,即在电极上喷涂Nafion可以减少产生电流所需的铂催化剂用量,并成功研发了第一辆磷酸燃料电池(PAFC)公共汽车。1983年,加拿大Ballard公司启动质子交换膜燃料电池(PEMFC)研发项目;1993年,推出使用24个5 kW的PEMFC电堆作为动力源的燃料电池公交车。1994年,戴姆勒-奔驰公司开发出NECar(new electric car)示范车,使用Ballard公司的燃料电池动力系统,标志着燃料电池正式进入汽车领域。

进入21世纪,燃料电池汽车迎来了快速发展期。2000年,戴姆勒-克莱斯勒、福特和本田等汽车公司于美国加利福尼亚州进行了PEMFC汽车的公路示范运行试验。2002年,本田汽车公司开发出了第一辆在实际道路经过完整工况测试的PEMFC燃料电池原型车FCX-V4。2008年,清华大学和同济大学分别牵头研制的燃料电池客车和轿车在北京奥运会示范运行;2009—2010年,清华大学的燃料电池客车在上海世博会、新加坡青奥会等地示范运行。2014年,韩国现代公司发布第一款燃料电池量产汽车Tucson FCEV。2015年,丰田公司发布第一代燃料电池量产车型Mirai。之后,本田和现代公司分别发布了Clarity、NEXO等燃料电池车型。2018年,现代公司发布的燃料电池汽车NEXO,续驶里程达到800 km。2019年,丰田第二代Mirai发布,续驶里程达到650 km。由于质子交换膜燃料电池(PEMFC)具有工作温度低(60~80℃)、能量转化效率高(50%~70%)等优势,车用燃料电池几乎都选择PEMFC作为动力源。

针对不同的应用需求,燃料电池动力系统形成了两种典型的技术路线:一是采用金属双极板用于乘用车的高功率密度燃料电池动力系统;二是采用耐腐蚀、性能稳定的石墨基双极板用于商用车的长寿命燃料电池动力系统,其对重量和体积不像乘用车要求那么苛刻。近年来,燃料电池技术从电堆内部材料到外围附件都有了长足的进步,尤其在膜电极、双极

板(金属与石墨双极板)、压力调控(高压与中压)、增湿系统(外部加湿与自增湿)等方面,发展出了不同的技术路线。由于燃料电池汽车使用氢气,其生产制备、运输、存储和加注等基础设施还没有普及,加上燃料电池使用寿命短和制造成本高,因此燃料电池汽车仍处于示范推广过程中。

3) 混合动力系统

车用混合动力系统的历史可以追溯到 1900 年,德国汽车设计大师费迪南德·波尔舍(Ferdinand Porsche)研制出了装有两台轮毂电机的 Lohner-Porsche 串联混合动力车,但该车蓄电池笨重而且续驶里程不长。为此,波尔舍在同一年又设计出了 Semper Vivus(意为"永生")混合动力车(图 1-14),采用体积更小的铅酸蓄电池和两台由 DeDion-Bouton 内燃机驱动的发电机。在 1901 年的巴黎车展上,波尔舍展示了这辆原型车,后来又在它的基础上推出了名为"Mixte"的公路版混合动力汽车,实现了 Lohner-Porsche 车的小规模量产。

图 1-14 波尔舍设计制造的 Semper Vivus 混合动力车

20 世纪末,受世界汽车节能与排放法规驱动,以日本丰田 Prius(普锐斯)、本田 Insight(音赛特)为代表的混合动力乘用车商业化取得成功,使得非插电(油电)混合动力汽车(HEV)和插电混合动力汽车(PHEV),有望成为乘用车未来的主流车型。1997 年,丰田发布第一代 Prius 油电混合动力汽车,同年实现量产销售。第一代 Prius 采用丰田特有的行星齿轮动力耦合系统(Toyota Hybrid System,THS),搭载了 1.5 L 1NZ-FXE 直列四缸自然吸气汽油机和一台 288 V 永磁交流电机,采用镍氢电池作为电力源。2003 年和 2009 年,丰田相继推出第二代和第三代 Prius 混合动力汽车。第二代 Prius 沿用了第一代的发动机,配备了尺寸更小、重量更轻的镍氢电池组。第三代 Prius 采用 1.8 L 2ZR-FXE 智能可变配气正时(VVT-i)四缸汽油机,配备了最大功率 60 kW 的 650 V 电机。2016 年,基于丰田新一代全球平台(Toyota new global architecture,TNGA),开发了第四代 Prius 混合动力汽车,采用 1.8 L 2ZR-FXE 自然吸气阿特金森(Atkinson)循环四缸汽油机,压缩比 13,有效热效率高达 41%,电机最高总输出功率为 53 kW,运行电压提高到 850 V,提供了镍氢电池和锂离子电池两种选择。截至 2017 年 1 月底,丰田混合动力汽车的全球销量突破 1000 万辆。

1.2 主要车用动力系统特点及对比分析

1.2.1 内燃动力系统

图 1-15 所示为常见的前置发动机前轮驱动(FF)、前置发动机后轮驱动(FR)、后置发动机后轮驱动(RR)和四轮驱动(4WD)内燃机汽车的动力传动系统,其动力传输过程为"内燃机→离合器→变速器→传动轴→差速器→半轴→车轮"。常见的变速器有手动变速器(MT)、自动变速器(AT)、电控机械自动变速器(AMT)、双离合变速器(DCT)和无级变速器(CVT)等几大类。对离合器、变速器、传动轴、差速器、驱动桥等传动部件的结构和工作

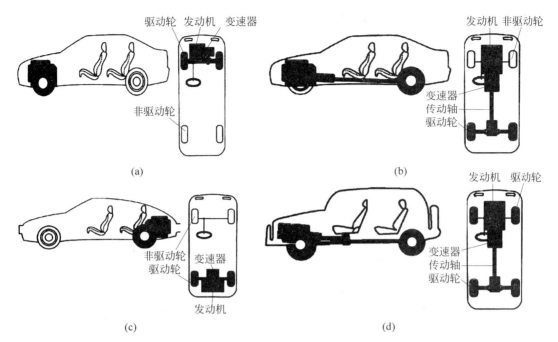

图 1-15 常见内燃机汽车动力传动系统示意图
(a) FF；(b) FR；(c) RR；(d) 4WD

原理感兴趣的读者，可以参考汽车构造相关资料。

车用汽油机采用预混合气点燃方式（SI），这种点燃火焰传播燃烧模式的优点是燃烧噪声小，炭烟及颗粒物排放低，混合气控制在化学计量比附近，功率密度高，结构紧凑，可以采用三效催化器（TWC）后处理装置降低 HC、CO 和 NO_x 排放，但点燃模式受末端混合气自燃即爆震（knocking）限制，汽油机的压缩比不能太高，采用节气门调节负荷（量调节方式），在中小负荷工况下泵气损失大，因此汽油机的热效率较低，一般用作乘用车和部分轻型车动力。

车用柴油机由于采用非均质压燃（CI）模式，属于扩散燃烧模式，没有末端混合气自燃限制问题，可以采用较高压缩比（15～19），而且整体平均混合气偏稀，直接调节喷油量控制负荷（质调节方式），泵气损失小，因此柴油机的热效率较汽油机高 20%～30%。柴油机最大的不足是，由于混合气浓度分布不均匀，在缸内容易形成较高的炭烟和 NO_x 排放，需要采用复杂、高成本的排气后处理装置。此外，柴油难以雾化，需要采用高压燃油喷射系统，使得相同功率级别柴油机的成本要高于汽油机。柴油机适合用作长途行驶的商用车动力，但在欧洲目前仍有 50%左右的乘用车采用柴油机作动力。

本书在上篇内燃动力第 2 章到第 8 章中，重点对车用汽油机和柴油机的工作原理进行详细介绍，其中第 8 章会涉及内燃机与变速器传动比（挡位）的匹配与优化问题。

1.2.2 纯电动力系统

纯电动力系统主要由电池、逆变器和电机三大部件构成，其动力传动系统的拓扑结构大体上可以分为集中式驱动和分布式驱动两大类，如图 1-16 所示。集中式电驱动力传动系统结构与传统内燃汽车的（图 1-15）类似，保留了变速器、传动轴、主减速器和差速器等结构，但变速器的结构更简单(1~2挡位)。分布式电驱动力传动系统根据电机位置不同,又可分为轮边电机驱动和轮毂电机驱动,其中轮毂电机驱动将电机的转子与轮毂相结合,直接驱动车轮。尽管分布式电驱动力传动系统取消了传统的变速器、主减速器等机械传动结构,具有结构简单、传动效率高、控制自由度大等优点,但也存在成本高、控制复杂、可靠性差等不足。目前,纯电动力系统主要采用集中式电驱动力传动系统。需要说明的是,图1-16所示纯电动力传动系统拓扑结构也适合燃料电池电驱动力系统和串联混合动力系统。

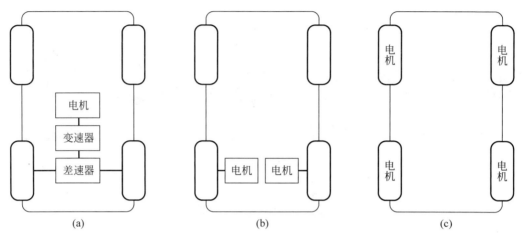

图1-16 纯电动汽车动力传动系统拓扑结构
(a)集中式驱动;(b)轮边电机驱动;(c)轮毂电机驱动

纯电动汽车的驱动电机主要采用永磁同步电机和交流感应电机两种。永磁同步电机的优点是功率密度大,结构紧凑,调速范围广,瞬态工况仍可以保证较高的工作效率,适用于频繁起停以及空间受限的中小型电动车,目前多数纯电动乘用车采用永磁同步电机;其不足是单位功率成本高、运行温度大幅变化时容易引起稀土永磁体退磁。交流感应电机的成本低,无退磁问题,可靠性较高,适合于高速路况行驶的中大型电动车;其不足是工作效率稍低一些,功率密度和调速范围较小,电机体积较大。

车用动力电池主要有铅酸电池和锂离子电池两种。其中铅酸电池由于能量密度低,成本也低,主要用于低速电动车。锂离子动力电池主要有磷酸铁锂和三元锂两大类。磷酸铁锂电池的优点是成本低、循环次数高、安全性好,缺点是低温性能差、能量密度低。目前,磷酸铁锂电池主要应用在客车和专用车上,在乘用车上的装机份额较低。三元锂电池是指正极材料含有镍、钴、锰(NCM)或镍、钴、铝(NCA)三种元素化合物的锂离子电池,其最大的优点是能量密度和功率密度高,电池包体积小,在乘用车上的装机份额较高。但三元锂电池尤其是高镍三元锂离子电池的热稳定性差,容易发生热失控爆炸,成本较高。

本书第9章和第10章分别对典型车用驱动电机和锂离子动力电池的组成结构以及工作原理进行介绍。

1.2.3 燃料电池动力系统

燃料电池动力系统本质是一个电驱动力系统,但由于采用氢能在线转化为电能的燃料电池装置,使得燃料电池动力系统的复杂性超过纯电动汽车。此外,由于质子交换膜燃料电池(PEMFC)在功率输出动态响应等方面难以满足车辆行驶要求,因此,通常情况下燃料电池并不是车用燃料电池动力系统唯一的动力源,往往需要蓄电池或超级电容等辅助动力源来补充和改善车辆的动态功率输出能力。

燃料电池动力系统主要分为两大类:纯燃料电池动力系统和燃料电池混合动力系统。燃料电池汽车发展初期主要采用纯燃料电池动力系统,动力源只有燃料电池,不能实现制动能量回收,且必须承受车辆起步和加减速带来的动态负荷冲击,燃料电池的耐久性受影响,导致使用纯燃料电池动力系统的汽车越来越少。2000年后逐步发展出的燃料电池混合动力系统,是目前车用燃料电池动力系统的主流技术路线。燃料电池混合动力系统主要采用"燃料电池+蓄电池"方案,部分采用"燃料电池+超级电容"方案。其中燃料电池提供动力系统所需要的主要功率,蓄能部件如蓄电池或超级电容,提供峰值功率或动态过渡过程所需功率,同时回收制动能量。

图1-17是两种典型的燃料电池客车混合动力构型,第一种的DC/DC布置在燃料电池电力输出端,称为燃料电池间接连接构型(图1-17(a)),也称为"能量混合构型",燃料电池的额定功率较小,只提供持续均匀负载的能量输出,当驱动电机功率需求大于额定功率的状态时,必须依靠蓄电池放电进行功率补偿,要求蓄电池的容量较高。第二种的DC/DC布置在蓄电池电力输出端,称为燃料电池直接连接构型(图1-17(b)),也称为"功率混合构型",燃料电池的额定功率较大,蓄电池的最大放电功率较小,仅在特殊工况下相对间断性地放电,用于保护燃料电池和改善整车动力。"能量混合构型"燃料电池动力系统的耐久性较好、成本较低,是一种常见的燃料电池混合动力构型。

本书第11章对车用质子交换膜燃料电池(PEMFC)单元、堆和系统的组成结构以及工作原理等进行介绍。

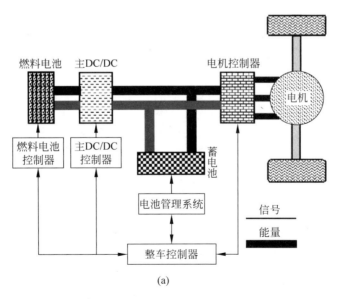

(a)

图1-17 典型的燃料电池客车混合动力构型示意图
(a) 间接连接(能量混合构型);(b) 直接连接(功率混合构型)

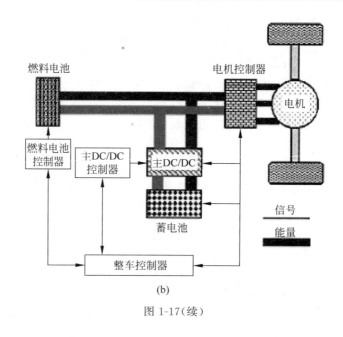

(b)

图 1-17(续)

1.2.4 混合动力系统

混合动力系统依据内燃机与驱动电机之间能量流与动力传输的拓扑结构,可以分为串联构型(series hybrid)、并联构型(parallel hybrid)、混联构型(又可分为串并联 series-parallel 构型和功率分流 power-split 构型)等型式。不同构型的混合动力系统各有优缺点,其方案的选择取决于多种因素,例如应用环境、驾驶工况、制造和使用成本等。典型车用混合动力系统的结构布置、特点以及代表车型如表 1-1 所示。

表 1-1 典型混合动力系统构型与特点对比

类型	串联	并联	混联 (功率分流)	混联 (串并联)
结构图	电池、电机、发电机、内燃机	电池、变速器、电机、离合器、内燃机	电池、电机、发电机、行星齿轮、内燃机	电池、电机、发电机、离合器、内燃机
特点	1) 内燃机动力全部转换成电能驱动; 2) 需要大型电机和发电机	内燃机动力通过变速器驱动,电机用于能量回收和辅助驱动,需要变速器	1) 内燃机动力可以转换为机械能和电能(行星齿轮分配); 2) 电机和发电机比串联式要小	1) 内燃机动力低速转换成电能(串联式),高速转换成机械能(并联式); 2) 与串联式一样需要大型电机和发电机

续表

类　型	串联	并联	混联 （功率分流）	混联 （串并联）
代表车型	丰田 COASTER SHV 日产 NOTE e-Power	丰田 Estima HV 比亚迪秦、唐 英菲尼迪 QX60 宝马 530Le 本田 FIT(i-DCD)	丰田 THS 福特 FUSION 通用 Volt(PHEV)	本田雅阁(i-MMD) 三菱欧蓝德 PHEV 荣威 e550、eRX5

串联混合动力系统的内燃机不直接参与驱动,而是与发电机连接组成辅助动力单元(auxiliary power unit,APU)。发电机发出的电能可以直接供给电机驱动汽车,也可以存储在动力电池中。由于内燃机与车辆驱动轮之间没有机械连接,内燃机运行工况与车辆行驶工况解耦,因此可以控制内燃机工作在高效率和低排放区。但由于内燃机输出能量经过发电机和驱动电机进行了两次转换,降低了系统的综合效率。此外,驱动电机要满足汽车行驶过程中的最大功率需求,其体积和质量较大,使得系统布置较为困难并增加成本。

并联混合动力系统的内燃机和电机通过动力耦合装置与驱动轴连接,既可以单独驱动车辆,也可以共同驱动车辆,增强了整车的动力性。内燃机直接驱动车辆减少了因能量多次转换造成的损失。通过电机系统优化内燃机工况点,可提升整车燃油经济性。并联混合动力系统需要配置与内燃动力相同的离合器、变速器等传动部件,还要增加电机、动力电池、动力耦合装置等部件,动力系统结构复杂,控制难度较大。此外,内燃机运行工况与车辆行驶工况难以完全解耦,内燃机无法一直运行在高效率和低排放区。

混联混合动力系统在结构上综合了串联和并联混合动力系统的特点。与串联结构相比,混联系统的内燃机与传动系统有机械连接,内燃机的输出转矩可以直接驱动车辆,能量转化效率高;与并联结构相比,混联系统包含两个电机,具有更多的工作模式,能够保证内燃机一直工作在高效率区。混联系统根据整车运行工况可以实现内燃机、发电机和电机的优化控制,通过模式切换使整个系统可以一直工作在最佳状态。

混合动力系统将内燃机和驱动电机各自的优点发挥到了极致,相比内燃动力系统,可以实现 30%～40% 的节能效果。尤其值得一提的是,由于电机的存在,混合动力系统对内燃机的动力性要求降低,使得混合动力专用汽油机的峰值有效热效率得以大幅提升,甚至可以达到或超过柴油机的水平。因此,车用动力系统的电动化助内燃机焕发新生,使得混合动力专用汽油机的热效率区域呈现"高原出高峰"特征,其结构也变得更加紧凑和简单,可以不采用复杂的可变机构实现全工况的性能最优,只需在窄区域甚至点工况实现燃油经济性和排放最优。

典型车用混合动力系统的构型特点、能量分配与管理,以及混合动力专用发动机的技术特征,可参见本书第 12 章混合动力系统工作原理介绍。

1.2.5　车用动力系统对比分析及未来发展

表 1-2 对车用内燃动力系统、纯电动力系统、燃料电池动力系统以及混合动力系统等的优点、缺点和应用情况进行了对比分析。

表 1-2　主要车用动力系统的特点与应用情况

车用动力类型	优点	缺点	应用情况
内燃动力系统	能量密度高,行驶里程长;燃料加注方便、快捷;零部件供应链完整、齐全,维护方便、成本低	有害物排放污染环境;能量转化效率不高	在相当长时间仍是汽车的主流动力
纯电动力系统	行驶零排放;缓解汽车对石油资源的依赖;电动汽车的噪声低、振动小;系统效率高,使用能耗低	行驶里程短,充电时间长;电池二次污染;成本较高	在短距离或固定线路汽车中得到越来越广泛的应用
燃料电池动力系统	能量密度较高,行驶里程长;行驶零排放;缓解汽车对化石燃油的依赖	氢的制取、存储、输运与加注难度大;燃料电池使用寿命短,成本高	有可能在长距离物流货车上得到推广应用
混合动力系统	具有大幅节能和减排的综合优势;无里程焦虑;插电混动系统可以使用电网的电	不是零排放;成本较内燃动力高	得到越来越广泛的应用,是未来乘用车的主流动力之一

图 1-18 给出了典型内燃动力、燃料电池动力以及纯电动力系统所用燃料和电池的比能量(反映续驶里程)和比功率(反映加速性能)对比。从图中可以看出,内燃机常用的汽油和柴油液体燃料具有最高的能量密度,相同质量或体积能量行驶里程最长;其次是燃料电池用的氢燃料;动力电池的能量密度最低,相同质量或体积能量行驶里程最短。铅酸、镍氢和锂离子三种动力电池中,锂离子动力电池具有最高的能量密度,也是目前主流的车用动力电池。

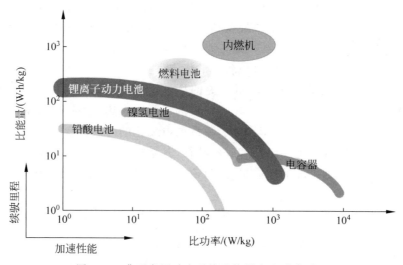

图 1-18　典型车用动力系统比能量和比功率对比

图 1-19 是丰田汽车公司给出的内燃动力、纯电动力和混合动力包括插电混合动力系统的全生命周期(汽车制造过程、油井到油箱以及油箱到车轮)产生的二氧化碳(CO_2)排放对比。

假设汽车的全生命周期里程是 10 万 km（基于日本 JC08 工况）；CO_2 排放是 0.37 kg/(kW·h)（基于日本 2030 年可再生能源发电）；燃料分别采用常规化石燃料和 20% 碳中性混合燃料；内燃机分别按现有水平有效热效率（36%～38%）和未来 50% 有效热效率考虑。从图中可以看出，常规内燃汽车（ICEV）的全生命周期 CO_2 排放最高，其次是基于常规化石燃料与内燃机现有水平有效热效率的非插电或油电混合动力汽车（HEV）和纯电动汽车（BEV），再次是基于常规化石燃料与内燃机现有水平有效热效率的插电混合动力汽车（PHEV），这表明在现有内燃机与燃料技术水平下，PHEV 较 BEV 具有全生命周期碳排放低的优势。而全生命周期 CO_2 排放最低的是烧 20% 生物质混合燃料且具有 50% 有效热效率内燃机驱动的油电混合动力汽车。不难看出，混合动力汽车具有强大的生命力，是未来主流的乘用车动力之一。只有电网的电能来自可再生能源即绿电，BEV 全生命周期碳排放才是低碳或零碳排放。

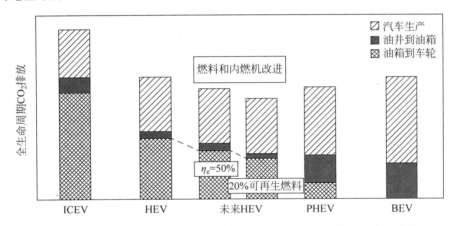

图 1-19　典型车用动力系统的全生命周期 CO_2 排放对比（来源：丰田公司）

从上述车用动力系统对比分析和发展历程可以看出，未来的车用动力将呈现电动化和多元化的发展趋势。根据国际能源署（IEA）2015 年对全球不同动力乘用车年销量的预测（图 1-20），从 2020 年开始，电动乘用车呈快速发展态势；2035 年前包含有内燃动力的乘用车仍呈增长态势。到 2035 年，84% 的乘用车为内燃动力和混合动力汽车，11% 为纯电动汽车，5% 为燃料电池汽车。2050 年仍有接近 60% 的乘用车含有内燃动力，其中 80% 以上为混合动力汽车。

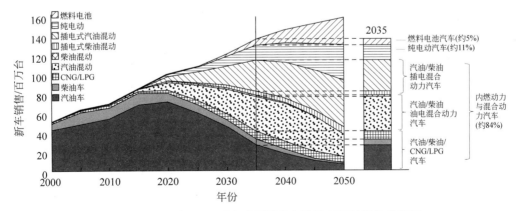

图 1-20　2015 年 IEA 对全球不同动力乘用车逐年销量的预测

石油输出国组织(OPEC)曾在世界石油展望(World Oil Outlook)报告中对全球商用车动力的未来发展作出预测。由于长途货车大都运行在道路状况良好的高速公路上，燃料消耗低，因此柴油机作为长途货车主流动力的地位一时难以撼动。如果天然气质量有保障、价格有竞争力，随着排放法规加严，天然气发动机会得到较大规模应用。在碳达峰、碳中和背景以及政府政策扶持下，氢燃料电池长途货车有可能在未来会得到推广应用。

思考与练习题

1-1 车用动力系统是如何分类的？
1-2 简述车用蒸汽动力、纯电动力、内燃动力和燃料电池动力系统的发展历程。
1-3 为什么蒸汽机汽车和电动汽车在20世纪初没有竞争过内燃机汽车？
1-4 比较各种车用动力系统的优缺点以及适用场合。
1-5 为什么说车用混合动力系统助内燃机焕发活力？
1-6 车用动力系统未来呈现什么发展趋势？乘用车动力系统与商用车动力系统发展趋势有何不同？

参 考 文 献

[1] 帅石金.汽车文化[M].2版.北京：清华大学出版社，2007.
[2] 马骁，帅石金，丁海春.汽车文化[M].3版.北京：清华大学出版社，2020.
[3] 周苏.电动汽车简史[M].上海：同济大学出版社，2012.
[4] 日本电气.电动汽车最新技术[M].北京：机械工业出版社，2008.
[5] 郭睿.电动车坎坷发展史.https://www.pcauto.com.cn/nation/848/8487211.html.
[6] 欧阳明高，李建秋，杨福源，等.汽车新型动力系统：构型、建模与控制[M].北京：清华大学出版社，2008.
[7] 帅石金，欧阳紫洲，王志，等.混合动力乘用车发动机节能技术路线展望[J].汽车安全与节能学报，2016(1)：1-13.
[8] CHAU K T. Electric Vehicle Machines and Drives: Design, Analysis and Application[M]. Singapore: John Wiley & Sons, 2015.
[9] 石油输出国组织网站：https://www.opec.org/opec_web/en/.
[10] Terutoshi Tomoda. Future Engine Technologies for Enhancing Engine Thermal Efficiency[R]. Shanghai. 2015.
[11] 帅石金，刘世宇，马骁，等.重型柴油车满足近零排放法规的技术分析[J].汽车安全与节能学报，2019，10(1)：16-31.

上篇　内燃动力工作原理

第2章　内燃机动力经济性指标与影响因素

车用内燃机产品质量的优劣,是由一系列性能指标来综合评定的,包括:
(1) 功率、转矩、有效平均压力以及转速、活塞平均速度等动力性指标;
(2) 效率、燃料消耗率等经济性指标;
(3) CO、HC、NO_x 和颗粒物(PM)等有害物排放性能指标;
(4) 燃烧噪声、冷起动等其他运转性能指标;
(5) 可靠性、耐久性、维修方便性等使用性能指标。

本书上篇主要涉及内燃机的前4类运转性能指标及相关问题,第5类使用性能指标是用户在使用过程中非常关注的产品质量指标。

本章是深入理解车用内燃机工作过程具有导论性的一章,在阐明往复活塞式内燃机动力性和经济性有关基本概念和指标的同时,进一步针对内燃机的能量转换与循环充量两个环节作整体概括性的分析,指出对内燃机动力性和经济性有影响的各种因素,梳理分析内燃机动力性和经济性的线索与思路。这些对更好地理解上篇后续章节中有关内燃机动力性和经济性问题的实质,以及更好地掌握其中的脉络与体系,能起到提纲挈领的作用。

2.1　内燃机工质做功及示功图

2.1.1　工质做功与示功图

以往复活塞四冲程内燃机循环工作过程(图2-1)为例,由于活塞在每一冲程或上或下运动,因此活塞顶面缸内工质压力(p)和活塞背面曲轴箱内油气压力(p^*)都要对活塞做功。压力方向与活塞运动方向一致,对活塞做正功;压力方向与活塞运动方向相反,对活塞做负功。因此,在进气冲程和膨胀冲程,缸内工质对活塞做正功,曲轴箱内油气对活塞做负功;在压缩冲程和排气冲程,缸内工质对活塞做负功,曲轴箱内油气对活塞做正功。一个循环所有冲程缸内工质和曲轴箱内油气对活塞做功之和就是循环功。内燃机就是靠工质和油气对往复运动的活塞做功,再通过曲柄连杆机构对外输出功。

无论是冲程功还是循环功,都可以在以压力 p 和气缸容积 V 或曲轴转角 φ 为坐标的示功图(indicator diagram)或压力图(pressure diagram)上表示,分别见图2-2(a)和图2-2(b)。在图2-2(a)所示的四冲程内燃机示功图上,每一冲程缸内工质所做功可以用缸内压力曲线

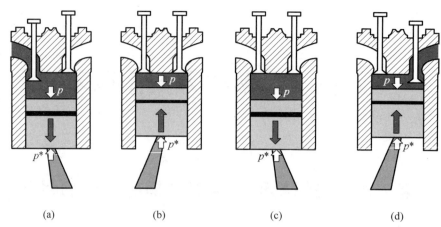

图 2-1 四冲程内燃机循环工作过程示意图
(a) 进气冲程；(b) 压缩冲程；(c) 膨胀冲程；(d) 排气冲程

与横坐标零压力线之间的积分面积 $\int p\,\mathrm{d}V$ 来表示，功的正负由压力方向与活塞运动方向的同异来判断。循环功则由示功图上各冲程压力形成的封闭曲线所包围的积分面积 $\oint p\,\mathrm{d}V$ 来表示。由于冲程功有正有负，所以各块封闭面积所示的功也有正有负。

压力图又叫展开示功图，如图 2-2(b) 所示，表示缸内压力随曲轴转角（CA）或时间的变化规律，广泛用于内燃机燃烧和放热率过程分析（在第 6 章内燃机混合气形成和燃烧中会用到），以及内燃机结构受力分析。

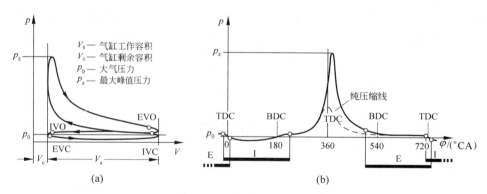

图 2-2 自然吸气四冲程内燃机的示功图与压力图
(a) 示功图；(b) 压力图

TDC—上止点；BDC—下止点；IVO—进气门开；IVC—进气门关；EVO—排气门开；
EVC—排气门关；I—进气过程；E—排气过程

2.1.2 自然吸气四冲程内燃机示功图

自然吸气（natural aspirated）四冲程内燃机缸内工质的循环示功图见图 2-3(a)。图中按箭头所示方向，ac 为压缩冲程曲线；czb 为膨胀冲程曲线；br 和 ra 分别表示排气冲程和进气冲程曲线。对于四冲程内燃机而言，由于活塞背面曲轴箱油气压力（可近似为大气压力 p_0）在四个冲程中对活塞所做功，可近似正负相消，所以循环功仅用缸内工质对活塞所做功来计算。

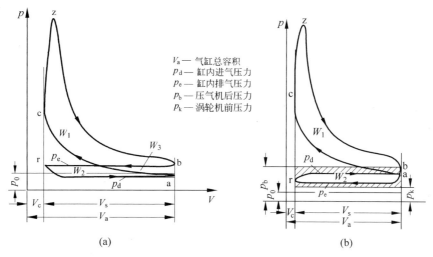

图 2-3 自然吸气和增压四冲程内燃机示功图的对比
(a)自然吸气；(b)增压

这里把压缩冲程与膨胀冲程所做功之和称为动力过程功 W_{id}，它是膨胀冲程正功与压缩冲程负功的代数和，一般都是正功，以图示封闭面积 aczba 表示，即 $W_{id}=W_1+W_3$。另一块封闭面积 brab，即 W_2+W_3，代表进、排气冲程所做的实际泵气功，是进气冲程正功与排气冲程负功的代数和，可正可负。由于自然吸气四冲程内燃机缸内的平均排气压力大于平均进气压力（存在进排气流动损失），所以实际泵气功为负功，即 $W_{pr}=-(W_2+W_3)$。理论泵气功是不考虑进气冲程和排气冲程流动损失的泵气功，因此自然吸气四冲程内燃机的理论泵气功是零（进气冲程和排气冲程的压力都是大气压力 p_0），即 $W_{pt}=0$。泵气损失功（pumping loss）是理论泵气功与实际泵气功之差，由此可知，自然吸气四冲程内燃机的泵气损失功为 $W_{pl}=-(W_2+W_3)$，泵气损失功总是负功。

依据泵气过程是否存在流动损失，指示功有总指示功和净指示功之分。总指示功（gross indicator work）是指没有泵气损失的循环功，等于动力过程功与理论泵气功的代数和；净指示功（net indicator work）是考虑了泵气损失的循环功，等于动力过程功与实际泵气功的代数和。

对自然吸气四冲程内燃机，总指示功 W_i 为

$$W_i = W_{id} + W_{pt} = W_1 + W_3 \tag{2-1}$$

净指示功 W_{in} 为

$$W_{in} = W_{id} + W_{pr} = (W_1 + W_3) - (W_2 + W_3) = W_1 - W_2 \tag{2-2}$$

由此不难看出，W_i 与 W_{in} 之差就是泵气损失功。

2.1.3 增压四冲程内燃机示功图

涡轮增压（turbocharged）或机械增压（supercharged）四冲程内燃机的循环示功图如图 2-3(b)所示。与自然吸气四冲程内燃机一样，可用缸内工质对活塞所做功来表示循环功。

图中压缩冲程与膨胀冲程所做功是动力过程功 W_{id}，以图示封闭面积 W_1 表示，即 $W_{id}=W_1$。对增压四冲程内燃机（图 4-31），如果不考虑进气冲程和排气冲程流动损失，则缸内进

气压力应该是压气机之后的压力 p_b,缸内排气压力应该是涡轮前压力 p_k,因此理论泵气功 W_{pt} 是长方形包围的面积 $(p_b-p_k)V_s$。增压四冲程内燃机中高负荷运行时,一般进气压力 p_b 大于排气压力 p_k,理论泵气功是正功,即 $W_{pt}=(p_b-p_k)V_s$。但在增压度不高的低负荷运行时,有可能出现 $p_b<p_k$,此时理论泵气功为负功。实际泵气功是进气冲程和排气冲程缸内压力线包围的封闭曲线,图中所示实际进气冲程的缸内压力大于实际排气冲程的缸内压力,因此实际泵气功仍然是正功,即 $W_{pr}=W_2$(增压四冲程内燃机示功图上,类似图 2-3(a) 上 W_3 这样的重叠面积一般很小,可忽略不计)。显然,长方形面积表示的理论泵气功与 W_2 面积表示的实际泵气功之间的剖面线面积,代表了泵气损失功,即 $W_{pl}=W_2-(p_b-p_k)V_s$,为负功。

依据上一节对总指示功与净指示功的定义,增压四冲程内燃机的总指示功为

$$W_i = W_{id} + W_{pt} = W_1 + (p_b - p_k)V_s \tag{2-3}$$

净指示功为

$$W_{in} = W_{id} + W_{pr} = W_1 + W_2 \tag{2-4}$$

2.1.4 二冲程内燃机示功图与曲轴箱换气功

二冲程内燃机在曲轴转一圈(360°)的两个冲程中,完成一个工作循环。二冲程内燃机主要有曲轴箱扫气式自然吸气二冲程汽油机和直流扫气式机械增压二冲程柴油机两大类,如图 2-4 所示。二冲程汽油机利用曲轴箱内的油气负压,将新鲜混合气通过进气孔吸入曲轴箱内,之后利用活塞下行形成的曲轴箱内正压,将混合气通过缸套上的扫气孔泵入缸内并清扫缸内的残余废气,混合气点燃膨胀做功后,通过缸套上的排气孔排入尾管。二冲程汽油机的排量小,但转速高,结构紧凑,主要用作摩托车和发电机、割草机等小型通用机械动力。二冲程柴油机一般采用罗茨泵机械增压,增压后的空气通过进气孔/扫气孔进入缸内并清扫缸内残余废气,柴油直接喷入气缸与进气混合,混合气压燃膨胀做功后,通过缸盖上的排气门排入尾管。二冲程柴油机的排量大、转速低,主要用作低速大功率舰船用动力。

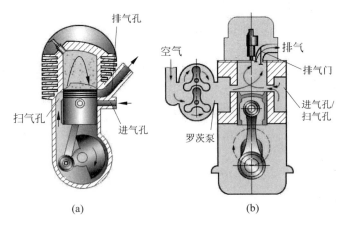

图 2-4 二冲程内燃机
(a) 自然吸气二冲程汽油机;(b) 机械增压二冲程柴油机

下面以常见的曲轴箱扫气式二冲程汽油机为例(图 2-5),介绍二冲程内燃机的基本工作原理和示功图。活塞向下的冲程(图 2-5(a)),先燃烧、膨胀做功,然后排气孔 1 打开自由排气;再往后扫气孔 2 打开,曲轴箱内被压缩的新鲜工质通过扫气孔进入气缸,一边向缸内

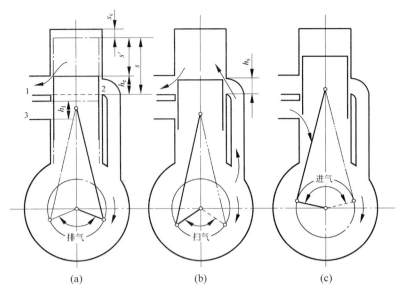

图 2-5 曲轴箱扫气式二冲程内燃机工作原理图

(a) 活塞下行排气；(b) 活塞上行扫气；(c) 活塞上行进气

1—排气孔；2—扫气孔；3—进气孔；h_1—进气孔高度；h_s—扫气孔高度；h_e—排气孔高度；s—冲程；s'—真实封闭冲程；s_c—剩余冲程

充气,一边推挤排气,称为扫气(scavenging)。活塞向上的冲程(图 2-5(b)),先是继续扫气,扫气孔关闭后还继续排气,排气孔关闭后则进行压缩,接近上止点时着火燃烧。向上冲程的某一时刻(图 2-5(c)),活塞下边缘将进气孔 3 打开,曲轴箱吸入新鲜工质,以备下一循环充气、扫气用。

二冲程内燃机同样可在 p-V 示功图上画出缸内工质所做循环功,见图 2-6(a)。对于曲轴箱扫气式二冲程内燃机,活塞背面曲轴箱中新鲜充量的压力 p_B 也是不断变化的,所以还要同时画出 p_B 对活塞所做换气功,见图 2-6(b)。

由于二冲程内燃机没有单独的进气和排气冲程,所以图 2-6(a)缸内工质做功的示功图所包围面积,相当于四冲程内燃机的动力过程功；图 2-6(b)曲轴箱换气功示功图所包围面积,则相当于实际泵气功,且必然是负功。当然,动力过程功包含有扫气和排气泵气功,而曲轴箱换气功包含有进气和扫气泵气功。在循环功计算中没有必要作过细的分析,可在具体的研究工作中加以考虑。

采用单独扫气泵的二冲程柴油机,不存在曲轴箱换气功,扫气泵单独消耗的功要另行考虑。

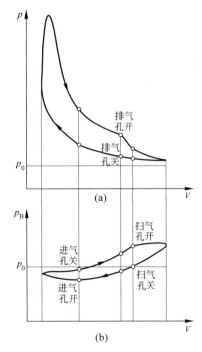

图 2-6 曲轴箱扫气式二冲程内燃机的示功图

(a) 缸内工质对活塞做功；(b) 曲轴箱工质对活塞做功

2.2 动力性和经济性指标

2.2.1 指示指标与有效指标

1. 指示指标

以每循环工质对活塞做功为计算基准的指标称为指示(indicated)指标,如指示功率、指示热效率等。指示指标不受循环过程中机械摩擦、附件消耗等因素的影响,直接反映缸内热功转换的好坏,因而在内燃机工作过程的分析研究中得到广泛应用。

2. 有效指标

以每循环曲轴输出功为计算基准的指标称为有效(brake/effective)指标,如有效功率、有效热效率等。有效指标被用来直接评定内燃机实际运转性能的优劣,因而在内燃机生产和试验研究中获得广泛应用。

只有与做功有关的指标才有上述区分,其他如内燃机转速等指标,则无"指示"与"有效"的区分。

2.2.2 指示指标与有效指标的定义和换算

1. 指示功、有效功和机械损失功

如前所述,指示功有总指示功和净指示功之分,两者之差是泵气损失功。由总指示功转化为有效功,除了扣除内燃机运转时机体运动件的摩擦损失功和各种必不可少的附件(水泵、油泵等)消耗功外,还应扣除进、排气冲程产生的泵气损失功。而由净指示功变为有效功,则只需扣除摩擦损失功和附件消耗功。

毫无疑问,摩擦损失功和附件消耗功属于机械损失功。由于泵气损失功本质上也是由于气流分子之间以及气流分子与壁面之间,在流动过程中产生摩擦引起的热损失,所以把泵气损失功归入机械损失功是合理的。机械损失功 W_m 定义为

$$W_m = W_{mf} + W_{me} + W_{pl} \tag{2-5}$$

式中,W_{mf} 是摩擦损失功;W_{me} 是附件消耗功;W_{pl} 是泵气损失功。因此,总指示功 W_i、有效功 W_e 和机械损失功 W_m 三者之间的关系为

$$W_i = W_e + W_m \tag{2-6}$$

在内燃机研发及生产中,过去一般是先在内燃机试验台架上用测功机测出有效功 W_e,然后用别的方法测出机械损失功 W_m(参见第 4 章 4.5.3 节机械损失的测量方法),再用式(2-6)计算出总指示功 W_i。

需要注意的是,现在很多企业和研究机构都有缸压传感器,很容易获得内燃机某缸的示功图,并算出动力过程功(高压循环功)和实际泵气功(低压循环功),进而获得内燃机的净指示功 W_{in}。如果用净指示功 W_{in} 减去测得的有效功 W_e,得到是机械摩擦损失功 W_{mf} 和附件消耗功 W_{me} 之和,不包含泵气损失功 W_{pl},显然这不是本书定义的机械损失功。

2. 指示平均压力与有效平均压力

为了便于对不同机型做功能力以及同一种机型不同负荷做功能力进行比较,提出了可比的指示平均压力和有效平均压力的概念。

1) 指示平均压力

单位气缸工作容积所做的总指示功(注意,后面提到的指示功,如没有特指,默认是总指示功)被定义为指示平均压力(indicated mean effective pressure,IMEP)。

$$p_{mi} = \frac{W_i}{V_s} \tag{2-7}$$

式中,p_{mi} 为指示平均压力,MPa;W_i 为总指示功,kJ;V_s 为气缸排量(displacement),L。

由式(2-7),得

$$W_i = p_{mi} V_s = \frac{p_{mi} \pi D^2 s}{4} \times 10^{-6} \tag{2-8}$$

式中,D 为气缸直径,mm;s 为活塞冲程,mm。

式(2-8)表明,p_{mi} 可看作一个假想的不变压力,作用于活塞顶表面使其移动一个冲程所做功正好是总指示功 W_i,见图 2-7。

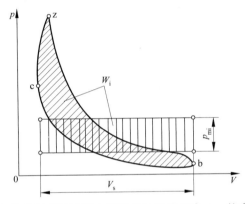

图 2-7 自然吸气式四冲程内燃机指示平均压力 p_{mi} 的直观示意图

2) 有效平均压力

同理,可以定义有效平均压力(brake mean effective pressure,BMEP)p_{me}。它是单位气缸工作容积所做有效功,也是一个作用于活塞顶表面的假想平均压力,此力作用于活塞移动一个冲程所做功正好是 W_e。

$$p_{me} = \frac{W_e}{V_s} \tag{2-9}$$

式中,p_{me} 为有效平均压力,MPa;W_e 为有效循环功,kJ。

类似地,可定义机械损失平均压力为

$$p_{mm} = \frac{W_m}{V_s} \tag{2-10}$$

式中,p_{mm} 为机械损失平均压力,MPa;W_m 为机械损失循环功,kJ。

3. 指示热效率、有效热效率与机械效率

1) 指示热效率

燃料在气缸内燃烧,燃料的化学能转化为热能,热能又经过热功转换变为机械能即指示功 W_i。这一转换过程的能量转换效率,称为指示热效率(indicated thermal efficiency)η_{it}。

$$\eta_{it} = \frac{W_i}{g_b H_u} \tag{2-11}$$

式中，W_i 为总指示功，kJ；g_b 为单缸每循环燃料消耗量，kg；H_u 为燃料低热值，kJ/kg。

2) 有效热效率

燃料的化学能转换为曲轴输出有效功 W_e 的能量转换效率，称为有效热效率（brake thermal efficiency，BTE）η_{et}。

$$\eta_{et}=\frac{W_e}{g_b H_u} \tag{2-12}$$

3) 机械效率

总指示功 W_i 在支付机械损失功 W_m 后，由曲轴输出有效功 W_e 的能量转换效率，称为机械效率（mechanical efficiency）η_m。

于是有

$$\eta_m=\frac{W_e}{W_i}=\frac{W_i-W_m}{W_i}=1-\frac{W_m}{W_i}=1-\frac{W_m}{W_e+W_m} \tag{2-13}$$

并且有

$$\eta_{et}=\eta_{it}\eta_m \tag{2-14}$$

4. 指示燃料消耗率与有效燃料消耗率

单位功率在单位时间内所消耗的燃料量定义为燃料消耗率，也称为比燃料消耗，它是不同内燃机以及同一内燃机不同工况燃料经济性的可比指标。由于功率有指示功率 P_i 和有效功率 P_e 之分，燃料消耗率也有指示燃料消耗率和有效燃料消耗率之分。

1) 指示燃料消耗率

指示燃料消耗率（indicated specific fuel consumption，ISFC）定义为

$$b_i=\frac{B}{P_i}\times 10^3 \tag{2-15}$$

式中，b_i 为指示燃料消耗率，g/(kW·h)；B 为整机燃料消耗率，kg/h；P_i 为指示功率，kW。

2) 有效燃料消耗率

有效燃料消耗率（brake specific fuel consumption，BSFC）定义为

$$b_e=\frac{B}{P_e}\times 10^3 \tag{2-16}$$

式中，b_e 为有效燃料消耗率，g/(kW·h)；P_e 为有效功率，kW。

因为 $\eta_m=W_e/W_i=P_e/P_i$，所以有

$$b_i=\eta_m b_e \tag{2-17}$$

5. 常用指示指标与有效指标

表 2-1 列举了常用动力性和经济性指示指标与有效指标，以及相应的机械损失指标。

表 2-1 常用内燃机性能指标一览表

指标名称	单位	指示指标	有效指标	机械损失指标	各指标间关系
循环功	kJ	W_i	W_e	W_m	$W_e=W_i-W_m$
平均压力	MPa	$p_{mi}=\dfrac{W_i}{V_s}$	$p_{me}=\dfrac{W_e}{V_s}$	$p_{mm}=\dfrac{W_m}{V_s}$	$p_{me}=p_{mi}-p_{mm}$

续表

指 标 名 称	单位	指示指标	有效指标	机械损失指标	各指标间关系
功率	kW	P_i	P_e	P_m	$P_e = P_i - P_m$
转矩	N·m		T_{tq}		
升功率（单位排量发出功率）	kW/L		$P_L = \dfrac{P_e}{V_s i}$		
比质量（单位有效功率所占质量）	kg/kW		$m_e = \dfrac{m}{P_e}$		
比体积（单位有效功率所占体积）	m³/kW		$V_e = \dfrac{V}{P_e}$		
能量转换效率		$\eta_{it} = \dfrac{W_i}{g_b H_u}$	$\eta_{et} = \dfrac{W_e}{g_b H_u}$	$\eta_m = \dfrac{W_e}{W_i}$	$\eta_{et} = \eta_{it} \eta_m$
燃料消耗率	g/(kW·h)	$b_i = \dfrac{B}{P_i} \times 10^3$	$b_e = \dfrac{B}{P_e} \times 10^3$		$b_i = \eta_m b_e$

注：表中，i 为内燃机缸数；m 为内燃机干质量，kg；V 为内燃机所占体积（长×宽×高），m³。

6. 指标测定与换算

表 2-1 列举的各项有效指标都是在内燃机试验台架上测得一些基本参数后，再通过相关的换算关系得到。台架测取的基本参数有内燃机转速 n、转矩 T_{tq} 和整机燃料消耗率 B。先通过式(2-18)和式(2-19)两个基本关系式求得 P_e 和 W_e。

1）由转速、转矩与功率的关系式求 P_e

$$P_e = \frac{\pi n T_{tq}}{30} \times 10^{-3} \tag{2-18}$$

式中，P_e 为有效功率，kW；n 为转速，r/min；T_{tq} 为转矩，N·m。

2）由功与功率的基本关系求 W_e

$$W_e = \frac{P_e t}{i} \tag{2-19}$$

式中，i 为气缸数；W_e 为单缸有效循环功，kJ；t 为循环时间，s。

循环时间可表示为

$$t = \frac{30\tau}{n} \tag{2-20}$$

式中，τ 为冲程系数，四冲程机 $\tau=4$，二冲程机 $\tau=2$。

于是有

$$P_e = \frac{in W_e}{30\tau} \tag{2-21}$$

或

$$W_e = \frac{30\tau P_e}{in} \tag{2-22}$$

再利用式(2-18)、式(2-22)求出下述各指标间相互换算关系式。

$$P_e = \frac{inW_e}{30\tau} = \frac{inV_s p_{me}}{30\tau} = \frac{\pi n T_{tq}}{30} \times 10^{-3} \qquad (2\text{-}23)$$

$$p_{me} = \frac{30\tau P_e}{inV_s} = \frac{\pi\tau T_{tq}}{iV_s} \times 10^{-3} = \frac{W_e}{V_s} \qquad (2\text{-}24)$$

$$T_{tq} = \frac{30 P_e}{\pi n} \times 10^3 = \frac{iV_s p_{me}}{\pi\tau} \times 10^3 = \frac{iW_e}{\pi\tau} \times 10^3 \qquad (2\text{-}25)$$

$$b_e = \frac{B}{P_e} \times 10^3 = \frac{30\tau B}{inW_e} \times 10^3 = \frac{30\tau B}{inV_s p_{me}} \times 10^3 = \frac{30 B}{\pi n T_{tq}} \times 10^6 \qquad (2\text{-}26)$$

类似地,可以得到各指示指标的换算关系。常用的指示指标有 P_i、p_{mi}、W_i、b_i 和 η_{it}。

除功、功率和转矩外,表 2-1 中的其他指标都是可比指标。其中有效平均压力 p_{me}、升功率 P_L 和有效燃料消耗率 b_e 是工程上最常用的,也是极为重要的三个可比性能指标。

从式(2-24)不难看出,在一定条件下,有效平均压力 p_{me} 与整机 P_e、T_{tq} 和 W_e 都成正比,而 p_{me} 又是一个可比指标,因此它是内燃机动力性(负荷大小)最具代表性的指标。升功率 P_L 是内燃机强化程度的重要指标,也是内燃机技术和工艺水平的综合体现。P_L 越高,表明内燃机工作容积的利用程度越高,也表明内燃机的强化程度越高,不断提高 P_L 是内燃机尤其是车用内燃机非常重要的发展方向之一。

2.2.3 动力性速度指标

从活塞往复运动做功的物理本质来看,确定功率大小的因素除了力(以 p_{me} 为代表)之外,还有活塞的平均运动速度 v_m,它是评定内燃机动力性的速度指标。由于内燃机通过曲轴旋转输出动力,所以曲轴转速 n 也当作一种速度指标。n 与 v_m 有一定转化关系

$$v_m = \frac{sn}{30} \times 10^{-3} \qquad (2\text{-}27)$$

式中,v_m 为活塞平均速度,m/s;s 为活塞冲程,mm;n 为曲轴转速,r/min。

在内燃机标定工况下,不同机型允许的最高活塞平均速度受到表面磨损、热负荷、惯性质量、机械效率等因素的制约,大都处于同一量级,变化不大。但由式(2-27)可以看出,v_m 由冲程 s 和转速 n 两个因素决定。虽然低转速、长冲程的大型机和高转速、短冲程的小型机的 n 差别极大,但 v_m 的差别并不大。可见转速 n 只能作为同一机型的速度指标,不能用来判断不同机型的运转速度快慢。

有时,为了满足汽车传动系统匹配的要求,希望内燃机的转速能适当提高一点。为此,可缩短冲程 s;有条件时还可同时稍加大缸径 D 而不减小排量。这些都使冲程缸径比 s/D 降低,从而在相同 v_m 限制条件下可以提高 n。s/D 小于 1 的内燃机称为短冲程机,燃烧室一般扁平,不利于合理组织燃烧,所以其燃料经济性要比长冲程机差一些。但 s 的下降,除可提高内燃机最高转速外,还可降低内燃机高度,从而有利于与整车的配套。现代车用内燃机为了提高燃料经济性,越来越多地采用长冲程和低转速技术。

2.3 影响动力经济性指标的环节与因素

2.2 节介绍的许多动力性和经济性指标,是通过试验测得某些参数后换算得到的。这些被测参数,如转速、转矩、燃料消耗率等都是影响相关性能参数的综合反映。这些性能参

数换算式不能完整地表达各个基本因素或参数对性能影响的规律。因此,有必要从工作过程所涉及的基本物理概念出发,归纳出影响性能指标的各因素综合表达式,才能分门别类、有针对性地对影响性能的各个环节与因素进行深入的分析,也才能对内燃机的动力性和经济性有一个全貌的理解。

2.3.1 决定动力输出的"量"与"质"环节

内燃机动力输出的过程,本质上是进入缸内的燃料化学能转化为曲轴输出有效功的过程。输出功率的大小,首先取决于单位时间内加入化学能的多少,这是"量"的环节。其次,取决于化学能转换为输出功的效率,这是"质"的环节。

内燃机输出的有效功率可表示为

$$P_e = \frac{\eta_{et} B H_u}{3600} \tag{2-28}$$

式中,P_e 为有效功率,kW;η_{et} 为燃料能量转换的总效率,即有效热效率;B 为整机单位时间消耗的燃料量,即整机燃料消耗率,kg/h;H_u 为燃料低热值,kJ/kg。

式(2-28)适用于任何类型的内燃机。对于在缸外预制均匀混合气的内燃机,如化油器和进气道喷射汽油机,P_e 也可表示为

$$P_e = \frac{\eta_{et} G_m H_{um}}{3600} \tag{2-29}$$

式中,G_m 为单位时间内进入整机的可燃混合气流量,kg/h;H_{um} 为混合气低热值,kJ/kg。

下面就式(2-28)和式(2-29)中的相关参数进行详细的定义与分析。

2.3.2 燃料与可燃混合气热值

1. 燃料低热值

燃料热值定义为单位质量的燃料在标准状态(温度 298 K,压力 101.3 kPa)下,定压或定容完全燃烧所能放出的热量,即反应热。燃烧时,燃烧产物 H_2O 以气态排出,其汽化潜热未能释放时的热值叫低热值(low heating value),用 H_u 表示。内燃机排出的废气中,H_2O 都呈气态,所以适用低热值。有关燃料热值的详细计算和说明见 3.4.4 节。

2. 可燃混合气热值

可燃混合气热值定义为单位质量或单位体积的可燃混合气在标准状态下定压或定容完全燃烧时的低热值。它取决于燃料低热值和燃料与空气的混合比例。这一比例反映了混合气中燃料的浓和稀程度,是内燃机一个极为重要的参数。混合气浓度有以下三种不同的表示方法。

1) 空燃比

空燃比(air-fuel ratio) α 定义为混合气中空气质量与燃料质量之比。α 是无量纲参数,国外常用 A/F 表示空燃比。

2) 过量空气系数

设单位质量的燃料完全燃烧所需的理论空气质量为 l_0 个单位,而实际供给的空气质量为 l 个单位,l_0 和 l 均为无量纲参数,则过量空气系数(excess air ratio) ϕ_a 定义为

$$\phi_a = \frac{l}{l_0} \tag{2-30}$$

$\phi_a>1$ 为稀混合气;$\phi_a<1$ 为浓混合气;$\phi_a=1$ 为化学计量比(stoichiometric ratio)混合气,此时燃料与空气中的氧气恰好能完全反应燃烧掉。事实上,l_0 可以看作化学计量空燃比,l 是实际空燃比,因此过量空气系数 ϕ_a 又称为相对空燃比(relative air-fuel ratio),国外资料常用 λ 表示过量空气系数。

3)燃空当量比

燃空当量比(equivalence ratio)ϕ 定义为单位质量的燃料完全燃烧所需的理论空气质量与实际供给的空气质量之比,是过量空气系数 ϕ_a 的倒数。国外更多地用燃空当量比 ϕ 表示混合气浓度。

以上三种混合气浓度参数可相互转换。根据式(2-30),若用于燃烧的燃料质量为 m,那么供给的空气质量为 $ml=m\phi_a l_0$,则有

$$\alpha=\frac{m\phi_a l_0}{m}=\phi_a l_0 \tag{2-31}$$

而

$$\phi=\frac{1}{\phi_a} \tag{2-32}$$

按常见 H/C 比数值,可计算得到汽油的化学计量比 $l_0=14.8$,柴油的 $l_0=14.3$,故汽油机的 $\alpha=14.8\phi_a$,柴油机 $\alpha=14.3\phi_a$。

由上述分析可知,若单位质量的燃料供给 l 质量的空气,则可燃混合气的质量热值 H_{um} 为

$$H_{um}=\frac{H_u}{1+l}=\frac{H_u}{1+\phi_a l_0} \tag{2-33}$$

式(2-33)仅适用于 $\phi_a\geqslant 1$ 时,因为 $\phi_a<1$ 时,部分燃料不能完全燃烧,其化学反应过程与完全燃烧的化学反应过程不同,有另外的混合气热值计算方法。

需要注意的是,对于 ϕ_a 或 ϕ,应该分清是缸内局部地区混合气的实际值,还是整个缸内混合气的平均值。柴油机在喷雾及混合气形成过程中,缸内的混合气浓度分布是不均匀的。进行整机性能分析时,往往用的是混合气浓度平均值,而在进行燃烧和排放分析时,又常常会用到混合气浓度局部值。常规汽油机因为是预制均匀混合气,缸内各处的 ϕ_a 或 ϕ 都是相同的,也就是说其局部值和平均值是相同的。

2.3.3 燃料消耗率与可燃混合气流量

1. 燃料消耗率

燃料消耗率 B 是指单位时间内燃机消耗的总燃料质量。

$$B=\frac{120ing_b}{\tau} \tag{2-34}$$

式中,B 为整机燃料消耗率,kg/h;i 为气缸数;n 为转速,r/min;g_b 为单缸燃料循环供应量,kg;τ 为冲程系数。

2. 可燃混合气流量

可燃混合气流量 G_m 是指单位时间进入缸内的新鲜空气质量和燃料质量之和。理论上,每循环进入缸内的空气质量,应为按进气状态和内燃机排量计算得到的空气量。但由于进气存在流动损失和压力波动,充气质量(简称充量)并非理论值。为此,引入内燃机充量系

数(volumetric efficiency,又叫充量效率或容积效率)ϕ_c的概念。

ϕ_c被定义为每缸每循环吸入缸内的新鲜空气质量与按进气状态计算得到的理论充气质量的比值。

$$\phi_c = \frac{m_a}{\rho_s V_s} \tag{2-35}$$

式中,m_a为每循环进入气缸的新鲜空气质量,kg;ρ_s为进气状态的空气密度,对自然吸气内燃机为环境空气密度,对增压内燃机则为压气机后增压空气密度,kg/L 或 kg/dm³;V_s为气缸排量,L。

ϕ_c是决定内燃机动力性和进气过程完善程度极为重要的评定指标,第5章5.2.1节充量系数解析式中有详细论述。

由式(2-35),可求出整机的可燃混合气流量 G_m

$$G_m = A_a + B = A_a + \frac{A_a}{\phi_a l_0} = A_a \left(\frac{1+\phi_a l_0}{\phi_a l_0}\right) = \frac{120 \phi_c \rho_s V_s i n}{\tau}\left(\frac{1+\phi_a l_0}{\phi_a l_0}\right) \tag{2-36}$$

进一步引入理想气体状态方程 $p_s = \rho_s R_s T_s$,则式(2-36)可整理为

$$G_m = \frac{120 \phi_c p_s V_s i n}{R_s T_s \tau}\left(\frac{1+\phi_a l_0}{\phi_a l_0}\right) \tag{2-37}$$

式中,G_m为进入整机的可燃混合气流量,kg/h;A_a为进入整机的新鲜空气流量,kg/h;p_s为进气状态空气压力,MPa;T_s为进气状态空气温度,K;R_s为空气气体常数,kJ/(kg·K)。

2.3.4 燃料能量转换效率

图 2-8 给出了内燃机从燃料化学能转化为曲轴输出有效功的各种能量转化效率。从图中可以看出,内燃机的能量转化历经燃烧放热、热功转换和机械损耗三级转换过程,存在三个转换效率。

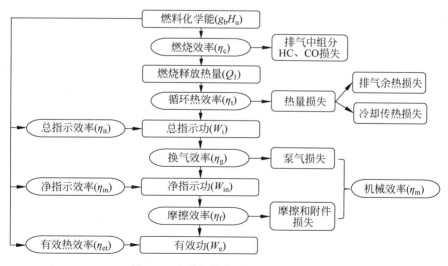

图 2-8 内燃机的各种能量转换效率

1. 燃烧效率

燃烧效率(combustion efficiency)η_c定义为燃料化学能通过燃烧转为热能的百分比。

$$\eta_c = \frac{Q_1}{g_b H_u} \tag{2-38}$$

式中,Q_1 为每缸每循环燃烧发出的热量,kJ。燃烧损失主要体现在不完全燃烧造成的排气中未燃碳氢(HC)、一氧化碳(CO)和炭烟(C)等组分能量损失。

2. 循环热效率

循环热效率(thermal efficiency)η_t 定义为燃烧发出的热量 Q_1,经内燃机工作循环热功转换为工质对活塞所做总指示功 W_i 的百分比。

$$\eta_t = \frac{W_i}{Q_1} \tag{2-39}$$

热功转换损失是内燃机能量转换过程中的最大损失,包括排气带走的余热损失和冷却液带走的传热损失。

3. 机械效率

如前所述,机械效率(mechanical efficiency)η_m 定义为总指示功 W_i 减去机械损失功 W_m(包括泵气损失功、摩擦损失功和附件损失功),转为有效功 W_e 的百分比,$\eta_m = \frac{W_e}{W_i}$(见式(2-13))。

上述三效率之积即为燃料的能量转换总效率,即有效热效率(brake thermal efficiency,BTE)η_{et}。

$$\eta_{et} = \eta_c \eta_t \eta_m = \eta_{it} \eta_m = \frac{W_e}{g_b H_u} \tag{2-40}$$

式中,η_{it} 为总指示热效率。而净指示热效率 $\eta_{in}=$(总指示热效率 η_{it})×(换气效率 η_g)。

此处将 $\eta_t \eta_c$ 定义为总指示热效率 η_{it},而在后文进行循环分析时又常把 η_{it} 与循环热效率 η_t 等同对待。这意味着在这些分析中,假定燃料能完全燃烧,其燃烧效率为100%,即 $\eta_c = 1$。

内燃机在实际运行中,当可燃混合气偏稀或在化学计量比附近,而又能正常进行燃烧时,汽油机燃烧效率 η_c 一般超过95%,柴油机燃烧效率 η_c 一般超过98%。因此在循环分析时假定 $\eta_c = 1$ 是可以接受的,见图2-9。

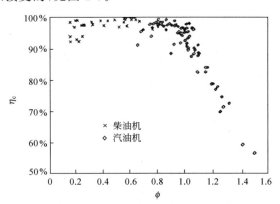

图2-9 燃烧效率 η_c 与燃空当量比 ϕ 的关系

2.3.5 有效功率与燃料消耗率的综合表达式

将式(2-33)、式(2-34)、式(2-37)和式(2-40)代入式(2-28)和式(2-29)中,经整理可得到

下列两个整机有效功率的综合表达式：

$$P_e = \frac{\eta_{et} B H_u}{3600} = \eta_c \eta_t \eta_m g_b H_u \left(\frac{in}{30\tau}\right) \tag{2-41}$$

$$P_e = \frac{\eta_{et} G_m H_{um}}{3600} = \eta_c \eta_t \eta_m \left(\frac{H_u}{1+\phi_a l_0}\right) \phi_c V_s \left(\frac{p_s}{R_s T_s}\right) \left(\frac{1+\phi_a l_0}{\phi_a l_0}\right) \left(\frac{in}{30\tau}\right)$$

$$= \eta_c \eta_t \eta_m \left(\frac{H_u}{\phi_a l_0}\right) \phi_c V_s \left(\frac{p_s}{R_s T_s}\right) \left(\frac{in}{30\tau}\right) \tag{2-42}$$

式(2-41)和式(2-42)可相互转换，对柴油机和汽油机都适用。实际上，式(2-41)更适用于柴油机，因为柴油机的循环油量 g_b 是一个可直接测出的值，而式(2-42)则更适用于汽油机。

式(2-42)中的 $\frac{H_u}{(\phi_a l_0)}$ 项可理解为进入气缸的单位空气量分配到的燃料热量。$\phi_c V_s \left(\frac{p_s}{R_s T_s}\right) \left(\frac{in}{30\tau}\right)$ 项为单位时间进入整机的空气质量。于是式(2-42)就可直接理解为按空气所分配到能量求得的有效功率表达式。

下面进一步推导有效燃料消耗率的综合表达式。

依据式(2-26) $b_e = \frac{B}{P_e} \times 10^3$，其中整机燃料消耗率 B 可由式(2-34)给出，而 $g_b = \frac{\phi_c \rho_s V_s}{\phi_a l_0}$，于是有

$$B = \left(\frac{1}{\phi_a l_0}\right) \phi_c V_s \left(\frac{p_s}{R_s T_s}\right) \left(\frac{120 in}{\tau}\right) \tag{2-43}$$

再将式(2-41)代入式(2-26)中得

$$b_e = \frac{3.6 \times 10^6}{\eta_{et} H_u} = \frac{3.6 \times 10^6}{\eta_c \eta_t \eta_m H_u} = \frac{3.6 \times 10^6}{\eta_{it} \eta_m H_u} \tag{2-44}$$

式(2-44)表明，有效燃料消耗率 b_e 只与能量转换效率和燃料低热值有关，而与可燃混合气量无关。

式(2-41)、式(2-42)的 P_e 及式(2-44)的 b_e 综合表达式，涉及内燃机动力性和经济性中"量"与"质"两大环节多达 15 个性能与结构参数或因素。各因素所起的作用十分明确，这就理顺了分析内燃机动力性和经济性问题的思路。事实上，每一个因素就是内燃机动力性和经济性所涉及的一个领域或研究方向。后续 3 章分别针对燃料与工质、能量转换以及进气充量等三方面涉及的理论及影响因素展开分析。

这些因素概括了内燃机动力性和经济性涉及的所有方面，它们分别是：

H_u, l_0——燃料特性与燃烧热化学的影响；

R_s——工质热力特性的影响；

η_t——工作过程热力循环与工质特性的影响；

η_c——混合气形成与燃烧过程的影响；

η_m——与机械损失有关的机械学、流体力学的影响；

ϕ_c——进、排气过程及热流体动力学的影响；

ϕ_a——混合气形成与燃料供给方式的影响；

ρ_s 或 $\dfrac{p_s}{R_s T_s}$——进气状态与增压中冷方式的影响；

n——内燃机转速的影响；

V_s、i——排量与缸数的影响；

τ——四冲程与二冲程的影响；

g_b——内燃机喷油系统供油特性的影响。

思考与练习题

2-1 图 2-3 示出了自然吸气与增压四冲程内燃机的示功图，请问：
(1) 各自的动力过程功、泵气过程功指的是图中哪块面积？功的正负如何？
(2) 各自的理论泵气功、实际泵气功和泵气损失功指的是图中哪块面积？功的正负如何？
(3) 各自的净指示功和总指示功是由图中哪些面积组成？功的正负如何？
(4) 比较自然吸气与增压内燃机示功图的差异，并说明造成差异的原因。

2-2 机械增压与涡轮增压四冲程内燃机的示功图有何异同？试分析二者的泵气过程功和机械效率有何差异？

2-3 图 2-6 曲轴箱扫气式二冲程内燃机的示功图两块面积各表示什么含义？说明曲轴箱换气功的形成过程，并判断功的正负。

2-4 为什么内燃机性能指标有指示指标与有效指标之分？两种指标各在什么场合使用？

2-5 内燃机的动力性和经济性在生产使用中主要用哪几个指标来表示？如果要进行不同机型性能的对比，又应该使用何种动力性和经济性指标？

2-6 为什么内燃机原理把有效平均压力当作一个极为重要的性能指标？

2-7 为什么说活塞平均速度是比转速更本质的动力性速度指标？

2-8 试推导以有效平均压力 p_{me} 表示的有效功率 P_e 和转矩 T_{tq} 的计算公式（标出各参数的单位，其中 p_{me} 单位为 MPa，P_e 单位为 kW，T_{tq} 单位为 N·m）；并比较同为动力性指标的 P_e 和 T_{tq} 有何区别；分析在内燃机结构参数不变的前提下提高 P_e 的途径。

2-9 为什么说内燃机转速确定后有效功率（或转矩）主要取决于循环可燃混合气进气量（汽油机）或循环供油量（柴油机）？而有效燃料消耗率则主要取决于有效热效率？

2-10 燃料低热值和混合气热值有何异同？决定混合气热值的因素有哪些？

2-11 内燃机有效热效率计算公式 $\eta_{et}=\eta_c\eta_t\eta_m$ 中，η_c、η_t、η_m 各自的物理含义是什么？

2-12 影响有效燃料消耗率 b_e 的因素有哪些？降低 b_e 的途径有哪些？

2-13 可燃混合气的浓与稀可以用哪几个指标表示？这些指标的含义是什么？彼此间如何换算？

2-14 什么是燃料燃烧化学计量比？具有化学计量比的汽油可燃混合气的过量空气系数是多少？其空燃比又是多少？

2-15 画图：
(1) 在 p-V 图上画出四冲程增压柴油机的示功图，用箭头注明各过程进行方向，并在曲线上标出进、排气门早开、晚关和着火的五个点。

(2) 在 p-φ 图上对应画出上述示功图的展开示功图和上述对应的五个点(注意：各曲线形状及对应关系要定性准确；坐标原点及上、下止点都要标出来)。

2-16 基于 P_e 的综合表达式(2-42)分析：
(1) 哪些参数属于"质"环节参数？哪些参数属于"量"环节参数？
(2) 内燃机在结构参数不变的情况下，由自然吸气改为涡轮增压时，式中各参数怎样变化？

2-17 一台 4 缸四冲程火花点火内燃机(缸径 80 mm，冲程 76.5 mm)节气门全开时在台架上的测量结果如下：转速 5900 r/min；转矩 107.1 N·m；指示平均压力 1.19 MPa。计算：
(1) 指示循环功；
(2) 指示功率和有效功率；
(3) 有效平均压力；
(4) 机械效率；
(5) 机械损失功率和机械损失平均压力。

2-18 6135Q-1 四冲程柴油机，冲程 140 mm，转速 2200 r/min 时的机械效率为 0.75，有效功率为 154 kW，有效燃料消耗率为 217 g/(kW·h)。已知柴油低热值为 42 500 kJ/kg。求此工况下 p_{me}、T_{tq}、P_m、η_{et} 和 W_i 各值。

2-19 一台缸径为 102 mm，冲程为 125 mm 的 6 缸四冲程柴油机，在全负荷时的台架测量结果如下：燃料在 21.22 s 测得的体积为 200 cm³，燃料密度为 0.83 kg/dm³；在 30.1 s 测得的空气体积为 5 m³，环境空气压力 0.1 MPa；环境空气温度 300 K；最大转矩 424 N·m；转速 2650 r/min；机械损失平均压力 0.1758 MPa；柴油低热值 42 500 kJ/kg。计算此工况的：
(1) 燃料体积流量和质量流量；
(2) 空气体积流量和质量流量；
(3) 有效功率；
(4) 有效燃料消耗率和有效热效率；
(5) 指示燃料消耗率和指示热效率。

2-20 一台排量为 4.6 L 的四冲程 V8 汽油机采用断缸技术，当功率需求减小时，切换成 2.3 L 排量的 V4 工作模式。该汽油机在转速为 1750 r/min 时，采用 V8 工作模式，此时充量系数为 0.51，机械效率为 0.75，空燃比为 14.5，有效功率是 32.4 kW。当汽油机在更高的转速下切换成 V4 工作模式时，充量系数为 0.86，机械效率为 0.87，空燃比为 18.2。假定不同转速下的指示热效率相同，且燃烧效率为 100%。计算：
(1) 1750 r/min 时，V8 工作模式的进气质量流量(kg/s)；
(2) 1750 r/min 时，V8 工作模式的燃料消耗质量流量(kg/s)；
(3) 1750 r/min 时，V8 工作模式的有效燃料消耗率(g/(kW·h))；
(4) V4 工作模式发出相同有效功率所需的转速(r/min)；
(5) 上述 V4 工作模式时汽油机的有效燃料消耗率(g/(kW·h))。

参 考 文 献

[1] 王建昕,帅石金. 汽车发动机原理[M]. 北京：清华大学出版社,2011.
[2] 刘峥,王建昕. 汽车发动机原理教程[M]. 北京：清华大学出版社,2001.
[3] PISCHINGER S. Internal Combustion Engines[M]. Volume 1 & 2,RWTH,Germany,2004.
[4] PULKRABE W W. Engineering Fundamentals of the Internal Combustion Engine[M]. 2nd ed. Prentice-Hall,2006.

第 3 章　内燃机燃料理化特性与热化学

在内燃机工作过程中,缸内工质是成分和比例不断变化的空气、燃料液滴、燃料蒸气、燃烧产物等的混合物,对内燃机的动力性、经济性、排放性能以及燃烧模式有巨大的影响,主要体现在以下几方面。

(1) 缸内工质的各种热力参数,如比热容、等熵指数等,是决定内燃机动力性和经济性"质"环节的重要因素,对循环热效率有重要的影响。

(2) 缸内燃料与空气组成的可燃混合气是内燃机动力输出的来源,燃料热值特别是可燃混合气热值,是决定动力性和经济性"量"环节的主要因素之一。

(3) 燃料的理化特性在很大程度上决定了内燃机混合气形成、着火燃烧以及负荷调节等过程的模式,这些模式反过来又对循环热效率、过量空气系数和充量系数有重大影响,即对内燃机动力性和经济性产生间接的重大影响。此外,燃料的理化特性也影响有害排放物的成分和生成量。这些是形成汽油机、柴油机及各种代用燃料内燃机的结构和性能差异的主要原因。

随着汽车燃油经济性和排放法规日益严格,各种代用燃料如醇、醚、酯生物质含氧燃料及氢气等,以及各种新燃烧模式如汽油压燃、低温燃烧、双燃料混合燃烧等应运而生,燃料与工质的影响凸显出来。对燃料与工质的深入分析与研究,是开发有实用价值的代用燃料新机型和新燃烧技术必不可少的基础。

本章重点阐述汽油和柴油等烃类燃料的理化特性,给出燃料完全燃烧需要的空气量以及燃烧化学涉及的相关基本概念。同时,对醇、醚、酯等含氧替代燃料的理化特性进行简单介绍。这些内容不仅是内燃机动力性和经济性分析必备的基础知识,也是内燃机燃烧与排放分析的重要理论依据。

3.1　车用燃料成分及理化特性

3.1.1　车用燃料概述

可以燃烧的物质很多,但并非所有燃料都能被社会和市场认可而成为车用燃料。车用燃料应综合满足如下要求:

(1) 燃料资源丰富,价格适宜而且供应充足;
(2) 燃料理化特性能适应内燃机燃烧及车辆行驶的综合性能要求;
(3) 燃料能满足有害排放物及安全等法规要求,对人体健康影响小;
(4) 燃料能量密度高,每次加注后行驶里程长,储运、使用以及加注安全、方便;
(5) 燃料供给及燃烧装置不过于昂贵,对内燃机的寿命及可靠性无不良影响。

燃料全面满足上述要求十分困难,目前车用内燃机绝大多数还是使用石油炼制品液体燃料——汽油和柴油。尽管二者还存一些不足,如有害物和 CO_2 排放相对较高等,但综合来看,其他燃料一时还难以大规模替代它们。所以汽油、柴油习惯上称为常规燃料(conventional fuel),而其余燃料称为代用燃料(alternative fuel)。

代用燃料在内燃机上的应用研究从未停止,一些代用燃料如液化石油气(LPG)、压缩天然气(CNG)、乙醇汽油、生物柴油等,已在世界范围内得到推广使用。这不仅是出于能源安全考虑,也是基于环境保护需求。此外,随着人们对温室气体、全球变暖问题的日益关注,氢、氨等零碳燃料内燃机开始受到重视,典型代用燃料的分类如表3-1所示。

表 3-1 典型代用燃料的分类

分类方法	燃料种类		燃 料
按来源分类	矿物质代用燃料		压缩天然气(CNG)、液化天然气(LNG)、液化石油气(LPG)、煤制甲醇、煤制二甲醚(DME)、煤制柴油(CTL)、天然气制柴油(GTL)、聚甲氧基二甲醚(PODE)等
	生物质代用燃料		各种植物油,如菜籽油、豆油、棉籽油、棕榈油、椰子油和葵花籽油等 植物油加工成的酯类化合物(生物柴油) 动物油脂加工成的酯类化合物(生物柴油) 植物或农作物制取的甲醇、乙醇等 生物燃料制柴油(BTL)
按着火方式分类	汽油代用燃料(点燃方式)		CNG、LNG、LPG、甲醇、乙醇、氢气等
	柴油代用燃料(压燃方式)		生物柴油、DME、CTL、GTL、BTL、PODE等
按形态分类	气体代用燃料		氢气、CNG、LNG、LPG、DME、煤气、沼气、氨气等
	液体代用燃料		甲醇、乙醇、生物柴油、BTL、CTL、GTL等
	固体代用燃料		煤粉(与燃料油或乳化剂混合)
按化学成分分类	烃类代用燃料		CNG、LNG、LPG、BTL、CTL、GTL等
	含氧代用燃料	醇类燃料	甲醇、乙醇等
		醚类燃料	甲基叔丁基醚(MTBE)、乙基叔丁基醚(ETBE)、甲基叔戊基醚(TAME)、二甲醚(DME)、二异丙基醚(DIPE)、二正戊基醚(DNPE)、聚甲氧基二甲醚(PODE)等
		酯类燃料	生物柴油(甲酯)、合成酯
	氢气、氨气代用燃料		氢气、氨气

3.1.2 车用燃料主要理化特性及评定

评价燃料理化特性的指标分为两类:一类是与燃料物理特性相关的指标,如密度、黏度、表面张力、蒸气压、沸点、馏程、浊点、倾点、冷滤点、凝点等;另一类是与燃料热化学特性相关的指标,如燃料热值、混合气热值、着火温度、十六烷值、辛烷值、抗爆指数等。本节重点介绍对车用内燃机燃烧和排放有重要影响的燃料主要理化特性指标。

1. 自燃性

燃料在无外源点火的情况下能够自行着火的性能称为自燃性。柴油机采用压缩着火，所以自燃性是柴油最重要的性能之一。自燃性也与内燃机的燃烧噪声、工作平顺性、冷起动性能以及是否出现异常燃烧（如汽油机的爆震）等都直接相关。

评价柴油和各种燃料的自燃性指标是十六烷值（cetane number，CN）。十六烷值的评定采用两种标准燃料作为参比，一种是正十六烷（$C_{16}H_{34}$），自燃性很好，其十六烷值定义为100；另一种是α-甲基萘（$C_{11}H_{10}$），自燃性很差，其十六烷值定义为0。在可变压缩比的标准专用试验机上，分别测取待测燃料和上述两种标准燃料混合成的参比燃料的着火落后期，相同压缩比下当两者的着火落后期相同（都在上止点着火）时，参比燃料中正十六烷的体积百分数即为待测燃料的十六烷值。燃料十六烷值的评价试验条件如表3-2所示。

表 3-2 十六烷值的评价试验条件

内燃机转速	900 r/min	燃烧始点	上止点
燃烧室形式	涡流燃烧室	着火延迟调整	改变压缩比
喷油提前角	13°CA（上止点前）	吸入空气温度	66℃

由于测试十六烷值的专用试验机价格昂贵，人们也使用经验公式直接计算十六烷值，即十六烷指数（cetane index，CI）。按 GB/T 11139—1989 规定，柴油的十六烷指数可表示为：

$$CI = 431.29 - 1586.88\rho_{20} + 730.97(\rho_{20})^2 + 12.392(\rho_{20})^3 + 0.0515(\rho_{20})^4 - 0.554T_{50} + 97.803(\ln T_{50})^2 \tag{3-1}$$

式中，ρ_{20} 是柴油 20℃时的密度，单位 kg/L；T_{50} 是柴油馏出50%的温度，单位℃。

十六烷指数与十六烷值有很好的相关性，可作为十六烷值替代评价指标。但十六烷指数的应用范围有一定的条件限制，如只适用于直馏和催化裂化柴油以及两者的混合物，不适用于加有十六烷值改进剂的柴油、纯烃、合成燃料、焦化柴油等燃料。

十六烷值高的柴油，其自燃温度低，滞燃期短，燃烧噪声低，有利于冷起动，适合于高速柴油机使用。但十六烷值过高的柴油，在燃烧过程中容易裂解产生炭烟。一般十六烷值大于50时，对滞燃期的影响已不明显；大于65以后，易裂解冒黑烟，导致燃料消耗率上升。

2. 抗爆性

常规汽油机的燃烧是预制混合气外源点火，点燃后火焰传播。由于点火时火花塞电火花处的温度极高，所以对燃料的自燃性要求不如柴油机高。但是，汽油组分的自燃性对汽油的燃烧性能有重要影响，自燃性偏高的汽油组分容易引发爆震，即距离火花塞较远的末端混合气在火焰传播到达之前发生提前自燃着火的异常燃烧现象。关于汽油机的爆震机理及特征，详见第6章6.5节。

1) 辛烷值及相关指标

燃料对内燃机发生爆震的抵抗能力称为燃料的抗爆性，一般用辛烷值（octane number，ON）来评价。辛烷值越高，燃料越不易自燃，即抗爆性越好。根据试验方法不同，常用的辛烷值有马达法辛烷值（motor octane number，MON）和研究法辛烷值（research octane number，RON）两种。燃料辛烷值的评价试验是在专用的带有爆震传感器的可变压缩比试验机上进行的。两种辛烷值的评价试验条件如表3-3所示。

表 3-3 辛烷值的评价试验条件

运行条件	马达法辛烷值(MON)	研究法辛烷值(RON)
内燃机转速	900 r/min	600 r/min
压缩比	可调整	
着火时刻	上止点前19°～26°CA	上止点前13°CA
混合气预热	149℃	无
空气预热	38℃	52℃

试验时,先用待测燃料运转,不断提高压缩比,直到发生爆震为止;然后保持压缩比不变,换用参比燃料运转。参比燃料是由抗爆性很高的异辛烷 C_8H_{18}(辛烷值为100)和抗爆性很差的正庚烷 C_7H_{16}(辛烷值为0)以不同的体积比混合而成。若参比燃料能产生与待测燃料同等强度的爆震,则参比燃料中异辛烷的体积百分数即为待测燃料的辛烷值。辛烷值允许出现大于100的情况,这种测试中作为参比燃料的异辛烷需加入特定的抗爆添加剂或使用更高抗爆性的参比燃料,并遵循对应标准进行换算。

从表3-3可以看出,马达法辛烷值的试验条件严于研究法辛烷值,即同一燃料用马达法测试更容易发生爆震,因而同一燃料的MON一般小于RON。我国用RON作为汽油的标号,如92号汽油的RON为92;而美国常用(MON+RON)/2即抗爆指数作为汽油标号。

同一燃料RON与MON的差值定义为该燃料的灵敏度,即燃料灵敏度 $S_a = RON - MON$。燃料灵敏度表征内燃机运转工况强化后(如点火提前角加大,进气温度提高等),被测燃料与参比燃料的相对敏感程度(即更易或更难爆震)。灵敏度为正,说明被测燃料较参比燃料更敏感,此时RON>MON,目前常用的燃料大多属于此类,MON值一般比RON值小7～12。敏感度越大,说明被测燃料与参比燃料的敏感性差别越大。若正庚烷或异辛烷是被测燃料,则其灵敏度为零,因其RON和MON都是0或100。

另一种燃料抗爆性评价指标是抗爆指数 A_i,其定义如下:

$$A_i = (MON + RON)/2 \tag{3-2}$$

根据抗爆指数和灵敏度的定义,可得 A_i、S_a、MON 和 RON 四者之间的关系如下:

$$\begin{cases} A_i = MON + 0.5 S_a \\ A_i = RON - 0.5 S_a \end{cases} \tag{3-3}$$

在国际上辛烷值还有若干种其他测定方法。如道路辛烷值是用实际汽车在给定条件下进行道路试验,并与标准燃料进行对比得到,我国国标未采用该方法。

由定义可知,燃料的十六烷值(CN)与辛烷值(MON或RON)是相逆的评价指标。十六烷值表征燃料的自燃性,而辛烷值表征燃料抵抗自燃的属性即抗爆性,两者有如下大致的关系:

$$\begin{cases} CN = 60.96 - 0.56 \times MON \\ CN = 68.54 - 0.59 \times RON \end{cases} \tag{3-4}$$

2) 提高辛烷值的方法

过去,在汽油中加入四乙基铅($Pb(C_2H_5)_4$)等铅化物以提高辛烷值。但由于铅对人体有害并会破坏三效催化器后处理系统,因此世界主要发达国家于20世纪70年代末、我国于

2000年开始停止生产和使用含铅汽油,代之以无铅汽油。我国目前无铅汽油要求铅含量小于 0.005 g/L。

甲基环戊二烯基三羰基锰($CH_3C_5H_4Mn(CO)_3$,MMT)是一种锰基化合物,曾用作汽油添加剂来提高辛烷值。但有研究表明,MMT 的燃烧产物会在火花塞等零部件上产生沉积物,可能导致失火,有时甚至会堵塞催化剂,导致内燃机运行异常、油耗增加。因此很多国家,包括中国禁止在汽油中添加 MMT,我国目前车用汽油标准要求锰含量不大于 0.002 g/L。

在汽油中加入一定量的醇类和醚类添加剂也可提高汽油的辛烷值,如在汽油中添加甲基叔丁基醚(MTBE)可以增加汽油的辛烷值和含氧量,同时降低汽油蒸气压,减少轻烃组分的挥发。但有研究发现,MTBE 会污染地下水源,因此美国加利福尼亚州等地已禁止使用 MTBE。现在普遍采用添加乙醇来替代 MTBE。

调整汽油组分也能提高汽油的辛烷值。烃的分子结构对抗爆性有影响,同样的 C 原子数,烷烃、烯烃、环烷烃、芳烃的辛烷值依次增高。因此,通过合理调整汽油中各类烃的比例,如增加芳烃和烯烃比例,可以增加汽油的辛烷值。

3) 辛烷值对动力性、经济性和排放的影响

高辛烷值的汽油可以允许汽油机使用更高的压缩比和更早的点火提前角来获取更高的热效率,研究表明在压缩比为 10 的汽油机上,将燃料辛烷值从 92 提升至 102,热效率提升的潜力可达 5 个百分点,而且增压小排量汽油机的热效率提升会更加明显。提高燃油经济性、降低 CO_2 排放最常见的技术包括增压小排量、降低转速、断缸及混动化。采用这些技术会使得发动机运转的负荷更高,此时辛烷值便成为最基本的限制因素。油耗法规越严格的市场,对高辛烷值燃料的需求越迫切。在发动机各方面技术都发展较为成熟的今天,要大幅提升汽油机的热效率面临诸多技术难点,相对而言,提高燃料辛烷值是提高汽油机综合性能的一个公认高效方法。

3. 蒸发性

燃料的蒸发性是燃料由液态转化为气态的性能。由于常规汽油机采用预制均匀混合气点燃燃烧模式,因此对燃料的蒸发性要求高。若汽油的蒸发性不好,容易使汽油汽化不完全,难以形成理想浓度的均匀混合气,不仅会导致汽油机起动困难,而且混合气中有一些悬浮的油滴进入燃烧室后还会导致燃烧不完全,燃料消耗增大,输出功率降低。因此,不宜使用蒸发性过低的汽油,尤其在冬季。但汽油的蒸发性也不宜过高,否则汽油在存储、运输和加注时,由于蒸发太快而损耗增大。此外,汽油在夏季使用时,蒸发性过高容易导致在汽油泵、输油管转弯处或油管较热的部位形成气泡,造成供油不畅甚至中断,使得汽油机运行不稳定甚至熄火,这种现象称为"气阻"(choking)。评定燃料蒸发性的主要指标有馏程和蒸气压。

1) 馏程

液体燃料开始沸腾时的温度称为沸点(boiling point)。绝大部分液体燃料不是纯净物,而是复杂的有机混合物,各组分的沸点不同,所以其沸点不是一个常数而是一定的范围,这个沸点的范围叫馏程。将 100 mL 燃料按规定的方法进行加热使其沸腾(图 3-1),然后将燃料蒸气通过冷凝装置冷却为液体,从冷凝管中流出第一滴液体燃料时的温度,到蒸馏结束时的最高温度,就是燃料的馏程。蒸出第一滴液体燃料时的温度称为初馏点,馏出 10 mL、50 mL、90 mL 时的温度分别称为 10%、50%、90%馏出温度,分别用 T_{10}、T_{50}、T_{90} 表示。蒸馏结束时的最高温度,称为终馏点或干点(EP)。

对于汽油机，T_{10}反映汽油中轻质组分的多少，与汽油机的冷起动有关。常规汽油机冷起动时，转速和空气流速都低，而且进气管和气缸壁面温度也低，因此汽油雾化差，蒸发量少。T_{10}越低，汽油机的冷起动性能越好。但是T_{10}过低，往往在管路中输送时受高温零部件的加热而变成蒸气，容易形成气阻，影响汽油机正常运转。现有汽油国标要求T_{10}不高于70℃。

T_{50}反映汽油的平均蒸发性，直接影响汽油机的暖车时间、加速性和工作稳定性。T_{50}低说明汽油的平均蒸发性好，在较低温度下可以有大量的燃料挥发并与空气混合，可以缩短暖机时间，而且从低负荷向高负荷过渡时，能够及时供给所需的可燃混合气量。现有汽油国标要求T_{50}不高于120℃。

T_{90}和干点(EP)反映汽油中重质组分的多少，对汽油能否完全燃烧和汽油机磨损大小有一定的影响。这两个温度过高，说明汽油含有较多的重质成分，在气缸中不易挥发而附在气缸壁上，燃烧时容易产生积炭。没有完全燃烧的重质汽油还会冲洗掉气缸壁的润滑油，加剧机械磨损。流入曲轴箱的重质汽油组分会稀释润滑油，稀释的润滑油易窜入燃烧室被烧掉，从而增加润滑油消耗。现有汽油国标要求T_{90}不高于190℃。

如果需要全面比较燃料的蒸发性能，可将所测各点绘成蒸馏曲线。图3-2给出了几种常见液体燃料如航空汽油、车用汽油、航空煤油和轻柴油的蒸馏曲线。

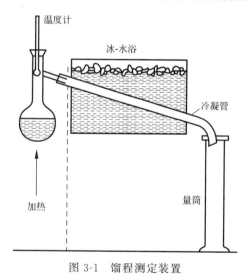

图3-1 馏程测定装置

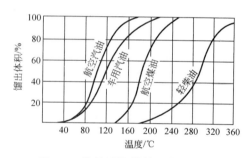

图3-2 常见液体燃料的蒸馏曲线

为了更全面合理地反映燃料的蒸馏特性对汽油机低温冷起动性能的影响，美国合作研究理事会(CRC)根据蒸馏曲线定义了燃料驾驶性指数(driveability index, DI)，采用不同权重系数综合考虑T_{10}、T_{50}、T_{90}的影响，其表达式如下：

$$\mathrm{DI} = 1.5T_{10} + 3T_{50} + T_{90} \tag{3-5}$$

DI的单位与蒸馏温度的单位一样。由式(3-5)可知，T_{50}对DI影响最大(权重因子为3)，其次是T_{10}(权重因子为1.5)，影响最小的是T_{90}(权重因子为1)。典型汽油的DI范围为540~700℃。DI越高，说明燃料的蒸发性越差，冷起动的驾驶性问题越多。

燃料含氧会增加燃料的驾驶性指数，美国CRC给出了含氧汽油的DI推荐计算公式：

$$\mathrm{DI} = 1.5T_{10} + 3T_{50} + T_{90} + 7.2\delta_{\mathrm{MTBE}} + 30\delta_{\mathrm{EtOH}} \tag{3-6}$$

式中，δ_{MTBE} 和 δ_{EtOH} 分别代表 MTBE 和乙醇含氧化合物添加影响因子，当汽油中添加这两种含氧化合物时，δ_{MTBE} 和 δ_{EtOH} 就取 1；如果没有添加，就取 0。加入含氧化合物后，汽油的 DI 一般会升高 5%～7%。

除了采用一定馏出体积时的蒸馏温度来定义燃料驾驶性指数外，还可以通过一定温度下的馏出体积百分比来定义燃料驾驶性，这种燃料驾驶性称为蒸发驾驶性指数(evaporation driveability index, EDI)。由于给定温度下的燃料蒸发量与掺混的含氧化合物量呈现较好的相关性，因此 EDI 便于炼油厂通过控制含氧化合物的掺混量来控制燃料的蒸发性。美国 CRC 给出了含氧汽油的 EDI 表达式：

$$EDI = E_{70} + 1.44E_{100} + 1.6E_{140} - 15\delta_{MTBE} - 41\delta_{EtOH} \tag{3-7}$$

式中，E_{70}、E_{100} 和 E_{140} 分别表示在 70℃、100℃ 和 140℃ 温度下燃料的蒸发百分比；δ_{MTBE} 和 δ_{EtOH} 与式(3-6)中的定义一样。

从定义可知，EDI 与 DI 是相逆的蒸发性评价参数，EDI 越高，说明燃料的蒸发性越好，汽油机的低温驾驶性也越好。典型汽油的 EDI 取值范围是 100～250。欧洲和日本常用 EDI 来评定燃料的蒸发性。

2) 蒸气压

液体燃料在雷德(Reid)饱和蒸气压测定器(图 3-3)中，按燃料蒸气与液体燃料的体积比为 4:1，水浴温度为 37.8℃(或 100℉)时所测出的最大燃料蒸气压力，称为雷德饱和蒸气压(RVP)。

液体燃料中各种组分的饱和蒸气压均随温度的升高而迅速增大，在标准测定条件下，含有 10 个碳原子以上烃类燃料的饱和蒸气压接近零。图 3-4 为部分烃类燃料的饱和蒸气压曲线。

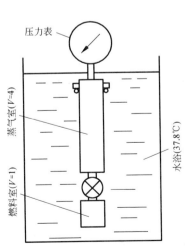

图 3-3 雷德饱和蒸气压测定装置

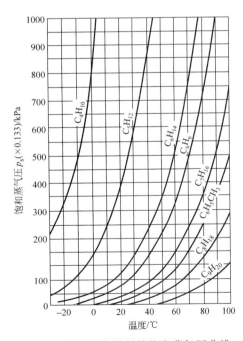

图 3-4 部分烃类燃料的饱和蒸气压曲线

汽油形成气阻的倾向用蒸气压表示较为直接。如前所述,汽油标准中规定 T_{10} 不得高于某一数值是为保证冷起动性能,但 T_{10} 过低易产生气阻,因此汽油标准同时规定了对蒸气压的要求。

饱和蒸气压越高,说明汽油中轻质组分越多,其蒸发性越好,冷起动性能越好,但使用时汽油机燃油系统中产生气阻的可能性也越大。现有汽油国标要求汽油蒸气压春、夏季不大于 74 kPa,秋、冬季不大于 88 kPa。

4. 低温流动性

液体燃料的低温流动性是指在低温条件下,燃料在内燃机燃料供给系统中能否顺利地进行泵送和通过燃料过滤器,从而保证内燃机正常供油。如果燃料的低温流动性不好,即燃料在低温使用时失去流动性,或者产生烃结晶,或燃料中的水分结成细小冰粒,都会妨碍燃料在油管和过滤器中顺利通过,造成供油减少或中断,严重影响内燃机的正常工作,甚至造成事故。

汽油的低温流动性良好,一般产生结晶的温度低于 $-60\ ℃$,在各种气候条件下均能保证顺利流动,因此燃料的低温流动性指标主要用于衡量柴油类的重质燃料组分在低温下的流动特性。

表示燃料低温流动性的指标有浊点(cloud point)、冷滤点(cold filter plugging point)、倾点(pour point)和凝点(freezing point)。浊点是燃料在规定的冷却过程中,开始析出烃结晶的最高温度。此时,结晶体将透射光无序地反射出来,使燃料变得浑浊不透明,故称为浊点。燃料在规定的冷却过程中,随着温度的下降,晶体逐渐长大且数量增多,冷滤点的定义是在 200 mm 水柱抽力下,1 min 内 20 mL 油样不能完全通过一个 350 目金属滤网过滤器时的最高温度。冷滤点与燃料实际使用的温度下限有良好的对应性。倾点是燃料在规定的冷却过程中,能够流动的最低温度。凝点是燃料在规定的冷却过程中,烃结晶析出、长大,互相连接成三维网状结构,使燃料失去流动性的最高温度。浊点、冷滤点、倾点和凝点之间的关系如图 3-5 所示。

我国采用凝点作为柴油规格指标,并按凝点的高低将柴油划分为几个牌号,如 0 号柴油的凝点为 0 ℃,-10 号柴油的凝点为 -10 ℃。实际上,0 号柴油在环境温度尚未降到 0 ℃ 时就已经不能正常使用了,判断能否使用的更合理的温度应该是冷滤点。

粘度也称为粘性系数,是衡量流体内部摩擦阻力大小的尺度,是流体内部阻碍其相对运动的一种特性,是流体抵抗剪切作用的一种能力,也是衡量燃料流动性能的重要指标之一。粘度直接影响燃料的喷雾质量。当其他条件相同时,粘度越大,雾化后油滴的平均直径也越大,使得燃料与空气不易混合,造成内燃机的燃料消耗增加,甚至冒烟。此外,粘度还影响供油系统中油

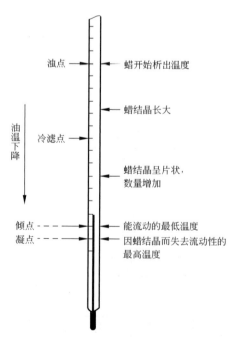

图 3-5 浊点、冷滤点、倾点和凝点之间的关系

泵、喷油器等的润滑。常用动力粘度和运动粘度表示燃料的粘度。动力粘度是指当燃料流动的速度梯度等于1时,单位面积上的内摩擦力的大小,用μ表示,单位为Pa·s。运动粘度是指动力粘度与同温下密度的比值,用ν表示,即$\nu=\mu/\rho$,常用单位为mm^2/s。

燃料的粘度与温度有很大的关系,粘度随温度的变化曲线称为粘温曲线,它是燃料重要的品质特性。汽油、柴油等燃料的粘温曲线参见图3-6(a)。

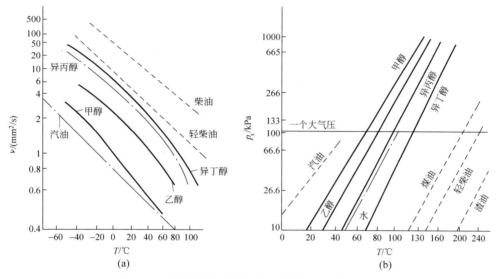

图3-6 各种燃料粘度和蒸气压随温度变化的比较
(a) 粘度;(b) 蒸气压

5. 化学安定性

燃料的化学安定性也称抗氧化安定性,是指燃料在常温液相条件下抵抗氧化变质的能力。一般用燃料含有的实际胶质和燃料的诱导期表示。燃料在长期储存中,胶质增加,酸度增大,有时还会析出沉淀,这些均属于燃料化学安定性问题。只有化学安定性良好的燃料才适合长期储存。

实际胶质是指100 mL燃料在试验条件下所含胶质的毫克数,单位为mg/100 mL。测定时将25 mL经过滤及脱水后的油样放入已准确称量过的玻璃杯中,然后将玻璃杯放置在预热至规定温度下的油浴槽内(汽油150℃,柴油250℃),向杯中油面吹入预热至相同温度的空气,使油样迅速蒸发,直至全部蒸干且残余物的质量不变为止,称量残余物的质量,并计算为每100 mL燃料中的毫克数,即为该燃料的实际胶质。现有汽油国标要求实际胶质不大于5 mg/100 mL。

燃料在压力为707 kPa、温度为100℃的氧气中未被氧化的时间称为诱导期,单位为min。现有汽油国标要求诱导期不小于480 min。

6. 其他性能

燃料与混合气的热值直接影响内燃机输出功率的大小,是非常重要的燃料热化学性能指标,将在3.4.4节和3.4.5节进行详细说明。

燃料的安全与环保性能是指燃料与人体接触时是否有毒副作用,以及燃烧后排出的有害排放物对环境的污染程度。有关排放的内容将在第7章中进行详细说明。

表3-4为部分常见燃料的成分和特性参数汇总。

表 3-4 常用液体和气体燃料的成分与特性参数

燃料名		汽油	轻柴油	天然气(NG)	液化石油气(LPG)	甲醇	乙醇	氢	二甲醚(DME)	生物柴油
分子式		C_nH_m	C_nH_m	CH_4	C_3H_8	CH_3OH	C_2H_5OH	H_2	CH_3OCH_3	$RCOOCH_3$
质量成分	g_C/kg	0.855	0.874	0.750	0.818	0.375	0.522		0.522	0.766
	g_H/kg	0.145	0.126	0.250	0.182	0.125	0.130	1.000	0.130	0.124
	g_O/kg					0.500	0.348		0.348	0.111
相对分子质量		95~120	180~200	16	44	32	46	2	46	280
液态密度/(kg/L)		0.700~0.750	0.800~0.860	0.420	0.540	0.795	0.790	0.071	0.668	0.860~0.900
沸点/℃		25~215	180~360	−162	−42	65	78	−253	−24.9	182~338
汽化潜热/(kJ/kg)		310~320	251~270	510	426	1100	862	450	467	
理论空气量	l_0/(kg/kg)	14.8	14.3	17.4	15.8	6.5	9.0	34.5	9.0	12.6
	L_0/(kmol/kg)	0.515	0.500	0.595	0.541	0.223	0.310	1.193		0.435
自燃温度/℃		300~400	250	650	365~470	500	420		235	
闪点/℃		−45	45~65	−162以下	−73.3	10~11	9~32			168~178
燃料低热值/(kJ/kg)		44000	42500	50050	46390	20260	27000	120000	28800	40000
标准状态下 $\varphi_a=1$ 的可燃混合气热值/(kJ/m³)		3750	3750	3230	3490	3557	3660	2899		3730
辛烷值	RON	90~106		130	96~111	110	106			
	MON	81~89		120~130	89~96	92	89			
十六烷值			45~55						55~60	50~60
运动粘度(20℃)/(mm²/s)		0.65~0.85	1.8~8.0						0.12~0.15 (40℃)	6.4~7.1

3.1.3 烃燃料成分与结构

汽油和柴油等典型石油炼制燃料的主要成分是烃类(hydrocarbon)组分,通常一种燃料中可含多达数百种烃。

烃的分子通式为 C_nH_m,由碳(C)和氢(H)两种元素构成。包括汽油、柴油在内的化石烃燃料可以由开采的原油直接蒸馏(简称直馏)得到。表 3-5 为原油不同分馏段燃油产品的成分及主要性能。但直馏得到的合格烃燃料少,因此现代石油化工大量使用针对直馏产物的催化重整以及对重成分的热裂解、催化裂解等工艺,以增加成品油产量。为了保证燃油品质,可能还要添加少量人工合成的组分。常见石油炼制产品燃料中,C、H 元素的含量占总量的 97%~98%,其余为少量的 O、S、N 等元素。

表 3-5 中除甲烷外,其他燃料都是多种单烃的混合物。各种单烃的成分、结构及其在燃料中所占比例均不相同,导致燃料的性能会有很大的变化范围。同一类燃料若其成分及结构有明显的差别,其性能也会有明显的差异。这就是为什么同种燃料,比如同为汽油燃料,其性能有优劣之分的主要原因。

表 3-5 原油不同分馏段燃油产品的成分及主要性能

名　称	主要成分 (C 原子数及质量百分数)	沸点/℃ (101.3 kPa)	密度(液 kg/L,气 kg/m³) (0℃,101.3 kPa)	相对分子质量	着火温度/℃
甲烷 (天然气)	C_1 76C,24H	−162	0.83(气)	16	650
石油气	$C_3 \sim C_5$ 83C,17H	−43~+1	0.51~0.58(液) 2.0~2.7(气)	41~58	365~470
汽油	$C_5 \sim C_{11}$ 86C,14H	25~215	0.715~0.78(液)	95~120	300~400
煤油	$C_{11} \sim C_{19}$ 87C,13H	170~260	0.77~0.83(液)	100~180	250
柴油	$C_{16} \sim C_{23}$ 87C,13H	180~360	0.815~0.855(液)	180~200	250
渣油	C_{23} 以上	360 以上		220~280	

表 3-6 给出了内燃机常用烃燃料的种类及其不同的分子结构。

表 3-6 常用烃燃料的分类、成分及结构

类　别		分子通式	结构特点	典型烃的结构式图例
烷烃	正烷	C_nH_{2n+2}	C 原子间单键相连;链状排列;饱和烃	正庚烷(C_7H_{16})
	异烷 (异构体)	C_nH_{2n+2}	C 原子间单键相连;链状排列中有分支排列结构;饱和烃	异辛烷(C_8H_{18})

续表

类别		分子通式	结构特点	典型烃的结构式图例
环烷烃		C_nH_{2n}	C原子间单键相连；C原子环状排列；饱和烃	环己烷(C_6H_{12}) 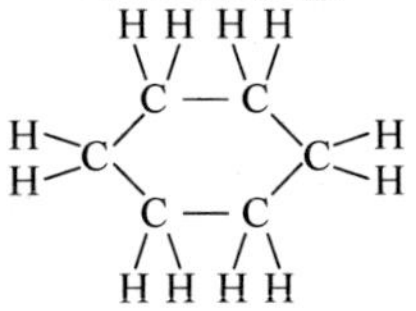
烯烃		C_nH_{2n}	C原子间链状排列；其中一个为双键相连；不饱和烃	乙烯(C_2H_4) 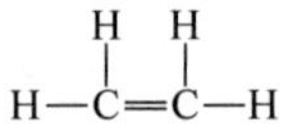
芳香烃	苯	C_nH_{2n-6}	6个C原子环状排列；单、双键交替相连形成"苯核"；以"苯核"为基础的不饱和烃	苯(C_6H_6) 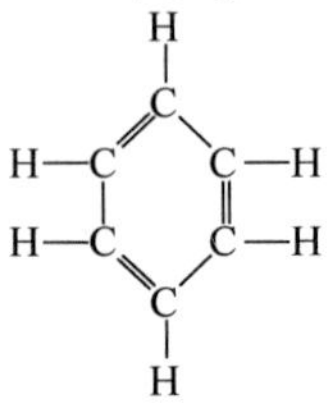　甲苯(C_7H_8) 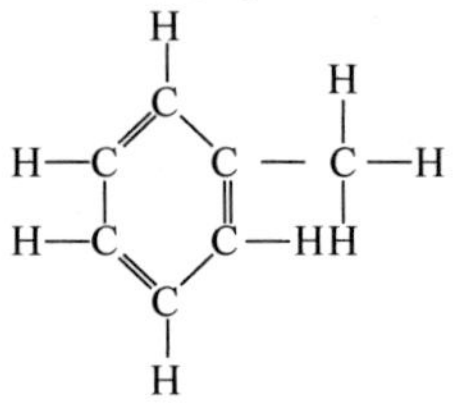
	萘	C_nH_{2n-12}	两个苯核并在一起(10个C原子)形成的不饱和烃	萘($C_{10}H_8$) 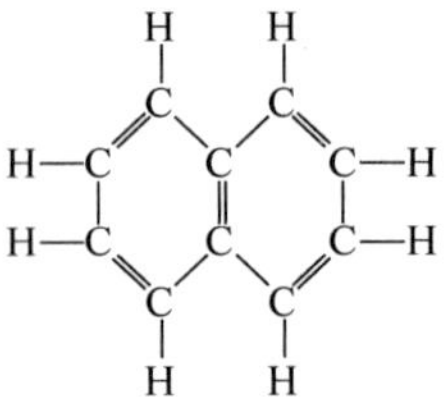　一甲基萘($C_{11}H_{10}$) 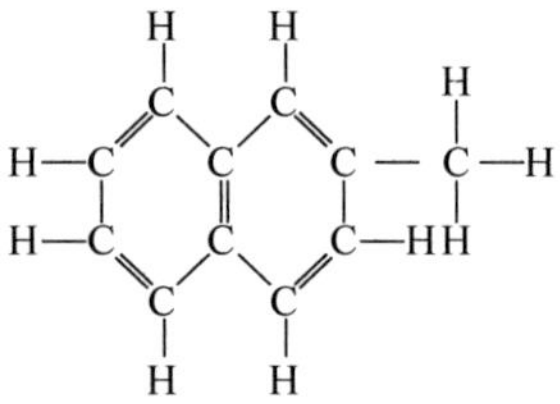

3.1.4　单烃理化特性及其变化规律

不同成分及分子结构单烃的理化特性及其规律性可归纳如下。

1. 同类结构但C原子数不同的烃

这类烃主要性能差别取决于单烃的C原子数，以及H与C原子数之比(H/C)或者质量比。

1) C原子数对着火性及蒸发性的影响

C原子数越多，烃的化学稳定性越差而物态稳定性越好。这是因为C原子数多的烃(高C烃)，其分子结构一般较大、碳链长，易于裂解；而高C烃的相对分子质量较大，不易汽化。因此，高C烃的自燃着火温度通常较低，而蒸馏温度(沸点)较高。从表3-5的性能数据中可明显看出这一规律。

图3-7、图3-8和图3-9分别表示不同烃燃料的沸点、抗爆性(用辛烷值表征)和自燃性(用十六烷值表征)随分子C原子数增大而变化的关系。如3.1.2节所述，辛烷值越高，燃料抗爆性越好，越不易自燃，十六烷值越高，燃料自燃性越好。

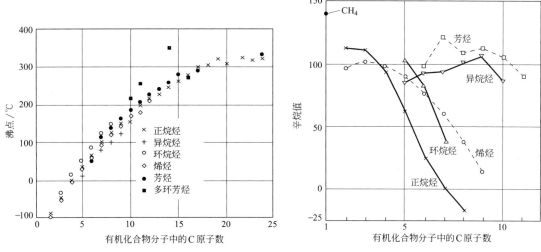

图 3-7 不同烃燃料沸点随 C 原子数变化的关系　　图 3-8 不同烃燃料辛烷值随 C 原子数变化的关系

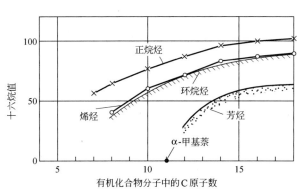

图 3-9 不同烃燃料的十六烷值随 C 原子数变化的规律

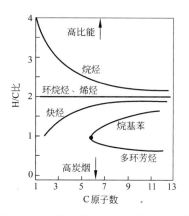

图 3-10 各种烃类 H/C 比随 C 原子数变化的比较

2) H/C 比对燃料热值及混合气热值的影响

图 3-10 所示为各种烃燃料 H/C 比随 C 原子数变化的规律。从图中可以看出,烷烃 H/C 比随 C 原子数的增加而减少;环烷烃和烯烃 H/C 比不随 C 数变化;炔烃(此处只讨论一个三键的炔烃)和烷基苯 H/C 比随 C 数增加而增加;多环芳烃 H/C 比,当增加苯环数时,则随 C 数的增加而减小,当增加侧链时,则随 C 数的增加而增加。

相同 C 原子数的 H/C 比依次为:烷烃＞环烷烃＝烯烃＞炔烃＞烷基苯＞多环芳烃。常见燃料 H/C 比越高,燃料的比能量越大,热值越高。

值得注意的是,燃烧相同质量的 H 和 C,H 要消耗更多的氧气,因此缸内的可燃混合气的比能量或热值不一定随燃料的热值升高而升高。这一问题将在本章的 3.4.5 节进行详细分析。

3) H/C 比对有害排放物的影响

H/C 比越低,同类型内燃机的燃烧废气对环境的污染越大,因为 C 成分越多,会排出更

多的 CO、CO_2、未燃碳氢化合物（UHC）以及炭烟（soot）、颗粒（PM）等有害物质；而 H 燃烧后则变为无害的 H_2O。所以 H/C 值高的气体燃料相对清洁，纯 H_2 燃料无碳排放和 PM 排放问题。

2. 互为同分异构体的烃类

1）直链烃（正烷烃）与支链异构体烃（异烷烃）

相同的 C 原子数，含支链的异构体烃 C 链长度短不易断链，因此异烷烃比正烷烃更不容易自燃着火。这也就是图 3-8 中，异烷烃在相当宽的 C 原子数范围内比正烷烃的辛烷值高的原因。

2）链状排列烃与环状排列烃

环状排列烃结构紧凑，不易断链，故不易自燃。图 3-8 和图 3-9 中正烷烃与环烷烃曲线的对比反映了这一规律。环烷烃和芳烃的环数越多，其结构越牢固，化学稳定性越好，十六烷值越低。但是如果环烷烃和芳烃上的支链越多，则其键越易断裂，化学稳定性越差，其十六烷值越高。

3）单键烃与多键烃

多键非饱和烃结合牢固，不易断链，故不易自燃，见图 3-8 和图 3-9 中正烷与烯烃曲线对比。不过，像烯烃这类非饱和烃，其化学安定性差，长期储存容易氧化变质。

以上不同结构烃的理化特性差异，对汽油或柴油理化性能有很大影响。车用燃料应尽量选用有利于燃烧控制和降低有害排放物的优质组分。由图 3-8 可以看出，异烷烃和芳烃由于在汽油的 C 原子数范围（$C_5 \sim C_{11}$）内均能保持较高的辛烷值，即抗爆性好，所以通常被认为是优质的汽油成分。从图 3-9 可以看出，长链正烷烃具有较高的十六烷值和自燃性，是理想的柴油成分。

3.1.5 含氧燃料

含氧燃料成分中，除 C 和 H 外，还含有一定比例的氧（O）。氧成分对热值没有贡献，所以含氧燃料的热值相对烃类偏低，含氧量越高，燃料热值越低；但因燃料本身含氧，燃烧所需外界空气量也相应减少，其混合气热值并不一定比烃类燃料低。以下重点介绍几类常见的含氧燃料。

1. 醇类燃料

醇（alcohol）分子中含有羟基（—OH）和烃基（用 R 表示），由于烃基的不同，醇也可以分为烷基醇、环醇、芳醇等，烷基醇即脂肪醇，或称饱和醇，如甲醇、乙醇，其分子通式是 $C_nH_{2n+1}OH$，简写为 R—OH；典型的环醇如环己醇（CH_2）$_5$CHOH；典型的芳醇如苯甲醇 $C_6H_5CH_2OH$。根据醇分子中所含羟基数目的不同，醇可分为一元醇、二元醇和多元醇，常见的甲醇、乙醇属于一元醇。甲醇和乙醇的运动粘度和蒸气压相对接近汽油，抗爆性好，适合作为汽油的代用燃料。

烷基醇与同 C 数的烷烃相比，其分子量、密度、沸点和汽化潜热等均较高。其中分子量和密度高的原因是烷基醇比相应的烷烃多一个氧原子；而沸点和汽化潜热高的原因是由于液态的醇分子间通过氢键形成缔合分子，破坏这种氢键需要消耗额外的能量。含碳原子较少的液态醇（常温），即低碳醇，之所以能与水混溶，也是因为醇分子与水分子之间能以氢键互相缔合。随着醇中含碳量和碳键的增加，羟基与水分子的缔合减弱，从而使醇在水中的溶解度下降。另外,当醇分子中羟基增加时,它与水形成氢键的部分增加,从而使它与水之间的互溶度增加,因此多元醇在水中的互溶性比一元醇要强。

在羟基中氧原子周围的电子云密度较大,这导致氢氧原子间的极性增加而比较容易断裂,因此羟基具有较强的化学活性。羟基的这一特性在相当程度上决定了醇类燃料的着火和燃烧特性。

2. 醚类燃料

醚(ether)是两个烃基通过氧原子连接起来的化合物,分子通式为 R—O—R′。醚一般以与氧相连的烃基加醚字命名,例如,CH_3—O—CH_3 称二甲基醚,简称二甲醚或甲醚;CH_3—O—C_2H_5 称甲基乙基醚,简称甲乙醚。

在常温下,除甲醚和甲乙醚为气体外,大多数醚为易燃的液体,有香味。由于醚分子中没有与氧原子相连的氢,所以醚分子间不能以氢键缔合,故其沸点和密度都比同分异构体的醇低。但醚分子中含有电负性较强的氧,所以呈极性,可与水或醇等形成氢键,因此醚在水中的溶解度比烷烃大,并能溶于许多极性及非极性有机溶剂。

部分醚类化合物具有辛烷值高、与汽油互溶性好、毒性低等优点,故可用作车用汽油的调和组分。车用汽油调和醚燃料主要有甲基叔丁基醚(MTBE)、乙基叔丁基醚(ETBE)、甲基叔戊基醚(TAME)和二异丙基醚(DIPE)等,其理化参数如表 3-7 所示。MTBE 是使用最广泛的辛烷值调和燃料,但 MTBE 易溶于水又不易分解,容易污染地下水,部分国家和地区正逐步停用 MTBE。

二甲醚(DME)在常温常压下是一种无色易燃气体,十六烷值高、污染少,具有优良的燃烧性能,稍加压即为液体,无腐蚀性、无毒,易于存储、在大气中容易降解,因此 DME 是一种较理想的柴油代用燃料。近年来,聚甲氧基二甲醚类燃料($PODE_n$,分子式 CH_3—(O—CH_3)$_n$—CH_3)因含氧量高、着火性好、挥发性相对柴油较好,作为柴油类的替代燃料广受关注,其特点是分子中不存在 C—C 键,因此十分有利于降低炭烟排放。

表 3-7 高辛烷值醚类燃料性能对比

醚的名称	DIPE	ETBE	MTBE	TAME
分子式	$C_3H_7OC_3H_7$	$C_2H_5OC_4H_9$	$CH_3OC_4H_9$	$CH_3OC_5H_{11}$
相对分子质量	102.18	102.18	88.15	102.18
C/H/O 组成/%	70.5/13.8/15.7	70.5/13.5/15.7	68.1/13.7/18.2	70.5/13.8/15.7
沸点/℃	68.3	71.7	55	86.1
汽化潜热/(kJ/L)	3.60	3.13	3.43	3.60
雷氏蒸气压/kPa	33.78	27.58	54.47	19.30
调和辛烷值(RON/MON)	107~110/97~103	120/102	112~130/97~115	105~110/95~105

3. 酯类燃料

酯(ester)是酸(羧酸 R—COOH 或无机含氧酸)与醇反应生成的一类有机化合物。分子通式为 R—COO—R′(R 可以是烃基,也可以是氢原子),酯的官能团是 $\overset{\overset{\displaystyle O}{\|}}{\underset{R\ \ OR'}{C}}$,饱和一元酯的通式为 $C_nH_{2n}O_2$。酯是依据形成它的酸和醇来命名的,例如乙酸乙酯

$CH_3COOC_2H_5$、乙酸苯酯 $CH_3COOC_6H_5$、苯甲酸甲酯 $C_6H_5COOCH_3$ 等。酯难溶于水,易溶于乙醇和乙醚等有机溶剂,密度一般比水小。植物油甲酯、碳酸二甲酯(DMC)和己二酸二乙酯(DEA)等酯类化合物可以用作柴油代用燃料。

最常用的酯类燃料是植物油甲酯,即生物柴油,一般由植物油经酯化反应得到。植物油是甘油三酸酯,由1个甘油分子和3个脂肪酸分子反应生成,3个脂肪酸分子可以不相同,一般是含有8~24个碳的脂肪酸,其中多数是含12~22个碳的脂肪酸。这类脂肪酸含有较长的碳链,因而密度大,粘度高,挥发性差,因此其燃烧和排放性能差,难以满足严格排放法规的要求。但是,植物油经酯化工艺转化为甲酯类燃料,其燃烧和排放特性得到极大改善,甚至优于石油炼制的普通柴油。

4. 部分含氧燃料着火特性对比

多碳醇、醚、酯类燃料含氧,有利于在压燃燃烧中降低炭烟的生成量,因而作为柴油的替代燃料广受重视。图3-11是部分含氧燃料的着火特性与含氧量对比,从图中可见一元醇类燃料存在十六烷值较高则含氧量低的问题,而多数典型的甲酯类燃料虽然十六烷值较高,却由于本身碳链长导致含氧量低。聚甲氧基二甲醚类($PODE_n$)燃料由于分子中只有C—O键没有C—C键,因此该类分子结构越长时氧含量也会越高,所以同时拥有高含氧量和高十六烷值的特性,是较为理想的含氧替代燃料。研究表明,在柴油中掺混入30%~50%的$PODE_{3\sim5}$混合物即可在多数工况彻底抑制柴油机燃烧过程中的炭烟生成,同时保证燃料的着火特性在合理范围内。当然$PODE_n$等含氧量较高的替代燃料也存在腐蚀强、润滑性差和热值较低等其他问题,在当前还不具备彻底替代传统燃料的条件。

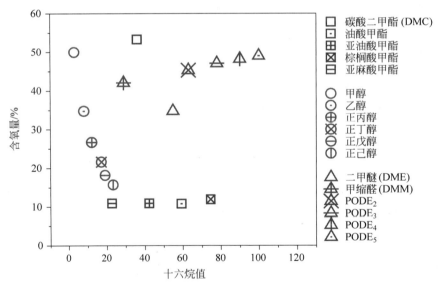

图3-11 部分含氧燃料的着火特性与含氧量(质量比)的对比

3.2 汽柴油质量标准

燃料品质直接影响内燃机的着火、燃烧和排放。过去很长一段时间对燃料品质的要求主要是从内燃机的混合气形成和着火特性考虑,随着排放法规加严,燃料品质对排放的影响变得越来越重要。

目前,世界各国按其自身实际情况对汽油、柴油的质量标准,即汽油、柴油的规格有不同的规定。1998年6月,欧洲汽车制造商协会(ACEA)、汽车制造商联盟(Alliance)、日本汽车制造商协会(JAMA)和美国内燃机制造商协会(AEMA)联合发表了《世界燃料规范》(World-Wide Fuel Charter, WWFC),目的是在全球范围内协调汽车燃料的质量要求和标准制定,反映汽车技术进步对燃料品质不断提高的要求。2019年10月第六版《世界燃油规范》将柴油分为5类,将汽油分为6类,并将最高等级的第六类汽油RON值提升至98～102,同时第一类汽油标准被废弃,只作为历史资料。

3.2.1 汽油质量要求

影响燃烧和排放特性的汽油质量参数主要有硫含量、烯烃含量、芳烃含量、苯含量、T_{10}、T_{50}、T_{90}和终馏点(EP)等。从第一类到第六类汽油,燃料中的硫含量、烯烃含量、芳烃含量、苯含量呈大幅降低的趋势,见图3-12。第五、六类汽油相对于第四类汽油的挥发性要求有所提高。除此以外,为适应未来更严格的油耗与排放法规,特别是提高汽油机效率的要

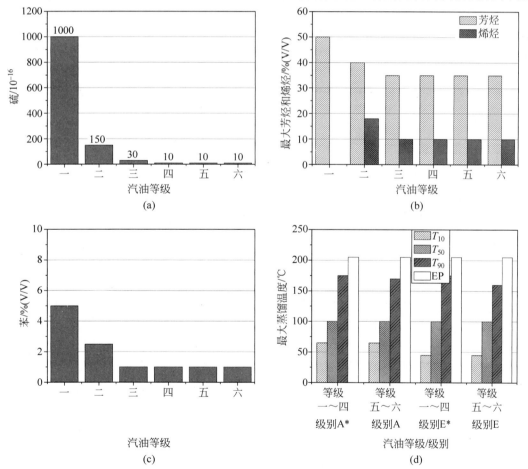

图3-12 不同等级汽油硫含量、烯烃含量、芳烃含量、苯含量和蒸馏特性的对比
(注:第一类汽油没有规定烯烃限值)
(a) 硫;(b) 芳烃和烯烃;(c) 苯;(d) 馏程
(*:级别A、E等是针对不同地区最低气温的分类,燃料在不同地区的市场上需要不同的蒸馏特性)

求,第六类汽油的辛烷值 RON 可提高至 102,含氧量限值放宽至 3.7%,并引入一种新指标用于表征燃料对颗粒物的排放影响,即指标颗粒物指数(PMI)。其中,辛烷值的提高可有效预防爆震(参见第 6 章),从而为提高发动机的压缩比提供可能性,进一步挖掘节能潜力。而实现更高的辛烷值,需要依靠提高高辛烷值含氧燃料的比例,这正是含氧量限值放宽的原因。通常可在汽油中加入一定比例的乙醇。第六版《世界燃油规范》针对 RON102 的汽油,允许乙醇体积分数达到 20%~22%,并允许在汽油中加入甲醇,但必须在专门设计的车辆上使用。

汽油中的硫会导致催化剂中毒,降低催化剂的转化效率,从而影响汽车的排放,尤其是对于一些先进的排气后处理控制技术,例如稀燃汽油机的 NO_x 吸附催化剂,对硫含量非常敏感,必须使用低硫或无硫汽油。即使使用常规的三效催化剂,为保证使用寿命内排放达标,也需要尽量降低汽油中的硫含量。目前我国已经推广硫含量在 10 ppm 以下的无硫汽油。

烯烃是非饱和碳氢化合物,常用作汽油中的高辛烷值组分。但烯烃具有热不稳定性,会在汽油机的进气系统中形成结胶和沉积物,导致汽油机排放恶化。由于烯烃化学活性强,未燃或泄漏蒸发的烯烃会在大气中与氮氧化物发生光化学反应,形成光化学烟雾,污染大气。

芳烃也是一种高辛烷值组分,而且具有高的能量密度。不过芳烃会增加汽油机的沉积物和尾气排放。此外,芳烃燃烧会形成致癌物质苯。研究表明,低芳烃含量的汽油能够显著降低苯的排放。

汽油的蒸气压和馏程对内燃机的性能和排放有重要影响,详见 3.1.2 节关于燃料蒸发特性的内容。

3.2.2 柴油质量要求

影响燃烧和排放特性的柴油质量参数主要有硫含量、十六烷值(或十六烷指数)、蒸馏特性、芳烃,不同等级柴油的质量参数限值如图 3-13 所示。总体来说,随着柴油等级的提高(即随排放控制要求加严),对十六烷值的要求提高,密度降低,硫含量大幅下降,蒸馏温度(T_{90}、T_{95} 和终馏点 EP)降低、芳烃含量减小。

柴油中的硫在柴油机排气和大气环境中形成硫酸盐,从而对颗粒物(PM)的生成具有显著贡献。同时,硫也会影响部分排气后处理系统如柴油氧化催化剂(DOC)的转化效率,对部分后处理装置如稀燃 NO_x 过滤器(LNT)甚至会导致催化剂硫中毒而永久性失效。柴油颗粒过滤器(DPF)也会由于上游的 DOC 效率降低,排气温度下降,导致再生不完全,从而排气背压上升,柴油机效率下降。此外,带中冷 EGR 系统的柴油机在使用含硫柴油后,会生成硫酸并回流柴油机内部,腐蚀缸壁,严重影响柴油机寿命。因此,从降低 PM、保护后处理系统以及提高柴油机经济性和寿命的角度来看,都应使用尽可能低硫含量的柴油,硫含量在所有柴油质量参数中也是随等级提高降低幅度最大的,第四、五类柴油可以认为是无硫柴油。

增加十六烷值可以降低柴油机的 HC 和 CO 排放。研究表明,十六烷值由 50 增加至 58,HC 和 CO 排放降低 26%,此外,十六烷值对 NO_x 排放的影响与后处理的布置关系较大。

柴油重馏分含量过多会导致结焦并增加炭烟和 PM 排放。研究表明,燃料 T_{95} 由

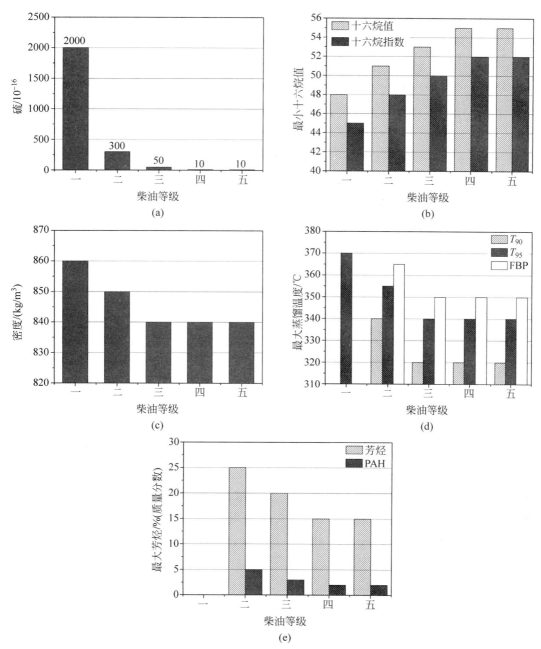

图3-13 不同等级柴油十六烷值、密度、硫含量、蒸馏特性、芳烃限值对比
（注：第一类柴油没有规定T_{90}、终馏点和芳烃含量限值）
(a) 硫；(b) 十六烷值；(c) 密度；(d) 馏程；(e) 芳烃和多环芳烃(PAH)

375℃降低至320℃时，对重型柴油机排放影响并不显著，但仍具有降低NO_x和增加HC的趋势；而对轻型柴油机PM排放降低7%，同时NO_x排放增加4.6%。T_{95}随柴油等级的提高而降低，并且从第二类柴油开始还增加了T_{90}和终馏点（EP）的限值。

柴油中芳烃增加导致燃烧火焰温度提高，从而导致燃烧过程中的NO_x生成量上升。多环芳烃（PAH）作为炭烟前驱体成分直接导致柴油机的PM和PAH排放增加。从第二类柴油开始,同时规定了总芳烃和PAH的限值,从第二类到第四类柴油,总芳烃和PAH的限值随等级的提高而降低。

3.2.3 中国汽油质量标准

我国汽油质量的升级经历了5个阶段。第1阶段是1956—1964年,初期对辛烷值无要求,后期以生产56号(MON)汽油为主。第2阶段是1965—1977年,主要生产66号(MON)汽油,20世纪70年代开始供应70号(MON)汽油,所以当时的汽油机压缩比很低,只有6.2~7.2。第3阶段是20世纪80年代,70号(MON)在市场上占主导地位,也有少量的80号(MON)、85号(MON)和90号(MON)汽油,业界开始重视提高汽油的抗爆性。第4阶段是20世纪90年代,汽油牌号改用RON表示,有90、93和97三个牌号,并开始关注环保要求,实施汽油无铅化。1991年我国颁布了第一个车用无铅汽油标准,1999年对车用无铅汽油标准的硫、铅、铁和锰等进行加严,并增加苯、芳烃和烯烃含量以及氧含量的限值。从2000年1月1日起我国停止含铅汽油的生产。第5阶段是从21世纪初至今,汽油质量由提高动力性和经济性为主转变到提高汽油的清洁燃烧为主,对燃料的组分进行严格的限定。本书附录中的附表A-1是2013年颁布的满足国五排放法规的国标"车用汽油"(GB 17930—2013)的部分技术要求和试验方法。这些标准进一步对燃料的硫含量和烯烃、芳烃等组分进行加严。2018年1月1日后,低于国五排放标准的车用汽油禁止使用。出于燃料替代考虑,国家也制定了"车用乙醇汽油(E10)"(GB 18351—2015)等标准,推广使用掺入一定比例乙醇的汽油。此外,北京市考虑到环保需求,在推行新法规方面早于全国,并制定了略高于同期国标要求的车用汽油北京市地标DB 11/2378—2016。

3.2.4 中国柴油质量标准

我国于1964年制定了国家标准"轻柴油"(GB 252—64),将柴油按凝点划分为10号、0号、-10号、-20号和-35号五种牌号。1977年、1981年、1994年和2000年分别对"轻柴油"标准进行了修订,调整了轻柴油的牌号,对轻柴油的主要质量指标进行了加严。为了进一步提高我国轻柴油的质量,适应日益严格的环保法规要求,2003年将车用柴油标准单列,颁布了我国第一个"车用柴油"标准(GB/T 19147—2003)。该车用柴油标准主要是进一步限制硫含量不大于0.05%,同时增加了润滑性指标,磨痕直径不大于460 μm。本书附录中的附表A-2是满足国五排放法规的车用柴油标准(GB/T 19147—2013)节选,标准对柴油中的硫进行进一步加严,要求硫含量不大于10 ppm。国家也制定了"生物柴油调和燃料(B5)"(GB 25199—2015)等标准,推广使用掺入一定比例生物柴油的柴油。北京市地标(DB 11/2379—2016)对车用柴油的要求略高于同期的国标。

3.3 燃料理化特性对内燃机工作模式的影响

表3-4中给出了汽油、柴油成分及主要性能指标——沸点与着火温度的差异。由于燃料本身的差异,使常规汽油机和柴油机在混合气形成、负荷调节方式以及着火燃烧模式上有着本质差别,由此导致了两种机型的各种性能差异。

3.3.1 对混合气形成方式的影响

汽油沸点低,蒸发性好,在常温或稍加热的条件下易于与空气形成预制均匀混合气,因此,常规汽油机大都采用点火前预制均匀混合气方式;而柴油沸点高达 180~360℃,不适于缸外预混合,即便加热后能在缸外汽化混合,也因加热造成空气密度下降而减少进入气缸的充量,并且额外消耗加热所需能量,这些都是不合理的。因此,常规柴油机采用燃料缸内高压喷射雾化,并与空气混合形成分层混合气。

3.3.2 对着火燃烧模式的影响

常规汽油机缸外形成预制均匀混合气后,适合外源强制点火与火焰传播燃烧。尽管汽油的着火温度较高,但这并不意味着汽油不能压燃,只是化学计量比预制混合气压燃时,由于同时着火,压力升高率过高,近于爆炸,难以实际应用。因此,汽油均质混合气压燃(HCCI)只能在较稀的混合气条件下进行。

柴油着火温度较低,柴油机从开始喷油到自燃着火的较短时间内,适合燃烧的混合气量不多,初期工作粗暴的情况会得到缓解。柴油机在初期着火燃烧后,紧接着发生边喷油、边蒸发、边混合的扩散燃烧。柴油适合于压燃,而点燃难度大,也无必要。

3.3.3 对负荷调节方式的影响

内燃机混合气形成方式的差异带来了负荷调节方式的不同。汽油均匀混合气能点燃的过量空气系数 ϕ_a 范围(0.4~1.4)较小,见图 3-14,一般通过改变节气门的开度,控制混合气进气量来调节负荷,这种方式被称为负荷的量调节。

柴油机在循环喷油量较大范围内变化时都可以着火,即在较宽范围的平均 ϕ_a 条件下都可以压燃,所以柴油机通过改变循环喷油量的多少来调节负荷。由于循环进空气量基本不变,ϕ_a 会随负荷大幅变化,如图 3-14 所示。这种通过改变喷油量,即改变 ϕ_a 来调节负荷的方式,被称为负荷的质调节。

汽油机和柴油机由于上述工作模式的差异,带来了二者在性能、设计和结构上的差异。而这些差异追根溯源又是汽油、柴油燃料理化特性的差异所引起的。这充分显示了燃料理化特性对内燃机性能的重大影响。有关汽油机、柴油机工作模式的差异将在第 6 章和第 7 章中详细论述。

需要指出的是,汽油机与柴油机工作模式的特点与科技发展水平密切相关,并非绝对不变。随着电控技术的发展,缸内直喷(GDI)汽油机已经成为主流产品,GDI 汽油机的油气混合已经由传统汽油机的缸外混合变为缸内混合,并且 GDI 分层稀燃技术也具备负荷质调节的特征,同时依然保留点燃的着火方式。汽油均质混合气压燃(HCCI)技术试图将柴油机的压燃方式与汽油机的预制混合气形

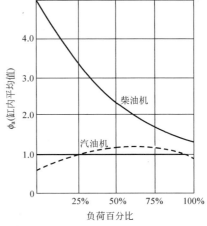

图 3-14 汽、柴油机 ϕ_a 随负荷变化的曲线

(现代电控汽油机多数工况使用化学计量比混合气,虚线为化油器汽油机理想混合气曲线)

成方式结合,以实现汽油机的高效低污染燃烧。而新一代汽油压燃(GCI)技术比 HCCI 技术更接近于柴油机的工作模式。这些新型燃烧模式的出现表明,随着科技的进步和人们对内燃机认识的深入,传统汽油机和柴油机会突破旧的限制而实现新的飞跃。

3.4 燃料燃烧热化学

燃料燃烧一般是燃料分子与空气中的氧气(O_2)进行氧化放热反应。燃烧热化学主要研究燃烧系统有化学反应时的组分、质量和能量转换与守恒关系。本节重点分析燃料燃烧所需的空气量,燃料及可燃混合气热值,绝热燃烧温度,以及燃烧化学平衡组分等相关内容。

3.4.1 燃料完全燃烧所需空气量

内燃机燃料的主要元素成分为碳(C)、氢(H)和氧(O),见表 3-9。其他元素含量很少,计算时可略去。

设 1 kg 燃料中的主要元素质量满足

$$g_C + g_H + g_O = 1 \tag{3-8}$$

式中,g_C、g_H、g_O 分别为 1 kg 燃料中 C、H、O 的质量,单位为 kg。

C、H 与空气中 O_2 完全燃烧,最终生成 CO_2 和 H_2O 的化学反应式为

$$C + O_2 \longrightarrow CO_2, \quad 2H + 1/2 O_2 \longrightarrow H_2O \tag{3-9}$$

表 3-8 给出了燃料完全燃烧前后,各组分质量平衡及体积变化的关系。

表 3-8 燃料完全燃烧前后各组分质量及体积关系

	完全燃烧前后组分间的关系式	$C + O_2 \longrightarrow CO_2$	$2H + \frac{1}{2} O_2 \longrightarrow H_2O$
质量平衡关系	以相对原子及分子质量表示的组分质量平衡关系	12 kg + 32 kg ⟶ 44 kg	2 kg + 16 kg ⟶ 18 kg
	1 kg C 或 1 kg H 的平衡关系	$1 \text{ kg} + \frac{8}{3} \text{ kg} \longrightarrow \frac{11}{3}$ kg	1 kg + 8 kg + 9 kg
	1 kg 燃料的平衡关系	$g_C + \frac{8}{3} g_C \longrightarrow \frac{11}{3} g_C$	$g_H + 8 g_H \longrightarrow 9 g_H$
	1 kg 燃料对应的千摩尔数的平衡关系	$\frac{g_C}{12} + \frac{g_C}{12} \longrightarrow \frac{g_C}{12}$	$\frac{g_H}{2} + \frac{g_H}{4} \longrightarrow \frac{g_H}{2}$
体积变化关系[1]	不计燃料所占体积时燃烧前后的体积变化	1 ⟶ 1	1 ⟶ 2

注:[1] 因燃料分子相对质量很大,所占体积很小,故可略去,即二化学平衡式中 C 及 H 均认为不占体积。于是,直接由化学平衡式可看出:1 个 O_2 生成 1 个 CO_2,1 个 O_2 生成 2 个 H_2O。分子的比例关系也就是体积的比例关系。由千摩尔数的平衡关系也可得出此结论。

表 3-8 表明:

(1) 1 kg 燃料完全燃烧时,所需氧气量为 $8/3 g_C + 8 g_H - g_O$。已知氧占空气质量的 23.2%,于是 1 kg 燃料完全燃烧所需的空气质量 l_0(kg)为:

$$l_0 = \frac{1}{0.232}(8/3 g_C + 8 g_H - g_O) \tag{3-10}$$

(2) 1 kg 燃料的质量平衡关系按千摩尔计算,完全燃烧所需氧的 kmol 数为 $(g_C/12 + g_H/4 - g_O/32)$。由于千摩尔也反映体积的大小,已知氧占空气体积的 21%,于是 1 kg 燃料完全燃烧所需的空气 kmol 数 L_0 为:

$$L_0 = \frac{1}{0.21}(g_C/12 + g_H/4 - g_O/32) \tag{3-11}$$

(3) 将表 3-8 中不同燃料的 g_C、g_H 和 g_O 代入式(3-10)和式(3-11)计算,分别得到各自的 l_0 和 L_0,如表 3-4 所示。关于 l_0 已在第 2 章 2.3 节中作过介绍,l_0 也表示燃料完全燃烧时的化学计量空燃比。

3.4.2 残余废气系数与废气再循环

残余废气系数 ϕ_r 是进气过程结束时,缸内残余废气量与新鲜充量的比值:

$$\phi_r = \frac{m_r}{m_1} \tag{3-12}$$

式中,m_r 为每循环每缸的残余废气质量,单位为 kg;m_1 为每循环每缸的新鲜充量质量,单位为 kg。

ϕ_r 一般是通过测量进、排气的流量和 CO_2 的浓度获得。缸内压缩过程残余废气量是由进、排气过程确定的,它直接影响内燃机的充量系数和性能,并通过改变工质的热力性质来影响内燃机的热效率和排放。影响 ϕ_r 的主要因素有:进气和排气压力;转速;压缩比;配气相位和排气系统动态特性等。

废气再循环(exhaust gas recirculation,EGR)是指将部分废气引入进气管或滞留在缸内的一种技术,常用于降低 NO_x 排放。废气再循环率 ϕ_E 是废气的再循环量或返入缸内量与缸内总充量的比值:

$$\phi_E = \frac{m'_r}{m_1 + m'_r} \tag{3-13}$$

式中,m'_r 为每循环每缸的废气再循环质量,单位为 kg。

废气再循环会使 ϕ_r 增大,因为 m'_r 的出现会使 m_r 加大而 m_1 减小,因而 ϕ_r 与 ϕ_E 之间有一定的相关性。

一般无 EGR 机型的 ϕ_r 取值范围如下:汽油机 0.06~0.16,柴油机 0.03~0.06,增压柴油机 0~0.03。汽油机 ϕ_r 偏高,主要原因是压缩比偏小,而低负荷时节气门节流又使新鲜充量明显下降。增压柴油机 ϕ_r 偏低,主要是因为扫气加强而使残余废气量下降。

3.4.3 分子变化系数

内燃机缸内工质燃烧后与燃烧前分子总数之比,被称为分子变化系数 μ。汽油机和柴油机的 μ 都大于 1,表明汽油和柴油燃烧后总分子数增多,这对工质做功有利,会提高循环热效率。

汽油机的 μ 一般为 1.07~1.12,柴油机则为 1.03~1.06。柴油机 μ 较小,一是由于平均过量空气系数 ϕ_a 较大,混合气中有更多的空气不参与反应;二是相同质量的柴油含 H 量比汽油低(参见表 3-8 反应前后容积变化)。

总的来说,汽油机和柴油机的分子变化系数对其性能的影响不大。但在汽油机混合气较浓,燃烧不完全而出现 CO 的时候,因为反应 $2C+O_2 \longrightarrow 2CO$,使容积加大 1 倍,因而分子变化系数加大,性能分析时应计入这一因素的影响。图 3-15 中汽油机 μ 随 ϕ_a 变化的规律正是反映了这一特点。

值得注意的是,气体燃料内燃机由于燃料分子要计入燃前分子总数,而燃料分子在燃后不复存在,所以其 μ 可能小于 1,显然这是一个不利的因素。

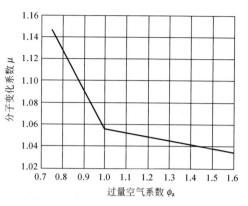

图 3-15 汽油机燃料燃烧分子变化系数随过量空气系数的变化关系

3.4.4 化学反应热效应与燃料热值

在进行燃料热值计算时,需要用到每一种组分的比焓(specific enthalpy)$h_i(T)$,即 1 mol 该物质的绝对焓。对任一组分,绝对焓等于在某这一参考温度下的生成焓(formation enthalpy)$h_{f,i}^0(T_{ref})$,加上相对于这一参考温度(T_{ref})的显焓(sensible enthalpy)$\Delta h_{s,i}(T_{ref})$,即

$$h_i(T) = h_{f,i}^0(T_{ref}) + \Delta h_{s,i}(T_{ref}) \tag{3-14}$$

式中,显焓 $\Delta h_{s,i}(T_{ref}) = \int_{T_{ref}}^{T} c_{p,i} dT$,其中 $c_{p,i}$ 为组分 i 的定压比热容。组分 i 的显焓表示组分 i 在定压条件下,从参考温度 T_{ref} 变化到温度 T 时释放或吸收的热量。

在标准参考状态($T_{ref}=298$ K,$p_{ref}=101.3$ kPa)下,自然界存在的单质如 O_2、N_2、H_2 和 C 等的生成焓等于零。化合物的生成焓 $h_{f,i}^0(T_{ref})$ 等于由单质化合生成该化合物时热效应的负数,因此生成焓为负表示化合物生成时放热。各种物质的标准生成焓可以从相关的化学热力学或物理化学手册中查找。与燃料燃烧相关的几种常见组分的标准生成焓见表 3-9。

表 3-9 部分燃料燃烧相关组分标准生成焓

组 分	状态(298 K,101.3 kPa)	h_f^0/(MJ/kmol)
O_2	气体	0
N_2	气体	0
H_2	气体	0
C	气体	0
CO_2	气体	−393.52
H_2O	气体	−241.83
H_2O	液体	−285.84
CO	气体	−110.54
CH_4	气体	−74.87
C_3H_8	气体	−103.85
CH_3OH	气体	−201.17
CH_3OH	液体	−238.58
C_8H_{18}	气体	−208.45
C_8H_{18}	液体	−249.35

当 1 kmol 的燃料与化学计量比的空气混合物以标准参考状态进入稳定流动的反应器，且生成物（假定完全燃烧生成 CO_2、H_2O、N_2）也以同样的标准参考状态离开该反应器，则将测得反应释放出来的热量定义为标准反应焓 Δh_R（或称为燃烧焓）。当反应过程为等压过程时，标准反应焓为：

$$\Delta h_R = h_{prod} - h_{reac} \tag{3-15}$$

式中，h_{prod} 和 h_{reac} 分别为燃烧产物和反应物的绝对焓。

燃料热值定义为：1 kg 燃料在标准热状态下与空气完全燃烧所放出的热量，等于标准反应焓或燃烧焓的负数。由此可知，热值是反映燃料在标准热状态和确定热力过程条件下燃烧时能释放化学能的一个物性参数。燃料的定容热值和定压热值相差不大，实用上多采用定压热值，因其便于测定。燃料热值用 H_u 表示，单位为 kJ/kg 或 kJ/kmol。

对于含 H 的燃料，生成物中有 H_2O。若生成的 H_2O 为气态，则含有汽化潜热，燃烧放热量要比 H_2O 为液态时的低，这时的燃料热值被称为燃料的低热值。内燃机废气温度都很高，废气中的 H_2O 呈气态，汽化潜热对应的能量不能在缸内做功而会被废气带走，因此相关计算中采用低热值。各种常用及代用燃料的低热值见表 3-4。燃料的高热值对应生成液态 H_2O 的情况，此时要计入产物 H_2O 蒸气液化的放热。

3.4.5 可燃混合气热值

因为燃烧时的缸内工质是燃料与空气组成的可燃混合气，所以影响燃烧放热量的不仅有燃料热值，还有空气量，用可燃混合气热值来评价燃烧放热量更为全面、合理。

可燃混合气质量热值 H_{um} 按式（2-31）被定义为，单位质量混合气在标准热状态下完全燃烧所释放的热量，即 $H_{um} = H_u/(1+\phi_a l_0)$。也可按单位摩尔数或单位体积混合气的燃烧放热量来定义，即

$$(H_{um})_m = \frac{H_u}{\phi_a L_0 + \frac{1}{M_r}} \tag{3-16}$$

或

$$(H_{um})_V = H_u/[24.45(\phi_a L_0 + 1/M_r)] \tag{3-17}$$

上两式中，$(H_{um})_m$ 为混合气的摩尔热值，单位为 kJ/kmol；$(H_{um})_V$ 为混合气的体积热值，单位为 kJ/m^3；$1/M_r$ 是单位质量的燃料蒸气的摩尔数，单位为 kmol/kg。考虑到 1 kmol 气体在 273 K、101.3 kPa 状态下对应为 22.4 个相应单位的体积（m^3），但标准热状态是 298 K 和 101.3 kPa，二者温度有 25 K 的差别，故将常数 22.4 修正为 24.45。必须注意的是，以上混合气热值的计算式不适用于 $\phi_a < 1$ 的场合，因为此时燃料不能完全氧化放热。

在化学计量比混合气条件下，常见燃料的混合气体积热值见表 3-4。比较后，可总结出如下规律：

（1）液体烃燃料的 H/C 质量比（或 C_nH_m 中的 m/n 比值）下降时，C 量增大，燃料热值下降。但是 H 燃烧时所需空气量比 C 燃烧时也多（见表 3-4），最终结果各种液体烃燃料的混合气热值相差不大。表 3-4 中汽油热值高于柴油，但混合气热值基本相同就是这个原因。

（2）气体烃燃料由于本身相对分子质量 M_r 较小，燃料蒸气容积不可略去，因而混合气热值偏低。这就是表 3-4 中天然气（CH_4）的混合气热值在所有烃燃料中为最低的原因。

（3）含氧燃料（如甲醇、乙醇）由于氧含量多，其热值比汽油、柴油低得多。但因燃料中的氧也参与燃烧化学反应，所需加入的空气量就相应下降。以表中含氧的醇燃料为例，它们的混合气热值也与汽油、柴油的相近。因本身相对分子质量 M_r 较低，$(H_{um})_V$ 也就偏小一些。

（4）纯氢燃料的热值最高，约为汽油、柴油的 3 倍，但所需空气量也约为汽油、柴油的 3 倍，如果计及氢本身所占体积，则其混合气热值会很低。因此直接使用气态氢会大大降低内燃机的动力性能。只有在进气后的压缩过程中向缸内直接喷氢才会大幅提高有效平均压力。氢内燃机的混合气形成有很多具体技术问题，可参看专门书籍。

以上分析表明，尽管各种燃料的热值差别很大，但大多数燃料的混合气热值却很接近，因此改用代用燃料时，内燃机的动力性能一般不会大幅下降。即使混合气热值有所降低，这也仅是影响动力性能的一个因素（当然是重要的因素之一），还可以通过其他措施来补偿动力下降。如天然气、石油气以及醇类代用燃料，由于辛烷值高于汽油，可以提高压缩比来改善动力、经济性能。甲醇燃料汽化潜热大，还可以降低进气温度，因而可以提高充量系数，汽油机改用甲醇还可以使用更高的压缩比，因此改装甲醇的发动机输出功率往往高于原汽油机。

3.4.6 燃料绝热燃烧温度

对给定的反应混合物及初始温度 T_i 和压力 p_i，如果知道燃烧产物的组分，那么就可以用热力学第一定律计算燃烧产物的温度。当燃料和空气的初始状态，如空燃比和温度一定时，绝热过程燃烧产物所能达到的最高温度被称为绝热燃烧温度（T_{ad}）。一般较为重要的是两种极限情况，即等容燃烧和等压燃烧条件下的绝热燃烧温度。

对等压绝热燃烧，依据热力学第一定律和绝对焓的定义，反应前后混合物的绝对焓相等，即有：

$$H_{reac}(T_i, p_i) = H_{prod}(T_{ad}, p_i) \tag{3-18}$$

式中，H_{reac} 和 H_{prod} 分别为反应物和燃烧产物的绝对焓。

对等容绝热燃烧，依据热力学第一定律，反应前后混合物的绝对内能相等，即有：

$$U_{reac}(T_i, p_i) = U_{prod}(T_{ad}, p_f) \tag{3-19}$$

式中，U_{reac} 和 U_{prod} 分别为反应物和燃烧产物的绝对内能；p_f 为等容绝热燃烧后混合物的压力。

考虑到绝大多数的热力学性质数据库中给出的是绝对焓而不是绝对内能，上述可以写成：

$$H_{reac} - H_{prod} - V(p_i - p_f) = 0 \tag{3-20}$$

式中，V 为燃烧室容积。应用理想气体状态方程，可以消去式中的 pV 项，即有：

$$h_{reac} - h_{prod} - R_u \left(\frac{T_i}{M_{reac}} - \frac{T_{ad}}{M_{prod}} \right) = 0 \tag{3-21}$$

式中，h_{reac} 和 h_{prod} 分别是反应物和燃烧产物的比焓，R_u 为通用气体常数，M_{reac} 和 M_{prod} 分别为反应物和燃烧产物的分子量。

由式（3-18）和式（3-21）可以分别计算等压绝热燃烧温度和等容燃烧绝热温度。在相同的初始条件下，定容绝热燃烧相比定压绝热燃烧能达到更高的燃烧温度，这是因为容积固定后气体不做功导致的结果。

3.4.7 化学平衡与燃烧平衡产物

在 3.4.6 节计算绝热燃烧温度时,并没有考虑燃烧产物高温分解问题。事实上,在高温燃烧过程中,燃烧产物要发生分解,如碳氢燃料在空气中完全燃烧后的产物是 CO_2、H_2O,此外燃烧场中还有 O_2 和 N_2,燃烧产物分解以及分解物质之间反应会产生如 H_2、OH、CO、H、O、N、NO 等物质。分解反应通常是吸热反应。燃烧产物分解使燃烧不完全,放热量减少,从而使燃烧温度降低。为了更准确地计算实际燃烧温度,必须知道燃烧产物的成分。对于稳态燃烧过程,假设系统处于化学平衡状态,即正向反应速度等于逆向反应速度,系统内各组分的浓度不随时间变化,同时每种组分都按理想气体处理。产物计算有如下两种处理方式。

1. 各组分按"冻结"处理

若混合物各组分间化学反应极为缓慢,则组分可被视为"冻结"。此时工质的热力特性与参数按热力学中混合气组分及比例均固定不变的方法处理。内燃机在压缩、进气、排气及膨胀过程中,如果工质在 1700 K 温度以下时,则可按此模型分析。在各组分数据已知条件下,可通过专业手册提供的图表查出所需热力参数值。

2. 各组分按化学平衡处理

在高于 1700 K 的燃烧及膨胀过程中,燃烧及高温热反应十分迅速,可认为各组分每一瞬间都处于该温度的化学平衡状态,于是混合物的组分与比例按化学平衡状态来确定,进而求出该时刻工质的热力特性与参数。以异辛烷-空气混合物燃烧为例,低温偏稀空燃比条件下燃烧场中的主要成分是 N_2、CO_2、H_2O 和 O_2,而偏浓条件下燃烧场中主要成分是 N_2、CO_2、H_2O、CO 和 H_2。随着燃烧温度升高,部分物质开始分解,OH、O 和 H 等中间分解产物出现,燃烧场中的组分越来越复杂。实际上,高温燃烧产物及其生成物很复杂,每一瞬间都不相同。

将各组分视为化学平衡态的这一假定,对于预测内燃机的动力性、经济性是合适的,但是在分析污染物的生成规律时就不准确了。实际上,内燃机缸内的化学过程是不平衡的,它受化学反应速率、反应物浓度、温度以及催化剂等影响,须使用化学反应动力学的理论来分析,详情参见相关专业书籍。

思考与练习题

3-1 缸内工质从哪几方面影响内燃机的性能及其燃烧模式?

3-2 什么是内燃机的常规燃料和代用燃料?代用燃料是如何分类的?为什么要加强代用燃料的研究和应用?

3-3 醇、醚和酯类燃料都是含氧燃料,它们的分子结构各有什么特点?分别列出 1~2 种常见的醇、醚和酯类代用燃料及其燃烧模式。

3-4 分子结构相同的烃燃料,其分子中碳原子数的多少对内燃机的性能有何影响?原因何在?

3-5 成分相同但分子结构不同的烃燃料对内燃机的性能有何影响?原因何在?

3-6 为什么对压燃式柴油机是优良的燃料,对点燃式汽油机则一般是差劣的燃料?综合考虑内燃机的动力、经济性和排放要求,理想的汽油和柴油应由何种结构和成分的烃燃料组成?

3-7 正十六烷与α-甲基萘的十六烷值分别是多少?为什么两者的着火特性有显著的差别?

3-8 汽油燃料蒸发曲线中,10%、50%、90%馏程的意义是什么?它们对内燃机的性能有何影响?燃烧一种终馏点很高的汽油会出现什么结果?

3-9 什么是燃料的饱和蒸气压?汽油饱和蒸气压的高或低会对内燃机性能带来什么影响?

3-10 芳烃和烯烃是理想的高辛烷值汽油组分,为什么在汽油燃料标准中需要限制它们的含量?

3-11 为什么随着燃料品质等级的提高,燃料中硫的含量呈现大幅下降的趋势?

3-12 常规汽油机和柴油机在混合气形成、着火和负荷调节三方面有何差异?形成这些差异的主要原因是什么?

3-13 汽油可以压燃吗?如果可以,汽油压燃有什么优缺点?如果不可以,请说出理由。

3-14 影响工质比热容的主要因素有哪两个?影响趋势如何?比热容为何对内燃机的动力、经济性有重大影响?

3-15 影响残余废气系数 ϕ_r 的主要因素有哪些?为什么汽油机的 ϕ_r 一般比柴油机的大?而增压柴油机的 ϕ_r 则很小?

3-16 燃料燃烧后的分子数大于燃烧前的分子数的主要原因是什么?为什么汽油机的分子变化系数比柴油机的大?

3-17 混合气低热值有哪三种表示方法?各自的物理意义是什么?哪一种方法更能反映工质做功能力的大小?

3-18 为什么含氧液体燃料的低热值比汽、柴油低得多,但其混合气热值却相差不大?为什么天然气的低热值比汽油大,但混合气热值反而低?

3-19 氢的混合气热值较低,理论上可以采取向缸内喷射液态氢以提高内燃机的有效平均压力,这是不是意味着增大了氢的混合气热值呢?

3-20 计算并对比汽油、柴油、天然气、乙醇四种燃料的单位 kJ 发热量对应的 CO_2 产生量。为减少 CO_2 排放量和改善全球温室效应,应如何选择汽车燃料?

3-21 一台小型 3 缸涡轮增压车用内燃机燃用异辛烷燃料,内燃机吸入的空气为化学计量比空气量的 120%。计算此时混合气的(1)过量空气系数;(2)空燃比;(3)燃空当量比。

3-22 一种燃料的组分如下:40 wt%正己烷(C_6H_{14});30 wt%辛烷(C_8H_{18});25 wt%环己烷(C_6H_{12});5 wt%苯(C_6H_6)。如果燃料混合气的空燃比是 17,计算此时混合气的燃空当量比。

3-23 甲醇和汽油组成的混合燃料中甲醇占 20%(体积比)。计算混合燃料燃烧时所需的化学计量空燃比,以及混合燃料的混合气质量低热值和体积低热值(假设过量空气系数 1.1,环境温度 293 K,环境压力 0.1 MPa,汽油密度 0.760 kg/L,甲醇密度 0.795 kg/L)。

3-24 甲烷与空气按化学计量比混合并完全燃烧,燃烧产物中只有二氧化碳(CO_2)、水(H_2O)和氮气(N_2),分别计算该燃烧反应在定压和定容条件下的绝热燃烧温度,并分析两者产生差异的原因。假设初始反应状态为标准热状态(298 K,101.3 kPa),燃

烧产物 CO_2、H_2O 和 N_2 的定压比热容在绝热燃烧条件下分别取 56.21、43.87 和 33.71 kJ/(kmol·K)。

3-25 当前汽油机越来越多使用高压直喷，喷射压力可达 20～35 MPa 甚至更高，由于汽油在高压下沸点会提高，这是否意味着供油管路中"气阻"的问题不存在，可以尽量降低 T_{10}？

3-26 内燃机中的燃烧化学反应使用平衡假设有什么局限性？

参 考 文 献

[1] 王建昕，帅石金. 汽车发动机原理[M]. 北京：清华大学出版社，2011.
[2] 刘峥，王建昕. 汽车发动机原理教程[M]. 北京：清华大学出版社，2001.
[3] 何学良，詹永厚，李疏松. 内燃机燃料[M]. 北京：中国石化出版社，1999.
[4] 张广林. 现代燃料油品手册[M]. 北京：中国石化出版社，2009.
[5] 林学东. 发动机原理[M]. 北京：机械工业出版社，2008.
[6] 刘治中，等. 液体燃料的性质及应用[M]. 北京：中国石化出版社，2000.
[7] TURNS S R. 燃烧学导论：概念与应用（第 2 版）[M]. 姚强，等译. 北京：清华大学出版社，2009.
[8] 严传俊，范玮. 燃烧学[M]. 西安：西北工业大学出版社，2005.
[9] 蒋德明，黄佐华. 内燃机替代燃料燃烧学[M]. 西安：西安交通大学出版社，2007.
[10] 王建昕，帅石金，沈义涛，等. 第四版《世界燃料规范》解读及分析[C]. 中国内燃机学会油品与清洁燃料分会第一届学术年会论文，2007.
[11] https://www.acea.be/uploads/publications/WWFC_19_gasoline_diesel.pdf
Worldwide Fuel Charter(Sixth Edition). 28. October, 2019.
[12] LIU H Y WANG Z, et al. Recent progress in the application in compression ignition engines and the synthesis technologies of polyoxymethylene dimethyl ethers [J]. Applied Energy, 233：599-611, 2019.

第 4 章　内燃机工作循环与能量利用

内燃机从燃料的化学能转换为曲轴输出有效功的过程，包含燃烧效率、循环热效率和机械效率等三个能量转化的"质"环节，对内燃机的动力性、经济性和排放性能有重要影响。在正常燃烧条件下，无论汽油机还是柴油机，化学能通过燃烧接近于全部释放为热能，即燃烧效率接近 100%，因此本章能量转换分析重点是热功转换的循环热效率以及机械能转换的机械效率，将从内燃机的实际工作过程出发，对其理论循环、理想循环和真实循环等三种模型以及废热能量利用进行分析。此外，对动力输出的机械效率及其检测方法，也作必要的阐述。这些有助于读者深入理解和掌握内燃机的热功转换过程和各种机械损失，以及相关的节能技术。

4.1　内燃机热力过程与循环

4.1.1　热力系统简化

对于内燃机热力系统，除了缸内工质可以近似为理想气体之外，还有以下两个近似简化。

(1) 假定任意时刻，气缸中各点的状态都相同，即认为气缸中的工质处于平衡状态，但不同时刻的工质是变化的，因而缸内工作过程是准稳态过程。事实上，由于往复活塞内燃机运转时始终处于动态过程中，缸内各点在任一瞬间不可能状态相同。虽然导致内燃机状态不平衡的物理过程是足够快的，比如，活塞移动的平均速度可达每秒十几米，但是瞬间恢复平衡的弛豫时间则更短，如压力波的传播速度在缸内高温高压条件下可达 500 m/s 以上，远高于活塞移动速度。因此把缸内工质作为准稳态处理是合理可行的。

(2) 假定缸内工质进行的是可逆过程，即忽略气缸内部的不可逆因素，如工质的内摩擦、缸内的温差传热等。缸内的不可逆因素是不可避免的，但因其数值与整个系统对外的热功交换值相比偏小，因此当作可逆过程处理，既十分方便，又足够精确。

准稳态过程和可逆过程的两种理想化假定，使得内燃机的缸内工作过程可以用工程热力学中分析理想气体可逆平衡状态的公式和曲线进行处理，使热力过程和循环分析大为简化。

4.1.2　热机循环与热效率

热力系统经一系列连续过程，最后又回到初态，称为经历了一个热力循环。如果这种循环在外界加入热量后，又对外做正功，就是热机循环。

内燃机一个工作过程完成一个热机循环，但内燃机工作循环并不符合热力学中热机循环的严格定义。首先，内燃机循环并非外界向系统加热，而是燃料燃烧放热后工质的温升；其次，进、排气换气过程使工质发生了交换，是一个开口系统，而非封闭系统。

尽管如此，仍可以把进、排气过程当作开口的流动系统来处理，而单独把压缩、燃烧、膨胀等动力过程看作一个燃烧热量由外部加入，工质膨胀到下止点后向外等容放热又回到压缩始点的封闭热机循环来处理，即在图 2-3(a) 的示功图上，把 aczba 当作封闭循环，把 arba 看作开口的泵气流动过程。这样处理，可以满足内燃机热力循环分析与计算的要求。

工质在热机循环中所做功和交换热量可分别在 p-V 示功图和 T-S 示热图上表示。如图 4-1(a) 所示，p-V 图上曲线包围的面积，反映了循环功 W_t 的大小。按热力学可逆过程熵 S 的定义，$dS = \dfrac{dQ}{T}$，或 $dQ = TdS$。图 4-1(b) 表明，沿 S 正方向（箭头 1 方向）进行的过程是向系统加热的过程，加热量 $Q_1 = \int_C^D TdS$，以图上剖面线"\\\"的面积表示；而沿 S 反方向（箭头 2 方向）进行的过程，是系统向外散热的过程，散热量 $Q_2 = \int_D^C TdS$，以剖面线"///"的面积表示。于是，封闭曲线包围的积分面积 $\oint TdS$ 就是每循环系统与外界交换的热量 $Q = Q_1 - Q_2$，此式中，热量 Q_1、Q_2 为正，分别表示向系统加热和向外界散热。Q 可正可负，为正时表示向系统加热，为负时表示向外界散热。

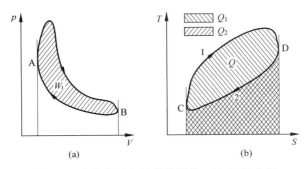

图 4-1 内燃机动力过程循环的 p-V 和 T-S 图
(a) p-V 图；(b) T-S 图

图 4-1(a)、(b) 中，每循环系统与外界所交换的循环功 W_t 是由与外界交换的热量 Q 转换而得到的，即 $W_t = Q = Q_1 - Q_2$。循环热效率 η_t 定义为循环功 W_t 所占循环加热量 Q_1 的百分比，即

$$\eta_t = \frac{W_t}{Q_1} = \frac{Q}{Q_1} = \frac{Q_1 - Q_2}{Q_1} = 1 - \frac{Q_2}{Q_1} \tag{4-1}$$

对于内燃机简化热力循环，W_t 是动力循环过程功，Q_1 是燃料燃烧的加热量，Q_2 是热力系统向外界的放热量。注意，这里定义的循环热效率是指动力循环热效率，而不是第 2 章式 (2-39) 定义的包含进排气冲程的整机循环热效率。对于自然吸气内燃机，两者是一致的，但对于增压内燃机，整机循环热效率还要考虑理论泵气功。

需要指出的是，在内燃机动力过程封闭循环中，系统的质量不变，所以图 4-1 横坐标的容积 V 和总熵 S 分别与状态参数比质量体积 v 和比熵 s 成正比。于是，图 4-1 中 p-V 图和 T-S 图可分别转为 p-v、T-s 状态图，相应的曲线都是热力过程状态线，而所示功与热量为单位工质的相应量。但需要注意的是，在 p-v、T-s 状态图上不能直接分别表示热力过程的功、热量。

4.1.3 热力过程简化

在工程热力学中,凡满足"$pv^n=$常数"的过程,统称为多变过程,n 为多变指数,可以为任意常数。多变过程中,状态参数 p、T、v、s 为常数的过程,分别叫等压(isobaric)、等温(isothermal)、等容(isochoric)和等熵(isentropic)过程。由于这四种特殊热力过程的方程中,只含一个变量,物理概念清晰,所以实际内燃机热力循环往往简化为上述特殊过程的组合来进行分析。

工程热力学已证明,对于多变过程"$pv^n=$常数",当 n 为 0、1、κ 和 $\pm\infty$ 时,分别对应等压、等温、等熵和等容过程,其过程状态线的变化趋势见图 4-2。注意它们之间的区别,如 T-s 图上,定容线($n=\pm\infty$)要比定压线($n=0$)陡等,这对定性分析循环热效率的高低是很有帮助的。

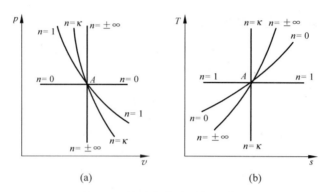

图 4-2 特殊热力过程的状态线
(a) p-v 图;(b) T-s 图

4.2 理想工质的理想循环

4.2.1 模型基本假设

最简化而又最能突出内燃机工作过程本质特征的循环模型,就是将工质和循环过程都理想化的模型,又叫空气标准循环或理论循环(后文统称为理论循环)模型。

1. 理想工质基本假设

(1) 把工质看成理想气体的空气,忽略燃烧废气、燃料蒸气以及燃烧中间产物的影响。
(2) 认为工质即空气的比热容等热物性参数为常数,不随压力、温度等状态参数变化。

2. 理想循环基本假设

(1) 将实际动力过程简化为封闭热力循环,燃烧放热当作外界向系统加热,而膨胀做功之后的排气,当作系统向外界放热,并回到压缩始点。
(2) 循环由特殊热力过程组成(图 4-3):压缩及膨胀过程为绝热等熵过程;加热过程按等容、等压组合的不同模式简化;放热过程当作等容放热来处理。
(3) 换气过程简化为气门在上、下止点瞬间开启和关闭,无节流损失,缸内压力不变的流入、流出过程。

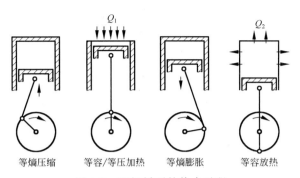

图 4-3 理想循环的热力过程

4.2.2 理论循环类型及参数表达式

1. 理论循环类型

按 4.2.1 节的基本假设,自然吸气及增压内燃机理论循环的典型示功图分别如图 4-4(a)、(b)中实线所示。压缩过程 ac 和膨胀过程 zb 均为绝热等熵过程。燃烧过程则简化为压缩上止点的等容加热过程 cz′和随后的等压加热膨胀过程 z′z(后文均简称为等压加热过程)。相应的加热量是等容加热量 $Q_{1\lambda}$ 和等压加热量 $Q_{1\rho}$。总燃烧加热量 $Q_1 = Q_{1\lambda} + Q_{1\rho}$。等容放热过程为 ba,相应的放热量为 Q_2。

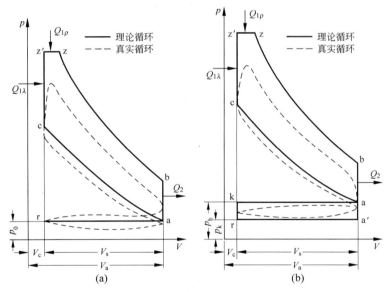

图 4-4 自然吸气及增压内燃机典型的理论循环示功图
(虚线为真实循环示功图,用作对比)
(a) 自然吸气内燃机;(b) 增压内燃机

上述按一定比例进行的先等容加热、后等压加热的循环叫混合加热循环。混合加热循环有两个极端情况:一个是全部等容加热的等容循环,早期的汽油机因转速低、燃烧较快而接近等容循环,为了纪念四冲程汽油机的发明人尼古拉斯·奥托(Nikolaus Otto),等容循环又叫奥托(Otto)循环;另一个是全部等压加热的等压循环,早期的柴油机因转速和喷油压力较低,喷油及燃烧延续时间较长而接近等压循环,为了纪念柴油机的发明人鲁道夫·狄塞尔(Rudolf Diesel),等压循环又叫狄塞尔(Diesel)循环。现代高速汽油机和柴油机已突破这些限制,表现为混合循环特征,仅看示功图已无法直接判定是汽油机还是柴油机。

对混合加热循环及其两种极端的等容和等压加热循环进行对比分析,有利于准确、全面地理解理论循环及其影响因素的物理实质,因此,内燃机的理论循环分析就是针对三种不同加热循环进行对比分析。

2. 循环参数及热效率、平均压力的表达式

图 4-5 是内燃机三种理论循环动力过程的 p-V 示功图和 T-S 示热图。需要注意的是,下面的理论循环分析只涉及内燃机的封闭动力过程热力循环,所谓的循环热效率是指动力循环热效率。

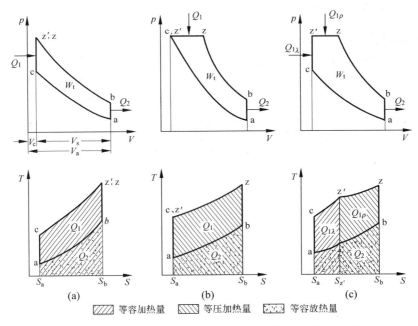

图 4-5 内燃机三种理论循环动力过程的 p-V 及 T-S 图
(a) 等容循环;(b) 等压循环;(c) 混合循环

1) 理论循环参数

由图 4-5 各关键点的状态值及几何关系,可定义如下循环参数:压缩比 $\varepsilon=\dfrac{V_a}{V_c}=1+\dfrac{V_s}{V_c}$;等容加热时的压力升高比 $\lambda=\dfrac{p_{z'}}{p_c}$;等压加热时的容积预膨胀比 $\rho=\dfrac{V_z}{V_{z'}}$。此外,工质的等熵指数 $\kappa=\dfrac{c_p}{c_V}$ 也是重要的循环参数。

若 $\lambda=1$,理论循环为等压加热循环;若 $\rho=1$,理论循环为等容加热循环。

2) 循环热效率与循环平均压力

已知缸内工作过程的几何关系及压缩始点 a 的状态参数 p_a、T_a,再按理论循环各特定过程的热力关系,可求得图 4-5 各关键点的状态值,从而求出循环热效率 η_t 和循环平均压

力 p_t 的表达式。此处 p_t 定义为单位排量所做循环功,即 $p_t = \dfrac{W_t}{V_s}$。表 4-1 是三种理论循环的 η_t、p_t 表达式。

表 4-1 三种理论循环的热效率及平均压力表达式

	等容加热循环	等压加热循环	混合加热循环
η_t	$1 - \dfrac{1}{\varepsilon^{\kappa-1}}$	$1 - \dfrac{1}{\varepsilon^{\kappa-1}} \dfrac{\rho^\kappa - 1}{\kappa(\rho-1)}$	$1 - \dfrac{1}{\varepsilon^{\kappa-1}} \dfrac{\lambda\rho^\kappa - 1}{(\lambda-1) + \kappa\lambda(\rho-1)}$
p_t	$\dfrac{\varepsilon^\kappa}{\varepsilon-1} \dfrac{\lambda-1}{\kappa-1} p_a \eta_t$	$\dfrac{\varepsilon^\kappa}{\varepsilon-1} \dfrac{\kappa(\rho-1)}{\kappa-1} p_a \eta_t$	$\dfrac{\varepsilon^\kappa}{\varepsilon-1} \dfrac{(\lambda-1) + \kappa\lambda(\rho-1)}{\kappa-1} p_a \eta_t$

表 4-1 各式推导如下。先推导图 4-5(c) 混合加热循环的热效率和平均压力表达式。

因为

$$Q_1 = Q_{1\lambda} + Q_{1\rho} = c_V(T_{z'} - T_c) + c_p(T_z - T_{z'}) \tag{4-2}$$

$$Q_2 = c_V(T_b - T_a) \tag{4-3}$$

所以

$$\eta_t = 1 - \dfrac{Q_2}{Q_1} = 1 - \dfrac{c_V(T_b - T_a)}{c_V(T_{z'} - T_c) + c_p(T_z - T_{z'})} \tag{4-4}$$

即

$$\eta_t = 1 - \dfrac{T_b - T_a}{(T_{z'} - T_c) + \kappa(T_z - T_{z'})} \tag{4-5}$$

又,由 ac 等熵压缩过程得

$$T_c = T_a \left(\dfrac{V_a}{V_c}\right)^{\kappa-1} = T_a \varepsilon^{\kappa-1} \tag{4-6}$$

由 cz' 等容加热过程得

$$T_{z'} = \left(\dfrac{p_{z'}}{p_c}\right) T_c = \lambda T_c = \lambda T_a \varepsilon^{\kappa-1} \tag{4-7}$$

由 zz' 等压加热过程得

$$T_z = \dfrac{V_z}{V_{z'}} T_{z'} = \rho T_{z'} = \rho\lambda T_a \varepsilon^{\kappa-1} \tag{4-8}$$

由 ba 等容放热过程,以及 zb 等熵膨胀和 ac 压缩过程等诸多关系得

$$T_b = \left(\dfrac{p_b}{p_a}\right) T_a = \rho^\kappa \lambda T_a \tag{4-9}$$

将式(4-6)～式(4-9)代入式(4-5),得

$$\eta_t = 1 - \dfrac{1}{\varepsilon^{\kappa-1}} \dfrac{\lambda\rho^\kappa - 1}{(\lambda-1) + \kappa\lambda(\rho-1)} \tag{4-10}$$

又

$$p_t = \dfrac{W_t}{V_s} = \dfrac{Q_1 \eta_t}{V_s} = \dfrac{Q_1 \varepsilon}{V_a(\varepsilon-1)} \eta_t \tag{4-11}$$

将式(4-2)代入式(4-11),得

$$p_t = \dfrac{[c_V(T_{z'} - T_c) + c_p(T_z - T_{z'})]\varepsilon}{V_a(\varepsilon-1)} \eta_t = \dfrac{c_V[(T_{z'} - T_c) + \kappa(T_z - T_{z'})]\varepsilon}{V_a(\varepsilon-1)} \eta_t \tag{4-12}$$

再将式(4-6)~式(4-8)及 $c_V = \dfrac{R}{\kappa-1} = \dfrac{p_a V_a}{(\kappa-1)T_a}$ 代入式(4-12),最后得

$$p_\varepsilon = \frac{\varepsilon^\kappa}{\kappa-1} \frac{(\lambda-1)+\kappa\lambda(\rho-1)}{\kappa-1} p_a \eta_t \tag{4-13}$$

式(4-10)、式(4-13)分别是表 4-1 中混合加热循环的 η_t、p_t 关系式。在两式中取 $\rho=1$,则得等容循环的 η_t、p_t 关系式;在两式中取 $\lambda=1$,则得等压循环的 η_t、p_t 关系式。

4.2.3 循环参数对循环热效率的影响

由表 4-1 可知,影响 η_t 和 p_t 的参数有 ε、λ、ρ 和 κ 共 4 个。初始压缩压力 p_a 与 η_t 无关,但与 p_t 大小成正比。这说明,提高压缩过程初始压力 p_a,如采用增压技术,可以近似成比例地提高循环平均压力 p_t,即可提高内燃机的动力性,但对内燃机循环热效率没有直接影响。现将 4 个参数影响循环热效率 η_t 的情况分述如下。

1. 压缩比

由表 4-1 中三个 η_t 表达式可知,三种循环的 η_t 均随压缩比 ε 的增大而上升。一般来说,ε 较小时,ε 的变化对 η_t 的影响很大;而 ε 较大时,影响不显著。

图 4-6(a)和(b)分别为等容加热循环在不同绝热指数 κ 条件和不同过量空气系数 ϕ_a 条件

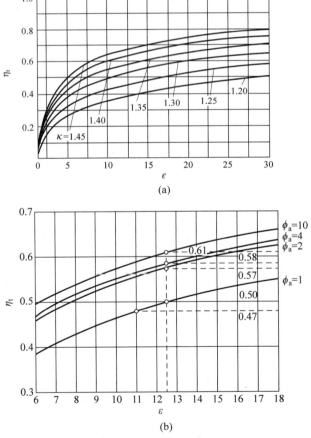

图 4-6 等容加热理论循环热效率 η_t 随压缩比 ε 的变化曲线
(a) 不同绝热指数 κ 条件;(b) 不同过量空气系数 ϕ_a 条件

下,η_t 随 ε 变化的曲线。对图 4-6(a)中的曲线,在 $\kappa=1.40$,工质为 273 K 纯空气的条件下,ε 由 6.5 增大到 8.5,η_t 上升 9.1%;而 ε 由 16 增大到 18,η_t 只上升 2.3%。这一分析表明,为提高 η_t,应尽可能增大 ε,但 ε 大到一定程度,如超过 15 再增大 ε,η_t 提高的幅度有限。实际上,受点燃式汽油机爆震和压燃式柴油机最大爆发压力的约束,ε 增大受到限制。此外,ε 太高,也会增加机械摩擦损失。因此,ε 不是越高越好。

2. 压力升高比和预膨胀比

压力升高比 λ 和预膨胀比 ρ 是分别反映混合加热循环中等容加热量 $Q_{1\lambda}$ 和等压加热量 $Q_{1\rho}$ 的两个参数。由于等容和等压两种加热模式对 η_t 的影响趋势和程度不相同,所以在混合循环中,需要将 λ、ρ 的影响综合起来分析。

依据混合加热循环 η_t 的表达式(4-10),在 ε 和 κ 不变的条件下,可以在以 λ、ρ 为变量的坐标图上作出 η_t 的等值曲线族。图 4-7 是 $\varepsilon=8.5$,$\kappa=1.40$ 时计算作出的 η_t 曲线族。图中每一个点代表一种确定的 λ、ρ 混合加热模式。

由图 4-7 可以看出:

(1)在 $\rho=1$ 的等容加热循环条件下,η_t 为常数,不随 λ 而变化,即负荷($Q_{1\lambda}$)变化时,λ 虽改变,但对 η_t 无影响;

(2)在 $\lambda=1$ 的等压加热循环条件下,η_t 随 ρ 加大而明显下降,这表明随着负荷($Q_{1\rho}$)上升,ρ 加大而 η_t 下降;

(3)在 $\rho>1$ 和 $\lambda>1$ 的混合加热循环条件

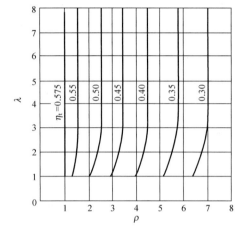

图 4-7 混合加热循环在不同 λ、ρ 条件下的 η_t 曲线族($\varepsilon=8.5$,$\kappa=1.40$)

下,总体上在 ρ 不变时,随 λ 上升而 η_t 略有增加,但影响不大,λ 上升到一定值(大约 3)后,η_t 不再受影响,而 λ 不变时,ρ 的影响却十分显著,这表明混合循环中 ρ 的影响更重要。

λ 和 ρ 的上述变化规律表明:一是在任何情况下,为提高 η_t,应尽量减少等压加热部分而接近上止点进行等容加热,这就是所谓的提高"等容度"的概念(详见下文"各参数对循环热效率影响的物理实质");二是在负荷变化时,若主要是 ρ 变化,则高、低负荷 η_t 的差别将加大,若主要是 λ 变化,则高、低负荷 η_t 将保持大致不变,这一点对汽油机和柴油机在不同负荷条件下 η_t 的对比有理论指导意义,4.2.4 节中有详细说明。

3. 工质等熵指数

等熵指数 κ 反映了工质热力特性对 η_t 的影响。理论分析表明,不论何种循环,κ 越大则 η_t 越高。由图 4-6(a)可以看出,当 κ 由常温空气的 1.40 降到 1.20(相当于高负荷、高温燃气的 κ),$\varepsilon=8.5$ 时的 η_t 由 0.575 降到 0.348,降幅高达 40%。工质 κ 大小反映了混合气的稀浓,从图 4-6(b)可以看出,在 $\varepsilon=12.5$ 时,当过量空气系数由化学计量比($\phi_a=1$)增大到稀燃 $\phi_a=2$ 时,η_t 由 0.50 增加到 0.57,增幅达 14%,而 $\phi_a=2$ 增大到 $\phi_a=4$,η_t 则由 0.57 增加到 0.58,增幅仅为 1.75%。这说明,混合气稀到 2 倍化学计量比以上,对提高循环热效率没有明显效果。

4. 各参数对循环热效率影响的物理实质

根据热力学第二定律，热能不会完全转换为机械能。图 4-8 给出了等容循环的最大可用热能示意图。如果等容循环的放热过程不是按图中 ba 等容放热，而是先膨胀到环境压力 p_0，再按 b′a 等压放热，则额外增加了一块 Ⅰ 面积的可用热能；若继续膨胀到环境温度 T_0，然后按 b″a 等温放热，则可以再额外增加一块 Ⅱ 面积的可用热能。因此，等容循环的最大可用能，即"㶲（exergy）"，是"aczb 面积＋Ⅰ 面积＋Ⅱ 面积"之和，是可以转换为机械能的热能。而图 4-8(b) 中的 $b''aS_aS_b$（Ⅲ）面积表示继续膨胀到绝对零度（-273℃）获得的热能，由于获得该热能需要额外消耗等值的能量把环境温度冷却到绝对零度，因此这部分热能是不能转化为机械能的，是不能利用的热能，即"㷻（anergy）"。热力系统的温度相对于环境温度越高，则㶲值越大。对内燃机来说，加热平均温度越高和放热平均温度越低，其能达到的循环热效率就越高。下面利用热功转换原理分析各参数对 η_t 的影响。

图 4-8　等容循环的最大可用能
(a) p-V 图；(b) T-S 图

（1）内燃机的 κ、λ、ρ 不变而单纯改变 ε 时，在相同的初始压缩状态下，ε 越高，则压缩终了时的 p、T 越高。压缩终了温度越高，则相同加热量下加热过程的平均温度也必然更高。所以高 ε 热力系统的㶲高于低 ε 热力系统，其 η_t 也高。

以图 4-9 等容加热循环不同 ε 时的 T-S 图为例进行分析。图中 $ac_1z_1b_1a$ 和 $ac_2z_2b_2a$ 分别表示不同压缩比（$\varepsilon_1 < \varepsilon_2$）的两个等容加热循环。从相同压缩初始状态点 a 进行等熵绝热压缩，必然有 $T_{c2} > T_{c1}$。于是，等容放热线 c_2z_2 高于 c_1z_1。由于两循环的加热量 Q_1 相同，所以面积 $S_ac_1z_1S_{b1}S_a$ 和 $S_ac_2z_2S_{b2}S_a$ 相等。于是 z_2S_{b2} 线一定在 z_1S_{b1} 线的左边，也就是说高压缩比 ε_2 循环的散热量 Q_{22}（面积 $S_aab_2S_{b2}S_a$）小于低压缩比 ε_1 循环的散热量 Q_{21}（面积 $S_aab_1S_{b1}S_a$）。这就直接证明了高压缩比 ε_2 循环的 $\eta_t = 1 - \dfrac{Q_{22}}{Q_1}$，大于低压缩比 ε_1 循环的 $\eta_t = 1 - \dfrac{Q_{21}}{Q_1}$。

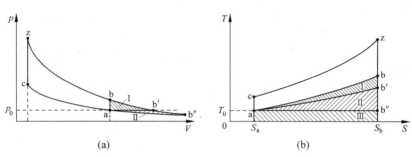

图 4-9　等容加热循环不同 ε 时的 T-S 图

（2）内燃机的 ε 和 κ 不变而 λ、ρ 变化时，如图 4-10 所示，任何循环都可分割为若干具有相同加热量 ΔQ_1 的微等容循环。当 ΔQ_1 趋于无穷小时，各微循环 η_{ti} 的算术平均值就是整个循环的热效率 η_t。

由于等容循环的 η_t 只与 ε 有关,而与 λ 无关(ε 相同的等容循环,λ 升高时,加热平均温度升高,但放热平均温度也同时升高,其结果使 η_t 保持不变),所以等容加热段 cz' 中的各个微循环都具有相同的 η_{ti};而等压加热段 zz' 中的微循环越往后,η_{ti} 越低,这是因为越靠后,实际压缩比 ε_i 越低之故。如图上剖面线所示的第 m 个微循环,其实际压缩比 $\varepsilon_m = V_a / V_{cm}$ 低于理论压缩比 $\varepsilon = V_a / V_c$。

以上分析表明,λ、ρ 的影响本质上还是体现在实际压缩比的影响,也可以用"等容度"来反映这一特点。等容度 σ 可定义为按图 4-10 计算出的各微循环实际压缩比算术平均值 ε_m 与理论压缩比 ε 的比值,即 $\sigma = \varepsilon_m / \varepsilon \leqslant 1$,反映了实际加热过程接近上止点理想等容加热的程度。内燃机若在上止点之前(即提前)或之后(即推后)进行等容加热,则等容度都会变小。可见,等容度与等容加热不是一回事,等容加热表示加热瞬间完成,而等容度反映的是加热时刻或相位。事实上,等容度 σ 与预膨胀比 ρ 反映的是同一概念,但它们是相逆的两个参数,即等容度 σ 越大,则预膨胀比 ρ 越小。在图 4-5(a) 等容循环条件下:$\sigma = 1$,$\rho = 1$。

(3) 内燃机的 ε、λ、ρ 不变而 κ 变化时,因为特种气体常数 R 不变,所以 κ 越大,表明比热容 c_V、c_p 越小。

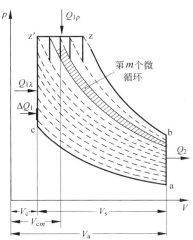

图 4-10 利用微等容循环分析各种循环的热效率

当相同加热量 Q_1 和压缩始点不变时,比热容越小则工质温升越高,η_t 也就越高。

4.2.4 理论循环对改善动力经济性的指导意义

理论循环模型是内燃机工作过程最本质的模型,影响理论循环热效率的主要参数,也是影响实际内燃机动力性和经济性的关键参数。尽管理论循环模型过于简化而无法满足内燃机工作过程定量计算的要求,但它的定性指导作用,则是其他模型无法取代的。读者如能较深入地理解理论循环的物理实质,将有助于进一步掌握理想循环和真实循环,以及后续章节的相关内容。理论循环的指导作用主要体现在以下两个方面。

1. 指出了改善内燃机动力经济性的基本原则和方向

从热力学的理论高度来看,这一基本原则就是提高内燃机燃烧加热后热能的品质,也就是在相同加热量条件下,尽可能提高加热过程中工质的平均温度,以及尽可能降低放热过程中工质的平均温度。在现有循环模式下,有以下三个主要改善方向。

(1) 在允许的条件下,尽可能提高内燃机的压缩比;

(2) 合理组织燃烧,提高循环加热的等容度,即通过减小循环的预膨胀比和合理选择燃烧始点,使燃烧加热中心接近上止点;

(3) 保证缸内工质具有较高的等熵指数。

在后文中将看到,大部分涉及改善内燃机动力性和经济性的措施,归根结底都是上述三方面分别或同时起作用的结果。

2. 提供了内燃机之间进行动力经济性对比的理论依据

汽油机和柴油机实质上都是接近混合加热循环运行的,由于两者在混合气形成方式、负荷调节方式以及着火、燃烧方式存在差异,它们的压缩比、过量空气系数和燃烧最大爆发压力等参数范围也有所差别,如表 4-2 所示。下面利用理论循环分析的结论,对比分析汽油机和柴油机在下述三种情况下,循环热效率的差异及产生差异的原因。

表 4-2 汽油机和柴油机燃烧参数变化范围

机 型	ε	ϕ_a	燃烧最大爆发压力 p_{max}/MPa
汽油机	9~15	约 1.0	4.0~10.0
柴油机	15~22	1.2~2.2	6.0~18.0

1) 同一机型不同加热模式的对比

对于同一种机型,其 ε、κ 及 Q_1 均不变,类似图 4-9 的分析方法,在图 4-11 上分别作出等容加热循环 acz_1b_1a、混合加热循环 $acz_2'z_2b_2a$ 和等压加热循环 acz_3b_3a 等三种循环的 T-S 图。三种模式的压缩线相同,均为 ac。由于等容线(cz_1)的斜率比等压线(cz_3)大,相同 Q_1 加热量下,三种模式的等熵膨胀线从左到右依次是 z_1b_1、z_2b_2 和 z_3b_3 线。因此放热量 Q_2 必然是等压循环最大而等容循环最小。于是有,等容循环 η_{tV}>混合循环 η_{tm}>等压循环 η_{tp}。这一结论就是前述提高循环加热等容度可以提高热效率的具体体现。

2) 不同机型具有相同最大燃烧爆发压力的对比

假定三种循环的机型均具有相同的加热量 Q_1 和最大燃烧爆发压力 p_{max},在图 4-12 上分别作出与图 4-11 相似的三种循环的 T-S 图。此时,加热终了的状态点 z_1、z_2 和 z_3 都在等 p_{max} 线上。由于等容线(c_1z_1)与等压线(c_3z_1)的斜率有差别,压缩终了的温度必然是 T_{c3}>T_{c2}>T_{c1},即 ε_3>ε_2>ε_1。与图 4-11 相反,等压循环、混合循环和等容循环的等熵膨胀线从左到右依次是 z_3b_3、z_2b_2 和 z_1b_1,由此得出等压循环 η_{tp}>混合循环 η_{tm}>等容循环 η_{tV} 的结论。注意,这里的等压循环热效率高于等容循环热效率,本质上是由于等压循环的压缩比高于等容循环导致的,与前述加热模式对比得出的结论并不矛盾。

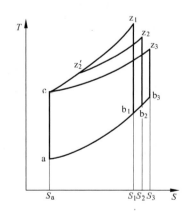 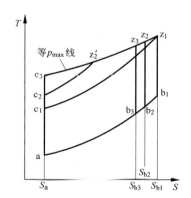

图 4-11 同一机型不同加热模式的 T-S 图对比   图 4-12 相同 p_{max} 和 Q_1 时三种循环的 T-S 图对比

由于柴油机的压缩比大大高于汽油机,而且 p_{max} 远高于汽油机(表 4-2),所以它的循环热效率也高于汽油机,这正是柴油机的燃油经济性优于汽油机的理论依据之一。

3) 汽油机和柴油机负荷变化(Q_1 不同)的对比

柴油机是边喷油边混合边燃烧的扩散燃烧模式,当负荷下降时,喷油时间缩短,但初期预混自燃相当于等容燃烧的部分变化不大,即 λ 基本不变,而 ρ 减小。由图 4-7 可以看出,η_t 有较大提高。

汽油机是点燃火焰传播的预混燃烧模式,无论负荷大小,火焰传播距离不变。负荷下降后,由于进气充量减少,残余废气增多,燃烧压力和温度有所降低,使得火焰传播速度降低,燃烧时间加长,即 λ 下降,而 ρ 上升,使得 η_t 随负荷下降而降低。

汽油机和柴油机的这种反向变化趋势,使得二者在中、低负荷时燃油经济性的差距进一步扩大。这一结论与实际情况相符:在额定工况附近,柴油机有效燃料消耗率 b_e 比汽油机低 15%～25%;而在中、低负荷工况的有效燃料消耗率可低 30%～50%。当然,还有形成 b_e 差距扩大的其他因素,如汽油机在中、低负荷时节气门造成的泵气损失增大。正是基于理论循环的上述分析,才阐明了汽油机和柴油机燃料消耗率出现差距的本质原因。

4.3 真实工质的理想循环

4.3.1 模型构成、特点与意义

在理论循环模型和真实循环模型之间加一个中间模型,就是在理论循环模型的基础上考虑工质的真实特性,这里将真实工质的理想循环叫燃料-空气循环或理想循环(后文统称为理想循环),构成这一模型的基本条件如下。

(1) 完全保持理论循环中有关循环的假设(见 4.2.1 节);

(2) 工质特性按真实情况考虑:工质是不同组分的混合物,且在高温条件下要进行各种化学反应而组分会发生变化;工质各组分的热力参数,如比热容、等熵指数等,随温度、分子结构变化等。

理想循环模型与理论循环模型对比,可以凸显出工质对循环热效率的影响;理想循环模型与真实循环模型对比,可以指出内燃机热力循环所能达到的理想目标。事实上,一旦内燃机的燃料选定,真实工质的特性及其变化规律是难以改变的,而工作循环可以通过混合气形成和燃烧过程的优化,逐步向理想循环接近,为此提出了循环相对热效率 η_{rel} 的概念。η_{rel} 被定义为真实循环的指示热效率 η_{it} 与理想循环的热效率 η_{dt} 之比:

$$\eta_{rel} = \frac{\eta_{it}}{\eta_{dt}} \tag{4-14}$$

η_{rel} 反映了内燃机的真实循环接近理想循环的程度。研究表明,现代高效高功率密度柴油机和汽油机的 η_{rel} 已接近 90%,这说明柴油机和汽油机的动力性和经济性研究已达到相当高的水平。

4.3.2 工质特性及其对热效率的影响

工质特性对循环热效率的影响,归根结底是通过改变工质比热容、等熵指数、等容度等来实现的。

1. 工质比热容与等熵指数

(1) 比热容与等熵指数的定义及物理意义

比热容是热量对温度的导数,即单位质量的物质温度每上升 1 K 所需加入的热量。气体有定容比热容 c_V 和定压比热容 c_p 之分,分别表示定容与定压加热过程中比热容之值,分别是气体比内能 u 和比焓 h 的函数,即 $c_V = du/dT$,$c_p = dh/dT$。c_p 与 c_V 之比叫等熵指数或绝热指数或比热容比,$\kappa = c_p/c_V$。

由热力学分析可知,c_p 与 c_V 之间满足 $c_p - c_V = R$ 的关系。由此又可推导出 $c_V = R/(\kappa-1)$,$c_p = \left(\dfrac{\kappa}{\kappa-1}\right)R$ 和 $\kappa = \dfrac{R}{c_V} + 1$ 的关系。

理想气体的比内能 u 和比焓 h 是温度 T 的单值函数,因此 c_p、c_V 和 κ 都随 T 而单值变化。图 4-13 表示空气的 c_p、c_V 和 κ 随 T 变化的曲线。c_p、c_V 均随 T 的上升而增长;R 不变时,κ 随 T 的上升而下降。

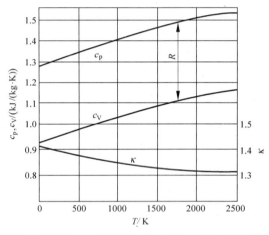

图 4-13 空气 c_p、c_V 和 κ 随 T 变化的曲线

此外,c_p、c_V 还取决于气体分子的自由度数。由分子物理学可知,分配到分子每一个自由度的热量是相同的。多原子分子的自由度比双原子分子多,而双原子分子的自由度又多于单原子分子。因此如表 4-3 所示,c_{Vm}、c_{pm} 和 κ 也随分子的原子数而变。

表 4-3 理想气体的摩尔比热容与等熵指数

类 型	单原子气体	双原子气体	多原子气体
c_{Vm}	$\dfrac{3}{2}R_u$	$\dfrac{5}{2}R_u$	$\dfrac{7}{2}R_u$
c_{pm}	$\dfrac{5}{2}R_u$	$\dfrac{7}{2}R_u$	$\dfrac{9}{2}R_u$
κ	1.67	1.4	1.29

注:表中 c_{Vm} 和 c_{pm} 分别为定容和定压摩尔比热容。无论用摩尔比热容还是质量比热容,计算出的 κ 都是相同的。

纯空气主要由双原子分子 O_2、N_2 等组成,废气则含有更多的三原子分子 H_2O 和 CO_2,所以工质含废气量越多,其比热容越高,κ 越小。此外,燃料是多原子分子,因此过量空气系数 ϕ_a 越小,燃料分子越多,则比热容也越高,κ 越小,如图 4-14 所示。

(2) 真实工质的定压和定容比热容

内燃机中无论是新鲜空气还是废气,其相对分子质量 M_r 在 28.5～30.3 范围内变化,相差不大,因而特种气体常数 R 可以近似认为相同。由 $c_p - c_V = R$ 和 $c_V = R/(\kappa - 1)$ 关系可知,R 不变时,κ 越大,则 c_p、c_V 越小,即在相同加热量情况下工质的温升越高,由热力学第二定律可知,加热后工质温升越高,则能量品质越好,循环热效率越高。这就是工质等熵指数 κ 是决定循环热效率极为重要的原因。

燃烧加热过程中,随着缸内温度不断上升,c_p、c_V 不断增大,κ 则不断减小,也就是在相同加热量条件下,温升会降低,使得理想循环热效率 η_t 下降。注意,这一结论是相对于原有比热容不变时的理论循环 η_t 而言的,绝非燃烧温度越高,η_t 越低。

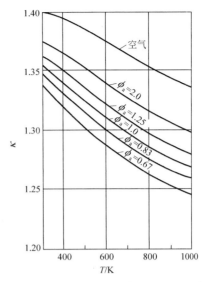

图 4-14 混合气浓度对等熵指数的影响

真实工质的比热容还随多原子分子数的多少而变化。废气中多原子分子 CO_2、H_2O 等的比例大,所以燃烧放热过程中废气比例的不断上升,使比热容不断加大,从而导致理想循环热效率 η_t 下降。此外在充气过程中,若掺有较多废气如采用再循环废气技术,也会使 η_t 降低。

工质温度的高低以及掺进和产生废气量的多少,取决于内燃机的燃烧模式、混合气热值、过量空气系数、进气充量系数和残余废气系数等一系列复杂因素。

2. 工质高温热分解

在高温条件下,若不考虑化学动力学过程,认为燃料与氧的燃烧化学反应在每一瞬间都处于化学平衡状态,如:

$$2CO_2 \rightleftharpoons 2CO + O_2 \qquad 2H_2O \rightleftharpoons 2H_2 + O_2$$
$$2H_2O + O_2 \rightleftharpoons 4OH \qquad H_2 \rightleftharpoons 2H$$
$$O_2 \rightleftharpoons 2O \qquad N_2 + O_2 \rightleftharpoons 2NO$$

以上各式向右的反应为高温热分解反应。燃烧过程中,温度越高,压力越低,越容易向右进行热分解吸热反应。而在膨胀后期及排气期的较低温度条件下,容易向左进行后燃放热反应。

工质高温热分解效应使燃烧加热过程的总时间拉长,实质上是降低了循环加热等容度而使 η_t 有所下降。高温热分解的强弱也取决于燃烧温度、燃料特性和反应特点等一系列复杂因素。

3. 工质分子变化系数

汽油机和柴油机燃烧后,缸内总分子数增多,分子变化系数 $\mu > 1$(图 3-15),而气体燃料发动机有可能 $\mu < 1$。一般情况下,$\mu > 1$ 时,分子数增多,输出功率和热效率会上升;反之 $\mu < 1$ 时,会下降。这个问题较复杂,不是单纯体积变化的影响,还涉及燃烧后分子比热容的大小等。但总的来说,μ 的影响不大,此处不多作分析。影响 μ 的因素,可参看第 3 章 3.4.3 节中的分析。

4. 工质过量空气系数

当过量空气系数 $\phi_a<1$（燃空当量比 $\phi>1$）时，部分燃料没有足够氧气完全燃烧掉，或排出缸外，或生成 CO 和炭烟(C)，使加热量 Q_1 低于理想值。加热量 Q_1 的降低，是因为燃料燃烧不充分造成了浪费，并非燃烧组织和热力循环出了问题，就其效果而言，将其视为因真实工质造成理想循环 η_t 的下降。而 $\phi_a>1$（$\phi<1$）时，由于空气所占比例加大，最高燃烧温度下降，废气比例及高温热分解影响减小，η_t 有所增大，见图 4-15。现代汽油机组织稀薄燃烧能提高燃油经济性的原因与此有关。

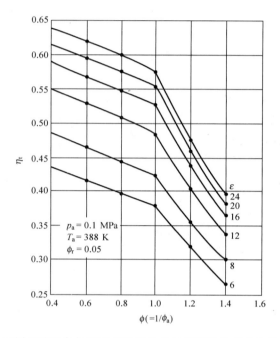

图 4-15　不同压缩比条件下理想循环的热效率随燃空当量比的变化关系

4.3.3　理想循环条件下内燃机热效率的对比

考虑真实工质特性后，汽油机和柴油机热效率的差距进一步加大。

1. 高负荷差距扩大的原因

(1) 在高负荷条件下，汽油机的混合气偏浓，过量空气系数 $\phi_a=0.8\sim1.0$，而柴油机的平均过量空气系数 $\phi_a\geqslant1.2$，混合气总体偏稀，燃烧温度低、等熵指数高。由图 4-15 可知，两者的热效率 η_t 差距增大。

(2) 汽油机虽然压缩比较低，但由于高负荷时混合气较浓且等容度较高，所以它的燃烧温度比柴油机高很多；再加上汽油机的残余废气系数比柴油机高，以上两方面的原因，使汽油机的等熵指数比柴油机小，而高温热分解作用加剧。这些都使汽油机的理想循环 η_t 相对于理论循环 η_t 下降的幅度大于柴油机。虽然汽油机的分子变化系数高于柴油机，但其影响较小，不起主要作用。

2. 低负荷差距进一步扩大的原因

(1) 由于混合气形成和负荷调节方式的差别，汽油机负荷越低，过量空气系数 ϕ_a 变化不大,而柴油机负荷越低,ϕ_a越大,等熵指数κ越大。这进一步扩大了两者低负荷η_t的差距。

(2)汽油机量调节,负荷越低,新鲜进气量越少,残余废气系数ϕ_r越高;而柴油机质调节,负荷越低,进气量不变而喷油量变小,ϕ_r稍低或大致不变。汽油机ϕ_r增大除降低κ外,还使燃烧速度和等容度降低,导致低负荷η_t进一步下降。

(3)汽油机高、低负荷工质燃烧温度差比柴油机小,即低负荷汽油机仍保持较高燃烧温度。这是因为汽油机是量调节,各种负荷混合气的ϕ_a变化不大(图3-14)。虽然低负荷进入缸内的混合气量少,但单位质量工质的发热量没有改变,故工质的燃烧温度变化不大。柴油机是质调节,低负荷ϕ_a增大,单位质量工质的发热量小,燃烧温度成比例下降。这一因素使汽油机和柴油机低负荷温度差别更显著,由此引起两者低负荷η_t的差距加大。

通过汽油机和柴油机的理论循环和理想循环热效率的全面对比,从理论上阐明了两种不同燃烧模式对热效率影响的本质原因。近年来,均质充量压燃(HCCI)、部分预混燃烧(PCCI)、汽油压燃(GCI)和低温燃烧(LTC)等内燃机新燃烧模式(详见第6章6.6节)的出现,正是应用这些循环理论的突出体现。

4.4 真实工质的真实循环

从真实工质的理想循环模型再到真实工质的真实循环模型(后文统称为真实循环),循环热效率η_t会进一步下降。在分析真实循环时,一般都将进、排气过程的泵气损失考虑在内,相当于对循环净指示功进行解析。此外,真实循环分析也考虑了燃烧损失,即燃烧效率不再是100%。不难看出,这时的真实循环热效率已经变成了净指示热效率η_{in}。这里对真实循环进行分析的主要目的是了解真实循环与理论循环、理想循环之间不同的影响因素。图4-16是自然吸气式内燃机理论、理想和真实混合循环等三种模型的示功图对比示意图。由图可以看出,从理想循环到真实循环,导致η_t进一步下降的主要因素有以下几方面。

4.4.1 工质向外传热损失

在内燃机压缩、燃烧和膨胀过程中,工质都会与周边进行热交换,而不是理想的绝热过程,由此引起的额外损失叫传热损失。

缸内工质向外传热的部位有三个:活塞顶面、气缸盖底面和气缸套壁面。活塞顶和气缸盖底面积不随活塞运动而变化,而气缸套壁面积则随活塞移动而变化。图4-17是由计算得到的某柴油机在一循环中,上述三个部位热交换量随曲轴转角的变化曲线。工质向活塞顶和气缸盖的传热主要在膨胀前期进行,而向气缸套的传热则在膨胀中、后期达到最高值。

1. 压缩过程传热

压缩过程初期,因工质温度低于周边壁面温度,出现周边壁面向工质传热;压缩过程中、后期,工质温度上升后,变为工质向外传热。从图4-17的热交换曲线可以看到这一点(热交换由正变负)。

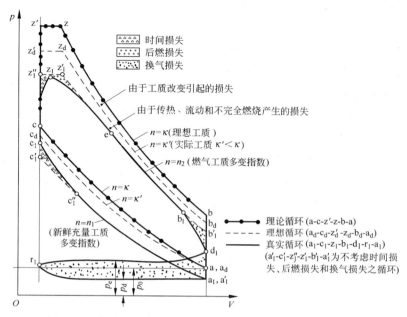

图 4-16 自然吸气式内燃机混合循环三种模型示功图的比较

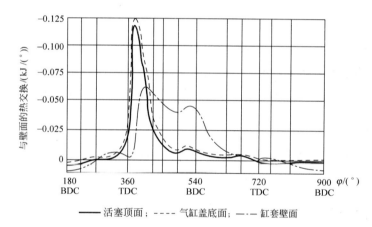

——活塞顶面；----气缸盖底面；—·—缸套壁面

图 4-17 缸内工质在一个工作循环中向活塞顶、气缸盖及缸套壁面的传热曲线

(增压柴油机：$D=400$ mm，$s=540$ mm，$\varepsilon=12.2$，$n=400$ r/min，$p_b=0.27$ MPa，$p_k=0.228$ MPa，$T_a=314$ K，$\phi_a=2.13$)

2. 燃烧和膨胀过程传热

燃烧和膨胀过程是传热量最集中的阶段。由于传出热量多，引起缸内压力较理想循环相对应过程的低。图 4-16 中面积 $z_{d'}z_db_db_1'z_1'z_1''z_{d'}$ 所示的损失功，主要就是传热损失。

以上传热所引起的做功损失，占总加热量的约 6%，远小于冷却系统所带走的热量。这是因为，冷却系统散热量中，还包括了排出废气及附件摩擦损失的部分传热量，也包括了工质向冷源正常排出的部分热量（向冷源排出的热量大部分由废气排出，如果系统绝热，则全部由废气带走）。传热之所以引起做功损失，主要原因是与理想循环绝热时相比，工质燃烧的平均温度下降，致使系统热能的品质变差。

4.4.2 燃烧提前时间损失及后燃损失

由于实际燃烧加热过程总要持续一段时间,不存在理想的等容燃烧,所以图 4-16 上燃烧始点要略提前到 c_1'' 点,这样才能保证更接近上止点燃烧加热,以获得较高的等容度。由此引起图中 $c_1'c_1''$ 上面和 z_1z_1' 下面两小块面积所示的燃烧时间损失。同时,由于高温热分解等作用,燃烧也要拖延一段时间才能结束,这就出现图中 z_1z_1' 下面小块面积表示的后燃损失。

时间损失的多少与燃烧始点 c_1'' 的相位密切相关。汽油机通过调整点火提前角,而柴油机则通过调整供油提前角来控制这一相位。内燃机在任何工况都存在最佳点火提前角或喷油提前角,此时,时间损失并不大,但当提前角选择不当时,就会使内燃机的性能恶化。所以点火提前角或供油提前角是内燃机除过量空气系数 ϕ_a 之外的又一个很重要的性能调整参数。

4.4.3 换气损失

真实循环换气过程所造成的做功损失在图 4-16 上表现为两部分:一部分是排气门提前在 b_1 点开启而造成的自由排气损失,见图上 $b_1b_1'd_1b_1$ 小块面积所示的损失功;另一部分是进、排气冲程中的泵气损失,即图 4-16 中进、排气冲程曲线所包围的带麻点面积。换气损失在标定工况占总加热量的 1%~3%,在中、低负荷及转速增加时所占比例会增大。换气损失中排气损失所占比例比进气损失大。

内燃机真实循环分析中应计入泵气过程功并考虑泵气损失,此功对循环热效率会产生影响。

4.4.4 不完全燃烧损失

不完全燃烧损失是指燃料、空气混合不良,燃烧组织不完善而引起的燃料热值不能完全释放的损失。

在第 2 章分析图 2-9 时已指出,在合理组织混合气与燃烧的条件下,汽油机和柴油机都可认为接近于完全燃烧,此时的不完全燃烧损失很小。但若偏离正常燃烧如过浓燃烧或爆震燃烧,就会使不完全燃烧损失增加,这就是内燃机混合气形成与燃烧匹配受到广泛关注的原因。

4.4.5 缸内流动损失

缸内流动损失是指在压缩、燃烧和膨胀过程中,由于缸内气流运动,如涡流、滚流、挤流等形成的损失。表现为压缩过程多消耗压缩功;燃烧、膨胀过程的一部分能量用于克服气流阻力,使作用在活塞上用于做功的压力减小。

内燃机缸内流动损失一般不会太大。除非人为设计的强涡流燃烧室,如柴油机分隔式涡流室和预燃室,才会有较大的缸内流动损失。强涡流燃烧室设计的主要目的是牺牲部分动力性和经济性来换取噪声、排放和可靠性等性能的改善。柴油机统一式燃烧室有时也组织较强的气流运动来改善混合气形成与燃烧,但流动损失会因燃烧改善而得到一定的补偿。

4.4.6 工质泄漏损失

内燃机工作过程中,工质通过活塞环向外泄漏是不可避免的。正常情况下,工质泄漏量很小,不超过排量的1%。活塞环、缸套磨损后以及低速工况下,泄漏会明显上升,这是内燃机使用多年后,动力性、经济性和排放性能下降的主要因素之一。

以上是真实循环与理想循环在六个方面的差距,虽然真实循环每个方面的损失,在采取各种技术措施和匹配优化情况下,已减到很低,循环相对热效率 η_{rel} 已经达到很高水平,但各种损失加起来仍使循环热效率的降低接近或超过10个百分点。内燃机在实际生产、使用中,未必都能达到理想的设计和匹配状况,差距会加大。所以围绕以上各方面改善内燃机循环的动力性和经济性,仍是内燃机技术人员经常从事的研究工作。

4.5 机械损失与机械效率

机械损失在内燃机能量转换中是不可避免的,对整机动力性和经济性有不可忽视的影响。机械损失功 W_m 由机械摩擦功 W_{mf}、附件消耗功 W_{me} 和泵气损失功 W_p 等三部分组成。机械效率按式(2-13)被定义为

$$\eta_m = \frac{W_e}{W_i} = 1 - \frac{W_m}{W_i} = 1 - \frac{W_m}{W_e + W_m} = 1 - \frac{P_m}{P_i} = 1 - \frac{P_m}{P_e + P_m}$$

$$= 1 - \frac{p_{mm}}{p_{mi}} = 1 - \frac{p_{mm}}{p_{me} + p_{mm}} \tag{4-15}$$

参照式(2-23)和式(2-24),可以分别得到

$$P_m = \frac{inV_s}{30\tau} p_{mm} \tag{4-16}$$

和

$$p_{mm} = \frac{30\tau}{inV_s} P_m \tag{4-17}$$

以上各式中,P_m 为机械损失功率,kW;p_{mm} 为机械损失平均压力,MPa。

4.5.1 机械损失组成

1. 机械摩擦损失

机械摩擦损失是指内燃机运动件的机械摩擦、搅油和气动阻力等损失。

1) 活塞组件摩擦损失

活塞组件摩擦损失占摩擦损失中的最大份额,主要由活塞环、活塞裙部以及活塞销等三部分的摩擦损失组成。

受活塞环净张力以及环背面气体压力作用,紧压在缸套上的环面与缸壁产生相对的滑动摩擦,而且在活塞上止点附近处于边界润滑状态,即液体摩擦过渡到摩擦副表面直接接触的干摩擦过程之前的临界状态,成为内燃机最大的摩擦源。活塞裙面润滑比环面充分,与缸套接触面上的单位面积压力较小,所以摩擦损失比活塞环小。

2) 轴承摩擦损失

轴承摩擦损失主要包括曲轴主轴承、凸轮轴轴承、连杆轴承以及前后主轴承密封装置的

摩擦损失。轴承摩擦损失受缸内压力影响相对小一些,主要取决于轴颈直径、转速、轴承材质和润滑条件。

3) 气阀机构摩擦损失

气阀机构摩擦损失包括凸轮与挺柱(或摇臂)、摇臂与气门杆端、气门杆与气门套管、摇臂轴承等部位的摩擦损失。其中凸轮与挺柱(或摇臂)以及摇臂与气门杆的接触面,由于载荷高,面积小,摩擦损失最大。

气阀机构摩擦损失所占总摩擦损失的比例,随转速有较大变化。低速时明显上升,有时可达全部摩擦损失的20%以上,而在额定工况,所占比例一般不超过7%。

4) 其他损失

其他如齿轮、链轮、带轮等传动损失,连杆大头搅拌机油的损失,以及曲轴箱内空气压缩、通风和各机件运动的气动损失等,所占比例均较小。

2. 辅助机械(附件)驱动功率消耗

辅助机械(附件)驱动功率消耗是指内燃机运转时必不可少的辅助机构,如水泵(风冷机则为风扇)、机油泵、高压油泵、调速器、点火装置等所需驱动功率消耗。有一些附件,如发电机、空气压缩机、散热器风扇等,未包括在一些台架试验和测试机械损失的试验中,即试验测试时不带这些附件,因此这些附件驱动功率消耗不属于机械损失。

除风冷内燃机风扇等个别情况外,附件消耗功率一般不大,主要随转速及润滑油粘度上升而加大,与负荷关系不大。但小型内燃机的附件消耗功率,不可能完全按排量或功率成比例地变小,因此所占比例一般较大。柴油机随着喷油压力的不断提高,其供油系统的功率消耗有较大增加。

在二冲程和机械增压内燃机中,还分别有扫气泵和机械增压器的驱动功率消耗,应把它们列入附件驱动功率消耗。而涡轮增压内燃机的涡轮机与压气机功率消耗是废气能量所支付的,不应归入附件驱动功率消耗。

3. 泵气损失

正如第2章指出的,泵气损失是进、排气两个冲程中,由于工质流动时节流和摩擦等因素造成的能量损失。图2-3(a)中的面积 W_2+W_3 是自然吸气四冲程内燃机的泵气损失功,而图2-3(b)中带剖面线部分的面积,则是增压四冲程内燃机的泵气损失功。

4.5.2 机械损失各部分所占比例

图4-18为1.6 L排量四缸自然吸气汽油机和柴油机在几种不同负荷与转速条件下,测得的各主要机械损失项的对比。由图可以得到以下结论。

(1) 在各种情况下,运动件摩擦损失(活塞、曲柄连杆机构和凸轮轴机构等)占有最大比例(50%~80%)。除高速工况外,柴油机的运动件摩擦损失所占比例大于汽油机。

(2) 附件消耗损失所占比例一般不超过10%。柴油机因有高压油泵,所占比例大于汽油机。

(3) 泵气损失所占比例变化大,在5%~40%范围变动。高速工况及汽油机低负荷泵气损失明显加大;负荷对柴油机的泵气损失影响较小。总体上,汽油机低速、低负荷的泵气损失要比柴油机高得多。

图4-19是某自然吸气四冲程汽油机,在电动机反拖试验中测得的主要机械摩擦损失及附件消耗损失随转速的变化情况。由图可以看出,所有转速下,活塞组件摩擦损失所占比例

大都在50%以上,而且转速越高,所占比例越大;气阀机构摩擦损失在低速时上升到第二位,大于曲轴、密封件摩擦损失及附件消耗损失之和,而高速时所占比例下降。

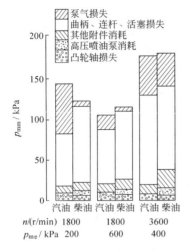

图4-18 1.6 L排量四缸自然吸气汽油机和柴油机主要机械损失项的比较

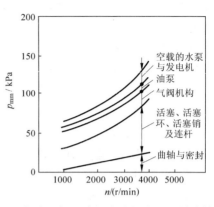

图4-19 自然吸气四冲程汽油机主要机械摩擦损失和附件消耗损失随转速变化情况

图4-20是四台涡轮增压缸内直喷(TGDI)汽油机在2000 r/min转速和不同负荷(IMEP)条件下的泵气损失平均压力(PMEP)与指示平均压力(IMEP)之比的变化规律。从图中可以看出,四台TGDI汽油机的泵气损失差异不大,当IMPE高于1.0 MPa(高负荷)时,泵气损失占比约5%,即换气效率约为95%,但在低负荷时,由于节气门节流损失加大,泵气损失占比大幅上升,在IMEP为0.2 MPa附近,泵气损失占比高达30%~40%,换气效率只有60%~70%。

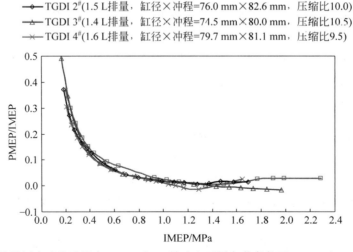

图4.20 涡轮增压直喷汽油机在2000 r/min转速和不同负荷条件下PMEP/IMEP的变化规律

图4-21是1.5 L排量TGDI汽油机摩擦损失平均压力(FMEP)及其占比(FMEP/IMEP)在不同转速条件下随负荷(IMEP)的变化规律。从图中可以看出,当转速超过2000 r/min后,

随着转速增加,摩擦损失平均压力(FMEP)及其占比(FMEP/IMEP)成比例增加。随着负荷的增加,FMEP 绝对值也成比例增加。但 FMEP/IMEP 在中低负荷区间(IMEP<1.0 MPa),随着负荷增加快速降低;而在高负荷区(IMEP>1.0 MPa),随着负荷增加,降低幅度趋缓。当 IMEP>1.0 MPa 时,在转速 2000 r/min 以下的 FMEP/IMEP 均小于 8%,考虑到此条件下泵气损失占比小于 5%(图 4.20),这时整机机械效率超过 87%。而当 IMEP>1.6 MPa 时,在转速 2000 r/min 以下的 FMEP/IMEP 均小于 5%,此时整机机械效率超过 90%。

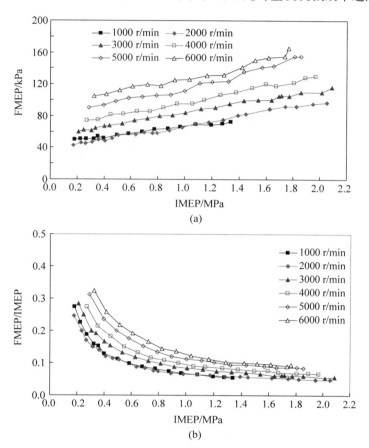

图 4.21　1.5 L 排量 TGDI 汽油机摩擦损失平均压力及其占比在不同转速下随负荷的变化规律
(a)摩擦损失平均压力;(b)摩擦损失平均压力与指示平均压力之比

总体来说,在标定或常用工况下,自然吸气汽油机的机械效率 η_m 为 0.80~0.88;涡轮增压汽油机的机械效率 η_m 为 0.85~0.90;自然吸气柴油机为 0.78~0.85;涡轮增压柴油机为 0.80~0.88。柴油机的 η_m 一般比同类型汽油机的略低,因为柴油机的压缩比较高,运动件质量较大,致使缸内压力和运动件惯性力都较大,摩擦损失增大。涡轮增压内燃机的 η_m 一般比相应自然吸气内燃机的高,可由式(4-15)看出,相同排量的机型,涡轮增压内燃机因回收余热使得 W_i 大幅上升,而 W_m 上升幅度不会太大,因此其 η_m 要比非增压内燃机的高一些。

4.5.3　机械损失测量方法

1. 示功图法

对于自然吸气内燃机直接在示功图上测算出动力过程功,对于增压内燃机还要加上测得的理论泵气功,就可得到总指示功 W_i,再减去台架上测得的有效功 W_e,就可以求出包括泵气损失在内的机械损失功 W_m,从而求得机械效率 η_m。理论上,这是既直接又可靠的方法。但由于下述原因,示功图法只适用于内燃机研发工作。

(1) 由于上止点附近缸内压力的变化较平缓,因而示功图中上止点的位置不易精准定位。而上止点位置的少许误差,会引起 W_i 测算值的较大误差,因为上止点偏差角度对应的功值,恰好正、负变号。只有利用精密仪器,反复多次校正,才能测量得到较为准确的上止点位置。

(2) 多缸内燃机各缸工作存在不均匀性,使得同一循环各缸的压力有一定差别。为此必须各缸压力同时测量才能消除各缸的不均匀性。即使在科研工作中,也未必能满足这种苛刻的要求。

(3) 汽油机由于存在循环波动(详见第 6 章 6.5.3 节汽油机的爆震与循环波动),循环之间的示功图差距较大,如果仅测取某一循环或少量循环平均的示功图,则存在较大误差。一般需要连续测量 50~100 个循环进行平均后,才能得到较为可靠的示功图。

2. 倒拖法

在电力测功机试验台上,先使被测内燃机按测试工况运行到正常稳定状态,冷却液温度、油温等指标都达到正常要求后,迅速断油(柴油机)或切断点火(汽油机),将测功电机转为电动机运行,倒拖内燃机到同样的转速,这样测得的倒拖功率可以认为是待测内燃机的机械损失功率。由于内燃机存在进气和排气流动,这种测试方法必然将泵气损失功也包含在被测值中。但这种方法不可避免会出现下述误差。

(1) 测试时,内燃机处于不燃烧状态。一方面缸内压力低于正常燃烧压力,活塞和缸套的间隙因温度降低而加大,致使机械摩擦损失减小;但另一方面,气缸温度低,润滑油粘度加大,又使摩擦损失增加。

(2) 由于工质温度变低,密度增大,排气压力也增大,使泵气损失增加。

(3) 对于压缩、膨胀反复进行的倒拖循环,由于存在不可逆损耗和工质向周边传热,会出现图 4-22 所示的压缩、膨胀压力线不重合的封闭负功面积。在正常的循环动力过程功中已计入了这种消耗,此处是重复计算(当然数值上会有差别),增大了被测机械摩擦损失。

以上诸多因素,或相互抵消,或相互叠加,误差难以估算。汽油机因压缩比低,机械损失测量误差一般较小,而柴油机的测量误差较大。

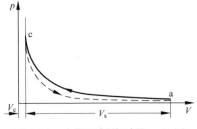

图 4-22 内燃机倒拖时的 p-V 图

3. 灭缸法

灭缸法仅适用于多缸内燃机。设 N 缸内燃机正常运转时,测出的有效功率为 P_e。然后第 i 缸灭火(停止点火或断油),并在相同转速下测量 $(N-1)$ 个工作气缸的有效功率为 $(P_e)_{-i}$。此时可以近似认为,总的机械损失功率 P_m 并未改变,于是灭缸后所减少的输出功率是被灭第 i 缸的指示功率 P_{ii},即

$$P_{ii} = P_e - (P_e)_{-i} \tag{4-18}$$

因为 $P_m = P_i - P_e$,而 $P_i = \sum_{i=1}^{N} P_{ii} = \sum_{i=1}^{N} [P_e - (P_e)_{-i}]$ 代入上式得

$$P_{\mathrm{m}} = \sum_{i=1}^{N}[P_{\mathrm{e}} - (P_{\mathrm{e}})_{-i}] - P_{\mathrm{e}} = (N-1)P_{\mathrm{e}} - \sum_{i=1}^{N}(P_{\mathrm{e}})_{-i} \qquad (4\text{-}19)$$

利用式(4-19)，只需测出整机的 P_{e}，并测出轮流灭一缸的 N 次功率$(P_{\mathrm{e}})_{-i}$，就可求出机械损失功率 P_{m}。这种方法简便可行，不需额外测试设备和电机倒拖，所以得到广泛应用。

应该指出，灭缸法本质上仍然是倒拖法，即用"$N-1$"缸的动力来倒拖被灭火的那一缸。理论上，倒拖法所具有的偏差，在灭缸法中都会出现。但由于此方法测定时的整机运行状态更接近于真实运行状态，某些误差会相对小一些。但下列情况仍会导致新的误差。

(1) 多缸内燃机灭一缸后，进、排气系统的压力波动态效应（详见第 5 章 5.3 节进、排气系统动态效应）会影响各缸进、排气的分配均匀性，引起额外测试误差。

(2) 从误差理论来看，式(4-18)是数值相近的 P_{e} 和$(P_{\mathrm{e}})_{-i}$ 两个大数相减，会导致所求 P_{ii} 值的误差加大。

4. 油耗线法

内燃机在不同转速条件下测出整机燃料消耗率随负荷(有效平均压力 p_{me})的变化曲线，如图 4-23 所示，其中 A 点代表常用负荷工况点，B 点代表怠速工况点。然后将此线外延到与横坐标 p_{me} 相交的 a 点，则横坐标$\overline{a0}$所表示的值就是该转速条件下所求的机械损失平均压力 p_{mm}。

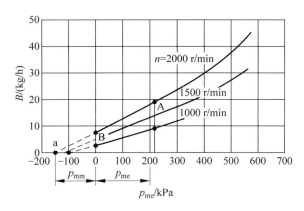

图 4-23 确定机械损失的油耗线法

图中横坐标 p_{me} 为正值时所对应的测点为输出功率点；p_{me} 为 0 时所对应的测点为怠速点；p_{me} 为负值时则为外界输入功率但内燃机不熄火时的反拖点，而 a 点则是内燃机停机不耗油的全反拖点，所以横坐标轴上$\overline{a0}$所表示的值就是反拖机械损失平均压力 p_{mm}，此值也必定包含泵气损失在内。

油耗线法的准确性取决于能否找到曲线的真实规律而进行拟合。柴油机中、低负荷段的油耗曲线接近一条直线(A—B 段)，而汽油机的整机燃料消耗率与负荷(p_{me})不成比例关系（具体分析见第 8 章 8.4.1 节汽油机负荷特性和 8.4.2 节柴油机负荷特性），所以此法不适用于汽油机。

总结上述后四种方法，可以得出以下结论。

(1) 倒拖法只适合在具有电力测功机的试验台架上使用。由于大转矩的电力测功机价格昂贵，所以一般中、大型柴油机很少采用倒拖法。汽油机由于转矩小，容易满足反拖试验条件，加上压缩比较小，所以多用倒拖法。汽油机较少用灭缸法，不仅因为灭缸后存在进、排气的干扰,还因为一缸灭火而不停喷油,存在安全隐患。

(2) 小型柴油机可用灭缸法,也可用倒拖法,使用中应注意测试的精度。油耗线法则多用在自然吸气柴油机的生产、调试中,作为产品质量监控的手段。

(3) 涡轮增压内燃机无法使用倒拖法和灭缸法,因为它们都破坏了增压系统的正常工作。油耗线法也仅在低增压(p_b<0.15 MPa)柴油机中有应用。至于高增压内燃机,除示功图法外,尚无更好的机械损失测量方法。

4.5.4 影响机械效率的主要因素

内燃机的运转因素、结构因素以及机内外的状态条件都对机械效率有不同程度的影响。现就影响较大的因素分析如下。

1. 转速和活塞平均速度的影响

所有内燃机的机械效率 η_m 都随转速 n 和活塞平均速度 v_m 的上升而下降。这是因为在负荷不变而转速上升时:

(1) 各摩擦副相对速度增加,摩擦阻力加大;

(2) 曲柄、连杆、活塞等运动件的惯性力加大,活塞侧压力及轴承负荷上升,摩擦阻力加大;

(3) 进、排气流动损失加大,即泵气损失加大;

(4) 辅助机械的摩擦阻力和所需功率增加;

(5) 缸内压力上升,引起摩擦阻力加大。

上述各因素都使 η_m 随 n 上升而呈下降趋势,如图 4-24 所示。显然,单靠提高转速来强化内燃机输出功率会受到限制。

2. 负荷的影响

根据机械效率的定义,$\eta_m = 1 - \dfrac{P_m}{P_e + P_m}$。此式表明,负荷 P_e 越小,η_m 越低。急速时,$P_e=0$,故 $\eta_m=0$。虽然负荷减小时,缸内压力下降,会使活塞及轴承摩擦阻力下降,但相比负荷对 η_m 的影响,摩擦阻力的影响可忽略。

图 4-25 为常见的内燃机机械效率 η_m 随负荷 P_e 变化的曲线。由图可以看出,低负荷时的 η_m 很低。城市工况行驶的汽车,其内燃机大部分时间是在中、低负荷下运行,因此,提高内燃机工作时的负荷率以及降低中、低负荷的机械损失,对整车和内燃机节能具有十分重要的意义。

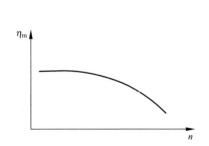

图 4-24 内燃机转速对机械效率的影响

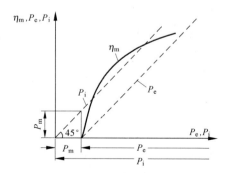

图 4-25 内燃机机械效率随负荷的变化曲线

涡轮增压内燃机与原型自然吸气内燃机相比,虽然 P_m 因气缸压力上升的机械损失而略有增加,但因 P_e 上升更多,其 η_m 一般比自然吸气机的高。由此推论,涡轮增压中冷使进气温度下降,进气量更多,燃烧更充分,燃烧温度更低,传热损失更少,P_e 上升更大,η_m 会更高。这是涡轮增压中冷可以节能的主要原因之一。

3. 润滑条件的影响

运动件摩擦损失占总机械损失的大部分,因此改善机械相对运动面上的润滑条件可以提高机械效率 η_m。

内燃机的润滑系统除具有减摩功能外,还可防止运动件腐蚀,加强气缸的密封性,清除机内杂质以及对活塞等高温件进行冷却等功能,这些功能对维持内燃机长期可靠运行具有重要的作用。

润滑油(也称机油)的粘度是影响 η_m 最重要的润滑因素。内燃机在冷起动和低温工况运行时,不允许润滑油的粘度过高,而在充分暖机后又不允许润滑油的粘度过低,以免破坏运动件表面的油膜而出现干摩擦状态,同时也避免气密状态的恶化,而增大润滑油消耗量。

保持内燃机正常的冷却液温度和油温以及传热条件,对保持润滑油合适的粘度非常重要。正常冷却液温度受沸点限制,一般以 80~95℃ 为宜。正常润滑油温度则在 85~110℃ 范围内为宜,高品质润滑油可允许在更高温度下工作。

内燃机润滑油选用的原则是:在保证各种环境和工况均能可靠润滑的前提下,尽量选用低粘度的润滑油以减小摩擦损失,改善起动性能。下面对内燃机润滑油的分类及粘度等级和使用环境温度要求等进行简单介绍。

内燃机润滑油以粘度和使用性能为依据进行分类,即润滑油规格分类涵盖粘度等级和质量等级两方面,描述一种润滑油既要说明它的粘度等级,又要说明它的质量等级。

我国从 2007 年 1 月 1 日起实施与国际接轨的汽油机油标准(GB 11121—2006)和柴油机油标准(GB 11122—2006),但现行标准缺失高档机油的规格,严重滞后于先进标准(美国最新的汽油机油规格为 SN/GF-5,最新的柴油机油规格为 CK-4/FA-4)和国外市场上的产品,2018 年国家已起动新的汽油机油和柴油机油标准制定。机油的粘度等级等同于美国汽车工程师协会标准 SAE J300,质量等级参照美国石油协会(API)和国际润滑油标准化及认证委员会(ILSAC)的标准制定。

汽油机油可分为 SE、SF、SG、SH/GF-1、SJ/GF-2、SL/GF-3、SM/GF-4、SN/GF-5 等多个质量等级,首字母"S"代表汽油机油,第 2 个字母越靠后表示机油质量等级越高。ILSAC 从 1992 年开始发布有节能和环保要求的"GF"系列汽油机油,与 API 的"S"系列机油有一定的对应关系。柴油机油可分为 CC、CD、CE、CF、CF-4、CG-4、CH-4、CI-4、CI-4[+]、CJ-4、CK-4、FA-4 等多个质量等级,首字母"C"代表柴油机油,第 2 个字母越靠后表示机油质量等级越高。

机油的粘度等级反映了机油的低温动力粘度、边界泵送温度、高温运动粘度以及高温高剪切粘度等特性,也决定了其使用温度范围。粘度等级通常用"数字"或"数字+W"表示,其中纯数字如"30"表示夏季用机油,"数字+W"如"10W"表示冬季用机油。同时满足冬季低温粘度要求和夏季高温粘度要求的机油称为多级机油,它可以四季通用,如 5W/30、10W/40,W 前的数值越小,适用环境温度越低,W 后的数值越大,适用的环境温度越高。由于多级机油具有较低的低温粘性和良好的低温泵送性,一般认为采用多级机油可节省燃料 3%~5%,

同时还可避免季节换油的不便。

常用粘度等级的内燃机润滑油使用环境温度范围见表 4-4。

表 4-4 常用内燃机润滑油粘度等级与使用环境温度范围

SAE 粘度等级	使用环境温度范围/℃	SAE 粘度等级	使用环境温度范围/℃
0W	-45~15	30	0~30
5W	-40~10	40	10~40
10W	-35~5	0W/40	-40~40
15W	-25~0	5W/40	-35~40
20W	-20~5	10W/40	-30~40
25W	-15~10	15W/40	-20~40
20	-10~30	20W/40	-10~40

4.6 内燃机能量分配与合理利用

4.6.1 内燃机能量平衡

内燃机燃料的总能量在标定工况完全燃烧放热的条件下,其宏观的流向及大致比例如图 4-26 所示。由图可以看出,自然吸气汽油机与自然吸气柴油机的能量流比例略有差别,总体上,1/3 强的能量为有效动力输出,柴油机比汽油机高;1/3 为废气排出能量,汽油机比柴油机略高;1/3 弱为冷却系统带走的能量,汽油机也略高;其余小于 10% 的部分,为附件驱动功率和辐射等额外消耗。

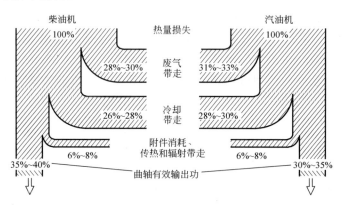

图 4-26 自然吸气汽油机和柴油机的能量流向及比例

4.6.2 内燃机能量合理利用

内燃机的有效输出动力一般只占燃料总能量的 1/3 左右,另有约 2/3 的能量散失到机外。因此,内燃机能量的合理利用包括两方面:进一步提高有效热效率 η_{et} 和散失能量的再利用。

1. 提高内燃机有效热效率的途径

关于内燃机的能量转换效率问题,在第 2 章 2.3.4 节燃料能量转换效率中作过阐述,这里进一步对其进行总结与延伸。

1) 能量利用环节分析

若以燃料低热值总能量为100%计,在考虑各种影响因素后,能量利用效率将依次下降到 η_{et} 为止。以图4-27中某自然吸气四冲程柴油机的能量利用效率递减图为例,说明其所经历各环节的物理意义和数值范围。

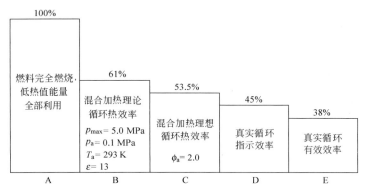

图 4-27 某自然吸气四冲程柴油机能量利用效率递减图

由 A 到 E 共四个能量转换环节,能量转换前后状态条件见框图中说明。下面对四个转换过程中的能量利用效率下降原因逐个进行说明。

(1) 由完全燃烧释放化学能 A 到理论循环 B 效率的下降,取决于平均加热温度和放热温度,两者温差越大,热效率越高。理论循环最大效率受卡诺循环热效率的限制,由卡诺循环热效率计算公式 $\eta_c = 1 - \dfrac{T_2}{T_1}$ 可知,如果内燃机平均加热温度 T_1 能达到 2000 K(目前材料能承受的极限),平均放热温度 T_2 能低到环境温度 293 K,则 η_c 可以达到 85.3%。由于提高加热温度受燃烧室材料限制,因此 T_1 难以大幅提高。但尽可能降低放热温度即排气温度,仍有较大余地。涡轮增压以及超膨胀循环等技术都是降低放热温度提高热效率的有效途径。

(2) 由理论循环 B 到理想循环 C 的损失是考虑真实工质特性所付出的代价。通过采用稀混合气,可以降低工质的比热容,增加工质的做功能力。此外,采用低温燃烧,也可以降低工质的比热容,并减少工质高温热分解作用,降低工质做功损失。

(3) 由理想循环 C 到真实循环 D 的损失,可由相对热效率 η_{rel} 来反映,表示真实循环接近理想循环的完美程度。此处,η_{rel} 接近 90%,表明真实循环已达到较高水平,但还有改善余地,如采用压燃模式提高等容度,采用绝热或隔热减少传热损失等。

(4) 由指示效率 D 到有效热效率 E 的损失,则用机械效率 η_m 来反映。此处,η_m 约为 90%,已达较高水平,但仍有继续改善的空间,如采用短冲程降低活塞平均速度减少摩擦损失,采用可变配气相位减少泵气损失等。

上述例子给出了某自然吸气柴油机,在正常燃烧和匹配调试条件下,循环热效率所能达到的水平。实际上,目前车用柴油机几乎都采用涡轮增压技术,压缩比在 15~17 之间,其峰值有效热效率处于 40%~45% 之间。美国超级卡车计划已经证明,柴油机峰值有效热效率可以超过 50%,甚至可以达到 55%。这也说明,尽管内燃机经过一百多年的发展日趋完善,但仍有较大空间提升有效热效率。

基于上述能量利用环节的分析,如果能从改变循环模式、换用工质以及改变燃烧及负荷调节方式等方面着手,有可能找到改善内燃机动力性和经济性的新途径。

2) 超膨胀循环技术

内燃机的排气过程通常是按接近等容放热模式进行的,如图4-28中的ba所示。如果能将等容放热模式改为等压放热模式,即将图中的绝热膨胀线zb延长为zb′,再按b′a进行等压放热回到压缩始点a,则会增加图示bb′ab面积的有效功或热量,使η_t提高。这种循环叫Atkinson循环,是一种超膨胀循环,由英国人James Atkinson于1882年提出。

由于Atkinson循环内燃机的几何膨胀冲程增大,增加了内燃机的高度,实现起来有较大难度,于是,人们开发了另一种具有混合放热模式的超膨胀循环内燃机——Miller(米勒)循环内燃机。如图4-28所示,若将绝热膨胀线的终点b适当延长到b″,按b″a″进行等容放热,再按a″a进行等压放热回到压缩始点a,这种循环就是Miller循环,由美国人Ralph Miller于20世纪40年代提出。

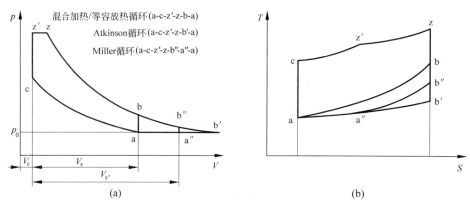

图4-28 超膨胀理论循环的$p\text{-}V$及$T\text{-}S$图
(a) $p\text{-}V$图;(b) $T\text{-}S$图

Miller循环的实质是膨胀比ε_e大于压缩比ε,如图4-28所示,$\varepsilon_e = \dfrac{V_c + V_{s''}}{V_c} > \varepsilon = \dfrac{V_c + V_s}{V_c}$,从而获得图示bb″a″ab面积的超膨胀功或热量,使η_t上升。显然,Miller循环提高η_t的幅度小于Atkinson循环。

Miller循环在内燃机上的应用,通常不是通过加长活塞冲程来增加膨胀功,因为增加冲程会增加内燃机的外形尺寸和重量,而是根据运行工况,灵活控制进气关闭时刻以降低泵气损失,从而提高η_t。下面分别对Miller循环在汽油机和柴油机上的应用进行详细说明。

(1) Miller循环在汽油机上的应用

图4-29给出了自然吸气汽油机Miller循环换气过程与正常循环换气过程的对比。图4-29(a)表示进气门关闭(IVC)正好在下止点(BDC),这时的泵气损失是阴影面积表示的泵气功。若Miller循环是通过进气门早关(early intake valve close, EIVC)来实现,如图4-29(b)所示,由于可以加大节气开度甚至取消节气门以维持足够的进气量,因此进气压力可以提高,从而减少泵气损失。若Miller循环是通过进气门晚关(late intake valve close, LIVC)来实现,如图4-29(c)所示,则泵气损失(阴影面积泵气功)较进气门早关的还小。尽

管进气门晚关的泵气损失较早关的小,但其动力过程功也相应地损失了一小块(剖线封闭面积)。总体来看,相比进气门正常关(standard intake valve close,SIVC),进气门早关(EIVC)和进气门晚关(LIVC)造成的泵气损失降低和净指示功增加差不多。有研究表明,进气门早关(EIVC)的气门升程不能太大(尤其对凸轮直接驱动气门机构),参见图 4-30(a)。在 EIVC 进气冲程早期,由于较大的进气速度而拥有较高的流场速度及湍动能,当进气门关闭,流场被拉伸,流场速度及湍动能大幅下降,滚流几乎消失。而进气门晚关(LIVC)拥有与进气门正常关(SIVC)相似的流场特征,在压缩冲程末期均会出现滚流的破碎,使缸内湍动能有明显提高,参见图 4-30(b)。Miller 循环在内燃机应用中,采用进气门晚关策略的偏多,除了增加压缩冲程末期滚流有利于稳定燃烧之外,进气门晚关还可以增加进气冷却气缸,降低混合气压缩终点温度,有利于减少爆震倾向。

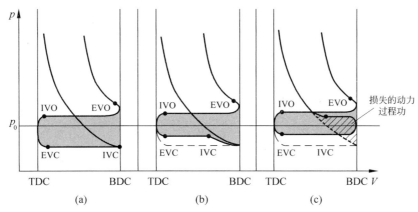

图 4-29 自然吸气汽油机 Miller 循环换气过程示意图
(a) 进气门正常关;(b) 进气门早关;(c) 进气门晚关

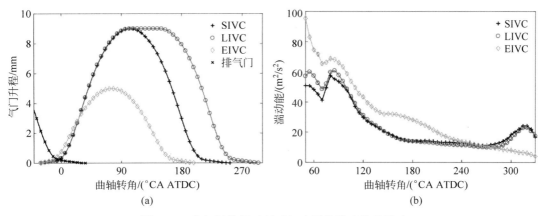

图 4-30 进气门关闭时刻对缸内平均湍动能的影响
(a) 气门升程曲线;(b) 缸内湍动能

由于常规汽油机在中、低负荷的泵气损失占到整个循环净指示功的 30%~40%,因此,Miller 循环在汽油机上应用具有较大的实用价值,是一种有效的节能技术。实现 Miller 循环的关键是可变气门正时(VVT)技术,现代电控技术的发展使得这一技术在内燃机上应用成为可能。此外,Miller 循环会牺牲一部分进气充量,导致动力性下降,因而 Miller 循环汽油机一般都采用增压技术,以弥补进气门早关或晚关造成的进气充量损失。但针对混合动力汽车,由于有电机同时为整车提供动力,因此可以降低对混动专用汽油机的动力性要求,不一定需要采用增压技术,而是通过 Miller 循环技术大幅提高汽油机的循环热效率。Miller 循环已经成了混合动力专用汽油机的标志性节能技术。

需要注意的是,在国内汽车行业,往往把进气门早关称为 Miller 循环,进气门晚关称为 Atkinson 循环,这与本书定义 Miller 循环和 Atkinson 循环是有差异的。

(2) Miller 循环在柴油机上的应用

图 4-31 是美国 Nordberg 公司开发的应用 Miller 循环的增压中冷柴油机换气过程的示功图。原机增压比 $\pi_k=1.4$,中冷后进气温度为 38℃,其示功图见图示实线。若将增压比提高到 $\pi_k=2.0$,则在相同的进气量条件下,进气门将提前到 a' 点关闭,其示功图见图示虚线。剖面线所示面积为此时所做的泵气正功。泵气正功将随 π_k 的加大而增加(排气压力会略有上升,但不会太大),即泵气损失会相应减少。不难看出这是按 Miller 循环在工作。

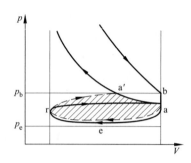

图 4-31 增压中冷柴油机应用 Miller 循环时的换气过程示功图

此外,由于 a' 到 a 的绝热膨胀,使得进气温度进一步降低到 10℃,相当于加强了中冷效果,从而可以进一步增大进气量。采用上述措施后,可使内燃机功率增加 15%,燃料消耗率也因增压中冷及 Miller 循环等综合影响而进一步降低。

3) 小排量技术

"小排量"(downsizing)技术的本质是"增压+小排量",如果没有增压,仅仅减小排量,内燃机的动力性会降低。小排量技术是在保证内燃机输出功率和转矩不变的前提条件下,通过与涡轮增压技术结合来提高内燃机的有效热效率。

小排量技术带来的益处是:

(1) 采用涡轮增压,可以回收排气能量,提高内燃机的循环热效率;

(2) 小排量内燃机重量轻,可以减轻整车重量从而实现整车节能;

(3) 小排量汽油机可以缩短火焰传播距离,减少爆震倾向;

(4) 排量减小,燃烧室表面积减少,可降低机械摩擦损失;

(5) 相同动力输出条件下,增压小排量发动机高效区下移,使得运行工况点处于更高效工作区,如图 4-32 所示。

小排量带来的负面影响是:增压带来汽油机爆震倾向加剧,抵消了小排量减少爆震带来的好处;小排量内燃机的面容比增大,传热损失会增加;增压会增加内燃机的机械应力和摩擦损失。

总的来说,采用小排量技术带来的益处大于负面效应。如果内燃机能在减小排量的同时降低转速(downspeeding),则可以进一步减少摩擦损失和泵气损失,节能效果更为明显。

4) 汽油机采用稀燃、缸内直喷和压燃技术

传统汽油机经济性低于柴油机的主要原因:一是汽油机预制均质混合气点火、火焰传播的燃烧方式,易导致爆震,限制了压缩比的提高;二是预制均质混合气的空燃比偏浓(化

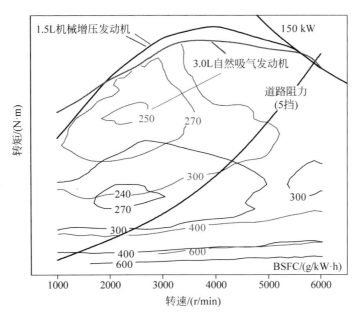

图 4-32 相同动力输出工况条件下增压小排量发动机与自然吸气发动机 MAP 对比

学计量比附近),导致混合气的等熵指数偏低;三是节气门负荷量调节方式,加大了进气阻力,泵气损失增大。

为了提高汽油机的燃油经济性,可以采用稀燃(lean burn)技术。所谓稀燃就是让汽油机在更稀空燃比条件下工作,其主要目的是增大工质的等熵指数,提高工质的做功能力,从而提高循环热效率。汽油缸内直喷(GDI)技术可以降低进气充量的压缩温度和压力,减少爆震倾向,在相同爆震条件下,可以提高 GDI 汽油机的压缩比。如果 GDI 汽油机采用分层充量实现稀燃,则节能潜力更大。另外,GDI 稀燃模式采用质调节负荷方式,减少了泵气损失。

为了进一步提高汽油机的燃烧等容度,并大幅降低 NO_x 排放,近年来,汽油均质压燃(HCCI)、汽油压燃(GCI)、汽油点火辅助压燃(SPCCI)等技术受到广泛关注。汽油压燃发动机通过形成极稀的均质混合气,采用压燃或火花辅助压燃方式,实现汽油机的低温、高等容度的燃烧模式,使汽油机的燃料消耗率和 NO_x 排放大幅降低。

有关稀燃、汽油直喷点燃、汽油直喷压燃等技术的理论依据大部分源于循环和工质的特性分析,具体的工作原理和燃烧组织等问题,将在第 6 章内燃机混合气形成与燃烧中详细论述。

5) 提高有效热效率的常规途径

以上介绍的提高有效热效率 η_{et} 的一些新途径,反映了当前内燃机节能技术开发和研究的新进展,但这并不意味着一些常规的节能措施不用。相反,内燃机产品在设计、开发和使用中,要求在燃烧匹配、性能优化、降低机械损失等诸多环节,进行更深入细致的工作,这恰恰是大多数内燃机工程技术人员最常从事的工作。

在改善 η_{et} 的常规措施方面,有关循环参数、工质特性等因素的影响已在前文分析过了,有关进、排气和燃烧及混合气组织的问题,将在后续章节中逐一提到。至于提高机械效率 η_m 的常规措施也非常多,包括减少活塞环数,优化活塞裙部结构,减小运动件的摩擦损失,降低辅助附件的功率消耗,减小换气过程泵气损失,以及选用优质润滑油和减摩添加剂等。

可见,只要能掌握内燃机的基本工作原理并进行灵活应用,改善内燃机经济性的常规措施是非常多的。

2. 内燃机散失能量再利用

如前所述,内燃机由冷却介质和废气带走的热量各占燃料总能量的 1/3 左右,但是,这些散失能量再利用的可能性和程度是不相同的。根据热力学第二定律,热量有"品质"的差别。当工质温度越接近环境温度,其携带热能的"品质"就越差,可利用的百分比就越低。以 100℃(373 K)的热水和 700℃(973 K)的废气为例,在 20℃(293 K)的环境温度下,按卡诺循环来比较它们最大可利用能的百分比,计算表明,热水的循环热效率 η_{ct} 仅为 21.4%,废气的则可达 69.9%,二者有 3 倍以上的差别,因此人们更关注废气能量的再利用。

1) 废气能量的利用——涡轮增压

涡轮增压的主要目的是加大进气充量,提高输出功率。同时,由于涡轮增压是利用排气能量提高进气压力做正功,因此整机有效热效率 η_{et} 会有较大增长。如果对增压后的热空气再进行冷却,则输出功率将进一步增大,排放、噪声等性能也会有所改善。这种被称为"增压中冷"(intercooling)的技术,是内燃机很重要的一个发展方向。

对于涡轮增压内燃机,高温、高速的废气进入涡轮机(turbine)后,低温、低速排出,废气的焓差和动能差转化为涡轮机的机械功,用以驱动压气机(compressor),提高内燃机的进气压力,其结构和工作原理如图 4-33 所示。

实际应用中,若涡轮机排出的废气中仍含有较多的能量,则可利用其所含的热能直接驱动动力涡轮,增大曲轴输出功率,这就是复合增压内燃机(图 4-34)。如果废气能量太多,可以通过放气阀放走一部分废气,这种情况多见于高速、高负荷工况。

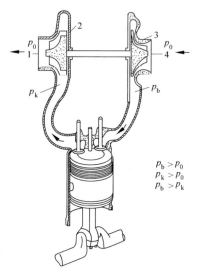

图 4-33 涡轮增压内燃机原理图
1—排气口;2—涡轮机;3—压气机;4—进气口

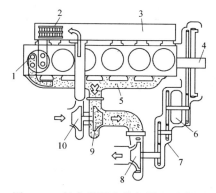

图 4-34 复合增压内燃机原理示意图
1—气缸;2—中冷器;3—进气歧管;4—输出轴;
5—排气歧管;6—液力耦合器;7—齿轮系;
8—动力涡轮机;9—涡轮机;10—压气机

2) 散热能量的利用——低散热内燃机

20世纪70年代以来,国内外有不少厂家和研究机构进行了低散热内燃机(最初叫绝热内燃机)的研发。其初衷是想利用陶瓷材料使燃烧室及排气系统壁面高度隔热,减少散热损失而增大输出功率。

隔热虽然能降低冷却损失,却难以获得明显的功率增益。这是因为,从热力循环的观点看,冷却系统带走的热量,有相当一部分热量应归于向低温热源放出的热量,即"炕(anergy)"(图4-8)。这部分能量不由冷却系统带走,就会由废气排出,而不能直接用来提高输出功率。根据计算,全部绝热后内燃机的指示热效率 η_{it} 仅可能提高 4%～6%,主要原因是绝热之后虽然提高了缸内燃烧温度,相应提高了热量的品质,但排温也会有所提高,这对排气后处理装置冷起动减排是利好,循环热效率提高有限。考虑到实际上不可能做到100%的绝热,加上绝热后使进气温度上升,充量系数降低等因素,实际输出功率的增加受限。

原来由冷却系统散走的热量,如果相当部分改由废气带出,可以增大废气总的可利用能量。如果能将低散热技术与涡轮增压和复合增压相结合(图4-35),充分利用废气的可用能,则可以使内燃机的有效热效率 η_{et} 提高到50%以上。

实际上,由于陶瓷涂层等隔热材料难以满足低散热内燃机高可靠性和高温润滑的要求,以及燃烧室内温度过高带来的一些工作过程恶化的影响难以消除,因此低散热或绝热内燃机的产业化还面临挑战。

3) 回热能量的利用——回热内燃机

以汽油机为例,其压缩比较低,压缩终了温度为600～750 K,而燃烧温度较高,膨胀终了的温度约为1200～1500 K。图3-36是等容理论循环的温熵(T-S)图,从压缩终点 c 和膨胀终点 b 分别作等温曲线 cc' 和 bb'。如果有一个能瞬时回热的装置(regenerator),在压缩终了时将燃气中 c'bS_bS_c 面积的废热瞬时返回到缸内压缩工质,使压缩后的缸内工质温度上升到 $T_{b'}$ 后再进行点燃,相当于节约了 $cb'S_{b'}S_c = c'bS_bS_{c'}$ 面积的燃料能量,循环热效率 η_t 会有大幅提高。

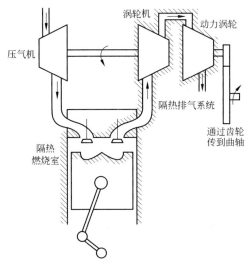

图 4-35 低散热技术与涡轮增压和复合增压结合提高内燃机废气能量利用率示意图

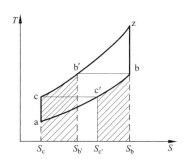

图 4-36 回热汽油机等容理论循环 T-S 图

等容理论循环的计算结果表明,在 $\varepsilon=7$,$T_a=300$ K,$T_z=2500$ K 的条件下,如果瞬时全部回热,则 η_t 将由 0.541 上升到 0.739,即 η_t 上升近 20 个百分点。这一理论分析激发了人们研制回热内燃机的热情。

20 世纪 90 年代以来,不断有人进行回热内燃机的研发工作,但迄今为止,尚无投入生产的新机型出现,这与回热内燃机机体结构复杂以及回热器占空间过大等都有密切关系。但是,回热内燃机诱人的节能效果,仍激励不少内燃机研究者从事这一具有创新性的工作。

思考与练习题

4-1 应用工程热力学的公式和曲线对封闭热力学系统热力过程和状态进行分析时,应该满足哪些必要的理想条件?分析内燃机的动力过程时,能否满足这些要求?

4-2 内燃机的理论循环、理想循环和真实循环三者之间有何差别?为什么要把内燃机的工作循环划分为这三种循环进行分析?

4-3 在同一张 p-V 图和 T-S 图上画出在加热量和压缩比相同条件下的等容循环、等压循环和混合循环,比较它们的循环热效率大小,并说明原因。

4-4 依据循环理论,利用 T-S 图解释为什么柴油机比汽油机热效率高?

4-5 什么是内燃机循环加热的等容度?等容度与等容加热是一回事吗?等容度与预膨胀比是什么关系?为什么提高等容度可以提高循环热效率?

4-6 如何计算涡轮增压内燃机和机械增压内燃机的指示效率 η_{it} 和机械效率 η_m?两者的 η_{it} 和 η_m 有何差别?与自然吸气原型机相比,增压内燃机的 η_{it} 和 η_m 是加大了还是减小了?为什么?

4-7 柴油机的压缩比比汽油机高很多,但为什么汽油机的燃烧最高温度比柴油机高?为什么在相似工况下汽油机的有效平均压力高于柴油机?

4-8 简述理论循环分析对改善内燃机动力性和经济性的指导意义。

4-9 若将真实工质特性替代理论循环的理想工质特性,将在哪几个方面对循环热效率产生影响?影响趋势如何?考虑真实工质特性之后,高、低负荷条件下,汽油机和柴油机的循环热效率的差距是加大了还是减小了?为什么?

4-10 什么是相对热效率 η_{rel}?引入 η_{rel} 有何现实意义?

4-11 真实循环比理想循环多增加了哪些损失?这些损失是怎样产生的?

4-12 机械损失由哪几部分组成?每部分损失的特点及其起主要作用的因素是什么?

4-13 简述各种机械损失测量方法的原理和适用范围。为什么说除示功图法外,其余三种方法都不可避免地将泵气损失包括在测量值之内?

4-14 说明油耗线法测量机械损失的原理,为什么汽油机不能应用油耗线法测机械损失?

4-15 试分析自然吸气汽油机、自然吸气柴油机和涡轮增压内燃机各适于使用何种机械损失测量方法?为什么?

4-16 内燃机转速、活塞平均速度和负荷对机械效率有何影响?这些影响对内燃机的性能提高和使用提出什么新的要求?

4-17 内燃机润滑油是如何进行分类的？为保证内燃机正常良好地运行，对润滑油的粘度提出什么要求？润滑油的选择和使用当中如何满足上述要求？

4-18 说明图 4-25 能量转换的各环节中，能量利用效率下降的物理实质，并指出提高各环节能量利用效率的可能途径。

4-19 Miller 循环与 Atkinson 循环有何异同？Miller 循环在实际应用时是如何实现节能的？为什么 Miller 循环内燃机一般都采用增压技术？

4-20 为什么小排量(downsizing)技术都同时采用增加技术？小排量技术节能的主要原因是什么？

4-21 一般内燃机由冷却介质带走的能量约占燃料总能量的 1/3，如果燃烧系统能全部绝热，是否就可以把此 1/3 热量变为有效功？请就此问题作一个全面分析，并从理论上解释绝热能提高有效热效率的原因和存在的限制。

4-22 回热内燃机为什么能大幅提高循环热效率？在实际应用中还存在哪些问题？

4-23 一台压燃式内燃机的压缩比为 15，计算具有相同压缩比的 Otto 理论循环和 Diesel 理论循环的热效率。假设 Diesel 理论循环压缩始点温度 18℃，空气加热量等于燃料提供的能量，空燃比 28，燃料低热值 44 MJ/kg，空气定压比热容为 1.01 kJ/kg·K（与温度无关）。

4-24 一台高性能四冲程火花点火内燃机的排量是 875 cm^3，压缩比为 10，指示效率是 Otto 理论循环效率的 55%。在 8000 r/min 时，内燃机的机械效率是 85%，充量系数 0.9，空燃比 13，燃料低热值 44 MJ/kg。空气在 20℃ 和 0.1 MPa 环境下吸入气缸。计算内燃机的：(1)有效热效率和燃料消耗率；(2)空气流量、功率和有效平均压力。

4-25 某柴油机的工作循环及相关参数如下：压缩开始时的气缸压力 $p_1=0.1$ MPa 和温度 $T_1=296$ K；最大允许的气缸压力 $p_{max}=9.5$ MPa；在燃烧期加入的总热量 $Q_1=2120$ kJ/kg；压缩比 $\varepsilon=17$；工质的摩尔质量 $M=28.97$ kg/kmol；等熵指数 $\kappa=1.4$。(1)确定该理论工作循环的类型；(2)在 p-V 图和 T-S 图上画出该循环过程；(3)计算该循环的峰值温度和热效率。

4-26 与下列条件相比，确定题 4-25 中工作循环的㶲损失：(1)膨胀到大气压力；(2)膨胀到大气温度。在 p-V 图和 T-S 图上指出不同损失的区域，并分别计算膨胀到大气压力和膨胀到大气温度时的热效率。

4-27 一台排量为 3.3 L 的直列 6 缸柴油机按混合循环工作，其燃料为轻柴油，空燃比 20。有一半的燃料在等容阶段燃烧，另一半的燃料在等压阶段燃烧，且燃烧效率为 100%。该柴油机的压缩比为 14，且压缩始点的温度为 60℃，压力为 101 kPa。计算：(1)循环中各状态点的温度；(2)循环中各状态点的压力；(3)预膨胀比；(4)压力升高比；(5)指示热效率；(6)燃烧过程中加入的热量；(7)净指示功。

4-28 下图给出了基于进气道喷射(PFI)汽油机有效热效率 36.94%，通过采用相关节能技术逐步实现超过 50% 有效热效率的技术路径。请对图中每一种或一组技术的节能效果进行评估分析，说明这些节能技术是在哪一个环节节能？提高了什么效率（燃烧效率、循环热效率、机械效率）？

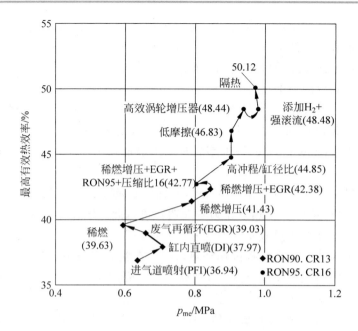

参 考 文 献

[1] 王建昕,帅石金.汽车发动机原理[M].北京:清华大学出版社,2011.
[2] 刘峥,王建昕.汽车发动机原理教程[M].北京:清华大学出版社,2001.
[3] 刘敬平.现代汽油机的泵气损失与摩擦损失实测结果[R].2020.
[4] VAN BASSHUYSEN R,SCHÄFER F. Internal Combustion Engine Handbook—Basics,Components,Systems,and Perspectives[M]. SAE International,2004.
[5] 朱仙鼎.特种内燃机[M].北京:机械工业出版社,1992.
[6] 董元虎,尹岩林.汽车油料选用手册[M].北京:化学工业出版社,2007.
[7] DILTHEY J. Where does the future of gasoline engines go[R]. Presentation at Tsinghua University,July,2004.
[8] DAISHO Y. Advanced automotive technologies towards 2030[R]. Shanghai,2016.

第 5 章 内燃机换气过程与进气充量

内燃机充入新鲜空气或可燃混合气和排出废气的全过程叫换气(gas exchange)过程。没有换气过程,内燃机不可能持续运转。单位时间进入缸内的充气量(charge,简称充量)是决定内燃机动力输出"量"的主要因素。所以,换气过程既是内燃机工作过程不可缺少的组成部分,也是决定内燃机动力性和经济性极为重要的环节。

合理组织换气过程应达到以下目的。

(1) 保证在标定工况和全负荷工况下,吸入尽可能多的新鲜充量,以获得尽可能高的输出功率和转矩。本质是提高充量系数 ϕ_c 的问题,也是换气过程的核心问题。

(2) 保证多缸机各缸循环进气量的差异不超出应有的范围,以免对整机性能产生不利影响。本质是多缸机各缸进气不均匀性的问题。

(3) 减小换气损失,特别是减少进气节流损失和排气损失。本质是减少流动损失的问题。

(4) 形成所需的缸内气流运动,满足高效清洁燃烧的要求。本质是组织合理进气流动的问题。

本章以四冲程内燃机为例,重点讲述充量系数 ϕ_c 的问题。ϕ_c 除涉及进排气系统稳态特性外,还与整个系统的动态效应,即不稳定流动时介质中的压力波传播,紧密相关。此外,对进气不均匀问题作简要介绍。最后对增压系统原理以及增压内燃机性能特点作适当的叙述。

5.1 内燃机换气过程

5.1.1 换气过程与换气系统

四冲程内燃机从膨胀冲程末期排气门开启时算起,直到进气门关闭时为止,410～480°CA 范围内的过程为换气过程。换气过程中,至少有一个气门开启,此时,气缸加上进气和排气系统,对涡轮增压内燃机还包括涡轮机和压气机,组成一个以大气为边界的流动开口热力系统。换气过程重点关注以 720°CA 为周期的 410～480°CA 范围内的气体动态流动现象。在进、排气门均关闭的动力过程中,进排气管道中仍有气体波动,对后续的换气过程有一定的影响。

图 5-1 和图 5-2 分别表示四冲程汽油机和涡轮增压柴油机的换气过程热力系统简图和换气过程 p-V 示功图。典型的汽油机进气系统包括空滤器、节气门、进气总管和歧管、进气道与进气门。排气系统则包括排气门、排气道、排气歧管和总管以及后处理装置和消声器等。有的汽油机还加装废气再循环系统、二次空气系统等装置。涡轮增压柴油机没有节气门,但增加了压气机及涡轮机,一般都带中冷器、后处理净化器等附属装置。可见,换气过程的开口热力系统远比动力过程的封闭热力系统复杂。

5.1.2 换气过程分期

换气过程由进气门开启后的进气过程和排气门开启后的排气过程组成。但进气和排气

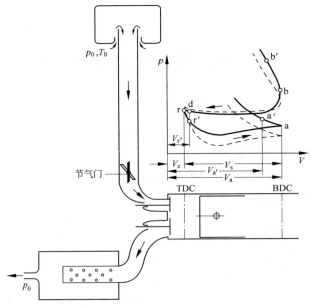

图 5-1 四冲程自然吸气汽油机的进排气系统简图及换气过程示功图
（p_0、T_0 为大气条件，实线为节气门全开，虚线为节气门部分开启）

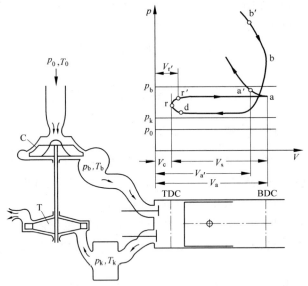

图 5-2 四冲程涡轮增压柴油机的进排气系统简图及换气过程示功图
（p_0、T_0 为大气条件，C 为压气机，p_b、T_b 为压气机出口状态，T 为涡轮机，p_k、T_k 为涡轮机入口状态）

过程有一段时间重叠，即图 5-1 和图 5-2 中进气门早开点 d 到排气门晚关点 r′ 的 dr′ 段。

1. 排气过程

图 5-1 和图 5-2 上从排气门早开点 b′ 到晚关点 r′，240～260°CA 的 b′r′ 段为排气过程。这一阶段又细分为自由排气和强制排气两阶段。

1）自由排气阶段

排气门开启初期，缸内排气压力 p_c 远大于排气门端的压力 p_e（由于管内有流动阻力，

p_e 要比大气压力 p_0 或涡轮机入口压力 p_k 略大一些)。此时,尽管活塞还在下行,缸内压力也在不断降低,但是压差 $(p_c - p_e)$ 已足以使废气自由流出,而不必依靠活塞强制推出。这一阶段称为自由排气阶段。

根据气体动力学孔口节流理论,当 $\dfrac{p_c}{p_e} \geqslant \left[\dfrac{(\kappa+1)}{2}\right]^{\frac{\kappa}{\kappa-1}} = 1.83$(按废气 $\kappa=1.3$ 计算)时,排气门喉口出现声速流动。这时为自由排气初期,称为超临界排气期。自然吸气内燃机排气门刚开启时,排气门前后压差为 $0.2 \sim 0.5$ MPa,而排气背压略大于 0.1 MPa,所以内燃机一般都要经历超临界排气阶段。

在超临界排气时,气门口流速始终保持当地的声速状态,即 $a=\sqrt{\kappa R T}$,T 是流经气门口的废气温度,与缸内状态有关。排气初期的废气温度为 $700 \sim 1100$ K,相应的声速则高达 $500 \sim 700$ m/s。所以这一阶段常伴有刺耳的噪声,是内燃机排气噪声的主要来源。

超临界排气之后的自由排气为亚临界排气阶段。气门口流速低于声速,但仍远高于强制排气的气流速度。

自由排气阶段在下止点后 $10 \sim 30°$CA 结束。这一阶段虽然只占总排气时间的 1/3 左右,且气门开启流通面积也较小,但因流速很高,排出的废气量可达总排气量的 60% 以上。所以这一阶段也是排气阻力和噪声最大的阶段。

2) 强制排气阶段

自由排气结束后,缸内压力大大降低,必须依靠活塞上行进行强制排气。这一阶段中,缸内与大气或涡轮机入口处的平均压差为 $0.01 \sim 0.02$ MPa,时间也占总排气期的 2/3 左右。

由图 5-1 可以看出,从排气后期到上止点,缸内压力略有上升,这是因为这段时间气门流通截面减小,排气不畅。

2. 进气过程

图 5-1 和图 5-2 上从进气门需要早开点 d 到晚关点 a′ 230 ~ 265°CA 的 da′ 段为进气过程。在这一阶段,由于进气工质克服流动阻力以及存在吸热温升等的影响,使得缸内进气压力要低于环境或压气机后压力,由此使实际充量低于理论值。这就是本章要重点分析的充量系数 ϕ_c 问题。

由图 5-1 可以看出,缸内进气压力线呈中凹形。初期压力下降较大,是由于活塞下行加速度加大,使真空度加大的结果;后期压力上升,则是高速流入气缸的充量,由于其速度滞止,缸内压力局部恢复的缘故。恢复的只是小部分动能,大部分动能变为摩擦热。

事实上,无论进气还是排气,缸内压力线都有一定程度的波动,这与进、排气管内不稳定流动的动态效应有关(详见 5.3 节)。图 5-1 和图 5-2 上的压力曲线只反映了准稳定流动的特点。

3. 气门重叠过程

图 5-1 和图 5-2 上的 dr′ 段是气门重叠过程。这一阶段,进排气门同时开启,是排气门晚关和进气门早开的必然结果。后面要进一步讨论这一问题。

5.1.3 进排气相位角及其对性能的影响

1. 相位角及其功用

进、排气门相对于上、下止点早开、晚关的四个角度称为进排气相位角。这些相位角的开、关时刻与进气充量、换气损失和流动阻力等密切相关。

1) 排气早开角

膨胀过程末期,缸内压力较高,如果到下止点才打开排气门,由于开启初期气门上升缓慢,开度也小,再加上气流因惯性而不会马上高速流出,这些都会使排气不畅,排气损失和阻力增大,并间接影响充气量。因此,要求排气门在下止点之前提前开启,这一提前角就是排气早开角 $\Delta\varphi_{eo}$。

研究表明,排气损失占总换气损失的 75%~80%,合理选择 $\Delta\varphi_{eo}$ 对减小泵气损失有较大意义,而 $\Delta\varphi_{eo}$ 对充量系数的影响较小。

研究还表明,任何工况都存在一个排气损失最小的最佳 $\Delta\varphi_{eo}$。图 5-3 为转速不变时,四个不同 $\Delta\varphi_{eo}$ 的排气过程缸内压力线。每条排气线所形成的排气损失,由提前开启的膨胀损失和排气冲程的泵气损失组成。可以看出,$\Delta\varphi_{eo}$ 小时,自由排气损失小而泵气损失大;$\Delta\varphi_{eo}$ 大时,则反之。于是,必然存在一个最佳的 $\Delta\varphi_{eo}$ 使得总排气损失为最小。

研究发现,随着转速的上升最佳 $\Delta\varphi_{eo}$ 也要相应加大。图 5-4 为 $\Delta\varphi_{eo}$ 不变,不同转速的排气过程缸内压力线。此时 $\Delta\varphi_{eo}=40°$CA 正好是 2000 r/min 的最佳排气早开角。可以看出,转速对膨胀线的影响不太大,所以 $\Delta\varphi_{eo}$ 不变时,排气门开启点近似为图上同一点 b'。但是经历相同自由排气时间所对应的转角,必然是高转速时大而低转速时小。于是从压力曲线来看,高转速时压力下降缓慢,使得高于 2000 r/min 转速时的排气行程泵气损失明显加大,并且转速越高,泵气损失越大。适当增大 $\Delta\varphi_{eo}$,会使总排气损失降下来。

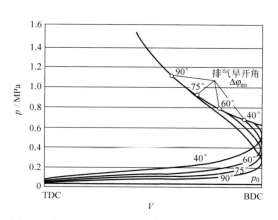

图 5-3 转速不变时排气早开角对排气损失的影响

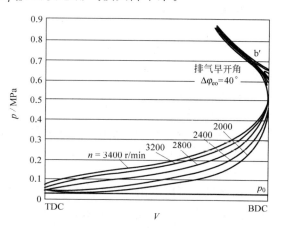

图 5-4 排气早开角不变时转速对排气损失的影响

2) 排气晚关角

如果排气门在上止点关闭,此时废气还具有一定向外运动的惯性。为充分利用这一惯性,增大排气量,排气门可在上止点之后适当晚关,一般在缸内压力接近排气门外背压时关闭,可获最大的排气效果。这一延迟关闭角就是排气晚关角 $\Delta\varphi_{ec}$。

各工况的 $\Delta\varphi_{ec}$ 也有最佳值。$\Delta\varphi_{ec}$ 过小,则排气惯性利用不足;$\Delta\varphi_{ec}$ 过大,则因活塞下行较多,缸内压力小于缸外背压而使废气倒流回缸内,排气量也会减少。同理,$\Delta\varphi_{ec}$ 的最佳值也将随转速上升而加大。

3) 进气早开角

进气门若在上止点开启,则因开启初期气门上升缓慢,流通截面小,以及进气气流由静止到加速的滞后影响,会使缸内真空度加大,进气量减少,进气损失增大。所以要求进气门在上止点之前适当提前开启,此即进气早开角 $\Delta\varphi_{ao}$。

理论上,进气门早开时排气尚未结束,缸内压力要高于缸外进气压力,这样会造成废气倒流入进气管的回火现象。但事实上,进气门开启初期,流通截面窄小,以及废气由排气方向转为进气倒流方向也有一定的惯性延迟等,$\Delta\varphi_{ao}$ 不大时,回火现象一般不会出现。此外,排气气流的引射作用,一定程度上也会降低缸内进气门附近的静压力,减少回火的可能。

$\Delta\varphi_{ao}$ 也有最佳值,过大会回火;过小则进气不足。随着转速上升,最佳 $\Delta\varphi_{ao}$ 也应适当加大。

4) 进气晚关角

进气门晚于下止点关闭的角度称为进气晚关角 $\Delta\varphi_{ac}$。进气门晚关主要是为了充分利用下止点时高速进气气流的惯性,增大进气充量。进气门若能推迟到气缸压力接近进气门外背压时关闭,将获得最大的惯性效应。

$\Delta\varphi_{ac}$ 过小不能充分利用进气惯性,过大则有可能把已充入缸内的新鲜充量推回进气管,所以同样存在最佳的 $\Delta\varphi_{ac}$。$\Delta\varphi_{ac}$ 的最佳值也随转速上升而加大。

总之,进、排气的四个相位角各有其特定功能及最佳值。其中,进气晚关角 $\Delta\varphi_{ac}$ 和排气早开角 $\Delta\varphi_{eo}$ 是最重要的两个相位角。前者对进气充量影响最大,后者对换气损失影响最大。在技术资料中,常用图 5-5 所示的相位图形象地表示四个相位角的顺序关系。图中还标出了自然吸气(圆内值)和增压(圆外值)内燃机各相位角的大致取值范围。

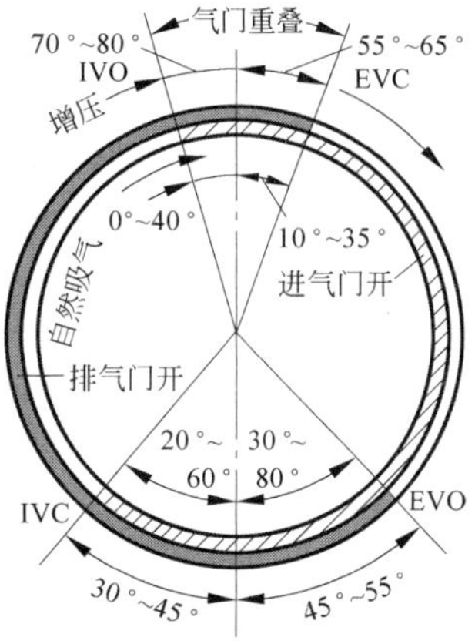

2. 气门重叠对性能的影响

排气门晚关和进气门早开必然形成气门重叠开启,如图 5-5 所示。各种机型的气门重叠角范围有一定的差别。

图 5-5 进排气相位图

1) 自然吸气汽油机

自然吸气汽油机对进气早开角比较敏感,因为废气倒入进气管,会出现回火。负荷越低,节气门开度越小,进气管内真空度越大,越容易出现回火。因此,汽油机的气门重叠角一般小于 40°CA。

如果进、排气是稳态流动过程,气门重叠期新鲜混合气一般不会由排气门流出。但实际上进气是动态过程,无法完全排除在气门重叠期间,因进气管动态效应而有正压脉冲(压缩波)到达进气门端,这样就有新鲜混合气排出的可能。这也是重叠角不宜过大的原因之一。

2) 自然吸气柴油机

由于自然吸气柴油机充入气缸的是空气而不是混合气,新鲜充量排出以及废气倒入进气管的影响都不大。此外,低负荷时也没有进气管真空度加大的现象。所以自然吸气柴油机的气门重叠角可适当加大,一般约为 60°CA。

3) 增压柴油机

由于增压柴油机进气门外的压力高于排气背压,气门重叠期会出现扫气。扫气的优点很多,既可以扫除更多废气,降低残余废气系数,增加充量;又可以冷却排气门、喷油嘴等高温零件,降低燃烧室壁温和热负荷。所以增压柴油机的重叠角一般可加大到 80~160°CA。

3. 可变配气正时（VVT）

VVT 是通过改变进排气门开启和关闭时刻以及气门升程，以满足内燃机在不同转速和负荷工况下对进、排气流通特性的要求。实现 VVT 的方法和机构多种多样，但归根结底都是控制进、排气门的正时（timing）和升程（lift）。据此，可以把 VVT 分成三类：可变正时 VVT（图 5-6）、可变升程 VVT（图 5-7）以及可变正时和升程 VVT（图 5-8）。

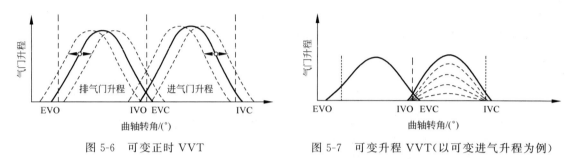

图 5-6 可变正时 VVT　　　　图 5-7 可变升程 VVT（以可变进气升程为例）

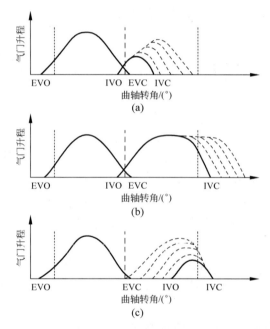

图 5-8 可变正时和升程 VVT（以可变进气相位升程为例）
(a) 可变气门关闭时刻和升程；(b) 可变气门关闭时刻；(c) 可变气门开启时刻和升程

仅改变气门升程而正时不变的 VVT（图 5-7）在实际产品中很少采用，因为它难以适应转速变化对进、排气流通特性的要求。内燃机上用得较多的是可变正时 VVT 以及可变正时和升程 VVT。可变正时 VVT 实现起来比较容易，最常见的方法是在进、排气凸轮轴端面安装柱塞齿轮，通过油压控制阀控制柱塞齿轮在螺旋花键上前后移动，使凸轮轴产生旋转运动，从而实现连续地平移进、排气正时。丰田汽车公司的 VVT-i 是一种典型的可变正时 VVT，如图 5-9 所示。其中"i"表示"智能"的意思，即电子控制单元（ECU）可以根据运行工况控制气门开关时刻。

仅平移进、排气门开关时刻带来的好处有限，如能实现正时和升程都可变，则可以使内

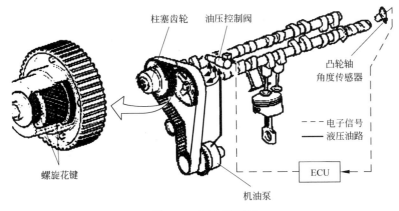

图 5-9　丰田 VVT-i

燃机的动力性和经济性得到更好的优化。以本田汽车公司的可变气门正时和升程电子控制系统(variable valve timing and lift electronic control system，VTEC)为例(图 5-10)，它有怠速/加速和巡航两组不同的进气凸轮型线组合。如在加速工况，一个进气门由高功率输出凸轮驱动，内燃机可以获得良好的动力性；而在巡航工况，该进气门转由经济性凸轮驱动，按进气门晚关模式工作，以获得良好的经济性。

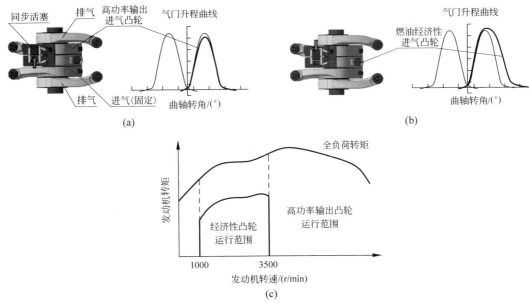

图 5-10　本田 VTEC 机构及其工作区域
(a) 怠速/加速工况；(b) 巡航工况；(c) 内燃机运行区域

宝马汽车公司推出的 valvetronic 配合双 VANOS 系统(同时改变进气和排气正时)，实现了气门正时和升程都连续可变。还有不少研发机构在开发无凸轮(camless)全可变 VVT 技术，即利用电磁或电液直接驱动气门的开启和关闭，省去了凸轮轴，一旦得到应用，可使内燃机的性能得到最大程度的优化。

5.2 充量系数及其影响因素

5.2.1 充量系数解析式

在式(2-35)中,已对充量系数ϕ_c进行过定义,即$\phi_c = \dfrac{m_a}{\rho_s V_s}$。此式中,循环新鲜空气质量$m_a$与按进气状态计算得到的理论充气质量$\rho_s V_s$,均为不包含循环燃料质量$g_b$和水蒸气质量$g_w$在内的干空气质量。自然吸气内燃机的$\rho_s$为环境状态下的空气密度,而增压内燃机的$\rho_s$为压气机后的空气密度。

在同一地区测定ϕ_c时,由于重力加速度g不变,ϕ_c也可按重量比来计算。此外,也可将进气质量m_a化为环境状态下所占的当量体积$V_1 = \dfrac{m_a}{\rho_s}$来定义$\phi_c$,即

$$\phi_c = \frac{m_a}{\rho_s V_s} = \frac{m_a g}{\rho_s V_s g} = \frac{V_1}{V_s} \tag{5-1}$$

下面根据换气过程中,缸内工质的质量平衡关系,推导充量系数ϕ_c的近似解析式。

(1) 由图5-1、图5-2换气过程的p-V示功图上进、排气门关闭时的参数,可算出每循环充入缸内的新鲜混合气质量m_1为

$$m_1 = m_{a'} - m_{r'} = V_{a'}\rho_{a'} - V_{r'}\rho_{r'} \tag{5-2}$$

式中,$V_{a'}$、$V_{r'}$分别为进、排气门关闭时的体积;$\rho_{a'}$、$\rho_{r'}$分别为进、排气门关闭时缸内工质的密度;$m_{a'}$、$m_{r'}$分别为进排气门关闭时缸内工质的质量。

由于式(5-2)未计入排气门关闭时气门重叠期进入气缸的少许新鲜充量,所以存在一定的偏差。对于有较强扫气作用的增压内燃机,偏差会大一些。

(2) 进入缸内的混合气质量$m_1 = m_a + g_b$,由式(2-31)空燃比的关系得

$$m_a = \frac{\phi_a l_0}{1 + \phi_a l_0} m_1 \tag{5-3}$$

令$K_a = \dfrac{\phi_a l_0}{1 + \phi_a l_0}$,称为混合气的空气质量比例系数,则有

$$m_a = K_a m_1 \tag{5-4}$$

对于汽油机,在$\phi_a = 1$时,$K_a = 0.937$。柴油机进的是纯空气,所以$m_a = m_1$,相当于$K_a = 1$。于是,由式(5-1)、式(5-2)和式(5-4)可得

$$\phi_c = \frac{m_a}{\rho_s V_s} = \frac{K_a m_1}{\rho_s V_s} = \frac{K_a(V_{a'}\rho_{a'} - V_{r'}\rho_{r'})}{\rho_s V_s} \tag{5-5}$$

参看图5-1,令$\xi = \dfrac{V_{a'}}{V_a}$,则$\xi$为进气门晚关系数,一般$\xi < 1$,其值越小,表示进气晚关角越大;令$\psi = \dfrac{V_{r'}}{V_c}$,则$\psi$为排气门晚关系数,一般$\psi > 1$,其值越大,表示排气晚关角越大。

将式(5-5)右端分子、分母同时除以V_c,并表示为ξ、ψ和$\varepsilon = \dfrac{V_a}{V_c}$的函数,则得

$$\phi_c = \frac{K_a}{(\varepsilon - 1)\rho_s}(\xi\varepsilon\rho_{a'} - \psi\rho_{r'}) \tag{5-6}$$

(3) 进一步将式(5-6)中 ρ_s、$\rho_{a'}$、$\rho_{r'}$ 按 $\rho = \dfrac{p}{RT}$ 的关系进行整理。于是，由式(5-6)可整理得

$$\phi_c = \frac{K_a T_s R_s}{(\varepsilon - 1)\rho_s}\left[\frac{\xi\varepsilon p_{a'}}{R_{a'} T_{a'}} - \frac{\psi p_{r'}}{R_{r'} T_{r'}}\right] \tag{5-7}$$

式中，p、T、R 的下标为 s、a'、r' 时，分别代表进气状态、进气门关闭时和排气门关闭时的压力、温度和特种气体常数。若令

$$p_{a'} = p_s - \Delta p_a + \Delta p_\xi; \quad T_{a'} = T_s + \Delta T_{a'} \tag{5-8}$$

式中，Δp_a 为大气压力或压气机出口空气压力与进气冲程下止点缸内压力之差，如果把进气看为稳流过程，则 Δp_a 就是进气系统流动的总压力损失；Δp_ξ 为进气下止点到进气门晚关点的压力上升值；$\Delta T_{a'}$ 为进气过程中进气工质的温升值。

将式(5-8)代入式(5-7)，得 ϕ_c 的解析式

$$\phi_c = \frac{K_a T_s R_s}{(\varepsilon - 1)\rho_s}\left[\frac{\xi\varepsilon(p_s - \Delta p_a + \Delta p_\xi)}{R_{a'}(T_s + \Delta T_{a'})} - \frac{\psi p_{r'}}{R_{r'} T_{r'}}\right] \tag{5-9}$$

式(5-9)是包含多个影响因素在内的充量系数 ϕ_c 的综合解析式。式中多个因素的影响相互有关联。以进气门晚关系数 ξ 为例，ξ 减小表明进气晚关角加大，但同时又使 Δp_ξ 增加。因此，不能仅凭式(5-9)中 ξ 的下降，就说 ϕ_c 也下降。实际上，考虑 ξ 及 Δp_ξ 的综合影响后，就会得出存在一个最佳 ξ（最佳进气晚关角）的结论。这正是前述的存在最佳配气相位角的依据。可见，充量系数是一个涉及面很广的问题。

5.2.2 充量系数影响因素

1. 进气流动阻力

内燃机的实际进气过程是一个动态过程，进气流动压差 Δp_a 增大则 ϕ_c 减小。Δp_a 的影响因素十分复杂，为简化计算，先假定进气过程是准稳定流动过程，即先不考虑动态效应压力波的影响，这样可求出 Δp_a 的压差，然后再进行动态修正。

1) 沿程损失与局部损失

依据流体力学知识，流动阻力分为沿程流动阻力和局部流动阻力。因管道壁面与流体摩擦产生的沿程流动阻力为

$$\Delta p_y = \lambda \frac{l}{d}\frac{\rho v^2}{2} \tag{5-10}$$

式中，Δp_y 是沿程流动阻力，Pa；λ 是沿程阻力系数；ρ 是气流密度，kg/m³；v 是气流速度，m/s；l 是管道长度，m；d 是管道直径，m。

因管道截面变化产生分离流或涡流引起的局部流动阻力为

$$\Delta p_j = \xi \frac{\rho v^2}{2} \tag{5-11}$$

式中，Δp_j 是局部流动阻力，Pa；ξ 是局部阻力系数。

进气系统总压力损失 Δp_a 是管道沿程流动阻力 $\sum \Delta p_y$ 和各部件局部流动阻力 $\sum \Delta p_j$ 之和，即 $\Delta p_a = \sum \Delta p_y + \sum \Delta p_j$。进气管道的沿程流动损失不是很大，流动损失主要来自空滤器(Δp_{air})、节气门(Δp_{thr})和进气门(Δp_{valve})等的局部流动损失。图 5-11 给出了汽油机节

气门部分开启(小负荷)时的进气系统压力损失 $\Delta p'$ 和节气门全开(大负荷)时的压力损失 Δp 的构成情况。由图可以看出,节气门局部流动损失与节气门开度有关,小负荷时节气门开度小,Δp_{thr} 急剧加大,而大负荷时节气门开度加大,节气门引起的局部流动损失较小;此外,进气门喉口(指气门与气门座密封锥面间的流通截面)以及进气道产生的进气门总压降 Δp_{valve} 所占压力损失比例也比较大。

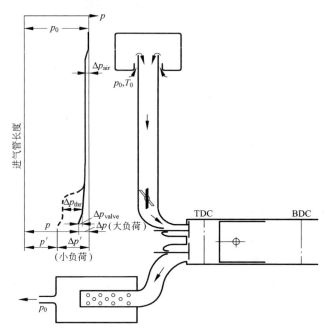

图 5-11 汽油机进气系统压力损失构成示意图

2) 气流运动与气道阻力

气缸盖上的进气道是进气歧管与气门口连接的弯道,具有不规则的渐缩截面,中间有气门凸台等局部阻力点。大多数中、小功率内燃机的进气道具有产生进气涡流(swirl)或滚流(tumble)以加速缸内混合气形成和燃烧的功能(参见第 6 章 6.4.1 节柴油机混合气形成和 6.5.1 节汽油机混合气形成)。因此进气道中的流动情况极为复杂。

图 5-12 是常见的切向气道、螺旋气道和滚流气道简图。切向气道形状平直,进气前强烈地收缩,利用进气气流对气缸中心的动量矩,产生绕气缸纵轴旋转的进气涡流。螺旋气道是将气道内腔做成螺旋形状,进气时主气流出现绕气门中心线的旋转运动,另一部分则产生切向气流运动。滚流进气道近似直立,产生旋转中心线与气缸中心线垂直的纵向滚动气流,主要用于实现稀燃缸内直喷(GDI)汽油机的分层混合气。

切向气道与螺旋气道相比,切向气道的结构及工艺均比螺旋气道简单,但涡流强度较弱。不论何种气道,要增强涡流,必然与降低流动阻力有矛盾。图 5-13 给出了几种常见的 4 气门或 2 气门布置的进气涡流比 Ω 与进气道流通系数 C_F 之间的关系。其中 Ω 定义为进气涡流旋转速度与内燃机转速之比;C_F 定义为进气道实际流率与理论流率(无气门阻隔、无摩擦时的理论值)之比。从图中可以看出,进气涡流强度与流通阻力之间存在折中(trade-off)的关系。在设计进气道时,应在基本满足进气涡流要求的前提下,尽可能降低气道的流动阻力。

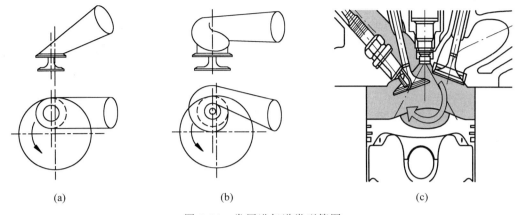

图 5-12 常用进气道类型简图

(a) 切向气道；(b) 螺旋气道；(c) 滚流气道

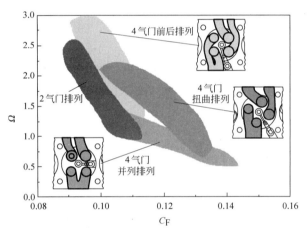

图 5-13 进气道涡流比 Ω 与流通系数 C_F 的关系

3) 气门口的阻力损失

气门口是进气流道中截面最小、流速最高之处，而且截面随气门升程急剧变化，所以流动损失严重，对 ϕ_c 的影响也最大。

降低气门口流速，可以使流动阻力以平方关系下降。而且气门口流速的下降，还可以避免高速气流壅塞的不利影响，有利于提高内燃机标定工况的转速。所以人们在这一领域做了大量工作，使内燃机动力性能得到显著的改善。

(1) 气门口平均进气马赫数 Ma_m 及其对 ϕ_c 的影响

设进气过程中通过气门口的平均流速是 v_{tm}，当地声速为 a，则平均进气马赫数 Ma_m 定义为

$$Ma_m = \frac{v_{tm}}{a} \tag{5-12}$$

根据进气过程缸内质量的平衡关系：

$$(\mu_s f_a)_m v_{tm} = F_p v_m \tag{5-13}$$

式中，F_p 为活塞面积；v_m 为活塞平均速度，$v_m = 2ns$；μ_s 为进气门口流量系数；f_a 为进气

门开启流通面积;$(\mu_s f_a)_m$ 为进气门平均有效开启流通面积,即气门开启过程中,各瞬时的 f_a 和 μ_s 的乘积积分后的平均值。

由式(5-13)求出 v_{tm} 后,代入式(5-12),得

$$Ma_m = \frac{2ns}{a} \cdot \frac{F_p}{(\mu_s f_a)_m} \tag{5-14}$$

此式的 $\frac{F_p}{(\mu_s f_a)_m}$ 项经近似推导,有 $\frac{F_p}{(\mu_s f_a)_m} \propto \left(\frac{D}{d_s}\right)^2$ 的关系。其中,D、d_s 分别为活塞及进气门盘的直径(多进气门时,则为换算为一个气门的当量直径)。于是,式(5-14)可化为

$$Ma_m = \frac{Kns}{a}\left(\frac{D}{d_s}\right)^2 \tag{5-15}$$

式中,K 为比例常数。

大量试验表明,对于小型四冲程内燃机,$Ma_m > 0.5$ 之后,充量系数 ϕ_c 会加速下降,如图 5-14 所示。这是因为,按气体动力学孔口流动规律,当孔口上游滞止压力不变时,在孔口流速达到声速后,无论孔口下游的压力(对进气门口而言则为缸内压力)降到多低,孔口的流量都保持不变,此即气流的壅塞(choking)现象。对内燃机来说,只要转速不断上升,缸内压力将不断下降,总会出现壅塞。此后,转速再增加,流量不会加大,其结果是内燃机功率不仅不会加大,反而因机械损失的增大而下降。此时,转速的提高将失去其提高功率的价值。

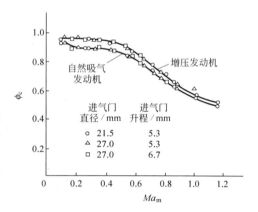

图 5-14 充量系数与平均进气马赫数的关系

平均进气马赫数 Ma_m 是不同气门升程(气门口流通截面)条件下马赫数的平均值。当 Ma_m 达到 0.5 左右时,虽然总体上未达到声速,但某些小升程段的气流已接近壅塞,ϕ_c 将加速下降。所以 Ma_m 的进一步加大,成了内燃机提高转速、强化动力性能的障碍。

(2)降低 Ma_m 的多气门措施

由式(5-15)可以看出,减小 Ma_m 最有效的措施是加大进气门盘直径 d_s,即增大气门口的有效流通面积。由于受到结构布置的限制,传统 2 气门结构的进气门盘面积最多可占活塞顶面积的 20%~25%,排气门占 15%~20%。采用 3~5 个气门的多气门方案(其中进气门 2~3 个),可使进气门盘总面积显著加大。4 气门的进气门盘总面积可达活塞顶面积的 30%,比 2 气门方案加大 30%~50%。这不仅使 ϕ_c 上升,进气充量加大,内燃机最大转矩提高,而且因 Ma_m 远离 0.5 的限值,允许的标定转速进一步提高,使得功率增大的百分比远超过转矩的增大值。

多气门方案可使火花塞或喷油器垂直布置在气缸中心线上,有利于提高汽油机压缩比或柴油机的混合气形成质量;还可减小系统运动件质量以适应转速提高的要求;2 个以上进气门还适于灵活控制进气涡流(图 5-13),有利于合理组织燃烧和控制排放。4 气门与 5 气门(3 进 2 排)方案相比,后者进气面积更大,气门机构惯量也小,高速动力性有所提高,见图 5-15。但是,5 气门结构更复杂(5-16),实际车用内燃机更多地采用 4 气门布置。

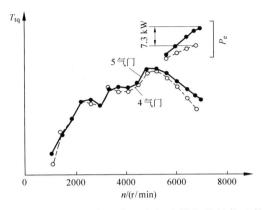

图 5-15 4 气门内燃机与 5 气门内燃机的性能比较

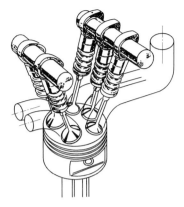

图 5-16 5 气门内燃机气门布置图

(3) 降低 Ma_m 的其他措施

式(5-14)中,进气门平均有效流通面积$(\mu_s f_a)_m$除总体上与d_s^2成正比外,还与进气门的角面值有关。下面作简要分析。

已知气门开启和关闭的相位角为φ_{ao}和φ_{ac},则

$$(\mu_s f_a)_m = \frac{\mu_{sm}}{\varphi_{sc} - \varphi_{so}} \int_{\varphi_{ao}}^{\varphi_{ac}} f_a(\varphi) d\varphi \tag{5-16}$$

式中,$\int_{\varphi_{ao}}^{\varphi_{ac}} f_a(\varphi) d\varphi$ 称为气门的角面值。它可由图 5-17(b)中的气门口通过面积曲线$f_a(\varphi)$下面的积分面积来表示;μ_{sm}为气门口流量系数平均值。

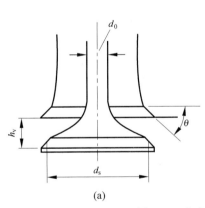
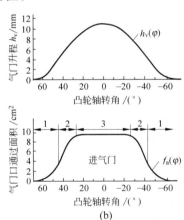

图 5-17 气门结构及角面值示意图
(a) 气门口结构图;(b) 角面值示图

当气门升程 h_v 较小时,喉口通过面积为图 5-17(a)上所示的气门口开启面积,计算式为

$$f_a(\varphi) = \pi[d_s + h_v(\varphi)\sin\theta\cos\theta] h_v(\varphi)\cos\theta \tag{5-17}$$

式中,d_s、h_v 和 θ 分别为气门盘直径、气门升程和气门座面锥角。

当升程 h_v 较大,式(5-17)计算结果已大于进气道的最小流通面积$\frac{\pi}{4}(d_s^2 - d_0^2)$时,则有

$$f_a(\varphi) = \frac{\pi}{4}(d_s^2 - d_0^2) \tag{5-18}$$

式中，d_0 为气门杆直径。图 5-17(b)上，$f_a(\varphi)$ 曲线中段为常数，即为此理。

由上可知，加大角面值降低 Ma_m 的措施，除加大 d_s 之外，还可以加大气门升程 h_v，选择合适的气门锥角 θ 以及合理设计凸轮型线以提高气门升降速度。

由式(5-15)还可看出，缸径 D 不变而减小冲程 s 时，也可降低 Ma_m。这是短冲程内燃机如赛车内燃机可适当提高转速的理论依据。

2. 进气温升的影响

从式(5-9)中可以明显看出，进气工质的温升 $\Delta T_{a'}$ 加大，必然降低缸内工质的密度，从而降低 ϕ_c。进气温升 $\Delta T_{a'}$ 由下列四项组成：

$$\Delta T_{a'} = \Delta T_w + \Delta T_L + \Delta T_r + \Delta T_g \tag{5-19}$$

式中，ΔT_w 为进气过程中，高温壁面传热所引起的温升；ΔT_L 为进气过程中压力损失变为摩擦热引起的温升；ΔT_r 为残余废气与新鲜充量混合引起的温升；ΔT_g 为进气过程中燃料汽化吸热引起的温度降低(负值)。

总体看来，除某些化油器式内燃机或高汽化潜热燃料(如甲醇、乙醇)内燃机外，高温件传热对 ϕ_c 的影响最大。转速越低，则每循环传热时间越长，ΔT_w 越高；负荷越高，缸壁温度越高，ΔT_w 也越高。对于增压内燃机，由于进气温度上升，缩小了与壁面的温差，再加上进气充量增多等原因，单位工质的 ΔT_w 反而比自然吸气内燃机小。

测试结果表明，除 ΔT_r 项外，其余三项的总温升约为：自然吸气柴油机 12~18℃；增压柴油机 8~12℃；汽油机则在 0~40℃ 之间大幅变化，与燃料汽化及预热条件有关。

3. 进排气相位角

式(5-9)中的系数 ξ 和 ψ 分别反映了进、排气晚关角的影响。进气晚关角加大，ξ 下降，但 Δp_s 上升；排气晚关角加大，ψ 上升，而 p_r 却下降。这表明，对 ϕ_c 而言，存在最有利的进排气晚关角。

两个角度中，进气晚关角的影响要比排气晚关角大得多。因为式(5-9)括弧中，前一项有 ξ，后一项有 ψ。若有相同的 $\Delta \xi$ 及 $\Delta \psi$ 变化，由于 p_s 与 p_r 以及 R_a 与 R_r 相差不多，但 $T_r \gg T_s$，而 ε 又是 10 左右的大数，所以 $\Delta \xi$ 引起的 ϕ_c 变化是 $\Delta \psi$ 所引起的数十倍。这正是充量系数研究中，注意力主要集中于进气系统的缘故。

4. 其他因素

(1) 排气门关闭时压力 p_r 和温度 T_r 的影响，反映在式(5-9)的 $\dfrac{\psi p_r}{T_r}$ 项中。p_r 加大和 T_r 下降，会加大排气阻力及废气密度，使残余废气系数 ϕ_r 上升，间接使 ϕ_c 下降。但与进气压力 p_s 和温度 T_s 的影响相比，要小得多。

(2) 压缩比 ε 加大，由于残余废气系数 ϕ_r 下降，必然对 ϕ_c 有利。这一点从式(5-9)不能直接看出，要结合 ε 上升使 $\Delta T_{a'}$ 下降等因素来综合分析。

(3) 进气状态参数 p_s、T_s 本身是定义 ϕ_c 的基准参数。p_s 上升和 T_s 下降使充气量增多，但不等于 ϕ_c 必然加大。T_s 上升时，因为与高温件的温差缩小，$\Delta T_{a'}$ 减小，故 ϕ_c 略有增加；而 p_s 变化时，试验结果表明，对 ϕ_c 影响不大。但增大充气量有利于功率输出，这正是增压和增压中冷的主要出发点。

(4) 燃料汽化的影响。对于预制混合气内燃机，在进气终了时，由于燃料汽化后占有一定的体积，所以 ϕ_c 会下降。式(5-9)中虽已存在一个混合气空气质量的比例系数 K_a，但是质量比并不等于体积比。汽油机因汽油分子相对质量比空气大，所占体积少，计算结果表明，对ϕ_c下降的影响不到2%；而天然气(CH_4)相对分子质量小，所占体积大，其影响可高达9%。这是内燃机使用气体燃料时，功率降低的主要原因。当然，这一问题也可从混合气热值的角度来分析。

5.2.3　稳态条件下进气速度特性

1. 进气速度特性及其对内燃机动力性和转速稳定性的影响

内燃机在油量调节机构（汽油机的节气门和柴油机的油量调节杆）不变时，充量系数ϕ_c随曲轴转速n或活塞平均速度v_m的变化规律，称为内燃机的进气速度特性。油量调节机构处在标定工况位置时的进气速度特性，称为全负荷进气速度特性，简称进气外特性。对于汽油机，节气门小于标定位置时的进气速度特性，称为部分负荷进气速度特性，简称部分特性。柴油机油量调节杆变化时，对ϕ_c无太大影响，所以只分析其进气外特性。

1）进气外特性对动力性的重大影响

对于负荷量调节的汽油机，在有效效率变化不大的条件下，其输出转矩T_{tq}的大小，主要取决于每循环进入气缸的充量。所以内燃机的进气外特性，基本上决定了各工作转速全负荷时发出的转矩和功率，也就是决定了整机的最大动力性能。汽油车的最高车速、最大加速和爬坡能力都与这一特性密切相关。

对于负荷质调节的柴油机，尽管其运行过程中的动力性能主要取决于每循环喷入缸内的油量，而不是进气量。但是，由速度外特性决定的最大充量变化规律，也限制了柴油机允许喷入的极限油量，即限制了可能达到的最大动力性。

所以，无论是汽油机还是柴油机，其进气外特性对整机和整车的动力性都具有特别重要的意义。

2）进气速度特性与运转稳定性

汽油机由于存在节气门，流动出现分离并产生较强的涡流，进气流动阻力较大，因而ϕ_c随转速上升而较快下降。部分负荷节气门关小时，阻力更大，ϕ_c下降更剧烈。常规汽油机进气速度特性线如图5-18(a)所示。

柴油机由于不存在节气门，进气流动阻力比汽油机小，ϕ_c曲线变化平缓，如图5-18(b)

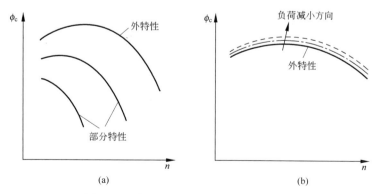

图5-18　汽、柴油机的进气速度特性曲线
(a)汽油机；(b)柴油机

所示。理论上,柴油机在各种负荷条件下,进气速度特性线都相同,但由于小负荷时进气温度较低,充量密度略大,其进气速度特性线比进气外特性线略高一些。

汽油机转矩 T_{tq} 随转速变化的趋势,大致与进气速度特性曲线相似,并对内燃机运转稳定性产生重大影响。而柴油机的转矩 T_{tq} 随转速的变化趋势与供油速度特性曲线相似,也对运转稳定性产生重大影响。有关汽油机和柴油机运转稳定性的详细分析,参见第8章8.3.5节。

2. 各因素对进气速度特性曲线变化趋势的影响

由于进气速度特性线对整机和整车动力性能有重大影响,所以人们极为关注这些曲线的变化规律及其影响因素。

1) 稳态条件下 ϕ_c-n 曲线的变化规律

在稳态条件下,内燃机的 ϕ_c-n 速度特性线是由本章5.2.2节所述的各种因素,在不同转速时对 ϕ_c 的不同影响而决定的。以图5-19所示的汽油机进气外特性曲线为例,说明其变化规律。

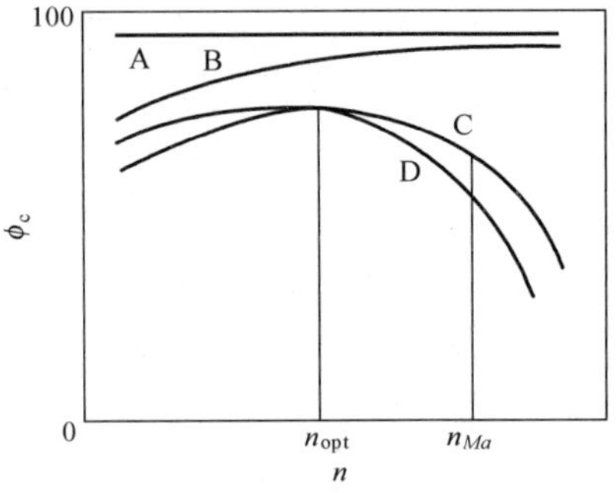

(1) 燃料汽化的影响被认为基本不随转速而变化,这一影响将使理论上100%的 ϕ_c 降为图示小于100%的A直线。

(2) 进气过程中工质温升 $\Delta T_{a'}$,使曲线由A变为B。低速时,因传热时间加长而使 $\Delta T_{a'}$ 偏高,ϕ_c 下降较多;高速时,则 ϕ_c 下降少一些。

(3) 流动总阻力 Δp_a 随转速平方而增加。转速高过 n_{Ma} 后,平均马赫数 Ma_m 大于限值0.5,使 ϕ_c 急剧下降。以上因素使曲线由B变为C。

图5-19 汽油机稳流条件下 ϕ_c-n 进气速度特性曲线的变化过程

(4) C曲线是各转速都具有最佳进气晚关角的理想线。如果进气晚关角不随转速变化,那么内燃机只有一个转速对应最佳进气晚关角,设此转速为 n_{opt}。当 $n > n_{opt}$ 时,由于晚关角相对偏小,不能充分利用进气惯性;当 $n < n_{opt}$ 时,因晚关角相对偏大,使进入缸内的新鲜充量部分流回进气管。以上两种情况都使 ϕ_c 低于理想值,而且转速偏离 n_{opt} 越大,ϕ_c 越低。转速偏离最佳值使曲线由C变为D。

D曲线并非实际的进气速度特性线。当考虑进气动态效应后,ϕ_c-n 曲线会出现波动,进气动态效应将在5.3节加以说明。

2) 进气晚关角与内燃机高、低速性能

图5-19中各转速均具有最佳进气晚关角的C曲线,实质上是具有单一进气晚关角的各条D曲线的外包络线。如图5-20所示,D_1、D_2 曲线各自的进气晚关角对应的最佳转速分别为 n_1 和 n_2。D_2 曲线比 D_1 曲线的进气晚关角大。由图可知,进气晚关角加大,低速进气性能降低而高速进气性能改善。从图5-20中与 D_1、D_2 曲线分别对应的功率曲线 P_{e1} 和 P_{e2} 可明显看出,D_2 曲线不仅标定转速增大,而且标定功率有更高的增长速率。

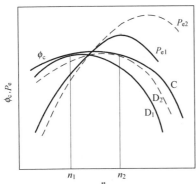

图5-20 不同进气晚关角对内燃机标定转速和动力性的影响

5.3 进排气系统动态效应

5.3.1 进排气动态特征

此前对内燃机换气过程的分析,是基于稳态或准稳态进排气流动的假设。事实上,内燃机的进排气流动过程是典型的非稳态流动过程。图 5-21 给出了某一四缸四冲程汽油机在不同转速条件下,进气歧管和排气歧管压力在一个循环内的波动情况。由图可以看出,内燃机的进排气压力波随转速增加而波动加剧,并且排气压力波动幅度大于进气压力。

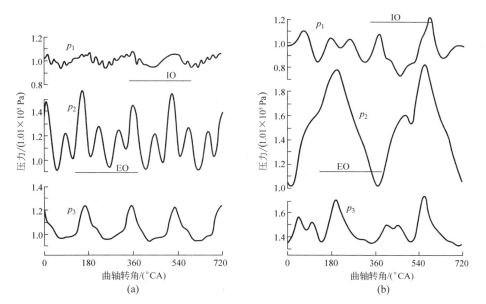

图 5-21 四缸四冲程汽油机不同转速条件下的进气歧管和排气歧管压力波动

(a) 1200 r/min;(b) 4800 r/min

p_1—距离气缸 150 mm 处进气歧管压力;p_2—距离气缸 200 mm 处排气歧管压力;
p_3—距离气缸 700 mm 处排气歧管压力;IO—进气门开启期;EO—排气门开启期

众所周知,非稳态流动中管内总伴有压力波的传播现象。压力波是可压缩弹性介质中状态扰动的传播。状态扰动指的是介质中压力、速度等状态参数的瞬间变化。换气过程中,某一管端若出现状态扰动,例如,进排气门开关过程中,气门端会出现速度及压力的变化(dv,dp),此变化将以一定的速度向管的另一端传播,所到之处也产生相同性质的状态变化,此即压力单波的传播。

压力单波传到另一管端,由于管端边界条件(指边界处确定的流动规律)的限制,又会产生反向传播的压力单波。于是,在整个流动过程中,管道内任意点、任意时刻都有正、反两个方向的某个压力单波到达。两波扰动的合成,确定了该点、该时刻的状态变化,再叠加该点的原状态,就决定了该点、该时刻的状态。这就出现了状态随时间、地点而变化的非稳态流动的典型特征。

可以想象,进排气过程的这种非稳态流动,使得进排气门处的压力和流速不断改变,从而对充量系数、排气流率以及各缸进排气的不均匀性都有不同程度的影响。这就是进排气系统的动态效应。一般进排气流动过程可简化为一维非稳态流动来处理。

5.3.2 单缸机进气管动态效应

所谓的进气动态效应是指进气管中压力波传播对气门端进气压力的影响。人们希望能利用这一影响来加大进气充量。

试验与理论分析结果表明,如果能在进气后期加大气门端进气压力,则会更有效地提高进气充量系数ϕ_c。如图 5-22 所示,改变正压脉冲波(密波)到达气门端的相位,并计算其相应的ϕ_c,可明显看出,进气后期到达时,ϕ_c有较大增大;而前、中期到达时,ϕ_c几乎没有变化。这是因为,进气后期压力增大的效果,不会被再次到来的负压脉冲波(疏波)抵消(详见后文分析),而且后期气流惯性加大,可通过加大气门晚关角而得到充分利用。

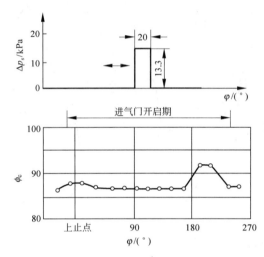

图 5-22 矩形脉冲波在不同时刻到达进气门端时对ϕ_c的影响

1. 本循环压力波动态效应

本循环产生的进气压力波来回传播对循环充量的影响,叫本循环压力波的动态效应。如图 5-23(a)所示,若规定由进气门流出的方向为正方向,则当进气门开启时,由于活塞下行抽气,进气门端出现向缸内的气流,使气门端静压力$p_s < p_0$,表明压力相对p_0下降而出现右行膨胀疏波,并以声速a向管口传播(因进气门管端速度$|v_s| \ll a$,故压力波速取$c = v_s + a \approx a$),此波于L/a时刻到达管口,L是进气管长。

假定管口为开口端,且忽略空滤器的影响,则右行疏波到达后,会全负反射而产生反射密波,并再经L/a时刻回到气门端。气门端由发出压力波到接收反射波所需时间$\Delta t = 2L/a$。

设气门开启总时间为Δt_s,则压力波传播有两种情况:

(1) $\Delta t > \Delta t_s$,如图 5-23(b)所示,该图为气门端压力p_s随时间的变化曲线。第一次返回的密波(点画线)到达气门端时,进气门已关闭,对进气不会产生影响。图中虚线是该密波在气门口再次反射的波形,此时气门已关闭,应为全正反射密波,实际上总会有一些衰减,故幅值稍小一点,此波对充量系数ϕ_c也无影响。

(2) $\Delta t < \Delta t_s$,如图 5-23(c)所示,第一次返回的密波(点画线)在进气后期到达,相应的

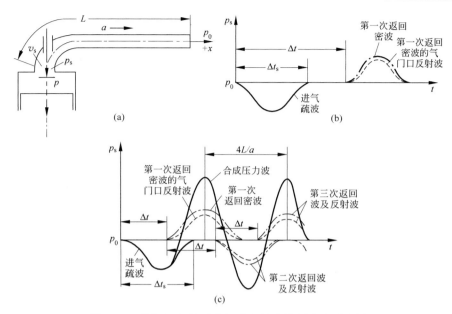

图 5-23 单缸机本循环进气动态效应的压力波示意图
(a) 进气系统示意图；(b) $\Delta t > \Delta t_s$；(c) $\Delta t < \Delta t_s$

虚线所示的再次反射的密波（部分正反射波）也处于进气后期。几次波形叠加出来的实线所示的合成波，将加大进气后期 p_s，从而使 ϕ_c 加大。

在分析压力波形的持续变化时，应计及多次来回反射的影响。如图 5-23(c) 所示，第一次返回的密波在气门口再次以密波反射后，该波到达管口又全反射回疏波，即图上的点画线所示的第二次返回波。此波又在气门口部分正反射而得到虚线所示的第二次返回的反射波。如此往复会出现第三次、第四次的波形。最后得到以 $4L/a$ 为周期的合成波，直到摩擦阻力将此波消耗掉为止。

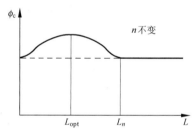

图 5-24 转速不变时进气管长对充量系数 ϕ_c 的影响

为了使第一次反射回的密波在进气后期到达气门口，管长 L 和转速 n 要合理匹配。如图 5-24 所示，转速 n 不变时，L 太长，大于图示 L_n 时，因 $\Delta t > \Delta t_s$ 而对 ϕ_c 无影响；L 过短，多次反射回的前后密波、疏波相互抵消，效果也不大，故在 L_{opt} 处 ϕ_c 有最大值。

2. 上循环压力波动态效应

上循环气门口的压力波动如果到本循环进气时仍未消失，将会对本循环进气产生直接的影响，此即上循环压力波的动态效应。显然，本循环进气时，正好上循环残余正压波到达，则会产生有利效果；反之，则出现不利影响。但是这一效应在管长很短时，效果不大，因为进气期间会有多个正负交替的残余波到达，各波正负值会相互抵消。

已知进气门口压力波动的频率为 $f_1 = \dfrac{a}{4L}$，四冲程内燃机转速为 n 时，进气门的开启频率为 $f_2 = \dfrac{n}{120}$。f_1 与 f_2 之频率比 q 为

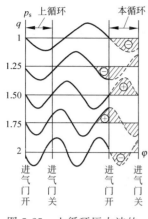

图 5-25 上循环压力波的
动态效应示意图

$$q=\frac{f_1}{f_2}=\frac{30a}{nL} \quad (5-20)$$

图 5-25 表示了不同频比 q 时，气门口相邻两循环间上一循环压力波的波形示意图。当 $q=1,2,\cdots$ 时，正好本循环进气时刻上循环的残余疏波到达，故对 ϕ_c 不利。当 $q=1.5,2.5,\cdots$ 时，正好是本循环进气时刻上循环的残余密波到达，故对 ϕ_c 有利。

为了实现内燃机在高、低转速下都具有好的动力性，现代车用汽油机越来越多地采用可变进气歧管长度系统。图 5-26 为汽油机可变进气歧管长度系统及其效果示意图。当关闭进气控制阀时，气流沿长路径（实线箭头表示）进入气缸，可以获得低速大转矩；而当开启进气控制阀时，气流沿短路径（虚线箭头表示）进入气缸，可以获得高速大功率。

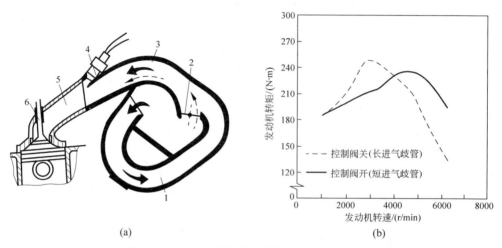

图 5-26 汽油机可变进气歧管长度系统及其效果
(a) 可变进气歧管气流路径；(b) 可变进气歧管长度对转矩的影响

5.3.3 多缸机动态效应与各缸进气不均匀

多缸机各缸的进、排气总管和歧管相互串联或并联。若某一缸进气时，其他缸的疏波正巧到达其进气门端，则会降低此缸进气压力，使 ϕ_c 减小，此即所谓的"抢气"或"进气干涉"现象。同理，某缸排气时，其他缸的排气密波正巧到达，则会使该缸排气背压上升，残余废气量增多，也间接使 ϕ_c 减小，此为排气干涉现象。多缸机各缸的上述现象各不相同，这就会出现多缸机各缸进气不均匀的现象。

为了消除上述不利影响，可把各缸中进、排气时间基本不重叠的几个缸合成一组，使用相对独立的进、排气系统。例如，传统工作顺序为 1—5—3—6—2—4 的六缸机可分为 1、2、3 缸和 4、5、6 缸两组。各组的三个缸两两之间的进、排气相位均相差 240°CA，接近各缸真实的进、排气相位角。一缸气门开启，另两缸则基本关闭，这就在某种程度上排除了相互干涉的可能性。此外，还可以选择合适的歧管长度，类似单缸机那样，充分利用其动态效应来改善各缸的进、排气性能。

图 5-27 是某六缸汽油机按上述方案改进前后,不同转速时各缸 ϕ_c 的差异及对比。改进前,转速为 2800 r/min 时,各缸 ϕ_c 最大相差达 9%。改进后,基本消除了各缸进气不均匀现象,总的 ϕ_c 还上升了 5%~6%。

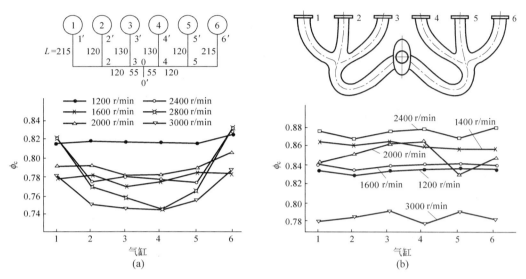

图 5-27　六缸汽油机进气管改进前后,不同转速时各缸进气均匀性及 ϕ_c 的变化情况
(a) 改进前的结构及各缸 ϕ_c;(b) 改进后的结构及各缸 ϕ_c

图 5-28 为马自达高压缩比(13)四缸汽油机排气管借助排气动态效应降低缸内残留气体和缸内温度的实例。对于四缸机排气汇集且排气管较短的传统方案,当 3 缸排气门打开后,产生的高压排气压力波会进入准备进气的 1 缸,增加 1 缸残留废气量。由于排气管较短,3 缸排气高压波会在短时间内到达 1 缸,其受影响的转速也基本涵盖内燃机常用转速区间。利用排气动态效应的"4-2-1"排气管设计,可解决各缸换气过程中的干涉问题。更重要

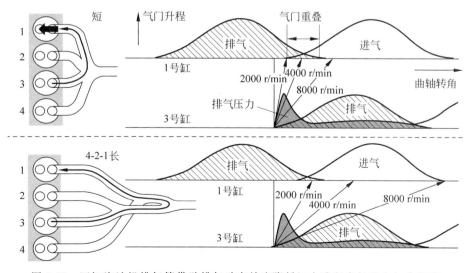

图 5-28　四缸汽油机排气管借助排气动态效应降低缸内残留废气量和缸内温度

的是,由于采用了较长的"4-2-1"排气管,3缸的高压排气压力波传到1缸的时间长,减少了对1缸残留废气的影响。

图 5-29 为马自达高压缩比汽油机压缩上止点温度随缸内残留废气的变化趋势。由图可知,当残留废气比例降低 2% 时,压缩上止点温度可降低约 50℃。对于采用"4-2-1"排气管的汽油机而言,有效降低了残余废气比例,一方面可以增强扫气效果进而提升充气效率,另一方面可以降低压缩上止点温度,有效抑制爆震,进而有利于提升压缩比和改善汽油机效率。

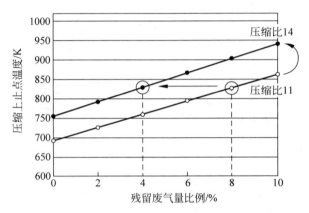

图 5-29 压缩上止点温度随缸内残留废气的变化趋势

5.4 内燃机增压

增压是指利用各种方法提高发动机进气压力,增大进气充量,以达到增大输出功率的目的。第 2 章式(2-42)表明,在其余参数不变情况下,进气压力 p_s 与输出功率 P_e 成正比关系。可见,增压技术是强化内燃机最有效的手段,是内燃机技术的一个发展方向。目前,车用柴油机几乎都采用增压技术,车用汽油机也越来越多地采用增压技术。

增压内燃机与自然吸气内燃机相比,主要是在换气方面有很大不同,由此引起两者在结构、工作过程和性能等方面的差异。本节将在第 4 章 4.6.2 节介绍涡轮增压内燃机基本原理的基础上,进一步介绍涡轮增压的基本形式、方法和性能特点,同时也对其他增压方式如机械增压、复合增压等作简要介绍。至于增压器的结构原理、增压器与内燃机的匹配等问题,宜在专门的书籍中进行介绍。

5.4.1 增压度与增压比

增压度 φ 是内燃机增压后标定工况的输出功率增值与原功率的比值,反映了采用增压技术后输出功率的增益。

$$\varphi = \frac{P_{ek} - P_{e0}}{P_{e0}} = \frac{P_{ek}}{P_{e0}} - 1 = \frac{p_{mek}}{p_{me0}} - 1 \tag{5-21}$$

式中,P_{e0}、P_{ek} 分别为增压前、后标定工况的功率;p_{me0}、p_{mek} 分别为增压前、后标定工况的有效平均压力。

增压比 π_k 则是标定工况时,增压器压气机出口处压缩空气的压力 p_b 与压缩前压力 p_0

(一般为大气压力)之比值。

$$\pi_k = \frac{p_b}{p_0} \tag{5-22}$$

现代四冲程增压柴油机的增压度 φ 可高达 300% 以上，而大多数车用增压内燃机的 φ 则在 10%～60% 之间。φ 受原机型主要零部件的热负荷、机械强度以及动态特性和车辆对转矩加大的适应性等条件限制，并非越高越好。

增压比 π_k 与增压度 φ 有一定函数关系，但不成正比。由于 π_k 是状态参数压力的比值，在增压内燃机性能分析中应用较广。按 π_k 的大小，将 $\pi_k < 1.6$ 称为低增压，对应有效平均压力 $p_{me} = 0.7～1.0$ MPa；$\pi_k = 1.6～2.5$ 为中增压，对应 $p_{me} = 1.0～1.5$ MPa；$\pi_k > 2.5$ 为高增压，p_{me} 在 1.5 MPa 以上。此外，还发展了低、中速的超高增压柴油机，π_k 可达 4.5～5.5，而 p_{me} 在 2.5～3.0 MPa 之间。

5.4.2 增压方式与增压系统

内燃机的增压方式有多种。按压气机中工质的工作方式，可分为容积式增压和离心式增压；按增压器的驱动方式，可分为机械增压、涡轮增压、气波增压和电机增压。无论是容积式还是离心式增压，都可以采用机械驱动、涡轮驱动或电机驱动，但一般情况下，容积式增压与机械驱动结合，离心式增压与涡轮驱动或电机驱动结合。车用内燃机中最常用的是涡轮增压系统，以及在此基础上发展的各种增压系统。此外，机械增压系统也有应用。

1. 涡轮增压系统

涡轮增压系统(turbocharging system)的结构、工作原理、能量利用和平衡已经在 4.6.2 节中作了介绍。这种系统直接利用废气能量，不仅不消耗额外功率，多数工况下还对活塞做泵气正功；增压后内燃机的外特性曲线形状有所改变，在保持内燃机低工况性能基本不降低的同时，中、高工况的动力输出、燃油经济性和排放都可得到大幅改善；增压器与内燃机是柔性连接，便于安装布置；再加上增压器的体积、重量和成本不断降低，可靠性不断增加，使得涡轮增压系统在车用内燃机上得到越来越广泛的应用。

2. 机械增压系统

机械增压系统(mechanical supercharging system)机构及工作原理如图 5-30 所示，压气机 1(离心式或容积式)直接由内燃机曲轴通过传动系统 2 驱动。机械增压系统通常用于增压比 $\pi_k < 1.6$ 的场合。当压气机为容积式如罗茨泵时，增压效果受内燃机转速影响较小，可以在内燃机各转速工况下获得相近的增压效果。与涡轮增压相比，机械增压特别适合于改善内燃机低速工况的动力输出，因而在赛车内燃机及追求低速加速能力的高档乘用车内燃机和坦克等军用装备内燃机上有广泛应用。

机械增压系统的动态性能比涡轮增压系统好，因为机械传动的动态响应要比废气快，对排气系统也没有干扰，这是它固有的优点。此外，小排量内燃机也适合用机械增压，因为涡

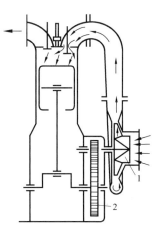

图 5-30 机械增压系统
1—压气机；2—机械传动系统

轮增压装置比较复杂,成本也高。

3. 复合增压系统

几种增压方式组合使用,便形成所谓的复合增压系统(compound supercharging system)。最典型的复合增压系统就是图5-31所示的机械增压与涡轮增压结合的复合增压系统。该系统先由机械增压压气机C_1将初级增压后的空气输入涡轮增压压气机C_2中,经二次增压后再进入内燃机缸内。这样的组合,既保证能获得起动、瞬态加速以及低速、低负荷工况所需的转矩特性,又可以获得良好的燃油经济性和高功率密度。大众公司开发的TSI汽油机,就是采用类似的机械和涡轮复合增压组合系统,使得其升功率接近90 kW/L。

另一种复合增压系统是涡轮增压与进气动态效应相结合的调谐增压系统(图5-32)。本章5.3节介绍进气动态效应的利用,实质上是一种进气调谐增压的方式。图5-32所示的系统应用了另一种进气动态效应调谐方式。在增压器1后的稳压箱3中获得稳定的压力,较长的共振管4与其后三缸共用的共振腔5,在管长、管截面和共振腔容积(包括该组三个缸的进气歧管6和气缸的容积)合理匹配后,在某一工况转速下,会产生气流的谐振,使所属三个缸在各自进气终了前,都能充分利用动态效应而增大充量系数ϕ_c。如果谐振点出现在低速,则此复合系统将改善增压内燃机的低速转矩特性。图5-33所示为调谐增压改变ϕ_c的效果。

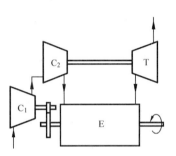

图5-31 机械增压与涡轮增压的复合增压系统
E—内燃机;T—涡轮机;C_1—机械增压压气机;
C_2—涡轮增压压气机

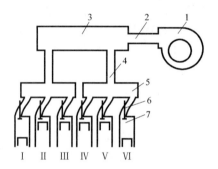

图5-32 调谐增压系统
1—涡轮增压器;2—连接管;3—稳压箱;4—共振管;
5—共振腔;6—进气歧管;7—气缸

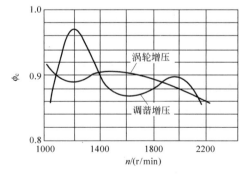

图5-33 调谐增压与涡轮增压系统充量系数ϕ_c曲线对比图

5.4.3 涡轮增压系统

根据内燃机利用废气能量方式的不同,涡轮增压系统可以分为定压系统和脉冲系统两种基本形式,如图 5-34 所示。其他的涡轮增压系统大都由这两种系统演变而来。

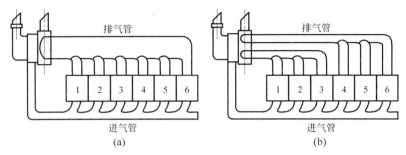

图 5-34 涡轮增压系统的两种基本形式
(a) 定压系统；(b) 脉冲系统

1. 定压涡轮增压系统

定压涡轮增压系统(constant pressure turbocharging)把所有气缸的排气歧管都通向一个体积较大的排气总管,见图 5-34(a)。排气过程中,各歧管的压力有较大波动,各缸排气时间互有差异,且部分重叠,但汇集到总管后,各缸排气相互混合、减速和滞止,基本保持恒定压力,起到了稳压作用。然后,废气按定压 p_k 由总管导入涡轮机的喷嘴环。

2. 脉冲涡轮增压系统

脉冲涡轮增压系统(pulse turbocharging)原则上是将各缸排气歧管中的脉冲气流直接导入涡轮机中,以尽量减小定压系统废气汇集到总管时出现较大不可逆膨胀能量损失。但是,各缸排气歧管独自接入涡轮,结构复杂,也难以布置。对于缸数是 3 的倍数的多缸机,如 3 缸、6 缸、12 缸等,可以将发火间隔为 240°CA 的 3 个气缸的排气歧管连在一起,形成一个支管,再接入涡轮,这样在一个工作循环内,一个排气支管中可以形成 3 个均匀连续的排气脉冲,称为三脉冲系统。如图 5-34(b)所示即为一个六缸机的三脉冲系统。对于缸数不是 3 的倍数的多缸机,无法构成三脉冲系统,但可以将排气间隔均匀的两个缸连接起来,形成一个支管,称为双脉冲系统。和三脉冲系统相比,双脉冲系统虽然无法在排气支管中形成连续排气,但可形成间隔均匀的排气,也有利于涡轮稳定工作和提高效率。当内燃机缸数较多且无法形成三脉冲系统时,双脉冲系统会导致过多的排气支管,且无法有效消除排气管中反射波对气缸扫气的影响。为此,一般将双脉冲系统简化为多脉冲系统,即将各缸排气歧管连接在一起接入涡轮机,这样一来,每个排气歧管的出口(涡轮入口)都接近于一个开口端,可将排气压力波转化为膨胀波反射回去,从而有利于气缸扫气。

3. 两种系统的比较

(1) 定压系统由于废气流入总管造成强烈的节流和不可逆膨胀损失,可用能利用率低。特别在低增压比、大喷嘴环流通截面时,涡轮机前的总管压力 p_k 下降多,能量损失大。试验结果表明,增压比 $\pi_k=1.5\sim1.6$ 时,只能利用排气总能量的 12%～15%；而当 $\pi_k>3.0$ 时,排气总能量利用率可增加到 30%～35%。

脉冲系统正是为了降低这一损失而提出的。由于脉冲系统不存在大容积的集气总管,理论上应不出现不可逆膨胀损失。实际上,初始排气时仍有很大压降,此时对应于自由排气阶段。但此阶段时间很短,气门端背压 p_k 很快上升,见图 5-35(a)；再加上脉冲系统流入涡轮机的排气已具有较高的动能(速度),此能量的一部分在涡轮机中也可转为机械功,所以它

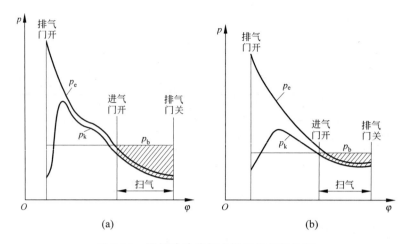

图 5-35 排气脉冲波与内燃机的扫气性能
(a) 脉冲系统；(b) 定压系统

p_e—排气门开启后的缸内压力；p_k—排气门外背压，即涡轮机前压力；p_b—压气机后进气门外的增压压力

的能量利用率要比定压系统高。定压系统所损失的可用能，40%～50%可在脉冲系统中得到利用。

可以认为，π_k 越低，定压系统损失的能量比例越大，两种系统能量利用率的差距就越显著。当 $\pi_k > 2.5$ 时，脉冲系统的这一优势已不明显。

(2) 从图 5-35 两种系统排气背压 p_k 的曲线可以看出，脉冲系统对扫气有明显的好处。因为在气门重叠的扫气期，脉冲系统已基本排空，p_k 处于低谷；而定压系统由于 p_k 波动不大，所以其扫气压差 $(p_b - p_k)$ 要低于脉冲系统。

(3) 定压系统由于有较大容积的集气总管，所以动态过程的响应比脉冲系统慢，对内燃机的加速性能和排放性能都不利。此外，低速时，定压系统增压比降低，能量利用率不如脉冲系统，因此低速转矩特性也变差。

(4) 从涡轮机的效率来看，脉冲系统的绝热效率要低于定压系统。这是因为，定压系统在涡轮前的压力恒定，排气全周稳定流入喷嘴环；而脉冲系统在涡轮前的压力与温度都周期性变化，进入叶片的气流方向也周期性改变，从而造成气流的局部撞击损失，有时还出现部分进气损失。

(5) 脉冲系统的瞬时最大流量要高于定压系统的稳定流量，因此脉冲涡轮的尺寸较大，排气管结构复杂，有的装有脉冲系统的多缸机，不得不采用多个增压器。

上述(1)、(2)、(3)点是脉冲系统优于定压系统之处；而(4)、(5)点是定压系统优于脉冲系统之处。

总的来看，中、小型车用柴油机多为低增压，采用脉冲系统较为有利；大型柴油机的增压比高，宜用定压系统。但应指出的是，车用柴油机由于低负荷、低转速工况较频繁，此时增压压力较低，所以从提高低速转矩和加速性能角度考虑，即便是较高增压比的车用柴油机，也常选用脉冲增压系统。

5.4.4 涡轮增压柴油机性能分析

1. 涡轮增压柴油机性能优势

涡轮增压柴油机与自然吸气柴油机相比,其性能优势体现在以下几方面。

1) 提高动力性

在内燃机排量和质量基本不变的条件下,涡轮增压使有效输出功率大幅提高,比质量、升功率和有效平均压力指标显著改善,内燃机的动力性大幅提高,见图5-36。

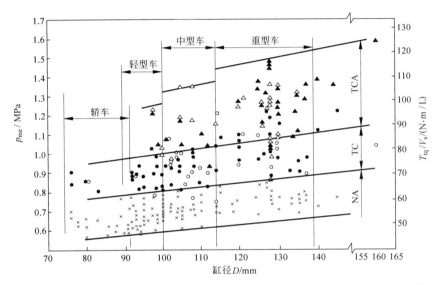

图5-36 各种增压与自然吸气车用柴油机的动力性能指标——有效平均压力 p_{me} 和升转矩 $\dfrac{T_{tq}}{V_s}$ 的统计范围

NA—自然吸气;TC—涡轮增压;TCA—涡轮增压加中冷

2) 改善经济性

柴油机增压后,为降低热负荷和机械负荷,压缩比有所下降,但过量空气系数 ϕ_a 则有所增加,即混合气变稀,二者对经济性的影响可互相抵消。增压后要对喷油、进气和燃烧等系统重新进行性能匹配,使得燃烧效率 η_c 与自然吸气柴油机大致相当。但是,涡轮增压柴油机由于利用废气能量提高了进气压力,增加了一块泵气正功,使得整机指示热效率 η_{it} 高于自然吸气柴油机。此外,尽管涡轮增压柴油机的总机械损失功率 P_m 略有增加,但其指示功率 P_i 却大幅上升,使得机械效率 η_m 有所提高。这两方面的影响会使涡轮增压内燃机的有效效率 η_{et} 有大幅提高,从而使其燃油经济性相对原有自然吸气内燃机有相当的改善,见图5-37。

3) 改善排放性

增压后,由于进气量加大,混合气变稀(ϕ_a 上升),使得HC、CO和颗粒物有害排放都有所下降。但是增压后,由于进气温度的上升,NO_x 有害排放物有所增加。此时,若采用增压中冷技术,即采取措施使增压后的热空气经冷却降温后再进入气缸,则 NO_x 反而会低于自然吸气内燃机。总体来看,增压有利于降低排放,见图5-38。

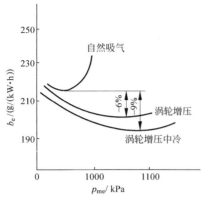
图 5-37 涡轮增压对经济性的影响

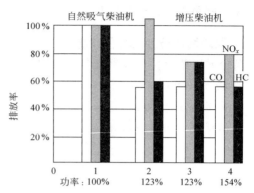
图 5-38 增压对有害排放物的影响
1—自然吸气；2—增压；3,4—增压中冷

4）降低燃烧及排气噪声

增压后，由于进气压力与温度的增加，使压缩终点的压力和温度升高，燃烧滞燃期缩短，缸内压力升高率下降，其结果使燃烧噪声下降。由于排气可在涡轮机中进一步膨胀，所以排气噪声也有所降低。

5）降低制造成本

增压内燃机单位功率质量（比质量）的下降，使单位功率的制造成本下降，材料利用率提高。对于车用动力而言，这一效益更为突出。

2. 涡轮增压柴油机存在问题

1）热负荷与机械负荷增大

增压后，由于缸内压力及温度上升，而主要零部件的传热面积未变，所以热负荷及机械负荷都大幅上升，成为进一步提高内燃机性能的主要限制因素。此外，增压后内燃机的寿命和可靠性也会受到影响。

2）低速转矩特性与动态性能下降

低速时，由于增压压力下降，转矩的增量明显比高速时低，使转矩特性的低速段不理想，影响汽车的加速性能及爬坡性能。起动时，由于未建立增压压力，而增压内燃机的压缩比又比较低（降低热负荷及机械负荷的一种措施），所以起动、着火难度增大。此外，动态过程中，气流响应需要一定的时间，增压器叶片也有较大惯性，致使内燃机的动态响应变慢，不仅进一步影响了加速及起动性能，也因动态过渡过程拖长而使此时内燃机的排放和经济性能变差。

5.4.5 涡轮增压汽油机面临的挑战及解决措施

从原理上说，汽油机涡轮增压与柴油机涡轮增压没有本质的区别。但由于下述原因，汽油机涡轮增压的难度更大。

1）爆震倾向增大

汽油机增压后，压缩终了的压力和温度都升高，所以爆震倾向增大。为此，必须采取降低压缩比、推迟点火等相应措施，其结果导致热效率下降。所以，增压汽油机的增压比 π_k 一般小于2.5,功率增幅一般不超过100%(如果自然吸气的BMEP≤1 MPa,增压机一般≤2 MPa 但个别有2~2.5 MPa)。

2) 热负荷加重

汽油机增压后,升功率增大,燃烧温度增加,使其排温要高出柴油机200~300℃。同时,为避免新鲜充量的流失,进排气门重叠扫气期缩短,这使得其热负荷问题比增压柴油机更严重。

3) 动态响应延迟加大

增压汽油机在节气门开度突然改变时,增压器的反应将严重滞后,导致加速性能变差。

4) 汽油机的空气流量变化范围大

汽油机的转速范围较柴油机宽,进气流量变化范围更大,因而覆盖的压气机工况范围更大,这为制造同时具有宽流量范围和宽高效率区的压气机带来了挑战,也阻碍了汽油机涡轮增压技术的应用。

以上汽油机增压存在的诸多问题,造成其推广应用的滞后与困难。近年来,随着汽油机电控喷射技术,如缸内直喷(GDI)技术的进步,汽油机增压得到越来越广泛的应用。解决汽油机增压应用问题的主要措施如下。

(1) 电控技术的应用,有效解决了汽油机增压的诸多难题:应用电控汽油喷射,使得电控可变涡轮喷嘴环截面及电控放气阀等技术的应用成为可能,从而有效改善涡轮增压汽油机的动态特性;电控爆震、电控废气再循环等技术的应用,对防止爆震和降低热负荷都是有效的。

(2) 增压中冷技术的应用,可有效提高涡轮增压汽油机的动力性,降低燃料消耗率,同时对消除爆震、降低热负荷以及减少NO_x排放都是有利的。

(3) 采用增压压力控制系统,如进气和排气放气、节流控制等装置,可以减少涡轮机入口或进入汽油机缸内的工质量,从而降低增压比,避免爆震和过高热负荷,并有利于高、低速转矩特性的控制。

(4) 其他如燃料辛烷值的提高,内燃机制造工艺和增压器叶片材质的改进,都促进了汽油机增压技术的应用和发展。

相同排量的汽油机,采用增压之后可以大幅提高转矩和升功率,而且低油耗区向低负荷区移动,有利于改善汽油机在部分负荷区域的燃油经济性,如图5-39所示(图中,p_{me}为有效平均压力,n为转速)。

5.4.6 涡轮增压内燃机性能改进方法

上述涡轮增压内燃机存在的缺点和技术困难在近几十年有了很大改进。其中最重要的改进措施是增压中冷和电控技术的应用。增压中冷技术不仅有利于降低NO_x排放量,也有利于进一步增大输出功率。此外,进气温度下降,也有利于扫气期降低内燃机的热负荷。电控可变喷嘴环截面涡轮增压技术,实现了对增压压力和增压器效率的优化控制,可有效增大低速转矩。电控燃油喷射技术,实现了可变的燃油喷射时刻和喷射率,可有效降低NO_x排放和燃烧噪声。此外,这些电控技术的应用使涡轮增压柴油机的动态性能有了明显的改善。下面重点对废气旁通和可变几何截面涡轮增压技术进行简要介绍。

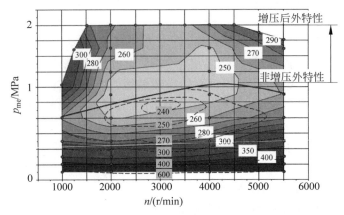

图 5-39 增压拓展汽油机负荷范围和经济油耗(单位：g/(kW·h))区域

1) 废气旁通

涡轮增压系统中的离心式压气机，具有转速越高增压压力也越高的特性，而内燃机的转速越高、负荷越大，单位时间进气量和排气能量也越大，由此造成涡轮功随内燃机转速和负荷增大而增大，从而形成增压压力和排气能量的正反馈，导致高速、高负荷工况下增压压力过高。为此，涡轮增压器一般需要采用限制过高增压压力的措施，最常用的方法是在涡轮机入口安装废气放气阀，把部分废气旁通(by-pass)，以降低过高的增压压力。图 5-40 所示为涡轮增压废气旁通系统示意图。

2) 可变几何截面涡轮增压

采用废气旁通技术虽然可以解决高速、高负荷

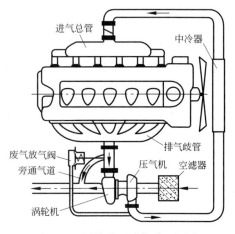

图 5-40 涡轮增压废气旁通系统

工况下增压压力过高的问题，但大量废气被旁通，排气能量不能被充分利用。与废气旁通技术不同，可变几何截面涡轮增压技术着眼于按内燃机高工况(标定工况)时的增压需要来设计，在低工况时通过减小涡轮机的几何通流截面积来提高涡轮效率，从而改善内燃机低工况性能。这一匹配方法能兼顾高、低工况对动力性和经济性的要求，能更充分利用废气能量。可变几何截面涡轮主要有三种形式：舌片式、轴向调节式和可变喷嘴环式，如图 5-41 所示。

舌片式涡轮通过调节舌片角度调节涡轮入口的流通截面积，以控制废气进入涡轮的气流速度和废气能量在涡壳和涡轮中的分配。轴向调节式涡轮通过一个轴向可滑动的挡环，调节废气进入涡轮的流通截面积。与舌片式涡轮相比，轴向调节式涡轮可以获得更均匀稳定的进气，涡轮效率更高。可变喷嘴环式涡轮(variable nozzle turbine, VNT)通过一个可转动的调节环，拨动各个喷嘴环叶片，使之处于不同角度，从而获得不同的流通截面积和入流角度。VNT 在调节流通截面的同时，直接快速调节气流方向，因而调节速度更快，有利于改善增压器的瞬态性能，但对控制系统要求更高。

由于可变几何截面涡轮存在较多难以润滑的运动部件，因而调节机构的可靠性可能降低，由此带来的系统成本也有所增加。可变几何截面涡轮一般用于对加速性和瞬态排放有

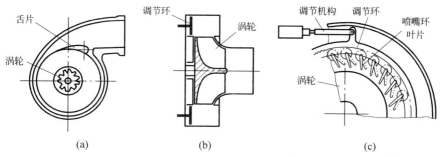

图 5-41 可变几何截面涡轮结构示意图
(a) 舌片式；(b) 轴向调节式；(c) 可变喷嘴环式

较高要求的高性能车用柴油机。

与采用废气旁通涡轮增压器相比，采用可变几何截面涡轮增压器的内燃机的动力性和燃油经济性都得到了明显的改善，尤其是衡量内燃机低速动力性能和最大转矩点位置，都有了较大幅度的改善。图 5-42 所示是某内燃机分别采用这两种增压技术时的外特性转矩和燃油消耗率的对比曲线。

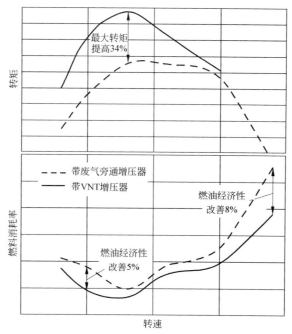

图 5-42 带 VNT 增压器与带废气旁通增压器的内燃机外特性对比

思考与练习题

5-1 什么是内燃机的换气过程？合理组织换气过程的目的是什么？为什么说内燃机的充量系数是研究换气过程的核心问题？

5-2 画出四冲程自然吸气汽油机的低压换气过程 p-V 图，标出进排气相位角的位置。比较大负荷与小负荷时的换气损失,说明在膨胀损失、泵气损失等方面的不同。

5-3 自由排气与强制排气有何本质差别?简述超临界、亚临界和强制排气三个阶段中影响排气流量的主要因素。可以采取哪些措施来提高排气流量?

5-4 什么是气门口壅塞现象?为什么会出现这种现象?进、排气门口的壅塞现象会对进、排气及内燃机性能带来什么影响?

5-5 进气和排气为什么要早开和晚关?四个相位角中,哪两个角最重要?这两个角对内燃机性能有何影响?气门重叠的作用是什么?比较汽油机与柴油机、增压内燃机与自然吸气内燃机气门重叠角的大小,并说明造成差异的原因。

5-6 增压内燃机与自然吸气内燃机的充量系数(ϕ_c)定义有何差异?增压内燃机的理论进气量如果按大气环境条件计算,此时定义的ϕ_c反映了什么?

5-7 涡轮增压内燃机与自然吸气原型内燃机相比,由于循环进气量大幅增加,所以它的ϕ_c也必然大幅增加,这种说法对不对?为什么?涡轮增压内燃机较自然吸气原型机的ϕ_c一般来说是增加还是减小?请列举主要影响因素并加以说明。

5-8 影响稳定条件下内燃机ϕ_c的主要因素有哪些?它们是如何影响ϕ_c的?

5-9 评价进气道性能的指标是什么?进气道的设计准则是什么?旋流进气道与滚流进气道所起的作用有何差异?

5-10 什么是气门口平均进气马赫数Ma_m?说明充量系数ϕ_c随Ma_m变化的规律及原因。为什么Ma_m大于0.5就使ϕ_c急剧下降?

5-11 进气终了前工质温度的上升对内燃机性能有何影响?一般来说是哪些因素影响进气终了工质温度的变化量?影响大小及趋势如何?

5-12 为什么说ϕ_c-n进气外特性曲线是内燃机特别是汽油机极为重要的性能曲线之一?一般内燃机的ϕ_c-n外特性曲线的变化趋势有何特点?由哪些因素决定?进气晚关角是如何影响ϕ_c-n曲线的?为什么内燃机提高标定转速时要相应加大进气晚关角?

5-13 什么是可变气门正时(VVT)?VVT如何分类?它影响内燃机的哪些性能?无凸轮VVT有何突出优点?

5-14 什么是进排气过程的动态效应?如何利用动态效应来提高内燃机的ϕ_c?多缸内燃机出现各缸进气不均匀的主要原因是什么?

5-15 为了利用进气动态效应提高某一汽油机在$n=5000$ r/min 时的ϕ_c,对其进气管进行设计,已知进气早开角和晚关角分别为30°CA和50°CA,设当地声速为350 m/s,试计算并选定最佳进气管长度。

5-16 有一常规的四缸四冲程汽油机,在内燃机台架上做试验,下表是测得的数据。

排量	2.0 dm^3
消耗 400 cm^3 燃料和 3.38 m^3 空气的时间	53.0 s
内燃机转速	4800 r/min
有效平均压力	0.951 MPa
环境温度	293 K
环境压力	0.1 MPa
残余废气系数	0.05

假设气门重叠很小,对换气过程的影响可以忽略不计。已知汽油密度为 0.76 kg/L,低热值为 42 MJ/kg,摩尔质量为 98 kg/kmol。计算:(1)新鲜充量;(2)空燃比;(3)充量系数;(4)残余废气质量;(5)混合气热值;(6)有效效率。

5-17 增压内燃机是如何利用废气能量的?对比分析自然吸气与增压中冷柴油机的优缺点,并说明增压中冷为什么是内燃机发展的重要方向之一。

5-18 什么是定压增压系统?什么是脉冲增压系统?比较定压增压和脉冲增压两种系统的优缺点,并说明各自适用的场合。

5-19 为什么涡轮增压柴油机的机械效率一般比原型自然吸气式内燃机的高?是不是所有工况都高?有没有机械效率反而降低的情况?为什么?

5-20 为什么涡轮增压内燃机会出现压气机后增压压力 p_b 小于涡轮机前入口压力 p_k 的情况?哪些工况会是这样?p_b 大于 p_k 是否就意味着会出现理论和实际泵气正功?为什么?

5-21 为什么汽油机采用涡轮增压的比例越来越高?涡轮增压汽油机是如何解决应用中存在的相关问题的?

参 考 文 献

[1] 王建昕,帅石金.汽车发动机原理[M].北京:清华大学出版社,2011.
[2] 刘峥,王建昕.汽车发动机原理教程[M].北京:清华大学出版社,2001.
[3] 刘峥,张扬军.内燃机一维非定常流动[M].北京:清华大学出版社,2007.
[4] HEYWOOD J B. Internal Combustion Engine Fundamentals [M]. New York: McGraw-Hill Co.,1988.
[5] 王建昕,王志.高效清洁车用汽油机燃烧的研究进展[J].汽车安全与节能学报,2010(s1):83-89.
[6] HIROSE I. Our Way Toward the Ideal Internal Combustion Engine for Sustainable Future[C]. 28th Aachen Colloquium Automobile and Engine Technology,2019.

第6章 内燃机混合气形成与燃烧

第2章到第5章从整体和宏观的角度,对车用内燃机的动力性和经济性及其影响因素等进行了详细阐述,但为什么内燃机的动力性和经济性会有这样一种表现?要回答这一问题,本章将从微观和局部的角度,对内燃机的燃料喷雾特性、混合气形成以及着火燃烧理论进行介绍,在此基础上对柴油机和汽油机的燃烧过程进行对比分析,从而掌握造成两者动力性和经济性差异的原因。

6.1 液体燃料喷雾特性

液体燃料在内燃机运行过程中要经历高压喷射、雾化、混合、着火以及燃烧等阶段,其喷射雾化状态对燃烧过程有重要影响。

6.1.1 喷射雾化机理

对于如图 6-1 所示的孔式喷油器,在喷油压力 p_j 与缸内压缩压力 p_c 之差的作用下,液体燃料以极高的出口速度 u_{j0}(100~400 m/s),呈高度湍流状态喷射到气缸内,形成油束。油束的长度称为贯穿距离 L_p。由于油束刚由喷孔喷出时内部压力大于周围空气压力,因而油束在行进中逐渐横向扩张形成锥形,其角度称为喷雾锥角 β。

1. 分裂和雾化

液体燃料喷雾过程可分为两个阶段,即液柱阶段和分裂雾化阶段。由喷油器喷出后一定距离内,燃料一直保持连续的液柱状态。在液体表面张力和气动力的相互作用下,液柱在一段距离后开始分裂成油线和碎片,液体燃料区域变得不连续。由喷嘴至液柱开始分裂处的距离称为分裂距离 s。分裂后的油线和碎片(也称为大液滴)继续在表面张力和气动力的作用下进一步分裂成小液滴(粒径 10~50 μm),即雾化。也有些文献将喷雾过程分为液柱、分裂和雾化三个阶段。

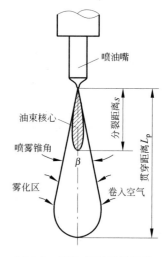

图 6-1 液体燃料喷射雾化

影响贯穿距离 L_p 和燃料雾化程度的重要因素是油束与周围空气的相对速度,即喷油器出口速度 u_{j0},根据不可压缩流体的伯努利(Bernoulli)方程,可得 u_{j0} 的计算方法如下:

$$u_{j0} = c_f \cdot \sqrt{\frac{2(p_j - p_c)}{\rho_f}} \tag{6-1}$$

式中,c_f 为流通系数;p_j 和 p_c 分别为喷油压力和背压,MPa;ρ_f 为燃料密度,kg/m³。由式(6-1)可知,随喷射压力 p_j 的提高和背压 p_c 的减小,出口速度 u_{j0} 增大。

2. 液滴破碎及其影响因素

由大液滴变为小液滴是外力和内力同时作用的结果,外力是指向前推进力(惯性力)、周围空气阻力和液滴本身重力,内力是指内摩擦力(粘性力)和表面张力。如图 6-2 所示,当液滴较大且飞行速度较快时,外力大于内力,导致液滴发生变形并破碎成小液滴。如果小液滴受到的外力仍然大于其内力,则继续破碎下去,直至内外力达到平衡状态。

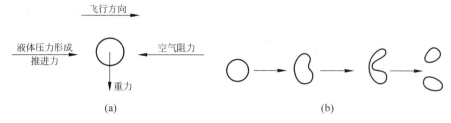

图 6-2 液滴破碎过程示意图
(a) 液滴外力;(b) 液滴振动破碎

可以用韦伯(Weber)数 We 作为破碎准则,以评价液滴破碎的可能性。

$$We = \frac{\text{作用于液滴表面的外力}}{\text{液滴内力}} = \frac{\rho_a d_0 \Delta u^2}{\sigma} \tag{6-2}$$

式中,ρ_a 为气体密度,kg/m^3;Δu 为气液两相间的相对速度,m/s;σ 为液体表面张力,N/m;d_0 为液滴的直径,m。

随 We 数增大,液滴破碎的可能性增加。当 We 数达到临界值时,液滴发生破碎。对于汽油和柴油,临界 We 数(We_c)为 10~14。由式(6-2)可以看出,提高相对速度(如提高喷射压力)、提高燃烧室中的空气密度(压力)以及降低液体表面张力,均有利于燃料雾化。

根据 We 的公式(6-2),可得雾滴最大直径:

$$d_{0\max} = \frac{We_c \sigma}{\rho_a \Delta u^2} \tag{6-3}$$

根据文献介绍,平均粒径 d_{0m} 与最大粒径 $d_{0\max}$ 之间有如下关系:

$$d_{0m} = 0.532 d_{0\max} \tag{6-4}$$

需要指出的是,液滴破碎过程非常复杂,存在振动破碎、袋式破碎、剪切破碎、拉伸破碎、突变破碎等多种破碎机理,图 6-2 所示只是一种典型的振动破碎机理。

6.1.2 喷雾特性

燃料喷射主要有两类特性评价指标,即喷油特性(规律)和喷雾特性。喷油特性是喷油系统高压油路中的行为,主要包括喷油开始时间、喷油持续期、喷油速率变化以及喷油压力等。喷雾特性是燃料喷入燃烧室后的雾化和空间分布形态,主要包括贯穿距离、喷雾锥角和喷雾粒径,这些都与燃烧室内的空气利用及混合均匀性有密切关系。以下分别介绍喷雾特性的三项指标。

1. 贯穿距离

柴油机燃烧时,希望油束尽可能到达燃烧室壁面附近,以使燃料分布区域扩大,特别是高负荷时,由于喷油过程一般要持续到着火以后,易产生"火包油"现象,这时希望油束有足够的贯穿力,穿透火焰到达周围空气区。

对于最常用的孔式喷油器,喷雾贯穿距离 L_p 随时间的变化规律如图 6-3 所示。可以看出,随喷油压力 p_j 的提高,L_p 增大,并且 L_p 随时间变化呈现出两阶段变化特性,这即为前述的液柱阶段和分裂雾化阶段。

根据试验结果,提出了孔式喷油器的喷雾贯穿距离 L_p 的计算公式,计算中也按液柱和分裂雾化两阶段分别进行。设喷油开始至液柱开始分裂的时间为 t_b,则不同时刻的贯穿距离 L_p 为

$0 < t < t_b$ 时,

$$L_p = 0.39 \left[\frac{2(p_j - p_c)}{\rho_f} \right]^{\frac{1}{2}} t \quad (6-5)$$

$t > t_b$ 时,

$$L_p = 2.95 \left[\frac{p_j - p_c}{\rho_a} \right]^{\frac{1}{4}} (d_0 t)^{\frac{1}{2}} \quad (6-6)$$

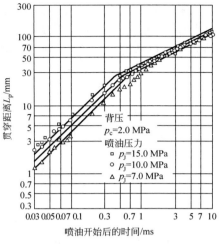

图 6-3 喷雾贯穿距离

而

$$t_b = 28.65 \frac{\rho_f d_0}{\left[\rho_a (p_j - p_c) \right]^{\frac{1}{2}}} \quad (6-7)$$

式中,p_j、p_c 分别为喷油压力和背压,MPa;ρ_a、ρ_f 分别为空气和燃料密度,kg/m³;d_0 为喷孔直径,m;贯穿距离 L_p 量纲为 m;任意时间 t 和分裂时间 t_b 的量纲为 ms。

由上式可知,在液柱阶段($t < t_b$),L_p 与时间 t 成正比,同时与压差的 1/2 次方成正比,也就是与喷油初速度成正比;而在分裂雾化阶段,L_p 与压差的 1/4 次方以及时间 t 的 1/2 次方成正比。上式是基于在高压容器中的模拟试验结果得到的半经验公式,考虑到实际发动机中的高温条件会导致气体粘性力和阻力增大、燃料蒸发加快等因素,实际贯穿距离应更短一些。

其他的研究还表明,随喷雾锥角变大以及雾化程度提高,贯穿距离 L_p 减小。

作为发动机燃烧室设计时的一个相对评价指标,贯穿率也经常被用到,其定义为

$$贯穿率 = \frac{喷油持续期内的贯穿距离}{喷孔至燃烧室壁面的距离} \quad (6-8)$$

对于直喷式柴油机,在静止气流或弱涡流条件下,一般贯穿率小于1,以避免燃料喷到壁面上;但在强涡流时,喷束偏转,呈不规则的阿基米德螺线形,为保证喷束仍能到达燃烧室壁面附近,应使贯穿率大于等于1。撞击喷雾可利用燃料油束在燃烧室壁面的反弹形成二次雾化,其贯穿率要大于1。

2. 喷雾锥角

喷雾锥角 β 过小,则燃料雾化程度会变差,并且不能有效地在燃烧室空间中分布;而 β 角过大,贯穿距离会减小,火焰会变得短而粗。对于孔式喷油器,可用下述经验公式估算喷雾锥角 β:

$$\beta = 0.05 \left[\frac{(p_j - p_c) \rho_a d_0^2}{\mu_a^2} \right]^{0.25} \quad (6-9)$$

式中,μ_a 为空气粘度;d_0 为喷孔直径,mm。一般随喷油压力和喷孔直径的增加,喷雾锥角 β 增加,这是由于较大的雷诺数 Re 在紧靠喷孔附近的下游处引起较大的湍流度。

3. 喷雾粒径

雾化可以大大增加油粒与周围空气接触的表面积，加速吸热和汽化过程，对燃烧放热规律和着火点位置都有重要影响。例如，1 mL 的燃料若为一球体，则其表面积约为 483.6 mm²；若雾化为直径 40 μm 的球状液滴，可产生油滴约为 3×10^7 个，其总的表面积约为 1.5×10^5 mm²，即表面积增加了约 310 倍。

常用的评价喷雾粒径的指标有平均粒径、索特平均粒径和粒径分布。平均粒径是指所有油粒直径的算术平均值。索特平均粒径（Souter mean diameter，SMD）是所有油粒总体积与总表面积之比。设直径为 d_i 的油粒数为 n_i，则有

$$\text{SMD} = \frac{\sum d_i^3 n_i}{\sum d_i^2 n_i} \tag{6-10}$$

显然，式中分子项正比于所有油粒的总体积，而分母项正比于所有粒径表面积总和。相同循环供油量条件下，若 SMD 相同，则总表面积相同，也就是汽化速率及化学反应速率基本相同。所以索特粒径是发动机中最常用的粒径评价指标。一般柴油喷雾粒径在 10～50 μm 范围内，SMD 为 20～40 μm。可以用经验公式估算 SMD，例如：

$$\text{SMD} = 23.9(p_j - p_c)^{-0.135}(\rho_a)^{0.121}(g_b)^{0.131} \tag{6-11}$$

式中，g_b 为循环喷油量，mm³。

需要指出的是，为了满足排放法规颗粒物排放限值要求，柴油机喷射压力朝着 300 MPa 发展，缸内直喷汽油机喷射压力朝着 40 MPa 发展，SMD 可小于几微米。

粒径分布则既表示了油粒大小，又表示了其均匀程度，如图 6-4 所示。图中有三种分布曲线：1 表示油粒细而匀；3 表示粗而匀；2 则表示不均匀。显然，1 线的总表面积最大，雾化时间最短。一般随喷油压力的提高，喷雾粒径变细且均匀度也提高。

喷雾粒径大小受多种因素的影响。图 6-5 和图 6-6 的试验结果表明了喷油压力、背压以及喷孔直径对柴油喷雾粒径的影响。一般减小喷孔直径、增大喷油压力（使初速度增加）、增大空气密度（背压增大）、减小燃料粘度和表面张力等，都会使油粒直径减小。

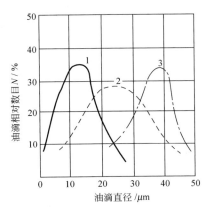

图 6-4 喷雾粒径分布示例

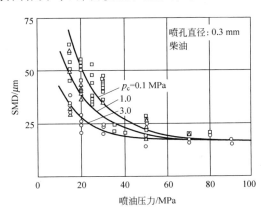

图 6-5 喷油压力和背压对 SMD 的影响

燃料喷射后，喷雾中存在大小不等的油滴，各个油滴之间相互存在着干扰，因此可将其看作油滴群的燃烧。油滴群的着火与整个燃烧室内的宏观空燃比无关，只要在油滴周围存在着适合燃烧的空燃比区域，就能在一点或多点同时着火。

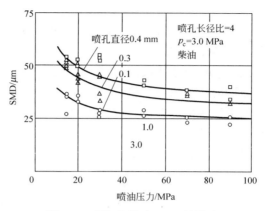

图 6-6 喷孔直径对 SMD 的影响

6.2 可燃混合气着火理论

着火尽管是一个瞬间现象,却是一个极为复杂的过程,至今仍有许多问题不清楚。对于内燃机着火过程的解释迄今有两种理论,即早期的热着火理论和 20 世纪 30 年代提出的链式反应着火理论。

6.2.1 热着火理论

1. 着火条件

在温度为 T_0 的环境中,对一有边界的均匀混合气,设其自身温度为 T,表面积为 F。发生化学反应时,根据阿累尼乌斯(Arrhenius)公式,可以给出混合气的放热速率 $\dfrac{dq_1}{dt}$ 为

$$\frac{dq_1}{dt} = C \cdot \exp\left(-\frac{E}{RT}\right) \tag{6-12}$$

式中,C 为反应常数;R 为气体常数;E 为活化能。所谓活化能是指由普通分子变为活化分子所需的最小能量,活化能 E 越小则反应越容易进行。

这时混合气向周围环境的散热速率 $\dfrac{dq_2}{dt}$ 为

$$\frac{dq_2}{dt} = A \cdot F(T - T_0) \tag{6-13}$$

式中,A 为导热系数。

由式(6-12)和式(6-13)可知,放热速率 $\dfrac{dq_1}{dt}$ 与温度 T 呈指数关系,散热速率 $\dfrac{dq_2}{dt}$ 与温度 T 呈线性关系。

热着火理论认为,着火的原因在于热量的积累,当放热速率大于散热速率时才可能着火。即如图 6-7 所示,存在下列三种可能性:

(1) $\dfrac{dq_1}{dt} > \dfrac{dq_2}{dt}$ 时,肯定着火,如图中散热速率线①明显低于 $\dfrac{dq_1}{dt}$;

(2) $\dfrac{\mathrm{d}q_1}{\mathrm{d}t}$ 与 $\dfrac{\mathrm{d}q_2}{\mathrm{d}t}$ 相切时,为临界着火条件,T_c 称为临界温度,见图中散热速率线②;

(3) $\dfrac{\mathrm{d}q_1}{\mathrm{d}t}<\dfrac{\mathrm{d}q_2}{\mathrm{d}t}$ 时,不可能着火,见图中散热速率线③。

2. 着火影响因素

着火临界温度 T_c 主要受系统的初始压力 p_c、过量空气系数 ϕ_a、燃料理化特性的影响。

(1) 压力的影响如图 6-8 所示,在 p_c-T_c 坐标平面上可以给出一个着火区域,随压力的增高,临界温度 T_c 降低。

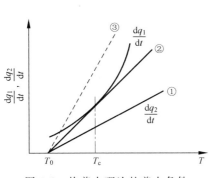

图 6-7 热着火理论的着火条件

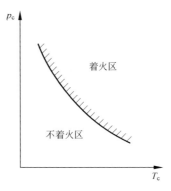

图 6-8 着火临界温度与压力的关系

(2) 过量空气系数 ϕ_a 的影响如图 6-9(a)所示,任何条件下基本都是在 $\phi_a=1$ 时出现 T_c 的最低值,因为具有化学计量比的混合气的化学反应速度最快。随 ϕ_a 变大或变小(混合气变稀或变浓),T_c 均会上升。对于某一温度 T_{ci},存在一个混合气着火的浓度上限(稀限)和下限(浓限),达到某一温度时,这个浓度上下限范围基本不再变化,即图上的贫油极限与富油极限。ϕ_a 与 p_c 间也存在类似的关系,见图 6-9(b)。同时,由 ϕ_a-T_c 和 ϕ_a-p_c 的关系可以推定,在图 6-9 的着火区域上最外侧线应为 $\phi_a=1.0$。

(3) 燃料不同,则化学稳定性不同,因而活化能 E 不同,由此造成着火临界温度 T_c 不同。

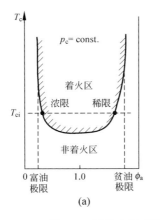
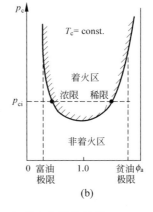

图 6-9 过量空气系数 ϕ_a 与着火界限的关系

6.2.2 链式着火理论

热着火理论是建立在分子碰撞理论基础上的,对认识着火过程有着重要的指导意义,但并不能解释所有着火现象,如低温时的实际着火区域(图 6-10)并不像图 6-8 那样。例如,庚烷(C_7H_{16})燃烧时,一个庚烷分子要与 11 个氧分子反应才能完全氧化,而 12 个分子同时碰撞的概率是极小的。此外,即使不加热,用光或电激发也会使混合气着火。

链式着火理论认为,高温并不是引起着火的唯一原因,只要以某种方式(如辐射、电离)激发出活性中心就能引起着火,反应物分子受激首先产生活性中心,然后通过链式反应产生着火。

1. 链式反应分类

链式反应存在以下 4 种反应方式。

(1) **直链反应**。一个活性中心进行一次反应只产生一个新的活性中心,即整个反应以恒定速度进行。

(2) **支链反应**。一个活性中心进行一次反应产生两个及两个以上的活性中心,这样链反应就发生了分支,即反应可加速进行。快速燃烧和爆炸可看作支链反应的结果。

(3) **退化支链反应**。一个活性中心先通过直链反应产生一个新的活性中心和过氧化物或醛,当过氧化物或醛发生分解时,则引起新的支链反应。因此它的总反应速度比支链反应慢,但仍有自动加速的特点。

(4) **断链反应**。当活性中心与容器壁面或惰性气体分子碰撞时,其活化能被吸收,导致反应中断。

2. 烃燃料链式反应着火

大量试验研究(如分光光谱法、快速采样法等)表明,烃类燃料在高温和低温条件下呈现出不同的着火特性,如图 6-10 所示,可分为高温单阶段着火区和低温多阶段着火区,该曲线也称为"着火半岛"。图中阴影线部分为冷焰区,冷焰是一种微弱的发光,形同火舌,温度低而不灼手,不能引燃混合气。当温度和压力进一步提高时,烃的链式反应由冷焰区进入低温多阶段着火区。

1) 低温多阶段着火

低温多阶段着火要经历图 6-11 所示的三个阶段,即冷焰诱导阶段(τ_1)、冷焰阶段(τ_2)、蓝焰阶段(τ_3)。整个低温多阶段着火过程是内燃机燃烧中滞燃期的主要组成部分。

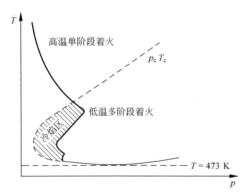

图 6-10 烃燃料着火特性

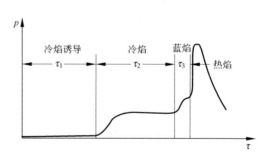

图 6-11 烃燃料低温多阶段着火过程

(1) **冷焰诱导阶段**。低温条件下烃分子不能发生热裂解,只能产生直链反应,与氧分子接触发生不完全氧化,形成过氧化物(ROOH)和乙醛,该阶段释放的化学能极少,因而混合气压力 p 和温度 T 都变化不大。

(2) **冷焰阶段**。当过氧化物积累到临界浓度时,便以爆炸形式分解出甲醛(HCHO),大量甲醛的积累使混合气发出冷焰,此阶段大约释放化学能总量的 5%~10%,p 和 T 均有所提高。

(3) **蓝焰阶段**。由甲醛的支链反应产生 CO,并发出蓝色的光,其辉度和温度均比冷焰高,称为蓝焰。烃分子在蓝焰阶段的氧化程度已较深,p 和 T 也有了进一步提高。蓝焰阶段较短,在蓝焰阶段末期,当积累的活性中心和 CO 达到一定浓度,以及温度升高到一定程度后,反应开始明显加速,大量 CO 被进一步氧化成 CO_2,释放出大量热量,形成高温热焰,着火阶段结束及燃烧阶段开始。

2) 高温单阶段着火

在较高温度下,着火过程不经过冷焰直接进入蓝焰-热焰阶段,而且这两个阶段很短也很难区分,因此称为高温单阶段着火。

发生低温多阶段和高温单阶段着火的大致温度范围为:在 $T<600$ K 条件下,着火以低温多阶段方式进行;在 $T>1000$ K 时,着火以高温单阶段方式进行。

柴油机的压缩着火和汽油机的爆震具有低温多阶段着火的特点;而汽油机的火花点燃和柴油机着火后喷入气缸内的燃料着火具有高温单阶段的着火特点。

在一些燃烧学的书籍中,也将高温单阶段着火称为强迫着火,即依靠外加热源向可燃混合气输送热量,使之提高温度和活化成分浓度,最终导致燃烧。而将低温多阶段着火称为自燃着火,即依靠可燃混合气自身的缓慢氧化反应积累热能和活化成分,最终导致燃烧。

3) 烃燃料着火链式反应机理

内燃机混合气自燃过程与碳氢燃料在不同工况条件下(温度、压力、当量比等)的燃烧化学直接相关。如图 6-12 所示,由于化学反应路径的竞争与不同条件下的主导反应类别差异,燃料分子的活性表现复杂。低温条件下,长链烷烃燃料(RH)分子 β 断键反应速率较低,自由基 R· 形成 ROO· 的氧加成过程为主导。随后 ROO· 异构化形成 ·QOOH,·QOOH 经过一系列的支链反应产生两个 ·OH 自由基与氧化性组分(·QOOH + O_2 → ·OOQOOH → HOO·Q$_{-H}$O· + ·OH → ·OQ$_{-H}$O + 2·OH)。随着温度的增加,氧加成反应平衡逆向移动,从而弱化了低温条件下的支链反应。在中高温条件下,低温反应的中间产物

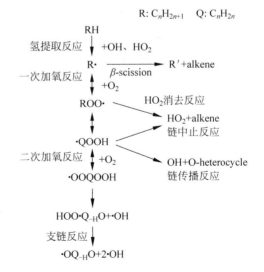

图 6-12 大分子碳氢燃料着火化学反应途径

(ROO· 与 ·QOOH)同燃料自由基 R· 逐渐形成竞争关系,形成多样的反应产物,包括烯烃、HO_2、环醚类与其他类型的烷基自由基。R·、ROO·、·QOOH 自由基在中温区域的分解增强,而低温反应通道的逆向反应同样增强,使得燃料总体的化学活性降低。因此在中高温度

区范围内呈现出,随着温度升高,燃料的滞燃期变长的现象,这一现象被称为负温度系数(negative temperature coefficient,NTC)效应。图 6-13 给出了两种典型烷烃燃料(异辛烷和正庚烷)的 NTC 特征——S 形曲线。如图所示,在汽油机和柴油机常用工况下的温度和压力范围内,烷烃燃料滞燃期往往随温度升高而增长。比如异辛烷在 2 MPa、化学计量比条件下,从初始温度 740 K 升高到 790 K,滞燃期由 18 ms 增加到 29 ms;正庚烷在 4 MPa、化学计量比混合气条件下,当初始温度从 860 K 升高到 940 K,相应的滞燃期从 0.52 ms 增加到 0.74 ms。然而,芳烃与烯烃分子不遵循总体低温反应竞争规律,因此这些燃料的 NTC 现象并不明显。

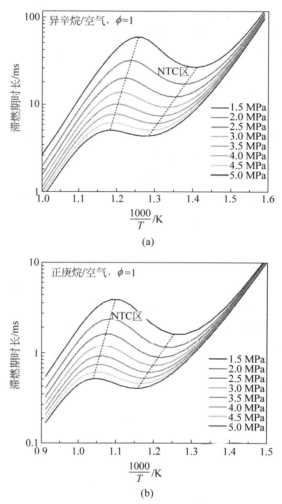

图 6-13　不同压力化学计量比混合物滞燃期与初始温度的关系
(a) 异辛烷/空气;(b) 正庚烷/空气

NTC 效应对于理解内燃机燃料的着火过程具有重要意义。比如,NTC 效应对于汽油机中爆震的发生有重要影响,表现在燃料的辛烷值和敏感度上。具体来说,燃料在不同温度与压力下的滞燃期对燃料的辛烷值影响很大,燃料中的不饱和组分如芳烃和烯烃对燃料的敏感度影响很大。

大多数燃料在 NTC 区域内的 S 形曲线斜率没有参比燃料(正庚烷和异辛烷)明显,因此随着进气温度的增加(辛烷值试验工况条件从 RON 测试到 MON 测试),被测燃料在着火前滞燃期的缩短(活性增强)效果比参比燃料明显。为了补偿此活性增强,相对于 RON 测试,比异辛烷活性更高的正庚烷将在 MON 测试中被更大比例地加入,以达到与待测燃料相同的爆震特性,即参比燃料(PRF)燃料中异辛烷的含量下降,因此测得的辛烷值(MON)降低。这就解释了汽油类燃料和大多数非 PRF 燃料的 MON 比 RON 低的原因。

6.3 展开示功图与燃烧放热率

燃烧过程是内燃机工作过程的核心,尽管整个燃烧过程一般小于 60°CA,即仅有几毫秒的持续期,但却要完成油气混合、着火、燃烧一系列复杂的物理化学过程。每一阶段 1°~2°CA 的提前或滞后都会造成内燃机性能的明显差别。为详细地研究内燃机燃烧过程,往往要借助展开示功图和燃烧放热律(也称燃烧放热规律),而后者又分为燃烧放热速率(瞬时放热率)和累积放热率。

6.3.1 展开示功图

在第 2 章里已对 p-V 示功图作了介绍,p-V 示功图主要用于热力过程与循环分析。而对于燃烧过程的研究则常用 p-φ 展开示功图,即气缸压力 p 随曲轴转角 φ 的变化曲线,如图 6-14(a)所示。由 p-φ 图可以获得燃烧始点、压力升高率、最高燃烧压力及其相位等分析燃烧过程的重要参数,同时也可以通过理想气体状态方程式计算出平均燃烧温度随曲轴转角 φ 的变化曲线。

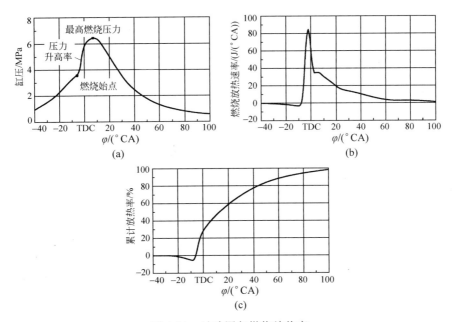

图 6-14 示功图与燃烧放热率
(a) 展开示功图;(b) 瞬态放热速率;(c) 累积放热率

6.3.2 燃烧放热速率

由 p-φ 图可以计算出燃烧放热率。燃料燃烧放出的热量一部分传给工质,用于增加工质的内能并对外做功,一部分通过燃烧室壁面散失到冷却液中,根据热力学第一定律,有

$$Q_B = Q + Q_w = \Delta U + W + Q_w \tag{6-14}$$

式中,Q_B、Q 和 Q_w 分别为混合气的燃烧放热量、工质吸收热量和散热量,J;ΔU 为工质内能变化,J;W 为工质对活塞所做的机械功,J。

混合气在单位曲轴转角(或单位时间)的燃烧放热量称为燃烧放热速率,记为 $\dfrac{\mathrm{d}Q_B}{\mathrm{d}\varphi}$ (或 $\dfrac{\mathrm{d}Q_B}{\mathrm{d}t}$),即

$$\frac{\mathrm{d}Q_B}{\mathrm{d}\varphi} = \frac{\mathrm{d}Q}{\mathrm{d}\varphi} + \frac{\mathrm{d}Q_w}{\mathrm{d}\varphi} \tag{6-15}$$

式中,$\dfrac{\mathrm{d}Q}{\mathrm{d}\varphi}$ 为对工质加热速率;$\dfrac{\mathrm{d}Q_w}{\mathrm{d}\varphi}$ 为散热速率。

进一步推导可得

$$\frac{\mathrm{d}Q_B}{\mathrm{d}\varphi} = \left[\frac{1}{\kappa - 1}\left(V \frac{\mathrm{d}p}{\mathrm{d}\varphi} + \kappa p \frac{\mathrm{d}V}{\mathrm{d}\varphi}\right) - \frac{pV}{(\kappa - 1)^2} \frac{\mathrm{d}\kappa}{\mathrm{d}\varphi} \right] + \alpha_t F_w (T - T_w) \tag{6-16}$$

式中,V 为瞬时缸内容积,m^3;κ 为等熵指数;p 为工质压力,Pa;T 为工质温度,K;α_t 为传热系数;F_w 为燃烧室壁表面积,m^2;T_w 为燃室壁面温度,K。

上式中,κ、$\dfrac{\mathrm{d}\kappa}{\mathrm{d}\varphi}$、$V$、$\dfrac{\mathrm{d}V}{\mathrm{d}\varphi}$、$F_w$、$T_w$ 可以根据实际发动机参数计算,只要测得 p 随 φ 的变化 (p-φ 示功图)就可算出 $\dfrac{\mathrm{d}Q_B}{\mathrm{d}\varphi}$,如图 6-14(b) 所示。在实际燃烧过程中,$\kappa$ 是一个随温度和工质成分变化的参数,在 1.2~1.34 范围内变化,但一些研究也表明,将 κ 取为定值对计算结果的影响不大。

6.3.3 累计放热率

由燃烧始点 φ_b 至某一时刻 φ 为止,已发生的全部燃烧放热量与循环放热量 Q_{B0} 之比称为累计放热率 X_Q,或称累积放热百分比,即:

$$X_Q = \frac{\int_{\varphi_b}^{\varphi} \mathrm{d}Q_B}{Q_{B0}} \times 100\% = \frac{\int_{\varphi_b}^{\varphi} \mathrm{d}Q_B}{g_b H_u} \times 100\% \tag{6-17}$$

式中,g_b 为循环供油量,kg;H_u 为燃料低热值,kJ/kg。累计放热率 X_Q 随曲轴转角的变化见图 6-14(c)。

缸内压力 p 和上止点 TDC 位置的测量精度会对燃烧放热率的计算精度有显著影响,相关测试技术以及 $\dfrac{\mathrm{d}Q_B}{\mathrm{d}\varphi}$ 的计算细节,可参阅有关专业书籍。

6.4 柴油机混合气形成与燃烧过程

柴油机燃烧过程具有高速、高温和高压的特点,从喷油开始到燃烧结束的整个燃烧过程一般在 2~10 ms 以内,燃烧室内局部温度可达 2000℃ 以上,最高燃烧压力超过 15 MPa(增压柴油机)。燃烧过程及燃烧特性对柴油机的动力性、燃料经济性、排放特性和噪声振动特性(NVH)等外在性能有重要影响。

6.4.1 柴油机混合气形成

由于柴油机采用扩散燃烧方式,其燃烧放热速度取决于混合气形成速度。在柴油机中,混合气形成要经历燃料喷射—雾化—汽化—混合这样一个复杂的过程,而且还有燃烧中的再混合问题。这个过程并不是越快越好,而应根据动力、经济、排放以及噪声振动等性能的要求,对其进行合理的控制。这种控制是通过对燃料喷射系统、进气系统、燃烧室的合理设计以及三者之间的合理匹配进行的。

1. 缸内气流运动

柴油机缸内气流运动的主要形式有涡流和挤流,可以分别应用或组合应用于不同的燃烧系统。

1) 涡流及其生成方式

涡流(swirl)运动一直是柴油机混合气形成的主要手段,但近年来,汽油机为实现稀薄燃烧也开始应用涡流。根据形成方法不同,涡流又可分为进气涡流和压缩涡流。涡流转速与发动机转速之比称为涡流比 Ω,作为衡量涡流强度的指标。

(1) 进气涡流

在进气过程中形成的绕气缸轴线旋转的有组织的气流运动,称为进气涡流。进气涡流可用专门的气道试验台测试。内燃机中进气涡流的产生方法一般有 4 种,即导气屏、切向气道、螺旋气道及组合进气系统(其结构参见图 5-12)。图 6-15 给出了不同涡流产生方法的气门口流速分布。

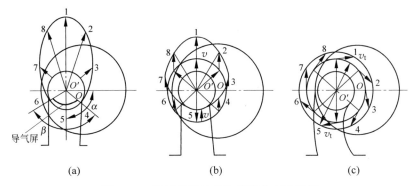

图 6-15 进气门出口处的流速分布示意图
(a) 带导气屏的进气门;(b) 切向气道;(c) 螺旋气道

导气屏设置在进气门上,导引进气气流以不同角度流入气缸,在气缸壁面的约束引导下产生涡流。这种方法结构简单,进气道可不作特殊设计,通过改变导气屏的包角 β 和导气屏中点的安装位置（角度 α），可调节涡流强度，涡流比 $\Omega = 0 \sim 4$，但阻力最大，主要用于试验研究用发动机。

切向气道形状简单，涡流比 $\Omega = 1 \sim 2$，适用于对涡流强度要求不高的发动机。

螺旋气道的形状最复杂，涡流比 $\Omega = 2 \sim 4$，同样涡流比时的进气阻力小于切向气道，适用于对进气涡流强度要求较高的发动机。

另外，在两进气门的发动机上，可采用不同类型（例如 1 个切向气道和 1 个螺旋气道）或不同角度的两个进气道，以组合出所需要的涡流和流速分布。这种方式称为组合式进气系统。

值得注意的是，由于柴油机的喷油是在上止点附近开始，因此涡流在上止点附近的状态对混合气形成具有更直接和更实质性的影响。不仅应注意进气涡流大小，更应注意压缩终点时燃烧室内的涡流强度。进气涡流在压缩过程中，一边旋转一边被挤入燃烧室凹坑。设进气涡流比和压缩终点时燃烧室凹坑内的涡流比分别为 Ω 和 Ω_c，根据动量守恒关系有

$$\frac{\Omega_c}{\Omega} = \frac{D^2}{d_k^2} \tag{6-18}$$

式中，D 和 d_k 分别为气缸直径和燃烧室凹坑入口直径。显然，$\Omega_c > \Omega$，即进气涡流在气缸内有一个发展增强过程。

图 6-16 给出了燃烧室凹坑形状对 Ω_c 的影响。如图中虚线所示，缩口形燃烧室的涡流强度随压缩过程的进行增长很快，压缩上止点前已明显超过无缩口形燃烧室，并将这种强烈的涡流保持到上止点后。因此，缩口形燃烧室的燃前混合气形成速度会高于深 ω 形燃烧室，并且也会改善扩散燃烧阶段的混合速度。

（2）压缩涡流

在涡流室式燃烧室中，气体在进气过程

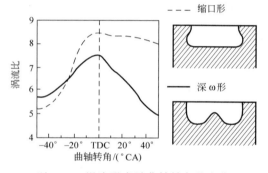

图 6-16 涡流强度随曲轴转角的变化

中并不产生旋流，而在压缩过程中由主燃烧室经连通道进入涡流室时，形成强烈的压缩涡流（参见后述燃烧室分类）。虽然这种产生涡流的方式不会使进气阻力增大和进气充量下降，但形成压缩涡流时会伴随着不同程度的能量损失，使循环热效率降低。

2）挤流

挤流（squish）也是一种有效的缸内气体运动，如图 6-17 所示。在压缩过程中，当活塞接近上止点时，气缸内的空气被挤入活塞顶部的燃烧室凹坑内，由此产生挤压涡流（挤流）。当活塞下行时，凹坑内的燃烧气体又向外流到活塞顶部外围的环形空间，与空气进一步混合燃烧，这种流动则称为逆流。

挤流强度取决于燃烧室凹坑喉口直径 d_k 与活塞直径之比，以及活塞顶间隙 s_0。d_k 和 s_0 越小，则挤流强度越大。

挤流在柴油机和汽油机上都得到了广泛的应用，汽油机紧凑型燃烧室都利用较强的挤流运动增强燃烧室的湍流强度，促进混合气快速燃烧。

以上列举的各种气流运动方式对加速混合气的形成和燃烧有着重要的意义。但气流总

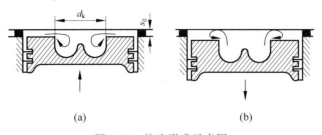

图 6-17 挤流形成示意图
(a) 挤流(无进气涡流或弱涡流时);(b) 逆挤流

会带来进气充量损失、泵气功损失或能量损失,这是不利的一面。大多数气流运动又存在高低速时的强度相差过大的矛盾,给发动机在宽广转速范围内良好工作带来困难。气流对各种结构参数比较敏感,难以精确控制,易造成各缸工作状态不均匀。所以在组织气流运动时,应多方面分析比较与合理折中。目前,直喷式柴油机强调高压喷射,降低对气流的要求,也是出于这一考虑。

2. 燃烧室及其特性

柴油机的燃烧室可分为两大类,即直喷式(direct injection,DI)燃烧室和非直喷式(indirect injection,IDI)燃烧室。进行燃烧室设计时,要同时考虑喷油方式和气流运动方式,即以上所说的"油-气-室"三者的合理匹配。

1) 直喷式燃烧室

所谓直喷式燃烧室是指将燃料直接喷入主燃烧室中进行混合燃烧的各种燃烧室。常见的有代表性的结构形状如图 6-18 所示,分别为浅盘形(a)和深坑形(b)。浅盘形燃烧室中的活塞凹坑开口较大,可看作与凹坑以外的燃烧室空间形成了一个统一的燃烧室空间,因而也称为开式燃烧室(或统一式燃烧室);相反,深坑形燃烧室也称为半开式燃烧室。

(1) 浅盘形燃烧室

如图 6-18(a)所示,浅盘形燃烧室的结构比较简单,在活塞顶部设有开口大、深度浅的燃烧室凹坑,$\dfrac{d_k}{D}\left(\dfrac{凹坑口径}{活塞直径}\right)$ 为 0.7~0.9,$\dfrac{d_k}{h}\left(\dfrac{凹坑口径}{凹坑深度}\right)$ 为 5~7。一般不组织或只组织很弱的进气涡流,混合气形成主要依

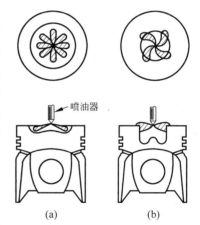

图 6-18 典型的直喷式柴油机燃烧室形状
(a) 浅盘形;(b) 深坑形

靠燃料射束的运动和雾化,可以说是一种"油找气"的混合方式。因此均采用多孔(5~8 孔)小孔径(0.15~0.25 mm)喷油器,喷油启喷压力较高(20~40 MPa),最高喷油压力可高达 100~200 MPa,以使燃料尽可能分布到整个燃烧室空间,为避免油束喷到燃烧室壁面上不能及时与空气混合燃烧并产生积炭,喷油贯穿率一般小于或等于 1。

由于采用高压和多孔喷油方式,浅盘形燃烧室在滞燃期内形成较多的可燃混合气,因而最高燃烧压力和压力升高率都很高,工作粗暴,燃烧温度高,NO_x 和排气烟度较高,噪声、振动及机械负荷较大。这种"油找气"的被动混合方式决定了浅盘式燃烧室的空气利用率差,

必须在 $\phi_a \geqslant 1.6$ 以上才能保证完全燃烧。但其优点是,燃烧室设计和加工难度较小(相比深坑形),气流运动速度低使得散热和流动损失小,燃料经济性好,容易起动。

浅盘形燃烧室最初主要用于缸径较大($\geqslant 120$ mm)、转速较低($\leqslant 2000$ r/min)的柴油机,适应了当时柴油机进气涡流普遍较低的实际情况。但近年来随着喷油压力的大幅提高,有往更小缸径应用的趋势。

(2) 深坑形燃烧室

与浅盘形燃烧室的"油找气"方式相比,深坑形燃烧室采用"油和气相互运动"的混合气形成方式(图 6-18(b)),以满足车用高速柴油机混合气形成和燃烧速度更高的要求。深坑形燃烧室一般适用于缸径 $D=80\sim140$ mm,最突出的特点就是适应转速高(最高可达 4500 r/min),因此在车用中小型高速柴油机上获得了最广泛的应用。由于燃烧室形状复杂,需要对涡流强度、流场、喷油速率、喷孔数、喷孔直径、喷射角度、燃烧室的各项尺寸进行大量的匹配优化工作,因而设计难度较大。代表性的燃烧室为 ω 形燃烧室。

如图 6-19 所示,ω 形燃烧室在活塞顶部设有比较深的凹坑,其中凹坑的中心凸起是为了帮助形成涡流以及排除气流运动很弱的中心区域的空气而设置的。一般 $\dfrac{d_k}{D}$ 为 $0.6\sim0.7$,$\dfrac{d_k}{h}=1.5\sim3.5$。采用 $4\sim6$ 孔均布的多孔喷油器中央布置(4 气门时)或偏心布置(2 气门时),喷雾贯穿率一般为 1.05。空气运动以进气涡流为主,挤流为辅。进气涡流比 $\Omega=1.5\sim2.5$,介于浅盘形燃烧室与球形燃烧室之间,通过减小 $\dfrac{d_k}{D}$ 和余隙高度 s_0,可使挤流强度增加。由于利用上述燃料喷雾和空气运动两方面的作用形成混合气,因而比浅盘形更容易形成均匀的混合气,空气利用率提高,可在过量空气系数 $\phi_a=1.3\sim1.5$ 的条件下实现完全燃烧。

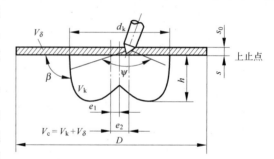

图 6-19 ω 形燃烧室结构尺寸

燃烧室的缩口程度对保持涡流强度和持续时间有很大影响(参见图 6-15),同时也影响挤流强度。如图 6-20 的研究实例所示,在低速大负荷工况时,有缩口(A 型)与无缩口(B 型)的 ω 形燃烧室都随喷油时间的推迟而 NO_x 降低,但无缩口燃烧室的炭烟排放和油耗也同时恶化,而有缩口燃烧室基本不变其至略有改善。

20 世纪 80 年代,由英国 Perkins 公司和奥地利 AVL 公司开发的挤流口式燃烧室是一种典型的缩口 ω 形燃烧室。其混合气形成原理与 ω 形燃烧室基本相同,最大区别就是采用了很大的缩口,这使得挤流和逆挤流运动更强烈,涡流和湍流能保持较长时间。图 6-21 给出了挤流口式燃烧室的放热速率,其初期放热速率显然比一般直喷式燃烧室要柔和得多,甚至低于非直喷式燃烧系统;并且在放热速率峰值最低的同时,燃烧持续期最短。其主要原因是,在燃烧初期,挤流口抑制了凹坑内浓混合气的充分燃烧和过早地流出凹坑与新鲜空气进一步混合;而在燃烧中后期,涡流和湍流衰减慢的特点有助于促进混合燃烧。因此,挤流口式燃烧系统具有压力升高率较低、燃烧柔和以及燃烧噪声低的特点,但也存在挤流口边缘热负荷高容易烧损,以及制造加工比一般 ω 形燃烧室复杂的缺点。

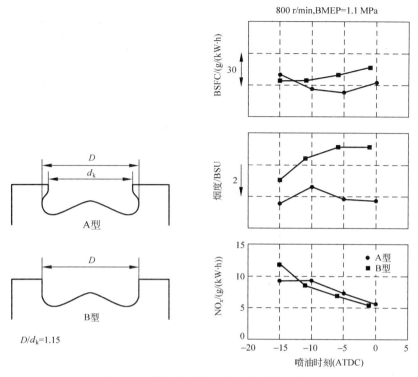

图 6-20　燃烧室形状对柴油机性能的影响

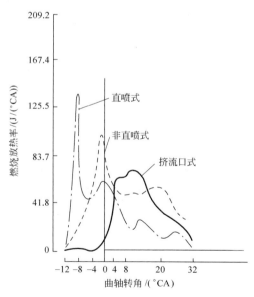

图 6-21　不同燃烧室的放热速率比较

2) 非直喷式燃烧室

非直喷式燃烧室(IDI)往往具有主副两个燃烧室,燃料首先喷入副室内,进行一次混合燃烧,然后冲入主室进行二次混合燃烧。根据在副室内形成涡流运动还是湍流运动,非直喷式燃烧室又分为涡流室式和预燃室式两种。

(1) 涡流室式燃烧室

图 6-22 给出了涡流室式燃烧室的结构示例。作为副燃烧室的涡流室设置在缸盖上,其容积 V_k 与整个燃烧室容积 V_c 之比 $\dfrac{V_k}{V_c}=0.5\sim0.7$。主燃烧室由活塞顶与缸盖之间的空间构成,主室与副室之间有一连通道,其截面积 F_k 与活塞截面积 F_p 之比 $\dfrac{F_k}{F_p}=0.01\sim0.035$,与副室切向连接。

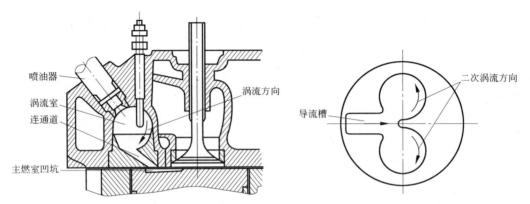

图 6-22 涡流室式燃烧室结构

在压缩过程中,受活塞挤压的空气通过连通道由主室进入副室,形成强烈的有组织的压缩涡流(一次涡流)。燃料以较低压力(启喷压力为 10～12 MPa)顺涡流方向喷入副室,迅速扩散蒸发混合。浓混合气在副室内着火燃烧(一次混合燃烧),随温度和压力的升高,燃气带着未完全燃烧的燃料和中间产物经连通道高速冲入主燃烧室,在活塞顶部导流槽导引下再次形成强烈的涡流(二次涡流),与主燃烧室内的空气进一步混合燃烧(二次混合燃烧),完成整个燃烧过程。

与直喷式燃烧室相比,涡流室式燃烧室具有下列特点:

① 对喷雾质量要求不高,一般采用轴针式喷油器和较低喷射压力,喷油系统成本低。

② 由于副室内的燃烧是过浓混合气的不完全燃烧,所以初期放热率低(图 6-21),因而压力升高率和最高燃烧压力均低于直喷式燃烧室,燃烧柔和,振动和噪声小。

③ 压缩涡流随发动机转速升高而增强,即转速越高,混合气形成和燃烧速度越高,适合于高速柴油机,转速可高达 5000 r/min。

④ 缸内气流运动自始至终十分强烈,空气利用率好,可在 $\phi_a=1.2$ 的条件下充分燃烧。

⑤ 不需要进气涡流,进气道形状简单,加工制造成本低,同时充气系数高。

⑥ 涡流室式燃烧室的最大问题是油耗比直喷式燃烧室高 10%～15%。其原因是,燃烧室面容比大造成散热损失大,连通道节流造成流动损失大,燃烧分两段进行导致燃烧持续期过长。

⑦ 由于散热损失大和喷雾质量不高,冷起动性能不如直喷式燃烧室。为改善冷起动性能采用高压缩比($\varepsilon=20\sim24$),对热效率已无益处,反而降低了机械效率。

(2) 预燃室式燃烧室

预燃室式燃烧室的结构如图 6-23 所示。整个燃烧室由位于气缸盖内的预燃室和活塞顶部的主燃烧室组成,两者之间由一个或数个孔道相连。对于 2 气门布置,预燃室可偏置于气缸一侧;对于 4 气门布置,预燃室可置于气缸中心线上。预燃室的容积比 $\dfrac{V_k}{V_c}=0.35\sim0.45$,连通道截面积比 $\dfrac{F_k}{F_p}=0.003\sim0.006$,均小于涡流室式燃烧室。

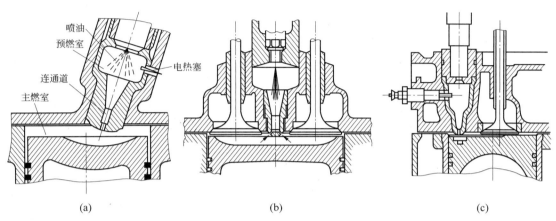

图 6-23 预燃室式燃烧室
(a)预燃室倾斜偏置,单孔道;(b)预燃室中央正置,多孔道;(c)预燃室侧面正置,单孔道

轴针式喷油器安装在预燃室中心线附近,低压喷出的燃料在强烈的空气湍流下扩散混合。着火燃烧后,随预燃室内的压力和温度升高,燃烧气体经狭小的连通道高速喷入主燃烧室,产生强烈的燃烧涡流或湍流,进行第二次混合燃烧。

预燃室式燃烧室的工作原理与涡流室式燃烧室相似,都是采用两次混合及燃烧。主要不同之处是,由于连通道不与预燃室相切,所以压缩冲程期间在预燃室内形成的是无组织的湍流运动。

图 6-24 给出了一例预燃室主、副室的示功图,以及连通道(喷孔)中流向主燃烧室的气流速度。在压缩过程中,主室压力始终高于副室压力,由连接通道流入预燃室的气体流速在上止点前达到最高。着火后,副室压力很快超过主室压力,并由于连通道的节流作用,主、副室之间一直保持较大的压差,在此压差作用下,燃气以更高的速度由预燃室喷向主燃烧室,瞬时流速可达 600 m/s。

预燃室式燃烧室各项性能指标与涡流室相近,但由于通道节流损失更大,因而燃料经济性更差一些,连通道的热负荷更高,造成使用寿命不高。

3. 混合气形成方式

混合气形成过程主要依靠对燃料喷射、气流运动以及燃烧室形状的三者合理匹配。

1) 雾化混合方式

直喷式柴油机采用空间雾化方式,主要方法如图 6-25 所示。一种方法是采用多孔喷油

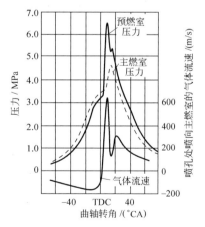

图 6-24 预燃室式燃烧室的示功图

器(6~12孔)以高压将燃料喷入燃烧室中的静止空气中(更确切地说,是有湍流无涡流),通过多个喷油射束均匀覆盖大部分燃烧室以及燃料的高度雾化,形成可燃混合气,如图 6-25(a)所示。混合能量主要来源于喷油射束,空气是被动参与混合的,因而是一种"油找气"的混合方式。由于无进气涡流,进气充量较高,但混合气浓度分布不均匀,在早期的柴油机和目前的大型低速柴油机中,一般过量空气系数 ϕ_a 较大,燃烧时间较长,采用这种混合方式尚能达到满意的指标。而在车用高速柴油机中,由于转速高、燃烧时间短,ϕ_a 又较小,这种混合方式不能保证迅速和完全的燃烧。

图 6-25(b)则表示油和气相互运动的混合气形成方法。在有旋流的气流场中,用喷孔较少(3~5孔)的喷油器将燃料喷到空间中,在喷油能量和空气旋流的同时作用下,油束的扩散范围迅速扩大,能在短时间内形成大量可燃混合气。这时,涡流强度与喷油射束的匹配是十分重要的,在理想的涡流强度下,相邻油束几乎相接,以使油雾尽可能充满燃烧室。涡流太弱,油束扩散范围不够。涡流过强,如图 6-26 所示,上游油束的已燃气体(废气)会混入下游油束的未燃混合气区域,反而妨碍燃烧,这种现象也称为过强涡流(over swirl)。

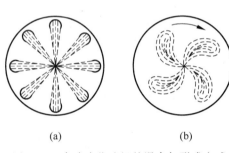

图 6-25 直喷式柴油机的混合气形成方式
(a) 静止空气;(b) 空气作旋转运动

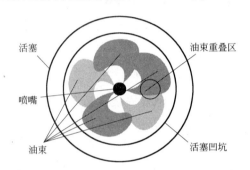

图 6-26 过强涡流现象

20 世纪 80 年代后出现的撞击喷射(将燃料高速喷向壁面产生撞击)也是一种空间混合方式,通过喷油射束对不同形状壁面的撞击和反弹,使油束的分布范围扩大,在涡流的作用下,快速形成混合气。

2) 热混合现象

对缸内空气涡流运动特性的测试结果表明,在压缩上止点附近,内围的气流接近刚体旋转运动,即气流的切向速度随半径的增大而增大;而外围气流则近乎势涡运动,即气流质点保持动量守恒,切向速度随半径加大而减小。不论何种方式,为维持稳定的圆周运动,流体质点所受气体压力总是随半径增大而升高,以利用压差来平衡圆周运动引起的离心力。在此旋流场中运动的质点,将受到离心力、压差引起的向心推力及气流对质点运动的粘性阻力的综合作用。由于液体油粒或燃料蒸气的密度比空气大,离心力将起主要作用,呈向外运动的趋势。而已燃气体的密度比空气小,向心推力将起主要作用,呈向内运动趋势。这种在旋转气流中已燃气体向燃烧室中心运动而燃料和新鲜空气向外周运动的现象称为热混合现象,具有促进空气与燃料混合的作用,如图 6-27(a)所示。对有强烈空气涡流运动的燃烧过程进行的高速摄影表明,火焰呈螺旋状向内作卷吸运动。

相反,若燃料过分集中在燃烧室中心区域(例如因喷油贯穿率不足),由于该区域切向速度小(离心力小),难以将燃料粒子抛向周边区域与新鲜空气混合,而是被已燃气体包围,致使火焰被"锁定"在中心区域,造成燃烧不完全。这种现象称为热锁现象,如图 6-27(b)所示。

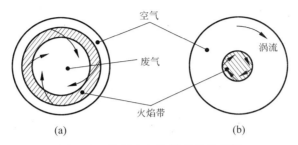

图 6-27 热混合与热锁现象示意图
(a) 热混合现象;(b) 热锁现象

6.4.2 柴油机燃烧过程及其特性分析

柴油机采用喷雾扩散燃烧方式,其燃烧过程要比汽油机复杂得多。利用示功图和燃烧放热率可以深入细致地分析柴油机燃烧过程。

1. 柴油机燃烧过程

如图 6-28 所示,柴油机的燃烧过程可分为四个时期,即着火落后期(滞燃期)、速燃期、缓燃期和后燃期,分别对应图中 1、2、3、4 阶段。

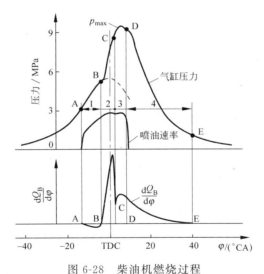

图 6-28 柴油机燃烧过程
1—着火落后期;2—速燃期;3—缓燃期;4—后燃期

1) 着火落后期(滞燃期)

图 6-28 中由喷油始点 A 到气缸压力线与压缩线脱离点 B 对应的时期称为着火落后期,或称滞燃期。随压缩过程的进行,缸内空气压力和温度不断升高,在上止点附近气体温度高达 600℃ 以上,高于燃料在当时压力下的自燃温度。在 A 点被喷入气缸的柴油,经历一系列复杂的物理化学过程,包括雾化、蒸发、扩散、与空气混合等物理准备阶段以及低温多阶

段着火的化学准备阶段,在温度、压力以及空燃比等条件合适处,多点同时着火,随着燃烧放热的进行,缸内压力和温度逐渐升高,并脱离压缩线。

除直接在示功图上判断 B 点外,用放热率曲线可以更精确地确定 B 点。如图 6-28 所示,由于柴油汽化吸热,造成在着火前 $\dfrac{\mathrm{d}Q_\mathrm{B}}{\mathrm{d}\varphi}$ 曲线出现负值,一旦开始燃烧放热,$\dfrac{\mathrm{d}Q_\mathrm{B}}{\mathrm{d}\varphi}$ 很快由负变正。因此可以取 $\dfrac{\mathrm{d}Q_\mathrm{B}}{\mathrm{d}\varphi}$ 明显上升前第一个极小值点,或 $\dfrac{\mathrm{d}Q_\mathrm{B}}{\mathrm{d}\varphi}=0$ 点作为着火点。另外,用可视化发动机和高速摄影的方法可以直观地判定着火时刻。上述三种确定着火时间的方法中,$\dfrac{\mathrm{d}Q_\mathrm{B}}{\mathrm{d}\varphi}$ 曲线法最精确,并且特征明显,容易判定,示功图方法要比前者滞后一些(一般滞后 $1°\sim 2°\mathrm{CA}$),而高速摄影方法一般与 $\dfrac{\mathrm{d}Q_\mathrm{B}}{\mathrm{d}\varphi}$ 曲线相同或介于前两者之间。

一般柴油机的着火落后角 $\varphi_\mathrm{i}=8°\sim 12°\mathrm{CA}$,着火落后时间 $\tau_\mathrm{i}=0.7\sim 3~\mathrm{ms}$。由于柴油机着火落后期长短会明显影响滞燃期内喷油量和预混合气量的多少,从而影响柴油机的燃烧特性以及动力经济性、排放特性和噪声振动特性,因此需要精确控制。

2) 速燃期

由 B 点开始的压力急剧上升的 BC 段(图 6-28),称为速燃期。由于在着火落后期内做好燃前准备的预混合气大面积多点同时着火,燃烧放热速率 $\dfrac{\mathrm{d}Q_\mathrm{B}}{\mathrm{d}\varphi}$ 很快上升并达到最高值,由于是在活塞靠近上止点时气缸容积较小的情况下发生,因此气体的温度和压力都急剧升高。随着大量在着火落后期内生成的可燃混合气燃烧殆尽,放热速率下降,到达 $\dfrac{\mathrm{d}Q_\mathrm{B}}{\mathrm{d}\varphi}$ 曲线的谷点 C,速燃期结束。

速燃期中的压力升高率 $\dfrac{\mathrm{d}p}{\mathrm{d}\varphi}$ 对柴油机性能有至关重要的影响。$\dfrac{\mathrm{d}p}{\mathrm{d}\varphi}$ 在实际中一般有两种表现方式,一种是将缸压曲线对曲柄转角求导获得 $\dfrac{\mathrm{d}p}{\mathrm{d}\varphi}$ 曲线,并求得最大压力升高率 $\left(\dfrac{\mathrm{d}p}{\mathrm{d}\varphi}\right)_{\max}$,如图 6-29 所示;另一种是平均压力升高率 $\dfrac{\mathrm{d}p}{\mathrm{d}\varphi}$,其定义为

$$\frac{\mathrm{d}p}{\mathrm{d}\varphi}=\frac{p_\mathrm{c}-p_\mathrm{b}}{\varphi_\mathrm{c}-\varphi_\mathrm{b}} \tag{6-19}$$

式中,φ_c、φ_b 分别为 C 点和 B 点对应的角度;p_c、p_b 分别为 C 点和 B 点对应的压力。实际工程中,为数据处理方便,有时也用 $p_{\max}$ 代替 p_c。

压力升高率是表征内燃机燃烧等容度和粗暴度的指标。压力升高率越高,则燃烧等容度越高,因而循环热效率越高,这对动力性和经济性是有益的,但会使燃烧噪声及振动增加,即燃烧粗暴度增大。

如图 6-29 所示,一般柴油机燃烧时,$\dfrac{\mathrm{d}p}{\mathrm{d}\varphi}$ 的峰值往往对应着 $\dfrac{\mathrm{d}Q_\mathrm{B}}{\mathrm{d}\varphi}$ 的峰值,并且 $\dfrac{\mathrm{d}p}{\mathrm{d}\varphi}$ 并没有随负荷(循环供油量)减小而降低,这说明决定 $\dfrac{\mathrm{d}p}{\mathrm{d}\varphi}$ 高低的原因是预混合燃烧阶段的放热速

率。当然,在燃烧过分偏离上止点时,这种对应关系不明显。

一般柴油机 $\frac{dp}{d\varphi}=0.2\sim0.6$ MPa/(°CA),直喷式柴油机的较大,$\frac{dp}{d\varphi}=0.4\sim0.6$ MPa/(°CA)。从提高动力性和热效率的角度,希望 $\frac{dp}{d\varphi}$ 大一些为好。但 $\frac{dp}{d\varphi}$ 过大会使柴油机工作粗暴;噪声明显增加;运动零部件受到过大冲击载荷,寿命缩短;过急的压力升高会导致温度明显升高,使氮氧化物(NO_x)生成量明显增加。为降低柴油机噪声和振动以及抑制氮氧化物排放,$\frac{dp}{d\varphi}$ 不宜超过 0.4 MPa/(°CA)。

柴油机 $\frac{dp}{d\varphi}$ 的大小主要取决于着火落后期内形成的可燃混合气的多少,而可燃混合气的生成量要受着火落后期内喷射燃料量的多少、着火落后期的长短、燃料的蒸发混合速度、空气运动、燃烧室形状和燃料物化特性等多种因素的影响。图 6-30 是某非增压直喷高速柴油机的 $\left(\frac{dp}{d\varphi}\right)_{max}$ 以及最高燃烧压力 p_{max} 与滞燃期的关系,两者均随滞燃期的增长而线性增长。在以后的章节中我们将经常讨论 $\frac{dp}{d\varphi}$ 和 p_{max} 的控制问题。

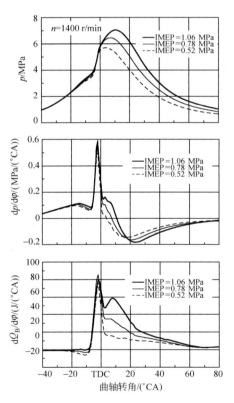

图 6-29 柴油机不同负荷时的燃烧特性

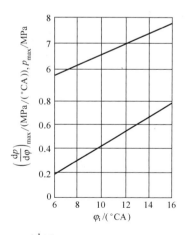

图 6-30 $\left(\frac{dp}{d\varphi}\right)_{max}$ 以及 p_{max} 与滞燃期的关系

由于在速燃期中参与燃烧的主要是在着火落后期内形成的可燃混合气,因此也称这一时期为"预混合燃烧"阶段。值得指出的是,这种预混气体是在极短时间内形成的,实际是一种非均质预混合气,即油滴群的燃烧,与汽油机的均质预混合燃烧并不完全相同。

3) 缓燃期

由 C 点到最高燃烧温度(或最高燃烧压力)的 D 点,称为缓燃期。在此期间,参与燃烧的是速燃期内未燃烧的燃料和后续喷入的燃料,这些燃料边蒸发混合,边以高温单阶段方式着火参与燃烧。由于气缸内温度的急剧升高,蒸发混合速度明显加快,加之后续喷油速率的上升,使放热速率 $\dfrac{dQ_B}{d\varphi}$ 再次加速,出现柴油机燃烧特有的"双峰"现象。这一阶段燃烧放热速率的大小取决于油气相互扩散混合速度,因此也称为扩散燃烧阶段。也就是说,$\dfrac{dQ_B}{d\varphi}$ 曲线第一个峰对应预混合燃烧阶段,而第二个峰则对应扩散燃烧阶段。

但小负荷时由于喷油量少并在着火落后期内就停止喷油,因此扩散燃烧比例降低,"双峰"现象逐渐不明显,如图 6-29 中的不同负荷时的 $\dfrac{dQ_B}{d\varphi}$ 曲线。

柴油机的最高燃烧压力 p_{max} 越高,一般表明燃烧放热速率越高,因而循环热效率越高。但同时也会使机械负荷、燃烧噪声以及 NO_x 排放增高,机械负荷过高时,甚至会由于机械效率降低,油耗反而恶化。柴油机的 p_{max} 一般为 5~9 MPa,增压柴油机有可能为 10~15 MPa。为获得好的动力性和燃料经济性,一般希望 p_{max} 出现在上止点后 10°~15°CA。p_{max} 的位置不仅取决于喷油时间的早晚,也取决于着火落后期和速燃期的长短。

缓燃期过长,会使一部分燃料远离上止点进行燃烧放热,因而燃烧等容度下降,放热时间加长,循环热效率下降。因此,缓燃期不要"过缓",而应越快越好。加快缓燃期燃烧速度的关键是加快混合气形成速率。

4) 后燃期

从缓燃期终点 D 到燃料基本燃烧完毕(或累计放热率>95%)的 E 点称为后燃期。由于柴油机混合气形成时间短,油气混合极不均匀,总有一些燃料不能及时形成可燃混合气,以致拖到膨胀期间继续燃烧,特别是在高负荷时,过量空气少,后燃现象比较严重。由于后燃期内的燃烧放热远离上止点进行,热量不能有效利用;并且随活塞下行燃烧表面积增大,增加了散热损失,使柴油机燃料经济性下降。此外,后燃还会产生炭烟排放增加、活塞和气缸热负荷上升以及排气温度升高。

因此,应尽量缩短后燃期,减少后燃所占的百分比。柴油机燃烧时,总体空气是过量的,只是混合不均匀造成局部缺氧。因此,加强缸内气体运动,可以加速后燃期的混合气形成和燃烧速度,而且会使炭烟及不完全燃烧成分加速氧化。

2. 合理的燃烧放热规律

内燃机燃烧特性的优化主要体现在对放热规律(或放热率)的优化,尤其是柴油机比汽油机的放热规律更呈现出形状复杂以及对性能指标影响大的特点。对放热规律的分析可从燃烧放热始点(相位)、放热持续期和放热速率曲线形状三方面入手,即所谓放热规律的三要素,如图 6-31 所示。放热规律三要素既有各自的特点,又相互关联。

1) 放热始点

放热始点决定了放热率曲线距压缩上止点的位置,在持续期和放热率形状不变的前提下,也就决定了放热率中心(指放热率曲线包围面积的面心)距上止点的位置。如前所述,放热始点对循环热效率、压力升高率和燃烧最大压力都有重大影响。无论汽油机还是柴油机,都希望放热始点的位置能保证最大燃烧压力 p_{max} 出现在上止点后 $10°\sim15°CA$。为此,柴油机通过调整喷油提前角 θ_{fj} 以及控制着火落后期长短来加以调控,每个工况都有其最佳的喷油时间。

图 6-32 是柴油机喷油提前角对有效功率 P_e 以及燃料消耗率 b_e 的影响规律曲线,称为喷油提前角调节特性。在最佳喷油提前角时,能获得最大 P_e 和最小 b_e 值。

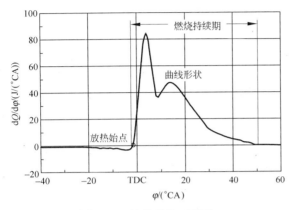

图 6-31 放热规律三要素

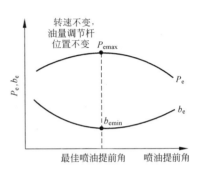

图 6-32 柴油机喷油提前角调节特性线

2) 放热持续期

放热持续期的长短,一定程度上是理论循环等压放热预膨胀比 ρ 值大小的反映。这既是决定循环热效率的一个极为关键的因素,也对有害排放量有较大的影响。

放热持续期原则上是越短越好。柴油机一般小于 $40°\sim60°CA$。柴油机放热持续期首先取决于喷油持续角的大小,喷油时间越长则扩散燃烧期越长;其次也取决于扩散燃烧期内混合气形成的快慢和完善程度。喷油再快,混合气形成速度跟不上也不能缩短燃烧时间,混合气形成不完善就会拖延后燃时间。

3) 放热率曲线形状

放热率曲线形状决定了前后放热量的比例。在放热始点和放热持续期不变的条件下,形状的变化,既影响放热曲线面心的位置,也影响预混合燃烧与扩散燃烧的比例,因而对循环热效率、噪声、振动和有害物排放量都有很大的影响。

影响放热规律曲线形状的因素比较复杂。为便于定性分析,图 6-33 中给出了四种典型的放热率形状,并据此计算出各自的示功图 a、b、c 和 d 曲线。图中,假定四种放热规律都在上止点开始放热,放热总量相同,持续期均为 $40°CA$。曲线 a 呈先快后慢的放热形状,初期放热多,导致 $\dfrac{dp}{d\varphi}$ 值最大,p_{max} 达 8 MPa。此时的指示效率 η_{it} 为 52.9%,是四种方案中的最高值。曲线 d 先慢后快的放热形状则相反,放热速率前

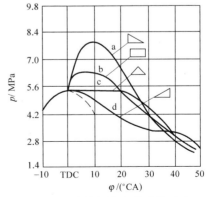

图 6-33 放热规律曲线形状对示功图的影响

缓后急，$\dfrac{\mathrm{d}p}{\mathrm{d}\varphi}$ 和 $p_{\max}$ 都最低，η_{it} 也最小，为 45.4%。曲线 b 和 c 则介于二者之间。

实际发动机的放热率形状取决于不同的机型、不同的燃烧和混合气形成方式以及对性能的具体要求。直喷式柴油机在追求高的热效率时，其放热率曲线接近图 6-33 中曲线 a 的形状，可获得较高的 η_{it}，但因而也带来了燃烧压力高、噪声和振动大的问题。对于汽油机，一般具有图中曲线 d 所示的三角形放热率形状，这一特点决定了汽油机 $p_{\max}$ 低、噪声和振动小等一系列特性，但这也是汽油机热效率低于柴油机的原因之一。

4) 多段喷射

现代车用柴油机为了降低燃烧噪声和满足排放法规，普遍采用电控高压共轨燃料喷射系统。高压共轨燃料喷射系统较机械式供油系统可以精确控制喷射参数，使多段喷射策略成为可能。多段喷射相比单次喷射有着更多的可变参数，如每段的喷油时刻、喷油量等，使其能够更为灵活地调控缸内燃烧，有利于提升发动机的动力性、经济性以及排放性能。图 6-34 给出了发动机采用两次喷射后缸压曲线与单次喷射策略下缸压曲线的对比。图中，在上止点前(BTDC)12.5°CA 进行了一次短脉宽喷射（"预喷"，主喷之前的喷射），预喷实际喷入的油量占总循环喷油量的比例很低。从图中可以看出加入预喷后，缸压曲线差异明显，两次喷射下的压力升高率低，发动机噪声减小。这是因为预喷燃料提前燃烧后加热了缸内气体，使得主喷燃料的着火落后期缩短，减少了预混合气的比例。主喷燃料后，预混燃烧减少，压力升高率明显降低，大幅降低了主燃烧阶段的压力振荡幅度，从而降低燃烧噪声。

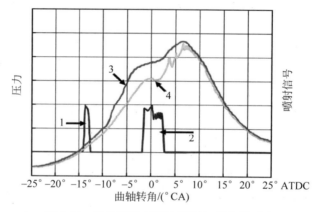

图 6-34 单次喷射与两次喷射缸压曲线对比

1—第一次喷射信号；2—第二次喷射信号；3—两次喷射下的缸压曲线；4—单次喷射下的缸压曲线

同时，预喷模式对于噪声、NO_x、炭烟的影响与具体发动机工况、两次喷射间隔、喷油特性曲线等参数有着一定关系。有研究表明，预喷模式在小负荷时对 NO_x 和炭烟的影响较大。且随着预喷时刻的提前，这一影响会逐渐减小。而在大负荷下，预喷所带来的影响较小，这是由于大负荷下本身缸内环境温度较高，本身着火落后期较短，扩散燃烧比例大，因此引入少量预喷造成的着火落后期减少变得不明显。

目前，先进车用高压共轨柴油机常用工况多采用三次喷射策略，即预喷—主喷—后喷。通过调整各次喷射时刻、喷射量使发动机处于较高综合性能的工作状态。图 6-35 展示了康明斯 ISD 发动机在不同工况下的燃烧特性。从放热率可以看出，在小负荷时预喷阶段的喷油量较大，能够减少发动机噪声和 NO_x 排放。而在大负荷时，预喷放热减少。在三段喷射中,主喷后的喷射被称为后喷。加入后喷能加速燃烧后期的气流流动,促进油气混合。此外,后喷的放热能够提高环境温度,加速炭烟氧化。这两点共同作用能够降低炭烟排放。同时,由于采用后喷会减少主喷射的喷油量,因此也能在一定程度上减少 NO_x 的排放。但是由于整体燃烧的推迟,燃烧效率降低,油耗增加。需要注意的是,后喷时刻不能过早,否则会导致炭烟排放恶化。在图 6-35 中,相比于小负荷,大负荷时的后喷比例更大,这是由于大负荷下扩散燃烧占比大,炭烟生成倾向加剧,因此需要增大后喷比例加速炭烟氧化速率。为了实现更严格的排放法规,现代先进车用柴油机有采用四次以上的喷射策略,在第 7 章有害排放物生成与控制中将进一步阐述。

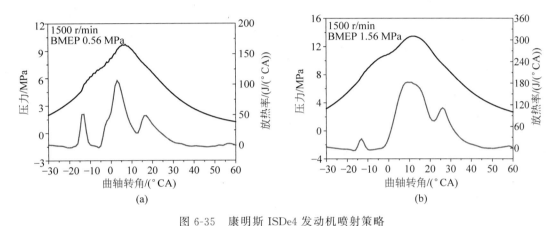

图 6-35　康明斯 ISDe4 发动机喷射策略
(a) 小负荷；(b) 大负荷

6.5　汽油机混合气形成与燃烧过程

本节首先介绍汽油机的燃烧过程及其对主要性能的影响,这包括正常燃烧过程和爆震及循环波动等不正常燃烧；然后介绍常规进气道喷射汽油机混合气形成过程和燃烧室设计,最后介绍以提高燃料经济性为目标的缸内直喷汽油机。

6.5.1　汽油机混合气形成

对于采用均质混合气燃烧的汽油机,如何在有限的时间内完成燃料与空气的均匀混合是一个重要问题。本节就混合气形成的基本要求、不同的汽油雾化方式以及应用最广泛的进气道喷射式汽油机混合气形成过程作一介绍。而缸内直喷式汽油机混合气形成过程可见 6.5.5 节。

1. 基本要求

为保证汽油机高效稳定的燃烧和最佳性能,对混合气特性有以下要求。这些要求主要是针对目前应用最广泛的均质混合气火花点火方式工作的汽油机,基本可包括化油器式、进气道喷射式和直喷式汽油机。

1) 形成均质混合气

燃料与空气混合程度越均匀,则燃烧越充分和稳定,循环波动越小,热效率越高。因此,尽管汽油本身有良好的蒸发特性(物理稳定性低),但在汽油机中仍需要有合适的燃料雾化方式、足够的燃烧前雾化混合时间以及合理的气流运动,以形成尽可能均匀的可燃混合气。

2) 具有良好的响应特性

由于汽油机主要用于轻型车和轿车,这类车辆大部分时间工作在变工况条件下,因此要求汽油机混合气制备过程对于剧烈的工况变化要有很好的跟随特性,也就是响应特性要好。

3) 适应不同工况的混合气浓度要求

汽油机动力性和燃料经济性随混合气浓度(ϕ_a)的变化规律如图 6-36 所示。在 $\phi_a=0.85\sim0.95$ 范围内,出现最大输出功率 P_{emax},此时的混合气称为功率混合气。其原因是此时燃烧速度最高,少量不完全燃烧产生的 CO 会使分子变化系数 μ 增大(参见第 3 章)。汽油机在大负荷尤其是在外特性工作时,主要追求动力性,因此使用浓混合气或当量比混合气。

由图 6-36 还可以看出,在 $\phi_a=1.1\sim1.2$ 范围内,出现最低油耗 b_{emin},此时的混合气称为经济混合气,即燃料经济性最好。其原因是此时空气富裕、燃烧完全,而燃烧速度和温度又降低不多,比热容比 κ 也较大。汽油机在部分负荷尤其是中低负荷工作时,主要追求燃料经济性,因此使用稀混合气。

功率混合气和经济混合气的概念起源于化油器式汽油机时代,而现代汽油机广泛采用电控燃料喷射和三效催化剂以控制排气污染,$\phi_a=1.0$ 成为汽油机部分负荷最常用的混合气浓度(参见第 7 章三效催化器部分),因此可以将 $\phi_a=1.0$ 称为排放混合气,如图 6-36 所示。

4) 合理的缸内气流运动

汽油机缸内气流运动的主要形式是滚流(tumble)。在进气过程中,绕垂直于气缸轴线旋转的滚流可更快、更有效地将燃料喷雾或浓混合气散布于整个气缸容积中;在压缩过程中,滚流的动量衰减较少;在活塞接近于压缩上止点时,大尺度的滚流被破碎成许多小尺度的涡流和湍流,可大大改善混合燃烧过程。如图 6-37 所示,滚流(见图(c))在压缩上止点附近形成的湍流强度,明显高于进气涡流(见图(b))产生的湍流,是普通进气系统(见图(a))标准气流的两倍左右。近几年来,滚流在汽油机特别是在缸内直喷式汽油机上获得了广泛的应用,可以加快进气冲程中缸内的油气混合速度。

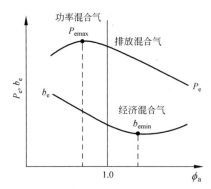

图 6-36 三种混合气的概念

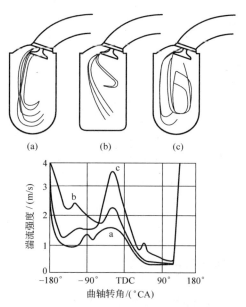

图 6-37 滚流与涡流产生的湍流强度对比
(a) 标准气流;(b) 强涡流;(c) 强滚流

2. 燃料雾化方式分类

汽油机中燃料供给方式有化油器(carburetor)、进气道喷射(port fuel injection, PFI)和缸内直接喷射(gasoline direct injection, GDI)三种,如图6-38所示。

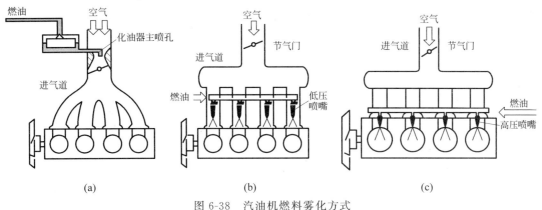

图6-38 汽油机燃料雾化方式
(a)化油器;(b)进气道喷射;(c)缸内直接喷射

20世纪80年代以前,汽油机都使用化油器的混合气形成方式,这种机械控制的雾化方式成本较低,能够满足当时汽油机主要追求动力性和燃料经济性的要求。20世纪80年代末,随着排放法规的不断加严,需要对空燃比进行精确控制以保证三效催化器的高效净化(参见第7章),导致化油器雾化方式逐渐被气道喷射方式替代,汽油机由机械控制方式进步到电子控制方式。

进气道喷射方式利用电控系统燃料质量流量来保证所需的空燃比,包括单点喷射和多点喷射。单点喷射系统中,燃料在进气歧管分离点的上游喷射,然后分配到各个气缸。为了获得最佳雾化效果,电磁喷油器位于节气门前气流速度最快的地方。通常采用低成本燃料泵系统,喷油压力为0.1 MPa。由于单点喷射系统中存在较长的混合气形成路径,对发动机瞬态工况的排放不利,随着排放法规的不断加严,20世纪90年代末单点喷射逐渐被多点喷射所取代。

多点喷射系统中(图6-38(b)),各缸喷嘴通常是将燃料直接喷射到热进气阀背面,以促进燃料蒸发和减少燃料壁膜。多点喷射具有响应较迅速、喷油控制精度较高等优点,通过对空燃比精确控制,使三效催化剂可以同时高效地降低NO_x、HC和CO的排放,因而成为目前车用汽油机最广泛采用的混合气形成方式。但由于一般不采用稀燃,其燃料经济性有待改善。

20世纪90年代中期,日本三菱、丰田和日产公司相继推出了商品化的缸内直喷汽油机(GDI),采用分层混合气稀薄燃烧(lean burn)方式,显著提高了燃料经济性。后来为满足日益加严的排放法规,2006年以后国际上出现的GDI发动机产品普遍采取了均质混合气以及化学计量比(均质当量比)燃烧的技术路线。相比化油器和进气道喷射方式,缸内直喷方式具有好的喷油控制精度和响应特性。

以降低油耗和排放为目标,汽油机的混合气形成及燃烧方式经历了从化油器、进气道喷射和缸内直喷三个技术发展阶段,其中一直贯穿着对稀燃的追求。如图6-39所示,早期的化油器在化学计量比附近燃烧,因而油耗和排放很高;化油器采用稀燃方式后油耗有一定程度改善。但随着排放法规的加严,从欧Ⅰ(国一)排放阶段开始,化油器技术被进气道电控喷射(PFI)技术替代,对混合气浓度控制精确的 PFI 技术与三效催化剂(TWC)相结合,使有害排放大幅降低;但由于混合气浓度回到化学计量比(尤其是中、小负荷),PFI 的实际油耗比化油器稀燃时有所增高。为降低汽油机油耗,以分层稀燃为特点的第一代 GDI 汽油机在 1996 年开始产业化,显示出了很强的节能优势,成为汽车和内燃机科技进步中的一个里程碑。但由于稀燃催化剂尚不成熟等问题,

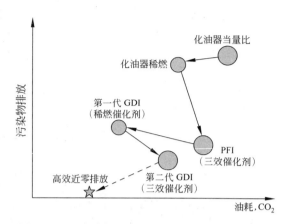

图 6-39 以高效低排放为目标的汽油机技术发展

不能满足不断加严的排放法规,稀燃 GDI 的实际应用逐渐减少。2005 年后以均质当量比为特点的第二代 GDI 汽油机开始成为主流,结合增压和 VVT 技术,能够兼顾降低油耗和满足排放法规两个目标。

3. 进气道喷射与混合气形成

1) 喷油器与喷油雾化

在喷雾和混合气制备过程中,喷油器起到了重要的作用。目前,气道喷射汽油机常采用电磁阀喷油器,喷油压力一般为中低压力(0.3~1.5 MPa),喷射方向一般指向气阀背面中央。进气道喷射的喷嘴形式多样,有轴针型和孔型,单束和多束,如图 6-40 所示。轴针型喷嘴形成一个锥形喷雾,雾化效果好。单孔型喷嘴喷出一束喷雾,油束锥角小,常用于单进气道的发动机。多孔型喷嘴喷出多股油雾,雾化细度与轴针型喷嘴相当。双喷束型喷嘴喷雾分成两束,在四气门发动机中将燃料分别喷入两个进气道中。

另外,喷嘴的设计和选型取决于很多因素,例如燃料特性、气道形状、喷射位置、喷射时刻、气道内气体温度、压力等。

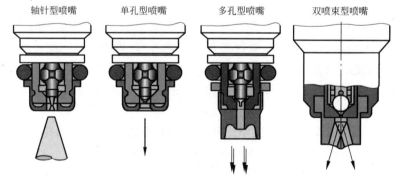

图 6-40 进气道喷射的喷嘴形式

2) 混合气形成过程

汽油机气道喷射如图 6-41 所示,其混合气形成过程十分复杂,包含喷雾,液滴的破碎、蒸发,油束碰壁,油膜的蒸发、剥离、流动以及混合气的湍流流动。

以最具代表性的进气门关闭喷射(闭阀喷射)为例,其混合气形成过程可分为两个阶段:

进气道中的喷油雾化蒸发和缸内蒸发混合。

（1）进气道喷油雾化与蒸发

如图 6-42 所示，在进气门关闭状态下，汽油被喷射到空气静止（或微弱脉动）的进气道中。由于喷油压力较低，燃料射束呈现较长的液柱阶段，在离喷嘴较长距离后才出现破碎和雾化，燃料液滴的索特平均直径 SMD 一般为 $100\sim400\mu m$。燃料喷雾一部分散布在进气道空间里，一部分冲击到高温的进气阀背面或进气道喉口内壁发生碰撞，在壁面形成油膜。进气冲程开始前就完成喷油，使燃料具有充足的汽化混合时间，同时利用进气道中的高温气氛和碰撞二次雾化来加快燃料雾化蒸发，因而可以获得均质程度最好的混合气。

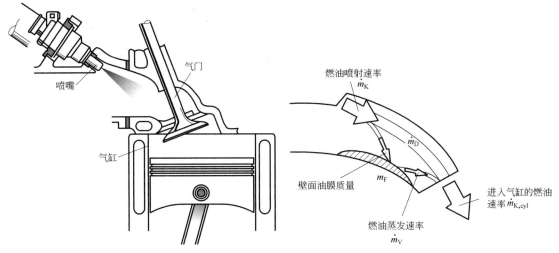

图 6-41　汽油进气道喷射示意图　　图 6-42　汽油进气道油膜蒸发示意图

燃料喷射过程中，蒸发主要集中在喷雾周围，沿喷射方向的燃料浓度最高。喷油结束后，气门附近一直存在大量油膜和油滴，进气门附近燃料蒸气浓度最高。在喷雾阶段燃料蒸发量主要来自散布于空间的油滴蒸发，该阶段油滴的蒸发量约为喷油量的 5%。喷油结束至进气门开启阶段，悬浮的油滴和油膜继续蒸发，但由于剩余燃料主要以油膜形式存在，而热机时气阀背面温度在 100℃ 以上，进气道壁面温度也高于冷却液温度，因此该阶段油膜的蒸发起主导作用。

油膜质量方程为

$$\frac{dm_F}{dt} = \dot{m}_N - \dot{m}_V \tag{6-20}$$

式中，m_F 为壁面油膜质量；$\dot{m}_N$ 为燃料凝聚速度；$\dot{m}_V$ 为燃料蒸发速率。

$$\dot{m}_V = f\dot{m}_K \tag{6-21}$$

式中，f 为凝聚系数；$\dot{m}_K$ 为燃料喷射速率。进入气缸内的燃料质量流率为

$$\dot{m}_{K,cyl} = \dot{m}_D + \dot{m}_V = (1-f)\dot{m}_K + \frac{1}{\tau}m_F \tag{6-22}$$

式中，$\dot{m}_D$ 为直接进入气缸的燃料流率；τ 为时间间隔。

（2）缸内蒸发混合

进气门开启后，气门附近较浓的混合气首先随气流运动进入缸内，缸内混合气浓度分布

极不均匀。如图6-43(a)所示,随活塞下行,缸内形成滚流,气流运动促进油气混合。随进气阀开启,油膜的蒸发速率明显提高,这是因为油膜和空气的相对运动速度加快,同时油滴蒸发速度也增加。到进气下止点时,缸内混合气的均匀程度改善,同时由于进气惯性使得进气道中的油气混合气继续顺进气门上沿流入缸内,靠近进气门侧的壁面处混合气相对较浓。

进气门关闭后,随活塞上行,缸内温度升高,湍流程度也逐渐提高,这些都加速了燃料的蒸发以及与空气的混合。这样,在经历了两个冲程以上的长时间(长于化油器)的混合气形成过程后,点火前的缸内混合气分布基本均匀,如图6-43(b)所示,仅狭缝处的混合气浓度稍偏低。在进气门附近混合气稍偏浓,这是由于气门周围存在少量挂壁油膜,在压缩冲程高温环境下蒸发加快引起。

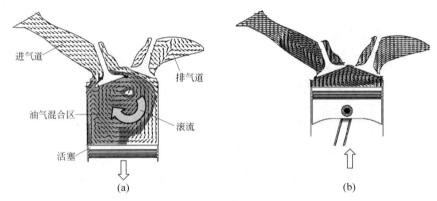

图 6-43 汽油在缸内的蒸发混合过程
(a) 进气过程;(b) 压缩过程

3) 混合气形成的控制策略

以上介绍了汽油机在中小负荷采用闭阀喷射时的混合气形成过程,但在大负荷工况时也会采用进气门开启时喷射(开阀喷射)的策略。

在进气门开启后,上循环气道内形成的混合气和本循环喷雾在进气流的作用下一起进入气缸,喷雾液滴直接进入缸内,在滚流的作用下边蒸发边混合。进气门关闭后的喷雾被截留在气道内等待下个循环进入气缸。由于直接进入缸内的喷雾液滴密度比混合气大,在进气滚流的作用下被甩向排气侧气缸壁面、活塞顶面和进气侧气缸壁面。由于液滴在缸内混合时间相对较短,到压缩上止点附近缸内混合气浓度分布并不均匀。

图 6-44 显示了某气道喷射发动机 MAP 中的喷射控制策略。不同工况下,尽可能保证喷油结束时刻在进气门开启前。为了获得最佳的混合气形成,怠速和小负荷工况采用闭阀喷射,在低速大负荷工况采用开阀喷射以获得最大充量和冷却混合气;在高速大负荷时,喷油器近似 720°CA 喷射以满足喷油量的需求。

6.5.2 汽油机燃烧过程及其特点

1. 汽油机燃烧过程分析

汽油机的燃烧属预混合燃烧方式,其特点是火花点火和火焰传播。本节应用示功图和燃烧放热规律分析等方法,介绍汽油机的燃烧过程及其主要特性,以及这些特性与发动机动力性、燃料经济性和排放特性的相互关系。

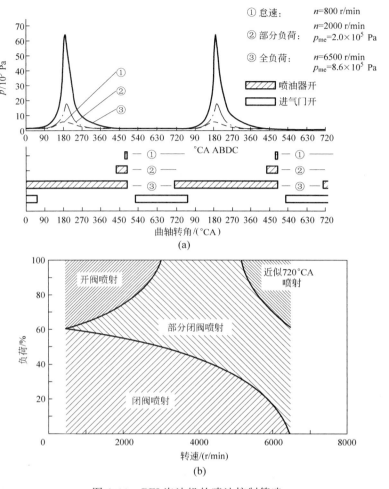

图 6-44 PFI汽油机的喷油控制策略
(a) 不同工况下喷油时刻；(b) 发动机 MAP 中的喷射策略

如图 6-45 所示，一般将汽油机燃烧过程分为三个阶段，分别称为着火落后期、明显燃烧期和后燃期。

1) 着火落后期

由火花塞开始点火的 A 点到气缸压力线脱离压缩线（虚线）的 B 点所界定的时期称为着火落后期，其长短用着火落后时间 τ_i 或着火落后角 φ_i 表示。

火花塞在上止点前 θ_{ig} 角（点火提前角）点火。火花点火使局部混合气温度骤然升高，同时部分燃料和空气分子被电离形成活性中心，属于前述的高温单阶段着火机理。火花出现数百微秒后，在电极周围形成一个直径 1~2 mm 的火核，并以层流火焰状态向周围扩展，即燃烧过程开始。燃烧造成的压力和温度升高，使缸内气体压力开始脱离压缩压力线，这标志着火落后期结束。一般汽油机的 φ_i 为 10°~20°CA。

对实际着火时刻的判断方法与柴油机相似，可以用示功图、放热率以及火焰高速摄影三种方法。由于没有像柴油机那样的燃料在着火落后期内蒸发形成负放热的现象，因而在汽油机上用放热率方法判定着火时刻时不像柴油机那样明显。为此，一般也常用5%累计放

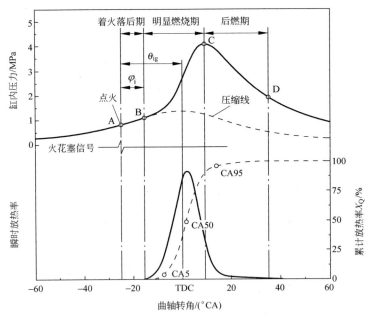

图 6-45　汽油机燃烧过程

热率对应的曲柄转角（CA5）作为着火时刻。

若能保证汽油机正常工作，着火落后期的长短对汽油机性能影响不大，这一点与柴油机不同。但着火落后期的长短不要离散过大，这是为了保证每循环中 B 点的位置相对稳定，由此使最高燃烧压力 p_{max} 所对应的角度相对稳定，发动机循环波动率（见后述）不至于过大。考虑到 p_{max} 出现在上止点稍后为最佳时刻，一般使 B 点出现在上止点前 12°～15°CA 较为合适。

火花点火过程是一极短的但又极为复杂的物理化学过程。图 6-46 示出了常规高压线圈点火系统工作时电流和电压随时间的变化，整个过程可分为击穿、电弧放电、辉光放电三个阶段。

（1）击穿阶段。点火线圈的次级电压作用在火花塞电极上，形成很高的电压（10～35 kV），击穿电极间隙内的混合气，形成一个很窄的（直径约 40 μm）圆柱状离子流通道，通道内电阻急剧下降，电流达到最大值（约 200 A），温度升高至 60 000 K，这一阶段的持续时间约 10 ns。

（2）电弧放电阶段。电弧放电的电压较低（50～100 V），电流仍较高，电弧中心区温度在 6000 K 左右，但离子化程度较低（约 1%），持续时间约 100 μs。

（3）辉光放电阶段。这一阶段的特征是电流低于 1 A，在阴极上有较大的电压降（300～500 V），温度下降至 3000 K 左右，离子化程度很低（低于 0.01%）。由图 6-47 可知，绝大部分的点火能量在该阶段放出，持续时间也最长，可达数毫秒。

在最佳点火条件（流速为零，混合气浓度略大于化学计量比，以及耗能量小的最佳火花塞电极间隙）下，一般点火能量只需 0.2 mJ；对于较稀或较浓的混合气，以及电极处混合气有较高流速时，点火能量也只需要 3 mJ；但为了使发动机在各种工况下都能点火成功，实际点火能量一般为 30～50 mJ，而高能点火系统可达 100 mJ。

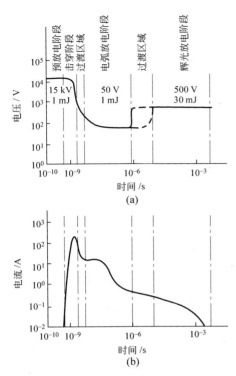
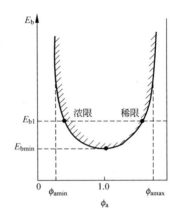

图 6-46 点火系统工作时电流和电压的变化　　图 6-47 过量空气系数 ϕ_a 对最小点火能量 E_b 的影响

保证点火成功的最小点火能量 E_b 的大小取决于诸多因素,如燃料特性、过量空气系数 ϕ_a、混合气温度和压力、气流运动、火花塞参数等。ϕ_a 对 E_b 的影响如图 6-47 所示,在 $\phi_a=1$ 时出现 E_b 的最小值,而 ϕ_a 过稀或过浓都会使 E_b 上升。任何一个 E_b 都有其浓限和稀限,当 E_b 加大到一定值后,存在可点燃混合气浓度的上限 ϕ_{amax}(稀限)和下限 ϕ_{amin}(浓限),对于汽油机分别为 1.3 和 0.5。

2) 明显燃烧期

由 B 点到 C 点(图 6-45)的期间称为明显燃烧期。在此期间,以火核为原点,火焰前锋面向各方向传播,直至扩展到整个燃烧室。燃烧放热主要在火焰前锋面上进行,在此期间 70%~90% 的燃料被烧掉。随燃烧的进行,缸内温度和压力很快升高,并达到最高燃烧压力 p_{max}。一般将 p_{max} 作为明显燃烧期的终点,由图 6-45 中可以看出,p_{max} 大约对应着 90% 的累计放热率。

与柴油机相同,汽油机的 p_{max} 及压力升高率 $\dfrac{dp}{d\varphi}$ 是与发动机性能密切相关的两个燃烧特性参数。该两参数升高,一般会使循环热效率和循环功增加,但 NO_x 排放、燃烧噪声、机械负荷及热负荷也会随之增加。一般汽油机的 $p_{max} \leqslant 5.0$ MPa,平均压力升高率 $\dfrac{dp}{d\varphi}=0.2 \sim 0.4$ MPa/(°CA),也有资料推荐 $\dfrac{dp}{d\varphi}<0.25$ MPa/(°CA)。

p_{max} 出现的时间(相位)也非常重要,一般希望 p_{max} 出现在上止点后 10°~15°CA。出现过早,则混合气着火必然过早,引起压缩过程负功增加;过晚,则等容度下降,循环热效率下降,同时散热损失也上升。p_{max} 出现的位置可用点火提前角 θ_{ig} 来控制,如图 6-48 所示。图中 MBT(minimum advance for best torque)可理解为对于最佳转矩的最小点火提前角,θ_{ig} 相对 MBT 过早或过晚都会造成有效平均压力(p_{me})降低。

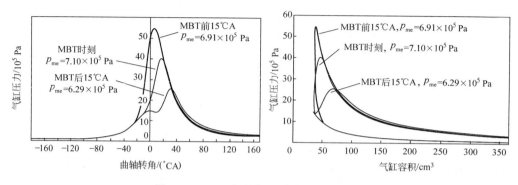

图 6-48　p_{max} 出现位置对示功图的影响

3) 后燃期

由 C 点到 D 点(图 6-45)的期间称为后燃期。在 C 点时,火焰前锋面已传播到燃烧室壁面,整个燃烧室被火焰充满。大部分燃料的燃烧放热已完成,因而继续燃烧的是火焰前锋面扫过后未完全燃烧的燃料以及壁面附近的未燃混合气。另外,高温裂解产生的 CO、OH 等成分,在膨胀过程中随温度下降又部分化合而放出热量。由于燃烧放热速率下降,加之气体膨胀做功,使缸内压力很快下降。

为保证高的循环热效率和循环功,应使后燃期尽可能短,以保证燃烧持续期在 $40°\sim 60°CA$ 范围之内。近年来随着汽油机热效率的提高,燃烧持续期逐渐缩短为 $40°CA$ 之内。但燃烧持续期过短时,对提高热效率的效果已不明显,反而会增加汽油机工作粗暴程度。

2. 汽油机与柴油机燃烧特性的比较

由以上讨论可以看出,汽油机燃烧放热特性与柴油机相比有明显不同。表 6-1 中列出了柴油机与汽油机燃烧过程主要特点对比,这些差别导致了它们在动力性、经济性、排放特性等各种性能方面的差别。

表 6-1　汽油机与柴油机燃烧过程主要特点对比

对比项目	汽油机	柴油机
着火	点燃,高温单阶段着火,单点着火	压燃,低温多阶段着火,多点同时着火
燃烧	火焰在均质预混合气中有序传播,燃烧柔和	两阶段燃烧,即无序的非均质预混合燃烧和扩散燃烧,燃烧较粗暴
后燃	混合均匀,因而后燃期较短	混合不均匀,因而后燃期较长
放热规律	燃烧放热先缓后急,燃烧持续期较短	燃烧放热先急后缓,燃烧持续期较长

图 6-49 给出了汽油机与柴油机的大负荷时的示功图及燃烧放热率,可以看出两者的形状有显著不同。首先,汽油机放热率曲线不管负荷大小均呈"单峰"形状(不管负荷大小),而柴油机在高负荷时往往呈"双峰"形状。因此在模拟计算时,可用单韦伯函数表示汽油机放热过程,而用双韦伯函数表示柴油机放热过程。其次,汽油机放热率曲线一般呈左右对称形

状,因此其放热率"重心"往往与50%累计放热率的相位(CA50)以及放热速率峰值大致重合,而柴油机无此明显规律。如6.4节分析柴油机燃烧时所述,放热率峰值一般对应最大压力升高率 $\left(\dfrac{\mathrm{d}p}{\mathrm{d}\varphi}\right)_{\max}$。CA50往往用来表示汽油机燃烧等容度,一般出现在上止点后 $5°\sim10°\mathrm{CA}$ 时热效率最高。由放热率曲线形状还可以看出,柴油机的初期放热率很急,这导致其放热率重心(或50%累计放热率点的相位)要早于汽油机。也就是说,柴油机的燃烧放热等容度实际上高于汽油机,这与第4章中的理论循环分析不完全一致。这也反映了近代柴油机采用高压喷射和燃烧室设计优化等技术导致其更趋于等容热力循环。

图6-50给出了EQ491汽油机不同负荷时的燃烧特性变化。随着负荷的增加,汽油机燃烧持续期缩短,而不是像柴油机那样增加。图中,右侧大负荷两个点的燃烧持续期略有增加,是因为防止爆震而推迟点火时刻造成的。由此可知,汽油机在中小负荷时的燃烧持续期会比柴油机明显拖长,加之上述初期放热率明显低于柴油机的特点,其燃烧放热等容度会更加低于柴油机。

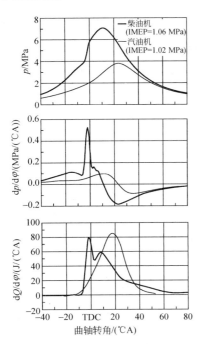

图 6-49 汽油机与柴油机燃烧放热规律的对比

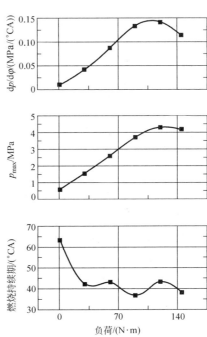

图 6-50 汽油机燃烧特性随负荷的变化

如图6-51所示,汽油机最佳点火提前角 θ_{ig} 随负荷减小而增加(提前),由于负荷减小意味着进气歧管真空度增加,因而也称为真空提前(图6-51(b))。随转速的上升,汽油机燃烧持续期增长(与柴油机相似),因而最佳点火时刻提前,也称为转速提前(图6-51(a))。电控汽油机(包括进气道喷射式和缸内直喷式)直接靠点火时刻MAP图来精确控制,基本可以保证各工况点处于最佳值。

6.5.3 汽油机异常燃烧

汽油机正常燃烧的特征是,火花点火引燃并以火核为中心的火焰有序传播。若设计或

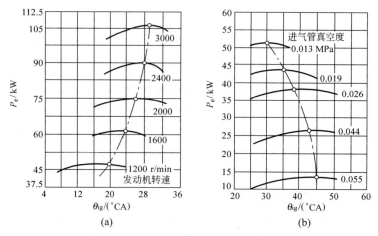

图 6-51 最佳点火提前角特性
(a) 节气门全开；(b) $n=1600$ r/min

控制不当，汽油机也会出现如爆震和表面点火等异常燃烧现象，这类不正常燃烧在柴油机中是没有的。同时，汽油机工作时会出现各循环之间的燃烧特性明显变动以及各气缸之间的燃烧特性差异，前者称为循环波动，后者称为各缸工作不均匀，这类不规则燃烧要比柴油机严重。这些不正常燃烧和不规则燃烧现象是导致汽油机热效率低于柴油机的重要原因。

以下分别介绍爆震、表面点火、循环波动以及各缸不均匀问题的基本成因和防治对策。

1. 爆震

1) 爆震现象

爆震是汽油机最主要的一种不正常燃烧，常在压缩比较高和大负荷时出现，一般直接表现为缸内高频压力振荡和相应的金属敲击声，因此爆震也通常被称为敲缸（knock 或 knocking）。长期以来，汽油机常规爆震（conventional knock）引发的压力振荡幅度通常低于 0.5 MPa，如图 6-52(b) 所示。近年来，在增压汽油机中出现了一种新的爆震形式，压力振荡幅度极大，甚至远高于 5 MPa，被称为超级爆震（super-knock），如图 6-52(c) 所示。现代汽油机同时受到常规爆震和超级爆震的限制，很大程度上爆震决定了发动机的可靠性、经济性、功率密度以及噪声与排放性能。

汽油机爆震时一般出现以下外部特征：

(1) 发出频率为 3000~7000 Hz 的金属振音；

(2) 冷却系统过热，气缸盖温度、冷却液温度和润滑油温度均明显上升；

(3) 轻微爆震时，发动机功率略有增加，但若不加以控制，爆震强度（压力振荡幅度）将会逐渐增强；

(4) 强烈爆震时，发动机功率下降和转速下降，工作不稳定，机身有较大振动；

(5) 爆震严重时，汽油机甚至冒黑烟，当长期处于爆震状态运行时，可能会出现活塞烧顶，活塞环粘连，拉缸，活塞环岸断裂，活塞顶衬垫漏气以及活塞头腐蚀等因热负荷过高造成的结构性破坏现象；

(6) 当出现超级爆震时，剧烈的压力振荡会使缸内零部件的机械负荷过高，并有可能一次冲击就造成缸内零部件的机械破坏，破坏形式以断裂为主。

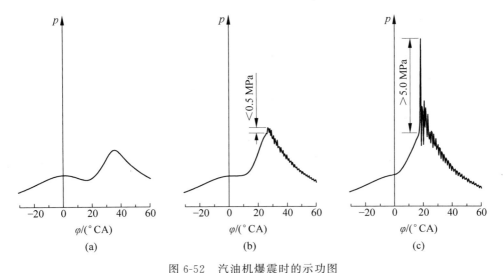

图 6-52 汽油机爆震时的示功图
(a) 正常燃烧；(b) 常规爆震；(c) 超级爆震

2) 爆震机理

(1) 常规爆震机理

如图 6-53 所示，火花塞点火后，火焰前锋面呈球面波形状以 30~70 m/s 的速度迅速向周围传播，缸内压力和温度急剧升高。燃烧产生的压力波（密波）以声速向周围传播，远在火焰前锋面之前到达燃烧室边缘区域，该区域的可燃混合气（即末端混合气）受到压缩和热辐射，其压力和温度上升，燃前化学反应加速。一般来说，这些都是正常现象，但如果这一反应过于迅速，则会使末端混合气在火焰前锋面到达之前即以低温多阶段方式开始自燃。由于这种着火方式类似柴油机，即在较大面积上多点并同时着火，因而放热速率极快，使局部区域的温度和压力陡增。这种类似阶跃的压力变化，形

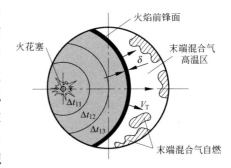

图 6-53 汽油机爆震机理

成燃烧室内往复传播的激波，猛烈撞击燃烧室壁面，使壁面产生振动，发出高频振音（即敲缸声），其频率主要取决于燃烧室尺寸（主要是缸径）和激波波速，这就是爆震。爆震发生时，火焰传播速度可陡然高达 100~300 m/s（轻微爆震）或 800~1000 m/s（强烈爆震）。

关于常规爆震的生成机理已从许多试验研究中得到了证实，用高速摄影（包括纹影和阴影方式）可以观察到发生在气缸壁面附近的自燃着火区域，采用缸内快速采样方法也在这些区域检测到了低温多阶段着火过程产生的过氧化物和醛类。

(2) 超级爆震机理

超级爆震发生时，末端混合气自燃形成了爆轰波（detonation wave）。爆轰波是一种激波和火焰面耦合传播的燃烧形式。对于过量空气系数为 1 的汽油混合气来说，爆轰波的传播速度约为 1800 m/s，远高于常规爆震的末端混合气自燃所形成的燃烧波和激波传播速度。爆轰波的成因主要与当地混合气的滞燃期梯度和声速有关。研究表明，超级爆震前一

定发生了早燃。早燃是火花点火前出现的着火燃烧。需要指出的是，早燃不一定会诱发超级爆震。除了超级爆震外，早燃还可能诱发强度较低的爆震，也可能不诱发爆震，主要取决于末端混合气是否能自燃以及自燃后引起的火焰传播形式。

早燃通常由缸内局部滞燃期较短的混合气发生自燃引起，此时这些局部混合气被称为热点。热点主要是侵入燃烧室内的悬浮机油颗粒或剥离沉积物颗粒。机油进入缸内的最主要途径是燃料喷雾碰壁稀释缸壁机油油膜。被燃料稀释的机油积存于活塞环岸缝隙内，当积存量较多时，会在活塞运动的惯性力作用下而被甩入缸内。相对于汽油，机油的滞燃期极短，容易自燃。当机油自燃引起早燃和超级爆震后，燃烧室表面的沉积物有可能会在超级爆震的压力振荡作用下脱落，漂浮于缸内。若这些脱落的沉积物颗粒能持续到后续循环而不被排出缸外，则其有可能经历完整的燃烧过程而被加热，形成热点并在后续循环内引燃混合气，形成早燃。

无论是由机油引起的早燃还是由沉积物颗粒引起的早燃，都存在一个生成→消耗→再生成→再消耗的过程，因此由早燃引起的超级爆震通常具有随机、间歇发生的特征，而不像常规爆震具有持续性且能自加强。

3）爆震危害

（1）热负荷及散热损失增加。爆震发生时，剧烈无序的放热使缸内温度明显升高，加之压力波的反复冲击破坏了燃烧室壁面的层流边界层和油膜，从而使燃气与燃烧室壁面之间的传热速率大大增加，散热损失增大，气缸盖及活塞顶部等处的热负荷上升，甚至造成铝合金活塞表面发生烧损及熔化（烧顶）。

（2）机械负荷增大。发生爆震时，最高燃烧压力和压力升高率都急剧增高，受压力波的剧烈冲击，相关零部件所受应力大幅增加，严重时会造成连杆轴瓦破损。

（3）动力性和经济性恶化。由于燃烧极不正常，以及散热损失大大增加，使循环热效率下降，导致功率和燃料消耗率恶化。

（4）磨损加剧。由于压力波冲击缸壁破坏了油膜层，导致活塞、气缸和活塞环磨损加剧。

（5）排气异常。爆震时产生的高温会引起燃烧产物的热裂解加速，严重时析出炭粒，排气产生黑烟，燃室壁面形成积炭，而这又构成了表面点火（见后述）的起因。

总之，爆震会给汽油机带来极大危害。为防止爆震，汽油机的压缩比一般不超过10～11，这是汽油机热效率显著低于柴油机的一个主要原因。

4）爆震的主要影响因素

（1）常规爆震控制策略

考虑到常规爆震的起因是混合气末端自燃，因此对于常规爆震而言，其控制策略即是尽量避免末端混合气发生自燃。如果由火核形成至火焰前锋传播到末端混合气为止所需时间为 t_1，由火核形成至末端混合气自燃着火所需时间为 t_2，由于爆震是在火焰前锋尚未到达时末端混合气发生自燃引起的，因而不发生爆震的充分必要条件是：$t_1 < t_2$。凡是使 t_1 减小和 t_2 延长的因素均可抑制爆震倾向，反之，均使爆震倾向增加。

图6-54给出了各种因素对 t_1 和 t_2 的影响，从中可以得出防止爆震的技术措施。概括起来为三类，即燃烧室结构参数、运转参数、燃料特性。由图可以看出，对于压缩比、点火提前角、残余废气系数、过量空气系数以及进气温度等因素的要求往往是矛盾的。实践表明，

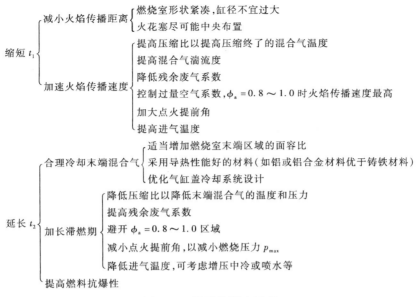

图 6-54 爆震的影响因素

这些矛盾因素中,加长滞燃期的效果更好,即降低压缩比、减小点火提前角、降低进气温度,采用稀混合气以及加大残余废气系数都会减轻爆震的倾向。

实际中,要在尽可能保证燃烧热效率的前提下减少爆震,作为最主要和最有效的方法是,适当减小点火提前角、降低压缩比、优化燃烧室设计,提高燃料抗爆性等。另外,电控技术的应用为抑制汽油机爆震提供了有力手段,通过爆震传感器感知爆震程度,反馈控制点火时刻,可以避免实际使用中爆震的发生。

(2) 超级爆震控制策略

考虑到超级爆震的诱因是早燃引发的爆轰所致,避免超级爆震最为有效的方法是减少早燃。抑制早燃首先可以从避免机油侵入缸内入手。如果能够优化燃料喷射策略,减少燃料碰壁则能大幅降低早燃可能性。其次,可以优化机油配方,包括使用低钙、钠及硫酸盐灰分,或使用含锌、锰量较高的机油,以降低机油自燃的可能性和形成燃烧室沉积物的可能性。另外,还可以优化燃料组分,使用低芳香烃和高挥发特性的燃料,以加快碰壁燃料蒸发,减少积存。从发动机设计角度,使用较高的活塞环预紧力以及优化的活塞环方向、采用低挥发性的机油、改进曲轴箱通风等措施对于抑制机油侵入成为早燃源也有一定作用。

降低缸内热负荷使机油和沉积物颗粒等早燃源不易自燃或形成热点,也可以降低早燃发生概率。常用的手段包括冷却 EGR 和扫气等。扫气除可以降低热负荷,还能将前序早燃循环产生的部分沉积物颗粒排出燃烧室,降低其成为热点的可能性。

2. 表面点火

在汽油机中,由燃烧室内炽热表面引起的着火称为表面点火(surface ignition)。表面点火使汽油机燃烧过程变得不可控,引发一系列不良后果。

1) 起因及危害

容易形成炽热表面的部位有排气门头部、火花塞裙部(温度可高达 800~900℃)、燃烧室内壁凸出部位等。另外,燃烧室壁面积炭的导热性差难以冷却,易形成炽热表面。有资料表明，含有铅化合物的积炭更容易引燃混合气，因为铅化合物的催化作用可使积炭着火温度由 600℃ 降低到 340℃。

发生在火花塞点火之前的表面点火也称早火（早燃，与引起超级爆震的早燃具有相同意义），反之则称为后火（后燃）。

早火对发动机的危害最大，由于早火使实际着火时间提前，并且这种炽热表面点火的面积远比火花塞点火时的大，一旦着火，火核面积和燃烧速度都较正常燃烧大得多，气缸压力和温度急剧增高，发动机工作粗暴。如图 6-55 所示，早火使压缩冲程的负功增大，动力性和经济性恶化。燃烧室热负荷和机械负荷增加，由于活塞和连杆等零部件在压缩冲程末期受到较大的冲击载荷产生振动，因而发出一种沉闷的低频敲缸声（600～1200 Hz），可与爆震时的高频敲击声相区分。减小点火提前角可以减轻和消除爆震，但无法消除表面点火引起的不正常燃烧。

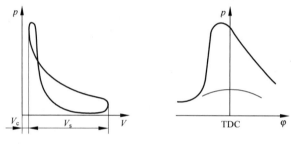

图 6-55 汽油机早火时的示功图

后火若不引发爆震，一般危害不大，甚至对循环热效率稍有改善，但会使燃烧温度逐渐升高，有演化为早火的可能。另外，有后火的发动机在停车以后，有时出现仍像有火花塞点火一样继续运转的现象，也被称为续走。

2) 影响因素和防止措施

凡是能促使燃烧室温度和压力升高以及积炭形成的因素，都能促成表面点火。例如，表面点火多发生在高压缩比（$\varepsilon > 9$）的强化汽油机上。此外，点火能量小的燃料也容易产生表面点火。苯、芳香烃、醇类燃料抗表火性较差；而异辛烷抗表火性好，抗爆性也好，所以是很优良的燃料成分。

防止表面点火的主要措施有：

(1) 防止燃烧室温度过高，这包括与降低爆震同样的方法，如降低压缩比和减小点火提前角等。

(2) 合理设计燃烧室形状，使排气门和火花塞等处得到合理冷却，避免尖角和突出部。

(3) 选用低沸点汽油，以减少重馏分（如芳香烃）形成积炭。

(4) 控制润滑油消耗率，因为润滑油容易在燃烧室内形成积炭，同时应选用成焦性较小的润滑油。

(5) 有些汽油和润滑油添加剂有消除或防止积炭作用。

(6) 提高燃料中抗表火性好的成分，如异辛烷等。

3. 循环波动

1) 现象及危害

实际汽油机的转速和转矩波动程度要比柴油机大得多，例如，汽油机的转速波动一般大于±10 r/min,而柴油机可稳定到±2 r/min。这种波动主要来源于各循环之间的燃烧过程的波动。如图6-56所示的例子,在10个循环的示功图采样中,最高燃烧压力 p_{max} 的波动范围是 2.5~3.5 MPa,p_{max} 的位置及着火时刻也都是变动的,基于这组示功图算出的最大放热速率 $\left(\dfrac{\mathrm{d}Q_B}{\mathrm{d}\varphi}\right)_{max}$ 的最大值与最小值相差两倍左右。

由于存在循环波动,对于每一循环,点火提前角和空燃比等参数都不可能调整到最佳值,因而使发动机的性能指标不可能得到充分优化。随着循环波动的加剧,燃烧不正常甚至失火的循环数逐渐增多,碳氢化合物等不完全燃烧产物增多,动力经济性下降。同时,由于燃烧过程不稳定,也使振动及噪声增大,零部件寿命下降。

2) 评价指标

由于气缸压力比较容易测量,因此常用最高燃烧压力 p_{max} 的循环波动率 δ_p 来评价循环波动的程度,其定义如下:

$$\delta_p = \left(\frac{\sigma_p}{\bar{p}_{max}}\right) \times 100\% \tag{6-23}$$

式中,σ_p 为 p_{max} 的标准偏差;$\bar{p}_{max}$ 为 p_{max} 的平均值。为获得有统计意义的结果,采样循环数应不少于 40~100,循环波动较大时应进一步加大采样循环数。一般认为循环波动率不应大于 10%,性能较好的汽油机一般不超过 7%。

除 p_{max} 之外,也可用示功图及燃烧放热率的其他特性参数来评价循环波动程度,如指示平均压力 IMEP、最高燃烧压力 p_{max} 所对应的曲轴转角、压力升高率 $\dfrac{\mathrm{d}p}{\mathrm{d}\varphi}$、着火时刻、最高燃烧速率以及燃烧持续角等。

图 6-57 以一台进气道电控喷射汽油机为例,分析了循环波动率对指示循环功的影响,试验是在节气门开度(TPS)为 7.8% 的小负荷进行。如果以完全燃烧放热的循环为基准(相对指示平均压力 $R_{IMEP}=100\%$),则循环波动率每增大 1 个单位,指示平均压力 IMEP 损失 1.5%。考虑到循环供油量基本是相同的,则指示热效率也会产生相同幅度的损失。一般柴油机的循环波动率仅有 2%~3%,因此循环波动也是导致汽油机热效率低的原因之一。

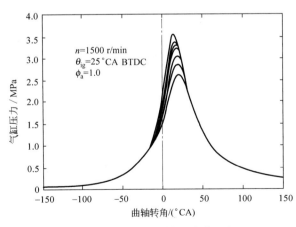

图 6-56 汽油机的循环波动现象

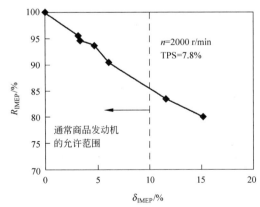

图 6-57 循环波动率对汽油机性能的影响

3) 产生原因

示功图分析结果表明，循环波动开始于燃烧初期，即主要是由各循环中火核形成前后到火焰前锋面充分发展之前的着火燃烧过程的差别引起的。有两个因素目前被认为是最重要的，即火花塞附近混合气成分波动和气体运动状态波动。

(1) 混合气成分波动。尽管汽油机的燃烧方式被称为预制均匀混合气燃烧，但这只是相对于柴油机燃烧来说，但微观上并不均匀。空气、燃料、废气不可能在短时间内完全混合均匀，这就会使火花塞附近的混合气成分随时间不断变化，因而着火落后期的长短和火核初始生长过程随循环产生变动。图 6-58 给出了在点火前火花塞电极处的空燃比波动情况，这是用快速采样方法测得的 50 个循环的试验结果，充分说明了火花塞附近存在显著的混合气浓度波动。

(2) 气体运动状态波动。燃烧室内气体的流场特别是湍流强度分布是极不均匀的，火花塞附

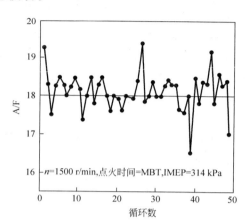

图 6-58　火花塞电极处的混合气浓度波动

近微元气体的运动速度和方向，将对火核的形成和初始生长速率有重要影响。流速过低，不利于火核的初始生长；而流速过高，散热加快，会使已生成的火核被吹灭；火核位置不同，也会使此后的火焰发展有差异。

尽管柴油机的混合气浓度和流速分布比汽油机更不均匀，但柴油机的着火可以出现在任何一个适于着火的点上，而且是多点同时自发着火，着火概率极高。而汽油机只可能在火花塞处的一点着火，一旦受到某种因素的影响使这一点的着火不完全成功甚至完全不成功，则整个循环的燃烧性能会明显恶化。

4) 影响因素及改善措施

(1) 过量空气系数 ϕ_a 的影响最大，一般 ϕ_a 为 0.8～1.0（最易点燃和燃烧的范围）时的循环波动率最小，过浓或过稀都会使循环波动率增大，这也是稀薄燃烧汽油机遇到的主要问题。

(2) 油气混合均匀程度有重要影响，而适当提高气流运动速度和湍流程度可改善混合气的均匀性。

(3) 残余废气系数 ϕ_r 过大，则循环波动率增大，除合理控制残余废气量之外，通过燃烧室合理设计和组织扫气以防止火花塞周围废气过浓也很重要。

(4) 发动机工况不同则循环波动率不同，一般低负荷（ϕ_r 会增大）和低转速（湍流程度会降低）时循环波动率增加。

(5) 提高点火能量或采用多点点火可降低循环波动率。如日产公司曾在 NAPS-Z 型发动机上采用双火花塞点火，使循环波动率由 11% 下降至 4%，燃料消耗率 b_e 降低 10% 左右。

6.5.4　汽油机燃烧室及其特性

燃烧室设计直接影响到充气系数、燃烧放热速率、散热损失、爆震以及循环波动率等，从而影响汽油机的各项主要性能。

1. 汽油机燃烧室设计基本原则

汽油机的主要问题是油耗高(排气污染可由三效催化剂来有效控制,详见第 7 章),因而其燃烧室设计的主要目标是提高循环热效率,具体措施包括提高压缩比、缩短燃烧持续期、减少散热损失和提高进气充量。主要设计原则如下。

1) 燃烧室结构紧凑

一般以面容比 F/V(燃烧室表面积与燃烧室容积之比,简称面容比)来表征燃烧室的紧凑性。F/V 越小,燃烧持续期越短,等容度越高;散热损失越小;火焰传播距离越短,不易发生爆震;壁面淬熄效应减小,HC 排放降低。图 6-59(e)所示的 L 形燃烧室,由于采用侧置气门,F/V 较大,因而只能在压缩比小于 7 的条件下正常工作,否则易发生爆震;而采用顶置气门的图 8-59(a)~(d)各种燃烧室的 F/V 较小,压缩比普遍达到 8~9 以上,火球形燃烧室的压缩比甚至达到 15。

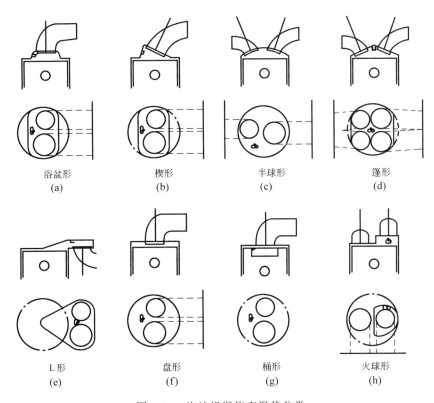

图 6-59 汽油机燃烧室形状分类

2) 燃烧室几何形状合理

合理的几何形状,有助于得到适宜的火焰传播速率和放热速率,如图 6-60 所示,方案(a)由于火焰开始传播时处于燃烧室截面较大区域,因而呈现出前急后缓的放热速率,而方案(c)形状相反,放热速率则前缓后急。另外,合理的几何形状还包括燃烧室廓线尽可能圆滑,以避免凸出部分产生局部热点导致表面着火。

3) 火花塞布置合理

火花塞位置会直接影响火焰传播距离的长短以及燃烧放热速率,而缩短火焰传播时间

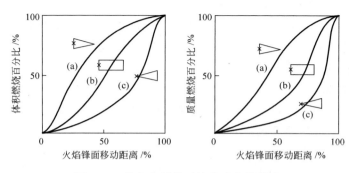

图 6-60　燃烧室形状对放热速率的影响

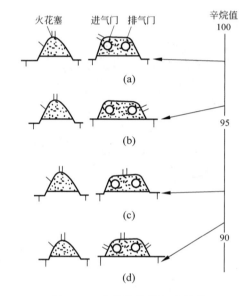

图 6-61　火花塞位置与辛烷值

(a) 火花塞靠近进气门处；(b) 火花塞靠近排气门处；(c) 火花塞在进、排气门间；(d) 采用三个火花塞

可以有效防止爆震并提高热效率。图 6-61 给出了不同火花塞设计位置对燃料辛烷值要求的变化，在相同压缩比条件下，随火花塞位置趋于合理以及采用双火花塞方案，对燃料辛烷值的要求降低。这种通过燃烧室合理设计降低燃料辛烷值要求的情况也被称为提高了"机械辛烷值"。对于使用中的汽油机，由于存在积炭，要求比图 6-61 中的辛烷值再提高 10~15 个单位。确定火花塞位置时一般要考虑以下几点：

(1) 火花塞至末端混合气距离最短，使得在相同压缩比时爆震可能性最小。

(2) 火花塞应靠近排气门布置，以避免末端混合气处温度过高而易出现爆震。

(3) 保证火花塞周围有足够的扫气气流，以充分清扫火花塞间隙处的残余废气，保证点火成功，这会使冷起动和低速低负荷时的工作稳定性好，循环波动率小，动力经济性和 HC 排放均会改善。

4) 组织合理的气流运动

强度适当的涡流或滚流特别是湍流可以使油气混合进一步均匀。湍流火焰传播速度要比层流的高数十至上百倍，提高混合气的湍流度可以明显提高燃烧速度，降低循环波动率，扩大混合气的稀燃界限,减小壁面淬熄层厚度使 HC 排放降低。但过强的气流运动会使散热损失增加,流动阻力增加,着火困难。有研究表明,图 6-59 中火球形燃烧室的压缩比虽然达到 15,但由于挤流过强,散热损失增大,油耗并没有比压缩比为 10.5 的篷型燃烧室有改善。

5) 有足够的进排气门流通截面

进排气门流通截面的增大,不仅使充气系数提高,还会使泵气损失下降。图 6-59 所示的各种燃烧室中,两气门布置时,楔形和半球形燃烧室相对来说容易得到较高的进排气门流通截面,而且气流也比较顺畅,不拐直角弯,阻力较小;而篷形的四气门布置有最大的进排气流通截面。

2. 典型燃烧室

如图 6-59(d) 和图 6-62(日产公司汽油机,压缩比为 10)所示,篷形燃烧室(pent roof)的形状如圆锥面的帐篷状,最便于四气门布置,这就使火花塞可以布置在燃烧室中央。篷形燃烧室 F/V 最小,火焰传播距离最短,由于四气门倾斜布置,进排气口截面积最大,充气系数高,一般不组织挤流,但可充分利用双进气道形成所需的进气涡流,或者利用进气道上翘的特点形成滚流。在常用的各种汽油机燃烧室中,动力性、燃料经济性以及高速适应性都最好。自 20 世纪 90 年代后期以来,国际上先进的轿车和轻型车汽油机大都采用四气门结构,因而篷形燃烧室成为最常用的燃烧室。

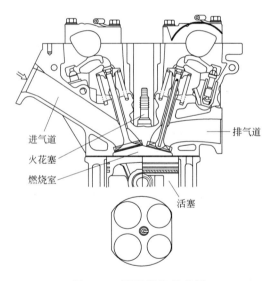

图 6-62 篷形燃烧室实例

多球形燃烧室与篷形燃烧室相似,燃室顶面呈球面状,并且气门及火花塞周围也各自呈球面状,因此称为多球形燃烧室。多球形燃烧室更有更好的流体力学特性,但设计加工复杂。

6.5.5 缸内直喷汽油机

缸内直喷(GDI)汽油机的燃料直接喷入燃烧室,从喷油到点火是混合气形成的时间。喷油时刻控制灵活,进气冲程早喷可以形成相对均匀的混合气,压缩冲程晚喷可以形成分层混合气,如图 6-63 所示。

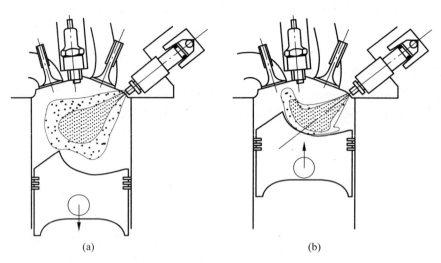

图 6-63 缸内直喷汽油机混合气形成模式
(a) 早喷均质模式;(b) 晚喷分层模式

1. 喷雾特性

由于 GDI 汽油机从喷油到点火的混合气形成时间相对气道喷射短,同时压缩冲程喷射时喷油背压高,因此 GDI 汽油机需要采用高压喷射。GDI 汽油机的喷油压力一般为 4～20 MPa,远高于 PFI 汽油机,喷雾粒径 SMD 为 10～30 μm。GDI 发动机有旋流式、多孔式以及外开式三种不同形式的喷嘴。

图 6-64 给出了不同形式喷嘴在不同背压和不同时刻的喷雾形态(室温,喷射压力为 0.1 MPa 和 0.6 MPa)。旋流喷嘴喷射时,燃料在喷孔内部被引导作旋流运动,由于离心力与喷射双重作用,燃料喷雾呈现中空圆锥形极薄液膜的特殊形状(图 6-64(a)),并伴有旋转运动,也称螺旋伞喷。其具有很快的扩散混合速度,很好地弥补了 GDI 汽油机混合气形成时间短于 PFI 汽油机的不利因素。这种喷雾形态的喷雾贯穿距离受背压影响较小,但随背压增加(空气密度升高),喷雾锥角会明显减小,造成伞状喷雾收缩以及混合速度变慢,容易形成较高的局部混合气浓度。

多孔喷嘴(图 6-64(b))喷出的各个喷束在贯穿距离内是彼此分开的,油束方向由喷嘴设计决定,散开角度不受背压影响,其喷雾贯穿距离随背压增大而略微变小。多孔喷嘴的主要缺陷是喷孔容易结焦堵塞,为获得好的雾化质量,需要比旋流喷嘴更高的喷油压力。

相比于前两种类型的喷嘴,外开式喷嘴的喷雾锥角最大(图 6-64(c))。通过和压电执行器组合,喷雾锥角几乎与背压无关,而喷雾贯穿距离受背压的影响很大。在喷雾锥的外缘形成环状回流区,有利于混合气形成并具有高度的一致性。对于喷雾引导的燃烧系统,在此区域适合布置火花塞。外开式喷射的优点是小的喷雾液滴直径和短的喷雾贯穿距离,而且相比多孔喷嘴,外开式喷嘴孔不容易结焦堵塞。外开式喷油器适合于喷雾引导的燃烧系统,但目前产业化应用的尚不多见。

GDI 喷油器类型的选择取决于发动机设计和混合气形成及燃烧过程的需要。

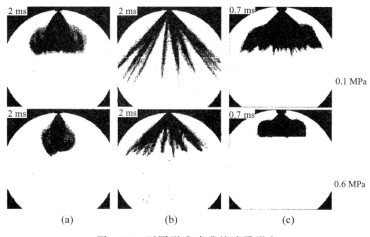

图 6-64　不同形式喷嘴的喷雾形态
(a) 旋流喷嘴；(b) 多孔喷嘴；(c) 外开式喷嘴

2. 分层稀燃 GDI 汽油机

在分层稀燃 GDI 汽油机中，混合气可以由多种方式从燃料喷雾区域输送到火花塞附近，燃料在此过程中要充分汽化并适当与空气混合，因此要保证一定的输送距离和混合时间，以避免未汽化的燃料液滴浸湿火花塞，以及保证着火时在火花塞周围的混合气浓度合适。其主要影响因素是火花塞位置、燃烧室形状、缸内气流运动状态、喷雾特性以及燃料输送距离等。根据这些影响因素，分层稀燃 GDI 的混合气形成方式可以分为三类，即喷雾引导、壁面引导和气流引导，如图 6-65 所示。

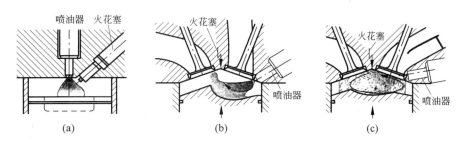

图 6-65　GDI 汽油机的三种混合气形成模式
(a) 喷雾引导；(b) 壁面引导；(c) 气流引导

1）喷雾引导

如图 6-65(a)所示，喷雾引导(spray-guided)依靠喷嘴喷雾将燃料输送到火花塞附近形成可燃混合气。喷雾引导系统中分层混合气主要取决于燃料喷雾特性，缸内空气运动无须特别关注。因此，燃烧室设计的原则是喷雾不受阻挡。最好采用竖直方向并接近气缸轴线的喷油器布置形式，以利于在燃烧室中心火花塞附近产生可燃混合气团。可燃混合气团被空气或空气/废气包围，以获得低的传热损失。点火的最佳位置是喷雾锥外层很薄的区域。如果燃料润湿火花塞会形成积炭导致火花塞过热和污染。在大负荷时，采用中心布置喷油器和紧凑性燃烧室可以获得良好的均质混合气并减少喷雾湿壁。

相比于其他直喷系统混合气形成方式，喷雾引导系统对喷嘴喷雾质量和混合气形成稳定提出了很高的要求。当然，对排放和油耗直喷潜力也是最好的。

2) 壁面引导

如图 8-65(b)所示,壁面引导(wall-guided)依靠燃烧室壁面将燃料输送到火花塞附近形成可燃混合气。通常通过一个特殊设计的活塞凹坑来引导浓混合气到火花塞附近。然而,在发动机运行中仅靠活塞凹坑难以达到满意的混合气输送效果,因此,还需要特殊设计气流运动来支持合理的混合气形成。气流运动带走壁面油膜处的浓混合气,使之输送到火花塞周围。为了避免后燃和不完全燃烧导致的高 HC 排放,燃料喷雾、活塞形状和气流运动需要优化设计。

复杂的活塞凹坑设计导致燃烧室形状不规则,这对于发动机全负荷运行是不利的。而对于冷起动,分层混合气也受到限制,因为蒸发过程受活塞顶面温度的影响显著。

3) 气流引导

如图 8-65(c)所示,气流引导(air-guided)依靠气流运动将燃料输送到火花塞附近形成可燃混合气。气流引导系统中喷油嘴和火花塞布置上通常有较大距离。燃料喷射是朝向点火源,而不是直接喷射在火花塞。燃烧室设计需要考虑喷雾形态和气流运动,燃料输送到火花塞主要是依靠缸内流动。由于避免了壁面油膜,这种系统在降低 HC 排放方面有很大的潜力。但在低速时气流运动太弱,不足以输送混合气到火花塞附近。因此,可以通过节流(增加了泵气损失)来提高气流运动强度,同时保证三效催化剂所需的排气温度。

当然,已有的 GDI 发动机混合气形成方式并非都能很清楚地列入上述三个主要形式。目前通过组合各种喷雾的概念,结合不同的气流运动形式(涡流、滚流、逆滚流)出现了多样的缸内直喷燃烧系统。另外,GDI 发动机产品系列化和生产工艺也限制了燃烧系统的多样性。

3. 典型稀燃 GDI 汽油机燃烧系统

大众公司 2001 年推出的燃料分层着火(FSI)汽油机(图 6-66),利用滚流阀来改变缸内流动结构,优化混合气形成过程。滚流阀位于进气道下部,低速时关闭滚流阀将进气道流通截面下半部分遮挡,空气经进气道上半部分高速直接进入气缸,产生强滚流,到压缩冲程末期形成强湍流,从而加快燃烧速度,提高热效率。中高转速时滚流阀完全打开,进气道获得全部的流通横截面,获得高的气缸充气量来实现目标功率。

采用多孔式喷油器。喷油器布置在进气侧。喷油器的每个油束可以单独设计方向,形成不同于传统旋流式喷油器的燃料束结构形状,避免了进气冲程期间早期喷油沾湿已打开的进气门,有利于获得混合气均质化,从而减少排放和循环波动。

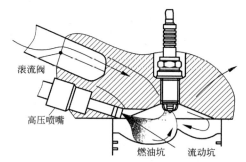

图 6-66 大众 FSI 燃烧系统

燃烧系统的特点是采用双滚流混合气形成方式。低负荷时,可燃混合气仅在进气门一侧的滚流区形成,中负荷时,喷油可到达包括排气门在内的区域,混合气在两个滚流区域都可生成。

4. 稀燃 GDI 与 PFI 汽油机比较

缸内直喷汽油机采用分层充量的燃烧过程与常规汽油机有很大的不同。图 6-67 显示了部分负荷工况的燃烧过程分析。对比常规汽油机工作过程,缸内直喷方式在燃烧初期显示出较快的放热速率。由于减小了散热损失,CA50点的相位要早于常规汽油机,同时燃烧终点也推迟。

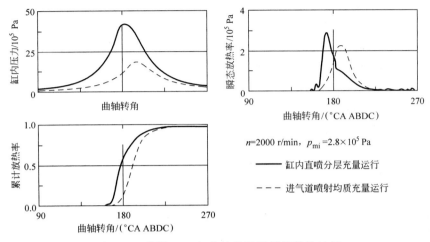

图 6-67 稀燃 GDI 与传统汽油机燃烧特性比较

图 6-68 显示了分层稀燃 GDI 与常规 PFI 汽油机在部分负荷工况有效燃料消耗率的对比。可以看出,分层稀燃 GDI 在低速低负荷时的油耗显示了很明显的优势。随着转速或者负荷的增加,油耗逐渐增加以至于最终与常规汽油机相当。在 NEDC 测试循环中,缸内直喷汽油机的燃料经济性可比常规汽油机提高 10%～14%。

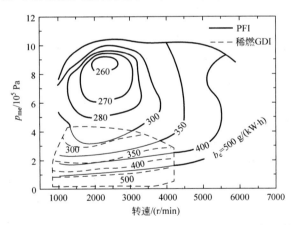

图 6-68 1.8 L 气道喷射与稀燃 GDI 汽油机的油耗比较

总之,稀燃 GDI 与常规汽油机相比,有以下优点:

(1) 由于燃料蒸发产生的冷却效果,高负荷的爆震倾向降低,压缩比可以提高(一般可由 10 提高到 12),由此可使燃料消耗率改善 2%～5%。同时,汽化冷却作用以及进气只有新鲜空气可以提高充量系数,使得最大转矩可以提高 5%左右。

(2) 采用稀薄混合气燃烧,气体的比热容比增大(大约由 1.3 增大到 1.4),可使理论循环的热效率提高 2%～5%。

(3) 部分负荷取消节气门截流,可减小泵气损失 15%。

(4) 稀薄燃烧可以降低燃烧温度,尤其是周边区域和燃烧室壁面附近的混合气燃烧温度较低,使壁面传热损失减小,这也是油耗降低的重要原因。

(5) 采用分层混合气和提高压缩比可以使燃烧放热速率提高,可使燃料消耗率改善2%～3%,而怠速改善10%以上。

(6) GDI汽油机没有燃料在进气道附壁现象,因而不存在混合气浓度变化时的响应滞后,使得加减速过程和冷起动过程的控制更灵敏。

(7) 在二冲程汽油机上采用GDI技术,能够解决扫气过程中油气混合气逃逸的问题,而这是二冲程汽油机的最大弊端,它导致了二冲程汽油机油耗过高。

分层稀燃GDI汽油机还存在以下问题:

(1) 无法用三效催化器(详见第7章),而稀燃催化剂成本高且尚不十分成熟,因而NO_x排放比PFI汽油机高。

(2) 组织分层混合气和燃烧过程的难度大,如壁面引导和空气引导需要设计复杂的燃烧室形状,而且很难保证全工况优化运行。

(3) 有时组织不好,HC排放会增加,甚至冒黑烟。

其他还有机械效率会有所降低等问题,这主要是因为高压油泵驱动耗功和缸内压力升高导致摩擦损失增大。

5. 均质当量比GDI汽油机

鉴于采用分层混合气稀薄燃烧方式难以解决排放问题,2005年后采用化学计量比以及均质混合气(均质当量比)工作模式的GDI发动机逐渐成为主流。均质当量比GDI发动机所有工况下均采用进气冲程早喷的混合方式,以形成均质混合气,并保持在化学计量比条件下工作,以适应三效催化剂的要求。由于燃料直喷雾化吸热使得缸内温度降低,充气系数提高2%～3%,爆震倾向的降低可以使压缩比提高1～2,从而可获得5%～10%燃料经济性改善。由于避开了稀燃催化剂和分层混合气控制等难题,从而可以像常规PFI汽油机一样满足严格的排放法规,提高了产业化的可行性。

1) 混合气形成过程

均质当量比GDI燃烧系统,一般采用双直进气道产生进气滚流,喷油器布置在进气侧的进气道下方(图6-69(a)),火花塞布置在燃烧室中心顶部,活塞顶部设计为平顶或带浅凹坑,见图6-69。这种燃烧系统布置形式有利于发动机缸盖整体设计,喷嘴工作温度较低,同时可以避免缸内喷射对火花塞的沾湿。均质当量比GDI燃烧系统也可采用喷油器中央布置的方案(图6-69(b)),这种方案的优点是燃料喷雾不易与进气门和气缸壁碰撞,对喷射时刻限制小,燃料喷到气缸壁面上导致机油被稀释的可能性也相对小,尤其适合于喷雾引导的燃烧系统。但由于喷油器和火花塞同时布置于气缸顶部,空间狭小,气缸盖设计复杂程度提高;同时由于喷嘴工作温度较高导致容易结焦积炭,影响工作的可靠性。

汽油机缸内直喷混合气形成过程与喷油时刻、喷雾形态、气流运动和燃烧室形状相关。下面以进气冲程早喷形成均质当量比混合气的燃烧模式为例进行分析。

燃料在进气冲程中进行缸内喷射,过早的喷射容易撞击活塞表面,而过晚的喷射又不利于油气充分混合,因此喷油时刻和喷油持续期视不同的工况和喷射压力而定。油束喷射后受到周围气流作用而不断雾化混合。由于GDI喷嘴通常采用较高的喷射压力,油束出口速度大,贯穿能力强,有利于燃料雾化,但其大的喷雾贯穿距也容易发生液滴撞击气缸壁面或活塞顶面,造成对缸壁的机油稀释或者HC排放增加,因此在燃烧系统设计时通常保证在缸

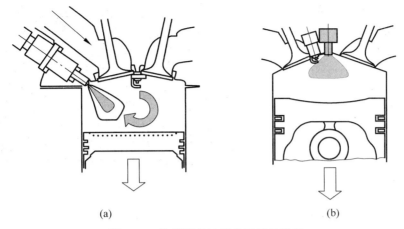

图 6-69 均质当量比燃烧系统示意图
(a) 喷嘴进气侧布置；(b) 喷嘴中央布置

内形成较强的滚流避免喷雾碰壁。进气门开启期间缸内形成顺时针方向旋转的滚流,而燃料从进气侧与缸壁成一定角度(约 45°)喷出。在滚流的作用下,油束被卷向进气侧气缸内壁,从而防止燃料直接撞击气缸壁面造成润滑油稀释。同时在滚流作用下促进燃料更大范围地在缸内散布,加快汽化以及与空气混合速度。到进气下止点时,缸内混合气浓度呈现进气侧和活塞顶较浓,排气侧和燃烧室顶较稀的分布。进气门关闭后活塞上行压缩,燃料与空气仍在滚流的作用下在缸内绕顺时针方向旋转并不断趋于宏观均匀。随着活塞继续压缩,缸内滚流被压扁、破碎,最终形成湍流,而湍流促进了燃料与空气的微观混合。在点火时刻前,缸内形成基本均匀的理论空燃比混合气。

2) 典型均质当量比 GDI 汽油机

大众公司 2005 年推出的机械和涡轮复合增压的 TSI(turbocharged superchagred injection)汽油机采用均质当量比燃烧模式。燃烧系统采用高压多孔喷嘴进气侧布置,火花塞布置在燃烧室篷顶中央,活塞顶进气侧设有浅凹坑。燃烧室紧凑,抗爆性好,在高达 0.25 MPa 的增压压力下允许压缩比达到 10,并可达到很高的动力性指标:有效平均压力 2.16 MPa；升转矩 172.6 N·m/L；升功率 90 kW/L。大众 1.4L TSI 汽油机油耗特性如图 6-70 所示,低油耗区域分布范围很宽,最低油耗在 235 g/(kW·h)以下。图中所示的道路负荷曲线显示,在车速很高时汽油机仍在油耗很低的运行区内工作。

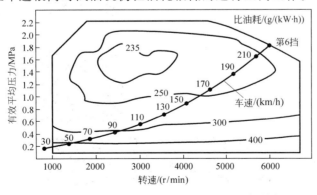

图 6-70 大众公司的 1.4L TSI 汽油机油耗特性

丰田公司 2016 年发布了 2.5 L L4 PFI-GDI 双喷汽油机（dynamic force engine,DFE）,DFE 采用均质当量比燃烧方式与新一代 D-4S 燃烧系统（图 6-71）,传统版压缩比为 13,混动版压缩比为 14 且峰值热效率为 41%。与搭载在丰田凯美瑞上的 2.5 L、10.4 压缩比汽油机相比,传统燃料版 DFE 在减少摩擦、传热损失,提高充气效率,改善燃烧质量等方面

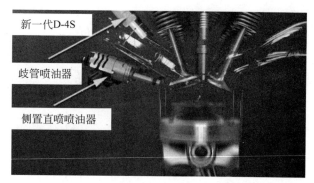

图 6-71 丰田 2.5 L DFE 燃烧系统

进行了综合优化,升功率由 54 kW/L 提升至 60 kW/L。传统版 DFE 在 6600 r/min 时达到 151 kW 峰值功率（混动版 130 kW,5700 r/min）,4800 r/min 时最大转矩为 250 N·m（混动版 220 N·m,3600～5200 r/min）。DFE 提升热效率具体措施有：进气组织方面,该机的冲程缸径比为 1.2,有利于流场充分发展,进、排气门夹角由 31°扩大为 41°,进气道拉直并优化形状,进气门直径增大（见图 6-72）,以平衡流量系数与滚流比的相悖关系;喷雾形状采用扇形设计,并与增强的进气气流进行优化匹配（见图 6-73）;延续使用冷却 EGR 技术,控制氮氧化物排放并减少泵气损失。此外,DFE 采用可变机油泵技术,机油量按需供给,进一步降低油耗,提高热效率。

图 6-72 进气门口形状优化

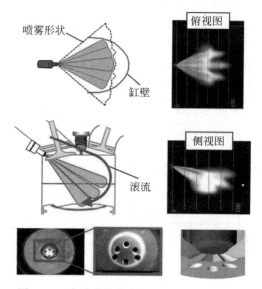

图 6-73 喷雾形状优化与非对称式喷孔设计

6.6 内燃机新燃烧模式

为了适应日益严峻的环境和能源问题,车用内燃机在努力提高热效率和降低排放的同时,也在不断地探索新的燃烧模式。

内燃机燃烧模式的划分有两个基本判别指标,即混合气形成方式和着火方式。混合气形成方式可分为两种,即均质混合气与非均质混合气,分别对应着预混合燃烧和扩散燃烧;而着火方式也可分为两种,即火花点燃和压缩自燃。

如图6-74所示,由两种混合气形成方式和两种着火方式可以形成四种基本燃烧模式。常规汽油机是均质混合气火花点燃(homogeneous charge spark ignition,HCSI)模式,常规柴油机是非均质混合气压燃(stratified charge compression ignition,SCCI)模式。缸内直喷分层稀燃汽油机(GDI)可以认为是一种非均质混合气火花点燃模式,或称分层混合气火花点火(stratified charge spark ignition,SCSI)模式。而目前仍为研究热点的均质混合气压缩着火(homogeneous charge compression ignition,HCCI)是第四种基本燃烧模式。本节主要介绍以高效低排放为特征的均质混合气压缩着火燃烧模式及其演化。

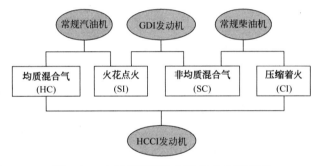

图 6-74 内燃机可能的四种基本燃烧模式

6.6.1 汽油均质混合气压燃

常规汽油机中的自燃现象是产生爆震的根源,往往是需要极力避免的,而汽油均质混合气压燃(HCCI)实际是一种燃烧速率可控的自燃着火燃烧过程,因此也被称为可控自燃着火(controlled auto ignition,CAI)。

HCCI燃烧现象最早于1979年由日本研究者Onishi等人在二冲程汽油机试验中发现,在一些中低负荷及中低转速工况时,不用火花点火也可以平稳运转;用高速摄影发现这种燃烧没有明显的火焰传播,混合气几乎是同时着火;用光谱分析在压缩冲程中发现了OH、CH和C_2等活性成分,这些活性基团可能对着火有促进作用。基于这些现象,他们称之为活化热氛围燃烧(ATAC)。

1983年,美国Wisconsin大学的Najt等人首次在四冲程汽油机上研究证实了采用外部EGR和进气加热可以实现汽油和异辛烷燃料的自燃着火的可行性。1989年,美国西南研究院的Thring等人第一次提出了均质混合气压缩着火(即HCCI)的概念。

1. 基本原理与特征

图6-75给出了汽油HCCI燃烧与传统火花点火燃烧的对比,结合这组高速纹影摄像图

片，可将汽油 HCCI 燃烧的特征总结如下。

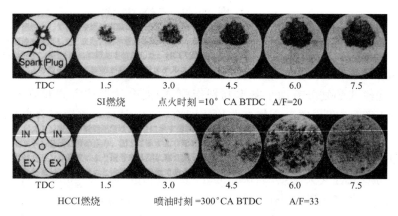

图 6-75　汽油 HCCI 燃烧的高速摄影

（1）HCCI 燃烧是多点大面积同时压缩着火，没有火焰传播前锋面，因而它可以在极短时间内（图中约 10°CA 以内）完成燃烧放热，其燃烧放热速率和等容度要远比常规火花点燃火焰传播的 HCSI 方式高得多，因而指示热效率和油耗会明显改善。

（2）HCCI 采用稀薄均匀混合气，并引入大量 EGR，因而局部燃烧温度可保持在 1800 K 以下，消除了热 NO 的基本生成条件。

（3）由于是稀薄燃烧，进气节流可大大减少或完全不节流（像 GDI 那样），改善了常规汽油机节流损失过高的弊端。

（4）采用均质稀薄混合气燃烧，理论上不生成炭烟。

上述诸项中，核心问题是均质、低温和快速放热三点。均质可以避免扩散燃烧引起的炭烟生成；低温燃烧使 NO_x 无法产生；而快速放热可以提高汽油机的热效率，而实现快速放热的最好方式是多点自燃。至于是否稀燃并不是必要的，因为这会限制功率密度；是否存在火焰传播也不重要，只要能保持整体放热速率较高即可。

HCCI 汽油机的油耗可以大幅降低，甚至降至柴油机的水平，其原因是 HCCI 燃烧能同时解决汽油机热效率低的五个问题：压缩比低、比热容比低、泵气损失大、燃烧等容度低以及循环波动率高。

但这种理想的燃烧方式在实际汽油机上很难控制其稳定燃烧。燃烧温度和压缩终点压力过低时，汽油混合气难以自燃着火，出现失火和着火时刻极不稳定等现象；燃烧温度和压缩终点压力过高时，着火时刻过于提前以及燃烧速率过快，出现粗暴燃烧等现象。因此，如何控制 HCCI 的着火和燃烧速率问题是目前研究的重点。

2. 着火控制方法

对于内燃机这类以极高频率周期性进行着火—燃烧—熄火—再着火的高速燃烧过程来说，如果没有一个强制性的着火控制手段，则燃烧是无法稳定进行的。传统的柴油机用喷油时刻来控制着火时刻，传统的汽油机用火花点火时刻来控制着火时刻，因此，HCCI 燃烧也必须有可靠的强制性着火控制手段。

如果说传统柴油机燃烧速率受混合气形成速度控制，传统汽油机燃烧速率受火焰传播速度控制，则 HCCI 燃烧速率主要受化学动力学反应速度控制，因为它是以预先完成混合以及所有区域同时着火(理论上)方式进行的。

由式(6-12)所示的阿累尼乌斯公式等化学反应基本理论可知,化学反应过程主要受温度、压力、反应物成分和浓度影响。其中,温度起到了最主要的作用。因此许多研究者认为HCCI 的着火主要是一个如何控制温度问题,这曾造成了开始时大量研究工作集中在温度控制方法上,如提高进气温度、提高压缩比等。但这些方法在实际内燃机上很难响应敏捷地变化,因而无法应对工况的快速变化。后来,用内部 EGR 和混合气浓度控制着火的思路逐渐被提出,而这些又是容易实现人为地强制性控制的手段,这样就使可选择的控制途径增多了。因此,控制汽油 HCCI 着火和燃烧的原则发展为温度、浓度和组分协同控制。目前汽油HCCI 燃烧控制的主要方法有以下几种。

1) 提高进气温度

进气温度是影响 HCCI 燃烧最显著的参数,也是研究最多的参数。一般采用电加热的方法控制进气温度,在初期的许多基础性研究中最常用这种方法。当发动机转速和负荷变化时,为保持合理的燃烧相位,最佳进气温度也需随之快速变化,而进气加热方法难以适合频繁变工况工作的车用发动机,但也有些研究者利用废气回热的方法对进气温度进行快速热管理。

2) 提高压缩比

提高压缩比可以提高压缩终点温度使汽油混合气自燃,汽油机若实现压缩着火一般要将压缩比提高到 15~18 以上,但能使低负荷稳定着火的压缩比往往会引起高负荷时的爆震。因此,一般是将压缩比提高到 11~12,同时引入一定量的热 EGR,使压缩终点的缸内温度达到汽油自燃着火条件。最理想的方法是可变压缩比,但目前尚未有实用技术,仅有的几种也存在结构复杂以及可变范围小的问题。

3) 采用废气再循环

汽油 HCCI 燃烧中,废气再循环(EGR)的主要作用有两点:提高进气温度和压缩终了温度,以利于自燃着火;利用本身含有的不活性成分来控制燃烧速率不过高,以实现低温燃烧。同时,EGR 也可以使新鲜充量降低,有利于中、小负荷时提高节气门开度,减小进气节流损失。但仅靠 EGR 所提高的进气温度是有限的,而内部 EGR 可以大幅提高缸内温度。

用负阀重叠(negative valve overlap,NVO)的方法可以形成内部 EGR。对比图 6-76 中的常规气门相位(实线及左示意图)和负阀重叠相位(虚线及右示意图)可以看出,所谓NVO 就是,通过排气门早关以及进气门晚开的方法,形成不充分排气,使得缸内残留一定量的高温废气。NVO 为汽油 HCCI 着火控制提供了一个成本低、响应快的有效手段。NVO 可以用连续可变升程和相位的进排气门系统实现,也可以用两段凸轮切换的方式实现。

在进气冲程中再次开启排气门,可以使新鲜充量和排气道中热废气同时被吸入气缸,也是一种实现内部 EGR 方法,但比 NVO 方法要复杂。

4) 活化氛围

在负阀重叠 NVO 期间,由于活塞上行压缩废气,缸内温度再次升高,这时如果喷入少量燃料,则会在高温缺氧条件下发生不完全氧化反应,会生成大量的 CO、H_2、OH、CH_2O 以及过氧化物等活性成分或反应中间产物,这些成分会使随后的着火变得容易。这种方法被称为活化氛围法。

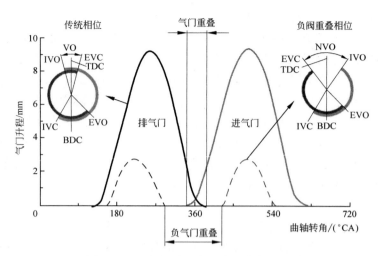

图 6-76　用负阀重叠方法实现内部 EGR

3. 汽油 HCCI 产业化难点

1) 着火难以控制

尽管已开发了上述各种控制方法,但汽油 HCCI 的稳定着火(不失火)和着火时刻控制仍比常规汽油机困难,控制精度也需进一步提高。为此,可能有必要采用闭环反馈控制甚至分缸独立的反馈控制,这需要研究适合的燃烧参数作为反馈信号(缸压、火焰离子电流或转矩波动等),由此也会导致电控系统复杂性和成本上升。当然也可以考虑提高着火燃烧的鲁棒性,以降低控制要求。

2) 燃烧速率难以控制

由于压缩比明显提高和大面积自燃着火,HCCI 汽油机高负荷时容易出现粗暴燃烧和爆震,目前尚缺乏有效的控制方法。

3) 运行工况范围窄

目前汽油 HCCI 燃烧模式可运行的工况范围大约为 $p_{me} \leqslant 0.5$ MPa、$n \leqslant 3500$ r/min(基本覆盖了轻型车和轿车最常用的工况),如图 6-77 所示。为此,可采用多燃烧模式复合的方法。起动时使用 SI 燃烧模式,在中、小负荷下使用 HCCI 燃烧模式,在高负荷时回到汽油机常规 SI 燃烧模式。而 HCCI 与 SI 模式之间,还可以有 SICI 燃烧模式。当然,这又带来了各燃烧模式之间圆滑切换的问题。

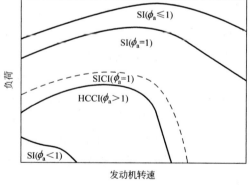

图 6-77　多燃烧模式复合的工况平面

6.6.2　柴油均质混合气压燃

1. 基本原理

由基本燃烧原理可知,炭烟和颗粒物(PM)是柴油机扩散燃烧方式的固有产物,而汽油机由于采用预混合燃烧一般不出现。尽管柴油机混合气总体上很稀($\phi_a > 1.2$),但实际上存在许多局部过浓易产生炭烟的区域和局部偏稀易产生 NO_x 区域,即关键问题是扩散燃烧的非均质特性。因此,应用均质混合气压缩着火 HCCI 的概念,理论上可以基本消除炭烟和 PM 排放。

图 6-78 是在柴油 HCCI 燃烧研究中常用的 ϕ-T 图曲线,它给出了混合气浓度(ϕ)和燃烧温度(T)对炭烟及 NO_x 生成的影响。常规柴油机由于喷雾周边高温富氧燃烧产生大量 NO_x,喷雾核心区在较高温度下过浓缺氧燃烧产生炭烟,因此,NO_x 和 PM 排放呈现相悖

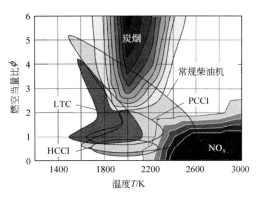

图 6-78 柴油机燃烧的 ϕ-T 图

(trade-off)关系,无法同时降低这两种有害物排放。HCCI 燃烧发生在低温稀燃范围(T<2000 K,ϕ<1),同时避开了 NO_x 和炭烟的生成区域,但 ϕ-T 区域狭小,难以控制。图 6-78 中的低温燃烧(LTC)和部分预混燃烧(PCCI)可以看作 HCCI 燃烧概念的拓展,这在后文中介绍。

2. 着火控制方法

汽油因为物理稳定性不好而化学稳定性好,容易形成均质混合气而不容易自燃着火,因而汽油 HCCI 的主要难点是控制 CI(压缩着火)的问题,而柴油的理化特性相反,因而柴油 HCCI 的主要难点是控制 HC(均质混合气)的问题。

在柴油机上实现 HCCI 燃烧的主要方法有:采用雾化速度更快的喷油方法,如更多的喷孔或类似稀燃 GDI 那样的伞喷油嘴;提前喷油,使燃料在着火前有充分的蒸发混合时间;推迟喷油,并想方设法大幅延长滞燃期,以形成均质混合气。

1)提前喷油

丰田公司在 1995 年开发的 UNIBUS(uniform bulky combustion system)燃烧系统是一个典型的提前喷油 HCCI 系统。它大幅提前喷油时刻,采用喷雾锥角为 60°的轴针型喷嘴,以形成贯穿距小、喷雾范围大、油粒细而均匀的喷雾。在喷油时刻提前至上止点前 50°CA 时可以使炭烟和 NO_x 同时降至接近零,但 THC 排放明显恶化,功率下降,并且只能在较小负荷下运行。在以后的研究中,UNIBUS 燃烧采用了两次喷射的策略,进一步拓展了负荷范围。

2)推迟喷油

作为推迟喷油的典型实例是日产公司 1996 年开发的 MK(modulated kinetics)燃烧系统,其主要特点是大幅推迟喷油时间至上止点附近,采用涡流比为 3~5 的强进气涡流以及采用高达 45% 的 EGR(O_2 浓度显著下降)。EGR 在这里不仅是推迟和控制着火落后期长短的手段,而且是控制燃烧速率和燃烧温度以抑制 NO_x 产生的对策技术。图 6-79 给出了实现 MK 燃烧过程的主要技术路线及排放降低效果,NO_x 降低到原机水平的 1/12 左右,炭烟由 2 BSU 降至几乎为 0,HC 也降低了 50% 左右。

图 6-80 给出了 MK 燃烧过程的示功图和燃烧放热率。原机的放热率呈现出一般 DI 柴油机初期放热率高以及预混和扩散两阶段燃烧的特征(以图 6-80(b)中 c 点为分界)。MK 燃烧由于推迟喷油和 EGR 的阻燃作用,在上止点后 10°CA 才开始着火,放热率上升较缓,且峰值也明显降低,放热率形状接近正三角形,与一般汽油机的放热率形状接近,因而其最

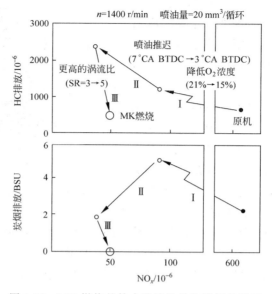

图 6-79 MK 燃烧的技术路线及排放降低的效果

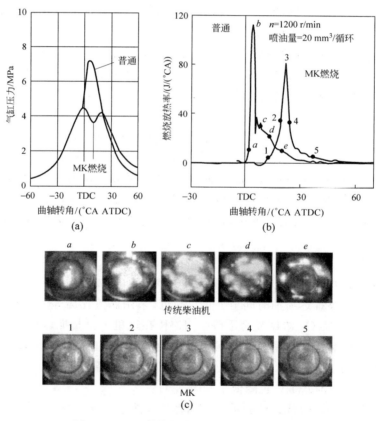

图 6-80 MK 燃烧与常规柴油机燃烧的对比
（a）示功图；（b）燃烧放热率；（c）燃烧过程高速摄影

高燃烧压力甚至低于压缩压力(图6-80(a)),$\dfrac{\mathrm{d}p}{\mathrm{d}\varphi}$也很低。从图6-80(c)的燃烧过程高速摄影(与图6-80(b)中各点对应)也可看出,MK燃烧火焰呈现出透明度高、亮度低以及颜色均匀等预混合燃烧的特点,基本不出现一般柴油机中由炭粒造成的明亮光焰。

3. 柴油HCCI的主要难点

尽管已研究出一些有效的柴油HCCI混合气快速形成方法,同时柴油着火相对容易,但仍存在一些与汽油HCCI相似的共性问题。这主要是着火时刻和燃烧速率控制问题,由于这些问题,柴油HCCI燃烧要在宽广的转速及负荷工况平面上运行还有较大难度,控制不好,甚至出现油耗恶化。另外,HC和CO排放比常规柴油机燃烧有明显增加。由于柴油HCCI燃烧尚难以在全工况平面内实现,因而不用后处理仍然无法满足国四(欧Ⅳ)及其以上排放法规。

6.6.3 HCCI燃烧模式的演化

1. 火花点火辅助压燃

HCCI本来的概念是"自燃",但一些研究中发现火花点火辅助可以提高某些工况下HCCI的着火稳定性。同时,研究者还推测,当可燃混合气被压缩至接近临界着火状态时,用火花点火首先产生局部区域的着火和燃烧,由此放出的热量会引起其余混合气的后续自燃着火,因此,火花点火有可能是一种控制汽油HCCI着火的有效手段。

后来的试验结果证明了这种可能性。如图6-81(a)所示,火花点火使得燃烧出现两阶段放热,第一段放热速率比较平缓,是由火花点火和一定范围内的火焰传播造成的(图6-81(a)中SI区间);第二段放热速率很快,是由剩余混合气同时自燃造成的(图6-81(a)中CI区间)。因此称这种燃烧为点燃压燃(spark ignition-compression ignition,SICI)燃烧。SICI与上述混合气浓度控制方法相结合,可以更好地控制着火时刻以及最高放热速率(因而也控制了最高压升率)等燃烧特性。由图6-81(b)可以看出,SICI燃烧时的NO_x排放和油耗(ISFC)介于传统火花点火燃烧(SI)与HCCI燃烧之间。另外的研究工作还证明,在一定混合气浓度和热力条件下,随点火时间提前而着火时刻提前,两者近乎呈线性关系。同时,火

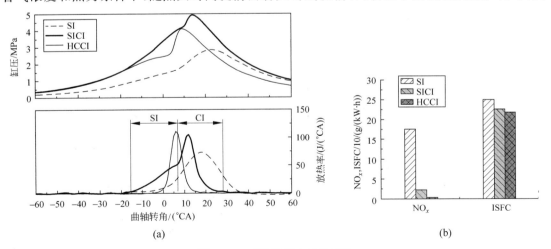

图6-81 三种燃烧方式的对比
(a)缸压及燃烧放热率对比;(b)NO_x和指示燃料消耗率对比

花点火的辅助使得燃烧更加稳定，循环波动减小。

清华大学 2005 年开发了火花辅助分层压燃燃烧系统（assisted spark stratified compression ignition，ASSCI）。其主要技术特征如图 6-82 所示，在 GDI 发动机基础上通过多次喷射与负阀重叠 NVO 以及火花点火相结合，可根据工况不同分别实现完全的 HCCI 燃烧、活化氛围燃烧（RCCI）、分层混合气控制燃烧（SCCI）以及火花点火辅助压燃（SICI）等多种汽油自燃着火燃烧方式，其中 NVO 是用一个循环内完成切换的双凸轮系统实现，这就使 HCCI 燃烧模式与传统 SI 燃烧模式能够快速切换。

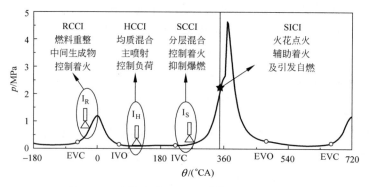

图 6-82 清华大学 ASSCI 燃烧系统控制概念

图 6-83 给出了 ASSCI 燃烧系统在一台四缸汽油机上取得的试验结果。相对于传统进气道喷射（PFI）汽油机，中、小负荷的油耗降低 10%～30%，NO_x 降低 99%，循环波动率明显优于传统汽油机（图 6-83(c) 和 (d)），达到柴油机的燃烧稳定性。

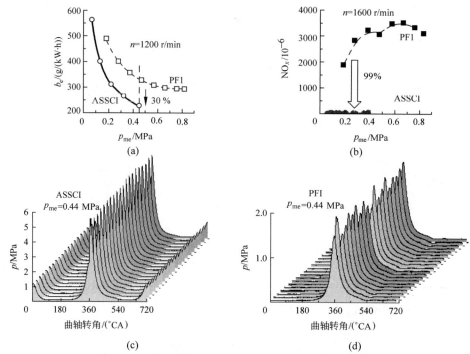

图 6-83 ASSCI 燃烧系统改善油耗与 NO_x 排放的效果
(a) 油耗；(b) NO_x 排放；(c) ASSCI 燃烧波动；(d) PFI 燃烧波动

ASSCI 燃烧的核心思想是：燃烧初期，在燃烧室中心浓混合气区域中火花点火，形成稳定火核后产生局部火焰传播；燃烧中后期，由于中心火焰的压缩加热作用，燃烧室周围稀混合气在活塞下行做功时出现温和自燃。既控制了 HCCI 着火时刻，又不出现剧烈放热和压力震荡——"爆而不震"。目前，这种在直喷汽油机上火花点火辅助压燃的燃烧概念已经成为实现汽油均质压燃新燃烧的最重要的控制技术之一。如马自达近年来推出的 SKYACTIVE-X 发动机，采用了火花点火控制 HCCI 燃烧，称为火花控制压缩着火（spark controlled compression ignition，SPCCI）燃烧方式，见图 6-84。

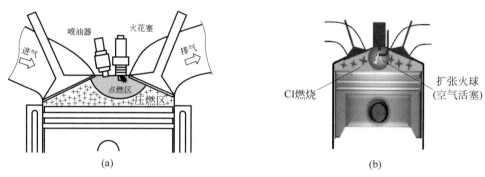

图 6-84　清华大学火花辅助分层压燃与马自达汽车公司火花控制压燃技术
(a) 火花辅助分层压燃 ASSCI 燃烧；(b) SKYACTIVE-X 发动机 SPCCI 燃烧

2. 低温预混合燃烧

近年来，国内外研究者逐渐认识到，完全均质的混合气对于柴油机是很难实现的，吸取"均质"和"低温"的思想，而未必要达到理想的 HCCI 程度，可能更现实。因此，预混压燃（premixed charge compression ignition，PCCI）、低温燃烧（low temperature combustion，LTC）等概念相继出现。

PCCI 燃烧通过增强预混合以同时避开 NO_x 和炭烟的生成区域，在 ϕ-T 图上的分布形状与常规柴油机燃烧相似，混合气浓度和燃烧温度范围相对较窄（图 6-78），但比 HCCI 燃烧模式的范围宽。

LTC 燃烧不强调均质混合气，燃烧室内可以存在局部过浓区域。LTC 燃烧在 ϕ-T 图（图 6-78）上的分布形状与常规柴油机燃烧相似，但分布区域移到了炭烟半岛的低温一侧。LTC 燃烧通过 EGR 或稀燃来同时避开 NO_x 和炭烟的生成区域。

图 6-85 给出了 2006 年瑞典 Lund 大学在重型柴油机上的研究结果，通过大量冷却 EGR 和较低的压缩比使滞燃期延长，以实现部分燃料的预混合燃烧，称为部分预混燃烧（partially premixed combustion，PPC）。随着 EGR 量的增加，NO_x 逐渐减小，HC 和 CO 排放逐渐增加，但炭烟排放先增加后减少。为了实现低 NO_x 和炭烟排放，PPC 需要引入非常多的 EGR（70% 以上），造成混合气

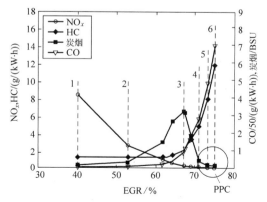

图 6-85　PPC 燃烧方式下的排放特性
（IMEP=0.8 MPa）

功率密度下降。为此,要在全工况平面下使用 PPC 燃烧,需要结合高增压(0.5 MPa)、高 EGR 率(70%以上)以及高的喷射压力(18 MPa)的"三高"技术。

由于燃料着火延迟期随混合气浓度的不同而变化,因此也可以通过缸内直喷形成不同浓度的混合气来控制压燃的着火时刻。近年来,研究者逐渐认识到,这种混合气浓度分层还能够实现一定程度的顺序着火,从而有效地降低 HCCI 燃烧速率,拓展压燃的运行工况范围。如图 6-86 所示,根据混合气的不同预混程度,研究者命名了多种新型先进压燃概念(advanced compression ignition,ACI)以体现和传统柴油机燃烧(conventional diesel combustion,CDC)相比的改进,比如以美国 Sandia 国家实验室为代表的部分燃油分层(partial fuel stratification,PFS),以瑞典 Lund 大学为代表的部分预混燃烧(partially premixed combustion,PPC),以沙特 Aramco 公司为代表的部分预混压燃(partially premixed compression Ignition,PPCI)和以清华大学为代表的多段预混压燃(multiple premixed compression Ignition,MPCI)等。这些燃烧模式依然延续着 HCCI"预混"和"低温"的思想,尽量同时避开 NO_x 和炭烟的生成区域,但是不同的混合气形成策略又导致各自独特的燃烧与排放特性。在燃料的选择上,相比于柴油燃料,汽油类燃料由于其高挥发性和低活性,更多地被新型压燃概念所采用。

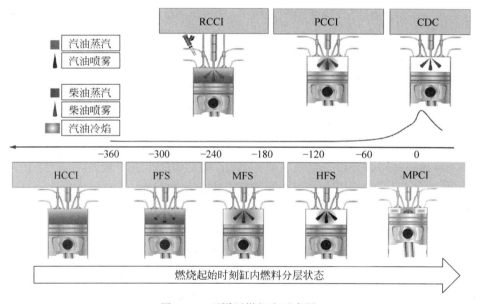

图 6-86 不同压燃概念示意图

这里以 PPCI 和 MPCI 为例,介绍先进压燃模式的燃烧策略。PPCI 模式采用压缩冲程单次或多次直喷,同时配合内部或外部 EGR 的使用,在缸内形成分层预混和顺序放热,一般喷油过程在着火前会全部完成;而 MPCI 模式则采用多次直喷,部分燃料在第一阶段燃烧后喷入缸内,形成分区多阶段放热。图 6-87 对比了不同负荷下 PPCI 和 MPCI 模式的缸压和瞬时放热率。PPCI 一般只有单个放热峰,而 MPCI 模式出现多个放热峰。在低负荷时,MPCI 模式存在第一阶段混合气浓度过稀的问题,燃烧稳定性差,燃烧效率低,CO 和 HC 排放高,热效率低于 PPCI;在中高负荷时,MPCI 的多段放热特征可以显著降低压力升高率,达到比 PPCI 模式更高的负荷,同时 MPCI 模式降低了燃烧温度,使得相同 EGR 条件

下的 NO_x 排放也低于 PPCI 模式;在高发动机转速时,MPCI 模式中第二阶段喷射的燃料预混时间短,存在扩散燃烧和高炭烟排放的风险。因此,在整个发动机工况平面,往往不能使用单一燃烧模式,而应根据工况的不同,选择多种燃烧模式的组合。

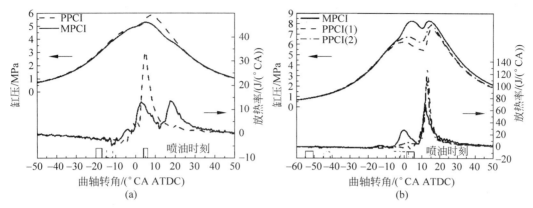

图 6-87　PPCI 和 MPCI 模式下缸压和瞬时放热率($n=1600$ r/min)
(a) 低负荷;(b) 中高负荷

新型压燃概念大多采用低温燃烧,可以同时实现低 NO_x 和炭烟排放,以及较低的传热损失。但是低温燃烧的实现离不开高 EGR 率和高增压的使用,由此带来的高流动损失一定程度上削弱了这些燃烧模式热效率上的优势。而低排气温度也增加了涡轮增压器高效工作和后处理装置起燃的难度。因此,实际应用新型压燃模式对进排气系统和后处理系统的设计带来了非常大的挑战。

3. 双燃料燃烧

1) 均质预混合气引燃(HCII)

图 6-74 所讨论的四种燃烧模式是在单一燃料条件下实现的,如果使用两种燃料,则可以实现更多的燃烧模式。均质混合气引燃(homogeneous charge induced ignition,HCII)也是一种极有特色的燃烧模式,其基本思路是"高辛烷值易挥发燃料形成均质混合气+高十六烷值燃料引发多点着火",需要同时采用着火和蒸发特性差别较大的两种燃料,也可认为是第五种燃烧模式。高辛烷值燃料可以是汽油、甲醇和乙醇以及 LPG 和 CNG,高十六烷值燃料可以是柴油和二甲醚等。HCII 相比 HCCI 燃烧,着火时间更易控制,失火概率很小,但需要两套供油及喷射系统。在此以汽油和柴油两种燃料为例,介绍 HCII 燃烧模式的基本原理和主要性能。由于汽油的辛烷值显著低于醇类和天然气燃料,因而用汽油实现 HCII 燃烧的难度最大。

图 6-88 给出了汽油/柴油 HCII 燃烧系统示意图。利用普通的电控低压喷射系统在进气道内喷射汽油,在缸内形成汽油均质混合气;然后在压缩终了喷入柴油作为引燃燃料。多点大面积的柴油燃烧形成多点火核中心和火焰传播区域,可获得较高的燃烧放热速率,而柴油的喷射量和喷雾分布形态可以控制燃烧速率。如图 6-89 所示,当汽油在总燃料

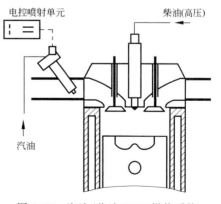

图 6-88　汽油/柴油 HCII 燃烧系统

中的质量比 $\dfrac{G}{G+D}=72\%$ 时,呈现明显的汽油"单峰"放热特征,最大放热速率甚至超过柴油(质量比为0)。随着汽油与柴油比例变化,放热速率峰值和形状都发生明显变化,由此可以控制燃烧速率。由高速摄影可以观察到,随汽油比例的增加,柴油喷雾着火点出现的区域由燃烧室中心向壁面拓展,呈现中心与周边同时着火的特征。

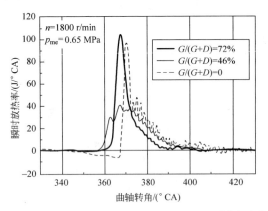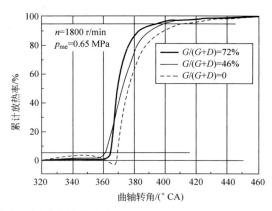

图 6-89 不同汽油与柴油比例时的放热速率

HCII 燃烧模式也存在一些问题,如 THC 排放明显高于柴油机(但低于汽油机),尤其是在小负荷时,这是预混合燃烧的共同弱点;大负荷时容易爆震,其原因与汽油机爆震相似。此外,对于 CNG/柴油、LPG/柴油及醇/柴油等双燃料的组合,从燃烧组织形式上也可归结为 HCII 燃烧方式,其中很多规律是具有共性的。

2) 活性可控压燃

活性可控压燃(reactivity controlled compression ignition,RCCI)是一种使用至少两种不同活性的燃料在缸内混合,并利用多次喷射策略和合理的 EGR 率控制缸内活性来优化燃烧相位、持续期和压力升高率,从而获得高热效率及低 NO_x 和炭烟排放的双燃料发动机燃烧技术。RCCI 的燃烧过程是首先向进气道喷射低活性的燃料并与空气进行混合,然后在缸内早喷高活性的燃料以控制缸内的活性分布,最终在上止点附近实现高度预混的压缩自燃。RCCI 燃烧和 HCCI 燃烧一样属于低温稀燃范围,能够同时避开 NO_x 和炭烟的生成区域(图 6-78)。但 RCCI 燃烧模式相对于 HCCI 燃烧可以实现对燃烧过程的有效控制。图 6-90 所示为 RCCI 燃烧和传统柴油燃烧的缸压曲线及放热率对比,IMEP 约为 0.9 MPa,其中 RCCI 燃烧的汽油比例约为 90%。相对于传统柴油机,RCCI 燃烧能够较大幅度提升热效率,并实现 NO_x 和炭烟的近零排放,但会引起压力升高率的提升。

3) HCII 燃烧与 RCCI 燃烧对比

HCII 燃烧和 RCCI 燃烧是目前最主要的两种双燃料燃烧模式,它们的实现形式非常接近,均是在进气道喷射易挥发的低活性燃料,在缸内直喷难挥发的高活性燃料,最终在上止点附近压缩自燃。然而,二者又存在着一些重要的区别,认识到这些区别将有助于在不同的工况选择合适的双燃料策略。如表 6-2 所示,HCII 燃烧和 RCCI 燃烧最本质的区别在于柴油主喷的喷射时刻。HCII 燃烧更加强调"引"燃,因此其柴油主喷时刻更加靠近上止点,通过柴油的自燃直接引燃周围的汽油混合气,燃烧的可控性较高,整个过程中柴油并没有全部与汽油进行预混,因此 HCII 燃烧中还存在着一定程度的扩散燃烧,正因如此,HCII 燃烧可

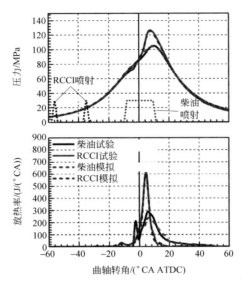

图 6-90 RCCI 燃烧和常规柴油燃烧的缸压曲线及放热率对比率

以通过增加柴油喷射量将发动机负荷拓展至高负荷,甚至是全负荷。另外,无论采用几次喷射的策略,RCCI 燃烧的柴油喷射时刻一般都较早(一般早于上止点前 30°CA),从而保证柴油能够与汽油混合气进行充分预混,柴油所在区域的活性较高,着火开始于活性更高的区域并向周围传播,因此该模式下的燃烧相位并不受柴油喷射时刻的直接控制,同时这种高度预混压燃模式的负荷范围也将受到粗暴燃烧的限制。

表 6-2 HCII 燃烧和 RCCI 燃烧的区别

燃烧模式	柴油喷射时刻	着火方式	可控性	燃烧类型	负荷拓展
HCII	近上止点	柴油引燃	强	预混+扩散	可拓展至高负荷
RCCI	早喷(<−30°CA)	活性控制	较弱	预混	难以拓展至高负荷

4. 燃料和燃烧模式联合优化

以上新燃烧模式利用了预混压燃形成低温燃烧快速放热的特征,对燃料的滞燃期和着火性有一定的要求。根据燃料的着火性和燃料供给方式,可将目前新燃烧模式使用的燃料分成三类:

(1) 高辛烷值燃料。这类燃料主要以常规汽油为主,RON 值一般在 90 以上。部分研究者会根据试验需求,添加小比例的其他燃料,或者使用标准参考燃料(PRF)燃料,RON 值一般控制在 87 以上。采用这类燃料的目的是充分利用高辛烷值燃料滞燃期长的优点,在着火燃烧前,让燃料和空气充分混合,提高混合气的预混度。例如,德尔福(Delphi)公司使用 RON 91 的汽油进行汽油直喷压燃(GDCI)试验,可以在宽工况范围内运行,最低 BSFC 为 213 g/(kW·h),最大 BMEP 可达到 2.03 MPa。

这类燃料在大负荷时,由于预混程度高,在降低炭烟排放方面也有一定的优势。这类燃料的主要缺点在于冷起动和小负荷工况,由于燃料活性低,冷起动和小负荷时往往会燃烧不稳定,导致发动机循环波动系数过大,甚至失火停机,CO 和 HC 排放也会明显增加。

（2）低辛烷值燃料。这类燃料主要有两种获取方式：一种方法是在石油炼制过程中，直接获取馏程低于汽油的馏分，如石脑油等，或者是未经催化重整的轻汽油馏分，即低辛烷值汽油。这种方法对石油炼制过程影响较小，甚至由于取消了催化重整后续工艺，获取成本低于常规汽油。另一种获取方法是将两种辛烷值差异较大的燃料混合，以获得适宜 RON 值的燃料。典型的做法是将常规汽油和常规柴油进行混合，根据混合比例的不同，RON 值范围可介于常规汽油和柴油之间。伯明翰大学研究者将这种由常规汽油和柴油直接混合获得的燃料称为"Dieseline"。低辛烷值燃料的着火性优于高辛烷值燃料，在冷起动和小负荷时有明显的优势。但目前研究者对于低辛烷值燃料合适的 RON 值范围仍未达成一致的意见，不同研究者的观点各不相同，有待进一步研究。

（3）"高辛烷值＋低辛烷值"双燃料组合。这类燃料通常应用于 RCCI 和 HCII 模式，即在进气道内和缸内分别喷射两种不同活性的燃料，形成活性不同的混合气，在上止点附近实现压缩着火燃烧。由于同时需要两种不同辛烷值的燃料，使用的燃料范围更加广泛，常见的燃料包括常规汽油、柴油、乙醇汽油、生物柴油、PRF 燃料、正丁醇、正戊醇、正庚烷、异辛烷、异丙醇等。这类双燃料组合的优势在于可以同时利用两种燃料的优点，例如汽油燃料的长滞燃期和柴油燃料的强着火性，能更好地适应多种工况。缺点在于双燃料系统控制复杂，若控制不当，会导致燃烧恶化，损害燃油经济性和排放。

上述三类燃料使用的燃料供给方式和燃油喷射系统中，第一类高辛烷值燃料和第二类低辛烷值燃料均使用单油箱供给和单一喷射系统，第三类双燃料组合需要使用双油箱供给和两套燃油喷射系统，因此从生产成本、使用成本、控制复杂度等角度考虑，双燃料组合处于劣势。在两种单燃料方案中，高辛烷值燃料的优势在于可以直接使用目前市场上销售的汽油，对发动机的改动较小，并且由于燃料与空气的预混时间充足，可以使用低压喷射系统，降低成本；低辛烷值燃料的优点在于冷起动和小负荷工况，能实现稳定燃烧，并且对温度和压力变化相对不敏感，另一个优点是炼油成本低于高辛烷值燃料。

思考与练习题

6-1 利用热着火理论，解释为什么存在可燃混合气着火的浓限与稀限？此界限与何种因素有关？

6-2 利用链式反应着火理论解释滞燃期的形成机理。

6-3 描述高压喷雾油束的几何形状与其内油粒大小和分布的特点，并指出贯穿特性与雾化特性有哪些评价指标？它们对柴油机性能会产生什么影响？

6-4 什么是燃烧放热率？它需要已知和测试哪些数据才能计算获得？

6-5 一台转速为 1200 r/min 的汽油机的缸径是 10.2 cm，火花塞距气缸中心线的偏置为 6 mm。火花塞在上止点前 20°CA 开始跳火，此后经历了 6.5°CA 燃烧过程开始进入火焰传播阶段，且平均火焰速度为 15.8 m/s。计算：

(1) 火焰开始传播后燃烧过程所经历的时间（即火焰前锋面到达最远的气缸壁面所需的时间）（单位 s）；

(2) 燃烧过程结束时所对应的曲轴转角。

6-6 一台大型柴油机的工作转速为 310 r/min,采用直喷式燃烧室,缸径为 26 cm,冲程为 73 cm,压缩比为 16.5∶1。每个气缸中燃料喷射在上止点前 21°CA 开始,喷油持续时间为 0.019 s,滞燃期为 0.0065 s。计算:
(1) 以发动机曲轴转角计的滞燃期长度;
(2) 燃烧开始时刻所对应的曲轴转角;
(3) 喷油结束时刻所对应的曲轴转角。

6-7 某一 4 缸排量 2.8 L 柴油机的喷油器喷孔为 4×0.2 mm,转速为 1400 r/min 时的有效平均压力为 0.75 MPa,有效燃料消耗率为 220 g/(kW·h),该工况下喷油时的气缸压力为 2.5 MPa。试计算喷油压力分别为 50 MPa、90 MPa、130 MPa 时的喷雾分裂距离和分裂时间,以及喷油后 20°CA 时的贯穿距离、喷雾锥角、索特粒径;并分析喷油压力对喷雾特性的影响。假设此工况条件下,柴油密度为 850 kg/m³,空气密度为 11.85 kg/m³,空气粘度为 3.56×10⁻⁵ kg/(m·s)(注意公式单位:L_p—m;t_b—ms;SMD—μm;基于高压容器模拟结果)。

6-8 柴油机燃烧过程滞燃期的定义,影响柴油机滞燃期的影响因素有哪些?

6-9 试述直喷式柴油机喷油规律、混合气形成速率(气流与喷雾)和燃烧放热规律之间的相互关系。并由此阐明控制柴油机放热规律的主要手段有哪些?

6-10 柴油机燃烧中的"双峰"现象随负荷变化会怎样变化?为什么?

6-11 柴油机燃烧室中一般有哪几种气流出现?它们产生的原理是什么?燃烧室气流对性能有何促进作用?又带来何种不利影响?

6-12 全面分析比较直喷(统一)式燃烧室与非直喷(分隔)式燃烧室的结构、工作原理差别与性能优缺点。为什么现在倾向于发展直喷式燃烧室?

6-13 为什么柴油机的燃烧噪声要比汽油机大得多?降低柴油机燃烧噪声的主要技术对策是什么?

6-14 影响柴油机冷起动性能的主要因素有哪些?应采取哪些措施来解决低温冷起动困难的问题?

6-15 $\dfrac{dp}{d\varphi}$ 对 NO_x 有什么影响?为什么?为了降低 NO_x 可采取哪些措施优化 $\dfrac{dp}{d\varphi}$?这时会对其他主要性能产生何种影响?

6-16 一辆柴油机卡车每英里消耗 100 g 的轻质柴油燃料(假设为 $C_{12}H_{22}$)。燃料中一半的碳元素以炭烟的形式排出。假设这辆卡车每年行驶 15 000 mile,那么每年会有多少碳以炭烟形式排出?(单位 kg/年)

6-17 一台内燃机的进气门采用了可变气门正时技术,但所有转速下排气门的开启时刻均为下止点前 31°CA,关闭时刻均为上止点后 20°CA。希望在发动机的转速为 3000 r/min 时有 0.004 s 的气门重叠期;而在转速为 1200 r/min 时具有 0.002 s 的气门重叠期。计算:
(1) 内燃机转速为 3000 r/min 时进气门的开启时刻(单位°CA BTDC);
(2) 内燃机转速为 1200 r/min 时进气门的开启时刻(单位°CA ATDC)。

6-18 一辆汽车装配了一台排量为 3.2 L 的 5 缸四冲程柴油机,其工作转速为 2400 r/min。该柴油机燃用轻柴油,且燃料喷射过程发生在上止点前 20°CA 到上止点后 5°CA 的

时段内。该柴油机的充量系数为 0.95,燃空当量比是 0.80。计算:
(1) 每次喷油的持续时间;
(2) 燃料流经喷油器时的质量流量。

6-19 何谓汽油机的不正常燃烧?不正常燃烧有几种?它们产生的原因有何差别?

6-20 什么是汽油机的爆震?它出现时有何特征?有何危害?如何解释这一不正常的燃烧现象?

6-21 控制汽油机出现爆震的基本原则是什么?根据这些原则,可以采取哪些具体措施?汽油机在什么转速和负荷最容易出现爆震?

6-22 柴油机初期的粗暴燃烧和汽油机末端混合气爆震本质是否相同?为什么?由此说明汽油机和柴油机对燃料自燃性能要求截然相反的原因。

6-23 出现汽油机不正常燃烧时,如何判断它是爆震还是早燃?

6-24 汽油机缸内的气流运动主要有哪几种形式?分析各种空气运动形式对汽油机燃烧过程的影响。

6-25 均质当量比 GDI 和分层稀燃 GDI 汽油机各有什么特点?这两种缸内直喷汽油机的应用前景如何?

6-26 一台汽油机的工作转速为 2400 r/min,在此转速下火花塞在上止点前 20°CA 时跳火。火焰传播过程从上止点前 10°CA 时开始,并持续 0.001 667 s,计算:
(1) 以曲轴转角计的火焰传播持续时间;
(2) 以 s 计的滞燃期长度;
(3) 火焰传播过程结束时所对应的曲轴转角(单位°CA ATDC)。

6-27 一台 2.0 L 排量的 4 缸汽油机采用开式燃烧室,其工作转速为 3500 r/min,燃用化学计量比的汽油燃料。在该转速下,发动机的充量系数为 93%,燃烧效率为 98%,指示热效率是 47%,机械效率是 86%。计算:
(1) 有效功率,kW;
(2) 有效平均压力,kPa;
(3) 从汽油机中排出的未燃燃料的质量流量,kg/h;
(4) 有效燃料消耗率,g/(kW·h)。

6-28 一台 2.4 L 排量的 4 缸四冲程汽油机是多点进气道燃料喷射的,即每缸对应一个喷油器。其喷油器是恒定流量的,因而喷入燃料的多少是靠喷油脉宽控制的。在节气门全开(WOT)工况下,喷油器持续喷射,此时发动机能够输出最大功率。在此种情况下,发动机的转速为 5800 r/min,进气压力为 101 kPa,汽油按照化学计量比燃烧。而在急速时,汽油机的转速是 600 r/min,进气压力为 30 kPa,汽油也是按照化学计量比进行燃烧的。可以认为 WOT 工况下的充量系数为 95%。计算:
(1) 单个喷嘴中燃料的质量流量(单位 kg/s);
(2) 急速工况下以 s 计的喷油脉宽;
(3) 急速工况下以曲轴转角计的喷油脉宽。

6-29 一台排量为 4.8 L 的四冲程 V8 GDI 汽油机的工作转速为 4200 r/min,每循环每缸有两次汽油缸内喷射过程,总体上的空燃比为 28∶1。每缸的第 1 次喷射包含总喷射油量的 1/4,且发生在进气冲程末期到压缩冲程初期即下止点前 10°CA 到下止点后

80°CA 的时段内。第 2 次喷射将剩余油量喷到接近火花塞的地方,喷射时段为接近火花点火时刻的上止点前 70°CA 到上止点前 30°CA。采用机械增压使得该转速下的充量系数为 98%。计算:

(1) 发动机单位时间的燃油消耗量;
(2) 第 1 次燃料喷射所持续的时间;
(3) 第 1 次喷射时的平均喷油速率;
(4) 第 2 次喷射时的平均喷油速率。

6-30 一台大型低压缩比汽油机的火花塞安装在缸径为 24 cm 的气缸中部(即在火焰传播过程中火焰历经的距离为 12 cm)。当转速为 1200 r/min 时,火花塞在上止点前 19°CA 时开始跳火,且火焰速度(V_f)与转速(n)之间满足如下比例关系:$V_f \propto 0.80n$。在所有转速下从火花塞跳火到火焰开始传播所经历的时间均为 0.001 25 s。可以假定所有燃烧均发生在火焰传播过程中。该汽油机的冲程为 35 cm,压缩比为 8.2,连杆长度是 74 cm。计算:

(1) 火焰开始传播时所对应的曲轴转角(单位°CA BTDC);
(2) 火焰传播过程结束时所对应的曲轴转角(单位°CA ATDC),1200 r/min 时的火焰速度为 $V_f = 48$ m/s;
(3) 为使 2400 r/min 时的燃烧过程结束时刻所对应的曲轴转角与 1200 r/min 时的相同,则所要求的火花塞跳火时刻对应的曲轴转角(单位°CA BTDC)是多少?
(4) 1200 r/min 下燃烧过程结束时活塞的瞬时速度(单位 m/s);
(5) 燃烧过程结束时燃烧室内的容积(单位 m³)。

6-31 一辆重卡装配了一台排量为 380 in³ 的机械增压式 V10 汽油机,采用了可变压缩比技术。该汽油机按照两种模式运行:起动和爬坡时的大负荷工作模式以及在水平车道上巡航行驶时的小负荷工作模式。两种工作模式下的运行条件分别如下表所示:

	大 负 荷	小 负 荷
转速	3200 r/min	2100 r/min
压缩比	8.4	13.7
充量系数	120%	78%
空燃比	A/F=13.5:1	A/F=22:1
燃烧效率	94%	99%

计算:
(1) 大负荷和小负荷下的指示热效率;
(2) 大负荷和小负荷下消耗燃料的质量流量;
(3) 大负荷和小负荷下的指示功率;
(4) 大负荷和小负荷下的指示燃料消耗率。

6-32 哪些因素可以影响 HCCI 的着火相位和燃烧速率?并分析在实际发动机上如何实现。

6-33 柴油和汽油实现 HCCI 燃烧的目的及实现手段有何异同?

6-34 哪两种燃烧组合最容易实现均质混合气引燃(HCII)燃烧方式?

参 考 文 献

[1] 王建昕,帅石金. 汽车发动机原理[M]. 北京:清华大学出版社,2011.
[2] 周龙保. 内燃机学[M]. 2版. 北京:机械工业出版社,2005.
[3] 岑可法,姚强,骆仲泱,等. 燃烧理论与污染控制[M]. 北京:机械工业出版社,2008.
[4] 蒋德明. 内燃机燃烧与排放学[M]. 西安:西安交通大学出版社,2001.
[5] 许晋元,徐通模. 燃烧学[M]. 北京:机械工业出版社,1980.
[6] 广安博之,宝珠幸男. 内燃机关[M]. 日本:コロナ社,1986.
[7] 村山正,常本秀幸. 自动车エンジン工学[M]. 日本:山海堂,1997.
[8] 井上值太,迁村钦司. 自动车原动机の环境对应技术[M]. 日本:朝仓书店,1997.
[9] 顾柏良,等译. Bosch 汽车工程手册[M]. 5版. 北京:北京理工大学出版社,2004.
[10] MAJEWSKI W A,KHAIR M K. Diesel Emissions and Their Control[M]. US:SAE International,2006.
[11] STONE R. Introduction to Internal Combustion Engines [M]. US:Palgrave Macmillan,1999.
[12] 倪计民. 汽车内燃机原理[M]. 上海:同济大学出版社,1997.
[13] 宫下直也,黑木秀雄. 自动车用ディーゼルエンジン[M]. 日本:山海堂,1997.
[14] 王志. 基于缸内直喷的汽油 HCCI 燃烧数值模拟与试验研究[D]. 北京:清华大学,2005.
[15] 王建昕. 高效车用汽油机的技术进步[J]. 内燃机学报,2008,26(s1):83-89.
[16] JIANG H F,WANG J X,SHUAI S J. Visualiation and performance analysis of gasoline homogeneous charge induced ignition by diesel [C]// SAE 2005 World Congress & Exhibition,2005.
[17] KANEKO M,MORIKAWA K,ITOH J,et al. Study on homogeneous charge compression lgnition gasoline engine [C]// The fifth International Symposium on Diagnostics and Modeling of Combustion in Internal Combustion Engines(COMODIA 2001). Nagoya:Japan SOC Mechanical Engineers,2003:31-36.
[18] NEELY G D,SASAKI S,HUANG Y Q,et al. New diesel emission control strategy to meet US Tier 2 emissions regulations [J]. SAE Transactions,2005.
[19] NOEHRE C,ANDERSSON M,JOHANSSON B. Characterization of partially premixed combustion [C]//Powertrain & Fluid Systems Conference & Exhibition,2006.
[20] HEYWOOD S B. Heywood. Internal Combustion Engine Fundamentals[M]. US:McGraw-Hill Book Company,1988.
[21] PISCHINGER S. Internal Combustion Engines Ⅱ[M]. Aachen:RWTHA,2007.
[22] STONE R. Introduction to Internal Combustion Engines[M]. UK:PALGRAVE,1999.
[23] 王燕军. 基于两次喷射的汽油缸内喷式燃烧系统的研究[D]. 北京:清华大学,2004.
[24] JOHN K,MARK S,DANIEL B,et al. Benchmarking a 2018 Toyota Camry 2.5-Liter Atkinson cycle engine with cooled-EGR [C]// WCX SAE World Congress Experience,2019.
[25] DEC J E,YANG Y,DRONNIOU N. Boosted HCCI-controlling pressure-rise rates for performance improvements using partial fuel stratification with conventional gasoline[J]. SAE International Journal of Engines,2011,4(1):1169-1189.
[26] SELLNAU M C,SINNAMON J,HOYER K,et al. Full-time gasoline direct-injection compression ignition(GDCI)for high efficiency and low NO_x and PM[J]. SAE International Journal of Engines,2012,5(2):300-314.
[27] MANENTE V,ZANDER C,JOHANSSON B,et al. An advanced internal combustion engine concept for low emissions and high efficiency from idle to max load using gasoline partially premixed combustion [R]. SAE Technical Papers,2010.
[28] CHANG J,VIOLLET Y,AMER A,et al. Fuel economy potential of partially premixed compression ignition (PCCI) combustion with naphtha fuel [C]//EGU General Assembly Conference

Abstracts,2013.

[29] DEMPSEY A B,CURRAN S J,WAGNER R M. A perspective on the range of gasoline compression ignition combustion strategies for high engine efficiency and low NO_x and soot emissions: Effects of in-cylinder fuel stratification[J]. International Journal of Engine Research,2016,17(8):897-917.

[30] 杨洪强. 汽油类燃料多段预混压燃模式的试验研究与数值解析[D]. 北京：清华大学,2013.

[31] 王步宇. 低辛烷值燃料压燃负荷拓展和着火特性的研究[D]. 北京：清华大学,2016.

[32] ZÁDOR J,TAATJES C A,FERNANDES R X. Kinetics of elementary reactions in low-temperature autoignition chemistry[J]. Progress in energy and combustion science,2011,37(4):371-421.

[33] WANG Z,LIU H,REITZ R D. Knocking combustion in spark-ignition engines[J]. Progress in Energy and Combustion Science,2017,61:78-112.

第 7 章　内燃机有害排放物生成与控制

从 1943 年美国洛杉矶市光化学烟雾(photochemical smog)开始,汽车有害排放物对人体和环境的危害逐渐被重视。1966 年,美国加利福尼亚州颁布了世界第一个汽车排放法规,降低汽车排放污染物的工作开始在全球展开。目前,满足国六/欧Ⅵ及以上排放法规的汽车有害物排放已经接近对"环境零影响"(zero impact emissions),但由于城市汽车保有量的持续高速增长,汽车有害排放物造成的城市大气污染仍十分严峻,甚至成为内燃机能否作为汽车动力继续存在下去的重要问题。本章重点介绍汽车排放法规、有害排放物生成机理、机内净化技术以及排气后处理技术。

7.1　汽车排放法规简介

汽车排放法规提出了对内燃机及汽车工业发展的环保要求,客观上也促进了内燃机及汽车技术的进步。本节主要介绍汽车排放法规的分类,以及欧洲、美国、日本和中国排放法规的限值及测试要求。

7.1.1　排放法规分类

1. 怠速法与工况法

汽车排放污染物检测方法主要有怠速法和工况法两种。怠速法是指测量汽车在怠速工况下排放污染物的一种方法,一般仅测 CO 和 HC,测量仪器采用便携式排放分析仪。这种方法具有简便易行、测试装置价格便宜和便于携带以及试验时间短等优点,但测量精度较低,测量结果缺乏全面性。怠速法主要作为环保部门对在用车的排放进行监测以及汽车修理厂对车辆的排放进行简易评价。

工况法是将若干汽车常用工况和排放污染较重的工况组合成一个或若干个测试循环,试验时测取汽车在整个测试循环中的排放水平。与怠速法相比,工况法检测结果可以比较全面地反映汽车排放水平,一般用于新车的型式认证和一致性检测,但其试验设备的价格昂贵。

国六/欧Ⅵ排放法规实施后,除了采用更加贴近真实行驶的循环工况法外,还提出了满足真实行驶排放(RDE)限值的要求。

2. 轻型车与重型车

工况法又根据是轻型车还是重型车,采用不同的测试方法。对于轻型车和重型车的定义世界各国不完全统一,我国和欧盟将总质量不超过 3500 kg,乘员在 9 人及以下的车辆作为轻型车,而总质量在 3500 kg 以上的作为重型车。轻型车的排放检测要求在底盘测功机(转毂)上进行,被检车辆按规定的测试循环运转,试验结果用单位行驶里程的排放质量(g/km)表示。重型车的排放检测要求在发动机台架上进行,其结果用发动机的比排放量($g/(kW \cdot h)$)表示。需要注意的是,国六排放标准在测试方法上有一个较大的变化:在进行整车转毂测油耗时,应同时进行污染物排放测量,其气态污染物及颗粒物排放应满足相关要求,并将试验结果进行信息公开。

3. 世界汽车排放法规体系

世界汽车排放法规主要有三个体系:美国、欧洲和日本排放法规体系。美国、加拿大等国家采用美国排放法规体系。欧洲排放法规体系在欧盟、中国、印度、澳大利亚、俄罗斯、巴西、阿根廷、越南、新加坡、墨西哥等国家得到采用,是应用最广的排放法规体系。日本排放法规体系只有日本采用。

为了实现世界统一的汽车排放法规,联合国欧洲经济委员会(UNECE)成立了一个排放和能源工作组,制定了世界统一的排放测试循环方案:世界统一轻型车测试循环(WLTC),以及用于重型车的世界统一稳态循环(WHSC)和世界统一瞬态循环(WHTC)。但世界各国的汽车及发动机技术和道路情况差别较大,实施统一的排放法规有较大难度。

7.1.2 轻型车排放法规

1. 美国

世界上最早的工况法排放法规于1966年诞生在美国加利福尼亚州(简称加州),由7个工况组成一个测试循环,称为加州法规测试循环,并于1968年被美国联邦政府采纳作为联邦排放法规。美国联邦排放法规由美国环保局(EPA)制定并实施,1975年美国EPA开始使用联邦测试程序FTP-75,这是根据洛杉矶市早晨上班时大量汽车实测行驶工况的统计获得的,并一直沿用到现在。

FTP-75测试循环(图7-1)由冷起动、瞬态和热起动三阶段组成,第三阶段是在发动机停机10 min后再重复第一阶段测试循环,三阶段加权系数分别为0.43、1.0和0.57。该循环的总行驶里程11.04 mile(17.77 km),总行驶时间1874 s,平均车速21.2 mile/h(34.1 km/h)。

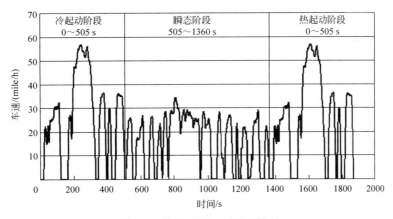

图7-1 美国FTP-75测试循环

从2000年开始,车辆必须进行两个补充联邦测试循环(SFTP)(图7-2),包括急加速、高速循环(US06)和模拟使用空调循环(SC03)。US06循环持续时间为600 s,行驶里程12.9 km,最高速度127.3 km/h,平均速度77.38 km/h,最大加速度3.76 m/s^2。SC03循环持续时间600 s,行驶里程5.76 km,最高速度88.23 km/h,平均速度34.58 km/h,最大加速度2.28 m/s^2。

美国联邦排放法规定义了不同阶段的轻型车标准:第一阶段(Tier 1)标准从1994年到

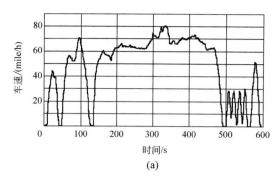 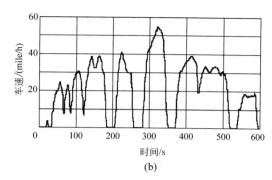

图 7-2 美国 SFTP 测试循环
(a) US06 循环；(b) SC03 循环

1997 年逐步实施，第二阶段(Tier 2)标准从 2004 年到 2009 年逐步实施，第三阶段(Tier 3)从 2017 年到 2025 年逐步实施，其排放限值见表 7-1，设置了 6 个组别(用 Bin 表示，与 NMOG+NO_x 限值要求对应)。Tier 2 和 Tier 3 与 Tier 1 相比，除了排放限值加严之外，适用范围也进行了扩展，Tier 1 适用于汽车最大总质量(GVWR)≤8500 lb(磅)(1 lb = 0.4536 kg)的汽车，而 Tier 2 的适用范围在 Tier 1 的基础上，增加了中型乘用车(MDPV，8500 lb＜GVWR≤10 000 lb)，对轿车、小型厢式车、轻型货车以及 SUV 车采用同一限值，也不区分是汽油车、柴油车还是代用燃料汽车。

表 7-1 美国轻型车、轻型卡车和中型乘用车 Tier 3 标准

Tier 3 Bins	NMOG+NO_x /(mg/mile)	PM* /(mg/mile)	CO /(mg/mile)	HCHO /(mg/mile)
Tier 2 Bin 5(参照)	160	10	4200	18
Bin 160	160	3	4200	4
Bin 125	125	3	2100	4
Bin 70	70	3	1700	4
Bin 50	50	3	1700	4
Bin 30	30	3	1000	4
Bin 20	20	3	1000	4
Bin 0	0	0	0	0

注：*PM 标准适用于逐步实施过程中既定车型年应满足达标要求的那一部分车辆。

加州是美国唯一被授权制定地方排放法规的州，加州排放法规由加州大气资源局(CARB)负责制定，通常加州排放法规较美国联邦排放法规更严，也是目前世界上最严格的排放法规之一。其他州可以选择实施美国联邦排放法规，也可以选用加州排放法规。CARB 制定的第三阶段低排放汽车排放标准(LEV Ⅲ)，有效期 2015—2025 年，执行过程与 Tier 3 一样存在过渡期，但 2020 年必须全部达标。只有采用先进的机内及排放后处理控制技术(如颗粒捕集器和 NO_x 催化还原器)的汽车才能满足这一标准。

2. 欧盟

欧洲汽车排放法规是通过欧洲经济委员会(ECE)排放法规和欧盟(EU)排放指令来实施的。排放法规是 ECE 参与国根据协议自愿采用相互认可，排放指令则是要求 EU 参与国强制执行并相互认可。欧盟轻型车排放标准限值如表 7-2 所示。从表中可以看出，1992 年

表 7-2 欧盟轻型车排放标准限值（M* 类）

等级	实施时间	CO/(g/km)		THC/(g/km)		NMHC/(g/km)		NO_x/(g/km)		HC+NO_x/(g/km)		PM/(g/km)		PN/(个/km)	
		CI	SI	CI	SI	CI	SI	CI	SI	CI	SI	CI	SI	CI	SI
欧 I	1992.07	2.72 (3.16)	—	—	—	—	—	—	—	0.97 (1.13)	—	0.14 (0.18)	—	—	—
欧 II	1996.01	1.00	2.20	—	—	—	—	—	—	0.70	—	0.080	—	—	—
欧 III	2000.01	0.64	2.30	—	0.20	—	—	0.50	0.15	0.56	0.50	0.05	—	—	—
欧 IV	2005.01	0.500	1.000	—	0.100	—	—	0.250	0.080	0.300	—	0.025	—	—	—
欧 V	2009.09	0.500	1.000	—	0.100	—	0.068	0.180	0.060	0.230	—	0.005	0.005**	$6×10^{11}$	—
欧 VI	2014.09	0.500	1.000	—	0.100	—	0.068	0.080	0.060	0.170	—	0.005	0.005**	$6×10^{11}$	$6×10^{11**}$

注：CI—压燃柴油车；SI—点燃汽油车；括号内限值用于产品一致性。

* 在欧 V 之前，乘用车质量大于 2500 kg 按轻型商用车 N1 类进行型式认证；** 仅用于缸内直喷汽油机。

实施的欧 I 标准对汽油车和柴油车实行统一的 CO、HC+NO$_x$ 排放限值(除 PM 外)。从欧 II 标准开始,对汽油车和柴油车引入不同的排放限值,柴油车的 CO 排放限值更严,但允许更高的 NO$_x$ 排放。从欧 IV 标准开始,对 CO 和 HC 排放限值加严,但是欧 V 和欧 VI 标准对缸内直喷汽油车提出了与柴油车相同的 PM 质量限值,并且开始对轻型柴油机的颗粒物数量(PN)进行限制。对于柴油车和汽油车,欧 VI 标准 PN 限值均为 $6×10^{11}$ 个/km。

从 2018 年 9 月起,欧盟采用世界统一轻型车测试循环(WLTC)替代新欧洲驾驶循环(NEDC)用于所有车辆的排放测试,并且维持欧 VIc 限值不变。WLTC 循环根据功率质量比(PMR)将车辆分为三个级别,对应六种试验循环,见表 7-3。Class 3(b)测试循环工况变化如图 7-3 所示,怠速占比 13.1%,最大车速 131.3 km/h,平均车速 46.5 km/h,最大加速度 1.67 m/s^2。

表 7-3 WLTC 循环分级

级别	功率质量比	最大设计车速/(km/h)	试验循环
Class 1	PMR≤22	v_{max}<70	(a) 低速+低速
		v_{max}≥70	(b) 低速+中速
Class 2	22<PMR<34	v_{max}<90	(a) 低速+中速+低速
		v_{max}≥90	(b) 低速+中速+高速
Class 3	PMR≥34	v_{max}<135	(a) 低速+中速+高速+低速
		v_{max}≥135	(b) 低速+中速+高速+超高速

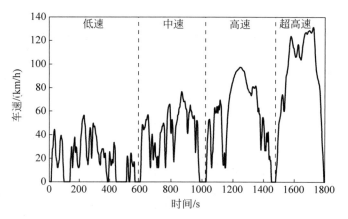

图 7-3 WLTC Class 3(b)测试循环

3. 日本

日本从 1966 年开始对汽车排放进行控制,规定汽车尾气中 CO 浓度在 3% 以下,这是世界上第一个国家级排放标准。20 世纪 90 年代之前,日本的汽车排放标准相对宽松。2005 年,日本实施了严格的排放标准,2009 年进一步加严。

日本轻型车测试工况经历了 10~15 测试循环、JC08 综合测试循环以及 WLTC 测试循环等阶段。2005 年,日本引入 JC08 测试循环(图 7-4)。该测试循环代表了比较拥挤的城市行驶条件,包括怠速和频繁的加减速。试验为 2 次,一次为冷起动,一次为热起动。该循环适用于汽油车和柴油车的排放与燃料经济性测试。JC08 测试循环行驶距离 8.171 km,平均车速 24.4 km/h(不含怠速平均车速 34.8 km/h),时间 1204 s,最高车速 81.6 km/h。

为构建适合日本的汽车排放试验方法,日本 2018 年引入 WLTC 测试循环,适用于 Class3 车辆,但不采用超高速部分,仅采用低速、中速及高速部分。

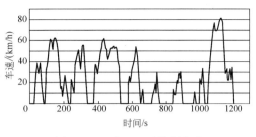

图 7-4 日本 JC08 测试循环

4. 中国

2000 年 1 月,我国开始实施 GB 14761—1999 国一标准法规,等效采用欧Ⅰ排放法规和测试循环,并陆续在 2004 年 7 月、2007 年 7 月和 2008 年 3 月实施了国二、国三和国四(相当于欧Ⅱ、欧Ⅲ和欧Ⅳ)排放标准。国五轻型车排放标准东部地区实施时间为 2016 年,全国实施时间为 2017 年。由于国六实施时间距离国五较近,为保证汽车行业有足够的准备周期进行相关车型和动力系统升级,以及车型开发和生产准备,国六排放标准分为国六 a(2020 年 7 月 1 日全国实施)和国六 b(2023 年 7 月 1 日全国实施)两个阶段实施。国六排放标准限值如表 7-4 所示,与欧Ⅵc 限值相比,国六 a 汽油车 CO 限值加严了 50%,柴油车 NO_x 限值加严了 25%。国六 b 在国六 a 的基础上进一步对汽油车、柴油车的 NO_x、THC 以及 NMHC 加严了 40%~50%。

7.1.3 重型车排放法规

1. 美国

美国从 1970 年开始规定重型汽车污染物排放限值要求,将最大总质量超过 8500 lb(3856 kg)的汽车作为重型汽车。美国环保局(EPA)和加州空气资源委员会(CARB)在 1988 年至 2003 年间制定了不同阶段的重型柴油车排放法规。从 2004 年开始,美国联邦法规与加州法规的限值一致,但加州法规实施时间比美国联邦法规提前。表 7-5 为 2007 年提出的美国重型柴油机 US 2010 法规与 2015 年提出的超低(Ultra-Low)NO_x 排放法规中部分污染物排放限值对比。CARB 在 US 2010 法规基础上,提出了超低 NO_x 排放法规,生产厂商可以分阶段逐步实施,计划将 NO_x 排放降低至 27 mg/(kW·h),比 US 2010 法规要求的 NO_x 限值低 90%。

美国重型柴油车测试工况为瞬态 FTP 循环,相对转矩和相对车速的变化如图 7-5 所示。该循环由四段组成,第一段是纽约非高速(NYNF)段,代表频繁起停的城市行驶工况;第二段是洛杉矶非高速(LANF)段,代表城市拥堵但很少起停的行驶工况;第三段是洛杉矶高速(LAFY)段,模拟高速公路拥堵行驶状况;第四段是重复第一段的纽约非高速(NYNF)段。进行两次循环测试,一次冷起动循环,一次热起动循环,加权系数为 1∶7(冷∶热),两次循环间隔 20 min。循环运行时间 1200 s,平均车速约 30 km/h,行驶里程 10.3 km。

美国加州和联邦排放法规要求所有发动机制造商分别从 2005 年和 2007 年开始进行补充排放测试(SET)和工况区不超标(NTE)测试。SET 主要用于控制长途运输车在高速公路稳态行驶的排放,而 NTE 主要控制在用柴油车在实际道路行驶条件下的排放。

表 7-4 轻型车国六排放标准限值

	测试质量(TM)/kg	CO/(mg/km)		THC/(mg/km)		NMHC/(mg/km)		NO$_x$/(mg/km)		N$_2$O/(mg/km)		PM/(mg/km)		PN/(个/km)	
		六 a	六 b	六 a	六 b	六 a	六 b	六 a	六 b	六 a	六 b	六 a	六 b	六 a	六 b
第一类车	全部	500	500	100	50	68	35	60	35	20	20	4.5	3.0	6.0×10^{11}	6.0×10^{11}
第二类车 I	TM≤1305	500	500	100	100	68	68	60	60	20	20	4.5	3.0	6.0×10^{11}	6.0×10^{11}
第二类车 II	1305<TM≤1760	630	630	130	130	90	90	75	75	25	25	4.5	3.0	6.0×10^{11}	6.0×10^{11}
第二类车 III	1760<TM	740	740	160	160	108	108	82	82	30	30	4.5	3.0	6.0×10^{11}	6.0×10^{11}

表 7-5 US 2010 与超低 NO$_x$ 排放法规部分污染物排放限值

法规名称	提出年份	质量排放量/(g/(kW·h))			
		CO	HC	NO$_x$	PM
US 2010	2007	21.07	0.190	0.272	0.014
Ultra-Low	2015	21.07	0.190	0.027	0.014

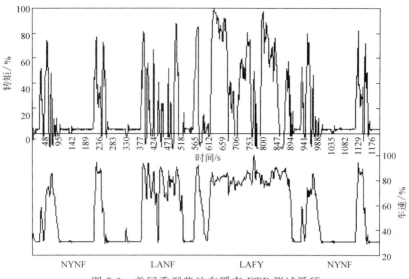

图 7-5 美国重型柴油车瞬态 FTP 测试循环

2. 欧盟

欧盟重型车是指整车质量超过 3500 kg 的柴油车或点燃式发动机如汽油机、天然气发动机等驱动的车辆。欧盟从 1992 年开始提出重型柴油车污染物排放控制要求,此后按每 3~6 年加严一次排放限值。表 7-6 和表 7-7 分别给出了重型柴油车各阶段排放法规稳态测试循环和瞬态测试循环主要污染物排放限值。

从欧Ⅵ排放法规开始,采用了全球统一稳态循环(WHSC)和瞬态循环(WHTC)。WHSC 包括 13 个工况点,需要连续记录每个工况的排放,详细参数见表 7-8。WHSC 测试是连续采样,权重由循环时间决定,中间过渡过程也会计入排放,更加关注低速低负荷排放。

表 7-6 重型柴油车从欧Ⅰ至欧Ⅵ法规稳态测试循环污染物排放限值

法规等级	实施时间	测试循环	质量排放量/(g/(kW·h))				PN/(个/(kW·h))	烟度/(1/m)
			CO	HC	NO_x	PM		
欧Ⅰ	1992[a]	ECE R-49	4.5	1.10	8.00	0.61		
	1992[b]	ECE R-49	4.5	1.10	8.00	0.36		
欧Ⅱ	1996.10	ECE R-49	4.0	1.10	7.00	0.25		
	1998.10	ECE R-49	4.0	1.10	7.00	0.15		
欧Ⅲ	1999.10[c]	ESC+ELR	1.5	0.25	2.00	0.02		0.15
	2000.10	ESC+ELR	2.1	0.66	5.00	0.10[d]		0.80
欧Ⅳ	2005.10	ESC+ELR	1.5	0.46	3.50	0.02		0.50
欧Ⅴ	2008.10	ESC+ELR	1.5	0.46	2.00	0.02		0.50
欧Ⅵ	2013.01	WHSC	1.5	0.13	0.40	0.01	8×10^{11}	

其中:WHSC—world harmonized stationary cycle,世界统一稳态循环;
ESC—European steady cycle,欧洲稳态循环;
ELR—European load response test,欧洲负荷响应试验;
EEV—enhanced environmentally friendly vehicles,环境友好汽车;
ECE R-49—欧洲经济委员会(Economic Commission for Europe,ECE)法规 49 号,亦称"欧洲 13 工况循环"。

角标:a—适用于功率 $P \leqslant 85$ kW 的柴油机;
b—适用于功率 $P > 85$ kW 的柴油机;
c—仅 EEV 车型;
d—对单缸排量<0.75 L 和额定功率转速>3000 r/min 的发动机,[PM]=0.13 g/(kW·h)。

表 7-7 重型柴油车从欧Ⅲ至欧Ⅵ法规瞬态测试循环污染物限值

法规等级	实施时间	测试循环	质量排放量/(g/(kW·h))					PN^f/(个/(kW·h))
			CO	NMHC	CH_4^b	NO_x	PM^c	
欧Ⅲ	1999.10^a	ETC	3.00	0.40	0.65	2.00	0.02	
	2000.10	ETC	5.45	0.78	1.60	5.00	0.16^d	
欧Ⅳ	2005.10	ETC	4.00	0.55	1.10	3.50	0.03	
欧Ⅴ	2008.10	ETC	4.00	0.55	1.10	2.00	0.03	
欧Ⅵ	2013.01	WHTC	4.00	0.16^e	0.50	0.46	0.01	$6×10^{11}$

其中:WHSC—world harmonized transient cycle,世界统一瞬态循环;
ETC—European transient cycle,欧洲瞬态循环;
角标:a—仅 EEV 车型;
b—仅对气体发动机(欧Ⅲ~Ⅴ:仅天然气发动机;欧Ⅵ:天然气+液化石油气发动机);
c—在欧Ⅲ~Ⅳ阶段不适用于气体燃料发动机;
d—对于每缸排量<0.75 L 并且额定功率转速>3000 r/min 的发动机,[PM]=0.21 g/(kW·h);
e—对于柴油机为 THC;
f—针对柴油机,对于点燃式发动机 PN 限值待定。

表 7-8 重型柴油车全球统一稳态循环(WHSC)参数

工况	转速	负荷	权重系数	工况时长
—	%	%	—	s
0	倒拖	—	0.24	
1	0	0	0.17/2	210
2	55	100	0.02	50
3	55	25	0.1	250
4	55	70	0.03	75
5	35	100	0.02	50
6	25	25	0.08	200
7	45	70	0.03	75
8	45	25	0.06	150
9	55	50	0.05	125
10	75	100	0.02	50
11	35	50	0.08	200
12	35	25	0.1	250
13	0	0	0.17/2	210
总计			1	1895

WHTC 充分考虑了世界各地道路情况和各种车辆行驶特征,其中城市工况占 47.6%,郊区工况占 26.0%,高速工况占 24.3%。发动机平均转速是额定转速的 36%,平均功率是额定功率的 17%,急速时间占整个循环时间的 17%,见图 7-6。测试中发动机转速和转矩快速变化,对发动机排放控制系统的瞬态工况特性要求较高。

3. 日本

日本在 20 世纪 80 年代推出重型柴油车排放标准。日本重型商用柴油车排放标准限值及测试循环演变见表 7-9。

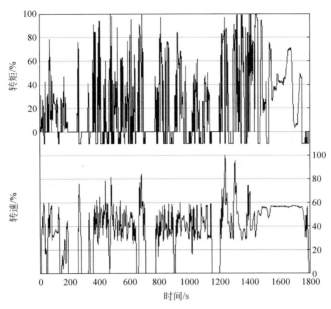

图 7-6 重型柴油车全球统一瞬态循环(WHTC)转矩和转速随时间变化特性

表 7-9 日本重型商用柴油车排放标准限值及测试循环变化　　g/(kW·h)

实施时间	1994	1997	2003	2004	2005	2009	2016
CO	7.40	7.40	2.22	2.22	2.22	2.22	2.22
HC	2.90	2.90	0.87	0.87	0.17	0.17	0.17
NO$_x$	6.00	4.50	3.38	3.38	2.00	0.70	0.40
PM	0.70	0.25	0.18	0.18	0.027	0.010	0.010
测试循环	13 工况			JE05			WHTC

日本 2004 年排放标准采用新的 JE05(也称为 ED12)排放测试循环,测验循环是基于东京的实际路况。测验循环时间大约 1800 s,平均车速 26.94 km/h,最大车速 88 km/h,循环车速见图 7-7。2016 年日本引入 WHTC 测试循环,包括冷起动和热起动两个工况,两种工况的加权系数为冷起动占 14%,热起动占 86%。

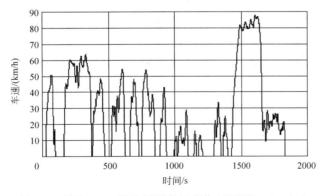

图 7-7 日本 JE05 测验循环车速变化(GVW>3500 kg)

4. 中国

中国于 2001 年颁布重型柴油机工况法国一排放标准（GB 17691—2001），参照欧盟 91/542/EEC 指令制定了对压燃式发动机 CO、HC、NO_x 和 PM 排放同时进行控制的污染物排放标准。由于中国重型柴油车排放标准参照欧洲法规制定，国一~国五标准的有害物排放限值和测试程序与欧Ⅰ~欧Ⅴ法规一致，但标准的实施时间较欧洲滞后 5~10 年。

国六标准分为国六 a 和国六 b 两阶段实行，实施时间见表 7-10，两阶段的主要技术要求不同点见表 7-11。国六标准限值与欧Ⅵ限值相近，但考虑到测试程序的不同，以及真实道路排放（RDE）要求的引入，国六标准相对欧Ⅵ法规更为严格。

表 7-10 重型车国六标准不同车辆的实施时间

标 准 阶 段	车 辆 类 型	实 施 时 间
国六 a	燃气车辆	2019.07
国六 a	城市车辆	2020.07
国六 a	所有车辆	2021.07
国六 b	燃气车辆	2021.01
国六 b	所有车辆	2023.07

表 7-11 重型车国六标准不同阶段的主要技术要求差异

标准阶段	PEMS 方法的 PN 要求	远程排放管理车载终端数据发送要求	高海拔排放要求	PEMS 测试载荷范围
国六 a	无	无	1700 m	50%~100%
国六 b	有	有	2400 m	10%~100%

其中：PEMS—portable emissions measurement system，便携式排放测试系统。

7.2 有害排放物生成机理及影响因素

7.2.1 有害排放物种类及危害

内燃机在燃烧过程中产生的有害排放物主要为一氧化碳（CO）、碳氢化合物（HC）、氮氧化物（NO_x）和颗粒物（PM）等，这些有害成分经排气尾管排出，因而也被称为排气污染物或有害排放物。此外，内燃机还有因曲轴箱窜气和燃油系统油气挥发等原因排向大气的有害成分，称为非排气污染物。有害排放物包括排气污染物和非排气污染物。

目前，汽车排放法规限制的有害排放物主要是 CO、HC、NO_x 和 PM 四种。还有一些法规尚未限制的有害排气成分，如甲醛、乙醛、甲苯、乙酰甲醛、丁二烯等，也称为非常规排放。在使用汽油和柴油以外的燃料时，容易出现非常规排放，如使用甲醇和乙醇作燃料时容易分别排放甲醛和乙醛。

作为内燃机完全燃烧产生的二氧化碳（CO_2）排放物，尽管对人体健康无直接危害，但它会造成大气温室效应，因而也应该尽量减少，往往通过限制整车燃料消耗率同时限制 CO_2 排放。

1. 一氧化碳(CO)

一氧化碳(CO)是一种无色、无臭、窒息性强的气体。CO 与血液中作为输氧载体的血红素蛋白(Hb)的亲和力比氧气(O_2)高 200~300 倍，容易结合成碳氧血红蛋白素(CO-Hb)，使血液的输氧能力降低，导致心脏、大脑等器官缺氧。轻度 CO 中毒时，会出现头晕、头痛、呼吸障碍等症状，中枢神经系统将受到损害；严重 CO 中毒时，会出现恶心、心痛、昏迷等症状，甚至死亡。大气中 CO 浓度超过 0.3% 时，30 min 之内可致人死亡。为保护人体不受 CO 的毒害，一般要求大气环境中 24 h 内的 CO 平均浓度不超过 $(5\sim10)\times10^{-6}$(体积分数)。

2. 氮氧化物(NO_x)

氮氧化物主要包括一氧化氮(NO)、二氧化氮(NO_2)和一氧化二氮/氧化亚氮(N_2O)，总称为 NO_x。NO 是无色、无臭气体，只有轻度刺激性，直接毒性不大。NO 在大气中被氧化成 NO_2，而 NO_2 是一种褐色的有毒气体，对眼、鼻、呼吸道以及肺部有强刺激。与血红素蛋白(Hb)的亲和力比 O_2 高 30 万倍，因而对血液输氧能力的障碍远高于 CO。NO_2 浓度为 1×10^{-6} 时就会感到恶臭，250×10^{-6} 时会很快使人因肺水肿死亡。NO_x 在大气中反应生成硝酸，成为酸雨的主要来源之一。同时，NO 和 NO_2 在大气中是形成光化学烟雾及二次污染物的主要成分之一。

3. 碳氢化合物(HC)

碳氢化合物也叫总碳氢化合物(THC)，包括未燃和未完全燃烧的燃油、润滑油及其裂解产物和部分氧化物，如烷烃、烯烃、苯、多环芳烃(PAH)、醛、酮等 200 多种成分。饱和烃对人体危害不大，但烯烃有麻醉作用，对黏膜有刺激，经代谢转换会变成对基因有毒的环氧衍生物，也是形成光化学烟雾的主要成分之一。芳烃对血液和神经系统有害，特别是多环芳烃(PAH)及其衍生物(如苯并芘等)有强烈的致癌作用。醛类是刺激性物质，对眼、呼吸道、血液有毒害。

4. 颗粒物与炭烟

从尾管直接排出的颗粒物(PM)，也称为一次颗粒物，其主要成分是炭烟(soot)、可溶性有机物(SOF)和硫酸盐。颗粒物对人体健康有危害，并降低大气能见度，给人以不快感。小于 10 μm 的颗粒物(记为 PM_{10})容易被人体吸入，称为可吸入颗粒物；小于 2.5 μm 的颗粒物(记为 $PM_{2.5}$)，对人体和大气环境的危害更大，它悬浮于离地面 1~2 m 高的空气中，容易被人体吸入并积存在支气管和肺部。颗粒物除对呼吸系统有害、引发哮喘等病症外，还因含有苯并芘等多种 PAH，具有不同程度的致癌作用。

5. 光化学烟雾与二次颗粒物

汽车排出的 NO_x 和 HC 在强烈阳光照射下经过一系列链式光化学反应，会生成臭氧(O_3)和过氧酰基硝酸盐(PAN)，即光化学烟雾，也称为二次颗粒物。这一反应在温度高、日照强烈、湿度较低、风速不大的天气最为剧烈。光化学烟雾现象最早是 1943 年在美国洛杉矶市出现的，直到 1952 年，才由加州理工大学的 Arie Haagen-Smit 博士发现其生成机理。这种氧化性很强的烟雾，使人感到眼睛刺痛，呼吸道感到强烈刺激，头晕及呕吐。光化学烟雾中的主要成分是臭氧(O_3)、醛以及硝酸过氧化乙酰(PAN)。其中 O_3 是强氧化剂，能使植物变黑直至枯死，有特殊的臭味，人暴露在 1×10^{-6} 浓度条件下 1 h 会引起气喘和慢性中毒，暴露在 50×10^{-6} 浓度条件下会死亡。

由内燃机排放产生的臭氧是在近地面(0~12 m)对流层大气中出现的，称为对流层臭氧,对生态系统危害极大。而平流层臭氧距地面 10 km 高,能吸收太阳的紫外线辐射,对人类和动植物起到重要的保护作用。

7.2.2 有害排放物生成机理

1. 氮氧化物(NO_x)

内燃机燃烧过程中主要生成 NO,还有少量的 NO_2 和 N_2O。NO_2 的生成量随过量空气系数 ϕ_a 不同而变化,汽油机 ϕ_a 较小(化学计量比混合气),一般 NO_2 与 NO_x 量之比为 1%～10%;而柴油机由于 ϕ_a 较大(稀燃混合气),一般为 5%～15%。燃烧过程中产生的 NO 经排气管排至大气中,在大气条件下缓慢地与 O_2 反应,生成 NO_2。N_2O 俗称笑气,有轻微麻醉作用,其温室效应是 CO_2 气体的约 300 倍。N_2O 生成主要受燃料中氮的影响,此外在冷起动条件下,三效催化剂会产生少量 N_2O。讨论 NO_x 在燃烧中的生成机理时,主要讨论 NO 的生成机理。

关于 NO 的生成途径有三种,即高温 NO、激发 NO 和燃料 NO。

1)高温(Thermal)NO

在燃烧高温条件下氧分子 O_2 裂解成氧原子 O 活性基,通过式(7-1)和式(7-2)的反应生成 NO。这一生成机理是由苏联科学家捷尔杜维奇(Zeldovich)于 1946 年提出的,因此也称为捷氏反应机理。并由后人的研究提出了式(7-3),合在一起称为扩展的捷氏反应机理(extended Zeldovich reaction)。反应式中的 ΔH 为反应吸热量(负值则为放热量),也称活化能。其中式(7-1)和式(7-3)都是强烈的吸热反应,只有在高于 1800 K 的高温下才能进行,因此被称为高温 NO 生成机理,或称热 NO 生成机理。同时,反应需要在 $\phi_a > 1.0$ 偏稀混合气中进行,因此该反应的特点是高温和富氧。

$$N_2 + O \longrightarrow N + NO \qquad \Delta H = 75.0 \text{ kcal/mol} \qquad (7-1)$$

$$N + O_2 \longrightarrow O + NO \qquad \Delta H = -31.4 \text{ kcal/mol} \qquad (7-2)$$

$$N + OH \longrightarrow H + NO \qquad \Delta H = 40.8 \text{kcal/mol} \qquad (7-3)$$

由于 N_2 的分解所需活化能最大,O 与 N_2 的反应是整个链式反应中最慢的环节,因而式(7-1)也被称为控制反应。

2)激发(Prompt)NO

根据高温 NO 的生成机理,NO 主要发生在火焰前锋面之后的区域。但实际试验发现,过浓混合气还原氛围燃烧时,在火焰前锋面上也会产生大量的 NO,用高温 NO 机理不能解释。20 世纪 70 年代,由佛尼莫尔(Fenimore)等人提出了激发(Prompt)NO 机理。首先由碳氢化合物在燃烧中裂解出 CH 和 CH_2,如式(7-4)和式(7-5)所示,CH 和 CH_2 与 N_2 反应,生成 HCN、NH 和 N 等中间产物。HCN 和 NH 经过进一步反应分别生成 CN 和 N,最终生成 NO,而 N 通过式(7-2)生成 NO。与高温 NO 相比,激发 NO 的生成过程是由一系列活化能不高的反应组成,因此并不需要很高的温度就可进行。例如,式(7-4)反应的活化能 $\Delta H = 3.3$ kcal/mol,远低于式(7-1)。

$$CH + N_2 \longrightarrow HCN + N \qquad (7-4)$$

$$CH_2 + N_2 \longrightarrow HCN + NH \qquad (7-5)$$

激发 NO 生成速率主要受混合气浓度影响,一般在 $\phi_a = 0.6～0.7$ 出现最大值。温度对激发 NO 的影响不是很大,只要达到一定温度即可发生,反应中随温度升高 NO 浓度仅略有上升。激发 NO 主要出现在烃类燃料燃烧中,而在 H_2 和 CO 等非烃类燃料的燃烧中未曾发现。

3) 燃料(Fuel)NO

燃料中所含氮化合物在燃烧中会生成 NO,称为燃料 NO。燃料中的氮化合物在高温下首先生成 HCN、CN、NH_2 和 NH 等中间产物,然后通过与上述激发 NO 相似的途径生成 NO。燃料 NO 的生成不需要很高的燃烧温度,在 700~900℃ 条件下就有很高的生成速率;随 ϕ_a 降低混合气变浓,NO 生成急剧下降,但在 $\phi_a=1.0$ 以上时,NO 生成几乎保持不变;随燃料含氮量的增加 NO 几乎线性上升。汽油基本不含氮,柴油含氮率仅为 0.002%~0.03%(质量分数),重油含氮率最高也只有 0.05%~0.4%。因而对于车用内燃机可以不考虑燃料 NO,但随着燃烧技术进步,当 NO_x 降至较低时,燃用重油的内燃机必须考虑燃料 NO 的问题。

综上所述,在 NO 的三个生成途径中,由于车用内燃机很少工作在过浓混合气,以及车用燃料含氮率极低,可以暂不考虑激发 NO 和燃料 NO 排放,因而高温 NO 是车用内燃机 NO 排放的主要来源。一般在进行 NO 生成的模拟计算时,仅用扩展的捷氏反应机理就可基本满足工程所需精度。

根据高温 NO 反应机理,产生 NO 的三要素是高温、富氧和足够的反应时间。混合气过浓,则参与 NO 反应的氧气不够;而在足够的氧浓度条件下,温度越高,则反应速度越快,NO 平衡浓度越高,因而 NO 的生成量越大。图 7-8 给出了根据高温 NO 反应机理计算得到的 NO_x 生成量随温度的变化,当温度高于 2000 K,反应速度随温度的提高而快速增加。至于反应时间的影响,由于 NO 的生成速度要比其他成分(CO、CO_2、HC 等)慢得多,内燃机是一种高速燃烧的热能机械,其整个燃烧过程一般不超过 5~10 ms,因而燃烧终了时往往 NO 尚未达到平衡浓度,所以高温反应时间越长,NO 的生成量就越多。有害排放物模拟计算时,一般 NO 采用化学动力学计算,而其他成分可采用化学平衡计算。

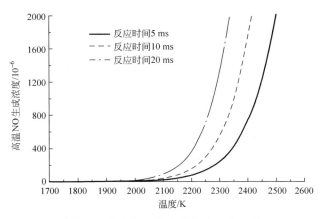

图 7-8 热力 NO 生成量与温度的关系

2. 一氧化碳(CO)

CO 是碳氢燃料不完全燃烧的一种产物,其生成主要受混合气浓度的影响。一般认为,烃燃料在燃烧过程中,产生一连串的中间生成物,这些中间生成物如不能进一步氧化,就会以部分氧化的生成物排出。CO 的形成过程:烃燃料分子(RH)→烃基(R)→过氧烃基

(RO_2)→醛基(RCHO)→酰基(RCO)→一氧化碳(CO)。

对于采用均质混合气工作的汽油机来说，在过量空气系数$\phi_a<1$的浓混合气运行时，由于缺氧使燃料中的C不能完全氧化成CO_2，CO作为不完全燃烧产物生成。在$\phi_a>1$的稀混合气运行时，理论上不应有CO产生，但实际燃烧过程中，由于混合不均匀造成局部区域$\phi_a<1$的条件成立，因此局部缺氧不完全燃烧产生CO。完全燃烧产物CO_2在高温时发生热分解反应，也会生成CO。另外，未燃碳氢化合物在排气过程中进行的不完全氧化反应也会产生少量CO。对于采用非均质混合气工作的柴油机来说，混合不均匀是产生CO的主要原因。

燃烧终了时的CO浓度一般取决于燃气温度，但由于膨胀过程中缸内温度下降很快，以至于温度下降速度远快于气体各成分建立新平衡过程的速度，使实际的CO浓度要高于排气温度对应的CO化学平衡浓度，即产生"冻结"现象。汽油机排气中的CO浓度近似等于1700 K时的CO化学平衡浓度。

3. 碳氢化合物(HC)

碳氢化合物是碳氢燃料未燃或不完全燃烧的产物，包含上百种成分，因此也称为总碳氢化合物(THC)，也有将其称为未燃碳氢化合物(UHC)。一般可将HC与THC和UHC理解为同一含义，包括中国、日本和欧洲各国在内的大部分国家，都将THC作为碳氢化合物排放的评价指标，而美国采用非甲烷碳氢化合物(NMHC)作为评价指标。

对于采用了炭罐吸附和车载加油油气回收(ORVR)装置的汽油车，其THC排放的60%～70%来自尾管，30%～40%来自燃油蒸发(热浸、昼间、运行损失、加油等)。现代汽油机曲轴箱碳氢排放占比很小，一般不超过5%。以下分别介绍HC在汽油机和柴油机中的生成机理。

1) HC在汽油机中的生成机理

在以均质混合气进行燃烧的汽油机中，HC的产生主要有不完全燃烧、壁面淬熄以及壁面油膜三个途径。液化石油气(LPG)和天然气(NG)等燃气发动机一般也采用均质混合气燃烧模式，因此其HC生成机理与汽油机基本相同。

(1) 不完全燃烧。汽油机不完全燃烧的原因主要有：起动、怠速及高负荷工况时，可燃混合气处于$\phi_a<1$的过浓状态，加之怠速时残余废气系数较大，造成不完全燃烧；失火也是汽油机HC排放的重要原因；另外，汽车在加速或减速时，会造成暂时的混合气过浓或过稀现象，也会产生不完全燃烧或失火HC排放。即使在$\phi_a>1$时，由于油气混合不均匀，也会因局部不完全燃烧产生HC排放。

(2) 壁面淬熄效应。燃烧过程中，燃气温度高达2000℃以上，而气缸壁面温度通常在300℃以下，因而靠近壁面的气体，受低温壁面的影响，温度远低于燃气温度，并且气流湍流强度也较弱。火焰前锋面受低温壁面和低温附面层的冷却，活化分子的能量被吸收，燃烧反应链中断，这种现象称为壁面淬熄(quenching)效应。它使壁面附近形成厚0.1～0.2 mm的未燃或不完全燃烧的火焰淬熄层，产生大量HC。淬熄层厚度随运行工况、混合气湍流程度和壁温的不同而变化，冷起动、怠速和小负荷时尤其会形成较厚的淬熄层。

作为壁面淬熄效应的一种极端情况，燃烧室中各种狭窄的缝隙，尤其是活塞头部与气缸壁之间形成的窄缝、火花塞中心电极周围、进排气门头部周围等处，由于面容比大，淬熄效应强烈，火焰无法传入其中燃烧，而在膨胀和排气过程中，缸内压力下降，缝隙中的未燃混合气随排气一起排出。虽然缝隙容积较小，但其中气体压力高，温度低，密度大，因而HC的浓度高,这种现象也称为缝隙效应。

图 7-9 是根据透明燃烧室的高速摄影结果获得的燃烧过程中淬熄层的变化。图 7-9(a) 表示在燃烧过程中,气缸盖底面 1、气缸壁面 2、活塞顶部 3 以及第 1 道活塞环以上的窄缝 4 等处,存在不燃烧的淬熄层。图 7-9(b) 表示燃烧结束排气门开启后,排气门周围的淬熄层随废气首先排出气缸。图 7-9(c) 表示在排气过程后半期,壁面和缝隙处的淬熄层开始剥离并排出气缸。研究结果表明,由壁面淬熄效应产生的 HC 可占尾管排放 HC 的 30%~50%。

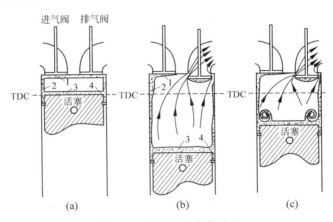

图 7-9 淬熄层的变化过程
1—气缸盖底面;2—气缸壁面;3—活塞顶部;4—活塞环以上窄缝

(3) 壁面油膜和积炭的吸附效应。在进气和压缩过程中,气缸壁面的润滑油油膜,以及沉积在活塞顶部、燃烧室壁面、进排气门和喷嘴上的积炭(多孔性结构),会吸附燃料蒸气及未燃混合气,而在膨胀过程和排气过程中逐步脱附释放,这种现象称为吸附效应。像上述淬熄层一样,这些 HC 少部分被氧化,大部分随已燃气体排出气缸。研究表明,这种由油膜和积炭吸附产生的 HC 可占总 HC 排放的 35%~50%。

发动机在使用一段时间后,燃烧室壁面和喷嘴上往往存在较多的积炭层,当清除积炭后,HC 排放会有明显降低。

2) HC 在柴油机中的生成机理

由于柴油机采用扩散燃烧方式,燃油在燃烧室内的停留时间要比汽油机短得多,燃烧室周边区域的 ϕ_a 趋向于 ∞,即几乎没有燃油(尤其是小负荷时),因而受淬熄效应和油气吸附效应的影响很小,这是柴油机 HC 排放远低于汽油机的主要原因。柴油机产生 HC 的主要原因是油气混合不均匀以及燃油雾化质量差。

(1) 混合气不均匀。柴油机混合气的浓度分布极不均匀,如图 7-10 所示,靠近燃油射束中心区域会形成过浓混合气($\phi_a \ll 1$),而燃油射束的周边区域会产生过稀混合气($\phi_a \gg 1$)。在超出着火界限的过浓或过稀混合气区域,会产生局部失火或不完全燃烧,形成 HC 排放。

(2) 喷油器压力室容积。由于制造工艺的需要,一般喷油器针阀密封座面以下有一小空间,称为压力室(或称盲孔),如图 7-11 所示。喷油结束时,压力室容积中充满燃油,随燃烧和膨胀过程的进行,这部分燃油被加热和汽化,并以液态或气态低速进入燃烧室。由于这时混合及燃烧速度缓慢,使得这部分燃油很难充分燃烧和氧化,从而导致大量的 HC 产生。由图 7-11 可以看出,随压力室容积的减少,HC 排放明显下降,当压力室容积为 0(无压力室)时,HC 排放的体积分数减低到约 100×10^{-6}。对比压力室容积为 $1.35~\text{mm}^3$ 时 HC 排放的体积分数(近 600×10^{-6}),由压力室容积造成的 HC 排放占了原机总 HC 排放量的 3/4。随着制造工艺技术的进步,无压力室喷油器得到广泛应用,因压力室容积造成的 HC 排放问题不再突出。

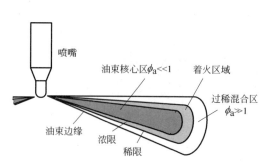

图 7-10 柴油喷雾与 HC 生成的关系

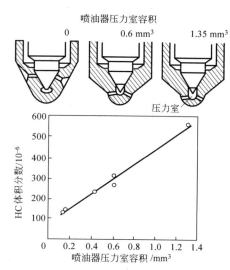

图 7-11 喷油器压力室容积对 HC 排放的影响

(3) **二次喷射或后滴**。二次喷射或后滴等不正常喷油现象,与压力室容积影响相似,也会造成 HC 排放上升。

4. 颗粒物及炭烟的生成机理

不管是柴油机还是汽油机,由于缸内可燃混合气可能存在局部过浓区域,在高温缺氧条件下会产生炭烟(soot),炭烟在排气条件下吸附凝集重质碳氢化合物以及硫酸盐等形成颗粒物(PM)。汽油机由于采用预混合燃烧方式,尤其是进气道喷射(PFI)汽油机,可以形成较为均匀的混合气,因此其颗粒物排放较柴油机低。缸内直喷(GDI)汽油机,有可能出现混合气浓稀分层以及喷雾碰壁,容易造成缸内局部混合气过浓,其颗粒物排放较 PFI 汽油机要高,但与柴油机扩散燃烧模式相比,其颗粒物排放要低。这里重点探讨柴油机的颗粒物及炭烟生成机理,这对理解汽油机颗粒物及炭烟的生成机理也是有帮助的。

1) 柴油机颗粒物的基本特征

(1) 颗粒物的构成与主要成分

柴油机颗粒物(PM)主要由三部分组成:干炭烟(DS)、可溶性有机物(SOF)和硫酸盐。炭烟(soot),是以碳为主体的不完全燃烧产物。SOF 成分主要是燃料和窜入气缸中的润滑油不完全燃烧剩余的重馏分 HC。硫酸盐来源于燃料和润滑油中的硫,同时也包括其他金属盐和燃烧室金属表面脱落物。如图 7-12 所示,PM 的核心是多个炭粒聚集成不规则的链状,在其表面附着 SOF 和硫酸盐。

柴油机颗粒物中三种成分随工况、发动机类型、燃烧特性以及油品质量等因素而变化。图 7-13 给出了一辆重型柴油车在美国 FTP 工况条件下的试验结果,原机的颗粒物排放质量为 $0.48\text{g}/(\text{kW}\cdot\text{h})$,其中 DS 占 64%,SOF 占 26%,硫酸盐占 10%。通过改进喷油系统

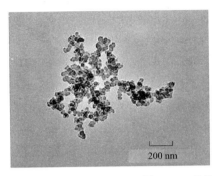
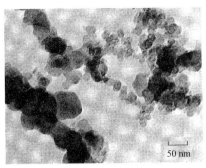

图 7-12　柴油机颗粒物形貌

和燃烧系统以及换用含硫量 0.04% 的低硫柴油后，由于 DS 和硫酸盐明显降低，使得颗粒物排放质量降为 0.18 g/(kW·h)，而 SOF 的占比却升高到 49%。

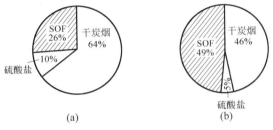

图 7-13　柴油机颗粒物构成的变化
(a) 原机；(b) 改进后

由以上讨论可知，炭烟只是颗粒物的主要组成部分之一，柴油机在高负荷工作时，炭烟在颗粒物中占比较高，而在中低负荷时则降低，经常低于 SOF 所占比例。

(2) 颗粒物粒径与排放数量

柴油机颗粒物(PM)的粒径与燃烧过程有密切关系。20 世纪 80 年代前的车用柴油机颗粒物粒径在 1～10 μm 范围内，后来随高压喷射技术的采用和油气混合过程的改善，颗粒物粒径在 1 μm 以下。

从欧Ⅰ到欧Ⅵ排放法规阶段，重型柴油机 PM 的排放质量降低了 97% 以上，但研究表明，其排放数量(个数/(kW·h))并未降低。因此近年来对颗粒物排放数量(PN)以及细微颗粒物(或纳米颗粒物)的研究逐渐重视，欧Ⅵ排放法规开始限制 PN 排放。

图 7-14 表示柴油机 PM 排放的典型粒径分布，按粒径大小可分为四个区域：纳米颗粒物(nano particles)、超细颗粒物(ultrafine particles)、细颗粒物(fine particles)和粗颗粒物(coarse particles)。按形态不同可分为三类：核态(nuclei mode)、凝聚态(accumulation mode)和粗糙态(coarse mode)。不论从颗粒物质量还是数量上看，1 μm 以下的颗粒物都占了绝大多数。从分布特征上来看，颗粒物质量和数量呈现双峰形态，从左到右分别对应核态及凝聚态颗粒物，说明质量排放的主体是凝聚态颗粒物，而数量排放的主体是核态颗粒物。

核态颗粒物的主要来源为低挥发性的有机物和硫化物等经过初步成核及凝聚而成，可能还包含金属类灰烬及固态碳颗粒等成分，其尺寸范围为 1～50 nm，常见尺寸范围为 3～30 nm。尽管核态颗粒物只占排放总质量的 0.1%～10%，但数量排放超过 90%。凝聚态颗粒物主要由燃烧过程中产生的干炭烟和炭烟初级球体等经碰撞、团聚，并同时吸附重质

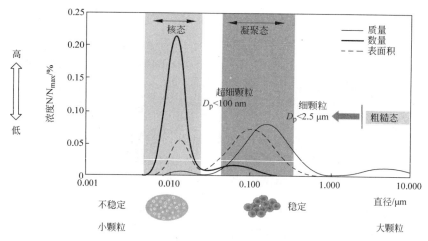

图 7-14 柴油机颗粒物的粒径分布

碳氢化合物和硫酸盐而形成,其尺寸范围为 30~500 nm。凝聚态颗粒物占排放总质量的 80% 以上,但数量排放不到 10%。粗糙态颗粒主要来源于燃烧室和排气系统的积炭脱落,以及燃料喷雾质量不好或异常喷射形成的大颗粒,其尺寸超过 1 μm。现代高压共轨电喷柴油机的颗粒物粒径一般都不超过 1 μm。

2) 炭烟和颗粒物生成过程

图 7-15 给出了柴油喷雾扩散燃烧的模型示意图,该模型展示了柴油混合气浓度以及温度分布。从图中可以看出,炭烟前驱物如多环芳烃(PAH)主要出现在浓混合气(燃空当量比 $\phi=2\sim4$)和温度约为 1700 K 的预混燃烧区域,紧接着开始炭烟生长和凝聚,之后在高温富氧区开始部分炭烟氧化。图 7-16 对柴油机炭烟生成、炭烟氧化以及颗粒物形成三个阶段进行了简要描述。其中炭烟生成阶段包含复杂的气相化学反应过程、物理化学成核过程,其机理尚未完全明晰,而颗粒物(PM)形成过程更复杂,尚不能进行详细的物理、化学过程描述,有待进一步研究。

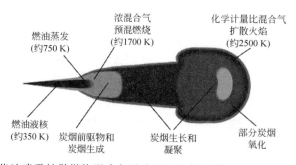

图 7-15 柴油喷雾扩散燃烧混合气浓度和温度分布模型示意图(见文前彩图)

(1) 炭烟生成阶段

炭烟是烃类燃料在高温缺氧条件下裂解生成的,但从燃油分子到生成炭烟整个过程中的化学动力学反应及物理变化过程尚不十分清楚。烃类燃料燃烧时生成炭烟的途径主要有气相析出型和残炭型等。柴油机燃烧中炭烟生成的最主要途径是气相析出型,其余是少量的残炭型,如图 7-17 所示。

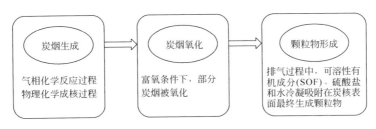

图 7-16　柴油机颗粒物三阶段形成过程

残炭型炭烟形成机理:当粒径较大的燃油喷射到高温空气中,液态的重质烃在高温缺氧条件下直接脱氢炭化,形成多孔状的炭粒,粒度一般为几微米至十几微米。在柴油喷雾粒径过大和重馏分较高等情况下容易形成残炭型炭烟,例如在喷油压力不高的柴油机以及使用馏分较重燃料的柴油机上,残炭型炭烟是一个不容忽视的生成途径。

气相析出型炭烟是现代柴油机炭烟生成的主要途径,其生成机理主要有多环芳香烃中间体说和乙炔中间体说两种解释。多环芳香烃中间体机理(图 7-18)认为,柴油液滴通过高压喷射雾化形成气相,气相燃油分子在高温缺氧条件下发生部分氧化和裂解,生成各种不饱和

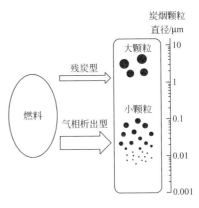

图 7-17　柴油机燃烧中炭烟主要生成途径

小分子烃,如乙烯、乙炔及其同系物,C_2 或 C_3 小分子碳氢(C_2H_2、C_2H_3、C_3H_3 等)环化生成芳香烃,芳香烃通过不断脱氢同时添加乙炔,即 HACA 机理(H-abstraction,C_2H_2-addition),进一步聚合成多环芳烃(PAH),PAH 继续脱氢与缩合,形成高分子炭黑。

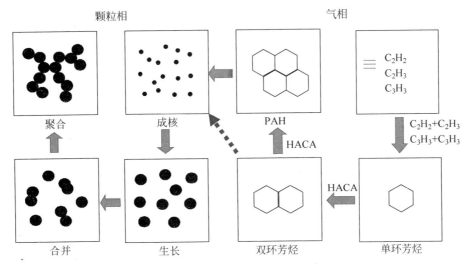

图 7-18　炭烟多环芳烃中间体说的生成路径

另一条生成途径是乙炔中间体说,如式(7-6)、式(7-7)所示,乙烯脱氢生成乙炔,并继续脱氢生成炭黑。

$$C_2H_4 \longrightarrow C_2H_2 + H_2 \tag{7-6}$$

$$C_2H_2 \longrightarrow 2C + H_2 \tag{7-7}$$

经过上述气相化学反应过程产生的炭黑逐渐聚合成直径 2 nm 左右的炭核,气相烃在炭核表面的凝聚和脱氢碳化反应,使炭核继续增大,成为直径 20~30 nm 近似球形的基本炭粒,其内部结构与石墨相似。这些细小炭粒经过相互聚集形成直径数十纳米至数百纳米不等的链状多孔性聚合物,至此,炭烟的成核长大过程结束。上述气相反应过程加上成核长大过程构成了炭烟生成阶段。在扩散火焰中,燃料成分与结构会影响炭烟生成量,一般按烷烃、烯烃、炔烃和芳烃的顺序,炭烟生成量依次增加。

（2）炭烟氧化阶段

燃烧生成的炭烟,如果在后期能遇到足够的氧化氛围和高温,会通过氧化反应减少,甚至完全氧化掉。图 7-19 给出了一例在燃烧室内不同位置直接采样得到的炭烟浓度随曲轴转角的变化过程,说明大部分炭烟在排出气缸之前被氧化了。炭烟一般在 600℃ 以上的温度及富氧氛围中就可氧化,燃烧后期缸内温度是足够的,其氧化多少主要取决于是否有足够的氧气或 OH 等氧化剂和反应时间。

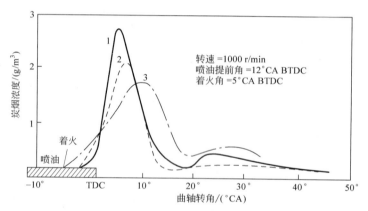

图 7-19 炭烟浓度随曲轴转角的变化
1—距副燃室壁面 2 mm；2—距副燃室壁面 10 mm；3—距副燃室壁面 15 mm

（3）颗粒物形成阶段

燃烧过程中生成的炭烟在膨胀和排气过程直至排入大气后,随周围气体温度的降低,可溶性有机物（SOF）、硫酸盐以及水分等在炭烟上吸附凝集,形成图 7-12 所示的排气颗粒物（PM）。其中,硫酸盐是由排气中的 SO_2 遇水变成硫酸盐而来,随发动机工况不同,有 1%~3% 的 SO_2 在排气中转变为硫酸盐,成为 PM 的一部分,其余大部分的 SO_2 以气体状态排入大气。大量试验表明,柴油机 HC 排放高时,往往伴随着 PM 中 SOF 的增多。

7.2.3 有害排放物生成影响因素

影响有害排放物生成的因素很多,也很复杂,但有害排放物毕竟是燃烧化学反应的产物,因而影响化学反应的因素也是影响有害排放物的因素,主要是反应物浓度（或过量空气系数 ϕ_a）和温度。各种机内降低有害物排放的技术大都是通过这两个基本因素来影响燃烧和有害物生成过程的。

1. 混合气浓度的影响

1) 对汽油机的影响

汽油机 CO、HC 和 NO_x 排放,以及动力性(功率)和经济性(热效率)随混合气浓度(空燃比/过量空气系数/燃空当量比)的变化如图 7-20 所示。CO 和 HC 随过量空气系数 ϕ_a 的增大急剧下降,超过 $\phi_a = 1$ 后,逐渐达到最低值;但混合气过稀时,因燃烧不稳定和失火次数增多,导致 HC 又有所回升。从降低 CO 和 HC 的角度来说,应避免汽油机在 $\phi_a < 1$ 的区域运转,但汽油机的最大功率一般出现在 $\phi_a = 0.85 \sim 0.95$(偏浓混合气),急速和冷起动时也往往用浓混合气,因而在急速、冷起动和大负荷工况出现较高的 CO 和 HC 排放又是难以避免的。

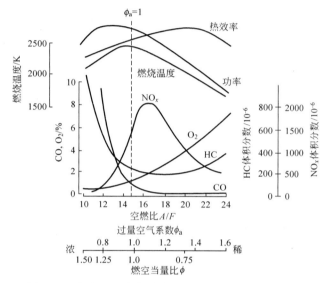

图 7-20 汽油机混合气浓度对有害排放物生成的影响

NO_x 在 $\phi_a = 1.1$ 偏稀附近时最高,混合气过浓和过稀 NO_x 都会降低。$\phi_a < 1$ 时,燃烧在还原性气氛中进行,作为氧化反应产物的 NO 难以生成;而 ϕ_a 过大(混合气过稀)时,由于燃烧温度下降,使 NO 的生成量减小;只有 $\phi_a = 1.1$ 附近,才能兼有高温和富氧两个必要条件,最有利于 NO 的生成。

2) 对柴油机的影响

ϕ_a 对柴油机有害排放物的影响如图 7-21 所示。尽管柴油机在 $\phi_a > 1$ 的整体偏稀混合气条件下运转,但由于柴油机是扩散燃烧,混合气的局部浓稀分布极不均匀,完全燃烧所需的空气要比预混合燃烧时多,因而与图 7-20 相比,CO、HC 和 NO_x 曲线向稀区平移。同时在 $\phi_a \leq 2$ 以后,炭烟排放急剧上升。

由图 7-21 还可看出,柴油机的 CO 排放一般很低,不到汽油机的 1/10。但在高负荷($\phi_a < 1.5$)时开始急剧增加,主要原因是混合不均匀造成局部缺氧。同时,在 $\phi_a > 2$ 以后的中小负荷时,CO 再次升高,原因是缸内燃烧温度降低,造成喷雾燃烧不完全。由于在燃油喷雾边缘区域形成了过稀混合气以及缸内温度过低的原因,造成 HC 排放随混合气变稀也呈上升趋势,但仍比汽油机 HC 排放低得多。

2. 运转工况的影响

内燃机在不同工况下运转时,其过量空气系数 ϕ_a 和燃烧温度不同,因而造成有害排放

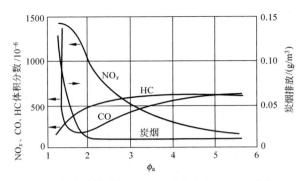

图 7-21 直喷式柴油机空燃比对有害排放物生成的影响

物的生成浓度不同。

图 7-22 给出了一辆汽油车按日本 10 工况法试验时车速以及 CO、HC 和 NO_x 排放特性。汽车在加速和高速行驶时,由于燃烧温度高,因而 NO_x 排放浓度较高。HC 和 CO 在怠速和减速时排放浓度较高,因为此时的混合气偏浓,同时怠速时的温度较低以及残余废气系数也较高。

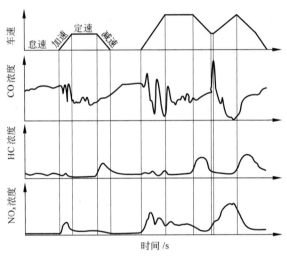

图 7-22 不同工况时的排放特性

汽油机在不同工况下排气成分的大致范围如表 7-12 所示,可以看出其一般规律为:怠速时,HC、CO 较高,NO_x 较低;加速及定速高负荷时,NO_x 较高;减速时,HC、CO 较高,NO_x 较低。

表 7-12 汽油机在不同工况下的排气成分浓度

排气成分	怠 速	加 速	定 速	减 速
HC	800×10^{-6}	540×10^{-6}	485×10^{-6}	5000×10^{-6}
NO_x	23×10^{-6}	1543×10^{-6}	1270×10^{-6}	6×10^{-6}
CO	4.9%	1.8%	1.7%	3.4%
CO_2	10.2%	12.1%	12.4%	6.0%

柴油机气体排放随负荷(也可用ϕ_a表示)的变化已在图7-21中给出。其颗粒物比排放随负荷的变化如图7-23所示,这是在一台满足国三排放标准柴油机上的实测结果。可以看出,颗粒物比排放在低负荷与高负荷时都呈较高水平,其中可溶性有机物(SOF)也有相同的变化趋势。这是因为低负荷的燃烧温度偏低,而高负荷的混合气变浓,这都会导致燃烧不完全和炭烟氧化速率降低,使得颗粒物排放升高。由于燃料中硫含量不变,硫酸盐比排放基本保持不变,这也说明燃料中硫转化为硫酸盐的比例大致不变。

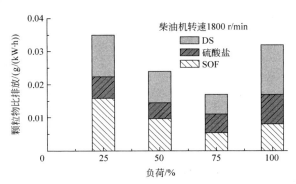

图7-23 柴油机颗粒物比排放随负荷的变化

7.3 汽油机机内净化技术

汽油机排放污染控制技术可分为三类:以改进混合气形成及燃烧过程为核心的机内净化技术;在排气系统中对已生成的有害排放物进行转化的排气后处理技术;控制曲轴箱和供油系统有害排放物的非排气污染控制技术。后两类也统称为机外净化技术。

降低汽油机有害物排放的机内净化技术主要有推迟点火时间、废气再循环、改进燃烧室设计、提高喷油压力以及精确控制空燃比和点火时间等。

7.3.1 推迟点火时间

推迟点火时间是简单易行也是普遍应用的汽油机机内排放控制技术。如图7-24所示,随点火提前角减小,NO_x明显降低,HC也同时降低。NO_x排放降低的原因见图7-25,随点火提前角小于最佳转矩的最小提前角(MBT),燃烧等容度降低,使燃烧最高温度降低,导致NO下降。点火提前角减小同时会导致后燃加重和排气温度上升,HC在排气冲程以及排气管中的氧化反应加快,使最终排出的HC减少。但由图7-24也可看出,随点火时间推迟,燃料消耗率上升,同时还有最大功率下降等负面效果,这限制了点火时间不能过分推迟。

7.3.2 废气再循环

废气再循环(EGR)是一种被广泛应用的排放控制技术,主要用于降低NO_x。EGR工作原理如图7-26所示,一部分排气经EGR控制阀流回进气系统,与新鲜空气混合进入气缸。废气再循环程度用EGR率(ϕ_E)表示,即流回进气系统的废气质量与进气总质量之比。在空燃比不变的条件下,EGR使新鲜混合气中的CO_2等惰性气体增加,造成燃烧速度降低;同时还使混合气的比热容提高。两者共同导致燃烧温度降低,因而可以抑制NO_x的生成,如图7-27所示。

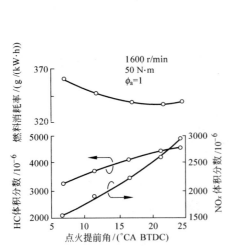

图 7-24 点火时间对 NO_x 和 HC 排放的影响

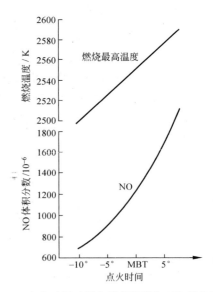

图 7-25 点火时间对燃烧最高温度和 NO 排放的影响

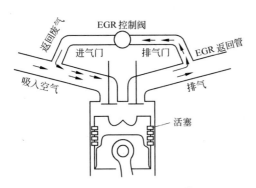

图 7-26 废气再循环系统工作原理

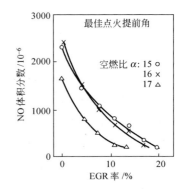

图 7-27 EGR 降低 NO 的效果

随着 EGR 率的增加，中高负荷的燃料消耗率上升，最大功率下降。同时，点火变得困难，燃烧逐渐不稳定，导致 HC 和 CO 排放上升，尤其是怠速和小负荷工况时更明显。为此，一般在汽油机大负荷、起动及暖机、怠速和小负荷时不使用 EGR，而其他工况时的 EGR 率一般不超过 20%，由此通过控制 EGR 率可降低 NO_x 排放 50%～70%。

为了精确控制 EGR 率，最好采用电子控制 EGR 阀系统。为了增强降低 NO_x 的效果，可采用中冷 EGR 来降低进气温度。为了消除 EGR 对动力性和燃油经济性的负面影响，可同时采用一些快速燃烧和稳定燃烧的措施，如通过采用进气涡流、滚流和双火花塞点火等技术，使用 EGR 时的油耗不仅没有恶化反而有所改善，如图 7-28 所示。

实际上，EGR 降低 NO_x 的这种效果也可以通过不充分排气（排气门早关、进气门晚开）以增大滞留于缸内的废气量（即增大残余废气系数）来实现，这种方法称为内部 EGR。

7.3.3 提高燃油喷射压力

缸内直喷（GDI）汽油机的燃油喷雾质量和混合气形成方式，对炭烟和碳氢排放有重

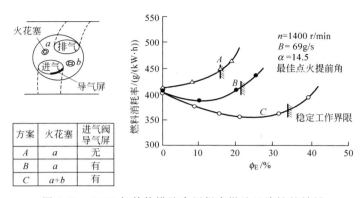

图 7-28 EGR 与其他措施合用提高燃油经济性的效果
A—仅采用 EGR；B—EGR+增强进气涡流；C—EGR+增强进气涡流+双火花塞点火

要影响。其中燃油喷射压力是影响颗粒物质量（PM）和数量（PN）排放最重要的因素之一。图 7-29 给出了不同喷油压力下，采用不同孔数和流量喷油器时的 PM 和 PN 排放演变规律。当喷射压力从 5 MPa 提高到 20 MPa 时，可以明显改善汽油的喷雾质量，使得 PM 和 PN 下降了约一个数量级，但喷射压力继续提升到 40 MPa，PM 和 PN 下降幅度减缓。

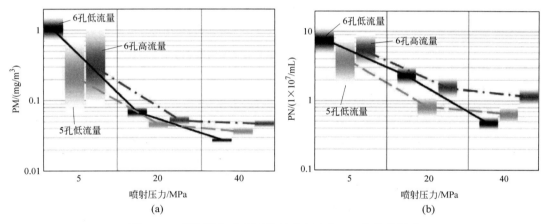

图 7-29 喷射压力对 GDI 汽油机 PM 和 PN 排放的影响
(a) PM；(b) PN

7.3.4 优化燃烧系统设计

紧凑的燃烧室形状可以使燃烧快速充分地进行，并减少淬熄效应，由此可降低 CO 和 HC 排放；改善缸内气流运动，有助于加强油气混合，同样使燃烧快速充分地进行，还可以改善燃烧时的循环波动，而循环波动也是 HC 排放的重要成因。

减小活塞头部、火花塞和进排气门等处不参与燃烧的缝隙容积，也是降低 HC 的有效方法。如图 7-30 给出的例子，由原设计改为高位活塞环设计后，HC 排放降低了 20%。

GDI 汽油机尤其是采用分层稀燃模式时，如果油气混合时间短、燃烧室形状复杂以及采用壁面导流（参见图 6-65(b)）等，容易造成燃烧不完全导致的 HC 和 PM 排放高，因此燃烧室设计会更显著地影响有害物排放特性。

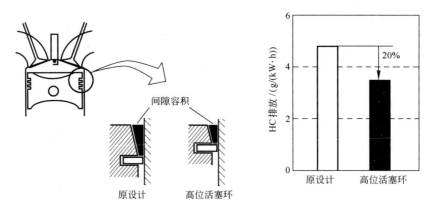

图 7-30 采用高位活塞环降低 HC 的效果

7.3.5 提高点火能量

提高点火能量可以提高着火的可靠性,减小循环波动,扩大混合气的着火稀限。特别是随着未来汽油机稀薄燃烧技术的应用,高能电子点火系统有可能得到推广应用。提高点火能量的措施有增大极间电压(二次电压),极间电压一般为 10~20 kV,最高的有 35 kV 左右;增大火花塞间隙,如由 0.8 mm 增大至 1.1 mm,甚至 1.5 mm;以及延长放电时间等。

7.3.6 电控技术

采用电控技术可以更精确地控制燃油喷射、点火、配气以及节气门等,可智能地满足各工况的不同要求,从而实现汽油机排放性能、燃油经济性和动力性的综合优化。此外,三效催化转化器、颗粒过滤器与电控喷射系统的组合控制技术,已成为汽油机排放控制的有效技术。

由于汽油机主要采用以闭环电喷加三效催化器和颗粒过滤器等后处理装置为核心的排放控制技术,因而大大减轻了对机内净化的要求,燃烧过程的组织仍以动力性和热效率作为主要优化目标。

7.4 柴油机机内净化技术

与汽油车的排放控制相比,柴油车的排放控制难度更大,因为柴油机燃油喷雾混合气形成以及排气后处理技术难度和成本都比汽油机高。柴油机采用稀燃和扩散燃烧方式,其 CO 和 HC 排放远低于汽油机,但 NO_x 和 PM 排放控制难度更大。

表 7-13 给出了降低柴油机有害排放物的技术措施和实施方法,总体上可分为燃烧改善、燃料品质改善和排气后处理三类,前两类属机内净化技术。在改善燃烧的各项技术措施中,降低 NO_x 的措施有推迟喷油时间、采用 EGR 以及改善喷油规律等;降低炭烟和颗粒物排放的措施有采用增压技术和高压喷射等。降低硫含量是燃料品质改善的最主要措施,降低柴油多环芳烃含量以及添加含氧燃料对改善排放也有重要影响。

表 7-13 降低柴油机排放的技术措施和实施方法

分类	技术措施	实施方法	控制对象
燃烧	推迟喷油时间	减小喷油提前角	NO_x
	EGR	外部 EGR、内部 EGR、中冷 EGR	NO_x
	喷水燃烧	进气喷水(水蒸气)、缸内喷水、乳化油	NO_x
	燃烧室设计	提高油气混合质量、设计参数优化、新型燃烧模式	NO_x、PM
	改善喷油规律	靴型喷油规律、预喷射、多段喷射	NO_x、PM
	高压喷射	高压共轨、泵喷嘴	PM
	进排气系统	进排气动态效应,可变进气涡流,多气门	PM
	增压	增压中冷、多级增压、可变几何涡轮(VGT)增压	PM
	低温燃烧(LTC)	提高空燃比和EGR率,降低燃烧温度	NO_x、PM
燃料	降低硫含量	低硫、无硫柴油(含硫量小于 10×10^{-6})	PM
	降低芳烃含量	芳烃小于15%,多环芳烃PAH小于7%	PM
	增加含氧量	生物柴油、B5柴油、二甲醚DME	PM
后处理	氧化型催化器	柴油机氧化催化剂(DOC)	HC、CO
	还原型催化器	尿素选择催化还原(SCR)	NO_x
	颗粒过滤器	壁流式颗粒过滤器(DPF)	PM

7.4.1 柴油机清洁燃烧思路

柴油机的燃烧过程远比汽油机的复杂,因而可用于控制有害物生成的燃烧特性参数也比汽油机多,使得寻求综合考虑排放、热效率等性能的理想燃烧放热规律成了柴油机排放控制的核心问题。由于 NO_x 与 PM 的生成机理不同,低 NO_x 和低炭烟对混合气浓度是相逆的要求(参见图 6-78),导致两者之间存在图 7-31 所示的相悖关系(Trade-off 关系),即降低 PM 的方法往往会引起 NO_x 的上升。

为使 NO_x 和 PM 同时降低并保证高的热效率,柴油机应采取如图 7-32 所示的清洁燃烧思路,即由实线所示传统的燃烧过程变为虚线所示的清洁燃烧过程。其中有两个关键点:一是抑制预混合燃烧以降低 NO_x;二是促进扩散燃烧以降低 PM 并改善热效率。这一指导思想贯穿于下述各种排放控制技术中。

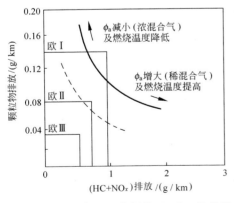

图 7-31 NO_x 与 PM 之间的 Trade-off 关系

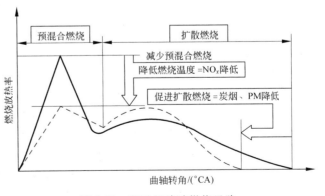

图 7-32 柴油机清洁燃烧思路

7.4.2 改善喷雾燃烧

1. 推迟喷油时间

柴油机通过推迟喷油时间可以有效地抑制NO_x排放,方法简便易行。图 7-33 给出了直喷柴油机喷油时间对NO_x、颗粒物和燃料消耗率以及燃烧特性等的影响。随喷油提前角的推迟,NO_x显著降低,但喷油时间过晚,NO_x又有上升,这是因为活塞下行喷油,缸内温度降低导致着火落后期加长的缘故。此外,燃料消耗率和颗粒物排放随喷油提前角推迟而恶化,与NO_x降低呈现显著的 Trade-off 关系。

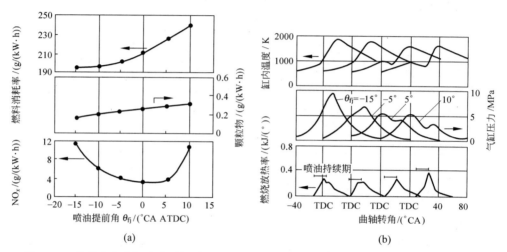

图 7-33 直喷式柴油机喷油时间对NO_x、颗粒物排放以及燃油经济性和燃烧特性的影响
(a) 排放与燃油经济性;(b) 燃烧特性

柴油机喷油时间延迟使NO_x排放量下降的机理主要有两个:一是使燃烧过程避开上止点进行,燃烧等容度下降,因而燃烧温度降低;二是越接近上止点喷油,缸内温度越高,着火落后期缩短,形成的可燃混合气少,因而燃烧初期的放热速率降低,导致燃烧温度降低。这两种机理都起到了抑制NO_x生成的作用。从图 7-33(b)可以看出,随喷油时间推迟,燃烧温度、气缸压力和放热率峰值均下降。着火落后期变短导致预混合气变少,而燃烧温度降低会导致炭烟的后期氧化变慢,这两种因素造成了炭烟和颗粒物排放以及燃料消耗率上升。

2. 废气再循环

由于柴油机排气中的氧含量相对汽油机要高,因而必须使用更大量的废气再循环才能有效地降低NO_x。一般汽油机 EGR 率不超过 20%,而直喷式和非直喷式柴油机的 EGR 率可分别超过 40% 和 25%。

如图 7-34 所示,采用 EGR 可以使NO_x明显降低,其原因除由于大量惰性气体阻碍了燃烧的快速进行,以及混合气的比热容增大使燃烧温度降低之外,EGR 对进气加热和稀释造成的实际过量空气系数下降也是重要原因。因而,随 EGR 率的增大,在NO_x降低的同时,炭烟和燃料消耗率也会随之恶化(图中虚线)。为此,可采用冷却 EGR(cooled EGR)的方法,如图中实线所示,在NO_x进一步降低的同时,炭烟排放和油耗的恶化被明显抑制了。

EGR 对柴油机性能的负面影响,主要表现在中大负荷时,而小负荷时影响不大,甚至会使油耗和 HC 排放略有改善。因此,实际应用时,应随工况的不同而改变 EGR 率。

柴油机排气中的 SO_2 氧化为 SO_3，并与水蒸气反应生成硫酸（H_2SO_4），对 EGR 系统的管路和阀门以及气缸壁面形成腐蚀，并使润滑油劣化。同时，排气中的颗粒物还通过 EGR 管路流回气缸，附在摩擦面上或混入润滑油里。这些都会导致气缸套、活塞环以及配气机构的异常磨损，其磨损量甚至比没有 EGR 时的高 4～5 倍。为此，必须降低柴油含硫量，或对润滑油及缸套等部件的材料作相应改进处理。

3. 增压及增压中冷

增压可以提高进气密度，使燃料在足够大的过量空气系数（ϕ_a）条件下燃烧完全，因而炭烟和颗粒物的产生容易被抑制住，CO 和 HC 也会进一步降低。增压还可使柴油机的功率大幅度提高。此外，由于增压使燃烧充分加之泵气过程做正功，因而燃油经济性也好。如图 7-35 所示，在 NO_x 不变的条件下，通过提高增压度使 ϕ_a 增大，结果使排气烟度和燃料消耗率都得到了明显降低。

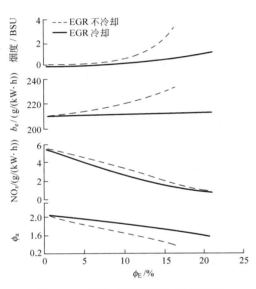

图 7-34　EGR 对柴油机性能的影响
（工况点：80％额定负荷，60％额定转速）

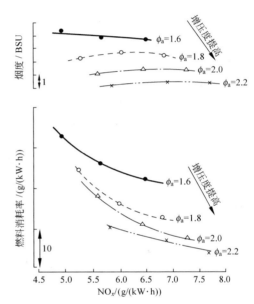

图 7-35　增压度对柴油机烟度和燃料消耗率的影响

但增压会导致压缩终了温度升高和富氧氛围，由此会造成 NO_x 排放升高。可采用增压中冷的方法使进气温度降低，以抑制 NO_x 排放的恶化。

4. 改善喷油特性

喷油特性包括喷油规律和喷雾特性，两者对柴油机燃烧和排放特性都有重要影响。

1）合理的喷油规律

为了实现图 7-32 所示的理想燃烧过程，合理的喷油规律应如图 7-36 所示，即"初期缓慢，中期急速，后期快断"。这种理想喷油规律的形状近似于"靴形"，即初期喷油速率不要过高，以抑制着火落后期内混合气生成量，降低初期燃烧速率，以达到降低燃烧温度、抑制 NO_x 生成及降低燃烧噪声的目的；中期应急速喷油，即采用高喷油压力和高喷油速率以加速扩散燃烧速度，防止颗粒物排放和热效率的恶化；后期要迅速结束喷射，以避免低喷油压力和喷油速率使燃油雾化质量变差，导致燃烧不完全和炭烟及颗粒物排放增加。

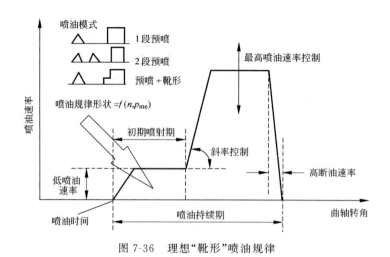

图 7-36 理想"靴形"喷油规律

2) 预喷射

如图 7-37 所示,预喷射(pilot injection)是一种实现"初期缓慢"喷油规律的方法,由初期喷油速率比较急的方案(1),变化至预喷射加较低初期喷油速率的方案(4),NO_x 排放依次降低。这种思路进一步发展,还可以有 2 段预喷等方案。

图 7-38 给出了有无预喷射对缸压、燃烧温度和放热速率等燃烧特性的影响。在主喷射前,有一少量的预先喷射(见图中针阀升程,典型预喷射油量为 1.5 mm^3),因而在着火落后期内只能产生有限的可燃混合气量。这部分预混合气形成较弱的初期燃烧放热,并使随后的主喷射燃油的着火落后期缩短,使初始放热速率和最高燃烧温度降低,因而可明显降低 NO_x 排放。

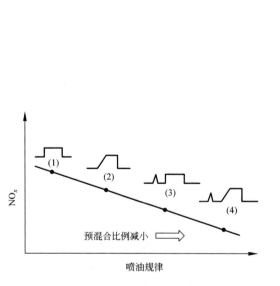

图 7-37 初期喷油速率演变及降低 NO_x 效果

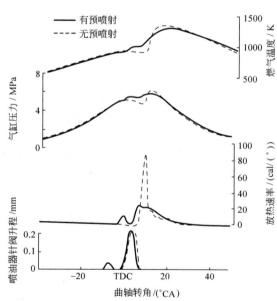

图 7-38 预喷射对燃烧过程的影响

3) 多段喷射

随着排放法规加严,柴油机逐渐采用多段喷射技术控制 NO_x 和 PM 原始排放。如

图 7-39 所示,在主喷射(main injection)之前有两次预喷射(1 和 2),主喷射(3)之后有两次后喷射(4 和 5)。第一个后喷射(after injection)是为了促进大负荷工况时的高温炭烟氧化,第二个后喷射(post injection)是为了满足后处理系统的炭烟主动再生或 NO_x 还原反应需要(见柴油机后处理部分)。

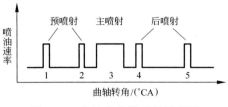

图 7-39 柴油机多段喷射示意图

图 7-40 给出了后喷射(after injection)的实例,将 30%的柴油在主喷射之后喷入缸内,可以促进燃烧后期的混合气形成及燃烧速度,因而后期燃烧压力升高,燃烧持续期缩短,炭烟排放降低。

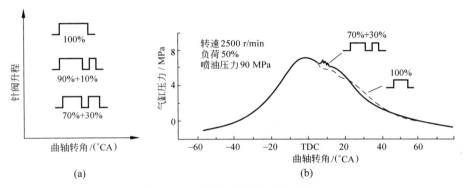

图 7-40 后喷射对燃烧过程的影响
(a) 后喷策略;(b) 气缸压力曲线

4) 提高喷油压力

加速燃油与空气混合的主要方法之一是使燃油喷雾粒径(一般用索特平均粒径 SMD 表示)进一步细化,以增大燃油与空气的接触表面积。为此,高压喷射技术在直喷式柴油机上得到了广泛的应用。喷射压力由机械泵直喷式柴油机的 60~80 MPa,提高到高压共轨柴油机的 160~200 MPa,并开始向更高压力如 300 MPa 接近。这样高的喷射压力加上喷孔直径的不断缩小,使喷雾 SMD 由过去的 30~40 μm 减小到 10 μm 左右。油气混合界面的显著增大,再加上高速燃油射束对周围空气的卷吸作用,使混合气形成速度加快,混合气浓度分布更均匀。图 7-41 给出了一例燃烧过程高速摄影的对比,当喷油压力由 60 MPa 提高到 120 MPa 后,着火落后期缩短,着火开始位置由过去的喷油器附近向壁面附近转移,燃烧速率加快。

高压喷射造成的这种高温高速以及混合能量很大的燃烧过程使炭烟与颗粒物排放和热效率都有了明显改善。如图 7-42 所示,当喷油压力由 80 MPa 提高到 160 MPa 时,大负荷时($\phi_a=1.3$)的烟度由 1.7 降到 0.5 博世(波许)烟度(BSU)以下,中等负荷($\phi_a=1.8$)时接近 0。如果不采取其他措施,高压喷射一般会使 NO_x 增加。但如果合理利用高压喷射时燃烧持续期短的特点,并用推迟喷油时间或 EGR 等方法,可使 PM 和 NO_x 同时降低。

5. 燃烧室优化设计

1) 合理组织缸内气流运动

通过增强进气涡流以及压缩上止点附近活塞凹坑内的挤流和反挤流运动,可以加速混合气形成速率,避免混合气局部过浓,从而降低炭烟生成。

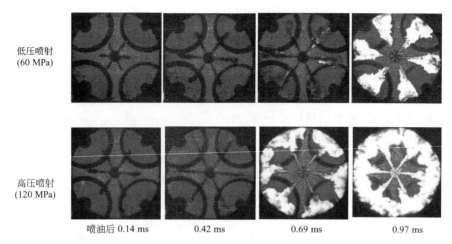

图 7-41　不同喷射压力对柴油机燃烧过程的影响（见文前彩图）

2）控制着火落后期内预混合气形成量

为降低 NO_x 排放和燃烧噪声,应减少着火落后期内的预混合气形成量。除上述采用预喷射优化喷油速率的方法外,还可用气体运动和燃烧室形状来控制,在挤流口式燃烧室以及球形燃烧室的设计思想中,都有减少着火落后期内预混合气形成量的考虑。

3）紧凑燃烧室形状

柴油机的燃烧室应尽可能做到形状紧凑、面容比小,这样可使散热损失减小、难以燃烧的死角减少和燃烧持续期缩短,尤其可以提高空气利用率。紧凑燃烧室设计可以降低炭烟、HC 和 CO 排放,同时降低油耗。常用的方法是尽

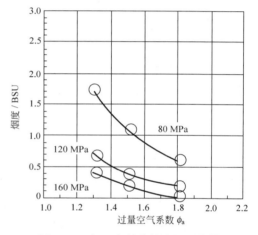

图 7-42　高压喷射降低炭烟的效果

可能减小活塞顶与气缸盖之间的顶隙（余隙）容积,减小第一道活塞环以上的环岸容积。

4）加强燃烧期和燃烧后期的气流扰动

为了降低 NO_x 和燃烧噪声而又保证燃油经济性不恶化,在采用较缓的初期燃烧放热率的同时,加强扩散燃烧期的气体扰动可以促进燃烧后期的油气混合,从而加速炭烟的氧化和再燃烧,以降低炭烟排放。

5）浓稀两段混合燃烧方式

许多燃烧装置如预燃室和涡流室非直喷柴油机都将浓稀两段燃烧方式作为降低 NO_x 和炭烟的有效手段,如图 7-43 所示,前段的过浓燃烧（还原性氛围）抑制了 NO_x 生成但炭烟恶化,而后段的稀燃（氧化氛围）也避开了最易生成 NO_x 的高温区域,同时稀燃和二次气流扰动又促进了炭烟的氧化。尽管目前非直喷式柴油机因为油耗较高而应用渐少,但这种同时降低 NO_x 和炭烟排放的两段混合燃烧思路对内燃机燃烧系统设计仍具有重要指导意义。

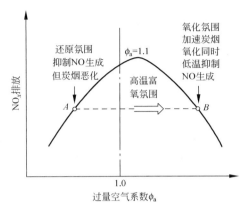

图 7-43 两段混合燃烧降低 NO_x 和炭烟排放

7.4.3 改善燃料品质

1. 降低柴油含硫量

柴油所含硫会使排气颗粒物(PM)中的硫酸盐成分增多,还会降低催化剂的转化效率和使用寿命。研究表明,柴油中的硫会以 1%~3% 的比例转化为硫酸盐成为颗粒物排放的一部分。降低柴油含硫量,不仅是后处理装置耐久性的需要,也是满足严格排放法规降低PM 的必然要求。

2. 合理的十六烷值

柴油的十六烷值过低,则着火性差,着火落后期过长,预混合燃烧量增大,导致燃烧噪声和 NO_x 排放上升。但十六烷值过高,预混合不足,炭烟和 PM 排放会增大,循环指示热效率降低。为兼顾 NO_x 和 PM 排放特性,以及动力性和燃油经济性,车用柴油的十六烷值一般要求控制在 45~51 范围。

3. 降低芳烃等重馏分比例

燃料的 C/H 比越大、分子结构越紧密以及密度越高,则越容易生成炭烟。烃燃料中烷烃生成炭烟倾向最小,芳烃最大。因此,降低芳烃含量尤其是多环芳烃(PAH)含量(控制在 10%以下),以及降低柴油密度,有助于降低炭烟和 PM。

4. 含氧燃料设计

燃料中含氧有助于燃料完全燃烧和降低炭烟排放,这种燃料自携氧要比提高空燃比的效果更显著。清华大学曾将柴油、生物柴油以及各种高含氧醇、醚、酯(乙醇和碳酸二甲酯等)混合制备成多种含氧混合燃料,研究结果表明,尽管这些混合燃料的成分和理化性能不相同,但都呈现随含氧量的提高而干炭烟(DS)降低,随十六烷值提高而可溶性有机物(SOF)以及 HC 降低的相似规律,如图 7-44 所示。由此设计出了高含氧(15%)、高十六烷值(52)以及低含硫的混合燃料,同时使用冷却 EGR,使重型柴油机不用任何后处理技术达到了国四排放水平。

7.4.4 满足不同排放法规的技术路线

采用何种技术路线降低柴油机的有害物排放,需要根据所要满足的排放法规来确定。

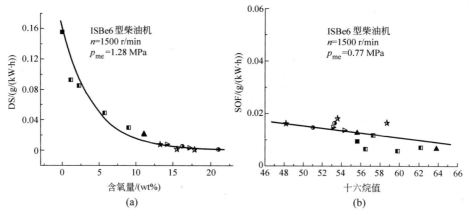

图 7-44 燃料含氧量及十六烷值对 PM 排放的影响
(a) 含氧量对干炭烟的影响；(b) 十六烷值对 SOF 的影响

如图 7-45 所示，为了满足重型柴油车欧 I 排放法规，可提高喷油压力至 80 MPa、优化燃烧室形状和气流运动，以改善混合气形成和燃烧过程，同时采用推迟喷油时间等措施。而为了满足欧 II 排放法规，可进一步提高喷油压力到 90~100 MPa，采用进气增压或增压中冷和 EGR 技术，以及降低机油消耗率等措施。为满足欧 III 排放法规，喷油压力需要提高至 120 MPa，采用增压中冷，尤其是需要采用高压共轨电控喷油技术。到欧 IV 及以上排放阶段，在进一步提高喷油压力至 160 MPa 和采用增压中冷的同时，必须采用后处理技术（参见 7.6 节）。在排放法规升级的同时，燃料品质的改善也是必需的，其中柴油含硫量上限由 2000 μg/g 降至 10 μg/g。

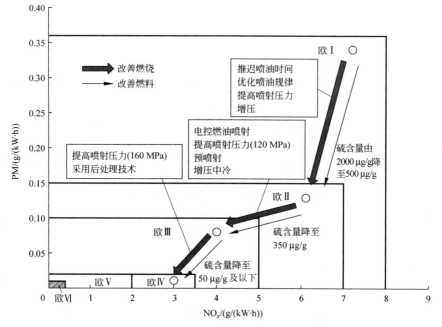

图 7-45 重型柴油车满足不同排放法规的机内净化技术路线

7.5 汽油机排气后处理技术

20世纪70年代中期以前,汽油机的排放控制主要采用以改善发动机混合气形成和燃烧过程为主的各种机内净化技术,随着排放法规的日益严格,人们开始考虑包括催化转化器、颗粒捕集器等在内的各种机外净化技术,也称排气后处理技术。汽油机排气后处理技术主要包括热反应器、催化转化器、HC捕集器和颗粒捕集器。

7.5.1 热反应器

汽油机缸内生成的不完全燃烧产物CO和HC在排气过程中可以继续氧化,但必须有足够的氧气和温度。热反应器一般紧靠排气总管出口处设置,有较大的容积和较高的隔热保温性,反应器内部温度可高达600~1000℃。同时在紧靠排气门处喷入二次空气,以保证CO和HC氧化反应充分进行。热反应器若设计匹配合理,可得到50%以上的CO和HC净化效率,但对NO_x无净化效果。为保持较高的排气温度,常采用加浓空燃比以及推迟点火时间等手段,但这会导致燃料消耗率升高。

20世纪70~80年代,热反应器在汽油车上用得较多,随着电控技术和净化效率更高的三效催化转化器的普及,20世纪90年代开始新生产的汽车已不再采用热反应器。随着排放法规加严,冷起动排放问题突出,热反应器后处理装置又开始受到关注。

7.5.2 催化转化器

1) 催化转化器结构

催化转化器(catalytic converter)也简称为催化器,如图7-46所示,由壳体、减振垫、载体和催化剂涂层四部分组成。所谓催化剂(catalyst)是指涂层部分或涂层中的催化成分。催化剂是整个催化转化器的核心部分,它决定了催化转化器的主要性能指标,因此许多文献中并不严格区分催化剂和催化转化器的定义。

起催化作用的活性材料一般为铂(Pt)、铑(Rh)和钯(Pd)三种贵金属,同时还有作为助催化剂成分的铈(Ce)、镧(La)、镨(Pr)和钕(Nd)等稀土材料。

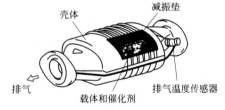

图7-46 催化转化器结构及组成

催化剂参与化学反应可以提高反应速度和降低反应起始温度,但在反应中催化组分并不消耗。贵金属材料以极细的颗粒状散布在以$\gamma\text{-}Al_2O_3$为主的疏松催化剂涂层表面。而涂层则涂覆在作为催化剂骨架的蜂窝陶瓷载体或金属载体上,如图7-47所示,目前车用催化剂大都使用蜂窝陶瓷载体。

2) 催化剂分类及工作原理

按催化反应类型不同,催化剂可分为氧化催化剂、三效催化剂和稀燃NO_x吸附还原催化剂。稀燃NO_x吸附还原催化剂将在7.5.3节单独介绍,汽油机最常见的氧化型催化剂和三效催化剂的主要工作原理如下。

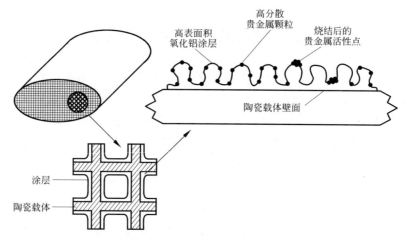

图 7-47　催化剂载体及涂层的细微构造

(1) 氧化催化剂

在氧化催化剂中,CO 和 HC 与 O_2 进行氧化反应,如式(7-8)~式(7-10)所示,生成无害的 CO_2 和 H_2O,但对 NO_x 基本无净化效果。

$$2CO + O_2 \longrightarrow 2CO_2 \tag{7-8}$$

$$4HC + 5O_2 \longrightarrow 4CO_2 + 2H_2O \tag{7-9}$$

$$2H_2 + O_2 \longrightarrow 2H_2O \tag{7-10}$$

(2) 三效催化剂

在三效催化剂(three way catalyst,TWC)中,当混合气浓度正好为化学计量比时,进行式(7-11)~式(7-13)所示的氧化还原反应,即 CO 和 HC 与 NO_x 互为还原剂和氧化剂,生成无害的 CO_2、H_2O 及 N_2。三效催化剂这种巧妙的构思和显著的净化效果,使它成为汽油机最主要的排气后处理净化技术。

$$2CO + 2NO \longrightarrow 2CO_2 + N_2 \tag{7-11}$$

$$4HC + 10NO \longrightarrow 4CO_2 + 2H_2O + 5N_2 \tag{7-12}$$

$$2H_2 + 2NO \longrightarrow 2H_2O + N_2 \tag{7-13}$$

不同贵金属成分对排气污染物的催化效果是不同的,Pt 和 Pd 主要催化 CO 和 HC 的氧化反应,Rh 用于催化 NO_x 的还原反应。为了满足催化剂综合性能指标和成本的要求,三种贵金属成分往往搭配使用。

3) 催化转化器主要性能

催化转化器是一个耦合化学反应、流动、传热和传质等现象的复杂装置,其主要性能为催化活性、耐久性和流动特性。

(1) 转化效率

催化剂转化效率是催化剂活性和催化器设计的综合结果,定义为

$$\eta_i = \frac{C(i)_1 - C(i)_2}{C(i)_1} \times 100\% \tag{7-14}$$

式中,η_i 为污染物 i 在催化器中的转化效率;$C(i)_1$ 为污染物 i 在催化器入口处的浓度;$C(i)_2$ 为污染物 i 在催化器出口处的浓度。

(2) 空燃比特性

催化剂转化效率随空燃比的变化称为催化剂的空燃比特性,如图 7-48 所示。由图可知,三效催化剂在化学计量比($\phi_a=1$)附近的狭窄区间内对 CO、HC 和 NO_x 的转化效率同时达到最高,这个区间被称为"窗口"。实际中常取三项转化效率都达到 80% 以上的区间来确定窗口宽度。为保证实际供给的混合气浓度在 $\phi_a=1$ 附近,需要采用具有反馈控制功能的闭环电控燃油供给系统。研究表明,对同样的三效催化剂,开环电控系统的平均转化效率为 60% 左右,而闭环电控系统的平均转化效率可达 95% 以上。窗口越宽表示催化剂的实用性能越好,对电控系统控制精度的要求越低。

(3) 起燃特性

催化剂转化效率与温度密切相关,催化剂只有在达到一定温度以上才能开始工作,即起燃(light-off)。催化剂的起燃特性有两种评价方法:起燃温度特性和起燃时间特性。

三效催化剂起燃温度特性如图 7-49 所示,它表示转化效率随催化器入口温度的变化,并定义转化效率达到 50% 时所对应的温度为起燃温度 T_{50}。显然 T_{50} 越低,催化剂在汽车冷起动时越能快速起燃,因此 T_{50} 一直是催化剂活性的重要指标参数。起燃温度特性是在催化剂小样试验装置或发动机台架上测取的。

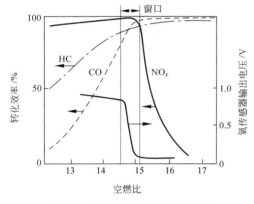

图 7-48 三效催化剂空燃比特性

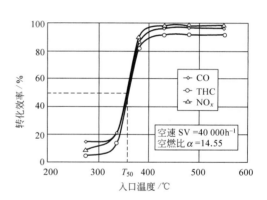

图 7-49 三效催化剂起燃温度特性

起燃时间特性在整车转鼓试验台或发动机台架上进行,即控制车辆或发动机以一定的工况运转,将达到 50% 转化效率所需要的时间,称为起燃时间 τ_{50}。

起燃温度特性主要取决于催化剂本身的性能,它评价的是催化剂的低温活性。而起燃时间特性除与催化剂有关外,很大程度上取决于催化转化器的热惯性、隔热程度以及流动、传热、传质过程。

(4) 空速特性

单位时间流过催化剂载体的排气流量(换算到标准状态)与催化剂载体容积之比称为空间速度,简称空速(space velocity,SV)。一般用小时作时间量纲,因此空速的量纲为 h^{-1}。转化效率随空速的变化称为空速特性。空速越高表示反应气体在催化剂中的停留时间越短,因此为保证高的转化效率,高空速工作时的催化剂活性也要高。

常见车用汽油机在怠速时 SV 为 $3000 \sim 6000 \ h^{-1}$,全负荷工作时 SV 为 $120\,000 \sim 150\,000 \ h^{-1}$,而对三效催化剂的空燃比特性和起燃温度特性等进行评价时,常用 SV 为

$40\,000 \sim 60\,000\ \mathrm{h}^{-1}$。设计排气后处理系统时,三效催化剂载体容积与汽油机排量之比一般取 0.5~1.2。

(5) 耐久性与快速老化试验

催化剂经长期使用后,其性能将发生劣化,亦称失活,表现为起燃温度上升和转化效率下降等。一般要求新车催化剂在使用 8 万~25 万 km 后整车排放仍能满足法规限值要求。影响催化剂寿命的因素有四类,即高温失活、化学中毒、结焦与机械损伤。化学中毒主要是燃料和润滑油中的 Pb、S、P 和 Mn 等引起的,通过严格限制燃料和润滑油中的有害成分含量可以将化学中毒控制到最小。高温失活是目前汽车三效催化剂最主要的失活方式。

高温失活的原因是在高温氧化氛围中,原本散布均匀的细小贵金属颗粒和助催化剂聚合成大颗粒,导致活性下降,同时涂层中的 $\gamma\text{-}Al_2O_3$ 转化为 $\alpha\text{-}Al_2O_3$,导致催化剂活性表面减少。汽车在实际行驶中产生高温富氧或极高温的情况,有汽油机失火使未燃混合气在催化转化器中发生剧烈氧化放热反应,汽车连续高速大负荷运行等工况。快速老化(aging)试验就是在发动机台架上模拟这些极为苛刻的条件,对三效催化剂进行耐久性考核。例如常用的断油模式快速老化试验,可以用 100 h 的台架试验替代 8 万 km 的实车道路试验,大大节省了试验成本和研发周期。

(6) 流动特性

催化转化器流动特性包括流动阻力和流场均匀性。流动阻力增加会使发动机动力性和燃油经济性恶化等。排气在催化剂陶瓷蜂窝载体细小孔道中流动,主要产生沿程流动损失。与陶瓷蜂窝载体相比,金属载体孔隙率更高,具有较低的流动阻力。此外,在催化器入口和出口等截面突变处,尤其是入口处,还会产生局部流动损失,需要精心设计。

如果催化剂载体截面上的流速分布不均匀,会降低催化剂整体的转化效率,还会使催化剂沿径向的活性劣化程度不同,导致催化剂整体寿命缩短。

7.5.3 稀燃 NO_x 吸附还原催化器

稀燃汽油机大部分工况都在高于化学计量比(即理论空燃比)的稀混合气状态下工作,此时三效催化剂无法转化排气中的 NO_x,而稀燃 NO_x 吸附还原催化剂(lean NO_x trap,LNT)可以在富氧排气条件下对 NO_x 进行吸附还原转化。

如图 7-50 所示,NO_x 吸附还原催化剂的活性成分是贵金属和碱金属(或碱土金属和稀土金属)。当汽油机在稀燃状态工作时,排气中处于氧化氛围,在贵金属(Pt)的催化作用下,NO 与 O_2 反应生成 NO_2,并以硝酸盐 MNO_3(M 代表金属)的形式被吸附在碱土金属表面,同时,CO 和 HC 被氧化生成 CO_2 和 H_2O 后排出催化器。而当汽油机在浓混合气状态下运转时,硝酸盐 MNO_3 分解释放的 NO_2 和 NO,与 CO、HC 及 H_2 反应,生成 CO_2、H_2O 和 N_2,同时使碱土金属得到再生。

碱土金属容易受硫中毒,因此使用吸附还原催化剂时对燃料硫含量要求很严(低于 $30\ \mu\mathrm{g/g}$ 甚至 $10\ \mu\mathrm{g/g}$)。同时,为保证催化剂能在稀-浓交替的氛围中工作,稀燃汽油机需要每隔一定时间多喷燃油形成过浓混合气燃烧并推迟点火时间,以产生大量不完全燃烧产物 HC 和 CO 等,用于催化剂再生。随着排放法规加严,加浓再生的频度也不断提高,使原本由稀燃和缸内直喷技术得到的节油效果不断减弱,由此导致稀燃缸内直喷(GDI)汽油机的发展受阻。

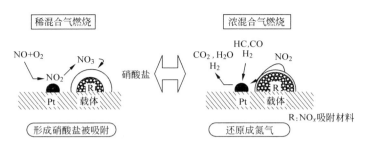

图 7-50　稀燃 NO_x 吸附还原催化剂的工作原理

7.5.4　汽油机颗粒过滤器

从欧Ⅵ和国六排放法规开始，轻型汽油车对颗粒物排放提出了限值要求，不仅对颗粒物质量（PM）要控制，而且对颗粒物数量（PN）也提出了限值要求（小于 $6×10^{11}$ 个/km），只有安装汽油机颗粒过滤器（GPF）才有可能满足法规要求。

GPF 一般采用壁流式堇青石（$Mg_2Al_4Si_5O_{18}$）陶瓷作为多孔介质过滤载体（图 7-51），排气流入具有开口的载体通道单元，由于该单元末端封堵，排气只能通过多孔介质薄壁流入相邻的另一端具有开口的单元，最终流出载体。排气在流经多孔介质薄壁时，其中的颗粒物被过滤在薄壁层内或入口通道单元表面，通常颗粒物质量过滤效率可高达 95% 以上。

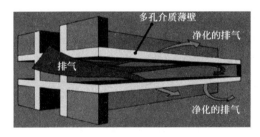 

图 7-51　汽油机颗粒过滤器（GPF）工作原理与陶瓷载体

排气颗粒物的过滤机理有三种：拦截（interception）、撞击（impaction）和扩散（diffusion），如图 7-52 所示。在一定流速（$U_0 = 10$ cm/s）条件下，颗粒物过滤机理与粒径大小有关，对于粒径小于 200 nm 的颗粒物，主要以扩散机理进行捕集；对于 200～500 nm 的颗粒物，主要以扩散和撞击机理为主进行捕集；对于大于 500 nm 的颗粒物，主要以拦截机理为主进行捕集。从图 7-52 中可以看出，小颗粒和大颗粒都具有较高的过滤效率，但粒径在 200 nm 附近颗粒物的过滤效率最低。

由于汽油机的排气温度较高，但缺氧气，因此针对 GPF 过滤下来的颗粒物再生，需要提供一个富氧氛围，一般采用短时间断油策略形成富氧氛围，对过滤的颗粒物进行再生。

GPF 在排气系统中有多种布置形式，如图 7-53 所示。考虑到汽油机冷起动 HC、CO 和 NO_x 排放较高，一般把 TWC 靠近排气出口安装（称为紧凑耦合 TWC），GPF 安装在 TWC 之后。GPF 多孔介质过滤层表面可以涂覆催化剂（coated GPF），以降低颗粒物再生温度，提高颗粒物再生效率。

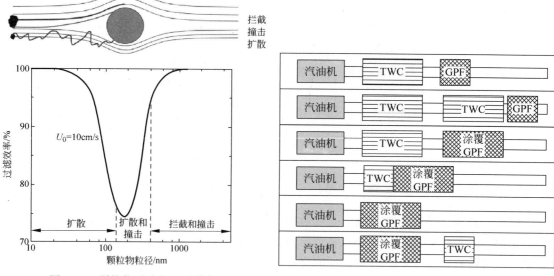

图 7-52 颗粒物过滤机理及效率

图 7-53 GPF 与 TWC 的布置构型

7.5.5 冷起动排放后处理技术

三效催化剂在合适的工作温度和精准的理论空燃比条件下,净化效率可达 95%～99%,因此在汽车正常行驶时排放的 NO_x、CO 和 HC 极少。但在冷起动时,由于催化剂尚未起燃,HC 等排放较高。如图 7-54 中 A 曲线(单级催化器)所示,在轻型车排放测试循环(NEDC)中,冷起动(催化剂起燃之前)的 HC 排放占整个测试循环 HC 总排放的 70%～80%。因此,为满足不断加严的轻型车排放法规,必须尽可能控制冷起动过程的 HC 排放。

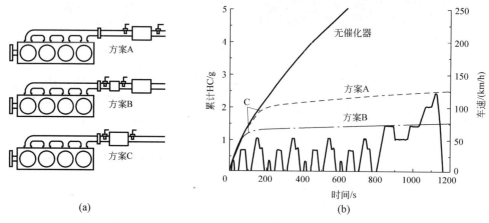

图 7-54 轻型汽油车排放测试循环中 HC 的累计排放
(a)催化器布置方案;(b)冷起动 HC 排放

降低冷起动 HC 排放主要依靠提高排温、缩短催化剂起燃时间以及采用新的后处理设计方案等技术对策。

(1)推迟点火提高排温。推迟点火时间可以造成汽油机后燃,从而提高排气温度,使催化剂快速起燃。

（2）提高催化剂低温活性。增加催化剂的贵金属含量以及改进涂层制备工艺（如提高比表面积）等，都可以降低催化剂起燃温度，从而缩短起燃时间。

（3）采用紧凑耦合催化器（close coupled catalyst，CCC）。如图 7-54 所示，将催化器直接安装在排气歧管出口（方案 C），或用两级催化器（方案 B），将小容积催化器（CCC）紧靠排气歧管安装，而大容量的主催化器仍安装在车底盘下（under floor catalyst，UFC）。通过采用 CCC 可减少催化器前的散热量和催化器热惯量，使催化剂快速起燃。为满足国四（欧Ⅳ）及以上排放法规要求，大部分轻型车都采用将催化器直接布置在排气歧管出口的紧凑耦合方案。

（4）HC 吸附器。如图 7-55 所示，在后处理系统中串联一个 HC 捕集器（HC trap，HCT），其载体材质一般用沸石（zeolite）等。在排气温度低时，HC 被吸附在捕集器上，当排气温度足够高时，HC 由捕集器脱附，并在后续的三效催化器（TWC）上被充分转化。本田和丰田等汽车公司曾采用这种带有 HC 捕集器的多级复合催化剂系统（CCC＋HCT＋TWC），同时采用高绝热度的排气管、紧凑耦合催化器、电加热催化器（EHC）、强进气涡流和多氧传感器精确控制等技术，使汽车在排放出的 HC 等的浓度甚至比周围大气中的还低，显示出了汽油车实现"零环境影响排放（zero impact emissions）"的潜能。

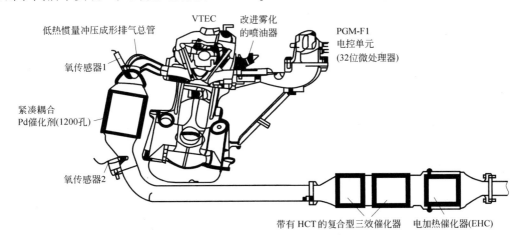

图 7-55　本田汽油车超低排放控制技术

7.6　柴油机排气后处理技术

随汽车排放法规的不断加严，车用柴油机单靠提高喷雾、混合气形成质量和改善燃烧等机内净化技术很难满足法规要求。重型柴油车从国四/欧Ⅳ排放法规开始，需要采用排气后处理技术才能满足法规限值要求。柴油机排气后处理技术主要有氧化催化器、NO_x 还原催化转化器以及颗粒捕集器等。

7.6.1　柴油机氧化催化器

柴油机氧化催化剂（diesel oxidation catalyst，DOC）一般用 Pt 或 Pd 作活性成分。DOC（图 7-56）可以降低柴油机 HC 和 CO 排放，以及颗粒物（PM）中可溶性有机物（SOF）的排

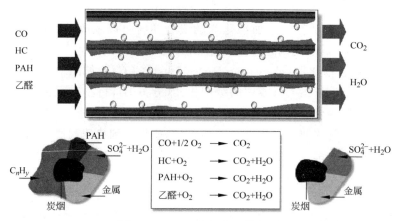

图 7-56 DOC 的基本工作原理

放,因而使 PM 总质量排放降低。此外,DOC 对目前法规尚未限制的一些有害成分如多环芳烃(PAH)、乙醛以及排气臭味等也有净化效果。

DOC 还可以将排气中的 NO 氧化为 NO_2,从而调节排气中 NO 与 NO_2 的比例,为后续的颗粒物被动再生以及高效转化 NO 提供必要的 NO_2。DOC 与其他排放后处理技术联合使用效果:

(1) DOC 放在 DPF 之前,用于生成 DPF 颗粒物被动再生需要的热和 NO_2(图 7-59);

(2) DOC 放在 SCR 之前,用于生成提高 NO 转化效率所需的 NO_2(式(7-19));

(3) DOC 放在 SCR 之后,氧化泄漏的 NH_3,又称为氨泄漏催化剂(ammonia slip catalyst,ASC)(图 7-60)。

7.6.2 柴油机颗粒过滤器

1. 过滤载体与材料

壁流式柴油机颗粒过滤器(diesel particulate filter,DPF)的颗粒物过滤工作原理与前述 GPF 一样(图 7-51 和图 7-52),只是 DPF 的过滤载体材料除了采用堇青石之外,还有采用碳化硅(SiC)的(图 7-57)。碳化硅具有较高的热膨胀系数,因此不能做成整块载体,需要分块加工成型。碳化硅载体由于具有较高的导热系数和较大的热容量,因此能存储更多的炭烟量,可以采用周期性主动再生方法,但碳化硅载体的热惯性大、起燃慢,适合于经常运行在城市工况下的轻型柴油车。堇青石具有较低的热膨胀系数,因此可以做成整块载体。堇青石载体由于具有较低的导热系数和较低的热容量,存储的炭烟量小,因此可以采用连续再生方法,但载体的热惯性小、起燃响应快,适合于经常运行在高速、高负荷工况下的重型柴油车。

在排放法规没有提出颗粒物数量(PN)限值之前,柴油机也有采用部分流式(partial flow)颗粒过滤器(图 7-58)对颗粒物进行过滤,载体材料一般用金属钢薄片,通过碾压成透气的波纹状薄片,再卷曲成蜂窝状载体,排气通过载体弯曲通道不断改变流动方向,可以过滤大尺度颗粒物,但对小尺度颗粒物没有过滤效果,难以满足国六及以上排放法规对 PN 限值的要求。因此,随着排放法规加严,这种部分流式金属载体颗粒物过滤器已经很少在柴油机上应用。

碳化硅 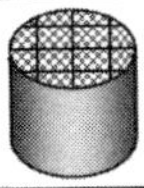	堇青石 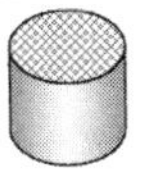
需要多块加工成型 ＊高热膨胀	允许整块蜂窝成型 ＊低热膨胀
高炭烟储量限值 ＊高导热 ＊大热容量 (高体积密度)	低炭烟储量限值 ＊低导热 ＊小热容量 (低体积密度)
慢速起燃 ＊大热容量 (高体积密度)	快速起燃 ＊小热容量 (低体积密度)

↓ 周期性主动再生　　　　　↓ 连续被动再生

图 7-57　壁流式 DPF 过滤载体材料比较

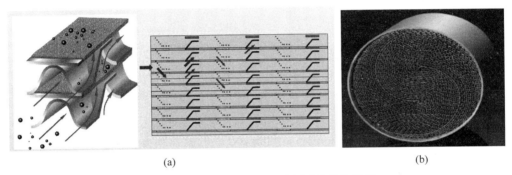

图 7-58　部分流式 DPF 过滤原理及载体材料
(a)部分流式过滤原理；(b)金属载体

2. 颗粒物再生与方法

随着过滤下来的颗粒物堆积，DPF 的过滤孔逐渐堵塞，排气背压增加，导致柴油机动力性和经济性恶化，因此必须及时除去 DPF 中的颗粒物。除去 DPF 中积存颗粒物的过程称为再生(regeneration)。颗粒物氧化需要足够的高温、富氧和氧化时间，例如在氧浓度 5% 以及排温 650℃ 条件下，颗粒物的氧化时间需要 2 min，而实际柴油机排温一般小于 500℃，城市公交柴油车的排温甚至一般不超过 300℃。另外，过滤的颗粒物如不及时清除积存过多，一旦遇合适的温度和氧化氛围开始氧化燃烧，排气温度可高达 2000℃ 以上，很容易将陶瓷过滤载体烧熔，而保证陶瓷过滤载体寿命的工作温度应控制在 1000℃ 以下。因此，颗粒物的再生控制非常重要，也具有很大难度。目前颗粒物的主要再生方法可分为两类：主动再生和被动再生。

1) 主动再生

主动再生是指在 DPF 每工作一段时间后，采用加热的方法来氧化清除沉积的颗粒物，即通过产生高温(一般超过 600℃)，发生 "C(炭烟)$+O_2 \longrightarrow CO_2$" 反应，也称为颗粒物(炭烟)主动再生(active regeneration)。主动再生方法有电加热、燃烧器加热和其他提高排气温度的措施。

(1) 电加热

在 DPF 前设置电加热器,或直接将电加热丝深入 DPF 入口孔道内进行加热,促使颗粒物起燃。前部颗粒物氧化放热引起的高温顺序向后传播,使 DPF 内的颗粒物被氧化清除。电加热方法的主要问题是耗电量较大,经济性不好。

(2) 燃烧器加热

在 DPF 前设置燃烧器,喷入柴油(或其他燃料)和二次空气进行富氧燃烧,形成高温排气引燃颗粒物。燃烧器加热比电加热效果更好,但装置和控制会更复杂。

(3) 提高排气温度

采用柴油缸内后喷(post injection)、进气节流提高混合气浓度、排气节流提高排气背压以及推迟喷油时刻等方法,可以提高排气温度,促使颗粒物氧化再生。这些方法不需要额外复杂装置,但再生效果不如电加热和燃烧器加热好。

2) 被动再生

DPF 在过滤颗粒物的同时进行连续再生的方法称为颗粒物(炭烟)被动再生(passive regeneration)。被动再生主要有 NO_2 低温氧化再生、催化过滤器再生、催化添加剂再生等方法。

(1) NO_2 低温氧化再生

由庄信(JM)公司提出的连续再生过滤器(continuous regeneration trap,CRT)是典型的 NO_2 低温氧化再生装置,其工作原理如图 7-59 所示。排气首先经过氧化催化器(DOC),在 CO 和 HC 被转化的同时,NO 被氧化成 NO_2,NO_2 本身是一种活性很强的氧化剂。在随后的颗粒过滤器(DPF)中,NO_2 与颗粒物的氧化反应,即"C(炭烟)+$2NO_2 \longrightarrow CO_2 + 2NO$",在 250℃左右的低温下就可进行。目前,$NO_2$ 低温连续再生 DPF 系统,在产品上获得了广泛的应用。

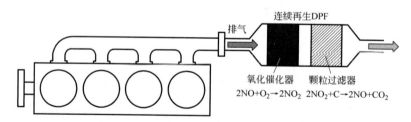

图 7-59 DPF 低温连续再生系统及工作原理

(2) 催化过滤器

催化过滤器(CDPF)是指在颗粒过滤器的陶瓷载体表面(主要是入口孔道内)涂覆氧化催化剂,如 Pt 等,是最早于 20 世纪 80 年代被研发的连续催化再生方法。CDPF 可以使颗粒物(C)与 O_2 反应的起燃温度降至 450℃左右,同时为保证足够的排温往往进行进气节流。由于起燃温度仍然较高,并且颗粒物与催化剂表面活性成分接触不理想,因而颗粒物再生效果不如 NO_2 低温氧化再生方法好。

(3) 催化添加剂

在柴油中加入含铈(Ce)或其他金属如二茂铁等添加剂,经燃烧产生的排气颗粒物中含有铈或铁的化合物,由此可将颗粒物的起燃温度降至 300℃以下,可以在柴油机大部分工况下自动进行再生。目前,这种方法应用较少,主要原因是添加剂用量较大,成本高。此外,金属铈或其他金属的氧化物会残留在DPF过滤载体表面,造成载体慢性堵塞等。

7.6.3 NO_x还原催化器

柴油机NO_x后处理技术主要有选择催化还原(selective catalytic reduction,SCR)和吸附还原两种。其中,以尿素为还原剂的SCR催化剂(简称尿素-SCR)是目前应用最广泛的NO_x后处理技术,下面将主要介绍,而对有应用可能的以碳氢化合物为还原剂的SCR催化剂(简称HC-SCR)仅简要介绍。NO_x吸附还原催化剂与稀燃汽油机所用的基本相同,仅作补充性介绍。

1. 尿素-SCR催化器

尿素-SCR催化剂主要有钒基催化剂(如V_2O_5-TiO_2)以及沸石催化剂(zeolite catalyst)(如铜基或铁基或复合基)两大类。钒基催化剂具有对NO_x选择性好、抗硫中毒和成本低的优点,但在高温(超过600℃)时,钒容易挥发排入大气,造成二次污染。沸石催化剂又称分子筛催化剂,耐硫性较差,但具有良好的低温性能和宽温度范围高效区,能较好地满足排气后处理系统对冷起动和局部耐高温的要求,得到广泛的应用。

尿素-SCR催化反应中的还原剂是氨气(NH_3),但由于氨气有较强的腐蚀性,储运及计量较困难,因而常用尿素水溶液作为还原剂。尿素水溶液浓度为32.5%时的凝固点最低(-11℃),国际上将此浓度作为尿素SCR还原剂的标准浓度,命名为"添蓝(AdBlue)"。

尿素-SCR主要反应机理如下:

$$4NO + 4NH_3 + O_2 \longrightarrow 4N_2 + 6H_2O \tag{7-15}$$

$$6NO + 4NH_3 \longrightarrow 5N_2 + 6H_2O \tag{7-16}$$

$$2NO_2 + 4NH_3 + O_2 \longrightarrow 3N_2 + 6H_2O \tag{7-17}$$

$$6NO_2 + 8NH_3 \longrightarrow 7N_2 + 12H_2O \tag{7-18}$$

$$2NH_3 + NO + NO_2 \longrightarrow 2N_2 + 3H_2O \tag{7-19}$$

由于柴油机NO_x排放中90%以上是NO,因此NO_x还原反应主要途径是式(7-15),这一反应也被称为"标准SCR反应",O_2在此反应中是不可缺少的。低温时,式(7-19)的反应速率比式(7-15)快17倍,被称为"快速SCR反应",这有利于应对柴油机排温低带来的NO_x转化效率低的问题。研究表明,当NO_2/NO体积比等于1时,可以获得最佳的NO_x转化效率。但NO_2比例过高时,转化效率反而下降,这是因为式(7-18)的反应增多,而该反应速率缓慢。

尿素-SCR在反应温度为250~450℃时可得到高的转化效率,低于200℃时反应难以进行,尿素也不能充分水解。但排气温度过高时,不仅作为还原剂的NH_3与O_2氧化反应导致损耗,而且还由此反应生成新的NO_x以及强温室气体N_2O(氧化亚氮,俗称"笑气")。

图7-60给出了某一欧V重型柴油车尿素-SCR后处理系统示意图。尿素喷射电控单元(也可以放在柴油机电控系统中)根据由CAN总线获得的发动机工况以及排温传感器测得的排气温度等条件,确定尿素水溶液喷射量。经过供给单元和喷射装置的精确计量,尿素水溶液在压缩空气辅助下喷入排气管,受热分解出氨气NH_3,与排气均匀混合后进入SCR催化剂进行NO_x还原反应。为保证转化效率,SCR催化剂载体容积一般是发动机排量的1.5~2倍,载体孔密度一般为400孔/in^2。前置的氧化催化器(DOC)是为了应用上述"快

速 SCR 反应"原理,生成足够的 NO_2,提高 NO_x 转化效率。后置的氧化催化器是为了氧化 SCR 反应剩余的 NH_3,法规要求排入大气的 NH_3 浓度小于 $10×10^{-6}$。

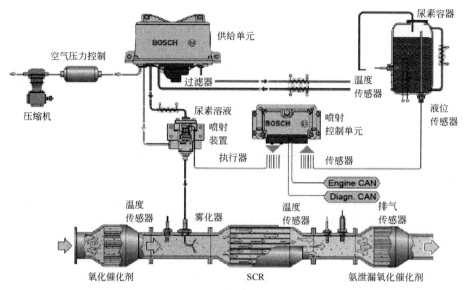

图 7-60 欧 V 重型柴油车尿素-SCR 后处理系统(Bosch 公司)

2. HC-SCR 催化器

HC-SCR 催化剂是指利用燃料或未燃碳氢作还原剂进行 NO_x 催化还原。主要催化剂材料有 $Cu-ZSM_5$、$Ag-Al_2O_3$ 以及 $Pt-Al_2O_3$。研究表明,用柴油机加浓在排气中形成的 HC 作还原剂的 $Cu-ZSM_5$ 催化剂,对 NO_x 的转化效率可达 60% 以上,而用排气管喷射乙醇作还原剂的 $Ag-Al_2O_3$ 催化剂可达 90% 以上。

HC-SCR 催化剂的主要问题是工作温度区域高于尿素-SCR 催化剂,NO_x 转化效率较低,耐水蒸气中毒性能不理想,因此目前尚未得到产业化应用。

3. NO_x 吸附还原催化器

用于柴油机的 NO_x 吸附还原催化器也称为稀燃 NO_x 捕集器(lean NO_x trap,LNT),其工作原理与前述稀燃汽油机用 NO_x 吸附还原催化器相同(参见 7.5.3 节),但贵金属成分除铂 Pt 外,也广泛使用铑 Rh,以便更好地进行 NO_x 还原反应。

LNT 用燃料和未燃 HC 作还原剂,省去复杂的 NH_3 或尿素水溶液还原剂喷射装置。但由于使用贵金属,因而成本高于尿素 SCR 催化剂,而且要求柴油含硫量小于 $10 μg/g$。需要多喷燃料形成还原氛围进行 NO_x 还原反应,导致柴油机燃油耗增加。由于 LNT 的这些特点,尤其是系统简单占用空间小,因此主要用于轻型柴油车,以及尿素供应不便地区的重型柴油车。

7.6.4 四效催化器

如果能使 NO_x 与 CO、HC、颗粒物(PM)互为氧化剂和还原剂,则有可能在同一催化器上同时除去这四种有害成分。这种"四效催化器"将是一种理想的柴油机排气净化装置,但控制难度大,国内外研究者围绕这一目标正在进行研究开发。

丰田公司的柴油机颗粒物氧化与 NO_x 还原(diesel particulate-NO_x reduction,DPNR)系统是一种四效催化器(图 7-61)。DPNR 系统将 NO_x 吸附还原技术与 DPF 颗粒物再生技术组合在一起,采用壁流式 DPF,NO_x 吸附还原催化剂涂覆在滤芯上。通过稀、浓混合气的切换对 NO_x 进行吸附和还原,过滤下来的颗粒物通过 Pt 基催化剂进行连续再生。NO_x 吸附后处理的稀、浓混合气切换过程为:稀混合气 60 s,浓混合气 1~3 s(空燃比为 11.5~12.5)。

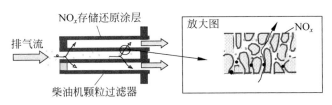

图 7-61 丰田公司的 DPNR 系统

7.6.5 重型柴油机后处理技术路线

重型柴油车国六、欧Ⅵ和 US 2010 等近零排放法规一般都需要同时采用 EGR 等缸内净化技术和 DOC、SCR、DPF 等后处理技术,并在后处理系统末端增加氨泄漏催化器(ammonia slip catalyst,ASC),防止 NH_3 泄漏。根据 EGR 率的不同,形成了多条技术路线,如图 7-62 所示。其中,高 EGR 率路线对缸内燃烧过程恶化程度高,燃料消耗率高,不建议采用。中等 EGR 率路线虽然对缸内要求略有降低,但由于 EGR 率仍较高,使得缸内排温较低,由此导致 SCR 催化剂工作条件不好,NO_x 的转化效率不高,不足 90%,不能满足近零排放法规的要求。通过以上分析可以看出,满足近零法规要求的两种常用后处理技术路线为:①低 EGR 率+DOC+DPF+SCR(简称 EGR 技术路线);②DOC+DPF+SCR(简称高效 SCR 或 SCR-only 技术路线)。

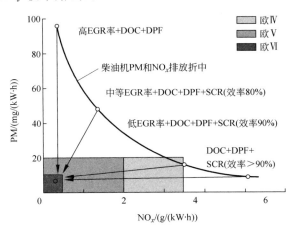

图 7-62 重型柴油机满足近零排放法规的技术路线

图 7-63 为 EGR 技术路线示意图,相比国五排放控制系统,增加了 EGR 和进气节流阀。通过 EGR 的控制,将柴油机的 NO_x 原排放降低到较低水平(5 g/(kW·h)以下),这样后处理的控制相对简单,一般采用 DOC 之前喷燃料进行 DPF 主动再生。但是 EGR 阀的故障率较高,控制及维护难度偏高,柴油机的燃料消耗高,但尿素消耗较低。

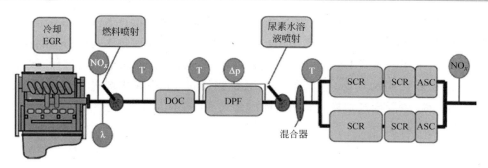

图 7-63 满足国六排放法规的 EGR 技术路线

图 7-64 为高效 SCR(SCR-only)技术路线示意图,通过取消 EGR,将 NO_x 原排放控制在 8 g/(kW·h)左右,NO_x 转化效率需要达到 97%以上,同时采用基于化学反应动力学模型进行精确的 NH_3/NO_x 比控制,后处理系统的可靠性要求高,在线故障诊断(OBD)控制难度大。

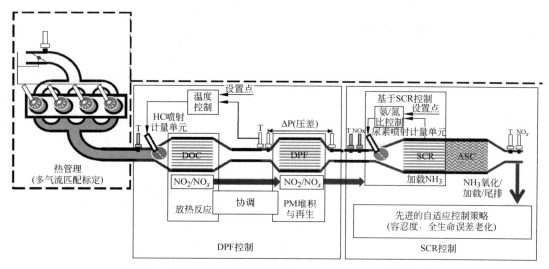

图 7-64 满足国六排放法规的高效 SCR(SCR only)技术路线

针对未来加州超低 NO_x 排放法规(NO_x 排放限值较 US 2010 法规低 90%)的技术路线主要有 2 条:①美国西南研究院提出的"PNA+微型燃烧器(MB)+SCRF+SCR+ASC"的技术路线,简称被动 NO_x 吸附(passive NO_x adsorption,PNA)路线,如图 7-65 所示;②欧洲和美国供应商提出的"紧耦合 SCR(close-coupled SCR)+排气热管理"的技术路线,简称紧耦合 SCR(cc-SCR)路线,如图 7-66 所示。

被动 NO_x 吸附(PNA)技术是将低温下的 NO_x 进行吸附,并在高温时进行脱附。PNA 的温度工作区间在 100~200℃,将 PNA 与 SCR 技术相结合,可以将 NO_x 排放的控制窗口下限从 200℃降低到 100℃左右,能有效降低冷起动条件下的 NO_x 排放。但是 PNA 需要的贵金属涂覆量较多,存在成本高、可靠性低、与

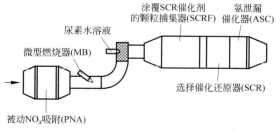

图 7-65 满足加州超低 NO_x 排放法规的 PNA+MB+SCRF+SCR+ASC 技术路线

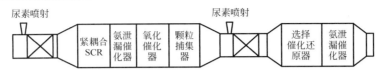

图 7-66 满足加州超低 NO_x 排放法规的紧耦合 SCR 技术路线

SCR 性能的紧密配合控制难度大等挑战。

紧耦合 SCR(cc-SCR)技术路线(图 7-66)是在传统的 DOC+DPF+SCR+ASC 系统的基础上,将整块的 SCR 拆分成两部分:紧耦合 SCR 和第二级 SCR。将 cc-SCR 布置在紧靠柴油机涡轮后,采用两套还原剂喷射系统间歇或同时喷射,使后处理系统能够兼顾低温和高温下的 NO_x 转化效率。

7.7 非排气污染物控制技术

汽车所排放到大气中的 HC 总量中,约 40% 来自曲轴箱窜气和燃油系统蒸发,因此控制非排气污染物也是十分必要的。

7.7.1 曲轴箱强制通风系统

曲轴箱需要通风的主要原因:一是燃烧室内的混合气和燃烧后的废气顺着活塞外壁和气缸内壁漏入曲轴箱内,将稀释和污染机油,造成机油的润滑性能下降;二是曲轴箱内的压力随发动机转速升高而增加,如果不通风,会将机油从油封或气缸垫压出;三是环保要求,需将曲轴箱窜气导入进气管使其燃烧干净。

曲轴箱强制通风(positive crankcase ventilation,PCV)系统如图 7-67 所示,新鲜空气由空滤器进入曲轴箱,与窜气混合后,经 PCV 阀进入进气管,再与空气或油气混合气一起被吸入气缸燃烧掉。PCV 阀可随内燃机运行工况自动调节吸入气缸的窜气量。在怠速和小负荷时,由于进气管真空度较高,阀体被吸向上方(进气管侧),阀口流通截面减少,吸入气缸的窜气量减少,以避免混合气过稀,造成燃烧不稳定或失火;而在加速和大负荷时,窜气量增多,而进气管真空度变低,在弹簧作用下阀体下移,阀口流通截面增大,使大量的窜气进入气缸被燃烧掉。PCV 阀能使曲轴箱内始终保持负压,因而可以减缓润滑油窜入燃烧室(即窜机油),而窜入燃烧室中的机油是排气中 HC 和颗粒物的重要来源。

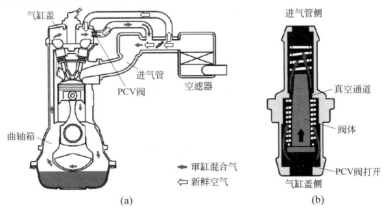

图 7-67 内燃机曲轴箱强制通风系统
(a) PCV 系统;(b) PCV 阀

7.7.2 燃油蒸发控制系统

汽油机燃油蒸发控制系统是防止燃油管内的燃油蒸气泄漏到大气中污染环境,同时收集汽油蒸气并适时送入进气管,与空气混合后进入汽油机燃烧,提高燃油经济性的控制技术。最常用的是活性炭罐油蒸气吸附装置,其工作原理如图 7-68 所示。燃油箱的油蒸气经蒸气管路进入活性炭罐被吸附,这一过程称为吸附过程;当满足一定条件,如汽油机起动已超过规定时间、冷却液温度高于规定值、转速高于规定值等,在进气管真空度作用下,ECU 控制炭罐电磁阀打开,被活性炭吸附的油蒸气与从炭罐下部进入的空气一起被吸入进气管,最后进入气缸被燃烧掉,同时活性炭得到再生,这一过程称为脱附过程。

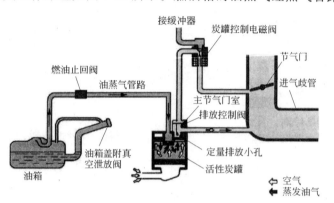

图 7-68　典型的汽油机燃油蒸发控制系统

活性炭是一种由石墨晶粒和无定形炭构成的微孔物质,由于其内部有大量 $10^{-10}\sim10^{-8}$ m 的微孔,因而具有很大的比表面积($500\sim2000$ m^2/g),这是活性炭吸附能力高的原因。活性炭吸附组分具有选择性,燃油蒸气通过活性炭时,其中的 HC 组分几乎完全被吸附,而空气组分则基本不被吸附。

随着汽车排放法规加严,除了控制汽油机使用过程中油箱和油路中的 HC 蒸发排放外,还对加油过程的 HC 排放控制提出了要求,如国六和欧 6 排放法规要求汽车加装"车载加油油气回收装置(onboard refueling vapor recovery,ORVR)"。图 7-69 所示是带 ORVR 的整

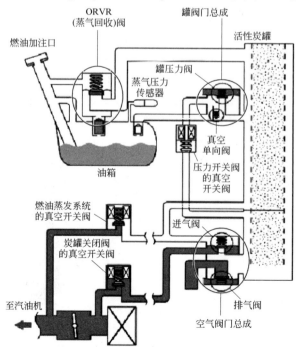

图 7-69　汽油车带车载加油油气回收装置(ORVR)的燃油蒸发控制系统

车燃油蒸发控制系统,其中 ORVR 被设计固定在油箱和燃油加注口之间,加油时油箱中的燃油蒸气会被炭罐吸收,当汽油机开始运转,炭罐中的油气就会进入进气管,从而作为燃料在缸内被燃烧掉。

思考与练习题

7-1　世界上有哪几大汽车排放法规体系?汽车排放法规是如何分类的?世界汽车排放法规有可能形成一个统一的体系吗?

7-2　试述高温 NO 的成因。原 Zeldovich 机理是指哪几个反应?哪一个反应是控制反应?影响高温 NO 生成的三因素是什么?

7-3　内燃机排放的颗粒物(PM)与炭烟有什么不同?颗粒物排放量主要取决于什么因素?

7-4　在不采取任何后处理措施和相近功率条件下,CO、HC、NO_x 及 PM 四种污染物排放是汽油机多还是柴油机多?为什么?

7-5　画出汽、柴油机某一工况 CO、HC、NO_x、有效平均压力和燃油经济性如燃料消耗率或热效率随过量空气系数 ϕ_a 的变化曲线,指出各曲线的主要特征,并解释原因。

7-6　汽油机与柴油机的 HC 生成机理有何异同?造成两者不同之处的主要原因是什么?

7-7　说明推迟点火或供油提前角均能分别减小汽油机、柴油机 NO_x 排放的原因。为什么说 NO_x 和炭烟生成存在 Trade-off 关系?

7-8　EGR 在降低 NO_x 的机理上与推迟点火或推迟喷油的技术措施有何异同?内部 EGR 降低 NO_x 的效果比外部 EGR 好还是差?为什么?

7-9　为同时降低柴油机 NO_x 和 PM 排放,应如何设计优化放热规律和喷油规律?

7-10　什么是预喷射?其目的和基本原理是什么?分析采用预喷射时燃油经济性恶化的原因。

7-11　简述三效催化器的基本工作原理。什么是三效催化器工作的窗口?汽油机应具备什么条件才能有效发挥三效催化器的作用?

7-12　三效催化器为何不适用于柴油机降低 HC、CO 和 NO_x 排放?

7-13　汽油车使用三效催化器后,HC 排放主要出现在什么运行工况下?有何解决对策?

7-14　汽油机颗粒物过滤器(GPF)与柴油机颗粒物过滤器(DPF)在结构、工作原理及颗粒物再生方法有何差异?

7-15　为什么柴油机为满足国三及之后排放法规,一般都需要采用电控燃油喷射系统?

7-16　重型柴油机满足国六和加州超低 NO_x 排放法规的主要技术路线有哪些?并分析其利弊。

7-17　轻型柴油车满足欧 5 排放法规应采取何种技术路线(机内与机外净化)?可从净化效果、整车布置、成本以及燃油经济性等方面进行分析。

7-18　哪些柴油机后处理技术需要使用低硫柴油?为什么?

7-19　简述柴油机颗粒物主动再生和被动再生工作原理。两种再生方法各自适合什么环境条件?

7-20　对比分析哪些柴油机后处理技术需要同时使用 DOC?为什么?

7-21　一台六缸重型车用柴油机,一般使用十六烷值为 51 的柴油可正常工作,若使用了十六烷值为 45 的柴油,其炭烟和 NO_x 排放会增加还是减少? 并解释原因。

7-22 为什么在 SCR 催化剂前串联一个 DOC 可以提高 NO_x 转化效率? 结合化学反应机理进行解释。

7-23 某一轻型汽油车按新欧洲驾驶循环(NEDC)在转毂试验台上的排放测试结果如下表。试验条件:环境温度 296.2 K;大气压力 101.33 kPa;相对湿度 60%;饱和蒸气压 2.81 kPa;校正至标准状况下的稀释排气容积 170.224 m^3。假设在标准状态下 HC、CO 和 NO_x 污染物的密度分别 0.619、1.25 和 2.05 g/L,试计算 HC、CO 和 NO_x 比排放(g/km),并判断该车是否满足国四排放法规。

排放物成分	稀释排气	稀释空气
HC	12.7×10^{-6}(C)	3.2×10^{-6}(C)
CO	58.9 ppm	1.0 ppm
NO_x	3.8 ppm	0.3 ppm
CO_2	0.85%(V/V)	0.048%(V/V)

7-24 某重型柴油机 ESC 测试 13 工况点的转速、转矩、油耗、湿基进气量及气态污染物排放量测试结果如下表。测试中的环境参数为:环境温度 296.2 K;大气压力 101.33 kPa;相对湿度 60%;饱和蒸气压 2.81 kPa。颗粒采样设置采样比 0.1%,每 1% 权重对应的采样时间为 30 s,滤纸采样前质量为 0.198 24 g,采样后质量为 0.199 01 g。试计算 ESC 的加权功率和 HC、CO、NO_x、PM 的比排放量(g/(kW·h)),并判断该机是否满足国四排放法规。

工况点	权重	转速/(r/min)	转矩/(N·m)	油耗/(kg/h)	湿基进气量/(kg/h)	CO/10^{-6}	HC/10^{-6}	NO_x/10^{-6}
怠速	0.15	750	0	0.66	108	87	7	282
A100	0.08	1416	560	16.14	360	77	8	1200
B50	0.1	1813	270	10.36	390	144	7	212
B75	0.1	1813	405	14.94	463	65	6	141
A50	0.05	1416	275	8.29	265	72	5	320
A75	0.05	1416	413	11.96	306	58	5	250
A25	0.05	1416	138	4.69	237	141	7	339
B100	0.09	1813	551	20.59	546	43	6	85
B25	0.1	1813	135	6.09	331	391	11	247
C100	0.08	2211	463	21.59	662	97	7	183
C25	0.05	2211	112	6.98	420	690	23	142
C75	0.05	2211	338	16.21	586	180	9	280
C50	0.05	2211	225	11.42	499	330	12	151

参考文献

[1] 王建昕,帅石金.汽车发动机原理[M].北京:清华大学出版社,2011.
[2] 刘峥,王建昕.汽车发动机原理教程[M].北京:清华大学出版社,2001.

[3] 岑可法,姚强,骆仲泱,等.燃烧理论与污染控制[M].北京:机械工业出版社,2008.
[4] 金原寿郎.气体の燃烧物理[M].日本:裳华房,1985.
[5] MAJEWSKI W A,KHAIR M K. Diesel Emissions and Their Control[M]. US:SAE International,2006.
[6] 周龙宝,刘巽俊,高宗英.内燃机学[M].北京:机械工业出版社,2007.
[7] 黄海燕,肖建华,阎东林.汽车发动机试验学教程[M].北京:清华大学出版社,2009.
[8] JOHNSON T V. 2007年柴油机排放控制回顾[J].董尧清,译.国外内燃机,2009(2).
[9] 村山正,常本秀幸.自动车エンジン工学[M].日本:山海堂,1997.
[10] 李勤.现代内燃机排气污染物的测量与控制[M].北京:机械工业出版社,1998.
[11] 王建昕,傅立新,黎维彬.汽车排气污染治理及催化转化器[M].北京:化学工业出版社,2000.
[12] Bosch公司.Bosch汽车工程手册[M].2版.顾柏良,等译.北京:北京理工大学出版社,2004.
[13] 陈文淼.燃料特性对车用柴油机性能影响的试验研究与数值模拟[D].北京:清华大学,2010.
[14] WANG J X,WU F J,XIAO J H,et al. Oxygenated blend design and its effects on reducing diesel particulate emissions[J]. Fuel,2009,88(10):2037-2045.
[15] 吴宁.车用三效催化转化器冷起动过程非稳态特性的研究[D].北京:清华大学,2002.
[16] 董红义.柴油机NO_x选择催化还原技术试验研究与数值模拟[D].北京:清华大学,2008.
[17] CHATTERJEE S,等.重型柴油机达到欧4和欧5标准的排放控制方案[J].章海峰,译.国外内燃机,2009(2).
[18] Robert Bosch GmbH. Diesel-engine Management[M]. 3rd edition. SAE,2004.
[19] 欧阳明高,等.汽车新型动力系统:构型、建模与控制[M].北京:清华大学出版社,2008.
[20] DEC J E. A conceptual model of DI diesel combustion based on laser-sheet imaging[R]. SAE Paper 970873,1997.
[21] WANG H,FRENLACH M. Combustion flame[J]. 1997,110(1-2),173.
[22] ZHAO F.汽油车近零排放技术[M].帅石金,译.北京:机械工业出版社,2009.
[23] 帅石金,唐韬,赵彦光,等.柴油机排放法规及后处理技术的现状与展望[J].汽车安全与节能学报,2012,3(3):200-217.
[24] 帅石金,刘世宇,马骁,等.重型柴油车满足近零排放法规的技术分析[J].汽车安全与节能学报,2019,10(1):16-31.

第8章 内燃机运行特性与整车匹配

内燃动力装置与配套工作机械之间有一个性能合理匹配的问题,即如何使内燃机最佳地满足所配套工作机械的各种性能要求。

如果内燃机只是在固定工况点或有限个工况点下工作,则只需在这些工况点的性能指标上满足要求即可。但是,对于与汽车配套的、在宽广转速和负荷范围内多工况、变工况工作的内燃机来说,情况更复杂,需要人们了解汽车与内燃机运行特性在全工况如何合理匹配。

内燃机运行特性是指内燃机主要性能指标随转速和负荷工况变化的规律,该特性在与整车的匹配过程中非常重要。由内燃机运行特性转化而得到的汽车主要运行特性,如动力性、经济性、运转稳定性等,存在能否全面满足汽车使用要求的问题。

本章将重点阐述以下主要内容:
(1) 内燃机运行特性,如速度特性、负荷特性和全特性等;
(2) 内燃机运行特性对汽车行驶工况的适应性;
(3) 内燃机与汽车动力性、经济性和排放性能的合理匹配;
(4) 柴油机速度特性的校正与调速。

本章阐述的内容是对前述内燃机动力性、经济性和排放性能等相关内容的总结与拓展,也是车用内燃机原理与汽车理论课程共同关注的知识点,对深入理解和掌握内燃机与整车的匹配极为重要。

8.1 运行工况与功率标定

8.1.1 内燃机运行工况

汽车的运行工况是用车速和行驶阻力两个参数来表示的。相应地,内燃机的运行工况用转速和曲轴输出功率(或有效功率)两个参数表示。因此,一组确定的转速和输出功率构成内燃机的一个运行工况。

内燃机在运行过程中,如果转速和输出功率保持不变,则该运行工况为稳定工况;如果转速和输出功率随时间而变化,如汽车起动、加减速以及行驶路面状态变化时,则该工况为动态工况。

由第2章式(2-23)可知,内燃机在转速固定的运行条件下,其输出功率P_e与输出转矩T_{tq}、有效平均压力p_{me}成正比,也与汽油机的节气门位置、柴油机的油量调节杆位置和循环供油量等有确定的单值比例关系。所以,内燃机的负荷既可用输出功率P_e表示,也可用上述参数之一表示。

8.1.2 内燃机工况平面与工作区域

以转速和负荷为坐标的平面叫内燃机工况平面。内燃机工作区域可在这个平面上表示出来,根据内燃机配套工作机械运行的特点,内燃机工作区域有下面三种运行工况。

1. 点工况

内燃机只在某一固定工况点下工作,如图 8-1 工况面上的①点。在水库或江河上日夜抽水的内燃机,可以认为是按点工况运行。

2. 线工况

内燃机只在工况面上某一确定的线段上工作。有两种常见线工况:一种是发电机组、粮食加工、排灌等固定作业机组,工作时都保持在转速变化不大的调速线上运行,如图 8-1 工况面上的②线;另一种是船舶内燃机行驶的工况,靠螺旋桨推进,内燃机输出功率 P_e 与转速 n 呈三次方关系,即 $P_e = Kn^3$,形成图 8-1 工况面上③线所示的螺旋桨线工况。

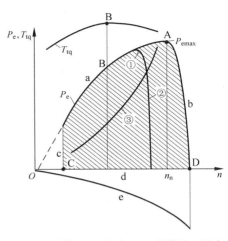

图 8-1 内燃机工况平面、工况线及工况点

3. 面工况

各种陆上运输车辆,如汽车、拖拉机、坦克及工程运输机械等,都可在较宽的转速和负荷范围内工作,其工作区域涵盖了工况平面上某一确定面积,属于面工况运行。

车用内燃机运行的工况面范围很广,但也有一定的限制。图 8-1 剖面线所包围的面积为常见车用内燃机的工作区域,它由下述各条曲线界定。

(1) 上部 a 曲线是各转速时最大功率的限制线,到标定点 A 为止。

(2) 右侧 b 曲线是各负荷条件下的最高转速限制线。

a、b 曲线都是在驾驶员操纵加速踏板达到最大位置时获得的。对于汽油机,a、b 曲线都在节气门全开(wide open throttle,WOT)全负荷时获得,称为速度外特性线;对于柱塞泵式柴油机,a 曲线为校正外特性线,b 曲线则是高速调速器起作用的调速特性线。

(3) 左侧 c 曲线是内燃机最低稳定工作转速限制线。低于此转速时,由于燃烧波动和运动件惯性过小的影响,内燃机无法稳定工作。

(4) 横坐标上的 d 曲线是各个加速踏板位置下的空转急速(idle)线。此时有效输出功率为零,内燃机指示功率与空转机械损失功率相平衡。

(5) 输出功率为负值的 e 曲线是内燃机熄火、外力倒拖时的工况线。此时倒拖功率与熄火后空转的机械损失功率相平衡。e 曲线不属于内燃机的正常工作范围,它表示在汽车挂挡下坡时内燃机起制动作用,维持汽车不再加速而具有某一稳定车速。台架电机反拖内燃机测试其机械功率损失时,也属此种工况。

车用内燃机工况范围宽广,常用几个典型工况点的性能指标来近似反映全工况面的情况。常见的典型工况点为图 8-1 上的标定工况 A、最大转矩工况 B、最低稳定急速工况 C 和最高空转工况 D。有时还利用速度外特性线上的最低燃料消耗率点和全工况面的最低燃料消耗率点来补充说明问题。车用内燃机铭牌和说明书上一般标出的是上述典型工况点的性能指标。

8.1.3 内燃机功率标定

内燃机铭牌上规定的最大输出功率 P_{emax} 及其对应转速 n_n 所确定的工况叫标定或额

定（rated）工况。标定工况点并不是内燃机能达到的极限最大功率点,而是根据内燃机用途、使用特点,综合考虑其各种性能要求和使用寿命后,人为规定的一个限制使用的最大功率点。

按国标 GB 1105.1—1987"内燃机台架性能试验方法标准环境状况及功率、燃油消耗和机油消耗的标定"的规定,内燃机标定功率可按下述四种方法之一来确定。

(1) 15 min 功率。内燃机允许连续运转 15 min 的标定功率。适用于短时间使用标定功率的内燃机,如汽车、舰艇、坦克等用途内燃机的功率标定。

(2) 1 h 功率。内燃机允许连续运转 1 h 的标定功率。适用于有较长时间重载使用的内燃机,如工程机械、拖拉机、船舶等用途内燃机的功率标定。

(3) 12 h 功率。内燃机允许连续运转 12 h 的标定功率。适用于连续重载运行达 12 h 左右的内燃机,如拖拉机、农业排灌、内燃机车、内河船舶等用途内燃机的功率标定。

(4) 持续功率。内燃机允许长期连续运转的标定功率。适用于长时间连续工作的内燃机,如昼夜运行的农业排灌、远洋轮船及发电等用途内燃机的功率标定。

由此可知,同一台内燃机配套不同用途工作机械时,其标定功率可以不一样。通常标定功率使用的时间越长,标定功率越小。

8.2 特性分类及运行特性分析方法

8.2.1 内燃机特性分类

内燃机特性是指在一定条件下,内燃机的性能指标与特性参数随各种可变因素的变化规律。此规律若以曲线表示,则叫特性曲线。从内燃机的工作特点来看,有稳态特性和动态特性之分;从内燃机的可变参数特点来看,有运行特性与调整特性之分。本章重点讨论内燃机在稳态条件下的运行特性,这里仅对内燃机的动态特性和调整特性进行简要说明。

1. 动态特性

汽车在实际道路尤其在市区道路条件下行驶时,动态过程占相当大的比例。在动态过程中,若以转速和节气门位置来表示动态工况,则动态工况与稳态工况相对应的各种性能数值有较大差别,而且在分析时还要加上时间变量,情况较为复杂。

动态测试分析一般是在底盘测功机或内燃机动态试验台上模拟实际加、减速条件进行的。下面以电控喷射汽油机的节气门由关闭到全开的加速过程测试结果为例,来分析动态过程的一般特点。图 8-2 是这一过程中测出的转速 n、转矩 T_{tqd} 和节气门开度等参数随时间变化的曲线。为进行对比,用虚线画出对应稳态条件下转矩 T_{tq} 的变化曲线。图中 n_d 是加速前内燃机怠速转速,Δt 是节气门由关闭到全开启所需的时间。

由图 8-2 可以看出,按一定速率开启节气门后,转速 n 和转矩 T_{tqd} 都要延迟一段时间才开始

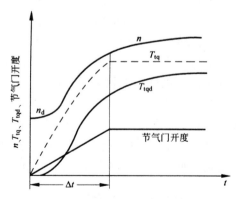

图 8-2 汽油机节气门由关闭到全开的转速和转矩动态过程示意图

上升;节气门全开后,仍要经历一段时间的转速和转矩上升过程,才能达到稳定状态。此外,加速动态过程的转矩(或有效平均压力)要比对应的稳态过程低,即动力性和经济性指标都有不同程度的下降。出现这些情况的原因如下:

(1) 加速过程中,由于运动件和气流惯性的影响,会出现气流延迟和惯性阻力增大,从而减少有效动力输出;

(2) 加速过程中,进气充量的惯性以及气流动态效应会破坏正常的流动过程,产生额外的气流扰动,一般会降低气缸的充量系数;

(3) 节气门开度加大过程中,进气管中真空度减小,进气道中油膜蒸发条件变差,使混合气短时变稀;

(4) 加速过程中,机内冷却液温度、油温、油压等都未达到稳定状态,点火提前角等调整参数也因机构惯性和动态特点难以达到最优。

以上各种因素的综合效果使得加速时转矩 T_{tqd} 下降,转速及转矩上升的相位也延迟。

上述例子充分反映了动态过程的复杂性和分析的难度,是内燃机在设计开发过程中需要关注和解决的问题。但是,动态过程分析的基础,仍然是对稳态过程的深入理解。因此,本章仍重点围绕稳态过程进行相关参数的分析。

2. 调整特性

调整特性是指内燃机在转速和油量调节位置(喷油脉宽或节气门开度或油量调节杆位置或加速踏板位置)不变条件下,各种性能指标随调整参数变化的规律。

影响汽油机和柴油机性能的调整参数有很多,其中最常见的是汽油机点火提前角 θ_{ig}、柴油机喷油提前角 θ_{fj}、过量空气系数 ϕ_a 以及残余废气系数 ϕ_r 等。事实上,只要是对内燃机性能有明显影响,而又能实时变动或试验时人为变动的参数,都可归入调整参数之列,如配气相位角、气门升程、进气管长度、压缩比、涡轮喷嘴环面积等。

研究调整特性的意义在于对内燃机的性能进行优化。若从达到单一最佳性能的角度提要求,可找出调整参数的最优值,如汽油机最佳转矩输出的最小点火提前角(minimum advance for best torque,MBT)。但从综合性能的角度来看,单项最优未必能保证整体最优,如上述最小点火提前角未必能保证内燃机的排放性能最优,因此一般要折中选出合适的调整参数值以获得最佳的整机匹配性能。

从内燃机的发展历程来看,对于一些重要的调整参数,早已使用了实时调控装置来改善某些性能指标。例如,利用化油器调控过量空气系数 ϕ_a;利用真空点火提前器和自动供油提前器来分别调整汽油机的点火提前角和柴油机的喷油提前角。但是传统内燃机大多数的参数是无法实时调控的,只能在设计时选用一个折中值而已。随着电控和智能化技术的普及,内燃机有更多参数具备了实时自动调控的可能,不仅全方位地改善了内燃机的性能,也使调整特性的研究更具有现实意义。

内燃机一些重要参数的调整特性在前述各章节中作了一些介绍,此处不详细展开描述。总之,调整特性是内燃机在设计开发过程需要重点关注的内容。

8.2.2 运行特性及其分析方法

1. 运行特性

运行特性是指在一定条件下,内燃机性能指标随运行工况参数变化的规律。本章重点讨论的是稳定运行条件下动力性和经济性的基本运行特性：速度不变,性能指标随负荷变化的负荷特性；汽油机节气门或柴油机油量调节部位不变,性能指标随转速变化的速度特性；以及性能指标随转速和负荷都变化的全特性(万有特性)。

上述运行特性曲线是在内燃机与汽车匹配时,综合确定整车动力性和经济性的主要依据之一。通过运行特性曲线,可以直观判断内燃机工作时的经济区域以及输出动力大小的特点,以便确认内燃机与汽车配套的合理性。通过对运行特性曲线的形状、走向及其影响因素的分析,可以指出这些特性曲线进一步满足汽车使用要求需要校正和调整或标定的方向。

需要说明的是,本章所述柴油机的运行特性曲线及其分析,都是基于位置控制式的燃油喷射系统,如直列泵、分配泵系统,而基于时间控制式电控燃油喷射系统,如泵喷嘴、单体泵和共轨系统,对运行特性的本质要求与位置控制式燃油喷射系统的相同,只是电控燃油喷射系统的结构更简单,控制更灵活。

2. 分析方法

第2章已经推导出内燃机稳定运行条件下,有效功率 P_e 和有效燃料消耗率 b_e 的多因素综合解析式,见式(2-42)和式(2-44)。考虑到某一具体内燃机运行时,上述两式中的很多结构参数都是常数,若将各常数用一个统一的常系数来表示,则变为

$$P_e = K_1 \left(\frac{\phi_c}{\phi_a}\right) \eta_{it} \eta_m n \tag{8-1}$$

$$b_e = \frac{K_2}{\eta_{it} \eta_m} \tag{8-2}$$

相应的有效转矩 T_{tq} 和整机燃料消耗率 B 可表示为

$$T_{tq} = K_3 \left(\frac{\phi_c}{\phi_a}\right) \eta_{it} \eta_m \tag{8-3}$$

$$B = b_e P_e = K_4 \left(\frac{\phi_c}{\phi_a}\right) n \tag{8-4}$$

上述各式中,$K_1 \sim K_4$ 都是常系数。

利用式(8-1)~式(8-4),可直接对汽油机的稳态性能进行分析。柴油机的负荷调节方式是质调节,若能求出 ϕ_a 平均值,当然也能应用上述各式。实际上,柴油机的单缸循环油量 g_b 是可以直接测出的,由于 $g_b \propto \frac{\phi_c}{\phi_a}$,所以将 g_b 引入式(8-1)、式(8-3)、式(8-4)后,可导出下述各式用于柴油机分析。

$$P_e = K_5 g_b \eta_{it} \eta_m n \tag{8-5}$$

$$T_{tq} = K_6 g_b \eta_{it} \eta_m \tag{8-6}$$

$$B = K_7 g_b n \tag{8-7}$$

对于汽油机,如果已知 g_b,也可用上述各式分析相关参数。

利用上述各式进行稳态特性曲线分析时,首先要单独分析式中各因素随运行工况参数的变化规律,然后叠加在一起,再分析 P_e、b_e、T_{tq} 和 B 等性能指标随运行工况的变化规律和走向特点,并指出单个因素影响的原因和程度,作为修正特性曲线和选择性能改进措施的依据。

8.3 速度特性与整车动力性

若汽油机保持节气门开度不变,柴油机保持油量调节杆位置不变或保持喷油脉宽不变,而各工况又处在最佳调整状态时,内燃机的性能指标和特性参数随转速的变化规律称为内燃机的速度特性。这是广义的速度特性的概念,既包含动力性和经济性指标,也包括排放、排温、过量空气系数、充量系数、循环供油量等指标的速度特性在内。这里重点讨论内燃机动力性和经济性的速度特性。

每一个负荷或油量调节位置对应一条速度特性曲线。全负荷速度特性曲线,又叫外特性曲线;其余的为部分负荷速度特性曲线,又叫部分特性曲线。外特性曲线表示内燃机各转速对应的最大功率和最大转矩,汽车的最大动力性就是由这条外特性曲线决定的。

前面已指出,标定工况是人为设定的,也就是说,外特性曲线可以按照不同配套动力机械、不同标定工况而有所差别。如果这条曲线的形状和走向不能满足动力机械要求时,还可以进行各种校正和调整或标定。

8.3.1 汽油机速度特性

测定汽油机的速度特性曲线时,除了保持节气门开度不变外,各工况须调整到最佳点火提前角,而过量空气系数则要按理想要求来制备。此外,冷却液温度、油温、油压等应保持正常稳定的状态。

由式(8-1)~式(8-4)可知,汽油机动力经济性能指标随转速的变化,取决于 η_{it}、η_m、ϕ_a、ϕ_c 等参数随转速的变化。于是,先在图 8-3 上作出全、中、小负荷(此处分别用全、中、小三种节气门开度表示)条件下相关参数的变化曲线,然后再叠加合成于图 8-4 中,得到汽油机的速度特性曲线。

下面先对图 8-3 中的各条曲线进行分析。

(1) 图(a)所示指示效率 η_{it} 曲线具有中间平坦,两头略低的特点。低转速时,缸内气流减弱,火焰传播速度降低,同时漏气和散热损失增大,导致 η_{it} 下降。高转速时,燃烧所占曲轴转角增大,等容度变小,燃烧进行不充分,也使 η_{it} 也降低。以上影响随节气门开度减小而加大。

(2) 图(b)所示机械效率 η_m 曲线总趋势随转速上升而下降。这在第 4 章 4.5.4 节中已作了详细分析,主要原因是随转速上升,摩擦损失、附件消耗、泵气损失等均大幅增大。小负荷小节气门开度时,除整体上因负荷减小而使 η_m 下降外,也因充量系数 ϕ_c 随转速上升更加急剧减小,致使同转速下的负荷降得更低,从而使小负荷曲线变得更陡。

(3) 图(c)所示充量系数 ϕ_c 曲线总体随转速上升而下降。节气门开度减小时,ϕ_c 更是急剧减小。ϕ_c 变化规律在第 5 章 5.2.3 节中已作了充分说明。

(4) 图(d)所示过量空气系数 ϕ_a 曲线总体随转速上升而略有增加,因为转速升高导致缸内湍流加强,燃烧速度加快,空燃比可以更稀之故。对于过去未装三效催化装置的汽油机,中等负荷为经济偏稀混合气,保持 $\phi_a=1.05\sim1.10$;小负荷混合气要浓一些;大负荷混合气适当加浓为功率混合气。对于加装氧传感器和三效催化装置的汽油机,为了保排放在相当大的负荷范围内保持 $\phi_a=1.0$,这与图(d)所示 ϕ_a 变化规律会有所差别。

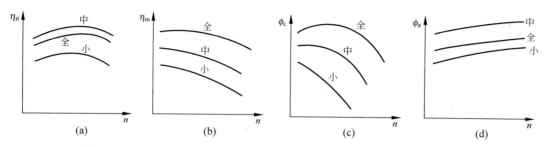

图 8-3 汽油机在全、中、小三种节气门开度条件下相关参数速度特性曲线
(a) 指示效率；(b) 机械效率；(c) 充量系数；(d) 过量空气系数

以上四组曲线的变化规律决定了图 8-4 中 T_{tq}、P_e、b_i 和 b_e 等性能指标速度特性曲线的变化趋势和特点。

（1）由式（8-3）及图 8-3 可知，转矩 T_{tq} 线变化趋势主要受 ϕ_c 和 η_m 的影响，在某一较低转速处有最大值，然后随转速上升而较快下降，转速越高，降得越快。部分特性线则随节气门关小急剧降低。指示效率 η_{it} 对曲线的影响不大，仅使高、低转速处的 T_{tq} 略降低。

（2）功率 P_e 线按 $P_e \propto T_{tq} n$ 关系，先随 n 上升而加大，到一定转速后，由于 T_{tq} 的下降率高于 n 的上升率，致使 P_e 转而下降。汽油机外特性功率这一转折点即 P_{emax} 点，一般都作为标定功率点。节气门开度减小时，各自的最高功率对应转速比标定转速低。

（3）指示燃料消耗率 b_i 与 η_{it} 成反比，故其速度特性线中间平坦，两头抬高，可参看图 8-3 中的 η_{it} 线。

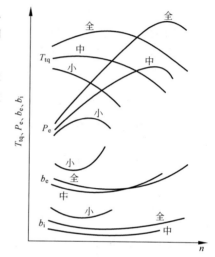

图 8-4 汽油机在全、中、小节气门开度条件下的性能速度特性曲线

（4）有效燃料消耗率 $b_e \propto \dfrac{1}{\eta_{it} \eta_m}$，$b_e$ 线是在 b_i 线基础上叠加 η_m 因素，使得随转速上升上翘幅度加大，节气门开度越小，则上翘弯曲度越大。

8.3.2 柴油机速度特性

测定柴油机的速度特性曲线时，除保持油量调节杆位置或喷油脉宽不变外，各工况须调整到各自的最佳供油提前角。此外，冷却液温度、油温、油压等应保持正常稳定的状态。

对于位置控制式燃油喷射柴油机，油量调节杆位置变化与驾驶员控制的加速踏板位置变化并不一定完全成正比。所以保持加速踏板位置不变得到的速度特性曲线与保持油量调节杆位置不变得到的速度特性曲线有差别。加速踏板位置不变时，各转速对应的油量调节杆位置往往会通过"校正"或"调速"而有变动，后文将对此详细说明。

由式（8-5）～式（8-7）可知，柴油机的速度特性取决于 g_b、η_{it}、η_m 等参数随转速 n 的变化规律。图 8-5 所示是在全、中、小三个油量调节杆位置下分别作出上述参数随转速变化的曲线，然后再叠加合成图 8-6 所示的性能速度特性曲线。下面先分析图 8-5 中相关参数随转速的变化规律。

(1) 循环喷油量 g_b 曲线随转速上升而增加。根据柱塞式喷油泵的供油原理，在油量调节杆位置不变时，由于柱塞泵进、回油孔节流效应（随转速升高柱塞泵油有效行程增大）和燃料泄漏的影响，因此 g_b 随转速上升而增加，只有在很高转速时，曲线才会变平。小负荷时 g_b 上升的斜率有所加大。

(2) 指示效率 η_{it} 曲线与汽油机的相似，呈两头低、中间略凸的形状。低速时，喷射压力减小，缸内气流减弱，对混合气形成及燃烧不利，再加上传热损失增多等因素的影响，使 η_{it} 下降；高速时，因喷油及燃烧持续角加大，燃烧等容度降低，以及 ϕ_c 下降，g_b 上升，导致 ϕ_a 加浓，使 η_{it} 降低。

(3) 机械效率 η_m 曲线仍保持随转速上升而下降的特点。但柴油机因无节气门损失，各负荷条件下 η_m 的变化趋势都大致相同，数值则有差别。

以上三组曲线所叠加合成图 8-6 所示的性能速度特性曲线的特点如下。

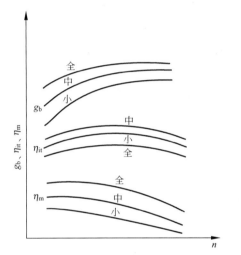

图 8-5　柴油机在全、中、小三个油量调节杆位置时相关参数的速度特性曲线

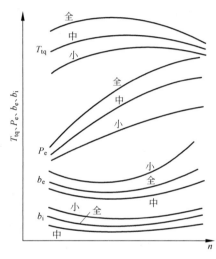

图 8-6　柴油机在全、中、小三个油量调节杆位置时的性能速度特性曲线

(1) 转矩 T_{tq} 速度特性线因 g_b 及 η_m 线有相反的变化趋势而总体变化较平坦。η_{it} 的影响虽不大，但使两端 T_{tq} 减小。总体看，低速段 T_{tq} 随转速增加呈上升趋势，小负荷时上升加剧，而高速段略为下降，大负荷时下降多一些。

(2) 功率 P_e 线随 n 上升而增大。由于 T_{tq} 线较平坦，所以可达到的最大功率点远离最高使用转速。这说明柴油机当运行转速高于标定转速时，其功率仍持续增大。

(3) 指示燃料消耗率 b_i 线为 η_{it} 线的倒数，变化相对平坦。

(4) 有效燃料消耗率 b_e 线则是在 b_i 基础上作了 η_m 的修正，随 n 上升而上翘程度加大。

8.3.3　汽油机与柴油机速度特性对比

对比图 8-4 和图 8-6 可以看出，汽油机和柴油机的速度特性曲线有以下主要区别。

(1) 汽油机 T_{tq} 线总体随转速增加向下倾斜较大，小负荷时倾斜更大；而柴油机 T_{tq} 线总体随转速增加变化平坦，小负荷段甚至上扬。这种差别导致这两种机型配套汽车时存在动力性和运行稳定性的差异。总的来说，汽油机速度特性曲线更符合汽车的动力性和稳定性使用要求；柴油机速度特性曲线需要校正和调速才能满足汽车的动力性和稳定性使用要求。后文将重点讨论这一问题。

(2) 汽油机 P_e 外特性曲线存在最大值拐点，一般将标定功率点设在 P_e 最大值拐点附近；而柴油机可达到最大功率值点的转速很高，所以标定点并非该特性曲线的极值点。

(3) 柴油机燃料消耗率 b_e 曲线要比汽油机 b_e 线平坦，小负荷时更平坦。

8.3.4 内燃机外特性对汽车动力性的影响

内燃机的外特性曲线是影响整车动力性最主要的因素。

1. 汽车动力性评价指标

汽车的动力性是指汽车在良好路面上直线行驶时，由汽车受到的纵向外力决定的、所能达到的平均行驶速度。主要用以下三方面指标评定汽车的动力性。

(1) 最高车速：在水平良好的路面（混凝土或沥青）上，汽车能达到的最高行驶车速。

(2) 加速时间：常用汽车原地起步加速时间和超车加速时间表示。

(3) 最大爬坡度：汽车满载或某一载质量时，在良好路面上 1 挡的最大爬坡度。

一般在汽车的驱动力-行驶阻力平衡图和汽车功率平衡图上，表示汽车行驶时的动力性指标。图 8-7 和图 8-8 分别是某 1 L 排量小轿车的驱动力-行驶阻力平衡图和功率平衡图。

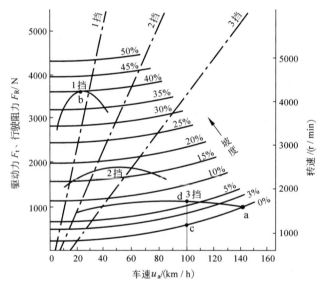

图 8-7 汽车驱动力-行驶阻力平衡图

主减速比 4.111；汽车总重 920 kg；1 挡速比 3.380；2 挡速比 1.734；3 挡速比 1.000；汽油机最大转矩 78.5 N·m/(3600 r/min)；汽油机最大功率 41.2 kW/(6000 r/min)

1) 最高车速与最大爬坡度

图 8-7 的横坐标为车速 u_a，纵坐标为驱动力 F_t 和行驶阻力 F_R。图中标有挡位数的三条实线是该挡位节气门全开（全负荷）时的汽车驱动力随车速的变化曲线。标有百分数的一系列线族代表不同坡度时汽车稳定车速行驶的总阻力随车速的变化关系，此时规定风速为零，即不出现自然风阻力。标有点画线的三条直线是不同挡位时车速与发动机转速的换算关系，即：

$$u_a = 0.377 \frac{rn}{i_g i_0} \quad (8\text{-}8)$$

式中,u_a 为汽车行驶速度,km/h;n 为发动机转速,r/min;r 为驱动车轮半径,m;i_g 为变速器传动比;i_0 为主减速器传动比。

根据驱动力与阻力的平衡关系,最低一条水平路面(坡度 0%)的阻力线与最高挡第 3 挡驱动力线的交点 a 就是最高稳定车速工况点。而最低挡 1 挡的驱动力线与某坡度(40%)阻力线的切点 b 是该车能克服的最大坡度稳定车速工况点。

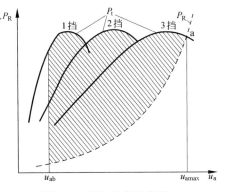

图 8-8 汽车功率平衡图

2) 加速时间

图 8-8 的横坐标为车速 u_a,纵坐标是驱动功率 P_t 和总阻力功率 P_R。图中实线是节气门全开(全负荷)时各挡位 P_t 随 u_a 的变化曲线,虚线则是在水平路面上 P_R 随 u_a 的变化曲线。

根据功率平衡原理,a 为最高车速 u_{amax} 工况点。假定各挡 P_t-u_a 线的交点也正是换挡工况点,而又忽略换挡时间不计,即认为换挡是瞬时完成,则汽车由低速 u_{ab} 节气门全开加速到最高车速 u_{amax} 时,途经每个速度点处的功率差值"$P_t - P_R$"或转矩差值"$T_t - T_R$"就是该点的加速功率或加速转矩,也称为后备功率或后备转矩。整个加速过程总的后备功率,可由图中剖面线所示的积分面积表示。依据此面积和整车质量,可计算出由 u_{ab} 加速到 u_{amax} 所需的加速时间。

汽车加速过程是动态过程,此时由发动机传到驱动轮的转矩已非稳态时的数值,计算时应该注意。

不难看出,图 8-7 和图 8-8 中决定汽车最大动力性的 F_t 和 P_t 曲线,分别由发动机的 T_{tq} 和 P_e 外特性曲线直接转换得到。由汽车理论知识可得出以下它们稳态的换算关系。

$$F_t = \frac{T_{tq} i_g i_0 \eta_T}{r} \quad (8\text{-}9)$$

$$P_t = \eta_T P_e \quad (8\text{-}10)$$

式中,η_T 为传动系统的机械效率。

2. 外特性曲线的动力适应性与校正

1) 动力适应性

8.3.1 节和 8.3.2 节分别对汽油机和柴油机外特性曲线的变化规律和特点进行了分析,到底哪一种特性曲线的动力适应性更好呢?下面就此进行分析。

在图 8-9 中示意作出具有相同标定点 a 的汽油机、柴油机外特性 T_{tq} 线(图 8-9(a))和 P_e 线(图 8-9(b))。图中实线代表汽油机,虚线代表柴油机。同时还将汽车的总阻力线按最高挡转换为图中的阻力矩 T_{tqR} 和阻力功率 P_{eR} 线。汽油机和柴油机的标定转速均设为 n_n,而汽油机最高稳定转速为 n_g,柴油机为 n_d。

由图可以得出下述结论。首先,就同一挡位加速和克服阻力的能力而言,相同标定工况点前提下,汽油机的动力性明显优于柴油机,因为在低于标定转速下,汽油机各点的转矩与

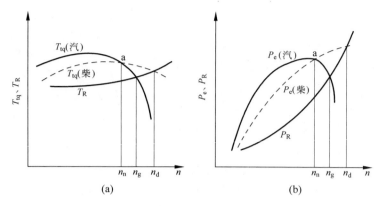

图 8-9 汽油机和柴油机外特性曲线与阻力线的稳态平衡关系
(a) 转矩线；(b) 功率线

功率都比柴油机高。其次,就最高挡可达到的最高稳定转速而言,柴油机比汽油机更远离标定转速点,这是因为汽油机 T_{tq} 线随转速升高下降急剧,柴油机下降比较平缓的缘故,而这恰恰是汽油机的优点。因为标定转速本来就足够高,若最高稳定转速超越标定转速过多,就会带来发动机尤其是柴油机超速或"飞车"的危险。

上述分析表明,汽油机的外特性曲线要比柴油机的动力适应性好,所以汽油机一般不需要进行外特性曲线的校正或调速。而柴油机往往要在低于标定转速段进行校正,使 T_{tq} 随转速下降而加大,而在高于标定转速段进行调速,以避免超速或"飞车"。

2) 转矩与转速适应系数

内燃机特别是负荷率较高的载货车用内燃机,一般都要求低转速段的转矩 T_{tq} 高一些。这不仅有利于加速和爬坡能力的提高,而且在碰到短距离阻力过大时,有可能在不换挡的条件下,利用低速时的较大转矩使内燃机不熄火,有利于提高汽车工作效率。评价这一能力的指标有两个:转矩适应系数和转速适应系数。

(1) 转矩适应系数

内燃机转矩外特性线上最大转矩 T_{tqmax} 与标定点转矩 T_{tqn} 之比称为转矩适应系数 K_T。

$$K_T = \frac{T_{tqmax}}{T_{tqn}} \tag{8-11}$$

有时,用上述转矩差值与标定点转矩之比来表示同一概念,称为转矩储备系数 μ_T。

$$\mu_T = \frac{T_{tqmax} - T_{tqn}}{T_{tqn}} = K_T - 1 \tag{8-12}$$

(2) 转速适应系数

转速适应系数 K_n 定义为标定点转速 n_n 与外特性曲线的最大转矩点对应转速 n_m 的比值。

$$K_n = \frac{n_n}{n_m} \tag{8-13}$$

内燃机的 K_T 或 μ_T 越大(即 T_{tqmax} 越大)且 K_n 也越大(即 n_m 越低),其克服阻力的能力越强。图 8-10 上过同一标定点 a 的三条外特性曲线中,1、2 曲线具有相同的 K_n,但 2 曲线的 K_T 较大。2、3 曲线具有相同的 K_T,但 3 曲线的 K_n 较大。显然,克服阻力的能力(用与外特性曲线相切的坡度阻力矩线 T_{tqR} 表示),以 3 曲线为最高,1 曲线为最低。从图中可以看出,汽油机的动力适应性比柴油机好,其 K_T、K_n 均较未校正柴油机的高。

汽油机:$K_T=1.25\sim1.35$;$K_n=1.6\sim2.5$。

柴油机(未校正):$K_T\leqslant1.05$;$K_n=1.4\sim2.0$。

3) 柴油机转矩校正与校正外特性曲线

对于位置控制式燃油喷射柴油机,其转矩外特性线过于平缓,影响了汽车(主要指载货车和大型公交车)克服临时阻力和加速的能力,因此希望采取一定的校正措施,以便获得更大的 K_T 和 K_n。

柴油机转矩外特性线平坦的主要原因是柱塞式喷油泵供油时存在节流效应,导致供油速度特性线 g_b-n 具有随转速升高而上升的特性。因此,校正的关键是把 g_b-n 供油线中速和低速段的 g_b 值加大,使中速段上升趋势被校正为下降趋势。

(1) 校正分析

在图 8-11 上,先用实线作出原有的 g_b-n、T_{tq}-n 外特性曲线。为便于分析,同时作出充量系数 ϕ_c-n 和过量空气系数 ϕ_a-n 外特性曲线。

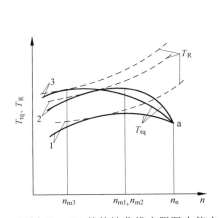

图 8-10 不同 K_T、K_n 外特性曲线克服阻力能力的对比

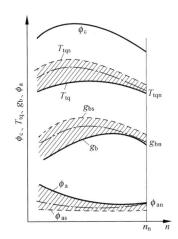

图 8-11 柴油机外特性曲线校正分析图

如果加大外特性曲线上每一个工况点的供油量 g_b,那么烟度会加大,因此存在一个烟度限制点。于是,在图中可以作出各种虚线所示的烟度限制线 g_{bs}-n、T_{tqs}-n 和 ϕ_{as}-n。柴油机工作时,各转速的相关参数工况点均不能超过烟度限制线。由于柴油机中、低速的充量系数 ϕ_c 较大,因此转矩和油量的烟度限制线都比较高,这就增加了中、低速油量校正的空间。图中剖面线标出的面积就是可以让外特性曲线进行校正而不使烟度超标的空间。图中剖面线中的点画线是校正后得到的外特性曲线。

(2) 校正方法

柴油机主要有两种外特性曲线校正方法:一种是液力校正,即通过改变喷油系统的液力参数,如喷孔通过面积、出油阀偶件间隙等来直接改变 g_b-n 曲线的变化规律;另一种是使用最普遍的机械校正,即利用专门的校正装置如飞锤,使得加速踏板位置不变时,油量调节杆位置随转速下降而自动增大供油量,达到加油校正的目的。以上两种方法的原理和结构在柴油机燃料供给相关的书中都有详细论述。

应用机械校正方法得到的速度特性曲线已不符合油量调节杆位置不变的定义要求,所以把校正后的这条外特性曲线叫校正外特性曲线。

对于时间控制式电控燃油喷射柴油机,由于每一加速踏板位置的速度特性曲线均可通过各转速点的燃油喷射量标定而获得所需的相关参数值,因此不存在外特性曲线的校正和调速问题。

8.3.5 外特性运行稳定性与柴油机调速特性

1. 内燃机稳定工作原理

汽油机是利用节气门开度的增减或节气门位置的变化来改变进入缸内的可燃混合气量,从而改变其运行工况。驾驶员通过加速踏板直接控制节气门开度或位置,每一个节气门开度或位置对应一条转矩随转速变化的速度特性曲线,如图 8-12(a)实线所示。

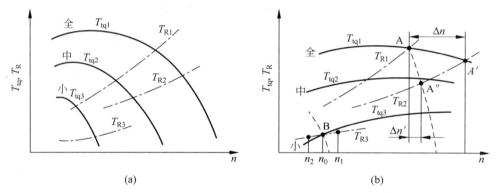

图 8-12 汽油机与柴油机的转矩速度特性曲线
(a) 汽油机不同节气门位置;(b) 柴油机不同油量调节杆位置
(实线:转矩 T_{tq};点画线:阻力矩 T_R;虚线:调速特性曲线)

汽油机随转速升高向下倾斜的 T_{tq} 速度特性曲线,具有良好的自调节能力。任何节气门位置的向下倾斜速度特性 T_{tq} 线与向上倾斜阻力矩线(图示点画线)的交点都是能稳定运行、转速变动不大的工况点。即使是汽油机外特性曲线的最高空车转速,也不会高到不能接受的程度。因此,汽油机不存在超速过多的"飞车"危险。

位置控制式燃油喷射柴油机则不然,它的转矩速度特性曲线是在油量调节杆位置不变时获得的。这条曲线受循环供油量速度特性所控制,如图 8-12(b)实线所示,变化较平缓,在低速和小油量位置时甚至随转速升高呈上升趋势。如果只靠驾驶员通过加速踏板直接控制油量调节杆,会出现以下两个问题。

(1) 当油量调节杆固定在较大油量位置时,虽然理论上能稳定在某一工况运行,但因转矩曲线较平坦,较小负荷变化就会导致转速大幅改变。此时,即使转速能稳定,也会因转速过高而出现"飞车"。如图 8-12(b)所示,在 T_{tq1} 外特性曲线上工作时,若阻力矩突然由 T_{R1} 减为 T_{R2} 而驾驶员未能及时缩回加速踏板,则柴油机工况点将由 A 变为 A′,会出现较大转速增量 Δn,导致超速过多而"飞车"。

(2) 当油量调节杆固定在较小油量位置时,将无法稳定运行。如图 8-12(b)下方 T_{tq3} 转

矩特性曲线与 T_{R3} 阻力矩曲线的理论平衡工况点为 B,若负荷少许变化而使转速由 n_0 略升为 n_1,由于 n_1 所对应的转矩大于阻力矩,转速继续上升,结果回不到原工况点。反之,若转速略降为 n_2,则此时因转矩小于阻力矩而使转速不断下降,直至柴油机熄火。

为了避免出现上述两种不正常现象,必须加装一种被称为调速器的装置,使得加速踏板位置不变而柴油机高于一定转速后,转矩 T_{tq} 会随 n 上升而自动下降,如图 8-12(b)高、低速的两条虚线所示。这样,高速、高负荷时阻力矩由 T_{R1} 突然降到 T_{R2},工况点相应由 A 变到 A″,所引起的转速度变化 $\Delta n'$ 大大低于图示不装调速器时的 Δn;而低速、低负荷的工况点B,因转矩线由上升改为下降,其运转将极为稳定。

2. 柴油机调速模式

加速踏板位置不变而调速器起作用时,转矩 T_{tq} 随转速 n 升高而急剧下降的曲线称为调速特性曲线。转矩对应的油泵油量调节杆位置随转速的下降曲线(R-n)和循环油量随转速的下降曲线(g_b-n)也是调速特性曲线。根据调速范围的不同,柴油机存在以下两种基本的调速模式。

1) 两极调速模式

图 8-6 给出的柴油机速度特性曲线,是驾驶员通过加速踏板直接控制油量调节杆在不同位置(全、中、小负荷)时得到的曲线族。如果柴油机安装了调速装置,使得每一条速度特性曲线在超过标定点转速和在某一低转速范围内时,都能自动进行调速,即油量在高、低转速范围内随转速升高而自动大幅下降,从而得到图 8-13 所示的油量调节杆位置和转矩阶梯状变化线族。这就是两极调速模式,相应的调速装置就是两极调速器。

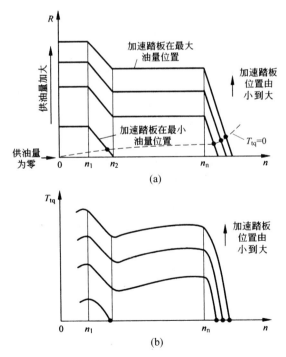

图 8-13 两极调速模式
(R-n 线上黑点表示空转时油量调节杆的位置,与调速特性曲线上 $T_{tq}=0$ 时的黑点对应)
(a) 油量调节杆位置随转速变化曲线;(b) 转矩调速特性曲线

两极调速器的 $R\text{-}n$ 和 $T_{tq}\text{-}n$ 调速特性曲线如图 8-13 所示。每一个加速踏板位置均在固定的低速 n_1 和标定点转速 n_n 进行调速。随着加速踏板位置的由小加大,调整特性曲线由下向上移动。

两极调速器已能满足高速限速和低、怠速稳速的两项基本要求,而在中间转速则由驾驶员直接控制油量。两极调速器具有操纵轻便,加速灵活等特点,曾为中、小型车用机械泵燃油供给系统柴油机所采用。

2) 全程调速模式

全程调速的加速踏板不直接与油量调节杆相连,而是通过调速装置来控制油量调节杆位置。在加速踏板的任一位置,随着转速上升,油量先沿外特性曲线变化到对应的一个转速后开始调速,即转速上升,油量急剧下降。加速踏板位置越大,对应的调速转速越高。全负荷加速踏板位置时,由标定点转速(n_n)开始调速。这就是在任何转速均能起调速作用的全程调速模式,相应的调速装置为全程调速器。

全程调速器的 $R\text{-}n$ 和 $T_{tq}\text{-}n$ 调速特性曲线如图 8-14 所示。每一个加速踏板位置所对应的曲线都是从低速时的外特性曲线开始,到了各自的调速转速后才变为下降的调速模式。

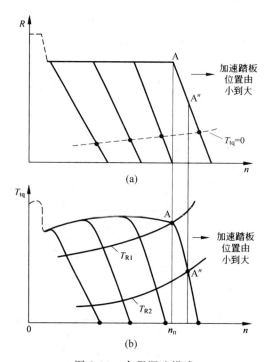

图 8-14 全程调速模式

(虚线为起动过程中的油量调节杆位置和转矩)

(a) 油量调节杆位置随转速变化曲线;(b) 转矩调速特性曲线

全程调速器在加速踏板位置不动时,会因外界负荷的变化而自动调节供油量。如图 8-14 所示,加速踏板在最大位置而阻力矩由 T_{R1} 变为 T_{R2} 时,调速器使工况点由 A 自动变到 A″,对应的油量调节杆位置也由 A 降到 A″,即油量自动减小,而此时转速并没有太大变化。

全程调速器适用于拖拉机、工程机械等要求稳速工作的柴油机。

3. 两极与全程调速器性能对比

表 8-1 比较了两极调速器与全程调速器性能的差异。

表 8-1 两极调速器与全程调速器性能对比

性 能	两极调速器	全程调速器
转速控制范围	除高速和怠速可控制转速在较小范围内变动外,中间转速的控制取决于驾驶员的操作,转速变动较大	各工况均可控制转速在较小范围内变动
加速平稳性	加速踏板踩到底时,加速性与全程调速器相同,其余情况过渡平稳,无强烈颠簸感	加速性好,但加、减速时常有不平稳及前后颠簸的感觉
操作轻便性	操作轻便,但因转速随负荷变化较大,故需要经常变换加速踏板位置	驾驶员直接控制调速弹簧,比较费力,易疲劳,但由于负荷变化时转速变动小,故不必经常踩换加速踏板位置
排放性能	除全负荷加速外,其余工况加速时,可控制烟度在较小范围内变化	加速时易冒烟
作业效率	由于减小加速踏板位置也使供油量和转矩下降,因此负荷增加时只能换低挡运行,作业效率下降	满负荷减速行驶时,只需减小加速踏板位置,不必频繁换挡

使用全程调速器加速时,过渡工况点都要经外特性曲线,而两极调速时无此过程。在图 8-15 中,$R_f = f(n_p)$ 线是在一定路况和挡位时,由克服汽车总阻力换算而得到的油量调节杆位置(循环油量)随油泵转速的变化曲线。当使用全程调速而加速踏板由①加速到②时,工况由 A 变到 B 的路径是 A-C-D-B;当使用两极调速而加速踏板由①′加速到②′时,相应路径是 A-C′-B。由于全程调速必须途经外特性曲线的 CD 段,此时油量过大,加速过猛,烟度也大,且由 AC 转 CD,或 CD 转 DB 时,加速度突然加大或减小,形成前后颠簸的感觉。

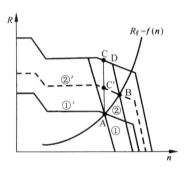

图 8-15 两极与全程调速器加速过渡工况路线对比

由表 8-1 可以看出,工程机械及拖拉机用柴油机由于作业要求稳速行驶,并强调提高工作效率,少换挡,适合选用全程调速器;而车用柴油机为了追求运转平稳,减少冒烟,避免驾驶员踩加速踏板过于疲劳,适合选用两极调速器。

两极和全程调速器的典型结构及详细工作原理可以参考相关资料,此处不再赘述。

8.3.6 提高汽车动力性的措施

提高汽车动力性可以从三方面着手:提高内燃机的动力性;降低整车的行驶阻力;完善内燃机与汽车动力传动系统的匹配。

提高内燃机动力性是本书的主要内容之一,之前相关章节做了详细阐述。降低整车的行驶阻力则是汽车理论需要关注的主要内容之一。从完善内燃机与整车匹配的角度看,要重视以下几个问题。

1. 选择合适的内燃机

首先是选择汽油机还是柴油机。从升功率和结构紧凑、轻量化的角度看,汽油机优于柴油机。现代汽油机的升功率一般比同类型的柴油机高 45%~65%,主要原因有两个:一是汽油机工作在化学计量比混合气,而柴油机工作在稀混合气,因此汽油机的混合气热值和能量密度高;二是汽油机的转速比同类柴油机高25%~30%。一般来说,同排量同类型的汽油机与柴油机相比,汽油机的质量小,体积小,加速性能好,最高车速高。

汽油机一般采用小缸径,输出功率受限,加上柴油机经济性的优势,所以载货汽车和各种大、中型客车几乎毫无例外地都使用柴油机,而轿车则以汽油机为主。考虑到CO_2减排和燃油经济性,在欧洲相当数量的轿车也采用了柴油机。

当然,讨论这些问题都是以汽油机、柴油机能满足排放法规为前提。随着排放法规的进一步加严、内燃机技术的进步以及代用燃料的应用与开发,上述内燃机的选择可能会发生变化。

其次是选择大一些功率还是小一些功率的内燃机。显然,选择高比功率,即大排量、高升功率的内燃机,必然会获得更高的动力性。但是并非功率越大的内燃机就越好,需要综合考虑内燃机的动力性、经济性和排放性能等,也与当时当地的燃料供应和价格、使用和服务的要求、道路条件以及能源法规的限制有密切关系。图8-16表示20世纪90年代各种货车和自卸车比功率的大致范围。

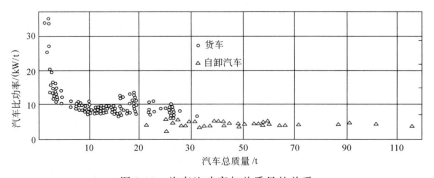

图8-16　汽车比功率与总质量的关系

2. 配套合适的内燃机外特性曲线

对于载货汽车及中、大型客车用柴油机,进行外特性校正或标定,选择合理的转矩适应系数K_T和转速适应系数K_n是十分重要的。

3. 合理匹配汽车传动系统

汽车传动系统对动力性的影响,主要反映在挡位的选择和速比的分配上,在汽车理论相关书中有详细论述。此处仅从原理上作一简要说明。

从理论上说,传动系统实现无级传动可使整车具有最大的动力性。此时,汽车加速踏板踩到底以任何车速行驶,都可使内燃机在标定功率点运转,因此,无论转矩、车速以及总后备功率都会达到最高值。这可以从图8-17汽车有级和无级传动的力与功率的平衡图上看出来。图8-17(a)有级传动最低挡的最大驱动力点为a,而相同车速无级传动时为b,有$F_{tb}>F_{ta}$。有级传动最高挡的最大车速点为c,无级传动时为d,有$u_d>u_c$。图8-17(b)车速由u_a加速到u_c时,有级传动的总后备功率积分面积为图上剖面线所示面积,而无级传动时的面积为图示ecgbe,显然后者面积大于前者面积。实现无级传动也会获得最佳的整车经济性,8.4.5节将会详细说明。

按此推论,采用有级传动时,理论上挡位越多越有利于动力性的提高,同时也越有利于

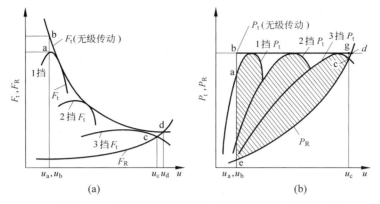

图 8-17 汽车有级及无级传动的力与功率平衡图
(a) 驱动力与阻力平衡图；(b) 功率平衡图

经济性的提高。近年来，轿车的手动变速器大都增至 5 个及以上挡位，专用重型汽车、牵引车甚至采用 10~16 个挡位，均与提高动力性和经济性有关。

对于只有少数挡位（3~5 挡）的变速器，各挡传动比与主减速比的选择，对动力性有较大影响。低挡速比应照顾克服最大阻力的能力，高挡速比则要照顾所能达到的最高车速，而各挡速比的分配，应按获得最佳加速性和经济性的要求来综合考虑。

8.4 负荷特性及全特性与整车经济性

当内燃机保持转速不变时，其性能指标随负荷变化的规律称为内燃机的负荷特性。汽车在阻力变化的路面上保持等速行驶，以及发电、排风、排灌等内燃机运行时，其转速均在很小范围内变动，可认为近似按负荷特性运行。

负荷特性曲线的横坐标是负荷，纵坐标主要是燃料消耗率及相关指标，因此，负荷特性线一般用来分析内燃机的燃油经济性，如有效燃料消耗率和有效热效率。其余指标如排放、噪声等的负荷特性也有其应用场合，此处不作重点论述。

测定负荷特性曲线时，负荷可逐渐加大，而不像速度特性曲线那样受到标定功率和转速的限制，所以负荷特性还可用于分析内燃机所能达到的极限动力性。此外，在试验台架上负荷特性曲线比速度特性曲线更易于测定，所以内燃机的性能研究多采用负荷特性曲线。

在分析内燃机燃油经济性时，由于实际使用工况范围很广，不是一个点、一条线就能概括全面的，所以适合在有效燃料消耗率的全特性（又称万有特性）上进行分析。

全特性是指负荷和转速都变化时内燃机性能参数的变化规律。若在以转速和负荷为自变量的三维坐标上表示，此规律就是性能指标的全特性曲面。全特性实质上是全工况面内速度特性与负荷特性的综合，适合用于分析多工况的综合性能。

8.4.1 汽油机负荷特性

测定汽油机的负荷特性曲线时，除保持转速不变外，各工况须调到最佳点火提前角和保持理想的过量空气系数，并按规定保持冷却液温度、油温、油压等参数在正常稳定的状态。

由式(8-2) $b_e = \dfrac{K_2}{\eta_{it}\eta_m}$ 可知,有效燃料消耗率 b_e 只取决于 η_{it} 和 η_m 的变化规律。由式(8-4) $B = K_4\left(\dfrac{\phi_c}{\phi_a}\right)n$ 可知,整机燃料消耗率 B 只与 ϕ_c、ϕ_a 的变化有关。为此,在图 8-18 中示意作出 n 不变时,η_{it}、η_m、ϕ_c 和 ϕ_a 等参数随负荷变化的曲线,这些曲线各自具有以下特点。

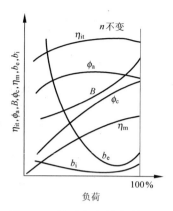

图 8-18 汽油机相关参数和指标的负荷特性曲线

(1) 指示热效率 η_{it} 曲线。在高、低负荷两头均有下降,总体上则随负荷下降而变小。这是因为,随着节气门开度的减小,缸内循环进气量下降而残余废气系数 ϕ_r 加大,从而燃烧速度下降;加上负荷变小时,过量空气系数 ϕ_a 变小,燃烧不完全,以及燃料汽化条件恶化(温度下降)和单位工质传热量增加(工质总量减少,但传热面积不变)等因素,均使 η_{it} 逐渐减小。但节气门开度高于 85% 左右时,由于功率混合气的要求,ϕ_a 将逐渐加浓到 0.85～0.90,因燃烧不完全致使 η_{it} 也降低。

(2) 机械效率 η_m 曲线。由式(4-15) $\eta_m = 1 - \dfrac{P_m}{P_e + P_m}$ 可知,怠速($P_e = 0$)时 $\eta_m = 0$,之后随负荷(P_e)增加而 η_m 上升,到中负荷后渐趋平坦。

(3) 充量系数 ϕ_c 曲线。随节气门开度加大,ϕ_c 大致成比例上升。当负荷加大温度上升时,ϕ_c 上升幅度略有下降。

(4) 过量空气系数 ϕ_a 曲线。汽油机若按理想混合气要求,则大负荷供给功率混合气 $\phi_a = 0.85 \sim 0.90$,中负荷供给经济混合气 $\phi_a = 1.05 \sim 1.10$,低、怠速则加浓到 $\phi_a = 0.90 \sim 0.60$。对带氧传感器和三效催化转化器的电喷汽油机,则要求大部分负荷供给 $\phi_a = 1.0$ 的化学计量比混合气,不符合图中的理想混合气要求。

以上四条曲线的变化规律决定了图 8-18 中 b_i、b_e 和 B 三条负荷特性曲线的形状和走向,分别具有以下特点。

(1) 指示燃料消耗率 b_i 线。由 η_{it} 的倒数决定,总体上呈两端上翘形状,在中、低负荷区,随负荷上升而下降。

(2) 有效燃料消耗率 b_e 线。在 b_i 线上叠加 η_m 的影响而得到 b_e 线。b_e 在怠速时为无穷大($\eta_m = 0$),之后随负荷上升而急剧下降,在 80%～85% 负荷时达最低值,随负荷继续增大,由于混合气加浓又有所回升。

(3) 整机燃料消耗率 B 曲线。B 正比于 $\dfrac{\phi_c}{\phi_a}$,主要受 ϕ_c 和 ϕ_a 线的影响而呈凹升的趋势。

8.4.2 柴油机负荷特性

测定柴油机的负荷特性曲线时,转速不变,各工况的供油提前角调为最佳值,油温、油压、冷却液温度等保持正常稳定的状态。由于柴油机负荷是质调节,负荷的变化可以对应为平均过量空气系数 ϕ_a 的变化,所以负荷特性也是 ϕ_a 的调整特性。

由式(8-2) $b_e = \dfrac{K_2}{\eta_{it}\eta_m}$ 及式(8-7) $B = K_7 g_b n$ 可知,b_i、b_e 和 B 等指标的负荷特性,只取决

于 η_{it}、η_m 和 g_b 随负荷的变化规律。为此,在图 8-19 中示意作出柴油机 η_{it}、η_m 和 g_b 随负荷变化的曲线,这些曲线分别具有以下特点。

(1) 指示热效率 η_{it} 曲线。高、低负荷两头均呈下降趋势,总体上随负荷降低而增加,此趋势与汽油机正好相反。这是因为,作为质调节的柴油机,一方面负荷减小意味着喷油量下降,喷油及燃烧持续时间都缩短,即等容度有所上升;另一方面喷油量下降意味着混合气变稀。以上两方面的因素使热效率上升。但是负荷太小,缸内温度太低,燃烧反而恶化,而负荷过大,混合气加浓到一定程度后混合与燃烧均不完全,因此,高、低负荷两头 η_{it} 都呈下降趋势,尤以大负荷时下降更为严重。

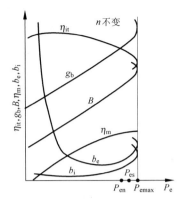

图 8-19 柴油机各种参数和指标的负荷特性曲线

(2) 机械效率 η_m 曲线。变化趋势及原因与汽油机相同。

(3) 循环油量 g_b 曲线。总体上随负荷增大近似线性增加,但高负荷后,由于燃烧恶化,g_b 会加速上升。

以上三条曲线的变化规律决定了图 8-19 中 b_i、b_e 和 B 三条负荷特性曲线的形状与走向,分别具有以下特点。

(1) 指示燃料消耗率 b_i 曲线。由 η_{it} 的倒数决定,总体上随负荷上升而加大,两头则呈上翘趋势,大功率时增长较大。

(2) 有效燃料消耗率 b_e 曲线。由 b_i 线叠加 η_m 线得到,从总趋势看,与汽油机有相似之处。但值得注意的是,由于 η_{it} 线和 η_m 线的总变化趋势正好相反,因此 b_e 曲线在中负荷区有较宽阔的平缓段,在接近 80%~90% 负荷率处达最低值,之后因负荷增大,燃烧恶化而上升。

柴油机 b_e 曲线还有一个明显的特点,即过标定功率点 P_{en} 后,若继续增大油量,则随着燃烧的恶化,b_e 曲线继续上升到 P_{es} 点时,排烟将达到法规的限值,这就是图 8-11 中标识的烟度限值点。再增大油量,燃烧更加恶化,b_e 曲线持续上升,到 P_{emax} 点达到柴油机的极限功率值。若再增大油量,P_e 反而会下降,这就是图 8-19 中各曲线出现折返拐点的原因。

对于增压柴油机,高负荷时增压比上升,进气量增多,过量空气系数变化不大,以至于 b_e 在很高负荷时也能保持较低水平,这时限制负荷进一步提高的因素不是烟度,而是机械负荷和热负荷。

(3) 整机燃料消耗率 B 曲线。由于 g_b 曲线与负荷基本保持线性关系,所以 B 曲线在大部分区段也呈近似线性变化,这就是 4.5.3 节提到柴油机可以应用油耗线法测机械效率的依据。汽油机由于其 B 曲线不与负荷呈线性关系,所以无法应用油耗线法测机械效率。

8.4.3 汽油机和柴油机负荷特性对比

将标定功率及转速接近的汽油机和柴油机负荷特性曲线放在同一张图上进行对比,如图 8-20 所示,其主要差别如下。

(1) 汽油机的有效燃料消耗率 b_e 比同负荷的柴油机高,这是由于两种机型的混合气形成、着火燃烧以及负荷调节方式不同造成的。

(2) 中、低负荷处 b_e 的差值明显比最低燃料消耗率点和标定功率点处大,见图中 $\Delta b_{e1} > \Delta b_{e2} > \Delta b_{emin}$。这是因为汽油机 b_e 线过于陡尖,而柴油机 b_e 线有较宽平坦段的缘故。形成这种差别的理论依据,在第 4 章 4.2.4 节中已经作了详细的介绍。统计资料表明,汽油机与柴油机 b_{emin} 的差值为 15%～30%,而综合使用燃料消耗率的差值可达 25%～45%,这是由于汽车大多在中、低负荷工况下运行所致。

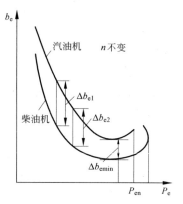

图 8-20 汽油机和柴油机负荷特性曲线对比

由以上两点可知,若单纯从燃油经济性考虑进行汽车动力的选择,显然是柴油机优于汽油机。燃油经济性好是柴油机最明显的优势,实际选配内燃机时不可能只考虑这一因素。此外,无论是汽油机还是柴油机,都希望尽可能提高其负荷率,使其经常在最经济的 80%～90% 负荷率区工作。这一点对汽油机尤为重要,已成为改善车用内燃机燃油经济性,降低实际使用油耗的一个极为重要的原则。

8.4.4 内燃机全特性

内燃机的负荷特性和速度特性曲线只是分别反映转速和负荷不变时的经济性和动力性变化规律,若用来分析多转速、多负荷的综合性能显然不太方便和直观。为此,需要使用转速与负荷同时变化的全特性(又称万有特性)。

全特性在三维坐标图上表示为以工况面为自变量域的性能特性曲面,而在二维坐标图上则表示为以转速和负荷为坐标轴的性能特性等值线,如有效燃料消耗率 b_e 等值线,后一种表示法最常用。图 8-21 为汽油机和柴油机全特性图的实例。图中细实线及数字表示 b_e 等值线。不难看出,在全工况平面柴油机的 b_e 低于汽油机,尤其在部分负荷区域更低。但汽油机的转速运行范围要高于柴油机,主要原因是柴油机缸内燃油喷射,柴油喷雾混合需要

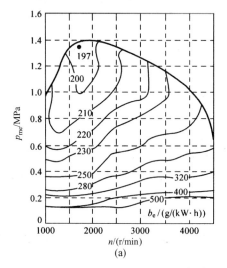
(a)

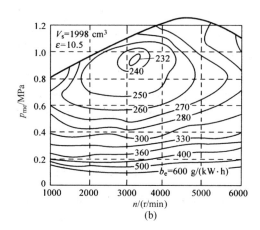
(b)

图 8-21 轿车汽油机和柴油机全特性实例
(a) 1.9 L 轿车柴油机;(b) 2.0 L 轿车汽油机

一定的时间,所以柴油机的转速不能太高。

全特性实质上是负荷特性和速度特性的合成,可由多条负荷特性曲线或速度特性曲线转化得到。反过来,也可由全特性求得各条负荷特性曲线或速度特性曲线。现以有效燃料消耗率 b_e 等值线为例,说明其作图法,如图 8-22 所示。

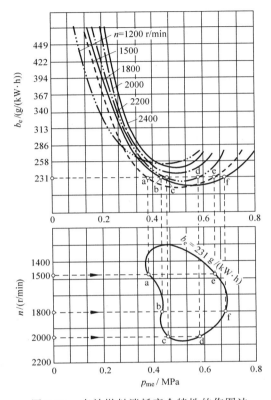

图 8-22 有效燃料消耗率全特性的作图法

(1) 将各转速的负荷特性线集中画在 b_e-p_{me} 坐标图上,如图上部所示。

(2) 在图下部以相同 p_{me} 比例布置 n-p_{me} 坐标面,即工况面。

(3) 在 n-p_{me} 工况面上作等 b_e 线。

以 b_e = 231 g/(kW·h) 等值线为例:先在图上部作 b_e = 231 g/(kW·h) 的水平线,与各负荷特性线交于 a,b,c,d,e,f 六点;再将此六点移到 n-p_{me} 面上;连接各点所形成的封闭曲线就是所求燃料消耗率等值线。

(4) 依此类推,作出其他各燃料消耗率等值线族。为观察方便,把 n-p_{me} 图转为 p_{me}-n 图,就是图 8-21 所示的 b_e 全特性图。

还可以按 $P_e \propto p_{me}n$ 的关系作出功率等值线,它们是一组双曲线。如果同时把图 8-1 中面工况的各边界线也画上,就形成了实际内燃机全特性图的边界。

8.4.5 提高汽车经济性的措施

从技术层面上讲,提高汽车经济性应该从提高内燃机燃油经济性,降低整车运行阻力,以及完善内燃机与汽车传动系统匹配等三方面着手。但是,汽车的使用油耗还与政府法规、道路交通状况、营运管理和维修驾驶等方面有密切关系,是一个涉及面很广的复杂问题。

改善内燃机燃油经济性和降低整车运行阻力分别是内燃机原理和汽车理论的主要内容之一,此处不再重复。下面从政府法规、内燃机与整车匹配以及使用管理等三方面进行简要论述。

1. 政府能耗法规

随着人们对环境污染与能源消耗的进一步关注,世界各国在加严汽车排放法规的同时,又不断加严汽车能耗法规,如图8-23所示。能耗法规主要是对出厂车辆的行驶油耗或CO_2排放提出限值要求,超过此限值政府将对汽车生产厂家采取罚款或禁止销售等措施。

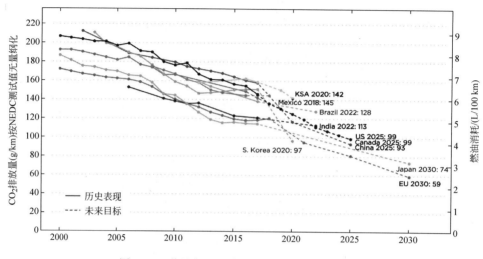

图8-23 世界主要国家和地区轻型车能耗法规

美国联邦环保署(EPA)和国家高速公路交通安全管理局(NHTSA)于2010年4月和2012年8月分别发布了针对2012—2016车型年(第一阶段)和2017—2025车型年(第二阶段)的轻型汽车燃油经济性及温室气体排放规定,要求2025年乘用车新车平均达到55.3~56.2 mile/gal,约合4.3 L/100 km。

欧盟于2009年通过强制性法律手段取代自愿性CO_2减排协议,在欧盟范围内推行汽车燃料消耗量/CO_2限值要求和公示制度,要求乘用车2015年CO_2排放达到130 g/km, 2021年达到95 g/km的目标,并计划到2025年,CO_2排放在2021年基础上继续下降15%,2030年下降30%。

日本提出了2020年的轻型汽车燃油经济性标准,要求乘用车平均燃油经济性水平达到20.3 km/L,比2009年的16.3 km/L下降约20.3%。

我国从2005年7月1日开始实施乘用车第一阶段油耗限值;2008年1月1日实施第二阶段油耗限值,第二阶段油耗限值比第一阶段降低10%;2012年7月1日加严至第三阶段,第三阶段油耗限值比第二阶段降低20%。2014年,工信部发布第四阶段《乘用车燃料消耗量评价方法及指标》(GB 20997—2014),在满足单车油耗限值前提下,允许企业通过调整产品结构来达到企业平均燃料消耗量(CAFC)要求,即到2020年CAFC达到5 L/100 km。2017年,工信部发布《乘用车企业平均燃料消耗量与新能源汽车积分并行管理办法》,对车企提出CAFC和新能源汽车(NEV)比例"双积分"要求。2019年,工信部提出到2025年CAFC要求达到4 L/100 km(第五阶段),对应CO_2排放约95 g/km,将车型燃料消耗量的评价体系从之前基于整备质量分组的阶梯式变更为基于整备质量的直线式(图 8-24),测试循环也由新欧洲驾驶循环(NEDC)改为世界统一的轻型车测试循环(WLTP)。

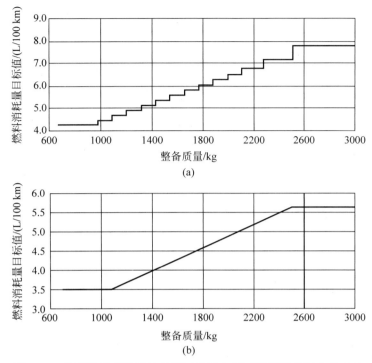

图 8-24 我国乘用车油耗法规第四阶段与第五阶段限值要求的对比
(a) 第四阶段评价体系-整备质量分组-阶梯;(b) 第五阶段评价体系-整备质量分组-线性

汽车能耗法规是一支无形的指挥棒,一方面导致车型选择的轻量化和小型化,动力选择的小排量化和电动化;另一方面又极大促进了汽车动力技术的进步,特别是能耗法规和排放法规同时执行时,由于二者之间存在矛盾,人们将千方百计寻找各种新技术来同时满足能耗法规和排放法规的要求。

2. 内燃机与汽车传动系统的合理匹配

1) 汽车百公里油耗计算

汽车燃油经济性指标之一是稳定工况百公里行驶油耗 g_{100}(L/100 km),有如下计算公式:

$$g_{100} = \frac{100B}{\rho_f u_a} \tag{8-14}$$

式中,B 为整机燃料消耗率,kg/h;ρ_f 为燃料密度,kg/L;u_a 为车速,km/h。将 $B = \frac{P_e b_e}{1000}$,式(2-23) $P_e = \frac{i n V_s p_{me}}{30\tau}$,式(8-8) $u_a = 0.377 \frac{rn}{i_g i_0}$ 代入式(8-14),整理得

$$g_{100} = \frac{P_e b_e}{10 \rho_f u_a} = 0.00884 \frac{i V_s}{\rho_f \tau r} i_g i_0 p_{me} b_e = K i_g i_0 p_{me} b_e \tag{8-15}$$

式中,K 是一个综合常系数;i_0、i_g 分别是汽车主传动比和挡位传动比。式(8-15)表明,在汽车的有关结构参数(如气缸数 i、冲程数 τ、单缸工作容积 V_s、轮胎工作半径 r、主传动比 i_0

等)和所用燃料(ρ_f)确定的条件下,对于汽车的任一工况,理论上可以通过合理选择i_g、p_{me}和b_e,使g_{100}获得最小值。

2) 汽车万有特性

汽车万有特性是以内燃机万有特性为基础建立的,整车匹配标定工作可以基于汽车万有特性进行。汽车万有特性绘制:在内燃机等油耗、等功率万有特性曲线上,绘出汽车不同挡位的驱动功率线、等百公里油耗线,以及车速与内燃机转速的对应关系线,从而把内燃机万有特性和汽车行驶特性结合起来,以便更全面地反映汽车经济性和动力性相关指标。图 8-25 是一辆老解放牌载货汽车的万有特性曲线,图上部是汽油机万有特性曲线,中部是不同挡位的驱动功率线(图中Ⅰ、Ⅱ、Ⅲ和Ⅳ为原车四个挡位线,Ⅰ′、Ⅱ′、Ⅲ′和Ⅳ′为改进后的四个挡位线)以及等百公里油耗线,下部则是不同挡位的车速与内燃机转速的对应关系线。

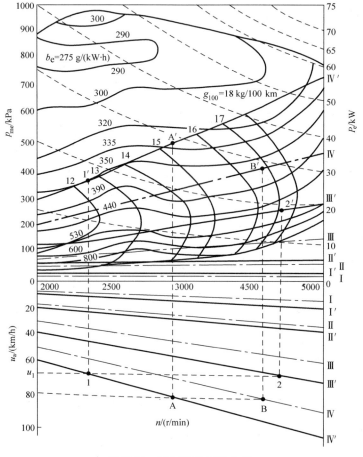

图 8-25　汽车万有特性曲线

从汽车万有特性曲线中,可以很方便地确定内燃机的运行状态点。在已知车速与挡位的前提下,在汽车万有特性的下部可确定该点位置,从而确定内燃机的转速,然后从该点引垂直线向上,在中部与该挡位对应的驱动功率曲线相交,此交点即为内燃机的工况点,从而可以得到内燃机此时的有效燃料消耗率b_e、功率P_e和整车的百公里油耗g_{100}。

在汽车万有特性曲线上,要求各挡的常用道路阻力曲线即驱动功率曲线接近内燃机低油耗区,且范围要大,这是判断整车与内燃机在经济性匹配方面是否成功最直接的方法。在可能的情况下,可适当减小主传动比 i_0 或略加大轮胎半径 r,以降低整车使用油耗。

从汽车万有特性曲线图可以看出,等 g_{100} 线与等 b_e 曲线走向大相径庭,g_{100} 随车速增加而增大。在车速(如取 $u_1=68$ km/h)不变的情况下,两种挡位(IV′挡和 III′挡)对应的百公里油耗差别较大(比较 1′点和 2′点)。显然,在相同的车速条件下,高挡的 g_{100} 低于抵挡的 g_{100}。这是因为在内燃机等功率线上(此处 1′、2′点接近 18 kW 等功率线),低挡 2′点处于内燃机高速、低负荷区,燃料消耗率 b'_{e2} 约为 460 g/(kW·h);而高挡 1′点则处于内燃机低速、中低负荷区,燃料消耗率 b'_{e1} 仅为 350 g/(kW·h),大大低于 2′点的油耗。因此,汽车在行驶时应尽量使用高挡,在高挡不能行驶时才换入低挡。从图中还可以看出,由于改进前四挡的传动比 i_g 分别为 8.56、2.77、1.64 和 1.00,各挡间隔太小,导致各挡的利用率降低,其驱动功率曲线位于内燃机万有特性偏下部位,使用燃料消耗率偏高,而改进后四挡的传动比 i_g 分别为 8.08、2.57、1.28 和 0.834,挡位分布较为合理,使得 g_{100} 显著降低。以四挡、车速 80 km/h 为例,改进前(B′点)$g_{100}=16.8$ kg/100 km,改进后(A′点)$g_{100}=15.3$ kg/100 km,节油 9%。

由式(8-15)可知,当汽车结构参数确定后,只有 i_g、p_{me} 和 b_e 三者乘积最小时,g_{100} 才可达到整车各工况的最小值。当 P_e 和 u_a 相同时,b_e 最小值点往往是 g_{100} 能达到最小值的工况点。因此,必须从整车设计、匹配和使用等环节着手,以实现汽车节能。

3) 内燃机与整车传动系统的匹配优化

(1) 汽车的每一个工况(由车速和驱动力确定)都要消耗一定的驱动功率,即要求内燃机输出一个确定的功率。如果能实现无级传动,就可以选择在该等功率线上的最低燃料消耗率 b_{emin} 点来配套,以实现整车的最佳燃油经济性。此时,由该点的 n 和 u_a 确定汽车的主传动比 i_0 和挡位 i_g。

内燃机的等功率线就是图 8-26 中虚线所示的双曲线族。各线的 b_{emin} 点就是该等功率线与等油耗线的切点。于是,这些切点的连线就是实现无级传动时内燃机的最经济运行线,如图中黑点线所示。由此可见,如果能实现无级传动,无论是整车动力性还是经济性都能达到最优。

(2) 对于大多数有级传动的车辆,合理匹配的关键是挡位数与各挡速比、主传动比的选择与分配。

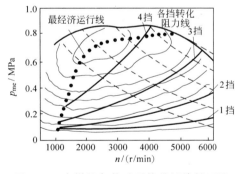

图 8-26 内燃机与传动系统的经济性匹配

汽车大多数时间是以高挡行驶,因此该挡速比应更多从经济性要求出发来选择。如果常用路面高挡阻力线(图 8-26 为第 4 挡阻力线)能更接近无级传动的最经济运行线(图中黑点线),则更符合整车经济性的要求。

挡位数的多少对经济性也有很大影响。既然无级传动可以获得最佳的动力性和经济性,那么从理论上看,挡位数越多,越接近无级传动,也就越能获得良好的综合性能。在这一点上,整车经济性和动力性的匹配要求是一致的。但挡位数多了,换挡就要多花时间,变速器成本也高,总的经济性未必就好。

至于最低挡速比的选择,更多是从动力性的要求来考虑;各挡速比的分配与加速性、起动性和经济性都有关系。

(3) 内燃机全特性曲线更好地满足整车经济性,是合理匹配的另一个重要方面。一般来说,应该根据不同车辆行驶的特点,尽量使 b_e 全特性线族内层的最经济圈能涵盖内燃机最经常运行的区域。对于车用内燃机,最经济圈应该位于高挡阻力线中速略偏低的部位,并使等 b_e 线圈沿阻力线拉长一些,如图 8-27(a)所示。对于拖拉机及工程机械用内燃机,其经常使用的转速在标定点附近且负荷较大,故最经济圈宜挪到高转速、较高负荷区域,并使等 b_e 线圈沿纵向拉长一些,如图 8-27(b)所示。

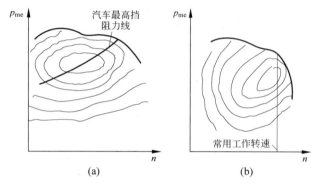

图 8-27　内燃机理想的燃料消耗率全特性示意图
(a) 车用内燃机;(b) 拖拉机、工程机械用内燃机

实际上内燃机很难满足这些要求。如果差距太大,可重新选择内燃机或对内燃机的参数重新匹配以改善全特性。例如,选择对转速不太敏感的燃烧系统可以使最经济圈沿横向扩展,而降低内燃机的机械损失有利于最经济圈沿纵向扩展。

(4) 确定几个初步匹配方案后,轻型车可在转毂测功机上,重型柴油机则在动态试验台架上按循环工况测定其百公里使用油耗进行对比,以确定最终方案。也可以根据该车实际行驶时内燃机转速和负荷的连续记录,定出内燃机各工况小区的使用时间百分比,然后利用 b_e 全特性图计算加权平均的油耗值进行对比,这样测算的结果更符合实际情况。图 8-28 是 b_e 全特性图工况小区分割的示意情况。这种测算方法需要大量的、有代表性的路试资料积累。

以上有关内燃机和汽车传动系统的匹配分析,可以看作有效燃料消耗率全特性图的应用例证。广义上说,内燃机各种性能指标,如有害物排放量、噪声等的全特性图都可以获得类似的应用。

3. 汽车使用与管理对经济性的影响

使用与管理措施改善汽车经济性的理论依据,就是设法提高汽车运行时内燃机的负荷率,使得汽车更多时间行驶在燃油经济区。这样的措施非常多,例如,车辆合理调度降低回程空车率;载货车在平坦路面上加拖车、挂车,增大货运量,但又不超载;市内汽油公交车的加速滑行;低负载时汽油车的闭缸行驶;驾驶员少用低挡,少踩全负荷加速踏板,不突然加速等。

此外,按规范对内燃机和汽车进行正常的维护与保养,对整车节油也很重要。图 8-29 表示 Vauxhall Victor 轿车因调整不当出现四种故障时,将使耗油量上升 62%,百公里行驶油耗由 14.6 L 增至 23.7 L。

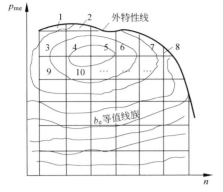

图 8-28 b_e 全特性图中工况小区分割示意情况

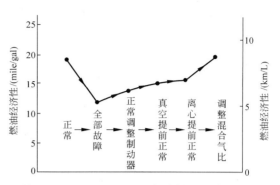

图 8-29 Vauxhall Victor 轿车燃油经济性试验

8.5 满足排放法规的汽油机匹配标定

车用内燃机除了需要满足汽车行驶时的动力性和经济性要求外,还需要满足越来越严的排放法规要求。这里仅以车用汽油机为例,对其在不同工况下的排放标定和控制策略进行简要介绍。

8.5.1 冷起动开环空燃比标定

在汽油机的冷起动阶段,三效催化器(TWC)尚未起燃,有害物排放量较大,此时排放控制的目标是尽量减少汽油机的原始排放。通常,冷起动过程需要偏浓的空燃比保证着火;起动后暖机过程初期,为保证燃烧的稳定性和汽油机的动力性,混合气也需要偏浓;这都容易造成 CO、HC 排放升高。因此,为了降低原机冷起动排放,就需要在保证起动可靠与稳定运转的前提下,精确调整起动时和起动后的空燃比,使得空燃比在汽油机起动后能够从较浓的状态尽快接近理论空燃比(即化学计量比),甚至可以比理论空燃比略稀一点。合适空燃比的选择以及空燃比从较浓状态向理论空燃比的过渡,与冷却液温度、预热速度和燃油挥发性有关。对于设计和制造水平较高且生产一致性控制较好的汽油机,空燃比可以相对偏稀一些,另外排量较大的汽油机,由于急速稳定性较好,其空燃比也可适当取大一些。

8.5.2 催化器起燃过程空燃比标定

三效催化器的起燃需要一定的温度条件,一般为 300~350℃,为了让三效催化器尽快起燃,以达到更高的转化效率,需要有催化器加热功能。在没有电加热等其他外在加热条件的情况下,三效催化器温度升高主要来源于废气热量,通过提高废气温度或废气流量来实现三效催化器的起燃。其主要手段有三种:

(1) 提高急速转速,可以直接提高废气流量,但较高的急速会造成发动机经济性下降;

(2) 推迟点火角,可以提高排气温度且降低 NO_x 排放,但会造成汽油机经济性和动力性下降,且会影响汽油机的急速稳定性;

(3) 控制空燃比,提高进气量,这也会造成汽油机急速稳定性下降。

可以看出,以上三种手段都存在催化器加热速度与汽油机动力性、经济性之间的矛盾,需要综合考虑油耗和排放情况来组合使用以上手段,并合理进行折中。另外,需要建立一个精确的催化器温度估算模型和逻辑,当估算的催化器温度满足起燃条件后,上述催化器加热手段可以及时退出。

8.5.3 热机状态空燃比标定

1) 稳态工况

一般过量空气系数为 0.99～1.0 范围内的废气在经过三效催化器后,CO、HC 和 NO_x 三种有害排放物可以同时达到最低的水平,但是对于不同的三效催化器,其最佳空燃比范围(也称之为最佳空燃比窗口)不同,一般都在理论空燃比附近。虽然经济性最好的混合气过量空气系数应约为 1.05,但在实际标定过程中,为保证较低的排放,一般将稳态工况点的过量空气系数限制在 1.0 左右。而随着汽车行驶里程的增加,三效催化器逐渐老化,其高效窗口也会缩小,匹配标定的目的就是要找到催化器的最佳空燃比窗口,使之同时满足新鲜和老化的三效催化器使用要求。

汽油机电控系统对催化器最佳空燃比窗口的控制和调节,是通过空燃比的闭环控制实现的。系统通过两个氧传感器反馈的混合气电压,与参考电压(空燃比为理论空燃比时的电压)比较,通过比例积分(PI)控制产生修正因子,并通过控制将该修正因子保持在偏浓(或偏稀)一侧一定时间(百毫秒级),可以使平均混合气过量空气系数相对于 1.0 有一个小的偏移,使其在催化器的最佳空燃比窗口内,如图 8-30 所示。

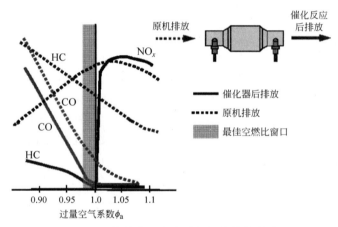

图 8-30 三效催化器有害排放物高效转化窗口

一般来说,当某一工况点 HC 和 NO_x 都比较高时可能有几方面原因:

(1) 如果是在循环初期,有可能三效催化器还没有起燃;

(2) 三效催化器受限于其体积、贵金属含量、比表面积等,催化能力存在瓶颈,尤其是在高速高负荷时;

(3) 三效催化器已经老化、中毒,或存在机械损伤。

2) 瞬态工况

瞬态工况也称为过渡工况,由于燃料的油膜效应,会导致此过程中缸内的空燃比出现较大波动,需要校正和进行空燃比的精确控制,以尽可能地保证过量空气系数的波动在 0.9～1.1 范围,当超出此范围或者空燃比偏浓或偏稀的时间过长时,可能会使某些组分排放偏高,尤其是在耐久试验中。另外,汽油机如发生了断油工况,三效催化器中会充满空气,恢复喷油后如果缸内混合气是理论空燃比,会导致催化器仍然处于偏稀状态,从而造成 NO_x 升高。因此,汽油机在退出断油工况时,需要维持一段时间的偏浓工况,以保证 NO_x 排放不会升高,这个功能称为脱氧功能(O_2 depilation),如图 8-31 所示。从图中可以看出,在世界统一的轻型车测试循环(WLTC)过程中,当脱氧空燃比从 13.4 调整到 13.2,会使 NO_x 排放由 0.0138 g/km 降低到 0.0067 g/km,下降了 51%。

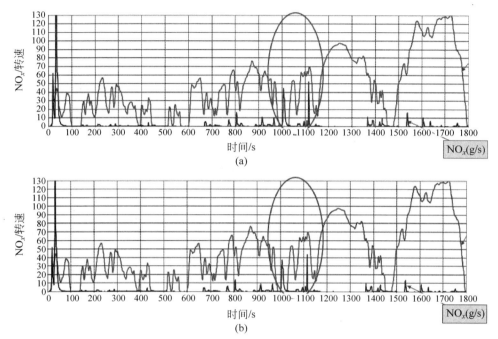

图 8-31 空燃料变浓控制实现脱氧功能(O_2 depilation)
(a)空燃比 13.4;(b)空燃比 13.2

3)催化器及排气系统排温保护

如果汽油机较长时间连续工作在高负荷工况,较高的排气温度会导致三效催化器的温度升高,并可能超过催化器的耐温极限(950~1000℃)。另外,过高的排气温度还可能对排气系统的零部件如增压器、排气管路等造成损坏。因此,汽油机控制系统需要建立排气温度模型,当排气温度超过催化器或排气系统零部件的耐温极限时,需要采取措施降低排气温度,这个功能通常称为排温保护。排温保护最常用且最有效的手段是加浓空燃比(图 8-32),浓空燃比能够缩短后燃期,并且因为更多的燃油蒸发,降低了压缩终点的混合气温度,所以能够降低排气温度。降低排气温度的另外一个手段是降低汽油机的负荷,但这往往会影响汽油机动力输出,影响驾乘感受。

值得说明的是:采用加浓空燃比降低排气温度,会带来燃油经济性恶化的问题,并且会导致 HC 和 CO 排放显著增加。因此,在车辆动力选型时应选择排量合适的汽油机,以避免汽油机长时间工作在高负荷区域。另外,在未来更加严厉的排放法规和测试循环如真实行驶排放(RDE)测试下,已经失去了加浓空燃比的空间,因此,发动机厂家开始设计研发当量燃烧汽油机(暖机后全程 $\phi_a=1$)。

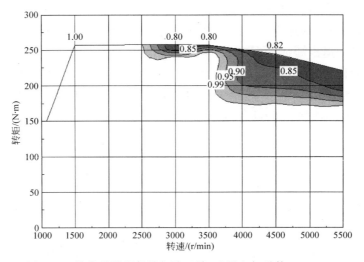

图 8-32 催化器排温保护加浓区域(过量空气系数 $\phi_a<1.0$)

8.5.4 颗粒物排放控制

随着排放法规的加严,如何控制汽油机颗粒物(PM)排放,尤其是颗粒物数量(PN)排放受到重视。对于进气道喷射(PFI)汽油机来说,PN 排放主要出现在冷起动过程、瞬态过程、高速高负荷工况等,主要是由于进气道壁面和进气门背面等区域的油膜无法快速蒸发导致的。如图 8-33 所示,某一 PFI 汽油机 PN 排放最高值($6.8×10^5$)出现在较高负荷区(转矩>150 N·m)。

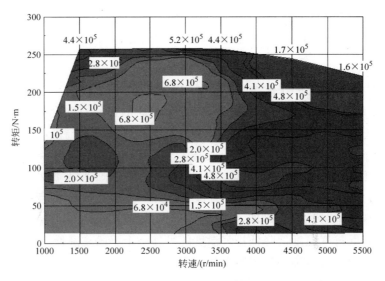

图 8-33 某一 PFI 汽油机颗粒物数量(PN)排放 MAP 图

对于缸内直喷(GDI)汽油机,由于燃油喷入气缸后,汽化时间短,未能及时充分汽化均匀,导致 PN 排放升高。另外,GDI 汽油机的喷油压力、喷射次数和喷油时刻对颗粒物排放影响也很大。

(1) 喷油压力对颗粒物排放影响。喷油压力越大,颗粒物排放越低,因为高压增大了喷油束的动能,有利于与缸内气体混合。现在主流研发的 GDI 汽油机,油轨压力在 35 MPa,并正在研发 50 MPa 的供油喷射系统。

(2) 喷油次数对颗粒物排放影响。汽油机冷起动下燃油雾化混合困难,单次喷射油束贯穿距长,容易造成油束碰气缸壁,不利于颗粒物排放。采用多次小脉宽喷射,有利于与空气混合,减少颗粒物排放。

(3) 喷油定时对颗粒物排放影响。喷油油束需要避开活塞顶,且要尽量争取雾化时间或利用压缩冲程的高温。因此,理想的喷油定时,通常安排在进气冲程中期,或压缩冲程初期,需要通过标定试验进行优化选取。

思考与练习题

8-1 车用内燃机的面工况是由哪些工况线所限定？在 $P_e/T_{tq}-n$ 工况面上画出各限制线,说明各线的意义。

8-2 在车用内燃机工况运行图(MAP 图)上定性准确地画出外特性转矩线、最小等油耗线、最大等功率线和汽车 4 挡阻力线等四条曲线,并简单说明每条曲线的变化特点。

8-3 什么是车用内燃机的标定工况？轿车汽油机和重型载货车柴油机确定标定工况时的出发点是什么？二者的标定功率,哪一个更接近内燃机的极限最大功率？

8-4 什么是内燃机的运行特性和调整特性？研究内燃机的运行特性和调整特性各有什么意义？

8-5 为什么说在市内乘用车动态行驶过程所占比例大？试举三种动态行驶的例子,并描述其动态过程。

8-6 为什么汽油机和柴油机的指示热效率随转速变化的速度特性曲线在高、低速两端低一些？

8-7 为什么说柴油机的速度特性曲线主要由供油速度特性曲线(g_b-n)决定？而汽油机的速度特性曲线则由充量系数速度特性曲线(ϕ_c-n)决定？

8-8 汽油机和柴油机的负荷特性曲线总体变化趋势有何差别？为什么会有这些差别？解释二者实际的使用燃料消耗率比标定工况燃料消耗率相差更大的原因。

8-9 画出汽油机和机械泵柴油机在全、中、小负荷情况下,P_e 和 T_{tq} 的速度特性曲线(汽油机及柴油机各画一图)。对比说明两种机型速度特性曲线的变化特点,并解释造成两者差异的主要原因。两种机型外特性曲线形状对整车动力性有利还是不利？如不利,可采用什么措施加以改进？并画出改进后的外特性曲线。

8-10 什么是柴油机的冒烟极限？冒烟极限功率与标定功率有何关系？柴油机的标定功率是否就是最大功率？汽油机是否也如此？

8-11 为什么说汽车的动力性主要是由内燃机的速度外特性所决定？分别用描述汽车动力性的三个指标加以说明。

8-12 什么是内燃机的转矩适应系数和转速适应系数？为什么这两个系数加大时,汽车的动力性有所提高？为什么载重车用内燃机对这些系数的要求比乘用车用内燃机更迫切？

8-13 什么是转矩校正？为什么载重车用机械泵柴油机一般都允许进行校正？校正后的外特性曲线是否符合速度特性曲线的定义？与标准的速度外特性曲线有何关联？又有何差别？

8-14 为什么说汽油机的速度特性曲线具有良好的自我调节能力以致不需要进行校正和调速？形成这种良好的速度特性曲线的主要原因是什么？

8-15 为什么机械泵（位置控制式燃油喷射）柴油机的速度外特性曲线不进行调速时会出现超速飞车的危险？形成机械泵柴油机这种外特性曲线的主要原因是什么？

8-16 柴油机调速器最基本的功能是什么？实现调速的基本原理是什么？

8-17 什么是两极调速模式？什么是全程调速模式？并简要说明两极调速和全程调速的优缺点及应用范围。

8-18 分别从内燃机和整车两大方面说明提高整车动力性和经济性的措施。

8-19 为什么说提高内燃机的负荷率是改善汽车经济性最重要的原则之一？举出汽车使用中提高负荷率的三个实例。

8-20 如何选择空燃比及喷油控制策略满足越来越严的汽油车排放法规？

8-21 下图给出了一台四冲程汽油机的有效燃料消耗率 MAP 图。汽车运行在稳态无风状态，只考虑空气阻力，其他道路阻力可以忽略。给定下列参数：汽车有效迎风面积 0.855 m^2；汽油机排量 2.0 L；驱动轮有效轮胎直径 0.6 m；4 挡总传动比 3.5；4 挡/5 挡的传动效率 0.8；空气密度 1.16 kg/m^3；汽车质量 1050 kg。

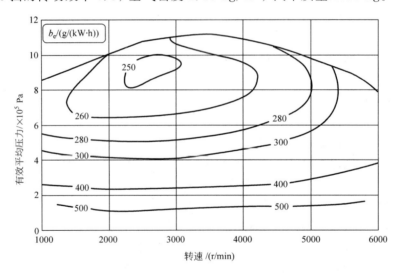

(1) 计算 4 挡时汽油机转速为 2000 r/min、4000 r/min、5500 r/min 的运行阻力点，并在 MAP 图上画出这些点。

(2) 定性地画出 4 挡的运行阻力曲线。在给定的条件下确定 4 挡能达到的最大车速。

(3) 5 挡设计为超速挡，假如它具有与 4 挡汽油机 4000 r/min 一样的车速，但有效燃料消耗率减少 10%，问 5 挡总传动比应该是多少？计算其百公里油耗。

(4) 当汽车在 4 挡最高转速行驶时，驾驶员换挡到 5 挡（换挡时车速不变）。换挡后驾驶员直接将加速踏板踩到底。在 MAP 图上画出下列要求的运行点：换挡后运行点；达到 5 挡稳定运行点。

(5) 计算汽车 5 挡无风条件下车速为 90 km/h 时能爬的最大爬坡度。

8-22 一辆四缸四冲程增压直喷柴油机驱动的汽车,柴油机排量 1896 cm³;最大功率 70 kW/4000 r/min;传动效率 0.8;5 挡传动比 1.947;驱动轮有效轮胎直径 0.62 m;汽车有效迎风面积 0.5906 m²;空气密度 1.25 kg/m³,燃油密度 840 kg/m³。计算时可忽略滚动阻力,只考虑空气阻力。下图给出的满负荷曲线可以看作在柴油机转速 2400～3200 r/min 之间的水平线。计算:

(1) 这辆车在平路上平稳行驶能达到的最高车速是多少?
(2) 假如 4 挡在内燃机最大功率点达到最高车速,那么 4 挡的传动比是多少?
(3) 汽车以 120 km/h 的车速在平路上行驶,迎风速度为 10.384 m/s。计算此条件下,4 挡和 5 挡的百公里油耗,并在图上标出这些运行点。

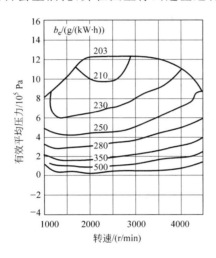

参 考 文 献

[1] 王建昕,帅石金. 汽车发动机原理[M]. 北京:清华大学出版社,2011.
[2] 刘峥,王建昕. 汽车发动机原理教程[M]. 北京:清华大学出版社,2001.
[3] 余志生. 汽车理论[M]. 5 版. 北京:机械工业出版社,2009.
[4] 周龙保. 内燃机学[M]. 2 版. 北京:机械工业出版社,2005.
[5] VAN BASSHUYSEN R,SCHAFER F. Internal Combustion Engine Handbook—Basics,Components,Systems,and Perspectives[M]. SAE Internatiional Warrendale,Pa,2004.
[6] 董团结. 汽油车排放控制标定报告[R]. 2020.
[7] 国际清洁交通委员会网站:https://theicct.org.

下篇 电驱动力工作原理

第9章 驱动电机系统工作原理

本章介绍车用驱动电机系统的组成、驱动电机的分类、驱动电机的机械特性与效率,阐述驱动电机转矩的产生原理,在此基础上重点介绍常见车用驱动电机,包括直流电机、无刷直流电机、永磁同步电机、交流感应电机、开关磁阻电机等的结构、基本工作原理、数学模型、工作特性和控制方法等。

9.1 驱动电机概述

9.1.1 驱动电机系统组成

车用驱动电机系统是由驱动电机、电机控制器及相关辅助装置等构成。

驱动电机定义为能实现电能与机械能之间转换,可为车辆提供驱动力和制动力的电气装置。若电机的不同电磁感应部件可以实现相对旋转运动,则这种电机称为旋转电机。旋转电机中静止不动的部件称为定子,旋转运动的部件称为转子。目前,车用驱动电机多为旋转电机,多数车用驱动电机既可以工作在电动状态驱动车辆,也可以工作在发电状态回馈制动能量。图 9-1 为某一驱动电机的接口与外形图。高压电气接口通过高压线束和电机控制器进行高压电气连接,实现电能的传输;低压电气接口通过低压线束和电机控制器进行低压电气连接,为电机控制器提供电机内部温度、转子位置、电机转速等信息;冷却接口连接整车散热系统,驱动电机普遍采用液冷(如水冷或油冷)的冷却方式;机械输出轴连接整车传动系统,用于传递驱动转矩或制动转矩;安装接口用于固定驱动电机。

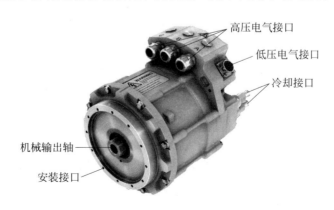

图 9-1 驱动电机接口与外形图

电机控制器是指将车载电源(如动力电池、超级电容、燃料电池等)输出的电能转换为驱动电机所需电能的电力电子装置。电机控制器可以基于上层控制器的指令控制驱动电机的输出转速或输出转矩。图 9-2 为某一电机控制器的接口与外形图。高压输入电气接口通过高压线束和车载电源进行电气连接,高压输出电气接口通过高压线束与驱动电机进行电气连接;低压电气接

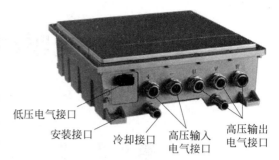

图 9-2 驱动电机控制器接口与外形图

口通过低压线束和电机控制器、整车通信网络、整车低压电气系统以及车辆其他部件进行低压电气连接;冷却接口连接整车散热系统,与驱动电机相同,电机控制器通常采用液冷(如水冷或油冷)的冷却方式;安装接口用于固定电机控制器。

为保证驱动电机及电机控制器正常工作,还需要一些辅助装置,如电气开关、冷却装置、高压线束或线缆及连接器、低压线束及连接器、保护用熔断器、用于状态监测或信息反馈的各类传感器等。

从上述介绍可以看出,单一的驱动电机无法独立工作,需要在电机控制器的控制下,并在辅助装置的配合下,才能驱动或制动车辆。

9.1.2 驱动电机分类

依据驱动电机电枢绕组流过的电流波形,可以将驱动电机可以分为三大类:直流驱动电机、正弦交流驱动电机、方波电流驱动电机。每一大类根据其内部结构、组成材料以及工作原理又可以分为许多类型。驱动电机的分类如图 9-3 所示。

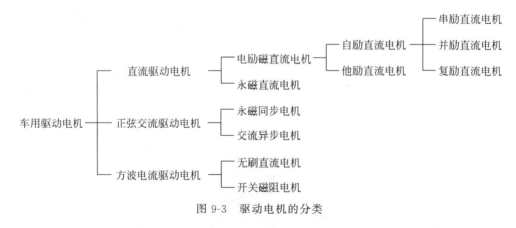

图 9-3 驱动电机的分类

由于无刷直流电机的结构和永磁同步电机结构类似,并且其控制方法与(有刷)直流驱动电机相差较大,国内外多数文献并不把其归于直流驱动电机,而是归于方波电流驱动电机。此外,永磁直流电机的功率普遍较小,在电动汽车领域应用较少。因此本章后面所涉及的直流驱动电机(即直流电机)特指电励磁直流电机。

电动汽车常用的驱动电机包括直流电机、无刷直流电机、永磁同步电机、交流感应电机和开关磁阻电机,表 9.1 给出了这五类电机的特点以及应用情况。

表 9.1 常用驱动电机的特点与应用

电机类型	优点	缺点	应用情况
直流电机	控制性能好、电机控制器结构简单、成本较低	电机转速较低、维护周期短、耐久性差、过载能力差、功率密度小、工作效率较低	应用较早,已逐渐被其他类型电机取代
无刷直流电机	起动转矩大、过载能力强、功率密度高、控制算法简单	转矩纹波大、工作噪声大	应用较少
永磁同步电机	工作效率高、功率密度大	控制算法复杂、电机控制器成本高、永磁材料性能易受温度和振动影响	应用广泛,尤其在乘用车领域应用较多
交流感应电机	转速高、耐久性好、成本较低、可靠性好	功率密度一般、工作效率一般	应用广泛,尤其在商用车领域应用较多
开关磁阻电机	结构简单、起动转矩大、工作效率高、适用于高温高转速环境、成本低	转矩纹波大、工作噪声大	应用较少

9.1.3 驱动电机机械特性与效率

1. 机械特性

驱动电机的机械特性,即电机的转矩-转速关系,也称为电机的外特性,图9-4所示为通过单一速比变速器与车辆传动系统连接的驱动电机的典型机械特性。在转矩-转速坐标平面上,电机的机械特性按象限可以分为四个区域,分别为正向驱动区(第一象限)、反向制动区(第二象限)、反向驱动区(第三象限)和正向制动区(第四象限)。

图9-4同时画出了驱动电机的功率-转速曲线。图中,T_m 为电机的最大转矩;T_r 为电机的额定转矩;n_m 为电机的正向最高转速,简称电机的最高转速;n_{rm} 为电机的反向最高转速;n_r 为电机的基速;P_m 为电机的最大功率;P_r 为电机的额定功率。在第一、四象限,电机的机械特性又分两个区域:恒转矩区和恒功率区,两个区域的转速边界即为电机的基速,基速通常作为电机设计过程中采用的额定转速。

在实际运行时,驱动电机应具有以下动力性特征:

(1) 较大的起动转矩;
(2) 较宽的转速范围;
(3) 短时间较大的过载能力;
(4) 较快的动态响应;
(5) 较宽的恒功率区。

2. 驱动电机的效率

驱动电机系统的效率对整车经济性产生直接的影响,从而影响车辆的续驶里程。驱动电机既可能工作在电动状态,也可能工作在发电状态。相应地,驱动电机系统的效率包括电动状态效率和发电状态效率。图9-5为电动汽车某交流感应电机系统在额定直流电压下的效率,图中的上半部分(即转矩大于零的部分)为电动状态效率,下半部分(即转矩小于零的部分)为发电状态效率。

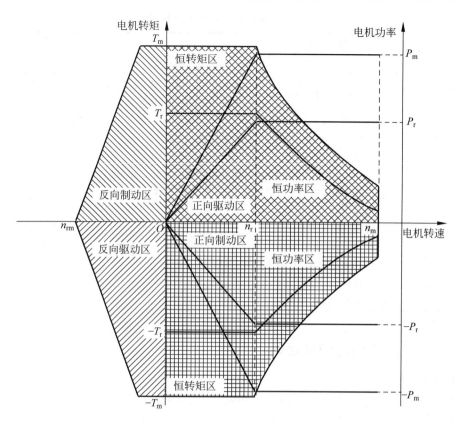

图 9-4 驱动电机的机械特性

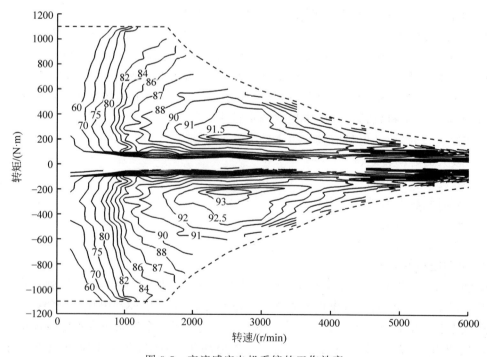

图 9-5 交流感应电机系统的工作效率

驱动电机系统的效率等于电机控制器效率与驱动电机效率的乘积,即

$$\eta_s = \eta_{inv}\eta_{em} \quad (9\text{-}1)$$

式中,η_s 为驱动电机系统的效率;η_{inv} 为电机控制器的效率;η_{em} 为驱动电机的效率。

电机控制器的损耗包括主电路损耗和控制电路损耗两部分,其中主电路损耗占较大的比重。主电路损耗包括电力电子器件的损耗以及电容器、连接导线的损耗,其中以电力电子器件的损耗为主。

驱动电机的损耗由铜损、铁损、机械损耗以及杂散损耗等构成,绝大部分损耗会转换成热量,使电机整体或局部温度升高。

若定子绕组回路等效电阻为 R_s,回路电流为 i_s,定子绕组的铜损可以表示为

$$P_{Cu,s} = i_s^2 R_s \quad (9\text{-}2)$$

若转子绕组回路等效电阻为 R_r,回路电流为 i_r,转子绕组的铜损可以表示为

$$P_{Cu,r} = i_r^2 R_r \quad (9\text{-}3)$$

定子和转子铁心的单位体积铁磁材料磁滞损耗可以表示为

$$p_{Hy} = C_{Hy} f B_m^n \quad (9\text{-}4)$$

式中,C_{Hy} 为经验常数,通常由生产厂商根据铁磁材料性质给出;f 为铁心所处磁场的交变频率;B_m 为铁磁材料最大磁通密度;n 与铁磁材料自身相关,取值范围一般为 1.5~2.5。

定子和转子铁心的单位体积铁磁材料涡流损耗可以表示为

$$p_{Ed} = C_{Ed} f^2 \tau^2 B_m^2 \quad (9\text{-}5)$$

式中,C_{Ed} 为与铁磁材料电阻率相关的系数,通常由生产厂商根据铁磁材料性质给出;τ 为铁心叠片的厚度。

根据式(9-4)、式(9-5)以及电机定子铁心和转子铁心形状,可以计算出定子铁心铁损 $P_{Fe,s}$ 及转子铁心铁损 $P_{Fe,r}$。

电机工作过程中存在的机械损耗 P_{Me} 表示为

$$P_{Me} = P_{Fr} + P_{Wi} \quad (9\text{-}6)$$

式中,P_{Fr} 表示电机的机械摩擦损耗;P_{Wi} 表示电机的空气摩擦损耗。电机的机械损耗与电机内部结构、电机转速、电机维护状态等密切相关。

除以上给出的各类损耗外,电机工作中可能出现的其他损耗,统一称为杂散损耗,用 P_{St} 表示。

基于式(9-2)~式(9-6),电机总的损耗 P_{Ls} 可以表示为

$$P_{Ls} = P_{Cu,s} + P_{Cu,r} + P_{Fe,s} + P_{Fe,r} + P_{Me} + P_{St} \quad (9\text{-}7)$$

在实际道路工况下,驱动电机的工作点会分布在图9-4中较大的范围。因而,整车经济性要求驱动电机具有较宽的高效区,即在较大的转矩和转速范围内,需要具有较高的工作效率。

9.1.4 驱动电机转矩

当电机工作在电动状态下,若忽略定子和转子之间耦合磁场能量的变化,则在 t 时刻电机的转矩为

$$t_{EM}(t) = \frac{p_E(t) - p_{Ls}(t)}{\omega(t)} \quad (9\text{-}8)$$

式中，$t_{EM}(t)$ 为电机的转矩；$p_E(t)$ 为电机输入的电功率；$p_{Ls}(t)$ 为电机的损耗；$\omega(t)$ 为电机的旋转角速度。

电机的转矩根据其产生的机理可以分为两类。

1. 电磁转矩

基于"电磁学"理论，定子绕组的电流或定子铁心中的永磁体将在其所在空间产生定子磁场；相应地，转子绕组的电流或转子铁心中的永磁体将在其所在空间产生转子磁场。因定子磁场和转子磁场相互作用，定子或转子受到力的作用而使电机转子产生的转矩称为电磁转矩。

如图 9-6(a)所示，电磁转矩也可以用磁场中载流导体受到安培力的作用进行解释：外磁场对载流导体的作用力可以表示为

$$\boldsymbol{F} = \int_L I \mathrm{d}\boldsymbol{l} \times \boldsymbol{B} \tag{9-9}$$

式中，I 为导体中电流；$\boldsymbol{l}$ 为导体长度矢量，方向定义为沿电流方向；$\boldsymbol{B}$ 为导体所在磁通密度矢量。根据式(9-9)得到的作用于定子绕组或转子绕组的力使电机转子产生的转矩即为电磁转矩。

2. 磁阻转矩

基于"磁阻最小原理"，磁通总要沿着磁阻最小的路径闭合，如图 9-6(b)所示。若电机转子在不同的位置引起沿磁通路径磁阻变化，则在电机转子上产生的转矩称为磁阻转矩。

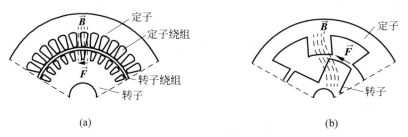

图 9-6 驱动电机的电磁转矩和磁阻转矩
(a) 电磁转矩；(b) 磁阻转矩

不同类型电机的转矩构成是不同的，直流电机、无刷直流电机、交流感应电机以及表贴式永磁同步电机的转矩中只包含电磁转矩；开关磁阻电机的转矩中只包含磁阻转矩；内置式永磁同步电机的转矩既包含电磁转矩又包含磁阻转矩。

9.2 直流电机工作原理

直流电机作为驱动电机，具有技术成熟度高、控制性能好、控制器结构简单且体积小、成本低等优点。但随着对驱动电机功率密度、工作效率以及维护性等方面要求不断提高，直流电机已经逐渐被其他类型电机所取代，目前只是一些微型电动汽车采用直流电机作为驱动电机，且所采用的直流电机多为他励直流电机。

9.2.1 电机结构

图 9-7(a)为某一微型电动汽车的他励直流电机的外形，图中 A_1、A_2 为电机转子绕组的对外连接端，F_1、F_2 为电机励磁绕组的对外连接端。该电机最大功率 21.5 kW，最高转速

第 9 章 驱动电机系统工作原理 303

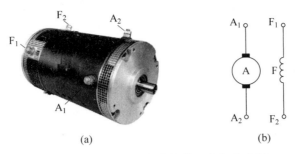

图 9-7 直流电机外形与内部绕组电气示意图
(a) 电机外形；(b) 内部绕组

5500 r/min，最大转矩 95 N·m，转子绕组额定电压 72 V。图 9-7(b)给出了电机内部绕组的电气示意图。

直流电机的内部结构如图 9-8(a)所示。直流电机的定子由磁极、电刷装置、端盖、底座构成。定子的核心部件是磁极和电刷，磁极可以由永磁体构成(永磁直流电机)，也可以由如图 9-8(b)所示的励磁绕组和铁心构成(电励磁直流电机)，其作用是建立磁场。电刷是石墨或金属石墨构成的导电体，用弹簧施加一定的压力，使电刷和转子上的换向器形成良好的滑动接触，直流电源通过电刷和换向器为转子绕组供电。直流电机的转子由转子铁心、转子绕

图 9-8 直流电机结构与绕组
(a) 直流电机内部结构；(b) 励磁绕组与转子绕组；(c) 他励直流电机励磁绕组与转子绕组回路等效电路

组、换向器、轴承、机械转轴等构成。直流电机的转子绕组由若干转子线圈按一定的规律连接起来,镶嵌在转子铁心中,是产生感应电动势和电磁转矩以及进行机电能量转化的枢纽,因此也称为直流电机的电枢绕组,如图 9-8(b)所示。他励直流电机的励磁绕组和转子绕组没有电气耦合,等效电路如图 9-8(c)所示,可以分别调节励磁绕组电流和转子绕组电流对电机转矩进行控制,控制手段比较灵活,与其他类型直流电机相比在电动汽车应用较多。换向器的作用是将电刷上所通过的直流电流转换为绕组内的交变电流,也可以将转子绕组的交变电动势转换为电刷上的直流电动势。

9.2.2 工作原理

下面以他励直流电机为例,介绍直流电机的工作原理。

如图 9-9 所示,当将直流电源通过电刷接到电枢绕组时,转子绕组有直流电流流过。在励磁绕组产生的磁场中,转子绕组载流导体将受到安培力的作用,安培力使转子对外产生机械转矩,使转子转动,进而驱动车辆。如图 9-9(a)所示,若直流电流从电刷 A 流入,经过线圈 abcd,从电刷 B 流出,导体 ab 和 cd 受到安培力的作用,转子对外因此形成逆时针转矩,这个转矩即为直流电机的电磁转矩,该转矩使转子逆时针转动。转子转到如图 9-9(b)所示的位置时,电刷 A 和换向片 2 接触,电刷 B 和换向片 1 接触,直流电流从电刷 A 流入,在线圈中的流动方向是 dcba,从电刷 B 流出。此时导体 ab 和 cd 受到安培力产生的电磁转矩仍然使转子逆时针转动。基于上述分析,可知虽然直流电机外加直流电源,但由于电刷和换向片的作用,在线圈中流过的电流是交变的,使其产生的转矩的方向是不变的。实际的直流电机转子上的绕组是由多个线圈连接而成,以减少电机电磁转矩的脉动。

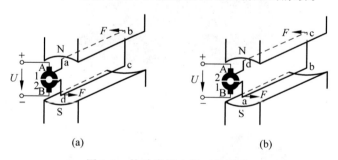

图 9-9 他励直流电机工作原理
(a) 导体 ab 在上,cd 在下; (b) 导体 cd 在上,ab 在下

当电刷位于几何中心线上(图 9-9 所示位置)、电枢绕组在转子表面均匀分布且为整距绕组时,电磁转矩 T_{em} 可以表示为

$$T_{em} = \frac{PN}{2\pi a} \Phi I_a = C_t I_a \tag{9-10}$$

同时,因转子转动而使转子绕组产生的感应电动势 E_a 可以表示为

$$E_a = \frac{PN}{2\pi a} \Phi \omega = C_e \omega \tag{9-11}$$

式(9-10)和式(9-11)中,P 为极对数;N 为转子绕组导体总数;Φ 为每磁极产生的气隙磁通;I_a 为转子绕组电流;a 为转子绕组的并联支路对数;ω 为电机转子旋转角速度;C_t 为直流电机的转矩常数;C_e 为直流电机的电动势常数。

从式(9-10)和式(9-11)可以看出

$$C_\mathrm{t} = C_\mathrm{e} \tag{9-12}$$

式(9-10)和式(9-11)中的气隙磁通 Φ 是由励磁绕组磁动势以及转子绕组磁动势共同产生的。因转子绕组电流产生的磁场对电机气隙磁场产生影响的现象,称为电枢反应。直流电机电枢反应会使气隙磁场的分布发生畸变。

9.2.3 数学模型与工作特性

1. 数学模型

对于他励直流电机,若采用电动机惯例,则直流电机的等效电路如图 9-10 所示。若忽略电刷与换向器接触产生的压降,可以得到

$$\begin{cases} u_\mathrm{a} = R_\mathrm{a} i_\mathrm{a} + L_\mathrm{a} \dfrac{\mathrm{d}i_\mathrm{a}}{\mathrm{d}t} + e_\mathrm{a} \\ u_\mathrm{f} = R_\mathrm{f} i_\mathrm{f} + L_\mathrm{f} \dfrac{\mathrm{d}i_\mathrm{f}}{\mathrm{d}t} \end{cases} \tag{9-13}$$

式中,u_a 为转子绕组端电压;e_a 为转子绕组感应电动势;i_a 为转子绕组电流;R_a 为转子绕组回路等效电阻;L_a 为转子绕组回路等效电感;u_f 为励磁绕组端电压;i_f 为励磁转子绕组电流;R_f 为励磁绕组回路等效电阻;L_f 为励磁绕组回路等效电感。

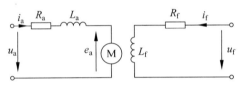

图 9-10 直流电机等效电路

稳态状态下,式(9-13)变为

$$\begin{cases} U_\mathrm{a} = E_\mathrm{a} + I_\mathrm{a} R_\mathrm{a} \\ U_\mathrm{f} = R_\mathrm{f} I_\mathrm{f} \end{cases} \tag{9-14}$$

式中,U_a、E_a、I_a 分别为转子绕组端电压、转子绕组感应电动势以及转子绕组回路电流的稳态值;U_f、I_af 分别为励磁绕组端电压以及励磁回路电流的稳态值。

若忽略机械损耗,即电磁转矩即为电机的输出转矩,则电机的机械运动方程为

$$t_\mathrm{em} = J \dfrac{\mathrm{d}\omega}{\mathrm{d}t} + B\omega + t_\mathrm{L} \tag{9-15}$$

式中,t_em 为电机输出转矩;t_L 为负载转矩;ω 为电机机械旋转角速度;J 为机械传动系统的转动惯量;B 为机械传动系统的粘滞摩擦系数。

稳态状态下,若不计 B 的影响,式(9-15)变为

$$T_\mathrm{em} = T_\mathrm{L} \tag{9-16}$$

式中,T_em 和 T_L 分别为电机输出转矩和负载转矩的稳态值。

作为机械运动方程,式(9-15)、式(9-16)对任何类型电机都成立。

2. 工作特性

根据式(9-10)、式(9-11)和式(9-14),可以得到直流电机的转矩-转速关系如下:

$$T_{em} = \frac{C_t U_a}{R_a} - \frac{C_e C_t \omega}{R_a} \quad (9-17)$$

式(9-17)表明,电机的转矩随转速的增加而线性减小,由此可以得到如图 9-11 虚线(未经弱磁控制)所示的直流电机转矩-转速特性曲线,即直流电机的外特性曲线。为简明起见,图中只画出了电机外特性曲线中第一象限部分。在不大于转速 n_r 时,电机可以输出最大转矩 T_m,T_m 反映电机的最大输出转矩能力。n_r 为直流电机的基速,根据式(9-17),可以得到

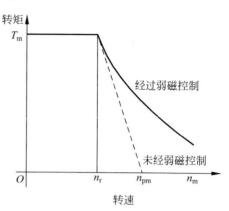

图 9-11 直流电机的外特性曲线

$$n_r = \frac{U_a}{2\pi C_e} - \frac{R_a T_m}{2\pi C_e C_t} \quad (9-18)$$

当电机转速为 n_{pm} 时,电机转矩下降为 0。由式(9-18),可以求得

$$n_{pm} = \frac{U_a}{2\pi C_e} \quad (9-19)$$

通常情况下,n_{pm} 远小于电机允许工作的最大转速 n_m,驱动电机特性很难满足整车动力性的要求。

由式(9-10)、式(9-11)以及式(9-17),可以得到直流电机输出的机械功率 P_M 为

$$P_M = \frac{PNU_a}{2\pi a R_a}\Phi\omega - \frac{(PN)^2}{(2\pi a)^2 R_a}(\Phi\omega)^2 \quad (9-20)$$

当转子角速度 ω 高于 $2\pi n_r$ 时,随着 ω 增加时,减小 Φ 且使 $\Phi\omega$ 保持不变,则电机的输出功率维持不变;同时由于 Φ 的减弱,根据式(9-19)可知,n_{pm} 随着 Φ 的减小而增大。此时,电机的外特性曲线如图 9-11 中实线(经过弱磁控制)所示,电机在恒功率区运行。这种通过减弱电机气隙磁通而提高电机转速的控制方法称为弱磁控制。

直流电机工作过程中,可以近似认为除转子绕组铜损外的其他类型损耗不受转子绕组电流大小的影响。这时,式(9-7)可以改写为

$$P_{Ls} = P_{Cu,a} + P_{NCu} \quad (9-21)$$

式中,P_{NCu} 为除转子绕组的铜损 $P_{Cu,a}$ 外的其他类型损耗的总和。因此,直流电机的工作效率为

$$\eta = \left(1 - \frac{P_{NCu} + I_a^2 R_a}{U_a I_a}\right) \times 100\% \quad (9-22)$$

在直流电机转子绕组端电压 U_a、励磁绕组电流 I_f 保持不变的情况下,式(9-22)称为直流电机的效率特性,反映了电机效率 η_{em} 与转子绕组电流 I_a 之间的关系。

由式(9-10)和式(9-17),可以得到

$$n = \frac{U_a}{2\pi C_e} - \frac{R_a I_a}{2\pi C_e} \quad (9-23)$$

在直流电机电枢绕组端电压 U_a、励磁回路电流 I_f 保持不变下,式(9-23)称为直流电机的转速特性,反映了电机转速与转子绕组电流的关系 $n = f(I_a)$。

此外,式(9-10)也可以称为直流电机的转矩特性,反映了电机转矩与转子绕组电流的关系 $T_{em}=f(I_a)$。图 9-12 同时给出了 $\eta=f(I_a)$、$n=f(I_a)$ 和 $T_{em}=f(I_a)$ 三条直流电机特性曲线。

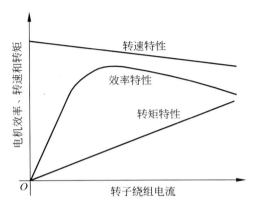

图 9-12 直流电机的效率特性、转速特性和转矩特性

9.2.4 电机控制

由式(9-10)可知,改变转子绕组电流 I_a 或气隙磁通 Φ 即可改变直流电机的转矩,气隙磁通 Φ 可以通过励磁绕组电流 I_f 进行调节。因此,直流电机转矩的控制可以通过对电枢绕组电压 U_a 和励磁绕组电压 U_f 控制来实现。

通常情况下,直流电机采用如下控制策略:

(1) 在恒转矩区,维持励磁绕组电流 I_f 恒定,通过调节转子绕组电流 I_a 对电机转矩进行控制;

(2) 在恒功率区,调节励磁绕组电流 I_f,使气隙磁通 Φ 随电机转速的增加而反比例减小,即保证 $\Phi\omega$ 保持不变,同时通过调节转子绕组电流 I_a 对电机转矩进行控制。

9.3 无刷直流电机工作原理

无刷直流电机作为驱动电机时,具有工作效率高、起动转矩大、过载能力强、功率密度高、控制算法简单、使用寿命长、成本低等优点;但存在转矩纹波大、工作噪声大等缺点,目前无刷直流电机主要用于中小驱动功率需求的车辆。由于无刷直流电机易于设计和加工成盘式结构,因此常用作轮毂电机或轮边电机。

9.3.1 电机结构

图 9-13(a)为某一无刷直流电机的外形,该电机作为轮毂电机并具有外转子结构,图 9-13(b)为电机内部结构图。在采用水冷方式下,电机最大功率 55 kW,最高转速 2000 r/min,最大转矩 577 N·m。

用于驱动车辆的无刷直流电机多数属于传统的内转子电机,其内部结构示意图如图 9-14 所示。无刷直流电机的结构相当于将永磁直流电机的定转子倒置,同时用电子换向取代了机械换向。由于无刷直流电机不需要换向器和电刷,因此与直流电机相比,其使用寿命、可

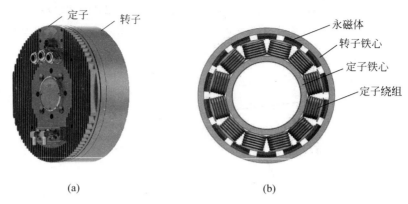

图 9-13 外转子结构的无刷直流电机外形与内部结构图
(a) 电机外形；(b) 内部结构

维护性以及工作效率都得到了很大的提高。

无刷直流电机普遍具有整距三相对称集中式定子绕组，三相定子绕组通常采用星形连接。因采用集中绕组，绕组端接部分较短，从而减少了用铜量且降低了定子绕组铜损。但由于定子齿槽对磁场分布的影响以及电机工作中存在换相过程，无刷直流电机的转矩脉动较大。

无刷直流电机转子上的永磁体多采用表贴安装方式，具有结构简单、制造成本低的优势。当永磁体采用内嵌式安装方式时，可以使转子与永磁体结合更为牢固，有利于电机的高速运行。

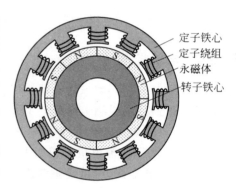

图 9-14 无刷直流电机内转子结构

无刷直流电机内部通常需安装位置传感器，用于检测转子磁极相对于定子绕组的位置，以便控制定子绕组中电流的通断。霍尔位置传感器因体积小、成本低的特点而被无刷直流电机广泛采用。此外，也可以根据电机工作过程中一些典型物理量（如电压、电流等）的变化规律，通过软件对转子磁极的位置进行辨识，相应的控制方法称为无位置传感器控制。

9.3.2 工作原理

如图 9-15(a) 所示，无刷直流电机的 A 相、B 相和 C 相的等效定子绕组为 an、bn 和 cn，三相绕组采用星形连接且在空间上按 120° 电角度布置。当转子转动时，三相绕组会产生感应电动势 e_a、e_b 和 e_c，感应电动势波形为梯形波，如图 9-15(b) 所示。

根据转子磁极所在位置，对两相绕组（如 A、B 相）之间施加直流电压，定子绕组电流在空间产生磁场，则转子受到电磁转矩作用开始转动；若在转子磁极转动 60° 电角度时，在另外两相（如 A、C 相）之间施加直流电压，则转子继续受到电磁转矩作用，并沿原方向转动；依此类推，根据转子磁极所在位置，合理地控制三相定子绕组的电流方向，就可以使电机始终受到电磁转矩作用而沿一个方向转动。

从上述分析可以看出，转子位置的识别非常重要。在电机运行过程中须保证定子绕组感应电动势的方向和绕组电流方向一致。

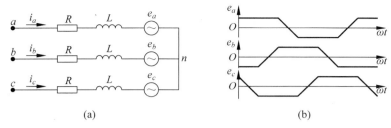

图 9-15 三相无刷直流电机的等效定子绕组与感应电动势波形
(a) 等效定子绕组；(b) 感应电动势波形

无刷直流电机的定子绕组可以多于三相，转子的磁极也可以不止一对，相数和磁极的增加有利于提高电机转矩的平稳性，但控制电路结构会变得复杂，对转子位置识别精度的要求也会提高。

9.3.3 数学模型与工作特性

以三相无刷直流电机为例，若定子绕组三相绕组对称、星形连接、无中性线且其等效电路如图 9-15(a)所示，并假设交轴磁路磁阻和直轴磁路磁阻相同且不计饱和，则无刷直流电机的电压方程可以表示为

$$\begin{cases} u_{an} = Ri_a + L\dfrac{di_a}{dt} + e_a \\ u_{bn} = Ri_b + L\dfrac{di_b}{dt} + e_b \\ u_{cn} = Ri_c + L\dfrac{di_c}{dt} + e_c \end{cases} \tag{9-24}$$

式中，R 为每相绕组的等效电阻；L 为考虑自感和相间互感后每相绕组的等效电感。

若转子旋转机械角速度为 ω，电机瞬时电磁转矩可以表示为

$$t_{em} = \frac{1}{\omega}(e_a i_a + e_b i_b + e_c i_c) \tag{9-25}$$

在图 9-15(a)中，无刷直流电机定子绕组工作在 120°导通方式下，在不考虑换相暂态过程时，任意时刻三相定子绕组中只有两相绕组有电流流过，且大小相等方向相反，因此稳态情况下电机的电磁转矩为

$$T_{em} = \frac{2}{\omega} E_p I_p \tag{9-26}$$

式中，I_p 为定子绕组电流的幅值；E_p 为定子绕组的感应电动势的幅值，其可以表示为

$$E_p = NB_m lr\omega = C_e \omega \tag{9-27}$$

式中，N 为每相定子绕组串联导体数；B_m 为转子永磁体在气隙中产生的磁通密度幅值；l 为导体长度；r 为转子半径；C_e 为无刷直流电机的电动势常数。

因此，存在

$$T_{em} = \frac{2}{\omega} C_e \omega I_p = 2C_e I_p = C_t I_p \tag{9-28}$$

式中，C_t 为无刷直流电机的转矩常数。

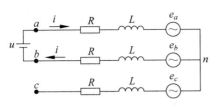

图 9-16 三相无刷直流电机的工作状态

如图 9-16 所示,若施加在无刷直流电机两相绕组之间的直流电压为 u,则有

$$u = u_a - u_b = 2Ri + 2L\frac{\mathrm{d}i}{\mathrm{d}t} + (e_a - e_b) \quad (9\text{-}29)$$

由于,存在

$$e_a = -e_b = E_p \quad (9\text{-}30)$$

所以,有

$$u = 2Ri + 2L\frac{\mathrm{d}i}{\mathrm{d}t} + 2C_e\omega \quad (9\text{-}31)$$

稳态状态下,式(9-31)变为

$$U = 2RI_p + 2E_p \quad (9\text{-}32)$$

式中,U 为电机端电压的稳态值。

无刷直流的机械运动方程如式(9-15)和式(9-16)所示。

对比式(9-28)与式(9-10)、式(9-27)与式(9-11)、式(9-31)与式(9-13),可以发现无刷直流电机与直流电机的转矩方程、电动势方程以及电压回路方程具有类似的形式。这表明,当电机的气隙磁场保持不变时,无刷直流电机和直流电机具有类似的特性。因此,无刷直流电机的工作特性可以参照图 9-11 和图 9-12。

9.3.4 电机控制

通常情况下,无刷直流电机采用如下控制策略:

(1) 在恒转矩区,基于电机转子磁极位置,通过精确换相控制,保持定子磁链和转子磁链夹角为 90°(电角度);然后通过调节定子绕组电压 U 实现对定子绕组电流 I 的调节,进而实现对电机转矩进行控制。

(2) 在恒功率区,基于电机转子磁极位置,通过提前换相,实施超前相角控制,进而实现弱磁控制,同时通过调节定子绕组电压 U 对电机转矩进行控制。

三相无刷直流电机普遍采用图 9-17 所示的三相全桥逆变主电路进行控制。三相全桥逆变主电路由六组电力电子器件构成以及直流侧电容(C)构成,其中每组电力电子器件由全控型电力电子器件($T_1 \sim T_6$)和功率二极管($D_1 \sim D_6$)反并联组成,全控型电力电子器件可以为 IGBT 或功率 MOSFET。图中,u_{dc} 为电机控制器输入直流电源(如动力蓄电池)电压。

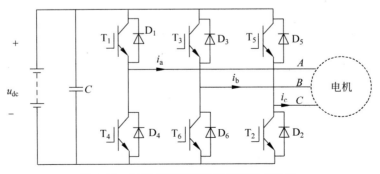

图 9-17 三相无刷直流电机控制器主电路

三相全桥逆变主电路不仅可以用于三相无刷直流电机的控制,还可以用于三相永磁同步电机或三相交流感应电机的控制。

9.4 永磁同步电机工作原理

永磁同步电机具有高功率密度、高效率的优点,广泛用作电动汽车的驱动电机;其缺点是电机内部的永磁材料在高温和高强振动环境下性能不稳定、控制算法复杂以及制造成本高等。

9.4.1 电机结构

图 9-18(a)为某永磁同步电机外形,该电机用于乘用车电机驱动系统,图 9-18(b)为电机内部结构图。在液冷方式下,电机最大功率 80 kW,最高转速 9000 r/min,最大转矩 280 N·m,电驱动系统直流输入额定电压 312 V。

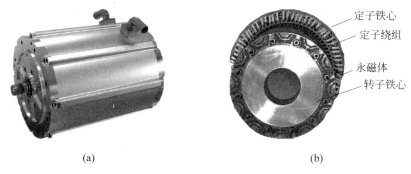

图 9-18 永磁同步电机外形与内部结构图
(a) 电机外形;(b) 内部结构

依据永磁体在转子上的位置不同,永磁同步电机可以分为表贴式永磁同步电机(SPMSM)和内置式永磁同步电机(IPMSM),二者的横向剖面结构示意图如图 9-19 所示。

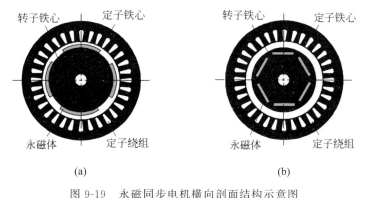

图 9-19 永磁同步电机横向剖面结构示意图
(a) 表贴式永磁同步电机;(b) 内置式永磁同步电机

SPMSM 与 IPMSM 结构上的区别会导致电机磁路的差异。对于 SPMSM,d 轴和 q 轴磁路的磁阻近似相等,存在

$$L_d = L_q \tag{9-33}$$

式中，L_d 为永磁同步电机的直轴电感；L_q 为永磁同步电机的交轴电感。

对于 IPMSM，d 轴和 q 轴磁路的磁阻不相等，存在

$$L_d < L_q \tag{9-34}$$

由此而产生的磁阻转矩有助于提高电机的过载能力、转矩密度和功率密度，且易于通过"弱磁"控制来提高电机的转速。此外，由于 IPMSM 的永磁体埋在转子铁心内部，转子结构比较牢固，增加了电机高速运行时的安全性。

9.4.2 工作原理

假设不计定子齿槽的影响，且永磁同步电机的定子与转子之间的气隙是均匀的。当电机定子绕组通过三相对称正弦电流时，会在气隙中产生正弦分布且幅值恒定的旋转磁场，旋转磁场的电角速度等于定子绕组电流的角频率。转子中的永磁体也会在气隙中产生正弦分布且幅值恒定的磁场，该磁场随转子同步旋转。

电磁转矩是定子、转子磁场相互作用的结果，其大小和方向取决于这两个磁场的幅值和磁场轴线的相对位置。若两个磁场幅值不变且相对位置保持不变，就会产生恒定的电磁转矩。电磁转矩的方向倾向于使两个磁场轴线之间夹角减小。

对于 SPMSM，电机转矩只包含电磁转矩。而对于 IPMSM，电机转矩包含电磁转矩和磁阻转矩。

9.4.3 数学模型

下面以应用较多的三相永磁同步电机为例，分析永磁同步电机的数学模型。为简化分析，假设三相永磁同步电机为理想电机，并且不计定子齿槽和磁路饱和的影响。

永磁同步电机的物理模型如图 9-20 所示。图中 as、bs 和 cs 分别为三相定子绕组 AX、BY 和 CZ 的轴线；ψ_f 为转子永磁体产生的与定子绕组交链的磁链幅值；θ_r 为转子 d 轴轴线与 as 的夹角（电角度），若转子旋转电角速度为 ω_e，转子初始位置为 θ_0，则有

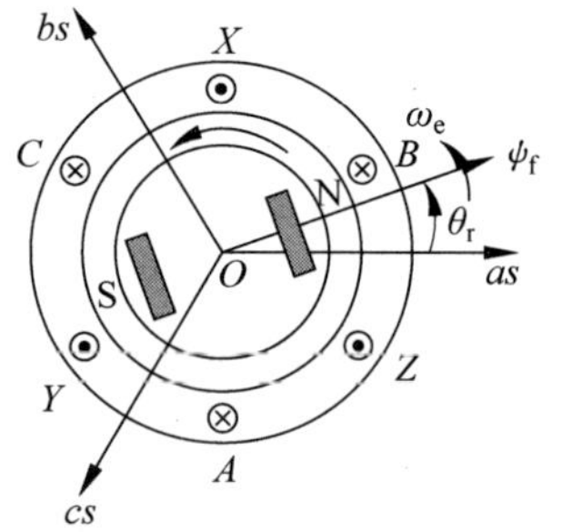

$$\theta_r = \int_0^t \omega_e \mathrm{d}t + \theta_0 \tag{9-35}$$

图 9-20 ABC 坐标系下的永磁同步电机物理模型

可以得到三相永磁电机的电压方程为

$$\begin{bmatrix} u_A \\ u_B \\ u_C \end{bmatrix} = \begin{bmatrix} R_s & 0 & 0 \\ 0 & R_s & 0 \\ 0 & 0 & R_s \end{bmatrix} \begin{bmatrix} i_A \\ i_B \\ i_C \end{bmatrix} + \frac{\mathrm{d}}{\mathrm{d}t}\left(\begin{bmatrix} L_A & M_{AB} & M_{AC} \\ M_{BA} & L_B & M_{BC} \\ M_{CA} & M_{CB} & L_C \end{bmatrix} \begin{bmatrix} i_A \\ i_B \\ i_C \end{bmatrix} \right) + \omega_e \psi_f \begin{bmatrix} -\sin\theta_r \\ -\sin\left(\theta_r - \dfrac{2\pi}{3}\right) \\ -\sin\left(\theta_r + \dfrac{2\pi}{3}\right) \end{bmatrix} \tag{9-36}$$

式中，u_A、u_B 和 u_C 分别为定子 A、B、C 三相绕组相电压；R_s 为定子每相绕组的等效电阻；i_A、i_B 和 i_C 分别为定子 A、B、C 三相绕组相电流；L_A、L_B 和 L_C 分别为定子 A、B、C 三相

绕组的自感；M_{AB}、M_{AC}、M_{BA}、M_{BC}、M_{CA} 和 M_{CB} 为定子绕组之间的互感。

式(9-36)中，等号右侧第一项为绕组电阻压降；第二项为绕组电感压降；第三项为因转子永磁体旋转而在定子绕组中产生的感应电动势，可以表示为

$$\begin{bmatrix} e_A \\ e_B \\ e_C \end{bmatrix} = \omega_e \psi_f \begin{bmatrix} -\sin\theta_r \\ -\sin\left(\theta_r - \dfrac{2\pi}{3}\right) \\ -\sin\left(\theta_r + \dfrac{2\pi}{3}\right) \end{bmatrix} \tag{9-37}$$

若永磁同步电机的极对数为 P，在不计磁场能量变化或磁阻转矩时，电机的转矩可以表示为

$$T = \frac{P(e_A i_A + e_B i_B + e_C i_C)}{\omega_e} \tag{9-38}$$

若选取转子永磁体产生的与定子绕组交链的磁链的方向为直轴(也称 d 轴)，直轴逆时针旋转 90°电角度为交轴(也称 q 轴)。采用分别位于 d 轴和 q 轴方向的两相旋转虚拟绕组等效 ABC 三相静止绕组，则可以得到如图 9-21 所示的 dq 坐标系下三相永磁同步电机的物理模型。

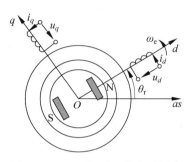

图 9-21 dq 坐标系下的永磁同步电机物理模型

dq 坐标系下的永磁同步电机电压方程：

$$\begin{bmatrix} u_d \\ u_q \end{bmatrix} = \begin{bmatrix} R_s & 0 \\ 0 & R_s \end{bmatrix} \begin{bmatrix} i_d \\ i_q \end{bmatrix} + \frac{\mathrm{d}}{\mathrm{d}t}\left(\begin{bmatrix} L_d & 0 \\ 0 & L_q \end{bmatrix} \begin{bmatrix} i_d \\ i_q \end{bmatrix} \right) + \omega_e \begin{bmatrix} -L_q i_q \\ L_d i_d + \psi_{pm} \end{bmatrix} \tag{9-39}$$

式中，$\psi_{pm} = \sqrt{\dfrac{3}{2}}\psi_f$。

在 dq 坐标系下，因转子永磁体旋转而在定子绕组中产生的感应电动势为

$$\begin{bmatrix} e_d \\ e_q \end{bmatrix} = \begin{bmatrix} -\omega_e L_q i_q \\ \omega_e(L_d i_d + \psi_{pm}) \end{bmatrix} \tag{9-40}$$

那么，电机的转矩可以表示为

$$T = \frac{P(e_d i_d + e_q i_q)}{\omega_e} = P\psi_{pm} i_q + P(L_d - L_q)i_d i_q \tag{9-41}$$

从式(9-41)可以看出，永磁同步电机的转矩公式包括两项：一项为 $P\psi_{pm} i_q$，是因为安培力产生，称为电磁转矩；另一项为 $P(L_d - L_q)i_d i_q$，是因为 L_d 和 L_q 的差值产生，称为磁阻转矩。对于 SPMSM，磁阻转矩为零。

9.4.4 磁场定向控制与转矩特性

1. 控制步骤

根据式(9-41)可知，永磁同步电机的转矩 T 与直轴电流 i_d、交轴电流 i_q 具有相关性，只要给定 i_d 和 i_q，电机的转矩 T 也随之确定。这种通过将 ABC 坐标系下的电机转矩控制问题转化为直轴电流和交轴电流控制问题的方法，需要进行坐标变换。而坐标变换的依据是在任何坐标系下的电机物理量(如电流、电压、磁链等)等效的空间矢量保持不变，因此这种控制方法被称为电机的矢量控制。此外，控制过程中需要 d 轴的方向始终与转子永磁体产

生的磁链 ψ_f 保持一致,因此又称为磁场定向控制。

磁场定向控制的步骤可以归纳如下:

(1) 根据电机的目标转矩 T^*,按照选定的控制策略计算直轴和交轴目标电流 i_d^* 和 i_q^*;

(2) 对电机三相定子绕组实际电流 i_A、i_B 和 i_C 进行采样,并通过坐标变换,得到实际的直轴电流 i_d 和交轴电流 i_q;

(3) 基于 i_d^* 和 i_q^*,对 i_d 和 i_q 进行闭环反馈控制,得到定子绕组目标电压 u_d^* 和 u_q^*;

(4) 利用坐标变换,根据 u_d^* 和 u_q^* 得到三相定子绕组目标电压 u_A^*、u_B^* 和 u_C^*;

(5) 根据 u_A^*、u_B^* 和 u_C^*,控制电机控制器中电力电子器件的通断,实现对 i_d 和 i_q 的控制。

2. 控制框图

永磁同步电机磁场定向控制框图如图 9-22 所示,图中 ω_m 为电机机械角速度。

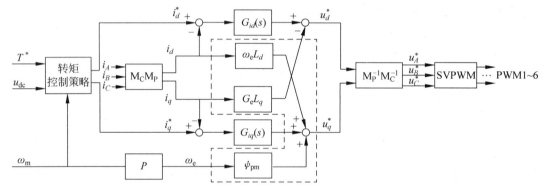

图 9-22 永磁同步电机的磁场定向控制框图

图 9-22 中,若电流闭环采用 PI 控制器,$G_{id}(s)$ 和 $G_{iq}(s)$ 可以表示为

$$\begin{cases} G_{id}(s) = k_{idp} + \dfrac{k_{idi}}{s} \\ G_{iq}(s) = k_{iqp} + \dfrac{k_{iqi}}{s} \end{cases} \tag{9-42}$$

式中,k_{idp} 和 k_{iqp} 为比例系数;k_{idi} 和 k_{iqi} 为积分系数。

图 9-22 中,M_C 为克拉克变换矩阵,可以表示为

$$M_C = \sqrt{\dfrac{2}{3}} \begin{bmatrix} 1 & -\dfrac{1}{2} & -\dfrac{1}{2} \\ 0 & \dfrac{\sqrt{3}}{2} & -\dfrac{\sqrt{3}}{2} \end{bmatrix} \tag{9-43}$$

M_P 为派克变换矩阵,可以表示为

$$M_P = \begin{bmatrix} \cos\theta_r & \sin\theta_r \\ -\sin\theta_r & \cos\theta_r \end{bmatrix} \tag{9-44}$$

M_C^{-1} 和 M_P^{-1} 分别为 M_C 和 M_P 的逆矩阵。

图 9-22 中,SVPWM 为空间矢量脉冲宽度调制,其通过对图 9-17 所示的电机控制器电

力电子主电路中 6 个电力电子器件 $T_1 \sim T_6$（功率 MOSFET 或 IGBT）的通断状态和占空比进行合理的控制,使主电路输出电压构成的电压矢量与目标矢量一致。

3. 控制策略

电机的运行要受到电机控制器输出能力的限制。这种限制体现在电流限制和电压限制,即要求

$$i_d^2 + i_q^2 = i_s^2 \leqslant I_{smax}^2 \tag{9-45}$$

式中,I_{smax} 为最大允许电流值,通常由电机控制器中电力电子器件所能承受的电流应力以及电机定子绕组的通流能力决定。同时还要求

$$u_d^2 + u_q^2 = u_s^2 \leqslant U_{smax}^2 \tag{9-46}$$

式中,U_{smax} 为最大允许运行电压,通常由电机控制器直流侧电压（图 9-17 中 u_{dc}）决定。

若忽略定子电阻的影响,根据式(9-39)可以得到电机的稳态电压方程为

$$\begin{cases} u_d = -\omega_e L_q i_q \\ u_q = \omega_e (L_d i_d + \psi_{pm}) \end{cases} \tag{9-47}$$

将式(9-47)代入式(9-46),得

$$(L_q i_q)^2 + (L_d i_d + \psi_{pm})^2 \leqslant \left(\frac{U_{smax}}{\omega_e}\right)^2 \tag{9-48}$$

如图 9-23 所示,在 i_d-i_q 平面上,式(9-45)表示为一个圆,称为电流限制圆；式(9-48)表示一个椭圆,称为电压限制椭圆。在 i_d-i_q 平面上的任一个点对应一组(i_d,i_q),体现电机的一个工作状态,这个点称为电机的工作点,显然电机的工作点不能超出电流限制圆和电压限制椭圆。

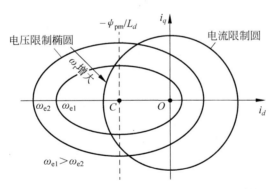

图 9-23　永磁同步电机的电流限制圆和电压限制椭圆

根据式(9-41),为了产生磁阻转矩,要求 $i_d < 0$。当电机工作在电动状态驱动车辆时,$i_q > 0$,电机工作在 i_d-i_q 平面的第二象限；而当电机工作在发电状态制动车辆时,$i_q < 0$,电机工作在 i_d-i_q 平面的第三象限。

1) 恒转矩区控制策略

(1) $i_d = 0$ 控制

$i_d = 0$ 控制是指在整个对电机转矩控制过程中,始终保持 $i_d = 0$。由式(9-41)知,这时电机的转矩和 i_q 呈线性关系。

$i_d = 0$ 控制方法简单,计算量小。但对于 IPMSM,电机的磁阻转矩没有得到利用,不能充分发挥电机的转矩输出能力。这种控制策略适用于小功率、低转速 SPMSM,在电动汽车

上应用较少。

(2) 最大转矩电流比控制

定子绕组电流的幅值直接决定定子绕组铜损的大小,从而对电机的效率产生重要影响。如果控制电机工作在转矩电流比最大的状态,那么就可以获得较高的电机效率。最大转矩电流比控制又称为单位电流最大转矩(MTPA)控制,即获得相同转矩所需定子绕组电流最小的控制。

采用 MTPA 控制时,可以得到 i_d 和 i_q 的关系为

$$i_d = \frac{-\psi_{pm} + \sqrt{\psi_{pm}^2 + 4(L_d - L_q)^2 i_q^2}}{2(L_d - L_q)} \tag{9-49}$$

根据式(9-49),可以在 i_d-i_q 平面上得到 MTPA 曲线,如图 9-24(a)所示。MTPA 控制是车用永磁同步电机低转速或恒转矩区普遍采用的控制策略,可以获得较高的工作效率。但在实际应用中,由于电机参数的变化,直接利用理论公式(9-49)很难取得预期的控制效果,需要实验数据进行修正。

除以上两种控制策略外,还有功率因数等于 1 的控制、恒气隙磁链控制等。

2) 恒功率区控制策略

式(9-48)和图 9-23 表明,随着电机电角速度 ω_e 的增大,电压限制椭圆持续向中心 C 点收缩,定子电流矢量 i_s 会在 d-q 平面的第二、三象限越来越靠近 d 轴。即,对于同样幅值的 i_s,随着 ω_e 的增大,i_d 的数值越来越大,对 d 轴方向转子永磁体产生的磁场 ψ_f 去磁作用越来越强,这样才能保证电机的工作点(i_d,i_q)同时满足电流限制和电压限制,进而使电机正常安全地运行。这种通过调节 i_d,使 d 轴方向磁场减弱的控制,称为永磁同步电机的弱磁控制。通常,交流电机的恒功率区又称为弱磁区,相应地,恒功率区的控制也称为弱磁控制。

(1) 基于 d 轴电流补偿的控制

在图 9-24(a)中,电机在恒转矩区采用 MTPA 控制时,其定子电流工作轨迹为 OD。工作点 D 为 MTPA 曲线与电流限制圆的交点,对应的电机电角速度 ω_{e4} 即为电机的基速 ω_b;而工作点 D 对应的电机转矩 T_1 即为电机的最大输出转矩 T_{max}。随着转速的增大,电压限制椭圆将向内收缩。如图 9-24(b)所示,此时电机的工作点将沿着电流限制圆向 d 轴(负方向)靠近,电机无法按恒转矩到达 G 点,而只能通过电机转矩下降,在电机转速为 ω_{e3} 时,到达 H 点;在电机电角速度为 ω_{e2} 时到达 E 点。

采用基于 d 轴电流补偿的控制,可以实现电机的工作点按 D-H-E 路径变化,具体控制框图如图 9-25 所示。图中,i_s^* 为电流限制圆的半径,即定子电流矢量的幅值;U_{smax} 为最大允许运行电压;I_{dm} 和 I_{qm} 分别为定子电流在 d 轴和 q 轴分量的最大允许值。

通过 d 轴电流补偿量 Δi_d,可以将定子电流轨迹控制在电压限制椭圆内。同时,i_s^* 又将定子电流轨迹控制在电流限制圆内。

图 9-25 中,若电流闭环采用 PI 控制器,$G_{ud}(s)$ 可以表示为

$$G_{ud}(s) = k_{up} + \frac{k_{ui}}{s} \tag{9-50}$$

式中,k_{up}、k_{ui} 分别为比例系数和积分系数。

(2) 最大转矩电压比控制

图 9-25 中,随着电机转速的提高,每条恒转矩曲线与电压限制椭圆曲线的切点(G、E、

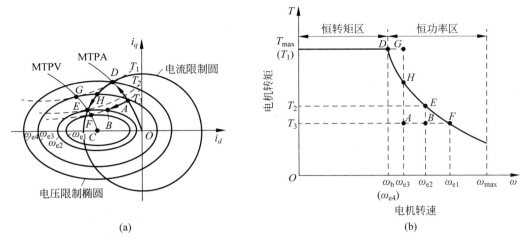

图 9-24 永磁同步电机的定子电流轨迹和工作点
(a) i_d-i_q 平面的电流轨迹；(b) ω-T 平面的工作点

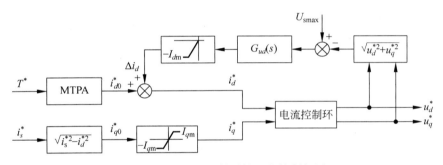

图 9-25 沿电流限制圆轨迹的控制框图

F 等)是在一定定子绕组电压下可以获得的最大转矩点,这些切点与椭圆的中心 C 连接而成的曲线称为 MTPV 曲线。MTPV 曲线上的点满足如下 i_d 和 i_q 关系

$$i_d = -\frac{\psi_{pm}}{L_d} + \frac{-L_q \psi_{pm} + \sqrt{L_q^2 \psi_{pm}^2 + 4L_q^2(L_d-L_q)^2 i_q^2}}{2L_d(L_d-L_q)} \tag{9-51}$$

基于 MTPV 曲线的控制方法,称为最大转矩电压比控制,又称为单位电压最大转矩(MTPV)控制。MTPV 曲线是产生不同转矩所需的最小定子绕组电压的曲线,MTPV 控制可以实现定子绕组电压最大限度的利用。

图 9-24 中,若电机工作在 E 点,此时电机转速进一步提高,可以按 MTPV 曲线向 C 点靠近,如在电机电角速度为 ω_{e1} 时,电机工作在 F 点。

(3) 恒转矩控制

在电机的恒功率区,电机在低转速时定子绕组电流矢量没有到达电流限制圆边界,如图 9-25 中 A 点。随着电机转速的增大,希望电机按恒转矩过渡到 B 点。在这种情况下,i_d 和 i_q 显然要满足

$$\begin{cases} T = P\psi_{pm}i_q + P(L_d-L_q)i_d i_q \\ (L_q i_q)^2 + (L_d i_d + \psi_{pm})^2 \leqslant \left(\dfrac{U_{smax}}{\omega_e}\right)^2 \end{cases} \tag{9-52}$$

根据式(9-52)，由目标转矩 T^*，可以得到恒转矩控制策略下的直轴和交轴电流目标值 i_d^* 和 i_q^*。

在电机实际应用中，车速不断变化，司机驾驶意图在不断调整，电机控制器输入的直流电压在不断波动，这些因素都对永磁同步电机控制提出了较大的挑战。在制定电机控制器控制算法时，需要基于实际电机工况和电机运行区域，面向驱动电机系统安全、可靠和高效运行，合理选择控制策略。

9.5 交流感应电机工作原理

交流感应电机又称为交流异步电机，依据转子绕组结构的不同，交流感应电机可以分为笼型交流感应电机和绕线转子交流感应电机。电动车通常采用笼型交流感应电机作为驱动电机，其具有结构简单、耐久性好、成本低、易于维护等优点。

交流感应电机的控制器硬件结构与永磁同步电机控制器类似，但多采用旋转编码器作为转子位置传感器，因而成本较低。此外，也可以采用软件对交流感应电机转子位置进行辨识。

9.5.1 电机结构

图 9-26(a)为某一电动汽车所采用的交流感应电机，电机最大功率 90 kW，最高转速 10 000 r/min，最大转矩 300 N·m，电机控制器的额定直流输入电压 300 V。图 9-26(b)为交流感应电机内部结构示意图。

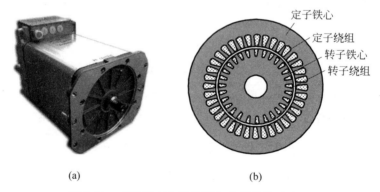

图 9-26 交流感应电机外形与内部结构示意图
(a) 电机外形；(b) 内部结构示意图

以三相交流感应电机为例，三相定子绕组安放在定子铁心的槽中，可以采用星形连接或三角形连接。对于笼型交流感应电机，在转子铁心的每一个槽中嵌入一根铜条，在铜条两端各用一个端环把铜条连接起来。也可用铝浇铸的方法，把转子铁心槽中的导条和两端的端环一起浇铸而成。

9.5.2 工作原理

当交流感应电机定子绕组中电流通过三相对称正弦电流时，会在气隙中产生正弦分布且幅值恒定的旋转磁场，旋转磁场的电角速度为定子绕组电流的电角频率 ω_s，也称为交流感应电机的同步转速。当转子静止不动时，根据电磁感应原理，定子绕组电流产生的旋转磁场会在转子三相绕组中感应出三相对称的正弦电流,该电流的角频率也为 ω_s。转子绕组的三相感应电流同样会在气隙中产生一个正弦分布的旋转磁场,旋转电角速度仍为 ω_s,方向与定子旋转磁场方向相同,但二者存在相位差。定子绕组电流和转子绕组电流形成的旋转磁场在气隙中形成的合成磁场称为气隙磁场,气隙磁场仍为旋转磁场,旋转电角速度为 ω_s。

转子的旋转电角速度 ω_r 不能与旋转磁场电角速度 ω_s 相等,否则转子绕组中无法出现感应电流,也就不能产生电磁转矩。若 $\Delta\omega = \omega_s - \omega_r$,当 $\Delta\omega > 0$ 时,交流感应电机工作在电动状态;当 $\Delta\omega < 0$,交流感应电机工作在发电状态。

可用转差率 s 来表示旋转磁场与转子电角度的差异:

$$s = \frac{\Delta\omega}{\omega_s} = \frac{\omega_s - \omega_r}{\omega_s} \tag{9-53}$$

在转子旋转过程中,气隙磁场在转子绕组中感应的三相对称电流频率 ω_{sl} 称为转差频率,可表示为

$$\omega_{sl} = \omega_s - \omega_r = s\omega_s \tag{9-54}$$

ω_{sl} 也是转子绕组电流产生的旋转磁场相对于转子的电角速度,但转子绕组电流产生的旋转磁场相对于定子的电角速度为 $\omega_{sl} + \omega_r$,即仍为 ω_s。也就是说,在稳态情况下,定子绕组电流产生的旋转磁场和转子绕组电流产生的旋转磁场在空间相对静止,这两个旋转磁场相互作用形成了电机的电磁转矩。电磁转矩的大小和方向取决于这两个磁场的幅值和磁场轴线的相对位置。电磁转矩的方向倾向于使两个磁场轴线之间夹角减小。

对于电动汽车广泛采用的笼型交流感应电机,其转子绕组是由转子槽内的导条和端环构成的多相绕组,但通过参数折算和原理等效仍可以看作三相对称绕组。

9.5.3 数学模型

下面以三相交流感应电机为例,分析交流感应电机的数学模型。为简化分析,假设三相交流感应电机为理想电机,并且不计齿槽和磁路饱和的影响;同时假设定子铁心和转子铁心之间的气隙均匀,且转子每相绕组经匝数归算后与定子每相绕组有效匝数相同。

图 9-27 为三相交流感应电机的物理模型。图中,oA、oB、oC 分别为 A 相、B 相、C 相定子绕组的轴线;oa、ob、oc 分别为 a 相、b 相、c 相转子绕组的轴线;θ_r 为 a 相转子绕组轴线与 A 相定子绕组轴线的夹角;ω_r 为电机转子旋转电角速度。

将定子三相绕组中 A 相绕组的轴线 oA 作为空间坐标系的参考轴线。则三相交流感应的定子绕组电压方程为

$$\begin{cases} u_A = R_s i_A + \dfrac{\mathrm{d}\psi_A}{\mathrm{d}t} \\ u_B = R_s i_B + \dfrac{\mathrm{d}\psi_B}{\mathrm{d}t} \\ u_C = R_s i_C + \dfrac{\mathrm{d}\psi_C}{\mathrm{d}t} \end{cases} \tag{9-55}$$

式中,u_A、u_B 和 u_C 分别为定子 A、B、C 三相绕

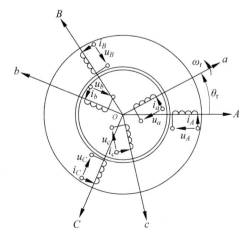

图 9-27 三相交流感应电机物理模型

组相电压；R_s 为每相定子绕组的等效电阻；i_A、i_B 和 i_C 分别为 A、B、C 三相定子绕组相电流；ψ_A、ψ_B 和 ψ_C 分别为 A、B、C 三相定子绕组磁链。

转子绕组电压方程为

$$\begin{cases} u_a = R_r i_a + \dfrac{\mathrm{d}\psi_a}{\mathrm{d}t} \\ u_b = R_r i_b + \dfrac{\mathrm{d}\psi_b}{\mathrm{d}t} \\ u_c = R_r i_c + \dfrac{\mathrm{d}\psi_c}{\mathrm{d}t} \end{cases} \quad (9\text{-}56)$$

式中，R_r 为每相转子绕组的等效电阻；i_a、i_b 和 i_c 分别为 a、b、c 三相转子绕组相电流；ψ_a、ψ_b 和 ψ_c 分别为 a、b、c 三相转子绕组磁链；u_a、u_b 和 u_c 分别为 a、b、c 三相转子绕组相电压，对于笼型交流感应电机，存在

$$u_a = u_b = u_c = 0 \quad (9\text{-}57)$$

三相定子绕组采用星形连接时，定子绕组的磁链方程可以写为

$$\begin{cases} \psi_A = L_s i_A + M_{sr}\cos\theta_r i_a + M_{sr}\cos\left(\theta_r + \dfrac{2\pi}{3}\right)i_b + M_{sr}\cos\left(\theta_r - \dfrac{2\pi}{3}\right)i_c \\ \psi_B = L_s i_B + M_{sr}\cos\left(\theta_r - \dfrac{2\pi}{3}\right)i_a + M_{sr}\cos\theta_r i_b + M_{sr}\cos\left(\theta_r + \dfrac{2\pi}{3}\right)i_c \\ \psi_C = L_s i_C + M_{sr}\cos\left(\theta_r + \dfrac{2\pi}{3}\right)i_a + M_{sr}\cos\left(\theta_r - \dfrac{2\pi}{3}\right)i_b + M_{sr}\cos\theta_r i_c \end{cases} \quad (9\text{-}58)$$

式中，$L_s = L_{ss} + M_{ss}$，其中 L_{ss} 为每相定子绕组的自感，M_{ss} 为定子绕组相间的互感；M_{sr} 为定子绕组和转子绕组之间互感的最大值。

类似地，转子绕组的磁链方程可以写为

$$\begin{cases} \psi_a = M_{sr}\cos\theta_r i_A + M_{sr}\cos\left(\theta_r - \dfrac{2\pi}{3}\right)i_B + M_{sr}\cos\left(\theta_r + \dfrac{2\pi}{3}\right)i_C + L_r i_a \\ \psi_b = M_{sr}\cos\left(\theta_r + \dfrac{2\pi}{3}\right)i_A + M_{sr}\cos\theta_r i_B + M_{sr}\cos\left(\theta_r - \dfrac{2\pi}{3}\right)i_C + L_r i_b \\ \psi_c = M_{sr}\cos\left(\theta_r - \dfrac{2\pi}{3}\right)i_A + M_{sr}\cos\left(\theta_r + \dfrac{2\pi}{3}\right)i_B + M_{sr}\cos\theta_r i_C + L_r i_c \end{cases} \quad (9\text{-}59)$$

式中，$L_r = L_{rr} + M_{rr}$，其中 L_{rr} 为每相转子绕组的自感；M_{rr} 为转子绕组相间的互感。

若交流感应电机的极对数为 P，电机的转矩可以表示为

$$T = PM_{sr}\left[(i_A i_a + i_B i_b + i_C i_c)\sin\theta_r + (i_A i_b + i_B i_c + i_C i_a)\sin\left(\theta_r + \dfrac{2\pi}{3}\right) + \right.$$
$$\left. (i_A i_c + i_B i_a + i_C i_b)\sin\left(\theta_r - \dfrac{2\pi}{3}\right)\right] \quad (9\text{-}60)$$

图 9-28 为在 dq 坐标系下三相交流感应电机的物理模型，可以用分别位于 d 轴和 q 轴方向的两相定子和转子绕组等效 ABC 坐标系下的三相的定子和转子绕组。d 轴与 A 轴的夹角为 θ_s。

在 dq 坐标系下，三相交流感应电机的电压方程可以表示为

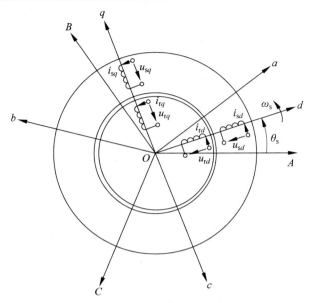

图 9-28 dq 坐标系下的交流感应电机物理模型

$$\begin{cases} u_{sd} = R_s i_{sd} + \dfrac{d\psi_{sd}}{dt} - \omega_s \psi_{sq} \\ u_{sq} = R_s i_{sq} + \dfrac{d\psi_{sq}}{dt} + \omega_s \psi_{sd} \\ u_{rd} = R_r i_{rd} + \dfrac{d\psi_{rd}}{dt} - \omega_{sl} \psi_{rq} \\ u_{rq} = R_r i_{rq} + \dfrac{d\psi_{rq}}{dt} + \omega_{sl} \psi_{rd} \end{cases} \quad (9\text{-}61)$$

式中,u_{sd}、u_{sq} 分别表示 d 轴和 q 轴的定子绕组电压;i_{sd}、i_{sq} 分别表示 d 轴和 q 轴的定子绕组电流;ψ_{sd}、ψ_{sq} 分别表示 d 轴和 q 轴的定子绕组磁链;u_{rd}、u_{rq} 分别表示 d 轴和 q 轴的转子绕组电压;i_{rd}、i_{rq} 分别表示 d 轴和 q 轴的转子绕组电流;ψ_{rd}、ψ_{rq} 分别表示 d 轴和 q 轴的转子绕组磁链;ω_{sl} 为转差频率。

式(9-61)中,对于笼型交流感应电机,存在

$$u_{rd} = u_{rq} = 0 \quad (9\text{-}62)$$

磁链方程可以表示为

$$\begin{cases} \psi_{sd} = L_s i_{sd} + L_m i_{rd} \\ \psi_{sq} = L_s i_{sq} + L_m i_{rq} \\ \psi_{rd} = L_r i_{rd} + L_m i_{sd} \\ \psi_{rq} = L_r i_{rq} + L_m i_{sq} \end{cases} \quad (9\text{-}63)$$

转矩方程可以表示为

$$\begin{aligned} T &= P(\psi_{sd} i_{sq} - \psi_{sq} i_{sd}) \\ &= P(\psi_{rq} i_{rd} - \psi_{rd} i_{rq}) \\ &= P L_m (i_{rd} i_{sq} - i_{rq} i_{sd}) \\ &= P \dfrac{L_m}{L_r} (\psi_{rd} i_{sq} - \psi_{rq} i_{sd}) \end{aligned} \quad (9\text{-}64)$$

式(9-64)是交流感应电机进行磁场定向控制的重要依据。

9.5.4 转子磁场定向控制

若把 dq 坐标系的 d 轴与转子磁场方向重合,则存在:

$$\begin{cases} \psi_{rd} = \psi_r \\ \psi_{rq} = 0 \end{cases} \tag{9-65}$$

将式(9-63)、式(9-65)代入式(9-61),得到定子、转子电压方程为

$$\begin{cases} u_{sd} = R_s i_{sd} + L_s \sigma p i_{sd} - \omega_s L_s \sigma i_{sq} + \dfrac{L_m}{L_r} p \psi_{rd} \\ u_{sq} = R_s i_{sq} + L_s \sigma p i_{sq} + \omega_s L_s \sigma i_{sd} + \omega_s \dfrac{L_m}{L_r} \psi_{rd} \\ 0 = (R_r + p L_r) i_{rd} + p L_m i_{sd} \\ 0 = R_r i_{rq} + \omega_{sl} \psi_{rd} \end{cases} \tag{9-66}$$

式中,p 表示微分算子 d/dt;σ 为漏磁系数,可以表示为

$$\sigma = 1 - \frac{L_m^2}{L_s L_r} \tag{9-67}$$

同时,由式(9-63)、式(9-66)还可以得到

$$\psi_{rd} = \frac{L_m}{1 + \tau_r p} i_{sd} \tag{9-68}$$

和

$$\omega_{sl} = \frac{L_m i_{sq}}{\tau_r \psi_{rd}} \tag{9-69}$$

式(9-68)、式(9-69)中,τ_r 为转子时间常数,表示为

$$\tau_r = \frac{L_r}{R_r} \tag{9-70}$$

定义转子励磁电流 i_{rm} 为

$$i_{rm} = \frac{1}{1 + \tau_r p} i_{sd} \tag{9-71}$$

那么,式(9-68)改写成

$$\psi_{rd} = L_m i_{rm} \tag{9-72}$$

由式(9-64)则交流感应电机的转矩公式为

$$T = P \frac{L_m}{L_r} \psi_{rd} i_{sq} = P \frac{L_m^2}{L_r} i_{sq} i_{rm} \tag{9-73}$$

由式(9-73)可知,当采用转子磁场定向时,转子磁链 ψ_r 也就是 ψ_{rd},是由 d 轴定子绕组电流 i_{sd} 产生,与 q 轴定子绕组电流 i_{sq} 无关。当 ψ_{rd} 恒定不变时,电机转矩 T 与 i_{sq} 成正比,与 i_{sd} 无关。因此,i_{sd} 和 i_{sq} 可以认为是完全解耦的,i_{sd} 被称为定子绕组电流的励磁分量,i_{sq} 被称为定子绕组电流的转矩分量。转子磁场定向控制结构清晰、易于理解,在电机参数较准确时,可以得到较好的控制效果,是交流感应电机常采用的控制方法。

和永磁同步电机类似,交流感应电机的运行也要受到电机控制器输出能力和电机自身

绕组通流能力的限制。这种限制体现在电流限制和电压限制两个方面,即

$$i_{sd}^2 + i_{sq}^2 = i_s^2 \leqslant I_{smax}^2 \quad (9\text{-}74)$$

和

$$u_{sd}^2 + u_{sq}^2 = u_s^2 \leqslant U_{smax}^2 \quad (9\text{-}75)$$

式(9-74)中,I_{smax} 为最大允许电流值,通常由电机控制器中电力电子器件所能承受的电流应力、电机定子绕组的通流能力以及电机磁路饱和程度等因素决定。式(9-75)中,U_{smax} 为最大允许电压值,由电机控制器直流侧电压决定。

若忽略定子绕组电阻的影响,式(9-75)可以改写为

$$(\omega_s L_s i_{sd})^2 + (\omega_s L_s \sigma i_{sq})^2 \leqslant U_{smax}^2 \quad (9\text{-}76)$$

如图 9-29 所示,在 i_{sd}-i_{sq} 平面上,式(9-74)表示电流限制圆;式(9-76)表示电压限制椭圆,电压限制椭圆的面积随着电机同步旋转电角速度 ω_s 增大而减小,电压限制椭圆的中心与电流限制圆的圆心重合。在 i_{sd}-i_{sq} 平面上的所有电机工作点不能超出电流限制圆和电压限制椭圆。

当电机工作在电动状态驱动车辆时,存在 $i_{sd} > 0$ 且 $i_{sq} > 0$,电机工作在 i_{sd}-i_{sq} 平面的第一象限;而当电机工作在发电状态制动车辆时,存在 $i_{sd} > 0$ 且 $i_{sq} < 0$,电机工作在 i_{sd}-i_{sq} 平面的第四象限。

随着电机同步转速的增大,电机的运行受到电流限制和电压限制的影响而导致在 i_{sd}-i_{sq} 平面上形成三个运行区域,分别是恒转矩区、恒功率区和恒转差频率区,三个区域的划分如图 9-30 所示。

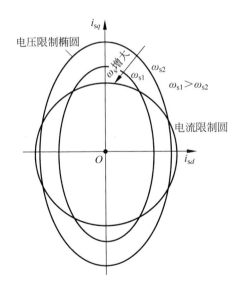

图 9-29 交流感应电机的电流限制圆和电压限制椭圆

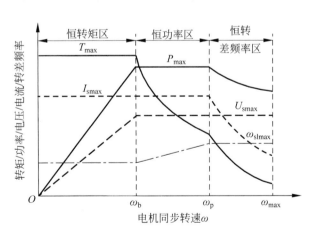

图 9-30 交流感应电机的运行区域

1. 恒转矩区

恒转矩区又称为基速区。如图 9-31(a)所示,在 i_{sd}-i_{sq} 平面中,电机同步转速较低,电机的运行主要受电流限制圆约束。当电机同步转速达到基速 ω_b 时,最大转矩线、电流限制

圆、电压限制椭圆交于 A 点,如果电机同步转速继续增加,由于电机的运行同时受电流限制圆和电压限制椭圆的约束,电机运行进入恒功率区。

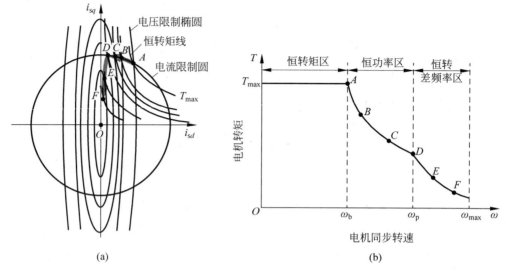

图 9-31 交流感应电机定子电流轨迹和工作点
(a) i_{sd}-i_{sq} 平面的电流轨迹;(b) ω-T 平面的工作点

由式(9-74)、式(9-76),可以求得 ω_b 为

$$\omega_b = \frac{U_{smax}}{L_s\sqrt{I_{sd\_rated}^2 + \sigma^2(I_{smax}^2 - I_{sd\_rated}^2)}} \tag{9-77}$$

式中,I_{sd_rated} 为在电机同步转速 ω_b 下获得最大转矩 T_{max} 时的定子绕组电流 d 轴分量。

在恒转矩区,基于式(9-71)和式(9-73),电机的稳态转矩可以表示为

$$T = P\frac{L_m^2}{L_r}i_{sd}i_{sq} \tag{9-78}$$

而 i_{sd}、i_{sq} 又需满足式(9-74)的约束,容易求得电机转矩为 T_{max} 时,有

$$\begin{cases} i_{sd} = \dfrac{I_{max}}{\sqrt{2}} \\ i_{sq} = \dfrac{I_{max}}{\sqrt{2}} \end{cases} \tag{9-79}$$

在恒转矩区,满足 $i_{sd} = i_{sq}$ 时,达到同样转矩时,所需定子电流最小,即电机具有最小的铜损。此时,定子电流矢量 i_s 与 d 轴的夹角,即转矩角 δ 为 $\pi/4$。但在实际应用过程中,需要充分考虑饱和、铁损、控制稳定性等众多因素,并对 δ 进行修正,以获得较好的电机性能。

在恒转矩区,一种比较简单、有效的交流感应电机转矩控制策略为:d 轴定子绕组电流保持不变而通过调节 q 轴定子绕组电流达到控制转矩的目的。这种控制策略也是应用较广的一种控制策略。

2. 恒功率区

图 9-31 中,电机同步转速高于 ω_b 后,电机运行同时会受到电流限制圆和电压限制椭圆的双重约束。电机的最大转矩输出能力限制在电流限制圆和电压限制椭圆的交点 A、B、

C、D,此时,定子电流需要同时满足式(9-74)和式(9-76)。因而,可以求解出

$$\begin{cases} i_{sd} = \sqrt{\dfrac{\dfrac{U_{smax}^2}{\omega_s^2} - \sigma^2 L_s^2 I_{smax}^2}{(1-\sigma^2)L_s^2}} \\ i_{sq} = \sqrt{\dfrac{L_s^2 I_{smax}^2 - \dfrac{U_{smax}^2}{\omega_s^2}}{(1-\sigma^2)L_s^2}} \end{cases} \tag{9-80}$$

随着电机同步转速的增大,定子电流矢量 i_s 会向 q 轴靠近。如图 9-31 所示,当电机运行到 D 点之后,电机运行进入恒转差频率区。在工作点 D,有

$$\omega_{sl} = \omega_{sl\max} = \dfrac{1}{\tau_r \sigma} \tag{9-81}$$

与此对应的电机同步转速为

$$\omega_p = \dfrac{U_{smax}}{I_{smax}}\sqrt{\dfrac{1+\sigma^2}{2\sigma^2 L_s^2}} \tag{9-82}$$

3. 恒转差频率区

图 9-31 中,电机同步转速高于 ω_p 后,恒转矩曲线与电压限制椭圆的交点位于电流限制圆内部,电机运行只受电压限制椭圆的约束,因此,恒转差频率区又称为恒电压区。此时,电机将按 D-E-F 轨迹运行,且存在

$$\begin{cases} (\omega_s L_s i_{sd})^2 + (\omega_s L_s \sigma i_{sq})^2 = U_{smax}^2 \\ T = P\dfrac{L_m^2}{L_r} i_{sd} i_{sq} \end{cases} \tag{9-83}$$

因此,若在恒转差频率区,在电机同步转速 ω_s 下,电机转矩取得最大值时,定子绕组电流需满足

$$\begin{cases} i_{sd} = \dfrac{U_{smax}}{\sqrt{2}\omega_s L_s} \\ i_{sq} = \dfrac{U_{smax}}{\sqrt{2}\sigma\omega_s L_s} \end{cases} \tag{9-84}$$

而电机最大转矩为

$$T_m = P\dfrac{L_m^2}{L_r} \cdot \dfrac{U_{smax}^2}{2\sigma\omega_s^2 L_s^2} \tag{9-85}$$

此时,存在

$$\begin{cases} u_{sd} = -\dfrac{U_{smax}}{\sqrt{2}} \\ u_{sq} = \dfrac{U_{smax}}{\sqrt{2}} \end{cases} \tag{9-86}$$

若电机的最大输出功率为 P_m,则有

$$P_m \cdot \omega_s \approx \dfrac{L_m^2}{L_r} \cdot \dfrac{U_{smax}^2}{2\sigma L_s^2} = 常数 \tag{9-87}$$

因此,恒转差频率区也称为恒功率×转速区。

与三相无刷直流电机、三相永磁同步电机相同,三相交流感应电机控制器常采用如图 9-17 所示的电力电子主电路。

9.6 开关磁阻电机工作原理

开关磁阻电机具有结构简单、起动转矩大、工作效率高、适合高转速运行和高温环境等优点,但由于转矩密度小、转矩纹波较大、工作噪声大等原因导致在电动汽车应用较少,多用于对整车舒适性要求不高的商用车。

9.6.1 电机结构

图 9-32(a)为某一电动汽车所采用的开关磁阻电机,该电机最大功率 120 kW。图 9-32(b)为典型的开关磁阻电机转子与定子结构。开关磁阻电机的定子和转子都为双凸极结构,定子上安装有多相集中式绕组,径向相对的两个定子绕组通过并联或串联,构成"一相"。

开关磁阻电机可以设计成多相结构,且定子、转子的极数有多种不同的搭配,如三相 6/4 极结构、四相 8/6 极结构、五相 10/8 极结构、六相 12/10 极结构等。图 9-33 为常见的三相 6/4 极结构和四相 8/6 极结构示意图。通常来讲,相数增加,有利于减小转矩脉动,但会导致电机结构复杂、制造成本增加、电机控制器主电路功率器件增加、控制逻辑复杂。

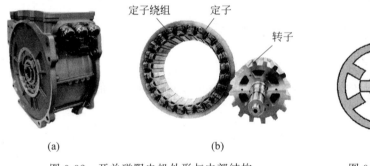

图 9-32 开关磁阻电机外形与内部结构
(a) 电机外形;(b) 内部结构

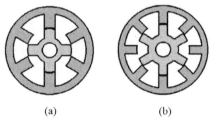

图 9-33 开关磁阻电机的多相结构
(a) 三相 6/4 极结构;(b) 四相 8/6 极结构

9.6.2 工作原理

开关磁阻电机的工作过程遵循"磁阻最小原理",即磁通总是趋向于沿磁阻最小的路径闭合。由于开关磁阻电机的双凸极结构,当某相定子绕组电流产生磁场的磁通路径扭曲时,会产生切向拉力(转矩),这个拉力(转矩)试图使相近的转子凸极转至其轴线与定子磁极轴线重合的位置,也就是定子磁极与转子凸极对齐的位置,即磁阻最小的位置。

下面以三相 6/4 极结构的开关磁阻电机讨论开关磁阻电机的工作原理。

如图 9-34(a)所示,当 A 相绕组中流过电流 i_a,B、C 相绕组无电流时,转子凸极 X_1 与 A 相绕组所在的磁极对齐,A 相绕组磁通所流经的磁路磁阻已经为最小,遵循"磁阻最小原理",此时电机对外不产生机械转矩。同时,转子凸极 X_2 的轴线与 B 相绕组所在的磁极轴线夹角为 30°。此时,若 A、C 相绕组电流为 0,B 相绕组流过电流 i_b 时,遵循"磁阻最小原理",将会产生顺时针转矩,电机转子发生旋转,直到转子凸极 X_2 的轴线与 B 相绕组所在的磁极轴线重合,即图 9-34(b)所在位置。

如图 9-34(b)所示,此时转子凸极 X_1 的轴线与 C 相绕组所在的磁极轴线夹角为 30°。此时,若 A、B 相绕组电流为 0,C 相绕组流过电流 i_c 时,遵循"磁阻最小原理",将会产生顺时针转矩,电机转子发生旋转,直到转子凸极 X_1 的轴线与 C 相绕组所在的磁极轴线重合,即图 9-34(c)所在位置。

如图 9-34(c)所示,此时转子凸极 X_2 的轴线与 A 相绕组所在的磁极轴线夹角为 30°。此时,若 B、C 相绕组电流为 0,A 相绕组流过电流 i_a 时,遵循"磁阻最小原理",将会产生顺时针转矩,电机转子发生旋转,直到转子凸极 X_2 的轴线与 A 相绕组所在的磁极轴线重合,即图 9-34(d)所在位置。

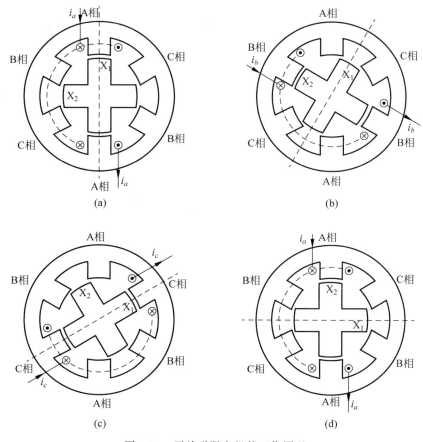

图 9-34 开关磁阻电机的工作原理
(a) 位置Ⅰ;(b) 位置Ⅱ;(c) 位置Ⅲ;(d) 位置Ⅳ

如此循环往复,定子绕组按 A→B→C→A→…的顺序与外电源相连,电机转子便按照顺时针方向旋转;若定子绕组按 A→C→B→A→…的顺序与外电源相连,电机转子便按照逆时针方向旋转。

基于以上分析以及图 9-34 可知,开关磁阻电机的旋转方向或转矩方向总是与定子绕组磁场的移动方向相反;开关磁阻电机的旋转方向或转矩方向与定子绕组通电顺序有关,而与每相定子绕组电流方向无关。若开关磁阻电机转子凸极数为 N_r，每相定子绕组的供电切换频率为 f_{ph}，则开关磁阻电机的转速可以表示为

$$n = \frac{60 f_{ph}}{N_r} \tag{9-88}$$

9.6.3 数学模型

基于机电能量转换原理，开关磁阻电机的转矩可以表示为

$$t_e(\theta, i) = \frac{1}{2} i^2 \frac{\mathrm{d}L(\theta)}{\mathrm{d}\theta} \tag{9-89}$$

式中，$L(\theta)$ 为定子绕组的电感。式(9-89)是开关磁阻电机一相产生的转矩，对于多相开关磁阻电机，电机的输出转矩为每相产生转矩的代数和。

由式(9-89)可知，开关磁阻电机的转矩与定子绕组电流的平方成正比，其转矩方向与电流方向无关。假设不考虑定子和转子极弧大小的影响，如图9-35(a)所示，转子位置角从 θ_1 变化到 θ_2 时，A相定子绕组形成的电感从最小值 L_{min} 增加到最大值 L_{max}，此时电机转矩为正；如图9-35(b)所示，转子位置角从 θ_2 变化到 θ_3 时，A相定子绕组形成的电感从最小值 L_{max} 减小为最小值 L_{max}，此时电机转矩为负。

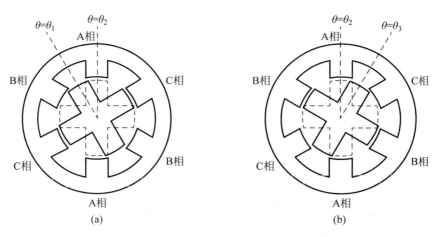

图 9-35 开关磁阻电机的转子位置
(a) θ_1 和 θ_2 的位置；(b) θ_2 和 θ_3 的位置

开关磁阻电机的电压方程可以表示为

$$u = Ri + L(\theta, i) \frac{\mathrm{d}i}{\mathrm{d}t} + \frac{\mathrm{d}L(\theta, i)}{\mathrm{d}\theta} i\omega \tag{9-90}$$

式中，u 为施加在定子绕组两端的电压；R 为定子绕组等效电阻；ω 为电机旋转角速度。式(9-90)等号右边第一项反映电机定子绕组的铜损；第二项为定子绕组电流变化产生的电动势；第三项为转子位置变化引起磁阻变化而产生的电动势。因此，开关磁阻电机的一相等效电路可如图9-36所示。图中电动势 e 为

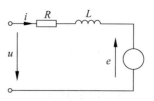

图 9-36 开关磁阻电机的一相等效电路

$$e = \frac{dL(\theta,i)}{d\theta} i\omega \tag{9-91}$$

9.6.4 电机控制与工作特性

图 9-37 所示为典型的三相开关磁阻电机控制电路。由于每相定子绕组的电流由两个电力电子全控型开关器件(图中为 IGBT)以及两个功率二极管控制,因此这种电路又称为双开关型控制电路。从结构上,每相定子绕组接在四个电力电子器件构成的桥式电路中,而四个器件不全部是全控型器件构成,所以这种电路又称为非对称桥式电路。

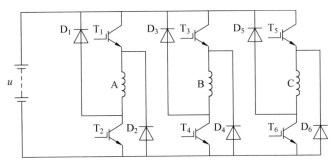

图 9-37 典型的三相开关磁阻电机控制电路

图 9-37 所示电路中,由于每相定子绕组独立控制,因而具有控制灵活的特点,有利于电机高速运行下的控制。

由式(9-89)知,可以通过控制开关磁阻电机的定子绕组电流实现对电机转矩的控制。常用的电机定子绕组电流控制方法:一是在一定周期下,通过调节全控型开关器件的占空比实现对定子绕组电流的控制,如通过控制 T_1 和 T_2 的占空比调节 A 相绕组电流 i_a 的大小;二是采用电流滞环控制的方法直接对绕组电流进行控制。如 T_1 和 T_2 导通时,A 相绕组电流 i_a 增加,如果电流 i_a 超过允许的最大值,则 T_1 和 T_2 关断;T_1 和 T_2 关断后,A 相绕组电流 i_a 减小,如果电流 i_a 低于允许的最小值,则 T_1 和 T_2 再次导通。依此使实际的绕组电流 i_a 跟踪目标值变化。

在对开关磁阻电机进行控制时,除控制定子绕组电流幅值 I_m 外,还要对每相绕组电流的通断时刻,即开通角 θ_{on} 和关断角 θ_{off} 进行控制。通过对 I_m、θ_{on}、θ_{off} 进行控制,可以获得三相开关磁阻电机的转矩-转速特性,如图 9-38 所示。

(1) 在电机转速低于基速 ω_b 时,即电机运行在低速状态下,通过对定子绕组电流的控制,能够实现电机的恒转矩运行;也就是说,在电机的恒转矩区,固定 θ_{on} 和 θ_{off},只是通过调整定子绕组电流来控制电机转矩。这种控制方式也称为斩波电流控制(CCC)。

(2) 当电机转速高于基速 ω_b 且低于临界转速 ω_p 时,电机工作在恒功率区。这

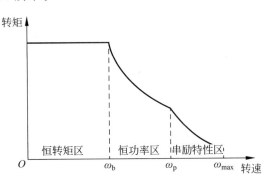

图 9-38 开关磁阻电机的转矩-转速特性

时需要将开通角 θ_{on} 提前,电机转速越高,开通角 θ_{on} 提前量越大。通过将开通角 θ_{on} 提前使电机转矩随电机转速升高而反比例下降,实现电机的恒功率运行。同时,关断角 θ_{off} 也应该随着电机转速的升高而进行调整,以确保定子绕组电流在绕组电感进入负斜率区前下降为零。这种控制方式也称为角度位置控制(APC)。

(3) 当电机转速高于临界转速 ω_p 时,开关磁阻电机无法通过对开通角 θ_{on} 和关断角 θ_{off} 的控制而保持恒功率输出,此时电机的转矩-转速特性与串励直流电机类似,因此称为串励特性区或自然特性区。

思考与练习题

9-1 与内燃机相比,驱动电机的优势有哪些?

9-2 请对比直流电机、无刷直流电机、永磁同步电机、交流感应电机和开关磁阻电机在作为电动汽车驱动电机时,各具有哪些优缺点?

9-3 电磁转矩和磁阻转矩产生的原因是什么?

9-4 无刷直流电机控制为何需要转子位置传感器?

9-5 什么是驱动电机的弱磁控制?为什么电机工作过程中需要弱磁控制?

9-6 表贴式永磁同步电机和内置式永磁同步电机在结构上有什么区别?为何后者用作电动汽车驱动电机会更具优势?

9-7 比较永磁同步电机与交流感应电机在弱磁控制方法的异同。

9-8 开关磁阻电机的工作原理是什么?

9-9 直流电机的电枢绕组电阻 $R_a = 0.4\ \Omega$。在空载情况下,在电枢绕组上施加 125 V 直流电压后,电机以 1800 r/min 的转速匀速旋转。计算:在转子绕组的电流等于 30 A 时,电机的转矩是多少?

9-10 已知内置式永磁同步电机具有如下参数:极对数 $P=3$、直轴电感 $L_d=3.05\ \text{mH}$、交轴电感 $L_q=6.2\ \text{mH}$、转子永磁体磁链幅值 $\psi_m=0.0948\ \text{Wb}$,若电机工作点为 $i_d - i_q$ 平面中 $(-38.5, 11)$(A)且电机的转速为 7600 r/min,试计算:(1)此时电机的转矩是多少?(2)电机的输出功率是多少?

9-11 以交流感应电机为例,画图说明在电能-机械能转换过程中的功率流向,并指出各流向的功率计算方法。

参 考 文 献

[1] CHAU K T. Electric Vehicle Machines and Drives Design, Analysis and Application[M]. Singapore: John Wiley & Sons Singapore Pte. Ltd., 2015.

[2] 刘皓. 基于电动汽车异步电机矢量控制的效率优化研究[D]. 北京:清华大学, 2018.

[3] 高大威. 汽车电力电子学[M]. 北京:清华大学出版社, 2018.

[4] NAM K H. AC Motor Control and Electric Vehicle Application[M]. Boca Raton: CRC Press, 2010.

[5] GAO D W, JIN Z H, ZHANG J Z, et al. Development and Performance Analysis of a Hybrid Fuel Cell/Battery Bus with an Axle Integrated Electric Motor Drive System[J]. International Journal of Hydrogen Energy, 2016, 41(2): 1161-1169.

[6] KRISHNAN R. Permanent Magnet Synchronous and Brushless DC Motor Drives[M]. Boca Raton: CRC Press, 2009.

[7] ZEROUG H, TADRIST N, BOUKAIS B, et al. Investigations into Commutation Torque Ripple Reduction in a BDCM Drive Using Various Combined PWM-square-PWM Control Strategies[C]. 14th European Conference on Power Electronics and Applications, 2011.

[8] QUANG N P, DITTRICH J A. Vector Control of Three-phase AC Machines: System Development in The Practice[M]. 2nd ed. Berlin: Springer, 2015.

[9] HOLMES D G, LIPO T A. Pulse Width Modulation for Power Converters: Principles and Practice [M]. Piscataway: Wiley-IEEE Press, 2003.

[10] 江哲懿. 电动汽车永磁同步驱动电机控制方法的研究[D]. 北京:清华大学, 2012.

[11] TRZYNADLOWSKI A M. The Field Orientation Principle in Control of Induction Motors[M]. New York: Springer, 1994.

[12] 赵欣. 燃料电池城市客车车用异步电机控制策略优化[D]. 北京:清华大学, 2010.

[13] NOVOTNY D W, LIPO T A. Vector Control and Dynamics of AC Drives[M]. New York: Oxford University Press Inc., 1996.

[14] KIM S H, SUL S K. Maximum Torque Control of an Induction Machine in the Field Weakening Region[J]. IEEE Transaction on Industry Application, 1995, 31(4): 787-794.

[15] KIM S H, SUL S K. Voltage Control Strategy for Maximum Torque Operation of an Induction Machine in The Field-Weakening Region[J]. IEEE Transactions on Industrial Electronics, 1997, 44(4): 512-518.

[16] CABEZUELO D, ANDREU J, KORTABARRIA I, et al. SRM Converter Topologies for EV Application: State of the Technology[C]. 26th IEEE International Symposium on Industrial Electronics, 2017.

第 10 章　动力电池系统工作原理

本章在介绍车用动力电池的定义、特点以及分类的基础上，重点介绍车用锂离子动力电池的基本工作原理、材料部件、性能参数与常用模型，所采用的具体数据与模型多来自使用石墨负极的锂离子电池，其理论与方法对于其他类型的动力电池也具有一定的适用性。

10.1　车用动力电池概述

动力电池是指用于驱动电动车、船、飞行器等移动装置的可充电式电池，以区别于移动装置起动用蓄电池。动力电池一般为电化学储能部件，是化学能与电能的能量储存与转换装置：在放电时将化学能转换为电能，对外提供电功率；在充电时将外部电能转换为化学能，存储在电池中。这一相互转换过程依靠电化学反应，即具有氧化还原过程、存在电子得失的化学反应。

车用动力电池应具有以下特点：

(1) 具有较高的体积能量密度(单位：$W \cdot h/L$)和质量能量密度(单位：$W \cdot h/kg$)，以满足车辆局限空间与载重条件下对于续驶里程的需求；

(2) 具有一定的功率密度(单位：W/L 或 W/kg)，以满足瞬态/短时功率需求，以适应车辆上坡、超车、制动能量回收等工况；

(3) 较宽的工作温度范围，以保障车辆适应寒冷、炎热等多种环境；

(4) 较长的使用寿命，以降低电动汽车用户的电池更换成本，如长达 8~10 年；

(5) 极高的安全性，以保障驾乘人员安全。

动力电池具有不同的材料体系，其中铅酸电池、镍氢电池、锂离子电池都正在或曾在纯电动和混合动力汽车动力系统中获得实际应用。电动汽车的大规模商业化开始于 20 世纪末，以丰田油电混合动力车型 Prius 为代表，第一代 Prius 采用镍氢电池，其电池系统的总能量较小(如 1 $kW \cdot h$ 左右)；部分低速小型电动车如场馆车辆、老年代步车等也使用成本较低的铅酸电池；由于锂离子电池技术的快速发展和电动车所需电池能量的不断提高，目前的混合动力与纯电动汽车绝大部分使用锂离子电池。锂离子电池的原理与特性是本章重点，将在 10.2~10.5 节详细介绍，本节仅简单介绍铅酸电池与镍氢电池的基本工作原理。

铅酸电池的电极材料由铅(Pb)及其氧化物(PbO_2)组成，电解液常为硫酸(H_2SO_4)溶液，工作原理如图 10-1 所示，总反应方程式如下：

$$Pb + PbO_2 + 2H_2SO_4 \underset{充电}{\overset{放电}{\rightleftharpoons}} 2PbSO_4 \downarrow + 2H_2O \tag{10-1}$$

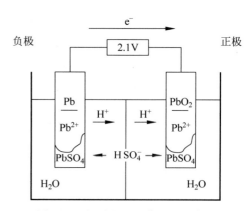

图 10-1　铅酸电池工作原理示意图

铅酸电池具有成本低廉的优势,同时其安全性也较高,但由于铅酸电池能量密度低(一般为常见锂离子电池的10%~50%),同时寿命较短,目前仅在部分低速、小型、短续驶里程的电动车上还有应用。

镍氢电池的正极为氢氧化镍($Ni(OH)_2$),负极为可储氢合金(M)如 $LaNi_{2.5}Co_{2.5}$ 材料,电解液常为氢氧化钾(KOH)溶液,工作原理如图 10-2 所示,总反应方程式如下:

$$Ni(OH)_2 + M \underset{放电}{\overset{充电}{\rightleftharpoons}} NiOOH + MH \tag{10-2}$$

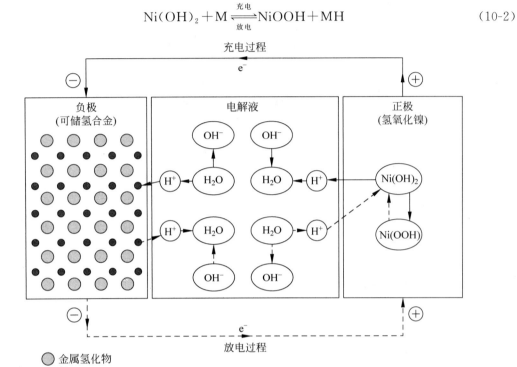

图 10-2 镍氢电池工作原理示意图

镍氢电池的能量密度、寿命较铅酸电池均有较大提升,但其工作电压低,能量密度依然显著低于锂离子电池。

10.2 锂离子电池工作原理

锂离子电池主要工作原理如图 10-3 所示,即锂离子(Li^+)在正极和负极之间反复脱出、嵌入,充电时锂离子从正极材料中脱出,经过充盈在材料孔隙中的电解液、穿过隔膜并嵌入负极材料,放电时则相反,因此锂离子电池也被形象地称为"摇椅电池"。锂离子电池的基本工作原理满足物质可逆(即正极和负极材料通过反复充放电可基本恢复原状态),同时其化学能和电能相互转换的效率非常高(一般在98%以上),因此锂离子电池是一种较为理想的二次电池。

锂离子电池在充电和放电过程中,正极和负极发生的电化学反应如下(以钴酸锂正极、石墨负极的锂离子电池为例):

$$正极反应:LiCoO_2 = Li_{1-x}CoO_2 + xLi^+ + xe^- \tag{10-3}$$

$$负极反应:6C + xLi^+ + xe^- = Li_xC_6 \tag{10-4}$$

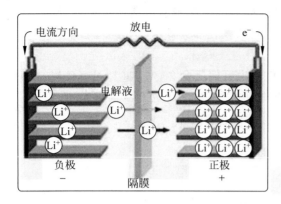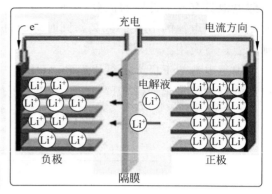

图 10-3 锂离子电池工作原理示意图

上述锂离子电池的工作原理具有如下特点：

(1) 上述化学过程是氧化还原反应，存在元素化学价变化和电子得失。

(2) 正常工作条件下，锂离子在正、负极反复脱嵌过程中始终保持+1价态。对于目前常用的锂离子电池正极材料，除锂外的其他金属元素可能存在价态变化。如钴酸锂材料中的钴元素可在+3价、+4价间变化，磷酸铁锂中的铁元素可能在+2价、+3价间变化，锰酸锂中的锰元素可能具有+2价、+3价、+4价甚至更多价态。

(3) 正负极材料的主要结构不发生改变，如最常用的石墨负极仅发生少量的体积胀缩，详见表10-1，这一特征保证了电池具有较高的循环寿命，现有的车用锂离子电池产品在乘用车上的寿命已可达5~8年或更长，理想的电池寿命应进一步增长、与车辆报废周期近似（如10~15年）。

由表10-1可见，一些新型锂离子负极材料的体积膨胀率较大，如硅(Si)基和锡(Sn)基材料的体积膨胀率可达200%~300%。较大的体积膨胀率会导致电极涂层粉碎从而造成循环性能变差。由于硅基材料具有极高的理论克容量，目前商用锂离子电池正在尝试在碳负极材料中掺混少量比例的硅或制备各类具有新型担载结构的硅碳材料，以提高电池比能量。

表 10-1 各类负极材料的理论比容量、体积比容量、体积变化率及起始电位

材料	Li(锂)	C(碳)	$Li_4Ti_5O_{12}$	Si(硅)	Sn(锡)	锑(Sb)	Al(铝)	Mg(镁)	Bi(铋)
密度/(g·cm^{-3})	0.53	2.25	3.5	2.33	7.29	6.7	2.7	1.3	9.78
锂化相	Li	LiC_6	$Li_7Ti_5O_{12}$	$Li_{4.4}Si$	$Li_{4.4}Sn$	Li_3Sb	LiAl	Li_3Mg	Li_3Bi
理论比容量/(mA·h·g^{-1})	3862	372	175	4200	994	660	993	3350	385
体积比容量/(mA·h·cm^{-3})	2047	837	613	9786	7246	4422	2681	4355	3765
体积变化率/%	100	12	1	320	260	200	96	100	215
相对Li电势/V	0	0.05	1.6	0.4	0.6	0.9	0.3	0.1	0.8

10.3 锂离子电池材料与部件

锂离子电池中的载流子为锂离子和电子，两类载流子的传输是形成可持续电化学反应的必要条件。其中：①锂离子通路主要穿越正极材料、电解液、隔膜、负极材料。以充电过

程为例,锂离子先从正极活性材料脱出,进入充盈在材料孔隙中的电解液,穿过隔膜,直到从电解液中到达负极活性材料并嵌入其中。②电子通路主要途经电极材料中掺混的电子电导率较高的导电剂(如炭黑)、集流体(如 Al 或 Cu 箔),进而达到金属极耳并流经外电路。以充电过程为例,电子产生于正极固液相界面即氧化还原反应发生的位置,优先经过电子电导率更大的导电剂网络并到达电极金属箔材基底即集流体上,进而经由极耳、外电路到达负极,再通过负极集流体、负极电极材料导电剂,到达负极的固液相界面处参与电化学反应。上述载流子通路上的结构与部件如图 10-4 所示。下面对电池各种材料与部件进行简单介绍。

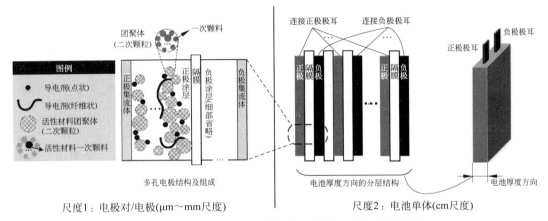

图 10-4 一款层叠极片式软包电池及其内部电极示意图

1. 正极活性材料

锂离子电池常见种类多以正极材料进行命名,如锰酸锂(离子)电池、三元锂(离子)电池等。常见的锂离子电池正极材料有层状结构的钴酸锂 $LiCoO_2$、尖晶石结构的锰酸锂 $LiMn_2O_4$、橄榄石结构的磷酸铁锂 $LiFePO_4$、新型的三元复合氧化物镍钴锰酸锂 $LiNi_xMn_yCo_zO_2$ 等,后者又根据 x、y、z 的比例,进一步称之为 333(指代 $x:y:z=1:1:1$,下同)、532、622、811 等三元电池。几种常见的锂离子电池正极活性材料晶体结构如图 10-5 所示。

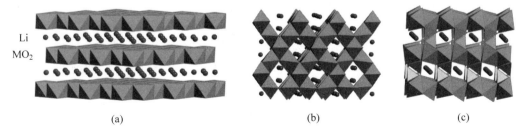

图 10-5 常见锂离子电池正极活性材料晶体结构
(a) 层状结构;(b) 尖晶石结构;(c) 橄榄石结构

钴酸锂 $LiCoO_2$ 是商用锂离子电池最早采用的正极材料之一,由于 Co 元素的环境毒性和高昂成本等原因,目前对层状氧化物的研究已转向采用储量丰富、环境友好的 Ni、Mn、Al 等替代元素。近年来,动力锂离子电池产品中广泛应用的新一代正极材料为三元正极材料

NMC。Li Ni$_{1/3}$Mn$_{1/3}$Co$_{1/3}$O$_2$ 是镍钴锰酸锂三元正极材料 NMC 的始祖,目前已陆续开发出 532、622 和 811 等各类三元电池正极材料,随着其中镍含量递增,电池能量密度也相应得到了提高。为了进一步提高材料理论克容量(mA·h/g),科学家还在现有正极材料基础上探索一系列富锂氧化物,即 1 mol 正极材料参与电化学反应可产生大于 1 mol 或更多的 Li$^+$。综上所述,低 Co、高 Ni、富 Li 是正极材料近年来的发展趋势。

2. 负极活性材料

商品化的锂离子电池中广泛应用的碳负极材料大致可分为三类:硬碳、天然石墨和人造石墨[7]。

碳的容量和充电稳定性取决于它的 d_{002} 层间距(图 10-6)。当 $d_{002}=\approx0.344$ nm 时,容量达到最小值。在此基础上,减小层间距(更石墨化)或加大层间距(趋向于硬碳),容量都会提升。硬碳层间距大同时结构稳定,曾被作为适于锂离子反复脱嵌的主要负极材料进行过长期研究,但由于硬碳的体积密度低,首次循环不可逆容量损失大(影响材料利用效率),锂化/脱锂曲线的斜坡区数值偏高(影响全电池电位,如图 10-7 所示)等问题,后来逐步被石墨材料所取代,目前硬碳多用于负极掺混以提高电池的耐快充能力。

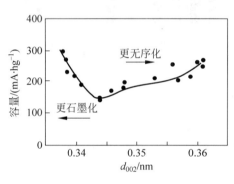

图 10-6 碳类型与容量的关系

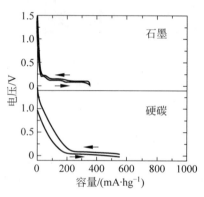

图 10-7 石墨和硬碳的充放电曲线

随着各类电解液有机溶剂、电解液成膜添加剂的发展,石墨负极材料的成膜质量(solid electrolyte interface,SEI)显著提升,石墨在 1995 年前后被大规模引入商用锂离子电池市场,到 2010 年前后已经基本成为最重要的负极材料。

其中,天然石墨由于其价格低、电势低且曲线平稳,成为锂离子电池负极材料最有前途的材料之一。另一方面,它具有两个主要缺点:倍率容量低、与某些种类电解质不相容。人造石墨有许多性质与天然石墨相同。另外,人造石墨有许多显著的优点,如纯度高、结构适用于 Li$^+$ 顺畅地嵌入和脱出等。然而由于需要高温处理前驱体,其加工成本较高。

目前,各类新型负极材料也得到了一定规模的应用,如具有更高能量密度的 SiC 类材料、具有良好低温特性和循环寿命的钛酸锂材料等;此外,各类新型碳材料如碳纳米管(CNT)、石墨烯等,也得到了研究领域的持续关注。

3. 除活性材料之外的其他正负极固相材料

电池正负极涂层中的物质不仅有电化学活性材料,还至少包括导电剂、粘结剂等功能性材料。以正极涂层为例,除各类正极活性材料外,还包括粘结剂如聚偏氟乙烯(PVDF)、导电剂如炭黑(CB)或石墨。其中,粘结剂对于保持材料涂层的完整性、保障电池寿命具有重要作用;而导电剂的存在改良了正极活性材料电子电导率不足的问题,导电剂的质量分数、分布均匀性、长短程导电能力(与导电剂种类有关)等特性对于电池的倍率能力具有关键影响。由于各类高电导碳材料具有不同的尺寸和形状,多类导电剂联合使用可同时增强电子的短程、长程传输能力,如同时使用小颗粒状炭黑、条状 CNT 等。

4. 电解液

电解液广泛分布于隔膜孔隙、正负极多孔电极孔隙和电池外包装内的其他自由位置。常用的液态电解质(电解液)通常由高纯度有机溶剂、锂盐以及具有特定功能的电解液添加剂组成。常用的有机溶剂有碳酸乙烯酯(EC)、碳酸二甲酯(DMC)、碳酸二乙酯(DEC)等。常用锂盐如 $LiPF_6$ 等,锂盐在有机溶剂中多呈现高度电离,常用浓度 1 mol/L 左右,锂盐浓度对于电解液的离子电导率具有重要影响,过高或过低的浓度都将造成电池性能下降。各类新型电解液添加剂如碳酸亚乙烯酯(VC)、磷酸三甲酯(TMP)等具有提高 SEI 膜成膜质量、降低电解液可燃性等功能,也是锂电材料科学研究的热点。

5. 隔膜

隔膜是锂离子电池中最重要的功能性部件之一,起到隔离并保护正负极的重要作用,一般认为需要具备良好的电子绝缘与离子通过性、一定的耐拉伸性和穿刺强度、合理的耐温性。微孔形态、孔径分布与孔隙率是隔膜的重要特征参数,对电池性能均有重要影响。常见隔膜材料为聚乙烯(PE)和聚丙烯(PP)。目前主流隔膜品种包括单层 PP、单层 PE 以及 3 层复合的 PP/PE/PP 膜。3 层复合的 PP/PE/PP 膜具有优良的综合温度特性:在较低温度下中间 PE 层闭孔以实现反应关断、产生一定程度的自保护特性;在更高温度下外侧 PP 才破膜,从而保障较好的耐热性。其中,PE 膜的闭孔温度通常在 130℃ 附近,破膜温度一般大于 145℃;PP 膜的闭孔温度在 150~160℃,破膜温度在 170℃ 左右。

另外,隔膜表层也可以涂覆高分子涂层、纳米陶瓷涂层等,以达到增强隔膜闭孔功能、改善电解液浸润性、降低隔膜热收缩率等效果。

6. 集流体与极耳

电子通路上的集流体为正极和负极材料的涂布载体,正极通常采用铝箔,负极采用铜箔,每片集流体金属箔材的双侧均涂有同极性的材料涂层。近年来,为了减少非活性材料用量、提高电池比能量,集流体箔材厚度不断降低,从 16 μm 逐渐下降到 10 μm 甚至 8 μm,负极箔材的极限厚度已经突破 6 μm。

电子通路上的极耳对内连接集流体(凸缘)、对外连接外电路,通常正极极耳材料为高纯度铝,负极极耳材料为镀镍铜,金属部分具有一定的机械强度。极耳与电池本体的封装是电池生产工艺中的重要问题,对于铝塑膜软包式电池(pouch cell),极耳除金属部分外,其两侧还常附有各类不同颜色的固态胶如动力电池常用的"白胶"等,以通过热压完成与铝塑膜内面的胶粘封装。不同类型电池内部的多层结构及极耳位置可参见图 10-8。

7. 外包装材料

除了上述离子通路与电子通路上的材料与部件之外,锂离子电池还需要外包装以完成限位、保护与液体储存。对于硬壳电池,常见的外包装材料包括不锈钢、铝(合金)以及非金属的高硬度塑料材料。对于软包电池,多采用具有三层或更多层复合结构的铝塑膜。铝塑膜材料要求具有极高的水汽阻隔性、良好的冲压成型特性、耐穿刺性及耐高温性,是软包电池的关键材料。其功能结构一般分为 3 层,层之间通过粘结剂粘接:外部尼龙层用于提高

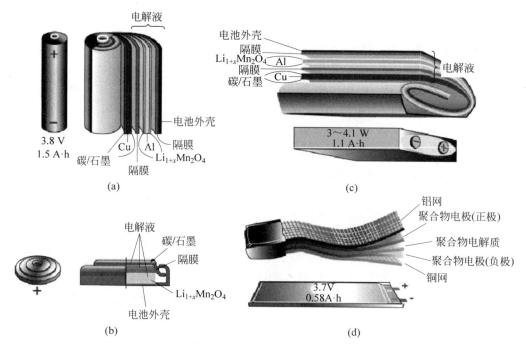

图 10-8　不同类型锂离子电池的多层结构与极耳位置（见文前彩图）
(a) 圆柱型；(b) 纽扣型；(c) 方形卷绕型；(d) 叠片型

电池耐磨性，中间铝金属层主要防止水汽侵入，内部 PP 或改性 PP 层可耐电解液腐蚀，同时具有热压自封功能以方便铝塑膜封边。为了容纳具有一定厚度的电芯，生产过程中要对铝塑膜进行冲坑，并要求拉深成型后铝塑膜的边角在电池使用寿命过程中不破裂、无漏点。铝塑膜自身结构的复杂性、铝塑膜冲坑与封装等工艺的复杂性已成为软包电池结构的主要挑战之一。

10.4　锂离子电池性能参数

常见的动力电池性能参数包括电池开路电压与端电压、电流与倍率、内阻与功率、荷电状态、健康状态等。根据电池的各类性能参数进行车用动力电池的在线管理，是电动汽车动力系统控制的重要任务之一。

1. 开路电压与端电压

电池的开路电压（open circuit voltage，OCV）是在开路状态下电池两端测得的电压，主要与电池正负极材料选型及荷电状态（state of charge，SOC）有关。某一电极在溶液中的标准平衡电势可通过与标准氢电极相比来确定数值，锂离子电池的 OCV 可视为正负极材料标准平衡电势之差。常见的石墨负极锂离子电池 OCV 在 3.2~3.8 V。按照电池 OCV 随 SOC 的变化规律，可将 OCV 分成平坦型（如磷酸铁锂正极的锂离子电池）与近似线性型（如锰酸锂正极的锂离子电池）。某磷酸铁锂与某锰酸锂正极的锂离子电池 SOC-OCV 曲线如图 10-9 所示。

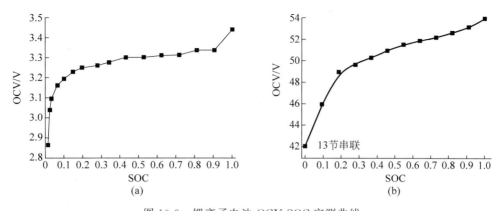

图 10-9 锂离子电池 OCV-SOC 实测曲线

(a) 磷酸铁锂正极的锂离子电池；(b) 锰酸锂正极的锂离子电池(13 节串联)

电池端电压(terminal voltage)是指电池带有负载时正负极两端的实际电压,也称为工作电压。电池放电过程中的典型端电压曲线如图 10-10 所示。应注意的是,为了保证电池不发生不可逆损伤,电池的端电压应限制在合理范围内,其上下限称为截止电压。电池端电压 V_t 可简单示意为

$$V_t = E - RI \tag{10-5}$$

式中,E 为该时刻 SOC 对应的开路电压,V;I 为放电电流(规定放电为正),A;R 为直流电阻,Ω。

由图 10-10 可见,端电压的头部具有显著的瞬态过程特征,更为精确的端电压输出特性需要依靠电池的电化学或者等效电路模型计算得到(可参见 10.5 节)。

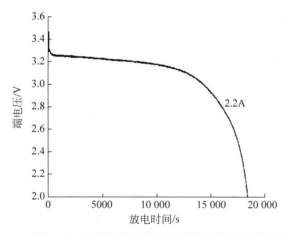

图 10-10 某 11 A·h 锂离子电池恒流放电过程中的端电压曲线

2. 绝对电流、相对电流倍率与电池容量

描述锂离子电池工作电流时,可用相对电流倍率值(单位:C)代替电流绝对值(单位:A),以便于对比不同容量电池(单位:A·h)的工作强度。若电池在 x 小时从满电态被放电成空电态,那么其放电倍率则为 $1/x$ C。表 10-2 给出了锂离子电池在实验室或车辆道路特征工况下的常见电流倍率数值。

表 10-2 锂离子电池的倍率范围及其特征条件(数值为约数,仅供做量级参考)

倍率(约数)	特征工况	备注
1/25 C	多用于实验室条件下极低倍率放电	以测量电池的热力学容量(最大可用容量)
1/5 C	某电动车(EV)电池平均工作电流	
1 C	某电动车(EV)用高能量型电池的最大放电电流	EV 上坡、加速等工况
8 C	某混合动力汽车(HEV)用高功率型电池的最大放电电流	HEV 上坡、加速等工况
100 C	某钴酸锂单材料颗粒放电实验中,可保持80%容量的电流	材料颗粒的放电电流极限

电池容量是指电池能够放出的电量大小,一般以安时($A \cdot h$)为单位($1 A \cdot h = 3600 C$,其中,C 为电量单位库)。对于锂离子电池而言,电池容量与电池正负极材料选取、电池体积、电流倍率以及电池健康状态有关。可将极低放电倍率(如 1/25C)条件下电池所放出的实际容量认为是电池所能放出的最大热力学容量。随着电池放电倍率的增加,其实际容量(以到达某预设的截止电压为准)会逐渐减小,两者之间的关系可以通过 Peukert Law 进行描述,其表达式简写为

$$\frac{Q}{Q_0} = \left(\frac{I_0}{I}\right)^{k-1}, \quad k > 1 \tag{10-6}$$

式中,I 为实际电流,A;Q 为实际容量,$A \cdot h$ 或 C(库);Q_0 为电池在标准电流 I_0 下的额定容量,$A \cdot h$ 或 C(库)。k 越接近于 1,电池的耐高倍率放电能力越好。

3. 直流内阻与交流阻抗

电池内阻是电池功率特性的重要指标,同时还直接影响电池产热。一般来说,对于同类电池,电池容量越高,其相应的内阻就越小(容量增加可理解为多个电池并联,从而内阻成倍缩小)。表 10-3 列出了几种不同种类锂离子电池使用电流阶跃法测得的直流内阻数值,供读者了解常见容量电池的内阻范围。

表 10-3 某几类锂离子电池实测直流内阻

电池构型	电池容量/($A \cdot h$)	电池内阻/$m\Omega$
某 18650 圆柱形电池	3	约 50
某软包电池 1	22	约 5
某软包电池 2	32	约 1.5
某方形电池	80	约 0.5

电池直流内阻的存在说明,电池在电能与化学能的相互转化过程中将不可避免地产生热损耗,其能量转换效率低于 100%。但同时,电池内阻还具有保护电池不产生过流的重要作用。电池生产过程质量控制的重要目标之一即为控制电池内阻在合理的范围内且尽量实现一致。

以下介绍两类获取电池直流内阻的常见方法,即稳态电压电流法(VI 法)与瞬态间断电流法(IC 法),两种方法的示意图如图 10-11 所示。VI 法的基本步骤包括:①获取电池在不同恒流放电倍率下的放电曲线,横轴进行容量归一化后,得到电压随放电深度(depth of discharge, DOD)变化的曲线;②对上述曲线进行多条垂线纵截,根据交点位置绘制出不同放电深度条件下的电压-电流曲线,即 $V-I$ 曲线;③对 $V-I$ 各条曲线进行线性拟合,得到不

同放电深度下 V-I 斜率,即为电池在不同放电深度下的直流内阻。IC 法的基本步骤更为简单,即对电池以间断电流的方法进行激励,得到的输出电压的示意图如图 10-11(b)所示,直流内阻的计算公式为

$$R = \frac{V_0 - V_{t_x}}{I} \tag{10-7}$$

式中,R 为直流阻抗,Ω;V_0 为电流被切断时刻对应的电池电压,V;V_{t_x} 为 t_x 时刻对应的电池电压值,V;I 为电流阶跃值,A。

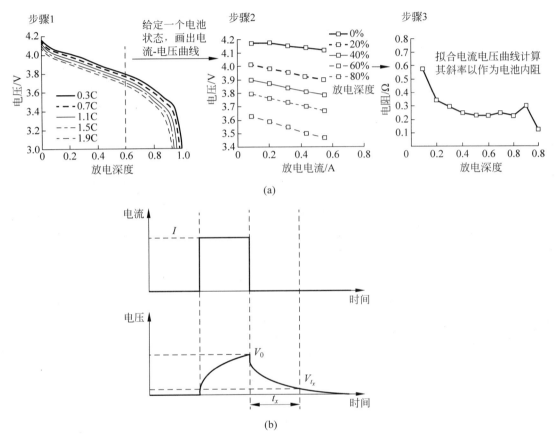

图 10-11 测量电池直流内阻的方法
(a) VI 法;(b) IC 法

由于稳态 VI 法需要持续放电,对于一般的大型电池其温升将较高,从而导致测量过程中电池内阻值发生变化;而瞬态 IC 法可较好地规避持续放电带来的温升问题,但其主要困难在于特征时间 t_x 的合理选择。由于电池内部不同物理过程的时间常数存在差异,选取的特征时间不同,IC 法所得的内阻成分也不相同。如需提取得到高频的内阻(如 1 kHz 附近的欧姆内阻成分),对于 IC 法,应特别注意选取较高的采样频率。直流内阻的定义虽然简单,但其准确测量需要较多工程经验,感兴趣的读者可参见文献[12-13]。

如前所述,电池内部的各个瞬态过程各具有不同的时间常数,因此,在不同频率的交流激励下,电池将展现出不同数值的交流阻抗,这一不同频率下的阻抗特征称为电池的电化学

阻抗谱（electrochemical impedance spectroscopy，EIS），可由电池的电化学测试设备测量得到。

通过试验得到的典型锂离子 EIS 结果通常如图 10-12 所示，图中各点对应不同频率，高频在左、低频在右，图中坐标轴对应于实轴-负虚轴组成的复平面，与 Nyquist 图近似。

由图可见，锂离子电池的 EIS 曲线分布在较宽的频带上，不同频率范围对应电池内部不同的物理化学过程。EIS 曲线 Nyquist 图的形态特征如实轴上的点、平行虚轴的垂线、来自于某半圆的圆弧等带来启发：电池的电流-电压输入-输出关系可由 RC 元件串并联电路进行等效模拟，该内容将在 10.5 节详述。

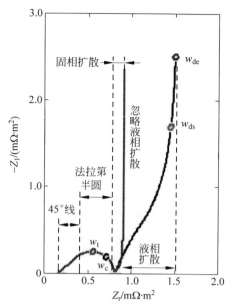

图 10-12 某典型锂离子电池 EIS 曲线

4. 荷电状态与健康状态

电池的荷电状态（SOC）是指电池目前可用容量与满充条件下总容量的比值，其范围在 $0\sim100\%$。由于电池 SOC 与纯电动车续驶里程估计、混合动力汽车（HEV）的动力分配等问题密切相关，SOC 估计是电池管理系统（BMS）的重要任务之一。关于 SOC 估计方法的历史沿革与关键问题，感兴趣的读者可参见文献[17]。

电池的健康状态（state of health，SOH）也是重要的电池参数，其定义存在多种方法，如可定义为电池当前最大放电容量与初始状态下最大放电容量的比值，也可使用内阻增长等进行定义。电池的健康状态与电池的老化过程密切相关，受到多种因素影响，如温度、充放电电流、充放电截止电压、外部机械加载等。对于多因素电池老化试验感兴趣的读者可参见文献[18,19]。

为了学术研究方便，大量文献中还定义了描述电池状态的更多参数，如电池的功率能力（state of power，SOP），电池的能量状态（state of energy，SOE），电池的安全状态（state of safety，SOS）等，在此不再详述。

10.5 锂离子电池常用模型

锂离子电池是多种物理化学过程耦合的复杂系统，其内部既有物质传输，也有热量产生与传递，还存在电极电化学反应过程。对于各类过程，均有相应的模型（常用一个或数个控制方程）进行描述，由于模型方程多呈现高阶偏微分形式、多物性耦合、边界条件复杂，造成解析求解控制方程组可能存在困难，此时可借助仿真技术对电池模型采取数值方法进行求解。

本节介绍电池模型中最重要的两类：描述电池电学输入-输出关系的电化学模型与等效电路模型，以及描述电池产热—内部导热—对外散热能力与温度演化的热模型。

1. 电化学模型

电化学模型建立在物质传输理论、热力学、电极反应动力学等知识基础上,涉及电池内部各材料的本征参数数目众多且部分较难准确获得,同时构成模型的数个方程形式较为复杂,电化学模型一般仅用于电池本体的设计分析中。电化学模型中最有代表性的是 Newman P2D(准二维)模型,该模型在 1993 年前后由 John Newman 教授团队提出,采用如图 10-13 所示的一个宏观维度(锂离子传输线方向 x)和一个微观维度(活性材料颗粒的径向 r),模型采用典型的体积平均方法,其特征如:仿真区域内任意几何位置点固液两相共存;一套控制方程适用于整个模拟域;采用平均的曲折系数和孔隙率;采用等效参数(如等效固相电子电导率/等效液相离子电导率)反映多孔结构对动力学过程的影响;模拟域不包含导电剂、粘结剂,而仅通过定义等效固相电子电导率来反映导电剂的影响。

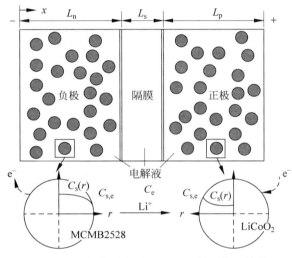

图 10-13 锂离子电池 Newman 模型物理结构

Newman P2D 模型可归纳为 6 个主要方程,由于涉及参数众多、方程形式复杂,本书不再赘述,感兴趣的读者可参阅文献[20-21]。以下简单描述这 6 个主要方程的内容。

方程(1):固相颗粒内部扩散方程(Fick 第二定律),描述离子在固相颗粒径向的浓度扩散行为;

方程(2):固相电势方程(欧姆定律),描述电子在固相传输的导电行为;

方程(3):液相电势方程(Nernst-Planck 方程),描述离子在液相的电迁移和浓度扩散;

方程(4):物质守恒方程,描述离子在液相的浓度变化;

方程(5):电荷守恒;

方程(6):反应动力学方程(Butler-Volmer 方程)。

其中方程(1)~(3)描述了物质输运过程,其特征总结如表 10-4 所示。

表 10-4 Newman 模型中的物质输运方程

序号	对象	所在相	维度	行为	定律
方程(1)	离子	固相	r(径向)	浓差驱动扩散	Fick 第二定律
方程(2)	电子	固相	x	电场驱动导电	欧姆定律
方程(3)	离子	液相	x	扩散与导电	Nernst-Planck 方程

Newman P2D 模型需要数十个参数,包括电极结构参数、热力学参数和动力学参数等,部分参数如表 10-5 所示。其中动力学参数的准确获取存在较大困难,目前,不同文献中援引的某些关键参数如固相扩散系数等依然存在 5 个数量级左右的差异。模型参数众多、高敏感性参数难以准确获取,这一情况影响了电化学模型的实用精度。

表 10-5 Newman 模型控制方程所需参数(部分)

电极结构参数	正负极颗粒半径 r_p	正负极活性物质体积分数 ε_{AM}
	正极、负极、隔膜厚度 l	正负极液相体积分数 ε_l
热力学参数	正负极电位-嵌锂量曲线	正负极颗粒最大锂离子浓度 $c_{s,max}$
动力学参数	正负极颗粒锂离子扩散系数 D_s	锂离子液相扩散系数 D_l
	锂离子固相电导率 σ_{eff}	锂离子液相电导率 $\kappa_{eff,l}$
	锂离子迁移数 t_+	多孔电极 SEI 膜阻 R_{film}^p
	多孔电极双电层电容 C_{dl}^p	正负极电化学反应速率常数 κ

Newman 电化学模型具有实体设计参数(如各尺寸),且可直观地输出电池内部信息如锂离子浓度分布、电势与电流密度、活性材料利用率等,这些特征使得电化学模型成为电池本体设计的必备理论工具。需要注意的是,20 余年来,尽管 Newman 模型得到了广泛应用,但由于其采用了体积平均假设,忽略了多种组分占位和微观多孔结构特征,Newman 模型对分相(固/液)锂离子浓度的模拟存在一定误差。近年来,在电池电极尺度上,采用非体积平均方法的电化学模型得到了广泛关注,这类模型要求真实描述电极内部的各类材料占位与多孔微观结构,与采用体积平均方法的电化学模型相比,更适宜作为电极结构设计和工艺设计的理论工具。非体积平均电极电化学建模要求在多孔结构代数或几何表征方法、多类材料颗粒的掺混形态与导电剂网络、各类材料本征动力学参数测定、大规模数值运算等多个方向实现突破,具有非常高的理论难度和挑战性。

2. 等效电路模型

由于锂离子电池固液界面位置存在类似于平行板电容器结构的双电层结构,当给定电流阶跃时,电极上同时存在法拉第过程和非法拉第过程,后者的双电层充电行为与平行板电容器充电类似,将造成电池端电压变化呈现类似于电容器的典型瞬态过程特征。

受到锂离子电池频域电化学阻抗谱 EIS 测量结果 Nyquist 图形态的启发,如图 10-14 所示,可使用 R、C 等基本元件的组合构成电路,以描述电池电流-电压的输入-输出关系,此类模型称为电池的等效电路模型(equivalent circuit model,ECM)。

根据电路复杂程度的不同,锂离子电池的等效电路模型又有不同形式。仅考虑电池内部对电子传输的阻碍效应,可使用纯电阻简单等效电路模型,如图 10-14(a)所示;为了提高对电压瞬态响应过程的描述精度,可在电阻上串联 1 个 RC 并联电路,如图 10-14(b)所示;为了区分不同动力过程的时间常数,可串联 2 个 RC 并联电路,如图 10-14(c)所示。常采用图 10-14(b)或图 10-14(c)对电池 EIS 测量结果进行 ECM 参数拟合。

由于锂离子电池的等效电路模型参数数目少、拟合过程简单(如使用恒流放电曲线对参数进行最小二乘法拟合),采用等效电路模型即可对其电流-电压的输入-输出关系进行较高精度的模拟。一般地,对于电池本体设计,推荐使用电池的电化学模型;而对于电池组计算仿真或含有电池的大系统仿真(如车辆动力系统仿真等),采用等效电路模型进行电池模拟

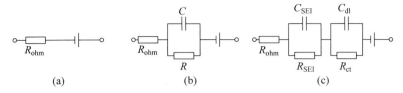

图 10-14 锂离子电池常用等效电路模型

(a) 纯电阻；(b) 串联 1 个 RC 并联电路；(c) 串联 2 个 RC 并联电路

可达到更高的实际精度，模型参数辨识也更为简单易行。

3. 热模型与热电耦合

电池在充放电过程中常伴随着热量的产生和传递，电池表面与外部环境之间也存在热交换，上述"产热－内部导热－对外散热"三个部分的数量关系造成了电池本体的温度存在时间演变和空间分布。本节介绍进行电池温度模拟的模型工具即电池的热模型，并从热物性参数、产热率等角度介绍热模型中各类参数的获取方法。

对任一局部微元，其温度可由式(10-8)求取：

$$\rho C_p \frac{\partial T}{\partial t} = q_c + q_g \tag{10-8}$$

式中，ρ 为微元的密度，kg/m^3；C_p 为恒压比热容，$J/(kg \cdot K)$；T 为微元的绝对温度，K；q_c 为微元各向导热率的总和，W/m^3；q_g 为微元自身的产热率，W/m^3。其中，微元的导热率 q_c 为

$$q_c = \nabla \cdot (k \nabla T) \tag{10-9}$$

式中，k 为微元的导热系数，$W/(m \cdot K)$。其展开方法与电池的结构与坐标选取有关。

对于形如图 10-15(a)所示的圆柱形电池（忽略角向导热差异），式(10-9)的展开式如下：

$$q_c = k_r \left(\frac{\partial T^2}{\partial^2 r} + \frac{1}{r} \frac{\partial T}{\partial r} \right) + k_z \frac{\partial T^2}{\partial^2 z} \tag{10-10}$$

对于形如图 10-15(b)、10-15(c)的三维电池结构，式(10-9)的展开式如下：

$$q_c = \frac{\partial}{\partial x}\left(k_x \frac{\partial T}{\partial x}\right) + \frac{\partial}{\partial y}\left(k_y \frac{\partial T}{\partial y}\right) + \frac{\partial}{\partial z}\left(k_z \frac{\partial T}{\partial z}\right) \tag{10-11}$$

电池表面的微元与外部环境在外法线方向上的热量交换给定了式(10-9)的边界条件：

$$k \nabla T \cdot \vec{n} = -h(T - T_a) \tag{10-12}$$

式中，h 为电池与外部环境的对流换热系数，$W/(m^2 \cdot K)$；T_a 为外部环境的绝对温度，K。

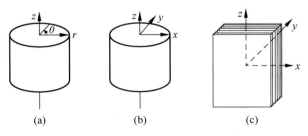

图 10-15 几种常见的电池结构

(a) 圆柱式；(b) 方形卷绕式；(c) 方形叠片式

1) 热模型中的热物性参数

电池热模型中的热物性参数至少包括比热容和导热系数,如表 10-6 所示。

表 10-6 电池基本热物性参数

	符号	单位	测量方法	测量难度
比热容	C_p	J/(g·K)	热阻抗谱法、冷却法、差分扫描量热仪、热流式量热仪	测量方法成熟,测量精度较高
导热系数(热导率)	k	W/(m·K)	稳态法、闪射法	现有导热测量仪器的实测精度极低

尽管测量单一材料的导热系数已经存在一些通用方法或商用仪器,但电池特殊的结构决定了这些方法对于电池导热系数的测量可能存在较为严重的精度问题。

第一,湿式结构、原位测量。电池结构内普遍装有电解质,其相态多以液态为主(少数为凝胶态或固态)且存在较强的挥发性。为了准确获取热物性参数,其测量必须在原位条件下进行,以保证电解液不流失。

第二,接触热阻。以层叠式结构的电池为例,其外包装多为柔韧的多层结构铝塑膜,铝塑膜的热物性与电池本体(电芯)有较大的不同,需要在测量时单独考虑。同时,在铝塑膜与电芯之间、电芯的不同层之间均存在接触热阻,这一接触热阻形成了厚度极小但温度突变明显的界面层,对整体物性参数尤其是导热系数存在显著影响。

第三,导热系数具有显著的各向异性。以层叠式电池为例,其内部由多层结构组成,每层结构具有不同的材质和厚度。这些材质既包括 Al、Cu 等金属,也包括 PP 或 PE 等有机物,还包括多孔结构的材料混合物。其中,金属材料的导热系数明显高于材料涂层或有机层,因此,层叠式电池在层内方向(展向/切向)与层间方向(法向)具有相异的导热系数。由于每层结构的厚度非常小,常在数微米到数百微米,将温度在各层进行解析不仅耗费计算量,也无实际的必要,因此,在实际的建模过程中,常将电池看作均质但各向异性的材质进行整体化处理。

由于以上三个特点,为了获得准确的电池热物性参数,需要设计新的原位测量方法,在充分考虑上述特点的基础上进行电池比热容与导热系数的测量。文献[23]对各类文献中现存的比热容、导热系数测定方法进行了综述,并介绍了一种可同时获得电池多个热参数的高精度测定方法:瞬态平面加热实验与数值模拟联合的逆向推定方法。根据这一方法获得的某铝塑膜软包电池的比热容、导热系数如图 10-16 所示,图中还比较了电池的热物性参数与其他常见材质的大小关系。从中可以看出,电池导热能力存在显著的各向异性:沿极片伸展方向(切向)的导热系数远高于穿越极片方向(法向)的该系数,两者相差 40~50 倍。

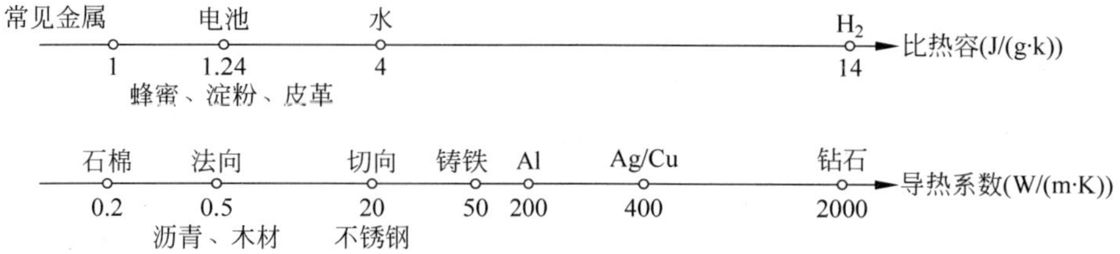

图 10-16 电池的热物性参数与常见物质对比

2)热模型中的产热率计算方法

电池的产热率是电池热模型中最重要的源项。产热率计算的困难表现在:第一,产热率与工况有关,表现为产热率是电流、温度的非线性函数,在电池的动态工作过程中呈现强时变性;第二,产热率与电池状态如 SOC、SOH 等有关,在电池单次工作中(SOC 发生变化)或多次工作前后(SOH 发生变化),其产热率都因电池状态的差异而发生变化。

目前,在电池热模型中广泛使用的产热率计算公式是 Bernardi 方程,对于放电过程,在忽略混合热和相变热后,其放热率的表达式如下:

$$q_c = q_{irre} + q_{re} = I(V-U) + IT\frac{\partial U}{\partial T} = I^2 R + IT\frac{\partial U}{\partial T} \tag{10-13}$$

式中,I 为电流(充电为正,放电为负),A;V、U 为电池的端电压与开路电压,V;T 为温度,K;R 为电池电阻,Ω。

式(10-13)计算产热率的基本思想是:将电池在工作过程中的产热分为不可逆热(q_{irre})和可逆热(q_{re})两部分,从式中可见,计算不可逆热的关键是电池过电位或内阻的正确求取,而计算可逆热的关键在于获得熵系数即 $\frac{\partial U}{\partial T}$ 项。表 10-7 介绍了两类产热的各类计算方法,感兴趣的读者可参见文献[12,13]进行深入了解。图 10-17 和图 10-18 分别给出了某电池实测的直流内阻曲线与熵系数曲线。

表 10-7 锂离子电池产热计算方法总表

产 热 项	方 法 名 称		方 法 特 点
不可逆产热	能量法		假设可逆热在充电、放电过程中大小相等,符号相反,对在充电、放电过程中电池测试台输入电池的总能量进行加总平均,其结果即为电池的不可逆产热
	求取电池内阻	VI 法(属稳态法)	参见图 10-11
		电流间断法(属瞬态法)	
		电化学阻抗谱(EIS)法(属瞬态法)	参见图 10-12
可逆产热	量压法		在各 SOC 下测量不同温度下的开路电压,开路电压随温度变化曲线的斜率即为熵热系数
	量热法		假设充电、放电过程中不可逆热大小相等,符号一致,可逆热大小相等,符号相反,对充电、放电过程中产热量作差取一半,其结果即为电池的可逆产热

3)热模型其他输入项

由于电池在工作过程中需要与导线(或铜排)进行电连接,为了进一步提高热模型精度,还需额外考虑极耳与导线连接造成的接触电阻产热以及电池本体与导线之间的热交换。某些接触电阻的标定工作说明(参考文献[24]),极耳与导线的接触电阻与极耳本身的纯电阻具有类似的数量级,前者应进行标定后作为独立的产热项代入热模型。

4)热电耦合

在电化学模型中反应速率系数 κ、固相扩散系数 D_s 等动力学参数与温度有关,通常情况下,采用阿伦尼乌斯(Arrhenius)公式对其进行修正:

$$X_T = X_{Tref} \exp\left[\frac{E_a}{R}\left(\frac{1}{T_{ref}} - \frac{1}{T}\right)\right] \tag{10-14}$$

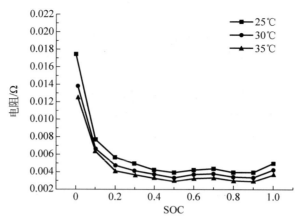

图 10-17　某电池直流内阻随温度和荷电状态的变化曲线

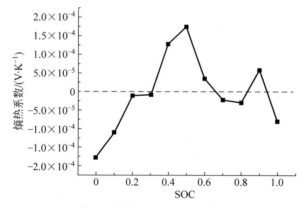

图 10-18　某电池熵热系数随荷电状态的变化曲线

式中，X_T 为参数在温度 T 下的修正值；$X_{T_{ref}}$ 为参数在参考温度下的值；E_a 为活化能；R 为气体摩尔常数；T_{ref} 为参考温度。

因此，电池的 Newman 电化学模型与热模型之间存在双向耦合关系，即电化学模型得到的电流、电位影响了电池产热率，而热模型的输出即温度又进而影响了电化学模型中各动力学参数取值。大型动力电池的高精度建模仿真一般都需考虑热电耦合。热电双向耦合的机理示意图如图 10-19 所示。

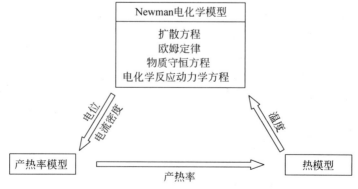

图 10-19　热电双向耦合机理示意图

思考与练习题

10-1 简答题：某 LiCoO₂/石墨体系的锂离子电池正在放电，请按照电子传输的方向依次写出电化学反应界面上产生的电子其通路上所有材料或部件的名称。

10-2 简答题：某 LiCoO₂/石墨体系的锂离子电池，在哪些材料与部件中存在金属元素？

10-3 简答题：请查阅资料，简单叙述在锂离子电池发明之前，还有哪些常用的电池材料体系，并列举它们的正极材料、负极材料和标称电压。

10-4 简答题：请列举你在使用手机过程中，与手机电池特性相关的3个有趣现象（如小明同学说："连续长时间打电话，电池的电量掉得特别快"）。

10-5 选择题：下列哪些锂离子电池常用材料或部件是多孔结构？（多选）
   A. 隔膜
   B. 集流体
   C. 正极极片上的材料涂层
   D. 铝塑膜外包装

10-6 选择题：以下哪些同学采用的直流电流数值可能是适当的？（多选）
   A. 在实验室测量一节 25 A·h 电池的最大热力学容量，用 1 A
   B. 模拟一个车用 50 A·h/450 V 电池包的道路工况平均功率，用 500 A
   C. 对 1 节 18650 电池正常充电，用 20 A
   D. 在实验室研究一只纽扣式电池的快速充电能力，用 1 A

10-7 选择题：一位进行电池实验的同学，他/她有哪些做法是错误的？（多选）
   A. 佩戴银质手镯
   B. 用绝缘胶带包裹双头扳手的一端后，用另一端进行电池装卸
   C. 提前洗净手并擦拭干燥
   D. 拿铜托盘准备盛放电池

10-8 计算题：T_n、T_s、T_p 分别代表一款层叠式电池的负极片、隔膜、正极片厚度，N_p 为该电池的正极片数，利用以上参数表示出该单体电池理论厚度 T_{core}。（注释：电池外侧均为负极极片，不考虑铝塑膜厚度、绝缘保护层厚度等，不考虑压缩性，所有正极或负极片厚度均一致，T_n/T_p 为考虑了双面涂布后的厚度）

10-9 计算题：计算理想电池体系磷酸铁锂/石墨（LiFePO₄/C）的单位质量容量、能量。
   (a) 理想：仅含有活性正负极材料的体系，不考虑其他非活性部件，材料发挥最大能力；
   (b) 电池 OCV = 3.2 V；
   (c) 法拉第常数 $F = 96\,485$ C/mol，Li：7 g/mol，C：12 g/mol，O：16 g/mol，P：31 g/mol，Fe：56 g/mol。

10-10 计算题：一款层叠式 25 A·h 的软包电池，其厚度方向上的尺度远小于展向平面的尺度，忽略其厚度方向上的温度分布。请自行假设所需参数的符号，写出该电池展向（切向）平面上的二维传热方程和边界条件。（注释：对于图中各微元，仅考虑黑框边界处微元与环境的对流换热）

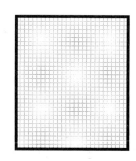

参 考 文 献

[1] HUANG P H,KUO,J K,& HUANG,C Y. A new application of the UltraBattery to hybrid fuel cell vehicles[J]. International Journal of Energy Research,2016,40(2):146-159.

[2] DURAMAN N P H,LIM K L,& CHAN S L I. Batteries for remote area power(RAP)supply systems[J]. Advances in Batteries for Medium and Large-Scale Energy Storage,2015:563-586.

[3] CHAWLA N,BHARTI N,SINGH S. Recent advances in non-flammable electrolytes for safer lithium-ion batteries[J]. Batteries,2019,5(1):19.

[4] ZHANG W J. A review of the electrochemical performance of alloy anodes for lithium-ion batteries [J]. Journal of Power Sources,2011,196(1):13-24.

[5] XU B,QIAN D,WANG Z,et al. Recent progress in cathode materials research for advanced lithium ion batteries[J]. Materials Science and Engineering,2012,73(5-6):51-65.

[6] 吴怡芳,白利锋,王鹏飞,等. 锂离子电池正极材料研究[J]. 电源技术,2019,43(09):1547-1550.

[7] [日]义夫正树,[美]布拉德,[日]小泽昭弥,等. 锂离子电池——科学与技术[M]. 北京:化学工业出版社,2014.

[8] LI M,LU J,CHEN Z,et al. 30 years of lithium-ion batteries[J]. Advanced Materials,2018,30 (33):1800561.

[9] 王畅,吴大勇. 锂离子电池隔膜及技术进展[J]. 储能科学与技术,2016,5(2):20-28.

[10] 操建华,于晓慧,唐代华,等. 锂电隔膜研究及产业技术进展[J]. 中国科学:化学,2014(7):1125-1149.

[11] 孟凡伟. 锂离子电池的相关设计与性能研究[D]. 北京:北京理工大学,2015.

[12] 张剑波,李哲,吴彬. 锂离子电池结构设计理论与应用[M]. 北京:中国科学技术出版社,2016.

[13] ZHANG J B,HUANG J,ZHE LI Z,et al. Comparison and validation of methods for estimating heat generation rate of large-format lithium-ion batteries[J]. Journal of Thermal Analysis and Calorimetry,2014,117(1):447-461.

[14] 巴德,福克纳. 电化学方法——原理与应用[M]. 2版. 北京:化学工业出版社,2005.

[15] 欧瑞姆,特瑞博勒特. 电化学阻抗谱[M]. 北京:化学工业出版社,2014.

[16] HUANG J,ZHANG J. Theory of impedance response of porous electrodes:simplifications, inhomogeneities,non-stationarities and applications[J]. Journal of The Electrochemical Society,2016, 163(9):A1983-A2000.

[17] LI Z,HUANG J,LIAW Y B,et al. On state-of-charge determination for lithium-ion batteries[J]. Journal of Power Sources,2017(348):281-301.

[18] SU L S,ZHANG J B,WANG C J,et al. Identifying main factors of capacity fading in lithium ion cells using orthogonal design of experiments[J]. Applied Energy,2016,163:201-210.

[19] SU L S, ZHANG J B, HUANG J, et al. Path dependence of lithium ion cells aging under storage conditions[J]. Journal of Power Sources, 2016, 315, 35-46.

[20] DOYLE M, FULLER T F, NEWMAN J. Modeling of galvanostatic charge and discharge of the lithium polymer insertion cell[J]. Journal of the Electrochemical Society, 1993, 140(6): 1526-1533.

[21] NEWMAN J, THOMAS K E, HAFEZI H, et al. Modeling of lithium-ion batteries[J]. Journal of Power Sources, 2003, 119(SI): 838-843.

[22] 李光远, 马彦. 锂离子电池电化学建模及其简化方法[J]. 吉林大学学报(信息科学版), 2018, 36(3): 41-49.

[23] ZHANG J B, WU B, LI Z, et al. Simultaneous estimation of thermal parameters for large-format laminated lithium-ion batteries[J]. Journal of Power Sources, 2014, 259: 106-116.

[24] WU B, LI Z, ZHANG J B. Thermal design for the pouch-type large-format lithium-ion batteries. I. Thermo-electrical modeling and origins of temperature non-uniformity[J]. Journal of The Electrochemical Society, 2015, 162(1): A181-A191.

第 11 章 燃料电池系统工作原理

本章在介绍燃料电池的基本概念和分类基础上,重点针对常见的车用质子交换膜燃料电池系统,从燃料电池单体、电堆、发动机和动力系统多个层次,阐述基本工作原理和工作特性。

11.1 燃料电池概述

燃料电池(fuel cell,FC)是一种把燃料所具有的化学能直接转换成电能的电化学装置,又称电化学发电器。燃料电池有两个基本特点:一是通过电化学反应将化学能转化为电能;二是在工作过程中与外界存在持续的物质和能量的交换,是一个开放系统。

根据所用电解质、燃料组分和工作温度等的不同,如图 11-1 所示,燃料电池可以分为以下五类。

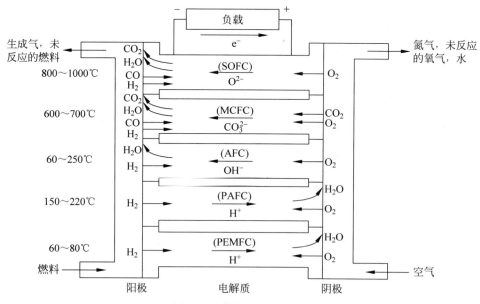

图 11-1 燃料电池的分类

1. 质子交换膜燃料电池(proton exchange membrane fuel cell,PEMFC)

质子交换膜燃料电池又称为聚合物膜(polymer electrolyte membrane,PEM)燃料电池,采用能够传导质子的聚合物膜作为电解质,比如全氟磺酸膜。质子在膜中的传导要依靠水,质子交换膜只有在充分润湿的情况下才能有效传递质子。PEMFC 的工作温度通常低于水的沸点,一般在 60~80℃。催化剂通常为碳载铂(Pt)。PEMFC 具有工作温度低、功率密度高、动态响应快等优点。但质子交换膜等材料价格昂贵,使得电池制造成本较高。同时,Pt 对 CO 较为敏感,易中毒。PEMFC 适用范围广泛,包括固定式发电、便携式电源和交通运输,被视为一种理想的汽车动力源。

直接甲醇燃料电池(direct methanol fuel cell,DMFC)可视为PEMFC的一类,本质上是一种利用甲醇代替氢作为燃料的聚合物膜燃料电池。

2. 磷酸燃料电池(phosphoric acid fuel cell,PAFC)

采用约100%的磷酸作为电解质,工作温度为150~220℃。保存磷酸的基体通常为碳化硅(SiC),催化剂为铂。PAFC具有稳定性好和腐蚀性低的特点。工业界可以制造从几十千瓦到几十兆瓦的磷酸燃料电池发电装置,在固定发电站领域有广泛应用。

3. 碱性燃料电池(alkaline fuel cell,AFC)

AFC的电解质通常为氢氧化钾(KOH),工作温度为60~250℃。低温工作时,采用质量分数为35%~50%的KOH电解质;高温度工作时,采用质量分数为85%的KOH电解质。碱性电解质的交换电流密度比酸性电解质高,反应更容易进行,因而不必采用铂等贵金属作为催化剂,可采用镍、银等较便宜的金属催化剂。AFC多应用于宇宙飞船、潜艇系统等。

4. 熔融碳酸盐燃料电池(molten carbonate fuel cell,MCFC)

MCFC的电解质多采用碱性金属和碳酸盐混合而成,通常为Li_2CO_3-Na_2CO_3或者Li_2CO_3-K_2CO_3的混合物熔盐,浸在用$LiAlO_2$制成的多孔隔膜中,高温时呈熔融状态,对碳酸根离子(导电离子)具有很好的传导作用。MCFC不需要贵金属Pt等作催化剂,制造成本低。MCFC的工作温度通常为600~700℃,由于工作温度高,氢气的氧化反应和氧气的还原反应活性足够高。MCFC工作性能好,能量转化效率高。该电池可以用天然气作为燃料。处于高温下的废气也可以被设计用于各种用途,从而提高系统效率。MCFC主要应用于大规模固定发电领域,适合于工业和分布式发电。

5. 固体氧化物燃料电池(solid oxide fuel cell,SOFC)

采用致密的固体氧化物作为电解质,最常用的是氧化钇稳态氧化锆(Y_2O_3 stabilized ZrO_2,YSZ),工作温度为800~1000℃。SOFC不受进气CO的影响,对燃料纯度要求低。SOFC在热管理、密封和启停方面技术难度较大,主要应用于便携式系统、军事应用、固定发电和建筑能源等领域。近年来,SOFC也在尝试用作车用动力。

11.2 质子交换膜燃料电池工作原理

11.2.1 基本原理

质子交换膜燃料电池(以下简称燃料电池)的核心是聚合物膜(PEM,又称为质子交换膜)。该膜可传导质子但不传递电子,透气率极低,用作电解质。PEM膜的两侧是催化剂层(catalyst layer,CL)。聚合物膜、催化剂层被挤压在两个多孔且导电的电极之间。这些电极通常由碳纤维布或碳纤维纸制成,主要功能为传输物质(空气/氧气、氢气、水蒸气和液态水等)和导电,又称为气体扩散层(gas diffusion layer,GDL)。聚合物膜、催化剂层和气体扩散层,组成了燃料电池的核心部件——膜电极(membrane electrode assembly,MEA)。膜电极的外侧是双极板(bipolar plate,BP),又叫流场板或集流板。双极板通常具有多层流道结构:两侧表面流道分别流经氢气、空气(或氧气),并排出反应生成的水(包括气态水和液态水);内部流道流经冷却液,用于保持膜电极温度。双极板是燃料电池的骨架,与膜电极层叠装配,起到支撑燃料电池、收集电流、为冷却液和反应气体提供通道、分隔氧化剂和还原剂的作用。

燃料电池工作时,需要在阳极侧持续输入氢气、在阴极侧持续输入空气/氧气。反应气体(氢气、氧气)通过双极板的表面流道,在扩散作用驱动下,克服流道-气体扩散层的界面阻力、气体扩散层的扩散阻力,分别到达膜电极的阳极和阴极催化剂层。在阳极催化剂层,氢气被催化分解为质子和电子。质子可以通过聚合物膜从阳极催化剂层传递到阴极催化剂层,而电子则通过气体扩散层、双极板、外部负载,到达阴极催化剂层。在阴极催化剂层,质子、电子和从阴极流道扩散过来的氧气结合,通过电化学反应生成水并释放热量。燃料电池的基本反应如下。

阳极:
$$H_2 \longrightarrow 2H^+ + 2e^- \tag{11-1}$$

阴极:
$$\frac{1}{2}O_2 + 2H^+ + 2e^- \longrightarrow H_2O \tag{11-2}$$

总反应:
$$H_2 + \frac{1}{2}O_2 \longrightarrow H_2O + 热 \tag{11-3}$$

燃料电池电化学反应的生成物为水,反应过程产生电能并释放热量。目前,车用燃料电池大多为低温质子交换膜燃料电池,常用工作温度在 60~80℃,反应生成的水通常包含液态和气态两种状态。水在阴极催化剂层生成,通过扩散、对流等方式,经聚合物膜、催化剂层、气体扩散层和流道传递,最终通过阴极和阳极双极板流道排出。反应生成的热量,主要通过双极板内冷却液流道排出。

质子交换膜燃料电池的工作原理如图 11-2 所示。与锂离子电池相比,两者的核心都是电化学反应,但燃料电池是一个开放的系统,对其内部传热传质状态调控(主要指水热管理)的要求更高,技术挑战更大。与氢气直接燃烧相比,氢气内部化学能的释放过程由不可控(燃烧)变为可控(电化学),即通过控制负载电流的大小,用户可主动控制氢气化学能的释放过程。

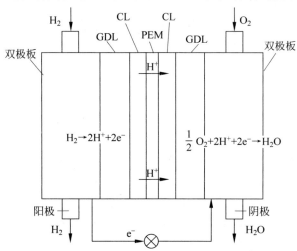

图 11-2 质子交换膜燃料电池基本工作原理

11.2.2 组成和结构

图 11-3 所示为典型的车用燃料电池电堆。燃料电池电堆的常用功率范围在 50~150 kW,通常由几百片单体串联层叠而成,每片单体面积 200~300 cm²。燃料电池单体由膜电极和双极板等部件组成,工作电压在 0.5~1.0 V。在电堆中,膜电极和双极板交替排列,两两之间嵌入密封件以防气体泄漏,经前、后端板压紧后,用焊接钢带或螺栓等进行紧固。电堆工作时,氢气和空气/氧气分别由阳极和阴极的入口进入,经由进气歧管分配至各单片的双极板,再由双极板两侧的流场均匀分配至电极,通过气体扩散层与催化剂接触发生电化学反应。

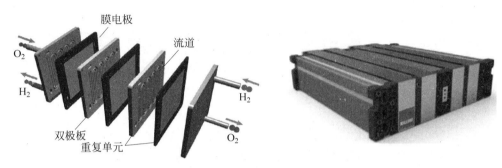

图 11-3 质子交换膜燃料电池电堆构成

质子交换膜(PEM)作为燃料电池电化学反应的电解质,起到传递质子并隔离反应气的作用。质子交换膜要求稳定不降解,能够高效传导质子但不传递电子,气体渗透系数和溶胀系数低。考虑到燃料电池的寿命,质子交换膜也要有较高的强度。现阶段用作质子交换膜的材料主要有全氟磺酸膜、非全氟磺酸膜和耐热性质子交换膜等。

全氟磺酸质子交换膜是目前最为常用的质子交换膜,全称为全氟聚乙烯磺酸膜(perfluorosulphonate ion exhange membrane,PFSIEM)。其基础材料是常用的塑料材料聚四氟乙烯。将其高分子结构磺化,增加末端磺酸基团($-SO_3H$)的侧链,成为全氟聚乙烯磺酸膜(图 11-4)。磺酸基团结构边缘可吸收大量的水。在这些含水区域,SO_3^- 对 H^+ 的吸引力较弱,使 H^+ 可移动,从而使膜具有导电性。质子交换膜的导电性与电解质的水化程度相关。水化程度越高,导电性越强。水化程度可用膜内水含量 λ 表示,其定义为:每个磺酸基团结合的平均水分子数。全氟磺酸膜具有很高的质子电导率和化学稳定性,已经实现了商业化。目前使用的全氟磺酸质子交换膜主要是美国 DuPont 公司的 Nafion 膜、美国 Dow 公司的 Dow 膜、日本 Asahi Glass 公司的 Flemion 膜、加拿大 Ballard 公司的 BAM 膜。考虑到全氟磺酸膜的成本较高,非全氟磺酸膜近几年也有快速发展,如聚三氟苯乙烯磺酸膜、Ballard 公司的 BAM3G(一种三氟苯乙烯与取代的三氟苯乙烯共聚膜)等。

催化层(CL)提供化学反应的三相界面,并加速电极-质子交换膜界面的电荷转移反应,其结构为碳载体上附着细小的金属颗粒(图 11-5)。催化层要求有较好的导电性和耐腐蚀性。从加速电化学反应的角度考虑,还要求催化层具有较高的催化活性。Pt/C、Pt-Ru/C 和 Pt-M/C 是常见的用于制作催化层的材料。

气体扩散层(GDL)的主要作用是传质、导电、传热以及支撑催化层。气体扩散层包括

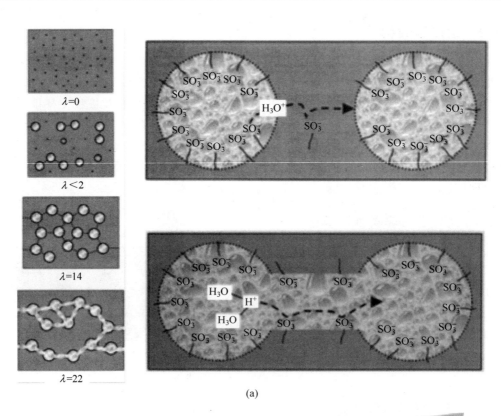

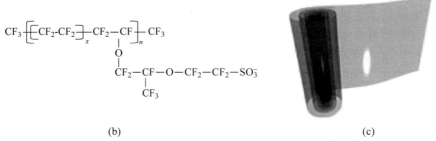

图 11-4 全氟聚乙烯磺酸膜

(a) 离子通道模型；(b) 全氟聚乙烯磺酸膜分子结构；(c) 质子交换膜实物

图 11-5 催化剂层微观结构

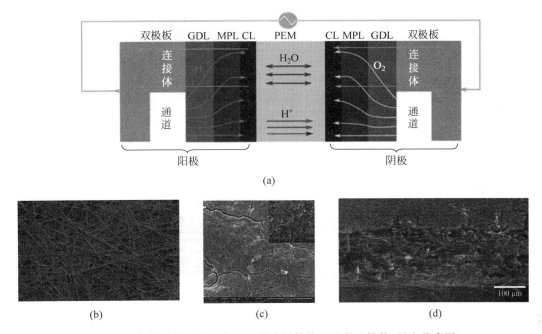

图 11-6 气体扩散层的基底层和微孔层结构以及微观结构(见文前彩图)

(a) 燃料电池结构示意图(GDL 位置);(b) 基底层表面形貌;(c) 微孔层表面形貌;(d) 断面形貌(上半层为微孔层断面;下半层为基底层断面)

基底层和微孔层(micro-porous layer,MPL)两部分,其结构如图 11-6 所示。基底层的主要作用是支撑微孔层和催化剂层,通常采用多孔的碳纸或碳布,厚度为 $100\sim400~\mu m$。微孔层(MPL)是在基底层表面制作的一层碳粉层,目的是改善基底层的孔隙结构,厚度为 $10\sim100~\mu m$,其作用包括:降低基底层与催化剂层之间的接触电阻;对气体和水进行再分配;防止催化剂层水淹;防止催化剂渗透到基底层。理想的气体扩散层应具有良好的排水性、透气性和导电性。扩散层材料通常要求具有高孔隙率、小接触电阻、高电导率且良好的导热性等特点。为了保证燃料电池的寿命,扩散层还需具有稳定不易降解、溶胀率小、强度高等特点。石墨化碳纸或者碳布都是燃料电池扩散层的常用材料。

双极板(BP)是燃料电池单体很重要的一个组成部分(图 11-7(a)、(b)),上面布置有气体和冷却液的流道(图 11-7(c)、(d))。在电堆中,双极板起到电池串联的作用,在相邻的燃料电池单体间传输电子。双极板两侧分别对应一片燃料电池单体的阴极和另一片燃料电池单体的阳极。此外,双极板提供燃料电池反应所需的气体并及时排出电化学反应生成的水,耗散反应生成的热量并起到密封的作用。双极板的材料需满足电导率高、导热性好、气体渗透率低、耐蚀性好以及强度高等要求。为了减小燃料电池电堆的体积和重量,双极板要尽可能薄和轻。根据所用材质的不同,双极板可分为石墨双极板和金属双极板两大类。两者采用不同的制造工艺,在体积功率密度和寿命方面性能不同。一般而言,石墨板体积功率密度低而寿命长,金属板体积功率密度高但易受腐蚀影响而寿命短,两者成本取决于系统整体设计和量产化程度。相同功率的石墨板电堆成本一般低于金属板电堆。

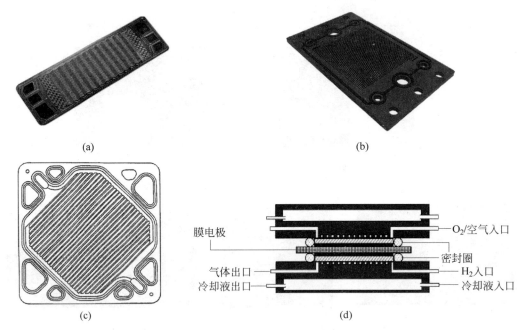

图 11-7 双极板实物图与流道

(a) 金属双极板实物图;(b) 石墨双极板实物图;双极板流道(正视图);(d) 双极板流道(侧视图)

11.2.3 电压计算方法

在一定的温度、压力条件下,燃料电池工作电压(V)随电流(I)的增加而减小。V 和 I 的关系曲线称为伏安特性曲线,也称为极化曲线。燃料电池工作电压 V 和该状态下的可逆电动势(即能斯特电压 E_N)之间的差值($\eta = E_N - V$),在不同领域具有不同的名称。在机械和电气工程领域,称之为电压损耗;在电化学领域,称之为极化或过电位。

燃料电池的电压极化(单位:V)可分为活化极化(η_{act})、浓差极化(η_{conc})和欧姆极化(η_{ohm}),如图 11-8 所示。也可按照电极特性,分为阳极极化(η_a)、阴极极化(η_c)和欧姆极化。图中,E_H^0 为标准状态(298.15 K、101.3 kPa)燃料电池的热平衡电势;E_N^0 为标准状态下燃料电池的可逆电动势;E_N 为一定温度、压力下燃料电池的可逆电动势,又称为能斯特电压(Nernst voltage)或可逆开路电压。燃料电池输出电压 V 通常有两种计算方式,如式(11-4)所示:

$$V = \begin{cases} E_N - \eta_{act} - \eta_{conc} - \eta_{ohm} \\ E_N - \eta_a - \eta_c - \eta_{ohm} \end{cases} \tag{11-4}$$

1. 能斯特电压 E_N

标准状态热平衡电势 E_H^0 是指与氢气在标准状态下的低热值或高热值所对应的电势,可用式(11-5)计算:

$$E_H^0 = \frac{-\Delta H^0}{2F} \tag{11-5}$$

式中,ΔH^0 为标准状态下化学反应过程的焓(enthalpy)变化值,也称为氢气的热值,根据反应条件的不同,分为低热值(low heat value,LHV)(反应生成物为气态水,-241.8 kJ/mol)

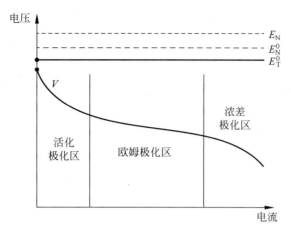

图 11-8 质子交换膜燃料电池极化曲线示意图

或高热值(high heat value,HHV)(反应生成物为液态水,−286.0 kJ/mol);F 为法拉第常数(96 484.6 C/mol)。因此,E_H^0 有两个值,对应于低热值为 1.253 V,对应于高热值为 1.482 V。E_H^0 是在标准状态下燃料电池输出电压能达到的热力学边界。

标准状态可逆电动势 E_N^0 是指在标准状态下的燃料电池能斯特电压,可用式(11-6)计算:

$$E_N^0 = \frac{-\Delta G^0}{2F} \tag{11-6}$$

式中,ΔG^0 为标准状态下化学反应过程吉布斯自由能(Gibbs free energy)变化值($\Delta G = \Delta H - T\Delta S$,吉布斯自由能与焓之差是由于存在熵增造成的不可逆损失热量)。当反应生成物为气态水时,其值为 −228.6 kJ/mol;当反应生成物为液态水时,其值为 −237.3 kJ/mol。因此,E_N^0 也有两个数值,对应前者为 1.185 V(低热值),对应后者为 1.229 V(高热值)。在一定温度、压力条件下,燃料电池能斯特电压 E_N 可通过式(11-7)计算:

$$E_N = \frac{-\Delta G}{2F} = \frac{-\Delta G_T^0}{2F} + \frac{RT}{2F}\ln\left(\frac{a_{H_2}\sqrt{a_{O_2}}}{a_{H_2O}}\right)$$

$$= E_T^0 + \frac{RT}{2F}\ln\left(\frac{a_{H_2}\sqrt{a_{O_2}}}{a_{H_2O}}\right) \tag{11-7}$$

式中,ΔG 为实际状态下化学反应过程吉布斯自由能变化值;ΔG_T^0 为标准压力(101.3 kPa)下化学反应过程的吉布斯自由能变化值;E_T^0 为标准压力下的能斯特电压;R 为理想气体常数(8.314 J/(mol·K));T 为电化学反应过程的温度;a_i,$i = H_2, O_2, H_2O$ 分别指代氢气、氧气和水的活度。在标准压力(101.3 kPa)下,能斯特电压 E_T^0、可逆电动势 E_N^0 与温度的关系如式(11-8)所示。通过表 11-1 和图 11-9,可以分段拟合出标准压力下能斯特电压 E_T^0 与温度的关系:

$$E_T^0 = \begin{cases} E_N^0 - k_0(T - T_0), & T_0 \leqslant T < T_1 \\ E_N^1 - k_1(T - T_1), & T_1 \leqslant T < T_2 \end{cases} \tag{11-8}$$

式中,$E_N^0 = 1.229$ V(高热值),$k_0 = 8.5 \times 10^{-4}$ V/K,$T_0 = 298.15$ K;$E_N^1 = 1.165$ V,$k_1 = 2.736 \times$

10^{-4} V/K,$T_1=373.15$ K,$T_2=1273.15$ K。

表 11-1 质子交换膜燃料电池标准压力下吉布斯自由能变化量、能斯特电压及极限效率(按高热值计算)

温度/℃	水的形态	吉布斯自由能变化量/(kJ/mol)	标准压力下的能斯特电压/V	极限效率
25	液态	−237.2	1.229(E^0)	82.9%
80	液态	−228.2	1.183	79.8%
100	气态	−225.2	1.167	78.7%
200	气态	−220.4	1.142	77.1%
400	气态	−210.3	1.090	73.5%
600	气态	−199.6	1.034	69.8%
800	气态	−188.6	0.977	65.9%
1000	气态	−177.4	0.919	62.0%

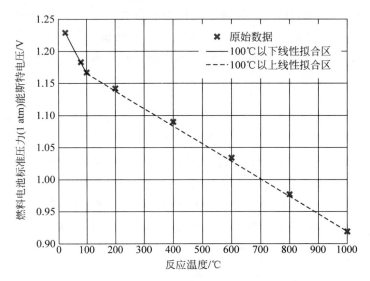

图 11-9 标准压力下燃料电池能斯特电压随反应温度的变化

气体的活度为该气体压力与标准大气压($p_0=101.3$ kPa)的比值。水分的活度与其状态相关:气态水活度为气态水压力与标准大气压的比值;液态水活度为1。通常假设质子交换膜燃料电池电化学反应产物为液态水,由此,能斯特电压方程可简化为式(11-9):

$$E_N = E_T^0 + \frac{RT}{2F}\ln\left(\frac{p_{H_2}}{p_0}\sqrt{\frac{p_{O_2}}{p_0}}\right) \quad (11\text{-}9)$$

式中,p_{H_2}、p_{O_2} 分别为电化学反应时氢气和氧气的压力。

2. 活化极化 η_{act}

电化学反应必须克服活化能垒才能进行。基于过渡态理论的巴特勒-福尔默(Butler-Volmer)方程是电化学动力学的基础,给出了反应产生的电流密度 i 与活化过电位(η_{act})之间的关系:

$$i = i_0\left[e^{\frac{\alpha n F \eta_{act}}{RT}} - e^{-\frac{(1-\alpha)nF\eta_{act}}{RT}}\right] \quad (11\text{-}10)$$

式中,i_0 为交换电流密度(在平衡条件下,正向反应的电流密度与反向反应的电流密度一致,均为 i_0);α 为电荷传输系数(0~1),是活化能垒对称性的度量,表示当反应界面电势改变时,正向和反向反应活化能垒大小所受的影响;n 为反应转移的电子数。式(11-10)对燃料电池阴极和阳极均适用。

对于工作在100℃以下的氢-空质子交换膜燃料电池而言,阴极交换电流密度的值远小于阳极,两者某些情况下可相差 10^5 倍以上。阴极交换电流密度的典型值为 10^{-9} A/cm^2,阳极过电位的典型值为 10^{-3} A/cm^2。因此,对于质子交换膜燃料电池而言,通常情况下阴极活化过电位要远大于阳极,阳极活化过电位通常忽略不计。

在此前提下,考虑到燃料电池工作电流密度 $i \gg i_0$,式(11-10)逆向反应产生的电流密度可以忽略。两边取对数后,式(11-10)简化如下:

$$\eta_{\text{act}} = \frac{RT}{\alpha nF}\ln\left(\frac{i}{i_0}\right) \tag{11-11}$$

令 $a = -RT/(\alpha nF)\ln(i_0)$,$b = -RT/(\alpha nF)$,就可以得到塔费尔(Tafel)公式:

$$\eta_{\text{act}} = a + b\ln i \tag{11-12}$$

对于阴极,$n=4$,$\alpha=0.1\sim0.5$;对于阳极,$n=2$,$\alpha=0.5$。通常情况下,取 $n\alpha \approx 1$。交换电流密度 i_0 是降低活化过电位的关键因素。正向反应的交换电流密度定义为

$$i_0 = nFv_1 = nFC_R^* f_1 P_{\text{act}} = nFC_R^* f_1 e^{-\frac{\Delta G_1^+}{RT}} \tag{11-13}$$

式中,v_1 是正向反应的反应速率;C_R^* 是反应物表面浓度;f_1 是衰变速率;P_{act} 表示反应物处于活化态的概率;ΔG_1^+ 是反应物与活化态之间的能垒(即活化能垒)。提高交换电流密度可降低活化过电位,提高燃料电池电压。提高交换电流密度的典型方法有:①提高燃料电池工作压力,从而提高气体反应物浓度;②在电极中引入催化剂,降低活化能垒;③提高反应温度(实际情况比较复杂,一般情况下,提高反应温度有利于提高交换电流密度,但在高过电位时,提高反应温度反而会降低交换电流密度);④增加电极比表面积,增加电化学反应活化点。

理论上,质子交换膜并不导电且隔绝反应气体。但在实际情况中,总有少量氢气会从阳极扩散到阴极,氧气从阴极扩散到阳极,少量电子从阳极渗透到阴极,等效于燃料电池内部有电流。氢气、氧气、电子的渗透率比气体流量和电流要小几个数量级,但当燃料电池工作于开路状态或极低电流时,这样的内部电流不能忽略。因此,需要对式(11-11)进行修正:

$$\eta_{\text{act}} = \frac{RT}{\alpha nF}\ln\left(\frac{i+i_{\text{loss}}}{i_0}\right) \tag{11-14}$$

式中,i_{loss} 为内部电流密度。由于 i_{loss} 的存在,使燃料电池的实际开路电压 V_{ocv} 低于其理想可逆开路电压,如图11-8所示。

$$V_{\text{ocv}} = E_N - \frac{RT}{\alpha nF}\ln\left(\frac{i_{\text{loss}}}{i_0}\right) \tag{11-15}$$

根据表11-1,工作温度60~80℃、标准压力下燃料电池可逆开路电压约为1.2V。但由于内部电流的存在,实际测得的开路电压大多在1V左右。

式(11-15)是根据式(11-11)和式(11-14)且令 $i=0$ 推导而来。注意到式(11-11)和

式(11-14)成立的前提是 $i \gg i_0$,上述推导并不严格成立。更为确切的开路电压应按下式计算:

$$V_{ocv} = E_N - \eta_{act0} \tag{11-16}$$

式中,η_{act0} 为 $i=0$,但 $i_{loss}>0$ 时的阴极活化极化。其值由下述方程决定:

$$i_{loss} = i_0 \left[e^{\frac{anF\eta_{act0}}{RT}} - e^{-\frac{(1-\alpha)nF\eta_{act0}}{RT}} \right] \tag{11-17}$$

3. 欧姆极化 η_{ohm}

燃料电池电流密度继续增加,极化曲线从活化极化区进入欧姆极化区。欧姆过电位可用式(11-18)计算:

$$\eta_{ohm} = iR_{ohm} \tag{11-18}$$

式中,i 为电流密度,A/cm^2;R_{ohm} 为电池总内阻,$\Omega \cdot cm^2$。电池总内阻包括离子电阻 $R_{ohm,i}$、电子电阻 $R_{ohm,e}$ 及接触电阻 $R_{ohm,c}$。

$$R_{ohm} = R_{ohm,i} + R_{ohm,e} + R_{ohm,c} \tag{11-19}$$

离子电阻 $R_{ohm,i}$ 是指质子在通过聚合物膜时遇到的阻力。该值可以根据膜的厚度 L_m 和膜的电导率 $\sigma_m(\lambda_m, T)$(单位:$(\Omega \cdot cm)^{-1}$)计算。

$$R_{ohm,i} = \frac{L_m}{\sigma_m} \tag{11-20}$$

λ_m 是指膜内平均每个磺酸基团—SO_3H 吸附的水分子数,膜的电导率 σ_m 是膜内水含量 λ_m 和温度 T 的函数。该值可以通过质子交换膜在阴极侧和阳极侧水含量的平均值来估算,分别记为 λ_c 和 λ_a。

$$\lambda_m = \frac{\lambda_a + \lambda_c}{2} \tag{11-21}$$

以 Nafion 117 全氟磺酸膜为例,通常用 30℃时膜内水含量和表面水活度经验公式来计算阳极和阴极侧的表面水含量 λ_i,$i=a$ 或者 c,代表阳极或阴极。a_i 为聚合物膜在阳极或阴极侧的水活度。

$$\lambda_i = \begin{cases} 0.043 + 17.81a_i - 39.85a_i^2 + 36a_i^3, & a_i \in (0,1] \\ 14 + 1.4(a_i - 1), & a_i \in (1,3] \end{cases} \tag{11-22}$$

电导率 $\sigma_m(\lambda_m, T)$ 随聚合物膜内平均水含量线性递增,其关系如下:

$$\sigma_m = (b_1\lambda_m - b_2)e^{b_3\left(\frac{1}{T_R} - \frac{1}{T}\right)} \tag{11-23}$$

针对全氟磺酸膜 Nafion 117,各系数取值如下:$b_1 = 0.005\,139(\Omega \cdot cm)^{-1}$,$b_2 = 0.003\,26(\Omega \cdot cm)^{-1}$,$b_3 = 1268\,K$,$T_R = 303.15\,K$。

离子电阻和接触电阻的数量级接近,电子电阻一般情况下可忽略不计。燃料电池欧姆电阻 R_{ohm} 的值,一般介于 $0.1 \sim 0.2\,\Omega \cdot cm^2$。

4. 浓差极化 η_{conc}

燃料电池电流密度继续增加,极化曲线从欧姆极化区进入浓差极化区。浓差极化是指由于催化剂表面反应物浓度低于反应物总浓度而造成的电压损失。

反应气体从电堆主通道进入单体双极板流道后,会沿着垂直于膜电极的方向扩散,到达催化剂表面。根据一维扩散过程的菲克(Fick)定律,反应物通量与浓度梯度成正比。而反

应物通量与电堆输出电流成正比关系。两者联立,可获得燃料电池电流密度 i 与反应物浓度的关系:

$$i = \frac{nFD(C_B - C_S)}{\delta} \tag{11-24}$$

式中,$n=2$ 为反应转移的电子数;D 为反应物组分的扩散系数,$cm^2 \cdot s^{-1}$;δ 为反应气体扩散距离;C_B 为单体流道内反应物浓度,mol/cm^3;C_S 为催化剂表面的反应物浓度,mol/cm^3。理想气体的体积浓度与其压力成正比。随着电流的增大,催化剂表面反应物浓度逐渐降低。当催化剂表面反应物浓度降为 0 时,燃料电池输出电流达到极限值。燃料电池极限电流密度 i_L 可用下式计算:

$$i_L = \frac{nFDC_B}{\delta} \tag{11-25}$$

由于存在气体扩散效应,燃料电池催化剂表面反应物浓度(或压力)必定低于双极板流道反应物浓度(或压力),从而降低了能斯特电压(式(11-9))和交换电流密度(式(11-13))。如果式(11-13)采用双极板流道反应物浓度计算交换电流密度,则在浓差极化中需要计入由于传质造成的活化电压升高。

根据能斯特电压方程式(11-9),由于催化剂表面反应物浓度低于流道反应物浓度而造成的能斯特电压损失 η_{conc} 可按下式计算:

$$\eta_{conc} = \frac{RT}{nF} \ln\left(\frac{C_B}{C_S}\right) = \frac{RT}{nF} \ln\left(\frac{i_L}{i_L - i}\right) \tag{11-26}$$

对于阴极(空气/氧气)和阳极(氢气),均会产生上述浓差极化。燃料电池实际运行过程中,由于阴极氧气浓度在空气中的扩散系数均小于阳极氢气,因此通常只考虑阴极浓差极化。

文献中通常用式(11-26)定义浓差极化,$n=2$。文献[5]考虑了由于催化剂表面反应物浓度降低导致交换电流密度降低,进而导致阴极活化极化电压升高的现象。根据活化极化和交换电流密度式(11-13)、式(11-14),由于催化剂表面反应物浓度低于流道反应物浓度而造成的阴极活化极化增高值 η_{conc2} 可按下式计算:

$$\eta_{conc2} = \frac{RT}{\alpha nF} \ln\left(\frac{C_B}{C_S}\right) = \frac{RT}{\alpha nF} \ln\left(\frac{i_L}{i_L - i}\right) \tag{11-27}$$

式(11-13)中提到,$n\alpha \approx 1$。如果此处统一定义 $n=2$,则 $\alpha=0.5$。在此前提下,由于浓差扩散导致的浓差损失可以按下式计算:

$$\eta_{conc} = \frac{(1+\alpha)RT}{\alpha nF} \ln\left(\frac{i_L}{i_L - i}\right) \tag{11-28}$$

根据式(11-26)和式(11-28),当燃料电池电流密度接近 i_L 时,燃料电池阴极催化剂层表面氧气浓度首先快速接近 0,燃料电池电压迅速下降。由于多孔电极微观结构不均匀,实际燃料电池在没有达到极限电流时,电压就开始迅速下降,业内俗称为"电压跳水"现象。

从以上推导过程可见,燃料电池浓差极化的本质是由于反应气体扩散作用造成的能斯特电压下降和活化过电位升高。因此,从化学本质而言,燃料电池极化只有两种:活化极化和欧姆极化。不少文献中,式(11-4)右边只有活化极化和欧姆极化两项。

式(11-26)和式(11-28)给出了具有较为鲜明物理含义的浓差极化计算方法。客观地说,浓差极化是燃料电池传热传质和电化学过程的多物理场耦合作用效果,其物理化学过程机理复杂,内部物性参数、结构参数等难以获得,极限电流密度难以确定。此外,实际燃料电池大电流密度工况电压下降,主要原因是电堆内部产生了水淹,导致气体传输路径受阻。式(11-26)~式(11-28)将上述复杂因素对燃料电池电压的影响统一用极限电流密度 i_L 来描述,是一种简化方法。燃料电池领域的科研工作者通常用另一种更为简洁的方法描述浓差极化,即数据拟合法。

$$\eta_{conc} = m e^{ni} \tag{11-29}$$

式中,m、n 为拟合参数。典型值如 $m = 3.0 \times 10^{-5}$ V,$n = 8 \times 10^{-3}$ cm²/mA。

5. 燃料电池工作电压 V

根据上述分析,燃料电池工作电压 V 的计算基于如下假设:

(1) 燃料电池工作于 100℃ 以下,反应生成物为液态水;

(2) 计算能斯特电压、交换电流密度时,所用的气体压力、浓度,是指双极板流道中的值;

(3) 由于阴极交换电流密度比阳极低几个数量级,公式中忽略了阳极活化过电位;

(4) 由于氧气在阴极的扩散系数和体积浓度低于氢气在阳极的值,公式中忽略了阳极浓差极化;

(5) 电子电阻比离子电阻和接触电阻小几个数量级,公式中忽略了电子电阻。

$$\begin{cases} V = E_N - \eta_{act} - \eta_{conc} - \eta_{ohm} \\ E_N = E_T^0 + \dfrac{RT}{2F} \ln\left(\dfrac{p_{H_2}}{p_0} \sqrt{\dfrac{p_{O_2}}{p_0}}\right) \\ \eta_{act} = \dfrac{RT}{F} \ln\left(\dfrac{i + i_{loss}}{i_0}\right) \\ \eta_{conc} = \dfrac{1.5RT}{F} \ln\left(\dfrac{i_L}{i_L - i}\right) \approx m e^{ni} \\ \eta_{ohm} = i \left(\dfrac{L_m}{\sigma_m(\lambda_m, T)} + R_{ohm,c}\right) \end{cases} \tag{11-30}$$

式(11-30)可写成更简洁的形式:

$$V = E_N - A \ln\left(\dfrac{i + i_{loss}}{i_0}\right) - i R_{ohm} - m e^{ni} \tag{11-31}$$

式中,$A = \dfrac{RT}{F}$ 为 Tafel 斜率。以 Ballard Mark V 质子交换膜燃料电池电堆为例,在 70℃ 下,$R_{ohm} = 2.45 \times 10^{-4}$ kΩ·cm²,$m = 2.11 \times 10^{-5}$ V,$n = 8 \times 10^{-3}$ cm²/mA。

11.2.4 性能影响因素

燃料电池电压受温度、压力、湿度、电堆结构、反应气体纯度等因素的影响。随着反应气体压力的增大,燃料电池的能斯特电压增大。压力增大也导致交换电流密度增大,进一步引起活化过电位下降、输出电压增大。此外,压力增大也有利于排水,降低大电流密度工况下的浓差极化。因此,随着反应气体压力的增大,燃料电池相同电流密度下的电压和功率均升高、最大电流/最大功率也升高。图 11-10 所示为某质子交换膜燃料电池运行特性。上部曲

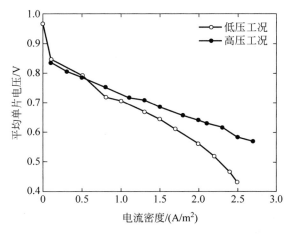

图 11-10 燃料电池运行压力对极化曲线的影响

线为低压工况(绝对压力 0.16 MPa,65℃,阴极阳极 30% 增湿),下部曲线为高压工况(绝对压力 0.3 MPa,65℃,阴极阳极 30% 增湿)。

燃料电池温度对性能有显著影响。随着温度升高,能斯特电压升高、交换电流密度变大、活化过电位降低、相同水含量下质子交换膜电导率升高。更为重要的是,水的饱和蒸气压随温度指数上升。温度越高,饱和蒸气压越高,燃料电池内部液态水的含量越少。液态水含量的减少,将极大降低大电流密度下的浓差极化,如图 11-11(a)所示。水的饱和蒸气压 p_{sat}(单位:atm)和温度 T(单位:K)的关系可按下式拟合计算:

$$p_{sat}(T) = 10^{\sum_{k=0}^{3} c_i (T-T_0)^k} \tag{11-32}$$

式中,$c_0 = -2.1794$,$c_1 = 0.02953$,$c_2 = -9.1837 \times 10^{-5}$,$c_3 = 1.4454 \times 10^{-7}$,$T_0 = 273.15$ K。综合上述因素,一般情况下温度越高,燃料电池性能越好,如图 11-11(b)所示。图中可见,燃料电池低温工作特性很差,到达正常工作温度后,输出电压有几倍的增长。

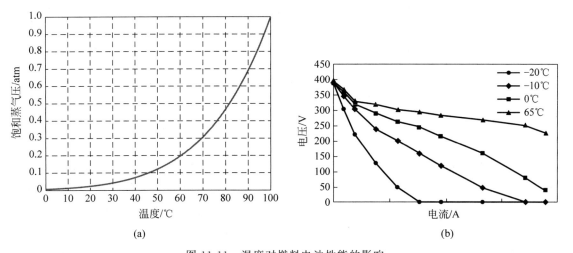

图 11-11 温度对燃料电池性能的影响
(a) 饱和蒸气压和温度的关系;(b) 温度对极化曲线的影响

燃料电池相对湿度(relative humidity, RH)对性能影响规律较为复杂。小电流工况下，提升阴极、阳极的入口湿度有助于提升质子交换膜含水量，提高电导率，降低离子阻抗。大电流工况下，湿度的增加对降低离子阻抗的效果降低。同时，湿度的增加会导致电堆内部产生大量液态水，引起局部水淹从而使电压迅速下降。图11-12(a)所示为某燃料电池性能随湿度的变化规律。对该燃料电池，100%增湿条件下电堆没有发生严重水淹，因此性能随湿度增加而变好。图11-12(b)为湿度对离子阻抗的影响。可见，随着湿度的增加，离子阻抗不断降低。

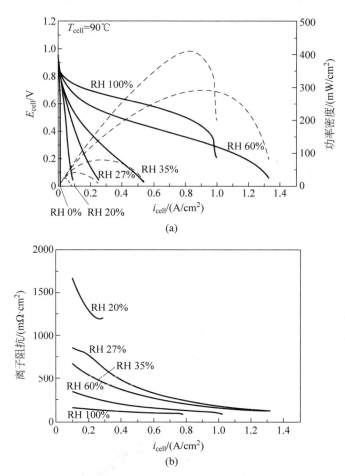

图11-12 湿度对燃料电池性能的影响
(a) 湿度对极化曲线和输出功率的影响；(b) 湿度对离子电阻的影响

燃料电池内部设计参数对电堆性能有决定性的影响。以某燃料电池为例(图11-13)，随着铂(Pt)载量从 $0.07\ mg/cm^2$ 增加到 $0.75\ mg/cm^2$，燃料电池性能不断变好。但当铂含量继续增加到 $2\ mg/cm^2$，燃料电池性能变差。决定燃料电池性能的是铂的有效催化面积，与铂颗粒的形状和微观结构相关。在电化学反应过程中，真正起作用的是附在碳(C)载体上的铂颗粒的表面。铂载量的增加，并不能保证微观层面有效催化面积的增加，需要与膜电极结构、生产工艺等联合优化、协同设计。

反应物气体成分也会对燃料电池性能产生重大影响。为降低使用成本，通常情况下燃

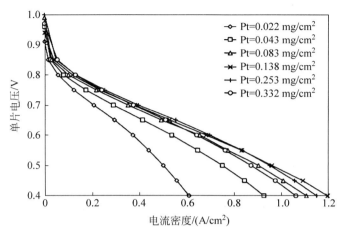

图 11-13 催化剂铂载量对极化曲线的影响

料电池阴极采用空气。如果换成纯氧，则性能可获得大幅提升（图 11-14(a)）。当然，在纯氧条件下，电堆内部的水分、热量的生成将更迅速，需要对流道、水热管理系统重新优化。

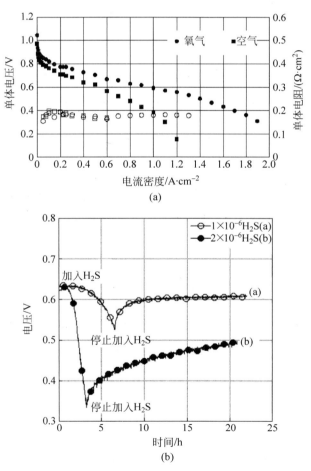

图 11-14 反应气成分对燃料电池性能的影响

(a) 阴极采用空气和纯氧的影响；(b) 阳极氢气中混入 H_2S 气体的影响；
(c) 阴极空气中混入 SO_2；(d) 阴极空气中混入 NO_2

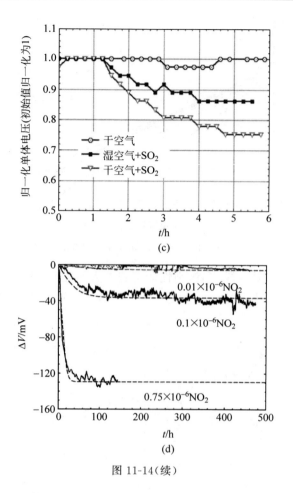

图 11-14(续)

质子交换膜燃料电池使用过程中,对反应气的纯度要求很高(如要求氢气纯度达到 99.999%)。如果氢气中混入 H_2S 等杂质,只要超过 5 ppm,燃料电池性能就迅速下降(图 11-14(b))。空气混入的 SO_2、NO_2 浓度超过一定界限,也将引起燃料电池性能下降(图 11-14(c)、(d))。

11.2.5 效率

燃料电池效率(η_{fc})定义为通过电化学反应输出的电能 W_{el} 和消耗的氢气能量 W_{H_2} 之比:

$$\eta_{fc} = \frac{W_{el}}{W_{H_2}} \tag{11-33}$$

若某燃料电池单体工作电压为 V,电流为 I,则其效率可推导如下:

$$\eta_{fc} = \frac{W_{el}}{W_{H_2}} = \frac{VIt}{-\Delta H^0 m_{H_2}}$$

$$= \frac{-\Delta G^0}{-\Delta H^0} \cdot \frac{V}{\frac{-\Delta G^0}{2F}} \cdot \frac{It}{2m_{H_2} F \mu_f} \cdot \mu_f \tag{11-34}$$

式中，t 为工作时间；ΔH^0 为氢气热值，或者标准状态下化学反应过程的焓变，kJ/mol；m_{H_2} 为反应过程消耗的氢气摩尔数；μ_f 为燃料利用率。式(11-34)又可进一步改写为：

$$\begin{cases} \eta_{fc} = \eta_{T0} \eta_v \eta_I \mu_f \\ \eta_{T0} = \dfrac{-\Delta G^0}{-\Delta H^0} = \dfrac{E_N^0}{E_H^0} \\ \eta_v = \dfrac{V}{-\dfrac{\Delta G^0}{2F}} = \dfrac{V}{E_N^0} \\ \eta_I = \dfrac{It}{2m_{H_2} F \mu_f} = \dfrac{I}{I + I_{loss}} \\ \mu_f = \dfrac{(I + I_{loss})t}{2m_{H_2} F} \end{cases} \quad (11\text{-}35)$$

式中，η_{T0} 为标准状态燃料电池的热力学效率，或者标准状态极限效率，是标准状态下燃料电池能达到的理论最大效率；η_v 是燃料电池的电压效率，等于实际输出电压和标准状态可逆开路电压（能斯特电压）之比；η_I 是电流效率，是指输出电流和总电流（等于输出电流和内部电流之和）之比，该值一般非常接近 1；μ_f 是燃料利用率，是电化学反应消耗的总反应气（包括总电流和内部电流对应的反应气）与外界供给的总气量之比；E_H^0 是标准状态燃料电池热力学平衡电势，E_N^0 是标准状态燃料电池可逆电动势（能斯特电压），两者都与燃料电池反应的产物有关。如果燃料电池产物为气体，则 ΔH^0 取低热值，$E_H^0 = 1.253$ V，$E_N^0 = 1.185$ V，$\eta_{T0} = 0.9457$。如果燃料电池产物为液体，则 ΔH^0 取高热值，$E_H^0 = 1.482$ V，$E_N^0 = 1.229$ V，$\eta_{T0} = 0.8293$。两种假设都可以，高热值假设更符合物理意义，但在行业中大多基于低热值假设，这样计算出来的效率略高。

注意到 $(I + I_{loss})$ 在式(11-35)中只是一个中间变量，如果强制 $\eta_I = 1$，则 $\mu_f = It/(2m_{H_2} F)$，并不影响最终 η_{fc} 的计算。式(11-35)可以改写为式(11-36)。燃料电池电堆效率一般随电流增加而递减。

$$\begin{cases} \eta_{fc} = \eta_{T0} \eta_v \mu_f \\ \eta_{T0} = \dfrac{E_N^0}{E_H^0} \\ \eta_v = \dfrac{V}{E_N^0} \\ \mu_f = \dfrac{It}{2m_{H_2} F} \end{cases} \quad (11\text{-}36)$$

燃料电池的极限效率，即燃料电池的热力学效率 η_T，是指燃料电池的理论输出最大电能，即吉布斯自由能(Gibbs free energy)与燃料的热值之比。

$$\eta_T = \dfrac{E_N}{E_H^0} \quad (11\text{-}37)$$

标准压力下，质子交换膜燃料电池的极限效率随温度变化情况如表 11-1 最后一列所示（按氢气高热值计算）。图 11-15 给出了在标准压力下质子交换膜燃料电池的极限效率（按高热值计算）与卡诺循环（环境温度 300 K）极限效率的对比。由图中可见，在 500℃(773.15 K)

以内,质子交换膜燃料电池的极限效率远高于卡诺循环极限效率。

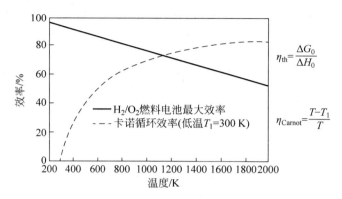

图 11-15 在标准压力下氢气燃料电池的极限效率(按高热值计算)与卡诺循环效率曲线对比

11.3 质子交换膜燃料电池发动机工作原理

燃料电池发动机是燃料电池电堆与附件系统的总成。在电气和化工行业,该总成通常被称为燃料电池系统。在汽车行业,由于其外部氢气-空气-水系统与传统内燃机外观相似、功能相近,也被称为燃料电池发动机(fuel cell engine,FCE)。

质子交换膜燃料电池电堆正常工作时,必须由附件系统连续不断地供应氢气和空气/氧气,并连续排出产生的水和热量,以维持电堆的物料平衡与热平衡。燃料电池发动机结构示意图如图 11-16 所示,包括氢气系统、空气系统、热管理系统、增湿系统、电控系统等五部分。

1. 空气系统

空气系统根据是否配备空压机,可分为自然吸气式和增压式。为提高燃料电池电堆功率密度和效率、减小燃料电池发动机尺寸,目前车用燃料电池发动机普遍采用增压式结构。

空压机是增压式空气子系统的核心部件,主要作用是提高空气的入口压力和燃料电池工作压力,提升电堆性能。适用于质子交换膜燃料电池的空压机需满足以下技术要求:①无油;②高效;③小型化和低成本;④低噪声;⑤动态响应快。燃料电池用空压机包括涡旋式、螺杆式、离心式、罗茨式四种类型,其中离心式空压机在体积、效率、噪声等方面具有最好的综合效果,是主流的发展方向。

空气在进入空压机之前必须先经过空滤器,以除去颗粒物、含硫化合物等污染物,避免对燃料电池电堆造成污染。空气经过增压后温度升高,在空压机之后有中冷器用于冷却进气。出口的背压阀可以通过调整开度,与空压机协同调控阴极侧的压力和流量。

2. 氢气系统

车用燃料电池发动机一般采用高压气态储氢,储氢部分包括氢瓶、安全阀、高压电磁阀等。氢瓶储氢压力通常为 35 MPa 或 70 MPa,远高于电堆的工作压力,需要经过减压阀进行减压然后进入电堆。图 11-16 所示为常见的盲端阳极系统,其特点是阳极入口处用比例阀控制入口压力,出口处则用尾排阀定时开启排除积累在电堆阳极侧的水分和氮气。

为提高性能,燃料电池发动机普遍采用氢气循环结构。另外,来自电堆出口的氢气携带了较多水分,可以起到增湿进气的作用。氢气循环装置包括循环泵和引射泵两种。氢气循

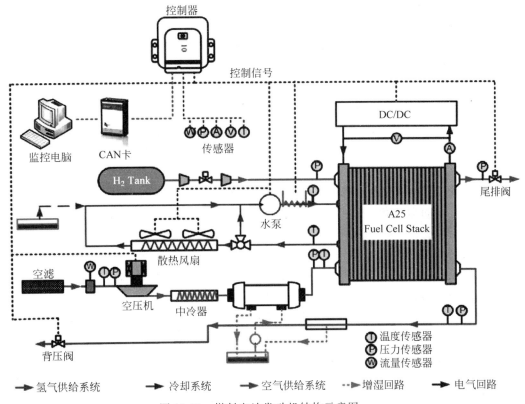

图 11-16 燃料电池发动机结构示意图

环泵是主动循环机构,由电机驱动,可实现任意压差下氢气循环,控制自由度大,缺点在于会产生噪声和寄生功率。氢气引射泵是被动循环机构,基于伯努利方程,利用超声速射流产生低压真空,吸引出堆氢气与主流氢气合流,具有无运动部件、不消耗功率、无噪声、运行可靠、寿命长等优点。但引射器只能在较窄的工况范围内取得较好的引射效果,控制自由度受限。

3. 增湿系统

为了保证质子交换膜具有适当的含水量和较高的电导率,需要对反应气体增湿。目前,车用燃料电池发动机大部分采用阴极增湿、阳极不增湿的方案,部分发动机完全取消外部增湿,通过改进电堆结构或膜电极实现内部自增湿。

外部增湿分为水-气(W/G)和气-气(G/G)两种类型。喷水增湿和鼓泡增湿属于 W/G 增湿;焓轮增湿属于 G/G 增湿;膜增湿器既可以 W/G 模式工作,也可以 G/G 模式工作。膜增湿器由壳体以及内部的许多 Nafion 管组成,当气体和水或湿度不同的两种气体在 Nafion 管壁两侧流动时,在湿度梯度的驱动下,水分子即可透过管壁进行传递。由于具有无运动部件、不消耗能量、体积小等优点,膜增湿器已成为车用燃料电池发动机的主流增湿器。

空气进入电堆发生电化学反应后,会携带大量水分排出。对于采用 W/G 增湿类型的增湿系统,在排气管路上有冷凝器用于回收水分,回收的水分进入补充水箱,循环水泵将补充水箱中的水送入增湿器用于进气增湿。对于采用 G/G 增湿类型的增湿系统,使湿度较高的排气与进气直接进行水分交换,提高进气湿度。

4. 热管理系统

热管理系统的作用是带走电堆运行时产生的热量，使电堆工作在合适的温度。燃料电池以去离子水作为冷却介质，热管理系统包括水泵、散热器、加热器、节温器、去离子罐、冷却水箱等部件。

燃料电池发动机大多具备类似内燃机的大、小冷却循环系统，根据冷却液的实际温度，由节温器实现大、小冷却循环之间的切换。由于目前燃料电池电堆的工作温度低于汽油机，燃料电池发动机节温器采用了馏分更轻原料制成的石蜡，其熔点比内燃机节温器的石蜡低，以适应更低的冷却液工作温度，同时散热器的面积也更大，以满足散热需求。

燃料电池发动机大多配备了加热器，用于低温冷起动时，将电堆加热至起动所需温度。去离子罐中填充了树脂，用于捕集冷却液管路因腐蚀析出的金属离子，确保冷却液在循环过程中电导率不超过限定值。

5. 电控系统

电控系统包括燃料电池控制器（fuel cell controller，FCC）、单片（多片）电压巡检系统、直流/直流（direct current to direct current，DC/DC）变换器、各种温度/压力/流量/湿度传感器和控制器局域网（controller area network，CAN）通信系统。

控制器（FCC）是燃料电池发动机的"大脑"，主要功能为：接收整车动力系统的功率需求命令，感知燃料电池电堆、氢气-空气-水-热等各部件的状态，协调氢气-空气-水-热各系统的执行器完成相应工作，使燃料电池快速响应外部功率需求，同时保证堆内气-水-热等状态保持平衡，避免发生局部水淹、膜干、缺气等现象，实现燃料电池发动机高效长寿命运行。

电压巡检系统是燃料电池发动机的必要组成部分，主要功能是实时巡检单片（多片）电压，及时发现单体过低等异常现象，协助 FCC 进行故障诊断和容错控制。

燃料电池产生的电压一般与负载并不匹配，需要通过 DC/DC 变换器进行升压或降压后才能驱动负载。根据输入与输出电压之间的关系，DC/DC 可分为升压 DC/DC 与降压 DC/DC。目前，燃料电池电堆工作电压普遍低于整车总线电压，大多采用升压 DC/DC 变换器。此外，燃料电池发动机的一些附件需要交流电供电，例如空压机、水泵、散热器风扇等。这部分附件通过直流-交流（DC/AC）逆变器与电堆 DC/DC 相连，由电堆进行供电，形成复杂的多节点电气拓扑结构。

FCC、DC/DC、电压巡检系统以及各执行器之间，都是通过 CAN 总线来进行高速实时通信。燃料电池发动机通常具有三路独立 CAN 总线：①作为整车节点接入整车动力系统，以接收整车开关机、功率需求等命令；②作为燃料电池发动机主网络，与系统内主要执行器通信；③作为电堆状态诊断网络，接收电压巡检单元的信息。

6. 燃料电池发动机工作特性

燃料电池发动机的工作特性参数主要有燃料电池发动机净功率 P_fce、燃料电池发动机效率 η_fce，其定义如下：

$$\begin{cases} P_\text{fce} = P_\text{fc} - P_\text{aux} \\ \eta_\text{fce} = \dfrac{P_\text{fce}}{P_{H_2}} = \eta_\text{fc} \dfrac{P_\text{fce}}{P_\text{fc}} = \eta_\text{T0} \eta_\text{v} \mu_\text{f} \dfrac{P_\text{fce}}{P_\text{fc}} \end{cases} \quad (11\text{-}38)$$

式中，P_fc 是电堆功率；P_aux 是燃料电池附件消耗功率（通常情况下 80%～90% 的附件功率由空压机消耗）；P_{H_2} 为系统消耗的氢气热值所对应的功率；η_fc 是电堆效率（$= P_\text{fc}/P_{H_2}$）。附件功率通常占电堆功率的 10% 左右,即 $\frac{P_{fce}}{P_{fc}} \approx 90\%$。图 11-17 所示为某燃料电池发动机效率特性曲线。随着燃料电池净输出电流的增加,燃料电池发动机效率先增后减。最大效率在中、低负荷区域。目前燃料电池发动机效率最高可到 55% 以上(按 LHV 计算)。

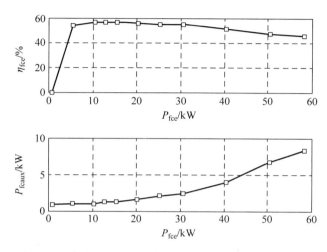

图 11-17　燃料电池发动机效率特性和附件功率特性曲线

11.4　质子交换膜燃料电池动力系统工作原理

燃料电池汽车本质上属于电驱动车辆,是电动车的一类,其动力系统可以分为三大类:
(1) 纯燃料电池动力系统;
(2) 燃料电池为主动力源的动力系统(fuel cell dominant powertrain,FCDP);
(3) 锂电池为主动力源的动力系统(battery dominant powertrain,BDP)。

由于整车需要制动回馈功能以降低能耗,而燃料电池又无法吸收充电电流,再加上燃料电池无法像动力电池一样承受剧烈变载,因此纯燃料电池汽车几乎已退出历史舞台。

在燃料电池为主动力源的动力系统(FCDP)中,燃料电池需要提供动态峰值功率,设计时主要考虑功率约束,因此又称为"功率型"动力系统。在锂电池为主动力源的动力系统(BDP)中,燃料电池需要提供平均功率,锂电池承担动态功率,设计时主要考虑燃料电池平均功率是否能满足动力电池能量平衡以及整车续驶里程的约束,因此又称为"能量型"动力系统。增程式燃料电池汽车一般属于 BDP 动力系统。

燃料电池客车发展初期主要采用纯燃料电池动力系统,只有燃料电池作为动力源。此种构型要求燃料电池有足够大的功率,以满足客车起动和爬坡时的动力需求,代表车型为 Daimler-Benz 的 Citaro。该车燃料电池电堆由 10 个燃料电池模块组成,采用高压气瓶直接供给氢气,总功率为 250 kW。燃料电池需要承担车辆起动和加减速带来的剧烈动态负载,导致燃料电池性能快速衰退;同时此种构型无法回收车辆制动能量,导致氢耗偏高(实际路况超过 10 kg/100 km)。

作为车用动力单元,燃料电池更倾向于提供稳态功率。当燃料电池输出功率动态变化时,其内部容易出现局部亏气、压力不均、干湿交替等现象。长期动态运行,将导致膜穿孔、催化剂剥落等后果,影响燃料电池使用寿命。2000～2008年后,清华大学新能源汽车团队提出并完善了"能量型"燃料电池动力系统,现已成为燃料电池车用动力系统的主流技术方案。"能量型"燃料电池动力系统构型如图11-18所示。其特点是燃料电池发动机通过单向DC/DC与电驱动系统连接,储能单元(包括储能电池或超级电容)直接连接到直流母线上。燃料电池发动机提供车辆运行所需要的平均功率,而储能单元承担动态加载和制动回收功率。

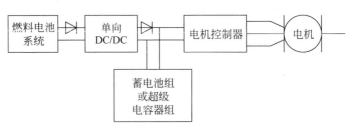

图11-18 "能量型"燃料电池动力系统构型

通过优化燃料电池动力系统构型参数及实时能量管理策略,采用"能量型"燃料电池动力系统的客车可达到非常优异的动力性、经济性和耐久性:动力性与传统车辆无异,实际道路满载百公里氢耗可达5～6 kg/100 km,匀速(如40 km/h)行驶里程可达600～800 km实际道路工况运行寿命超过1万小时。

丰田等企业采用"功率型"燃料电池动力系统,其典型构型如图11-19所示。在丰田FCHV-adv车型中,燃料电池直接与电机总线相连,镍氢电池通过双向升压DC/DC与总线相连。在丰田Mirai车型中,燃料电池通过DC/DC与电机总线相连,镍氢电池通过双向升压DC/DC与总线相连。图11-19(a)所示系统的优点是:燃料电池发动机输出不经过DC/DC,系统效率高。图11-19(b)所示系统的优点是:总线电压与燃料电池、储能电池电压隔离,电机动态响应特性不受电化学动力源的约束,控制灵活度大,可实现运行过程总线电压主动调控等复杂功能,但这两种动力系统对燃料电池电堆和发动机性能要求高,技术难度大。

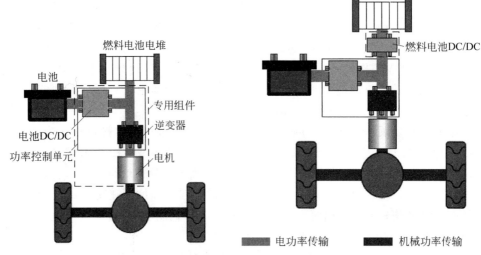

图11-19 "功率型"燃料电池动力系统构型
(a) 丰田FCHV-adv;(b) 丰田Mirai

思考与练习题

11-1 氢气的低热值、高热值是怎么定义的？热值是否随氢气所处的温度、压力状态改变？

11-2 质子交换膜燃料电池电堆的基本结构是怎样的？燃料电池单体的基本结构是怎样的？膜电极一般是如何定义的？

11-3 解释能斯特电压、可逆开路电压、可逆电动势、活化极化、活化过电位、电压损耗等基本概念。

11-4 解释交换电流密度、内部电流密度等基本概念。提高交换电流密度是否有利于燃料电池性能提高？提高内部电流密度呢？

11-5 什么是巴特勒-沃尔默(Butler-Volmer)方程和 Tafel 斜率？解释两者的关系。

11-6 写出一种燃料电池工作电压的计算公式，并指出其适用范围或解释其前提假设。

11-7 列举燃料电池发动机的基本组成及其功能。

11-8 列举两种典型的燃料电池动力系统构型，并解释其工作原理。

11-9 一个氢/氧燃料电池具有以下极化曲线参数：$i_0 = 0.003 \text{ mA/cm}^2$，$\alpha = 0.5$，$R_i = 0.15 \text{ }\Omega \cdot \text{cm}^2$，燃料电池工作在 65℃ 和 1 atm 条件下。请计算 1 A/cm² 时的电池电压。如果电池工作在 6 atm 条件下（考虑到理想电压的增量以及交换电流密度的增大均与压力增大成正比），试计算电压增量。（欧姆阻抗只计入 R_i，忽略浓差极化、阳极极化）

11-10 一个氢/空气燃料电池工作在 80℃ 和 1 atm 条件下，电极面积的交换电流密度为 0.0012 mA/cm²，阴极电荷传输系数 $\alpha = 0.5$。计算上述条件下电池的 Nernst 电压值。电压表与燃料电池相连，显示开路电压为 0.975 V。计算由于氢渗透或内部电流造成的电压损耗，并估算内部电流大小。

参考文献

[1] LARMINIE J, DICKS A. Fuel cell systems explained(Second Edition)[M]. Chichester, UK: J. Wiley, 2003.

[2] 衣宝廉. 燃料电池：原理、技术、应用[M]. 北京：化学工业出版社，2003.

[3] BARBIR F. PEM fuel cells: theory and practice(Second Edition)[M]. Academic Press, 2012.

[4] 王志成，钱斌，张惠国，等. 燃料电池与燃料电池汽车[M]. 北京：科学出版社，2016.

[5] 肖钢. 燃料电池技术[M]. 北京：电子工业出版社，2010.

[6] 加拿大 Ballard 公司官网. https://www.ballard.com/fuel-cell-solutions/fuel-cell-power-products/fuel-cell-stacks.

[7] WEBER A Z, NEWMAN J. Transport in Polymer-Electrolyte Membranes I[J]. Physical Model. Journal of the Electrochemical Society, 2003, 150(7): A1008-A1015.

[8] Nafion 117 产品介绍, FuelCellsEtc. https://www.fuelcellsetc.com/store/N117.

[9] Ballard®, Requirements & Status for Volume Fuel Cell Manufacturing. 美国能源部(DOE)氢能项目报告. https://www.energy.gov/sites/prod/files/2014/03/f12/mfg_wkshp_ballard.pdf.

[10] MENCH M M. Fuel cell engines[M]. Hoboken, New Jercy, John Wiley & Sons, 2008.

[11] 比利时 Borit NV 公司，金属双极板产品介绍. https://www.borit.be/offerings/fuel-cell-

electrolyzers.

[12] COLLEEN S. Pressure Distribution in Bipolar Plate Flow Channels. Fuel Cell Basics, Fuel cell store, 2019. 4. https://www.fuelcellstore.com/blog-section/pressure-distribution-in-bipolar-plate-flow-channels.

[13] ST-PIERRE J, WILKINSON D P. Fuel cells: a new, efficient and cleaner power source. American Institute of Chemical Engineers[J]. AIChE Journal, 2001, 47(7): 1482.

[14] MATSUTANI K, HAYAKAWA K, TADA T. Effect of particle size of platinum and platinum-cobalt catalysts on stability against load cycling[J]. Platinum Metals Review, 2010, 54(4): 223-232.

[15] AMPHLETT J C, MANN R F, PEPPLEY B A, et al. A model predicting transient responses of proton exchange membrane fuel cells[J]. Journal of Power sources, 1996, 61(1-2): 183-188.

[16] SPRINGER T E, ZAWODZINSKI T A, GOTTESFELD S. Polymer electrolyte fuel cell model[J]. Journal of the electrochemical society, 1991, 138(8): 2334.

[17] SALEH M M, OKAJIMA T, HAYASE M, et al. Exploring the effects of symmetrical and asymmetrical relative humidity on the performance of H_2/air PEM fuel cell at different temperatures [J]. Journal of Power Sources, 2007, 164(2): 503-509.

[18] QI Z, KAUFMAN A. Low Pt loading high performance cathodes for PEM fuel cells[J]. Journal of Power Sources, 2003, 113(1): 37-43.

[19] HOOGERS G. Fuel cell technology handbook[M]. CRC press, 2002.

[20] URDAMPILLETA I, URIBE F, ROCKWARD T, et al. PEMFC poisoning with H_2S: dependence on operating conditions[J]. ECS Transactions, 2007, 11(1): 831.

[21] URIBE F, BROSHA E, GARZON F, et al. Effect of Fuel and Air Impurities on PEM Fuel Cell Performance. 美国能源部氢能项目(DOE hydrogen program), FY 2005 Progress Report. https://www.hydrogen.energy.gov/pdfs/progress05/vii_i_4_uribe.pdf.

[22] HU J, XU L, LI J, et al. Model-based estimation of liquid saturation in cathode gas diffusion layer and current density difference under proton exchange membrane fuel cell flooding[J]. International Journal of Hydrogen Energy, 2015, 40(41): 14187-14201.

[23] XU L, OUYANG M, LI J, et al. Application of Pontryagin's Minimal Principle to the energy management strategy of plug in fuel cell electric vehicles[J]. International Journal of Hydrogen Energy 2013(38): 10104-10115.

[24] 欧阳明高, 李建秋, 杨福源, 等. 汽车新型动力系统: 构型, 建模与控制[M]. 北京: 清华大学出版社, 2008.

[25] 方川, 徐梁飞, 李建秋, 等. 典型燃料电池轿车动力系统的关键技术[J]. 汽车安全与节能学报, 2016, 7(02): 210-217.

第 12 章　混合动力系统工作原理

本章首先介绍车用混合动力系统的定义、特点和分类，在此基础上重点阐述三种典型的串联混合动力、并联混合动力和混联混合动力系统的构型特点、工作模式以及能量管理控制策略等相关内容。最后介绍混合动力专用发动机的技术特征及发展趋势。

12.1　混合动力系统概述

1. 定义与特点

车用混合动力系统是指由两个或多个动力源能单独或同时驱动车辆的动力系统。目前，主流的车用混合动力系统是指采用内燃机和电机作为车辆动力源的系统，内燃机和电机可以单独驱动车辆，也可以联合驱动车辆。

混合动力系统具有以下特点：
(1) 内燃机在中高负荷区高效率运行，其燃油经济性得到大幅改善；
(2) 低速、小负荷工况采用电机单独驱动，可实现低能耗、零排放；
(3) 制动能量回收，可以改善整车燃油经济性；
(4) 系统结构和控制策略较内燃动力和纯电动力更复杂。

2. 分类

1) 依据动力联结方式

混合动力系统依据动力联结方式可以分为串联、并联和混联三种类型，其中混联又分为功率分流和串并联混合动力系统(参见表 1-1)。后续各节将对这三类混合动力系统的构型特点、工作模式、能量管理控制策略等进行详细介绍。

2) 依据电机功率混合比

电机功率混合比定义为电机功率在整车所有动力源功率总和中所占比例。据此可以将混合动力系统分为微混、轻混、深混和全混四种动力类型。

(1) 微混动力系统

微混动力(micro hybrid)系统的电机功率混合比很小(小于 10%)，整车驱动功率主要由内燃机提供，电机主要用于辅助内燃机的启停及有限的制动能量回收。微混动力系统一般采用 48 V 电机启停系统，发电机功率为 2～4 kW，燃料消耗和 CO_2 排放较常规内燃动力可以减少 1.5%～4%。图 12-1 所示的 P0 构型属于微混动力系统。通用公司开发的传动带驱动起动机/发电机(belt-driven starter/generator, BSG)是典型的微混动力系统。

(2) 轻混动力系统

轻混动力(mild hybrid)系统的电机功率混合比为 20% 左右，整车驱动功率仍以内燃机为主，电机一般在车速低时助力，有的在车速高时也可以实现助力，可回收更多的制动能量。图 12-1 所示的 P1 构型属于轻混动力系统。本田公司开发的集成起动/发电(integrated starter/generator, ISG)是典型的轻混动力系统。

（3）深混动力系统

深混动力（deep hybrid）系统的电机功率与内燃机功率的比例接近，即电机功率混合比约50%，能提供足够的电机功率输出，还可以实现一定里程的纯电动驱动。图12-1所示的功率分流（PS）动力系统属于深混动力系统。丰田的THS功率分流混合动力系统和本田i-MMD串并联混合动力系统都是典型的深混动力系统。

（4）全混动力系统

全混动力（full hybrid）系统全部由电机提供驱动力，电机功率混合比100%，内燃机只是驱动发电机发电给动力电池充电，或通过逆变器直接输出电能给电机用。串联混合动力系统是典型的全混动力系统，如宝马i3和日产e-Power混合动力系统。

3) 依据电机位置

混合动力系统依据电机布置位置可以分为P0、P1、P2、P2.5、P3、P4、PS等构型（图12-1）。其中P0、P1、P2、P2.5、P3、P4等构型采用单电机驱动，也属于并联混合动力系统构型（见12.3节）。

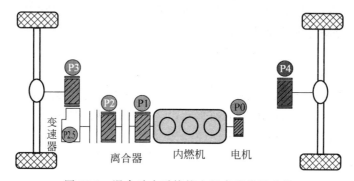

图12-1　混合动力系统按电机布置位置分类

P0：电机通过传动带与内燃机相连，位于内燃机前端，也称为传动带驱动起动/发电（BSG）技术。BSG电机可替代起动机实现内燃机的快速启停，可以取消内燃机的怠速状态，并且对整车结构改变小，所增加的成本低。但BSG电机对车辆提供助力和进行制动能量回收的功率有限，无法实现纯电驱动。

P1：电机直接与内燃机曲轴相连，或处于内燃机飞轮的位置，也称为集成起动/发电（ISG）技术。由于ISG电机与内燃机之间是刚性连接，同样可以快速启停内燃机，并且能够实现驱动助力和制动能量回收，通过ISG输出动力可以优化内燃机运行区域，提升整车动力性和经济性。该构型缺点是电机受空间限制轴向尺寸较小，电机成本较高，没有纯电驱动模式。

P2：电机位于离合器输出端与变速器的输入端之间，电机可以单独驱动车辆行驶，车辆制动时也可断开内燃机与驱动轴的连接，通过电机回收更多的制动能量，实现较好的整车经济性。电机位于变速器之前，可以降低电机最大转矩需求，降低成本与体积。该构型缺点是动力系统集成度要求高，对于横置内燃机系统，轴向尺寸增加，整车布局困难。

P2.5：将电机集成到双离合变速器中一个轴（一般是偶数挡位轴）上面，其优点是通过电机协调控制可改善模式切换时的冲击。该构型对系统集成度要求更高，仅适用于双离合变速器系统。

P3：电机位于变速器的输出端，结构开发相对容易，电机可通过驱动轴直接驱动车辆，制动能量回收效率高。该构型缺点是电机无法用于内燃机起动，电机最大转矩需求高。

P4：电机位于变速器之后，电机与内燃机不在同一驱动轴上。该构型可以在常规内燃机动力总成基础上实现车辆四驱，利用后驱电机可以补偿前轴动力系统换挡时的动力中断。由于内燃机与电机布置在不同驱动轴上，内燃机和电机在驱动模式切换时可能影响操纵稳定性和驾驶舒适性。

PS：功率分流(power split，PS)构型由单行星齿轮或多行星齿轮系统与发电机、主驱电机和内燃机系统集合而成。该构型通过电机对内燃机的运行范围进行调节和优化，减少瞬态工况，使其总是运行在高效区，从而最大程度降低油耗。该构型的不足是系统结构较为复杂。

4）依据动力电池是否利用电网充电

混合动力汽车依据动力电池充电方式可分为插电混合动力汽车(plug-in hybrid electric vehicle，PHEV)和非插电混合动力汽车(hybrid electric vehicle，HEV)两大类。两者的主要差别是，PHEV的动力电池容量要大一些，一般要求纯电里程超过50 km，动力电池既可以通过插电接头用电网充电，也可以通过内燃机驱动电机发电或制动能量回馈进行充电。在中国，由于PHEV使用了电网的电能，所以把它归入新能源汽车，享受新能源积分优惠政策。HEV的动力电池容量相对较小且只能用内燃机驱动电机发电或制动能量回馈充电。PHEV既可以单独依靠电池就能行驶较长距离，也可以像非插电混合动力汽车(HEV)一样工作，但成本高于相同级别的HEV。

12.2 串联混合动力系统

12.2.1 工作模式

串联混合动力系统构型如图12-2所示，内燃机、发电机与主驱电机三个部件通过串联方式连接在一起。其中内燃机和发电机构成辅助动力单元(auxiliary power unit，APU)，主驱电机单独驱动车辆。

串联混合动力系统有纯电驱动、串联驱动、混合驱动和再生制动等工作模式。

(1) 纯电驱动模式。电池电量充足时，内燃机不起动，APU处于关闭状态，由动力电池给主驱电机提供电能，其能量流动如图12-3所示。

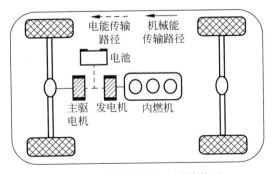

图12-2 串联混合动力系统构型

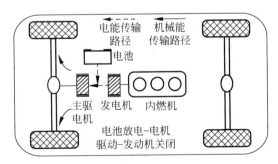

图12-3 纯电驱动模式

(2) 串联驱动模式。内燃机带动发电机发电，给主驱电机提供电能驱动车辆。当发电机输出功率大于驱动电机需求功率时，多余的电能储存于动力电池中，其能量流动如图12-4所示。

（3）混合驱动模式。内燃机驱动发电机发电输出电能，同时动力电池也输出电能，两者共同给主驱电机提供电能驱动车辆。其能量流动如图 12-5 所示。

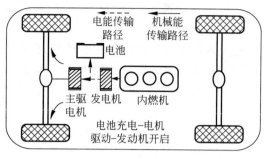

图 12-4 串联驱动模式

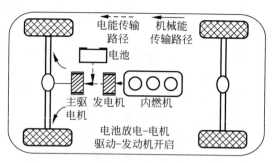

图 12-5 混合驱动模式

（4）再生制动模式。主驱电机工作在发电模式，将车辆的动能转化为电能存储于动力电池中，实现制动能量的回收。其能量流动如图 12-6 所示。

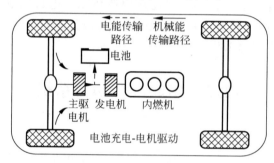

图 12-6 再生制动模式

12.2.2 能量管理策略

串联混合动力系统基于规则的能量管理策略可分为开关式和功率跟随式两种，分别如图 12-7 和图 12-8 所示。

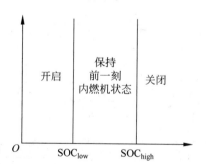

图 12-7 开关式控制策略示意图

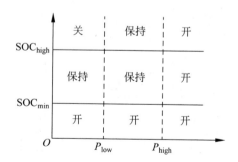

图 12-8 功率跟随控制策略示意图

1. 开关式

整车需求功率 $P_{req} = P_{apu} + P_{bat}$，其中 P_{apu} 是增程器输出功率，P_{bat} 是动力电池功率。以电池荷电状态（State of Charge，SOC）值为 APU 开关逻辑切换参数，当电池电量充足

SOC 较高时,增程器关闭,电池提供需求功率;当 SOC 下降至下限值时,增程器开启并输出恒定电功率,功率不足部分由电池补充,多余则给电池充电。APU 控制策略如式(12-1)所示:

$$S(t)=\begin{cases}0, & \mathrm{SOC}(t)\leqslant\mathrm{SOC}_{\mathrm{low}}\\ 1, & \mathrm{SOC}(t)\geqslant\mathrm{SOC}_{\mathrm{high}}\\ S(t-1), & \mathrm{SOC}_{\mathrm{low}}<\mathrm{SOC}(t)<\mathrm{SOC}_{\mathrm{high}}\end{cases} \quad (12\text{-}1)$$

式中,$S(t)$ 是指当前增程器的状态;$S(t-1)$ 是指前一时刻增程器的状态;$\mathrm{SOC}_{\mathrm{low}}$ 是指混合模式下增程器开始给电池充电的电池 SOC 限值;$\mathrm{SOC}_{\mathrm{high}}$ 是混合模式下增程器停止给电池充电的电池 SOC 限值。

2. 功率跟随式

以电池 SOC 和需求功率 P_{req} 为 APU 开关逻辑切换参数,SOC 较大且 P_{req} 较小时关闭增程器,系统处于纯电驱动模式;SOC 较小或 P_{req} 较大时开启增程器,增加状态保持区域避免内燃机频繁启停。内燃机起动后按照增程器最优工作曲线对驱动电机的负载功率进行跟踪,当负载功率大于或小于内燃机经济区域所能输出的功率时,通过电池组充放电进行补偿。

$$S(t)=\begin{cases}0, & \mathrm{SOC}(t)\geqslant\mathrm{SOC}_{\mathrm{high}} \text{ 和 } P_{\mathrm{req}}<P_{\mathrm{low}}\\ 1, & \mathrm{SOC}(t)\leqslant\mathrm{SOC}_{\mathrm{low}} \text{ 或 } P_{\mathrm{req}}>P_{\mathrm{high}}\\ S(t-1), & \begin{array}{l}\mathrm{SOC}(t)\geqslant\mathrm{SOC}_{\mathrm{high}} \text{ 和 } P_{\mathrm{req}}<P_{\mathrm{high}},\\ \mathrm{SOC}_{\mathrm{high}}\geqslant\mathrm{SOC}(t)\geqslant\mathrm{SOC}_{\mathrm{low}} \text{ 和 } P_{\mathrm{req}}>P_{\mathrm{high}}\end{array}\end{cases} \quad (12\text{-}2)$$

式中,$S(t)$ 是当前增程器的状态;$S(t-1)$ 是前一时刻增程器的状态;$\mathrm{SOC}_{\mathrm{low}}$ 是混合模式下起动增程器发电的电池 SOC 限值;$\mathrm{SOC}_{\mathrm{high}}$ 是混合模式关闭增程器的电池 SOC 限值;P_{high} 是混合模式下起动增程器发电的整车需求功率限值;P_{low} 是混合模式下关闭增程器的整车需求功率限值。

某款串联混合动力系统内燃机工作点如图 12-9 所示。可以看出,由于内燃机与驱动轴机械解耦,因此可以在较宽转速范围内一直控制在相对较高的有效热效率(低油耗区)区域运行。

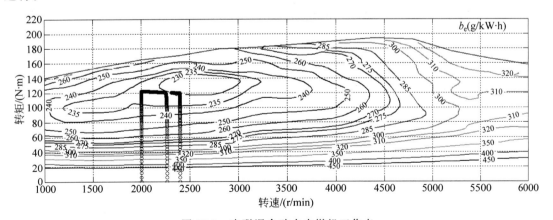

图 12-9 串联混合动力内燃机工作点

12.3 并联混合动力系统

12.3.1 工作模式

根据电机与内燃机、离合器及变速器的位置布置关系,并联混合动力构型可划分为 P0、P1、P2、P2.5、P3、P4 等构型,如图 12-10 所示。

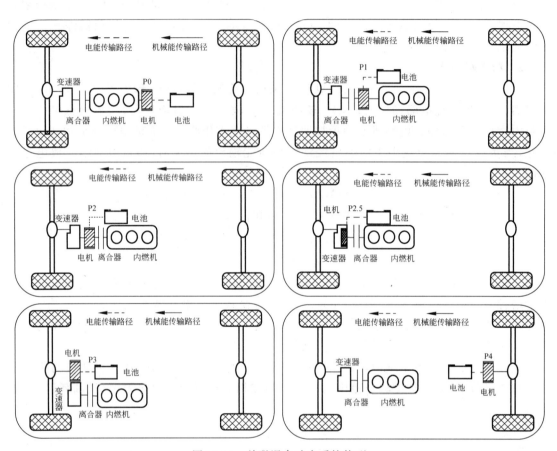

图 12-10 并联混合动力系统构型

并联混合动力系统有内燃机启停、纯电驱动、混合驱动、再生制动等工作模式。

1. 内燃机启停模式

对于 P0、P1、P2 等构型(图 12-11),将内燃机和传动系统脱开,通过电机实现内燃机快速起动。该模式可以减少内燃机的怠速状态,从而减少燃料消耗和有害物排放。通过整车控制策略合理控制内燃机启停时间,避免频繁启停影响驾驶舒适性。

2. 纯电驱动模式

对于 P2、P3、P4 等构型(图 12-12),通过离合器分离断开内燃机与传动系统,可实现纯电驱动模式。当动力电池 SOC 较高,车辆需求低功率运行时,离合器分离,电机单独提供驱动力,电池放电。此模式可以避免内燃机工作在小负荷热效率不高的区域,提高整车燃油经济性。

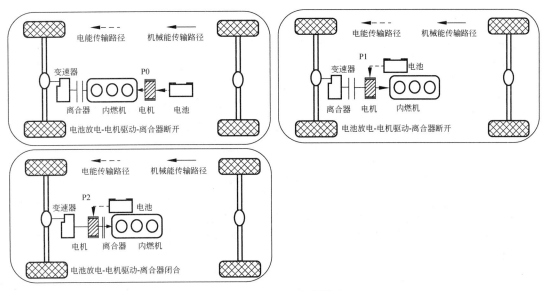

图 12-11　内燃机启停模式

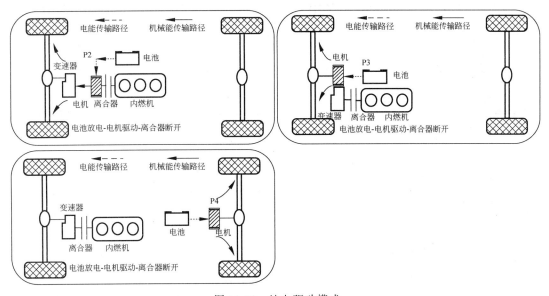

图 12-12　纯电驱动模式

3. 混合驱动模式

对于 P0、P1、P2、P2.5、P3、P4 等构型(图 12-13),在混合驱动模式下离合器均处于接合状态,内燃机和电机联合工作。当车辆加速或上坡时,车辆需求功率较大,电机输出转矩,动力电池放电;当汽车中低速巡航或动力电池 SOC 较低时,电机处于发电模式,将内燃机输出的一部分机械能转变为电能,为动力电池充电。整车控制策略可以通过电机工况优化内燃机工况点,使其工作在热效率较高的工作区间内,提升整车经济性。

4. 制动能量回收模式

当车辆减速制动时,电机工作在发电模式,将车辆机械能进行回收转换成电能为动力电

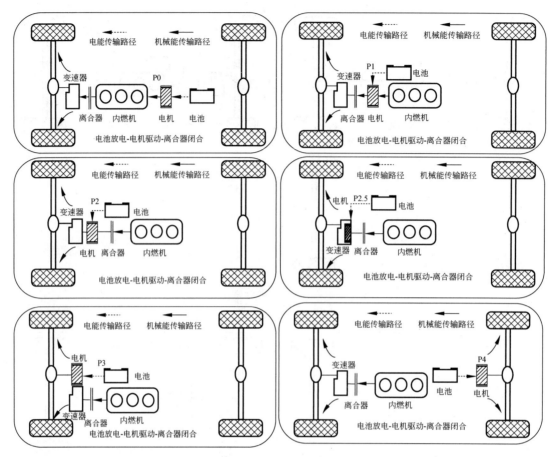

图 12-13 混合驱动模式

池充电。对于 P0 和 P1 构型,可以停止内燃机喷油,使内燃机工作在断油状态,减小燃油消耗;对于 P2、P3、P4 等构型,可以分离离合器断开内燃机与传动系统连接,以便回收更多的制动能量(图 12-14)。

12.3.2 能量管理策略

以单轴并联 P2 构型混合动力为例,介绍并联混合动力控制策略。采用基于规则的能量管理策略,根据变速器输入轴端的需求转矩,对内燃机和电机进行转矩分配,内燃机尽可能工作在经济区域,控制规则如下。

(1) 纯电动模式下,由电机单独满足需求转矩。

$$\begin{cases} T_{\text{eng,targ}} = 0 \\ T_{\text{mot,targ}} = T_{\text{transin,dmd}} \end{cases} \tag{12-3}$$

式中,$T_{\text{eng,targ}}$ 为内燃机目标转矩;$T_{\text{mot,targ}}$ 为电机目标转矩;$T_{\text{transin,dmd}}$ 为变速器输入轴端转矩需求。

(2) 在混合模式下,若电池 SOC 高于 SOC_{high},则不允许内燃机给电池充电。转矩分配规则如表 12-1 所示。

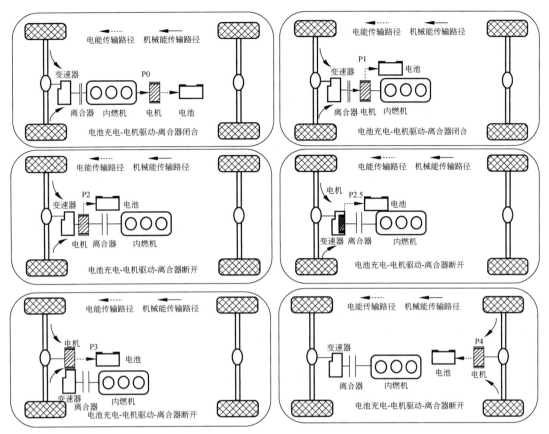

图 12-14 制动能量回收模式

情况 1：内燃机单独满足需求转矩。
情况 2：内燃机工作在经济区，电机助力满足需求转矩。
情况 3：电机以最大转矩工作，与内燃机一起满足需求转矩。

表 12-1 混合模式转矩分配规则

序号	需求转矩条件	转矩分配规则
1	$T_{transin,dmd} \leqslant T_{eng,bestfuel}$	$\begin{cases} T_{eng,targ} = T_{transin,dmd} \\ T_{mot,targ} = 0 \end{cases}$
2	$T_{eng,bestfuel} \leqslant T_{transin,dmd} \leqslant T_{eng,bestfuel} + T_{mot,max}$	$\begin{cases} T_{eng,targ} = T_{eng,bestfuel} \\ T_{mot,targ} = T_{transin,dmd} - T_{eng,bestfuel} \end{cases}$
3	$T_{eng,bestfuel} + T_{mot,max} \leqslant T_{transin,dmd}$	$\begin{cases} T_{eng,targ} = \min(T_{eng,max}, (T_{transin,dmd} - T_{mot,max})) \\ T_{mot,targ} = T_{mot,max} \end{cases}$

其中，$T_{eng,bestfuel}$ 为在当前内燃机转速下，根据内燃机万有特性所得出的内燃机经济转矩值；$T_{eng,max}$ 为当前内燃机转速下内燃机所能输出最大转矩；$T_{mot,max}$ 为当前电机转速下电机所能输出最大转矩。

（3）在混合模式下，若电池 SOC 低于 SOC_{high}，则转矩分配规则举例说明如表 12-2 所示。

表 12-2　混合模式可主动充电时转矩分配规则

序号	需求转矩条件	转矩分配规则
1	$T_{\text{transin,dmd}} \leqslant T_{\text{eng,bestfuel}}$	$\begin{cases} T_{\text{eng,targ}} = T_{\text{eng,bestfuel}} \\ T_{\text{mot,targ}} = \max(-T_{\text{mot,max}},(T_{\text{transin,dmd}} - T_{\text{eng,bestfuel}})) \end{cases}$
2	$\begin{cases} \text{SOC} \geqslant \text{SOC}_{\text{low}} \\ T_{\text{eng,bestfuel}} \leqslant T_{\text{transin,dmd}} \leqslant T_{\text{eng,max}} \end{cases}$	$\begin{cases} T_{\text{eng,targ}} = \min(T_{\text{transin,dmd}}, T_{\text{eng,max}}) \\ T_{\text{mot,targ}} = \max(0,(T_{\text{transin,dmd}} - T_{\text{eng,max}})) \end{cases}$
3	$\begin{cases} \text{SOC} < \text{SOC}_{\text{low}} \\ T_{\text{eng,bestfuel}} \leqslant T_{\text{transin,dmd}} \end{cases}$	$\begin{cases} T_{\text{eng,targ}} = T_{\text{eng,max}} \\ T_{\text{mot,targ}} = \min(0,(T_{\text{transin,dmd}} - T_{\text{eng,max}})) \end{cases}$

情况 1：内燃机工作在经济区，超出需求转矩部分，驱动电机给电池充电；当电池 SOC 高于 SOC_{high}，则停止充电。

情况 2：由内燃机提供全部需求转矩，当内燃机最高转矩不足以满足转矩需求时，由电机助力。

情况 3：内燃机始终输出最高转矩，若超出需求转矩，则同时给电池充电。

以中国重型商用车测试循环(China heavy-duty commercial vehicle test cycle，CHTC)作为测试工况，车辆构型为单轴并联 P2 构型，其仿真结果如图 12-15 所示。仿真过程中，驾驶员模型通过对加速踏板以及制动踏板调整跟随工况车速，目标车速和实际车速的误差不超过 3 km/h。控制器模型通过控制内燃机与电机满足需求功率，并且使动力部件工作在高效率区间，提高整车经济性。电池充电时电流为负，放电时电流为正，电池 SOC 会根据电池的充放电进行变化。

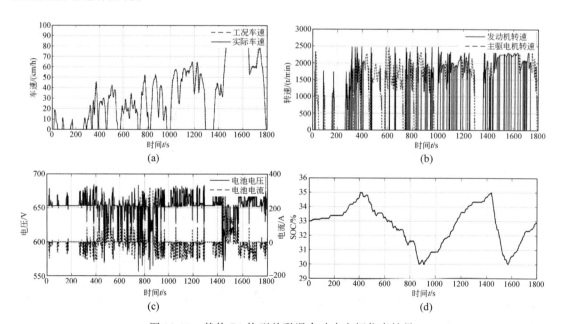

图 12-15　某款 P2 构型并联混合动力车辆仿真结果
(a)车速跟踪曲线；(b)内燃机与电机转速曲线；(c)电池电压和电流；(d)电池 SOC

12.4 混联混合动力系统

混联混合动力系统综合了串联和并联两种驱动形式的优点,能最大限度地提高整车动力性和经济性,但结构和控制策略较为复杂,动力系统的布置也存在一定困难。丰田行星齿轮混合动力系统(Toyota hybrid system,THS)和本田智能多模式混合动力系统(intelligent multi-modes drive,i-MMD)分别是代表性的功率分流混联动力系统和串并联混联动力系统。

12.4.1 功率分流混合动力系统

1. 单行星齿轮功率分流混合动力系统

1) 系统构型

在功率分流混合动力系统中,动力耦合装置起着至关重要的作用。行星齿轮动力耦合装置具有体积小、质量轻、结构紧凑、承载能力强等特点,是混合动力汽车动力耦合装置的重要发展方向。丰田 Prius 第四代混合动力系统是一种以单行星齿轮和双电机为主要特征的功率分流式混合动力系统,主要包括内燃机、发电机、主驱电机和单排行星齿轮,如图 12-16 所示。

行星齿轮机构包括太阳轮、行星架和齿圈三个基本构件,从而使行星齿轮结构形成一个具有三个输入(出)端口的动力耦合装置,如图 12-17 所示。若固定任意一个构件,系统变为单自由度结构,一个构件的运动由另一个构件唯一控制。

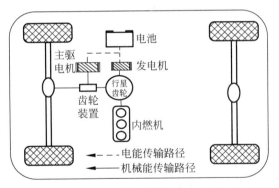

图 12-16 丰田 Prius 第四代混合动力系统示意图

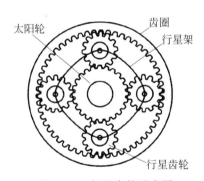

图 12-17 行星齿轮示意图

行星齿轮的三个构件可以分别与内燃机、电机和整车连接。系统动力的传递主要取决于行星齿轮的转速和转矩特性。行星齿轮的运动可以视为牵连运动和相对运动的合成。太阳轮与齿圈的相对传动比表示为

$$i_{SR} = \frac{\omega_S - \omega_C}{\omega_R - \omega_C} \tag{12-4}$$

式中,i_{SR} 表示太阳轮相对齿圈的传动比;ω_S、ω_C 和 ω_R 分别为太阳轮、行星架和齿圈的绝对速度,rad/s。i_{SR} 由太阳轮和齿圈的齿数或者半径求得:

$$i_{SR} = -\frac{Z_R}{Z_S} = -\frac{R_R}{R_S} = -K \tag{12-5}$$

式中，Z_R 和 Z_S 分别为齿圈和太阳轮的齿数；R_R 和 R_S 为相应的半径；K 表示行星齿轮的特征参数。因此，太阳轮、行星架和齿圈之间的基本转速特性关系表示为

$$\omega_S + K\omega_R = (1+K)\omega_C \tag{12-6}$$

式(12-6)作为描述行星齿轮机构基本转速特性的数学方程，阐述了行星齿轮动力耦合机构实现无级变速的原理。当三个构件均处于自由状态时，若内燃机和电机与其中两个构件连接，则可以通过调节电机的转速实现对内燃机转速的调节。

为了准确反映系统工作时的动力学行为，行星齿轮的转矩特性需要考虑太阳轮、齿圈和行星架存在的惯性转矩。建立转矩方程时忽略各行星轮的质量得到

$$\begin{cases} \dot{\omega}_R I_R = FR_R - T_R \\ \dot{\omega}_C I_C = T_C - FR_R - FR_S \\ \dot{\omega}_S I_S = FR_S - T_S \end{cases} \tag{12-7}$$

式中，T_S、T_C 和 T_R 分别为太阳轮、行星架和齿圈受到的力矩；I_S、I_C 和 I_R 为相应的转动惯量；$\dot{\omega}_R$、$\dot{\omega}_C$ 和 $\dot{\omega}_S$ 为相应的角加速度；F 表示行星轮和其他齿轮间的内力。

若不计行星齿轮机构动力传递过程的摩擦损失，即不考虑系统的传递效率，忽略各构件的惯性转矩，得到转矩平衡和功率平衡表达式：

$$\begin{cases} T_S + T_R + T_C = 0 \\ T_S\omega_S + T_R\omega_R + T_C\omega_C = 0 \end{cases} \tag{12-8}$$

可得

$$\frac{T_S}{1} = \frac{T_R}{K} = -\frac{T_C}{1+K} \tag{12-9}$$

杠杆分析法是用一个简单的杠杆模型来描述行星齿轮机构的动力学特性，如图12-18所示。太阳轮、齿圈和行星架分别由杠杆模型上的不同节点表示。若齿圈与行星架之间的等效长度表示为1，太阳轮和齿圈之间的等效长度则可以用特性参数 K 表示，各个节点的水平位移和水平作用力分别代表各构件的转速和转矩，并且各节点水平位移终点的连线始终保持为一条直线。在进行转速分析时，杠杆上任意一点的位移可由另外两个点位移的线性组合表示；在进行转矩分析时，各构件的转矩等效为相应节点的水平力，力臂则可以用不同节点间的等效距离表示，从而构造力矩平衡方程，杠杆模型中不同节点水平位移和水平力之间的关系直观地描述了行星齿轮机构的转速和转矩关系。

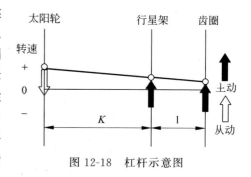

图 12-18 杠杆示意图

2) 工作模式

(1) 纯电动模式

纯电动模式下的能量流动和杠杆模拟分别如图12-19和图12-20所示。

(2) 混动模式

混合动力模式下的能量流动方向和杠杆模拟分别如图12-21和图12-22所示。

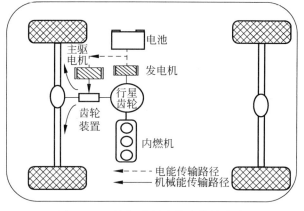

图 12-19 纯电动驱动模式能量流动

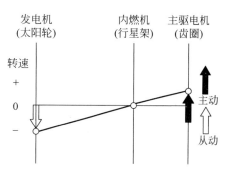

图 12-20 纯电动模式下的杠杆模拟图

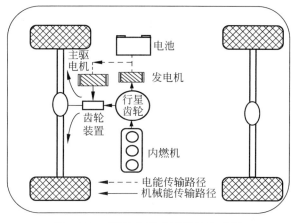

图 12-21 混动力模式下能量流动图

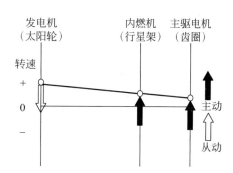

图 12-22 混合动力模式下的杠杆模拟图

(3) 再生制动模式

再生制动模式下能量流动方向以及杠杆模拟分别如图 12-23 和图 12-24 所示。

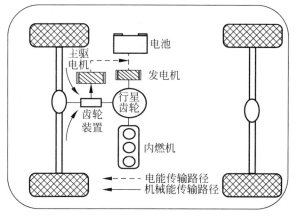

图 12-23 再生制动模式能量流动

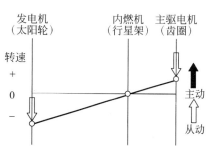

图 12-24 再生制动模式下的杠杆模拟图

(4) 停车充电模式

停车充电模式下的能量流动方向和杠杆模拟分别如图12-25和图12-26所示。

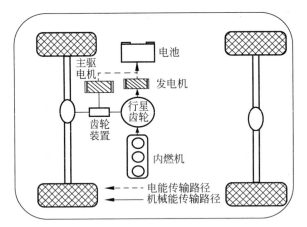

图 12-25 停车充电模式能量流动　　　图 12-26 停车充电模式下的杠杆模拟图

3) 能量管理策略

(1) 纯电动模式

当电池的SOC较高且主驱电机能够满足整车的驱动需求时,车辆处于纯电动模式,内燃机不起动,发电机空转,主驱电机单独驱动整车。如图12-26所示,系统稳定输出时,各部件之间的动力学关系如下所示:

$$\begin{cases} \omega_{out} = \dfrac{\omega_m}{i_g} \\ T_{out} = T_m i_g \\ T_e = 0, \quad T_g = 0 \end{cases} \tag{12-10}$$

式中,ω_{out} 是输出轴转速,rad/s;T_{out} 是输出转矩,N·m;i_g 是齿轮速比;T_e、T_g 和 T_m 分别为内燃机、发电机和主驱电机转矩。

(2) 混合动力模式

当整车功率需求较大或电池的SOC较低时,车辆处于混合动力模式,内燃机和主驱电机共同驱动整车,其中内燃机的动力由行星齿轮分成两路,一路经其齿圈直接驱动车辆,另一路带动发电机发电。由该模式下的杠杆模拟图可得,系统稳定输出时,各部件之间的动力学关系为

$$\begin{cases} \omega_{out} = \dfrac{(1+K)\omega_e - \omega_g}{K i_g} = \dfrac{\omega_m}{i_g} \\ T_{out} = \dfrac{K}{1+K} i_g T_e + T_m i_g \\ T_g = -\dfrac{1}{1+K} T_e \end{cases} \tag{12-11}$$

(3) 再生制动模式

当车辆处于制动且电池的SOC小于控制策略设定阈值时,车辆处于再生制动模式,车轮带动主驱电机发电,给电池充电。由该模式下的杠杆模拟图可得,系统稳定输出时,各部件之间的动力学关系为

$$\begin{cases} \omega_{out} = \dfrac{\omega_m}{i_g} \\ T_{out} = -T_m i_g \\ T_e = 0, \quad T_g = 0 \end{cases} \qquad (12\text{-}12)$$

(4) 停车充电模式

当车辆停车,电池的 SOC 低于控制策略设置阈值时,车辆进入停车充电模式,内燃机通过行星齿轮带动发电机发电,给电池充电。由该模式下的杠杆模拟图可得,系统稳定输出时,各部件之间的动力学关系为

$$\begin{cases} \omega_g = \omega_e(1+K_p) \\ T_g = -\dfrac{T_e}{1+K_p} \end{cases} \qquad (12\text{-}13)$$

2. 双行星齿轮功率分流混合动力系统

1) 系统构型

双行星齿轮功率分流混合动力系统是一种以双行星齿轮、双电机为主要特征的功率分流式混合动力系统。以一款双行星齿轮功率分流式混合动力系统为例,对其工作原理进行具体阐述。内燃机与行星齿轮 1 的行星架相连;电机 1 与行星齿轮 1 的太阳轮相连,电机 2 与行星齿轮 2 的太阳轮相连;行星排 2 的外齿圈固定。其结构如图 12-27 所示。

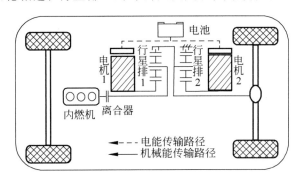

图 12-27 某一款双行星齿轮功率分流混合动力系统示意图

2) 工作模式

(1) 低负荷纯电动模式

低负荷纯电动模式下的能量流动和杠杆模拟分别如图 12-28 和图 12-29 所示。

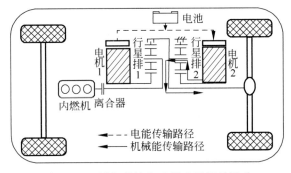

图 12-28 低负荷纯电动模式下能量流动

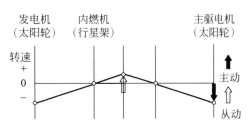

图 12-29 低负荷纯电动模式下的杠杆模拟图

(2) 高负荷纯电动模式

高负荷纯电动模式下的能量流动方向和杠杆模拟分别如图 12-30 和图 12-31 所示。

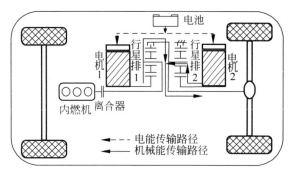

图 12-30 高负荷纯电动模式下能量流动

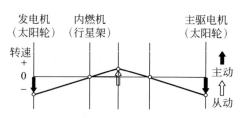

图 12-31 高负荷纯电动模式下的杠杆模拟图

(3) 混合动力模式

混合动力模式下能量流动方向和杠杆模拟分别如图 12-32 和图 12-33 所示。

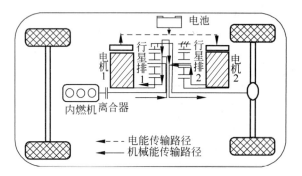

图 12-32 混合动力模式下的能量流动方向

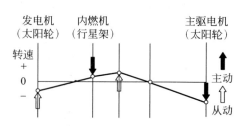

图 12-33 混合动力模式下的杠杆模拟图

(4) 再生制动模式

再生制动模式下能量流动方向和杠杆模拟分别如图 12-34 和图 12-35 所示。

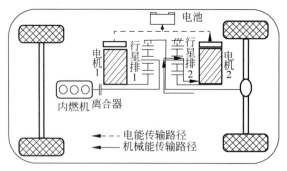

图 12-34 再生制动模式下能量流动方向

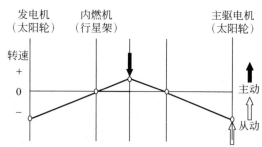

图 12-35 再生制动模式下的杠杆模拟图

(5) 停车充电模式

停车充电模式下能量流动方向和杠杆模拟分别如图 12-36 和图 12-37 所示。

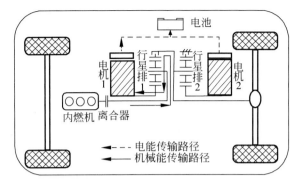

图 12-36 停车充电模式下的能量流动方向

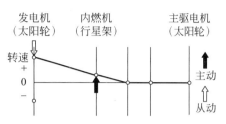

图 12-37 停车充电模式下的杠杆模拟图

3) 能量管理策略

(1) 低负荷纯电动模式

当电池的 SOC 较高且主驱电机能够满足整车需求时,车辆处于低负荷纯电动模式,内燃机关闭,发电机处于空转状态,主驱电机单独驱动整车。车辆前进和倒车由主驱电机的旋转方向控制。如杠杆模拟图所示,系统稳定输出时,各部件之间的动力学关系如下:

$$\begin{cases} \omega_{\text{out}} = \dfrac{\omega_{\text{m}}}{1+K_{\text{p2}}} \\ T_{\text{out}} = T_{\text{m}}(1+K_{\text{p2}}) \\ T_{\text{e}} = 0, \quad T_{\text{g}} = 0 \end{cases} \tag{12-14}$$

式中,ω_{out} 是输出轴转速,rad/s;T_{out} 是行星排输出转矩,N·m;K_{p2} 为行星齿轮 2 的特征参数。

(2) 高负荷纯电动模式

当电池的 SOC 较高且电机 1 和电机 2 共同驱动才能满足整车需求,车辆处于高负荷纯电动模式,内燃机关闭,行星齿轮 1 和 2 都作为减速机构工作,电机 1 和电机 2 共同驱动车辆。由该模式下的杠杆模拟图可得,系统稳定输出时,各部件之间的动力学关系为

$$\begin{cases} \omega_{\text{out}} = -\dfrac{\omega_{\text{g}}}{K_{\text{p1}}} = \dfrac{\omega_{\text{m}}}{1+K_{\text{p2}}} \\ T_{\text{out}} = T_{\text{g}} K_{\text{p1}} + T_{\text{m}}(1+K_{\text{p2}}) \\ T_{\text{e}} = 0 \end{cases} \tag{12-15}$$

式中,K_{p1} 为行星齿轮 1 的特征参数。

(3) 混合动力模式

当整车功率需求较大或电池的 SOC 较低时,车辆处于混合动力模式。内燃机的动力由行星齿轮 1 分成两路,一路经其齿圈和电机 2 共同驱动车辆,另一路带动电机 1 发电。由该模式下的杠杆模拟图可得,系统稳定输出时,各部件之间的动力学关系为

$$\begin{cases} \omega_{\text{out}} = -\dfrac{\omega_{\text{g}}}{K_{\text{p1}}} = \dfrac{\omega_{\text{m}}}{1+K_{\text{p2}}} \\ T_{\text{out}} = T_{\text{g}} K_{\text{p1}} + T_{\text{m}}(1+K_{\text{p2}}) \\ T_{\text{g}} = 0 \end{cases} \tag{12-16}$$

(4) 再生制动模式

当车辆处于制动且电池的SOC小于其控制策略制动能量回收阈值时,车辆处于再生制动模式,车轮带动电机2发电,给电池充电。由该模式下的杠杆模拟图可得,系统稳定输出时,各部件之间的动力学关系为

$$\begin{cases} \omega_\mathrm{m} = \omega_\mathrm{out}(1+K_\mathrm{p2}) \\ T_\mathrm{m} = \dfrac{T_\mathrm{out}}{1+K_\mathrm{p2}} \\ T_\mathrm{e} = 0 \end{cases} \tag{12-17}$$

(5) 停车充电模式

车辆停车时,电池的SOC小于控制策略停车充电阈值时,车辆进入停车充电模式,内燃机带动电机1发电,给电池充电。由该模式下的杠杆模拟图可得,系统稳定输出时,各部件之间的动力学关系为

$$\begin{cases} \omega_\mathrm{g} = \omega_\mathrm{e}(1+K_\mathrm{p1}) \\ T_\mathrm{g} = \dfrac{T_\mathrm{e}}{1+K_\mathrm{p1}} \end{cases} \tag{12-18}$$

12.4.2 串并联混合动力系统

1. 系统构型

串并联混合动力系统由内燃机、离合器、双电机组成,形成三轴布置,如图12-38所示。内燃机经过齿轮连接到离合器的输入端,并且通过齿轮与发电机输出轴的齿轮连接;主驱电机直接连接动力耦合装置的输入轴;在内燃机输出轴和主驱电机输出轴之间有动力耦合装置的第三根轴,并且通过该轴将动力传递到车轮。

2. 工作模式

(1) 纯电动模式(图12-39):该模式下内燃机不工作,离合器断开,主驱电机通过动力耦合装置直接输出转矩。

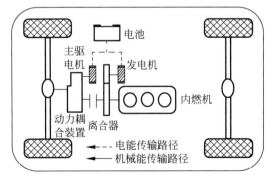

图12-38 双电机混合动力系统示意图

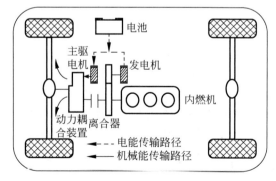

图12-39 纯电驱动模式

(2) 串联混合动力模式(图12-40):该模式下内燃机驱动发电机发电,离合器断开,主驱电机通过动力耦合装置输出转矩。

(3) 并联混合动力模式(图 12-41)：该模式下离合器接合,内燃机和主驱电机共同输出转矩。

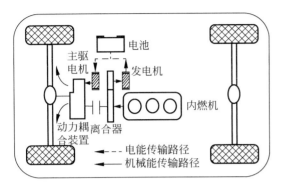

图 12-40 串联驱动模式

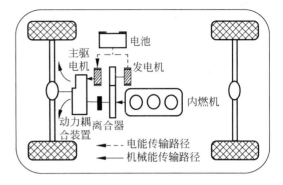

图 12-41 并联驱动模式

(4) 再生制动模式(图 12-42)：该模式下离合器断开,整车带动主驱电机发电给电池充电。

3. 能量管理策略

(1) 纯电动模式：当 SOC 较高且驾驶员需求转矩较小时,整车处于纯电动模式。此时内燃机和发电机不工作,离合器断开,主驱电机单独驱动整车。

$$\begin{cases} T_{\text{eng,targ}} = 0 \\ T_{\text{mot,targ}} = T_{\text{transin,dmd}} \\ N_{\text{gen,targ}} = 0 \end{cases} \quad (12\text{-}19)$$

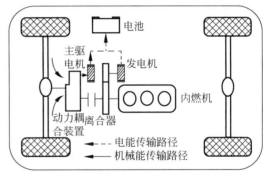

图 12-42 再生制动模式

式中, $T_{\text{eng,targ}}$ 是内燃机的转矩命令; $T_{\text{mot,targ}}$ 是主驱电机的转矩命令; $N_{\text{gen,targ}}$ 是发电机的转速命令; $T_{\text{tranisn,dmd}}$ 是变速箱输入轴端需求转矩。

(2) 串联混合动力模式：当 SOC 较低时,整车处于串联模式。此时内燃机驱动发电机发电,主驱电机驱动整车。

$$\begin{cases} T_{\text{eng,targ}} = T_{\text{set}} \\ T_{\text{mot,targ}} = T_{\text{transin,dmd}} \\ N_{\text{gen,targ}} = N_{\text{set}} \end{cases} \quad (12\text{-}20)$$

式中, T_{set} 为控制策略设定的内燃机工作点转矩; N_{set} 为控制策略设定的发电机工作点转速。

(3) 并联混合动力模式：当 SOC 较高且驾驶员需求转矩较大时,整车处于混合动力模式。此时发电机不工作,离合器接合,内燃机和主驱电机共同驱动整车。

情况 1：内燃机工作在最佳油耗区,不足需求转矩部分由主驱电机助力。

情况 2：电机以最大转矩工作,不足需求转矩部分由内燃机提供。如表 12-3 所示。

表 12-3　混合模式转矩分配规则

序号	需求转矩条件	转矩分配规则
1	$T_{\text{mot,max}} \leqslant T_{\text{transin,dmd}} \leqslant T_{\text{eng,bestfuel}} + T_{\text{mot,max}}$	$\begin{cases} T_{\text{eng,targ}} = T_{\text{eng,bestfuel}} \\ T_{\text{mot,targ}} = T_{\text{transin,dmd}} - T_{\text{eng,bestfuel}} \end{cases}$
2	$T_{\text{eng,bestfuel}} + T_{\text{mot,max}} \leqslant T_{\text{transin,dmd}}$	$\begin{cases} T_{\text{eng,targ}} = \min(T_{\text{eng,max}}, (T_{\text{transin,dmd}} - T_{\text{mot,max}})) \\ T_{\text{mot,targ}} = T_{\text{mot,max}} \end{cases}$

（4）再生制动模式：当 SOC 低于控制策略设定的限值，车辆制动时主驱电机工作在发电状态参与制动。

$$\begin{cases} T_{\text{eng,targ}} = 0 \\ T_{\text{mot,targ}} = -T_{\text{transin,dmd}} \\ N_{\text{gen,targ}} = 0 \end{cases} \tag{12-21}$$

4. 仿真结果

以中国轻型车行驶工况（China light-duty vehicle test cycle，CLTC）作为测试工况，一款串并联混合动力车辆的仿真结果如图 12-43 所示。仿真过程中，驾驶员模型通过对加速踏板以及制动踏板调整跟随工况车速。控制器模型通过控制内燃机与主驱电机满足驾驶员功率需求，并且使动力源部件工作在高效率区间，在此过程中通过内燃机带动发电机发电，维持电池电量平衡。电池在充电时电流为负，放电时电流为正，电池 SOC 会根据电池的充放电进行变化。

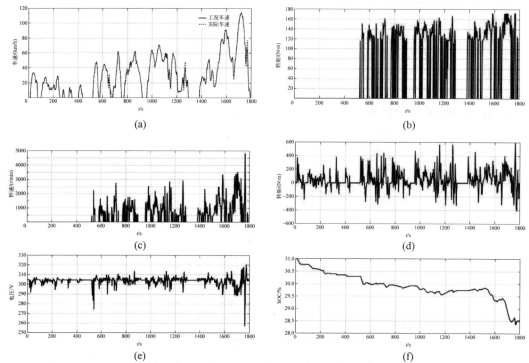

图 12-43　某一款双电机构型混合动力车辆仿真结果
(a) 车速曲线；(b) 内燃机转矩曲线；(c) 发电机转速曲线；(d) 主驱电机转矩曲线；
(e) 电池电压曲线；(f) 电池 SOC 曲线

12.5 混合动力系统能量管理

能量管理策略是混合动力系统控制优化的核心内容之一,其关键是如何把整车对动力与能量的需求合理地分配到各动力源上,既满足整车动力性的要求,又满足整车经济性和排放性的要求。前述串联混合动力、并联混合动力及混联混合动力系统中,都存在多个动力源之间的功率分配问题。

12.5.1 基于规则的能量管理

基于经验规则的能量管理策略主要依据工程经验,考虑各部件特性来设计规则,以确定混合动力系统的工作模式及多个动力源之间的动力与能量分配。这种管理策略直观、可靠,具有清晰的物理含义,并且可以根据实践经验的积累进行改进,基于规则的能量管理策略在混合动力汽车的实际运行中得到了广泛的应用。例如,在串联式混合动力系统中,内燃机的状态与整车状态之间解耦,因此,内燃机可以工作在更优的状态和工况区域,其基于规则的能量管理策略分为开关式(on-off)和功率跟随式(power-following)(详见12.2.2节)。

12.5.2 基于优化算法的能量管理

1. 优化管理算法

1) 全局优化

全局优化能量管理算法根据既定的驾驶循环对目标函数进行优化。这种优化方法包含系统状态动态变化信息,在整个循环工况对含约束条件的目标函数求取全局最优解。但全局优化算法的计算量比较大,不能直接用于实时控制,只能将优化结果制成控制参数MAP图,通过实时查表方式获取实时控制参数。

2) 局部优化

局部优化是采用分区域优化以逼近全局最优的方法,即不完全按照完整的驾驶循环进行整体优化,而是仅在一个按照时间的从前往后进行移动的局部域内进行优化,在不过多损害优化效果的前提下能够大幅降低计算量,是一种可行的优化方法。

3) 瞬时优化

瞬时优化是将局部优化域宽度减为1的优化方法,主要根据瞬时目标函数进行优化,目标函数主要有两种,一是基于等效功率损失的目标函数;二是基于等效燃料消耗的目标函数。

2. 实时控制策略

基于优化的能量管理算法一般通过实时控制实现其优化效果,在优化算法的基础上,根据路况信息或者系统状态,对优化参数加以调整,以适应实际工况。

1) 随机动态规划

随机动态规划方法用于求解非固定工况的全局优化问题。根据当前功率需求和车辆速度,预测下一时刻的功率需求。随机动态规划获得的控制规则不依赖于循环,可以直接应用,但其计算复杂度随系统维度增加而呈指数增长,因而只能应用于状态变量很少的动态系统。结果表明,随机动态规划算法比确定性动态规划算法具备更强的工况适应性。

2) 道路工况识别

基于道路工况识别的能量管理策略是一种实时控制方法。首先根据工况特点选定若干代表不同路况条件的典型驾驶循环,而后计算各个典型驾驶循环的子优化策略。

3) 自适应调节

面对任意工况需求,一般都要求能量管理策略有一定的自适应调节能力,其基本思想是以稳态控制或固定工况控制为基础,加上动态过程或实际过程的修正,从而实现对任意工况的自适应调节。针对不同应用对象,自适应调节的具体调节对象和方法不同。

12.5.3 插电混合动力系统能量管理

针对插电式混合动力(PHEV)具有电池容量大的特点,单独依靠电池能够行驶较长的距离,控制策略一般分为两段式和混合策略。

1. 两段式策略

PHEV 先以电量消耗纯电动模式运行,到 SOC 值低于临界 SOC 值时,内燃机起动,PHEV 以电量维持模式运行。此种策略下的 SOC 先单调下降,继而维持平衡,如图 12-44 所示。

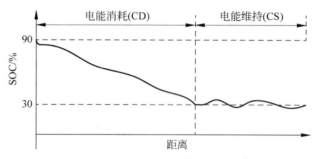

图 12-44　插电式混合动力系统的 CD-CS 混合策略

2. 混合策略

SOC 会均匀下降,并尽量在行程的最后下降到最低允许值。其中还包括三种子策略,如图 12-45 所示。

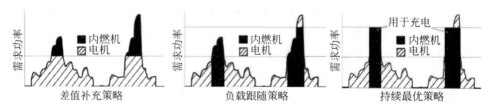

图 12-45　插电式混合动力三种策略

(1) 差值补充策略:当功率需求超过临界值时,内燃机起动,内燃机提供的功率等于需求功率减去临界功率。

(2) 负载跟随策略:当功率需求超过临界值时,内燃机起动,内燃机提供全部功率需求,如果内燃机的最大功率不足以提供全部功率需求,则电机补充该功率需求差值。

(3) 持续最优策略:当功率需求超过临界值时,内燃机起动,内燃机输出其最高效率对应的最优功率,超出需求功率的部分用于给电池充电。不足的部分由电机补充功率需求差值。

15.5.4 混合动力系统能量管理策略对比

混合动力系统存在两个或两个以上的动力源,动力系统型式多样,具体的能量管理策略只适用于特定构型的混合动力系统。混合动力部分能量管理策略归纳见表12-4。

表 12-4 不同构型混合动力系统能量管理策略对比分析

构型分类	能量管理策略		主要优缺点
串联	最大荷电状态控制策略 又称为功率跟随式控制策略		优点:减少了电池充放电次数,相应的功率损失减少。 缺点:内燃机经常性地起动与关闭,恶化了内燃机的性能,增加了污染物的排放。
	恒温控制策略 又称为内燃机开关控制控制策略		优点:内燃机在最低油耗点处运行,低油耗、低排放。 缺点:电流波动大,电池充放电次数多,降低电池的使用寿命。
并联	基于规则的控制策略	逻辑门限值控制方法	优点:控制算法简单,易于实现。 缺点:依赖人工经验,控制精确不够高。
	基于瞬时优化的控制策略	等效燃料消耗量最小为目标能量管理策略	优点:在瞬时工况下,进行实时最优控制,满足驾驶员的功率需求。 缺点:计算量大,实现难度大,应用成本高,无法保证整个行驶工况最优。
		全球定位系统(GPS)自适应等效燃料消耗量最小能量管理策略。	
并联	基于全局优化的控制策略	动态规划的全局优化算法	优点:理论上,全局最优是一种最佳的控制策略。 缺点:需要依赖已知的行驶工况,实时性较差,计算量大。
		历史交通信息的能量管理策略	
		最优控制理论的全局最优控制策略	
		智能交通系统的信息控制策略	
	基于智能算法的控制策略	模糊逻辑控制	优点:鲁棒性强,实时性好。 缺点:计算量大,控制系统的软、硬件要求高。
		神经网络控制	
		遗传算法控制	
		粒子群算法控制	
混联	基于内燃机恒定工作点的控制策略		优点:内燃机工作在最优的工作点,燃料消耗和污染物排放达到最优,控制策略简单。 缺点:需要频繁地调节发电机和电机的输出功率,对电机和电池的性能要求高。
	基于内燃机最优工作曲线控制策略		优点:充分考虑内燃机、电机、发电机和动力电池的各方面的特性问题,是一种更有效的控制方法。 缺点:控制策略相对复杂。

12.6 混合动力专用内燃机

12.6.1 专用内燃机特征

混合动力专用内燃机是指专门设计开发用于混合动力的内燃机。专用内燃机的使用能进一步降低混合动力的能量损耗，降低能量管理策略的调控难度，对于提升整个系统综合效率具有重要意义。汽油机因升功率高、结构紧凑、燃烧柔、振动噪声（NVH）低，不需要复杂的排放后处理系统和高压燃油喷射系统，整机成本低，更适合作为乘用车混合动力专用内燃机。混合动力专用内燃机与常规车用汽油机的差异主要体现在以下几方面。

(1) 工况运行收窄。引入电池、电机和电控（三电）系统后，汽油机的转速、负荷与车辆运行参数间可实现部分或全部解耦，工作点更加灵活，结合能量管理优化策略，专用汽油机的工况点处于高效区内或在最佳效率运行线工作，这与常规汽油机在全工况平面尤其在中小负荷区运行有较大差别，如图 12-46 所示。

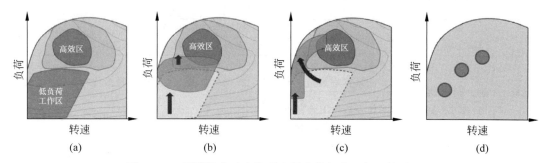

图 12-46　不同混合动力构型专用内燃机的运行区域对比
(a) 常规直接耦合；(b) 并联部分解耦；(c) 功率分流部分解耦；(d) 串联完全解耦
注：从左到右，不断增加内燃机运行工况与整车运行工况的解耦

(2) 更高效节能。混合动力专用汽油机对动力性的要求降低（由电机补偿），开发目标重点转向燃油经济性，可以采用一些牺牲动力性的更高效节能技术，如 Atkinson/Miller 循环、超稀薄燃烧、冷却 EGR 等，在宽高效区中实现更高的峰值效率，即"高原出高峰"。

(3) 结构更简单。窄域高效运行降低了汽油机对复杂可变技术的需求，在采用必要的可变气门调节的基础上，其他可变机构，如可变几何压缩比（VCR）、可变进气歧管长度（VIM）、可变几何涡轮喷嘴（VGT）等可被省去，在机械机构与装置设计方面实现精简，从而降低整机成本。

(4) 紧凑性与 NVH 要求高。安装空间受限与更加频繁的启停，要求混合动力专用汽油机具有更低的起动惯量和更紧凑的结构设计，并且对专用汽油机的振动噪声（NVH）性能提出了更高要求。

12.6.2 专用内燃机运行特性

根据内燃机和驱动电机的工作特性，基于能量效率的优化匹配，混合动力专用内燃机的运行区域（图 12-46(b)、(c)、(d)）与常规车用内燃机的全工况运行区域（图 12-46(a)）存在较大差距。并联构型专用内燃机在中低转速和中高负荷较窄的高效区域运行(图 12-46(b))；功率分流或串并联构型专用内燃机,可控制在沿最高效率曲线工况运行(图 12-46(c))；串联构型专用内燃机一般沿最优效率若干点工况运行(图 12-46(d))。

图 12-47 示出了丰田 THS 与本田 i-MMD 两种混联构型专用汽油机的运行控制策略,在混动模式下均采用了基于内燃机最优效率工作曲线(图 12-47(a))或最优点(图 12-47(b))控制策略。从图 12-47(a)可以看出,专用汽油机起动后会被电机迅速倒拖至 1000 r/min 以上,待缸内稳定着火后,负荷迅速提高至中高负荷经济区域。混合动力驱动电机的功率越大,越有利于专用汽油机长时间工作在高效区,能量管理策略的复杂程度将会降低。

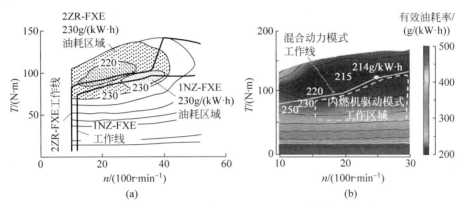

图 12-47 典型混合动力专用汽油机的运行控制策略示意图
(a) 丰田 Prius 混动专用汽油机运行线；(b) 本田混动专用汽油机运行线

12.6.3 专用内燃机技术要求

混合动力专用内燃机的总体技术要求是具有高效率、轻量化、低成本、低排放和低 NVH。针对不同构型,专用内燃机的设计要求有所侧重。

1. 串联构型专用内燃机

串联构型的内燃机与车轮无机械连接,实现了内燃机转速、转矩与车速、需求转矩的各自解耦,内燃机采用单点或小范围工况运行。专用内燃机要求具有高的峰值热效率以弥补多次能量转化所带来的效率损失,排放特性可按照单点或小范围工况进行优化。对于插电增程式混合动力专用内燃机,在满足效率要求的基础上,更加注重成本、轻量化与 NVH 性能。图 12-48 示出了串联增程式专用汽油机的排量与输出功率分布情况。

尽管不少研究机构专门针对增程式混合动力开发了转子发动机、二冲程汽油机和自由活塞发动机等高升功率、结构紧凑的小型专用内燃机,但由于这些内燃机的燃油消耗和制造成本较高,并没有得到大规模应用。量产的增程式混合动力专用内燃机主要还是采用小排量、小缸径和低缸数的自吸式四冲程汽油机。以宝马 i3 增程式混合动力乘用车为例,其专用汽油机采用源自宝马 C650GT 摩托车所搭载的直列 2 缸四冲程汽油机,排量 0.647 L,调校后功率为 34 hp。

另一款典型的串联混合动力专用内燃机是日产 e-Power 的 HR12DE 3 缸汽油机(见图 12-49 和表 12-5)。该专用汽油机采用进气道双喷射、高压缩比(12)、Miller 循环、冷却 EGR、缸套镜面涂层技术以及优化部分零部件设计(工作摩擦阻力降低 20%),内燃机工作

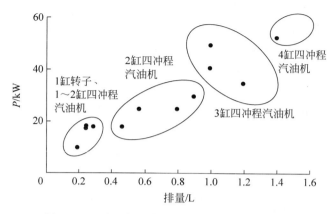

图 12-48 增程式混合动力专用汽油机技术路线

在一个非常窄的高效工况区域(转速 2200～2400 r/min,转矩 60～80 N·m)(图 12-50(a)),其燃料消耗率较常规汽油机得到较大幅度提升(图 12-50(b))。

表 12-5 日产混合动力专用汽油机与常规汽油机技术参数对比

参数			HR12DE e-POWER 版	HR12DE 传统版
参数	排量		1.198 L	1.198 L
	气缸数		3	3
动力性能	最大功率		58 kW(5400 r/min)	58 kW(6000 r/min)
	最大转矩		103 N·m(3600～5200 r/min)	106 N·m(4400 r/min)
技术特性	压缩比		12.0	10.2
	VVT	INT	C-VTC	C-VTC
	废气再循环		冷却 EGR	—
	喷油器		气道喷射、双束	气道喷射、单束
	皮带系统	皮带	无	有
		水泵	电子水泵	机械水泵
	减摩		缸筒镜面涂层	—

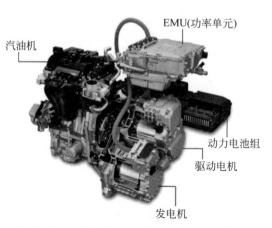

图 12-49 日产 e-Power 混合动力 APU 总成

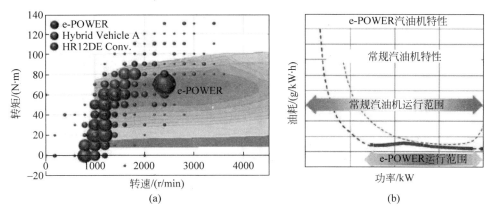

图 12-50　日产 e-Power 专用汽油机与常规汽油机运行工况点与燃油效率对比
(a) 高效运行点；(b) 燃油消耗率

2. 并联和混联构型专用内燃机

并联和混联构型的专用内燃机需要更大工作范围的高效区域。近年来，增压汽油机已逐步解决低转速的转矩响应问题，在 1500 r/min 条件下能够实现外特性工况。从现有量产机型来看，增压汽油机的低油耗区覆盖更大工况范围，能够更好地适应并联和混联构型内燃机工作点的变化（图 12-51）。

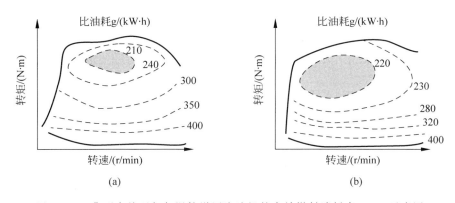

图 12-51　典型自然吸气与涡轮增压汽油机的有效燃料消耗率 MAP 示意图
(a) 自然吸气；(b) 涡轮增压

吉利领克 01-HEV 采用双离合分置实现纯电驱动、汽油机单独驱动与汽油机 电机联合驱动，是典型的 P2.5 并联构型（图 12-52）。领克 01-HEV 的直列 1.5 L 3 缸增压汽油机是一款典型的用于并联构型的混动专用汽油机，该汽油机在传统燃油版本基础上将缸内直喷改为进气道喷射，以更好地应对混动车辆频繁启停带来的瞬态排放恶化问题。传统燃油版采用了 6 孔喷油器、20 MPa 中置 GDI 汽油机，混动版主要差异表现在燃烧系统、燃油喷射系统、凸轮型线、增压器（表 12-6）。

该混合动力专用汽油机采用高滚流气道、长冲程设计，冲程缸径比为 1.14。利用更高进气增压并结合 Miller 循环，将几何压缩比由 10.5 提升至 11.5。在提高机械效率方面，采用了滚动轴承凸轮轴和平衡轴、变排量机油泵、低张力正时系统、活塞减摩涂层、低张力活塞环、低粘度机油等多项技术来降低基础摩擦功。最低燃料消耗率由 229 g/(kW·h) 降为

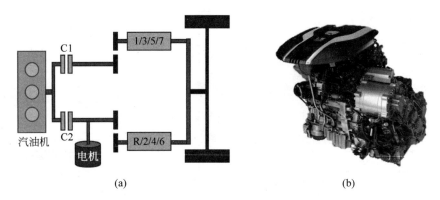

图 12-52 吉利领克 01-HEV 系统构型与专用汽油机
(a)驱动系统构型示意图；(b)吉利领克 01-HEV 驱动系统

220 g/(kW·h)，但升功率则由 89.4 kW/L 降为 71.1 kW/L。详细参数见表 12-6。

表 12-6 混动内燃机相比于传统燃油版的改进设计

参 数 名 称	混 动 版	传统燃油版
气缸数	3	3
排量/mL	1477	1477
缸径×冲程/mm	82×93.2	82×93.2
压缩比	11.5	10.5
功率/kW	105/5500	132/5500
转矩/(N·m)	215/2500～4000	265/1500～4000
全 MAP 最低燃油消耗率/(g/(kW·h))	220	235
喷油方式	8 孔气道喷射	6 孔 20 MPa 缸内直喷
进气包角	140°	203°
进气最大升程/mm	7.1	8.5
增压器压比	2.6	2.35
混动系统专用设计	Miller 循环	Otto 循环
燃料抗爆性	RON 95	RON 95

结合 Miller 循环、高效燃烧、高压缩比，提高混动汽油机综合效率，并扩大经济区范围，如图 12-53(a)所示为混动专用汽油机油耗 MAP 及运行控制线。低油耗区域宽广，最低有效燃料消耗率为 220 g/(kW·h)(等效有效热效率 38.3%)。同时通过增压器选型匹配，压气机压比从 2.3 提升到 2.6，来弥补由于 Miller 循环和高压缩比引起的动力损失，兼顾动力和油耗，在转速 2500～4000 r/min 时最大转矩 215 N·m，在转速 5500 r/min 时最大功率 105 kW。图 12-53(b)所示为该机型及基础版转矩曲线图，图 12-53(c)为常规燃油版和强混专用版汽油机峰值热效率和升功率对比。

混动系统中，由于电机在起步阶段的加速响应优势，增压汽油机对于喷油方式的要求降低，但对多数非专门开发的机型，常规燃油版中的增压与直喷技术通常被一并保留，而对汽油机的改进设计更多体现在实际运行区域上。表 12-7 列出了并联和混联构型国内外典型

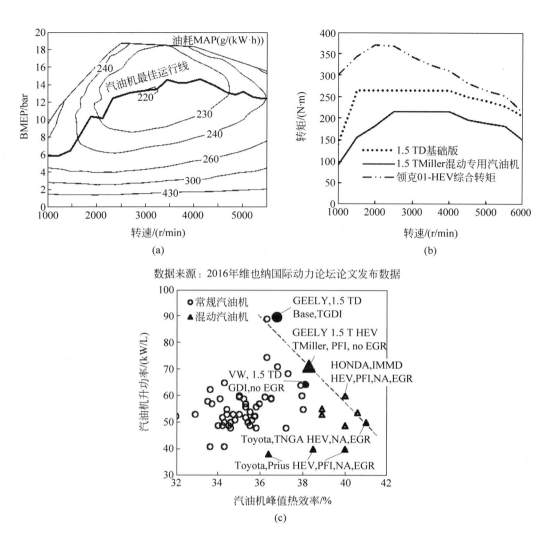

图 12-53 吉利领克 01-HEV 汽油机油耗 MAP 转矩曲线

(a) 领克 HEV 汽油机油耗 MAP 及运行线；(b) 领克 HEV 汽油机转矩曲线；
(c) 常规/HEV 汽油机热效率和升功率

的专用增压直喷汽油机，可以看出，由于采用增压技术并使用常规热力循环，汽油机的压缩比处于 10～11，但最大升功率较高（大于 75 kW/L），结构紧凑，安装空间较小。若结合可变气门正时实现 Miller/Atkinson 循环，则能够进一步提高几何压缩比，但最大升功率将有所降低。

表 12-7 并联和混联构型典型专用增压直喷汽油机性能参数对比

国家和地区	车 型	构型方式	排量/L	压缩比	升功率/(kW/L)
美国	福特 Fusion	混联	1.5	10	88
欧洲	大众 golf GTE 奥迪 A3 e-tron	并联	1.4 1.4	10	78
	宝马 530 Le	并联	2.0	10.2	92.5

续表

国家和地区	车型	构型方式	排量/L	压缩比	升功率/(kW/L)
日本	本田 Civic	并联	1.5	10.6	86.7
中国	长安 CS75	并联	1.5	10	76.7
	比亚迪·秦	并联	1.5	10	75
	吉利博瑞 GE	并联	1.5	10.5	88

除了采用涡轮增压机型之外，目前量产的并联和混联构型混合动力专用汽油机有相当一部分采用自吸式直喷汽油机，其主要技术特征为：高压缩比（12～14）结合 Atkinson/Miller 循环、高滚流气道结合冷却废气再循环（EGR）、排气热管理、低摩擦与智能附件等。图 12-54 示出了缸内直喷均质当量比汽油机典型技术对热效率的提升量，可以看出，高压缩比、Atkinson 循环、高滚流气道设计共同促使热效率提升百分比超过 3%，而减摩与智能附件的热效率提升潜力较小。因此，汽油机热效率提升需要着重考虑燃烧过程组织。

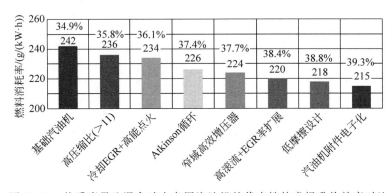

图 12-54　均质当量比混合动力专用汽油机的代表性技术提升热效率对比

国外代表性的 3 款量产自吸式专用汽油机峰值有效热效率及技术特征见表 12-8。其中，丰田 2.5L Dynamic Force Engine 量产均质当量比专用汽油机，通过采取缸内直喷＋进气道双喷射等各种节能技术（图 12-55），使得汽油机的动力性、经济性、排放性以及动态响应等综合性能有了大幅提升，其有效热效率达到了 40%～41%，大幅超过了原有常规汽油机 35% 的有效热效率（图 12-56），提高了 15% 左右。

表 12-8　典型量产自吸式混合动力专用汽油机峰值热效率及技术对比

汽油机	峰值有效热效率	技术特征
现代 1.6L GDI（自吸式 GDI）	40%	高压缩比（13.0）＋Atkinson 循环＋冷 EGR＋双节温器＋两级变排量机油泵＋低摩擦
本田 2.0L 第三代 Atkinson 汽油机（自吸式 PFI）	40.6%	高压缩比（13.5）＋Atkinson 循环＋冷 EGR＋高滚流＋含钠气门＋低摩擦
丰田 2.5L Dynamic Force Engine（自吸式 GDI＋PFI 双喷射）	41%	高压缩比（14.0）＋Atkinson 循环＋双喷射＋电控热管理模块＋冷 EGR＋连续可变机油泵＋低摩擦

此外，丰田已在实验室开发出了具有 45% 有效热效率的稀燃点燃式汽油机原理性样机。若要进一步提升混合动力专用汽油机的燃油经济性，需要采用可控的稀薄、高速预混燃烧汽油机，或者采用更高压缩比（17 左右）的稀燃汽油压燃（GCI）式发动机。

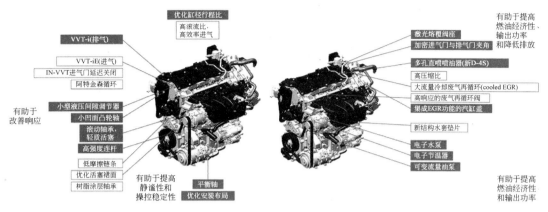

图 12-55 丰田 2.5L 自吸式 GDI+PFI 双喷射专用汽油机采用的相关技术

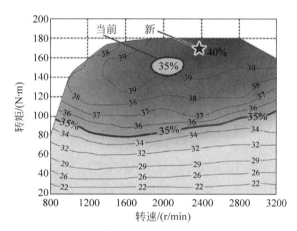

图 12-56 丰田 2.5L 汽油机运行工况 MAP 图

思考与练习题

12-1 混合动力系统有哪些特点？

12-2 插电混合动力汽车（PHEV）的优点有哪些？

12-3 串联混合动力系统的工作模式有哪几种？分别进行简述。

12-4 并联混合动力系统根据电机位置不同可划分为哪些构型？各自的特点是什么？

12-5 并联混合动力系统的工作模式有哪几种？分别对各种工作模式的能流量和控制策略进行简述。

12-6 以单轴并联混合动力构型为例，简述混合模式下的转矩分配规则。

12-7 与串联和并联混合动力系统比较，串并联混合动力系统有哪些优缺点？

12-8 简述行星排串并联混合动力系统的工作原理。

12-9 简述双电机串并联混合动力系统的工作原理。

12-10 混合动力专用内燃机有哪些技术特征？

12-11 串联混合动力、并联混合动力和混联混合动力三种专用内燃机在运行区域以及综合性能要求等方面存在哪些差异？

12-12 画出丰田 Prius 第四代混合动力系统各工作模式下的杠杆模拟图。

12-13 基于任意一款内燃机万有特性数据,利用 MATLAB 软件绘制出该款内燃机的万有特性曲线及最佳燃油经济性曲线。

12-14 下图所示是雪佛兰 Volt Ⅱ 混动系统的原理图和示意图,以及不同工作模式下各离合器的状态,该混合动力系统是一种行星齿轮传动构型,试回答以下问题。

工作模式	离合器1	离合器2	单向离合器
单电机模式	脱开	接合	无负载
双电机模式	脱开	接合	反向锁止
低速增程模式	脱开	接合	正向转动
固定齿比增程模式	接合	接合	正向转动
高速增程模式	接合	脱开	正向转动

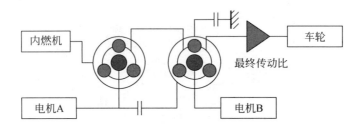

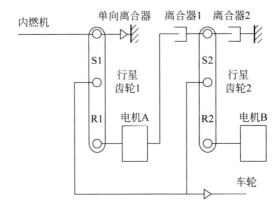

(1) 试分析在上述五种工作模式下内燃机、电机 A 和电机 B 分别处于什么工作状态,每种模式分别对应整车的什么运行工况。

(2) 请设计一种倒车的策略。
（提示:单向离合器只允许一个方向转动,参考自行车飞轮,在无负载状态下既不转动也不产生力矩,反向锁止状态下不转动但是内部有锁止力矩）

参考文献

[1] 欧阳明高.汽车新型动力系统:构型、建模与控制[M].北京:清华大学出版社,2008.
[2] 帅石金,欧阳紫洲,王志,等.混合动力乘用车发动机节能技术路线展望[J].汽车安全与节能学报,2016(1):1-13.

[3] 张俊智,吕辰,李禹橦.电动汽车混合驱动与混合制动系统——现状及展望[J].汽车安全与节能学报,2014,5(03):209-223.

[4] 张俊智,薛俊亮,陆欣,等.混合动力城市客车串联式制动能量回馈技术[J].机械工程学报,2009,45(06):102-106.

[5] 赵金龙.增程式电动汽车动力系统参数匹配及能量管理策略研究[D].重庆:重庆大学,2014.

[6] 严运兵,颜伏伍,杜常清.并联混合动力电动汽车动态协调控制策略及仿真研究[J].中国机械工程,2010,21(2):234-239.

[7] 叶晓,金振华,刘彪,等.并联混合动力台架测试系统设计与应用[J].仪器仪表学报,2010,31(8):1802-1807.

[8] 张妍懿.插电式混合动力汽车控制软件开发[D].北京:清华大学,2013.

[9] 姚勇.双行星排式混合动力汽车动力系统建模与控制策略研究[D].镇江:江苏大学,2016.

[10] LARSSON V, JOHANNESSON L, EGARDT B, et al. Benefit of route recognition in energy management of plug-in hybrid electric vehicles[C]//2012 American Control Conference, Montreal, IEEE, 2012:1314-1320.

[11] GENG B, MILLS J K, SUN D. Energy management control of micro turbine-powered plug-in hybrid electric vehicles using the telemetry equivalent consumption minimization strategy[J]. IEEE Transactions on Vehicular Technology, 2011, 60(9):4238-4248.

[12] YIMING H, CHOWDHURY M, MASHRUR C, et al. An energy optimization strategy for power-split drivetrain plug-in hybrid electric vehicles[J]. Transportation Research Part C: Emerging Technologies, 2012, 22:29-41.

[13] 张博,郑贺悦,王成.可外接充电混合动力汽车能量管理策略[J].机械工程学报,2011,47(6):113-119.

[14] 张博,李君,高莹,等.Plug-in混合动力汽车能量管理策略优化设计[J].农业机械学报,2009,40(9):20-25.

[15] GONG Q M, LI Y Y, PENG Z R. Trip-based optimal power management of plug-in hybrid electric vehicle[J]. IEEE Transactions on Vehicular Technology, 2008, 57(6):3393-3401.

[16] GONG Q M, LI Y Y, PENG Z R. Trip-based power management of plug-in hybrid electric vehicle with two scale dynamic programming[C]//Vehicle Power and Propulsion Conference, Arlington, IEEE, 2007:12-19.

[17] GONG Q M, LI Y Y, PENG Z R. Trip based optimal power management of plug-in hybrid electric vehicle using gas-kinetic traffic low model[C]//American Control Conference, Seattle, IEEE, 2008:3225-3230.

[18] OH K, MIN J, CHOI D. Optimization of control strategy for a single-shaft parallel hybrid electric vehicle[J]. Proceedings of the Institution of Mechanical Engineers, Part D: Journal of Automobile Engineering, 2007, 221(5):555-565.

[19] PÉREZ L V, BOSSIO G R, MOITRE D. Optimization of power management in an hybrid electric vehicle using dynamic programming[J]. Mathematics and Computers in Simulation, 2006, 73(1-4):244-254.

[20] VAN KEULEN T, DE JAGER B, SERRARENS A. Optimal Energy Management in Hybrid Electric Trucks Using Route Information[J]. Oil & Gas Science and Technology, 2010, 65(1):103-113.

[21] 杜嘉恩.基于工况循环与驾驶行为优化的混合动力"经济模式"研究[D].北京:清华大学,2017.

[22] JOHANNESSON L, PETTERSSON S, EGARDT B. Approximate dynamic programming applied to a four quadrant transducer series-parallel hybrid electric bus[C]//2009 European Control Conference, Budapest, 2009:4846-4851.

[23] LIN C, PENG H, GRIZZLE J W, et al. Power management strategy for a parallel hybrid electric

truck[J]. IEEE Transactions on Control System Technology,2003,11(6): 839-849.

[24] BIANCHI D,ROIANDO L,SERRAO L,et al. A rule-based strategy for a series/parallel hybrid electric vehicle: an approach based on dynamic programming [C]//Proceedings of the ASME 2010 Dynamic Systems and control Conference,Cambridge,ASME,2010: 507-514.

[25] YU K J,MUKAI M,KAWABE T. Model predictive control of a power-split hybrid electricvehicle system[J]. Artificial Life and Robotics,2012,17(2): 221-226.

[26] BORHAN H,VAHIDI A,LIANG W,et al. Nonlinear model predictive control of a power-split hybrid electric vehicle: influence of inclusion of powertrain dynamics[C]//ASME 2011 Dynamic Systems and Control Conference and Bath/ASME Symposium on Fluid Power and Motion Control, Arlington,ASME,2012,263-270.

[27] POURSAMAD A,MONTAZERI M. Design of genetic-fuzzy control strategy for parallel hybrid electric vehicles[J]. Control Engineering Practice,2008,16: 861-873.

[28] LI C Y,LIU G P. Optimal fuzzy power control and management of fuel cell/battery hybrid vehicles [J]. Journal of Power Sources,2009,192: 525-533.

[29] WANG D Y,LIN X,ZHANG Y. Fuzzy logic control for a parallel hybrid hydraulic excavator using genetic algorithm[J]. Automation in Construction,2001,20: 581-587.

[30] PARK J,CHEN Z H,KILIARIS L,et al. Intelligent Vehicle Power Control Based on Machine Learning of Optimal Control Parameters and Prediction of Road Type and Traffic Congestion[J]. IEEE Transactions on Vehicular Technology,2009,58(9): 4741-4756.

[31] MORENO J,ORTÚZAR M E,DIXON J W. Energy-management system for a hybrid electric vehicle,using ultracapacitors and neural networks[J]. IEEE Transactions on Industrial Electronics, 2006,53(2): 614-623.

[32] ATZWANGER M,HUBMANN C,SCHOEFFMANN W,et al. Two cylinder gasoline engine concept for highly integrated range extender and hybrid powertrain applications[R]. SAE Technical Paper, 2010(32): 0130.

[33] BASSETT M,HALL J,OUDENIJEWEME D,et al. The development of a dedicated range extender engine[R]. SAE Technical Paper,2012(1): 1002.

[34] YAMAJI K,TOMIMATSU M,TAKAGI I,et al. New 2.0L I4 Gasoline Direct Injection Engine with Toyota New Global Architecture Concept[R]. SAE Technical Paper,2018(1): 0370.

附录A 油品标准

附表A-1 车用汽油的技术要求和试验方法

项目		GB 17930—2013				DB 11/238—2016				试验方法
		89号	92号	95号	98号	89号	92号	95号	98号	
抗爆性										
研究法辛烷值(RON)	不小于	89	92	95	98	89	92	95		GB/T 5487
抗爆指数[(RON+MON)/2]	不小于	84	87	90	93	84	87	90		GB/T 503、GB/T 5487
铅含量[①]/(g/L)	不大于	0.005				0.005				GB/T 8020
锰含量[①]/(g/L)	不大于	0.002				0.002				SH/T 0711
铁含量[②]/(g/L)	不大于	0.01				0.01				SH/T 0712
馏程										
10%蒸发温度/℃	不高于	70				70				GB/T 6536
50%蒸发温度/℃	不高于	120				110				
90%蒸发温度/℃	不高于	190				190				
终馏点/℃	不高于	205				205				
残留量/%(V/V)	不大于	2				2				
蒸气压[③]/kPa										
从11月1日至4月30日	不大于	45～85				3月6日至5月14日：45～70				GB/T 8017
从5月1日至10月30日	不大于	40～65[④]				5月16日至8月31日：42～62				
						9月1日至11月14日：45～70				
						11月15日至3月15日：47～80				
胶质含量/(mg/100 mL)										
未洗胶质质量(加入清净剂前)	不大于	30				30				GB/T 8019
溶剂洗胶质含量		5				5				
诱导期/min	不小于	480				480				GB/T 8018
硫含量[⑤]/(mg/kg)	不大于	10				10				SH/T 0689
硫醇(需满足下列要求之一)										
博世试验		通过				通过				SH/T 0174
硫醇硫含量/%	不大于	0.001								GB/T 1792
铜片腐蚀(50℃,3 h)/级	不大于	1				1				GB/T 5096
水溶性酸或碱		无				无				GB/T 259
机械杂质及水分		无				无				目测[⑥]
苯含量[⑦]/%(V/V)	不大于	1.0				0.8				SH/T 0713
芳烃含量[⑧]/%(V/V)	不大于	40				35				GB/T 11132

续表

项目	GB 17930—2013				DB 11/238—2016				试验方法
	89号	92号	95号	98号	89号	92号	95号	98号	
烯烃含量⑧/%(V/V) 不大于	24				15				GB/T 11132
氧含量/% 不大于	2.7				2.7				SH/T 0663
甲醇含量①/% 不大于	0.3				0.3				SH/T 0663
密度⑨(20℃)/(kg/m³)	720～775				720～775				GB/T 1884、GB/T 1885

① 不得人为加入甲醇、含铅或含铁的添加剂。
② 锰含量是指汽油中以甲基环戊二烯三羰基锰形式存在的总锰含量,不得加入其他类型的含锰添加剂。
③ 可以使用 SH/T 0794,在有异议时,以 GB/T 8017 测定结果为准。
④ 广东、广西和海南全年执行此要求。
⑤ 可以使用 GB/T 11140、SH/T 0253、ASTM D7039,在有异议时,以 GB/T 0689 测定结果为准。
⑥ 将试样注入 100 mL 玻璃量筒中观察,应当透明,没有悬浮和沉降的机械杂质及水分。在有异议时,以 GB/T 511 和 GB/T 260 方法测定结果为准。
⑦ 可以使用 SH/T 0693,在有异议时,以 SH/T 0713 方法测定结果为准。
⑧ 对 95 号汽油,在芳烃、烯烃总含量控制不变的情况下,可以允许芳烃最大体积分数为 42%。可以采用 NB/SH/T 0604,在有异议时,以 GB/T 11132 方法测定结果为准。
⑨ 允许使用 SH/T 0604,在有异议时,以 GB/T 1884、GB/T 1885 方法测定结果为准。

附表 A-2　车用柴油的技术要求和试验方法

项目	GB/T 19147—2013					DB 11/239—2016						试验方法
	5号	0号	-10号	-20号	-35号	-50号	5号	0号	-10号	-20号	-35号	-50号	
氧化安定性,总不溶物/(mg/100 mL) 不大于	2.5						2.5						SH/T 0175
硫含量①/% 不大于	10						10						SH/T 0689
酸度/(mgKOH/100 mL) 不大于	7						7						GB/T 258
10%蒸余物残炭②/% 不大于	0.3						0.3						GB/T 268
灰分/% 不大于	0.01						0.01						GB/T 508
铜片腐蚀(50℃,3 h)/级 不大于	1						1						GB/T 5096
水分③/%(V/V) 不大于	痕迹						痕迹						GB/T 260
机械杂质④	无						无						GB/T 511
润滑性　磨斑直径/μm 不高于	460						460						SH/T 0765
多环芳烃⑤/% 不高于	11						7						SH/T 0606
运动粘度(20℃)/(mm²/s)	3.0～8.0		2.5～8.0		1.8～7.0		2.5～7.5		2.0～7.5		1.5～6.5		GB/T 265
凝点/℃	5	0	-10	-20	-35	-50	5	0	-10	-20	-35		GB/T 510
冷滤点/℃	8	4	-5	-14	-29	-44	8	4	-5	-14	-29		SH/T 0248
闪点(闭口)/℃ 不低于	55		50		45		60		55				GB/T 261
十六烷值	51		49		47		51		49		47		GB/T 386
十六烷指数⑥	46		46		43		46						SH/T 0694
馏程/℃													
50%馏出温度 不高于	300						300						GB/T 6536
90%馏出温度 不高于	355						355						
95%馏出温度 不高于	365						365						

续表

项 目	GB/T 19147—2013						DB 11/239—2016						试验方法
	5号	0号	-10号	-20号	-35号	-50号	5号	0号	-10号	-20号	-35号	-50号	
密度[7](20℃)/(kg/m³)	810~850			790~840			820~845			800~840			GB/T 1884、GB/T 1885
脂肪酸甲酯(体积分数)[8]/％ 不高于	1.0						0.5						GB/T 23801

① 也可用 GB/T 11140、ASTM D4294 方法测定,结果有争议时,以 SH/T 0689 为准。
② 也可 GB/T 17114 测定,结果有异议时,以 GB/T 268 为准,若用车用柴油中含有硝酸酯型十六烷值改进剂,10％蒸余物残炭的测定,应用不加硝酸酯的基础燃料进行。硝酸酯型改进剂参见相关方法。
③ 可用目测法,即将试样注入 100 mL 玻璃量筒中,在室温(20±5)℃下观察,应当透明,没有悬浮和沉降水分及机械杂质。结果有争议时,按 GB/T 260 测定。
④ 可用目测法,即将试样注入 100 mL 玻璃量筒中,在室温(20±5)℃下观察,应当透明,没有悬浮和沉降水分及机械杂质。结果有争议时,按 GB/T 511 测定。
⑤ 也可 SH/T 0806 测定,结果有异议时,以 SH/T 0606 为准。
⑥ 十六烷值指数计算可用 GB/T 11139,结果有异议时,以 SH/T 0694 为准。
⑦ 也可采用 SH/T 0604,在有异议时,以 GB/T 1884、GB/T 1885 方法测定结果为准。
⑧ 脂肪酸甲酯应满足 GB/T 20828。

附录B 主要缩略语表

4WD——four wheel drive,四轮驱动
ACEA——Association des Constructeurs Europeens Automaobiles(德文),欧洲汽车制造商协会
AC——alternating current,交流电
AFC——alkaline fuel cell,碱性燃料电池
AMT——automated mechanical transinission,电控机械式自动变速器
API——American petroleum institute,美国石油协会
APU——auxiliary power unit,辅助动力单元
ARC——adsorption-reduction catalyst,吸附还原催化剂
ASC——ammonia slip catalyst,氨泄漏催化剂
ASSCI——assisted spark stratified compression ignition,分层混合气火花辅助燃烧
ATAC——active thermo-atmosphere combustion,活化热氛围燃烧
ATDC——after top dead center,上止点后
AT——automatic transmission,自动变速器
BDC——bottom dead center,下止点
BDF——bio-diesel fuel,生物柴油
BDP——battery dominant powertrain,电池为主动力系统
BEV——battery electric vehicle,纯电动汽车
BMEP——brake mean effective pressure,有效平均压力
BPT——base pulse table,基本脉宽表(常数)
BPW——base pulse wide,基本喷油脉宽
BP——bipolar plate,双极板
BSFC——brake specific fuel consumption,有效燃料消耗率
BSG——belt-driven starter gencrator,皮带式起动电机发电机
BSU——Bosch smoke unit,博世烟度单位
BTDC——before top dead center,上止点前
BTE——brake thermal efficiency,有效热效率
BTL——biomass to liquids,生物燃料制柴油
CAFC——corporate average fuel consumption,企业平均油耗
CAFE——corporate average fuel economy,企业平均燃油经济性
CAI——controlled auto ignition,可控自燃着火
CAN——controller area network,控制局域网络
CARB——California Air Resources Board,加利福尼亚大气资源局
CA——crank angle,曲轴转角
CCC——close coupled catalyst,紧凑耦合催化器
CHTC——China heavy-duty commercial vehicle test cycle,中国重型商用车测试循环
CI——cetane index,十六烷指数
CI——compression ignition,压燃着火(柴油机)
CLD——chemiluminescence detector,化学发光分析仪
CLTC——China light-duty vehicle test cycle,中国轻型车测试循环

CL——catalyst layer,催化剂层
CNG——compressed natural gas,压缩天然气
CNT——carbon nano tube,碳纳米管
CN——cetane number,十六烷值
CRC——Coordinating Research Council,(美国)合作研究理事会
CRT——continuous regeneration trap,连续再生捕集器
CR——compression ratio,压缩比
CSI——compression and spark ignition,压缩火花点火
CTL——coal to liquids,煤制柴油
CVCC——compound vortex controlled combustion,复合涡流控制燃烧
CVS——constant volume sampling,定容取样
CVT——continuously variable transmission,连续可变传动或无级传动
DCT——dual clutch transmission,双离合自动变速器
DC——direct current,直流电
DEA——diethyl adipate,己二酸二乙酯
DFE——dynamic force engine,(丰田)动态力发动机
DF——dilution factor,稀释因子
DIPE——di-isopropyl ether,二异丙基醚
DI——direct injection,直喷
DI——driveability index,驾驶性指数
DMC——dimethyl carbonate,碳酸二甲酯
DME——dimethyl ether,二甲醚
DMFC——direct methanol fuel cell,甲醇燃料电池
DNPE——di-n-pentanyl ether,二正戊基醚
DOC——diesel oxidation catalyst,柴油机氧化催化剂
DOD——depth of discharge,放电深度
DOHC——double over-head camshaft,双顶置凸轮轴
DPF——diesel particulate filter,柴油机颗粒过滤器
DPNR——diesel particulate-NO_x reduction,柴油机颗粒-NO_x还原器,也称四效催化器
DS——dry soot,干炭烟
ECE——Economic Commission for Europe,欧洲经济委员会
ECM——equivalent circuit model,等效电路模型
ECU——electronic control unit,电子控制单元
EDI——evaporation driveability index,蒸发驾驶性指数
EEV——enhanced environmental vehicle,增强型环境友好汽车
EGR——exhaust gas recirculation,废气再循环
EHC——electric heat catalyst,电加热催化器
EIS——electrochemical impedance spectroscopy,电化学阻抗谱
EIVC——early intake valve close,进气门早关
EIW——equivalent inertia weight,当量惯性质量
ELR——European loaded response smoke test,欧洲负荷响应烟度试验
EMA——Engine Manufacturers Association,发动机制造商协会
EMS——engine management system,发动机管理系统
EOBD——European on-board diagnostics,欧洲车载诊断
EO——exhaust open,排气门开启期

EPA——Environmental Protection Agency,(美国)环保局
EP——end point,终馏点或干点
ESC——European stationary cycle,欧洲稳态循环
ETBE——ethyl tertiary butyl ether,乙基叔丁基醚
ETC——electronic throttle controller,电子节气门控制器
ETC——European transient cycle,欧洲瞬态循环
EUDC——extra urban driving cycle,市郊高速驾驶循环
EU——European Union,欧盟
EVC——exhaust valve close,排气门关
EVO——exhaust valve open,排气门开
EV——electric vehicle,纯电动汽车
E——exhaust,排气过程
FCC——fluid catalytic cracking,催化裂化
FCC——fuel cell controller,燃料电池控制器
FCDP——fuel cell dominant powertrain,燃料电池为主动力系统
FCEV——fuel cell electric vehicle,燃料电池汽车
FCE——fuel cell engine,燃料电池发动机
FC——fuel cell,燃料电池
FFV——flexible fuel vehicle,灵活燃料汽车
FF——front engine,front durive,前置发动机前轮驱动
FID——flame ionization detector,火焰离子检测仪
FMEP——friction mean effective pressure,摩擦损失平均压力
FR——front engine,rear drive,前置发动机后轮驱动
FSI——fuel stratified injection,(奥迪)燃油分层喷射
FTD——Fischer-Tropsch diesel,合成柴油
FTIR——Fourier transform infrared spectroscopy,傅里叶红外光谱
FTP——federal test procedure,(美国)联邦测试程序
FT——Fischer-Tropsch,费托合成法
GCI——gasoline compression ignition,汽油压燃
GC——gas chromatography,气相色谱
GC-MS——gas chromatography-mass spectrometry,气相色谱-质谱
GDCI——gasoline direct compression ignition,汽油直喷压燃
GDI——gasoline direct injection,汽油缸内直喷
GDL——gas diffusion layer,气体扩散层
GHG——greenhouse gas,温室气体
GPF——gasoline particulate filter,汽油机颗粒过滤(捕集)器
GTL——gas to liquids,天然气制柴油
GVW——gross vehicle weight,整车质量
HCCI——homogeneous charge compression ignition,均质混合气压燃
HCII——homogeneous charge induced ignition,均质混合气引燃
HCNG——hydrogen-enriched compressed natural gas,氢气增浓压缩天然气
HCSI——homogeneous charge spark ignition,均质混合气火花点燃
HCT——hydrocarbon trap,HC吸附器
HC——hydrocarbon,碳氢化合物
HDD——heavy-duty diesel,重型柴油机

HEV——hybrid electric vehicle,混合动力电动汽车
HHV——high heat value,高热值
HLDT——heavy light duty truck,重轻型货车
HPCC——highly premixed charge combustion,高预混燃烧
HPDI——high pressure direct injection,高压缸内直喷
ICEV——internal combustion engine vehicle,内燃机汽车
IDI——indirect injection,非直喷
IGBT——insulated gate bipolar transistor,绝缘栅双极晶体管
ILSAC——International Lubricant Standardization and Approval Committee,国际润滑油标准化认可委员会
IMA——integrated motor assist,集成电机辅助
IMEP——indicated mean effective pressure,指示平均压力
IO——intake open,进气门开启期
IPMSM——interior permanent magnet synchronous motor,内置式永磁同步电机
ISFC——indicated specific fuel consumption,指示燃料消耗率
ISG——integrated starter generator,集成起动电机发电机
ITE——indicated thermal efficiency,指示热效率
IVC——intake valve close,进气门关
IVO——intake valve open,进气门开
I——intake,进气过程
i-DCD——intelligent dual clutch drive,(本田)智能双离合驱动系统
i-MMD——(本田)intelligent rnulti-modes drive,智能多模式驱动系统
JAMA——Japan Automobile Manufacturers Association,日本汽车制造商协会
LAFY——Los Angeles freeway,洛杉矶高速路
LANF——Los Angeles non freeway,洛杉矶非高速路
LDC——lean diffusion combustion,稀扩散燃烧
LDT——light duty vehicle,轻型货车
LDV——laser Doppler velocimetry,激光多普勒测速
LEV——low emission vehicle,低排放汽车
LHV——low heat value,低热值
LIVC——late intake valve close,进气门晚关
LNG——liquefied natural gas,液化天然气
LNT——lean NO_x trap,稀燃 NO_x 捕集器
LPG——liquefied petroleum gas,液化石油气
LTC——low temperature combustion,低温燃烧
MAC——maximum acceptable concentration,最大允许浓度
MAP——manifold absolute pressure,进气歧管绝对压力
MBT——minimum advance for best torque,最佳转矩的最小点火提前角
MCFC——molten carbonate fuel cell,熔融碳酸
MDPV——medium duty passenger vehicle,中型乘用车
MEA——membrane electrode assembly,膜电极盐燃料电池
MK——modulated kinetics,调制反应动力学
MMT——methylcyclopentadienyl manganese tricarbonyl,甲基环戊二烯基三羰基锰
MON——motor octane number,马达法辛烷值
MOSFET——metal oxide semiconductor field effect transiston,金属氧化物半导体场效应晶体管
MPCI——multiple premixture compression ignition,多段预混压燃

MPI——multipoint injection,多点电喷
MPL——micro-porous layer,微孔层
MTBE——methyl tertiary butyl ether,甲基叔丁基醚
MTCC——micro turbulence combustion chamber,微涡流燃烧室
MTPA——maximum forque per ampere,最大转矩电流比
MTPV——maximum forque per voltage,最大转矩电压比
MVV——Mitsubishi vertical vortex,三菱垂直涡流
NA——natural aspirated,自然吸气
NDIR——non-dispersed infrared,不分光红外
NEDC——new European driving cycle,新欧洲驾驶循环
NG——natural gas,天然气
NMHC——non-methane hydrocarbon,非甲烷碳氢
NMOG——non-methane organic gas,非甲烷有机物
NSCR——non selective catalytic reduction,非选择性催化还原
NSR——NO_x storage reduction,NO_x 吸附还原
NTC——negative temperature coefficient,负温度系数
NTE——not to exceed,工况区不超标
NVH——noise vibration harshness,噪声振动冲击
NVO——negative valve overlap,负阀重叠
NYNF——New York non freeway,纽约非高速路
OBD——on-board diagnosis,车载,在线诊断
OCV——open circuit voltage,开路电压
OC——oxidation catalyst,氧化催化剂
ON——octane number,辛烷值
OPEC——organization of the petroleum exporting countries,石油
ORVR——onboard refueling vapor recovery,车载加油油气回收
PAFC——phosphoric acid fuel cell,磷酸燃料电池
PAH——polycyclic aromatic hydrocarbon,多环芳烃
PAN——peroxyacetyl nitrate,过氧乙酰硝酸盐
PCCI——premixed charge compression ignition,预混充量压燃
PCV——positive crankcase ventilation,曲轴箱强制通风
PEMFC——proton exchange membrane fuel cell,质子交换膜燃料电池
PEM——polymer electrolyte membrane,聚合物膜
PE——poly-ethylene,聚乙烯
PFI——port fuel injection,进气道燃油喷射
PFSIEM——perfluorosulphonate ion exchange membrane,全氟聚乙烯磺酸膜
PFT——partial filter technology,部分过滤技术
PHEV——plug-in hybrid electric vehicle,插电混合动力汽车
PI——pilot injection,预喷射
PI——proportional integration,比例积分
PMEP——pump mean effective pressure,泵气损失平均压力
PMR——power mass ratio,功率质量比
PM——particulate matter,颗粒;particulate mass,颗粒质量
PNA——passive NO_x adsorption,被动 NO_x 吸附
PN——particulate number,颗粒数量

PPC——partially premixed combustion,部分预混燃烧
PP——poly-propylene,聚丙烯
PWN——pulse-width modulation,脉宽调制
RCCI——reactivity controlled compression ignition,活性可控压燃
RDE——real driving emissions,真实行驶排放
RH——relative humidity,相对湿度
RON——research octane number,研究法辛烷值
RR——rear engine,rear drive,后置发动机后轮驱动
RVP——Reid vapor pressure,雷德饱和蒸气压
SAE——society of automotive engineers,(美国)汽车工程师协(学)会
SCCI——stratified charge compression ignition,分层充量压燃
SCRF——selective catalytic reduction filter,选择催化还原过滤器
SCR——selective catalytic reduction,选择催化还原
SCSI——stratified charge spark ignition,分层混合气火花点火
SEI——solid electrolyte interface,固体电解质界面膜
SET——supplemental emission test,补充排放测试
SFTP——supplemental federal test procedure,补充联邦测试程序
SICI——spark ignition compression ignition,火花点火压燃
SIVC——standard intake valve close,进气门正常关
SI——spark ignition,火花点火(汽油机)
SMD——Souter mean diameter,索特平均粒径
SNCR——selective non-catalytic reduction,选择性非催化还原
SOC——state of charge,电池荷电状态
SOE——state of energy,能量状态
SOFC——solid oxide fuel cell,固体氧化物燃料电池
SOF——soluble organic fraction,可溶性有机物
SOH——state of health,健康状态
SOP——state of power,功率状态
SOS——state of safety,安全状态
SPCCI——spark controlled compression ignition,火花塞控制压燃点火
SPMSM——surface permanent magnet synchronous motor,表贴式永磁同步电机
SULEV——super ultra low emission vehicle,超极低排放汽车
SVPWM——space vector pulse width modulation,空间矢量脉宽调制
SV——space velocity,空速
TAME——tertiary amyl-methyl ether,甲基叔戊基醚
TCA——turbocharging air-cooling,涡轮增压中冷
TC——turbocharging,涡轮增压
TDC——top dead center,上止点
TDI——turbocharged direct injection,涡轮增压直喷
TGDI——turbocharged gasoline direct injection,涡轮增压汽油直喷
TG——thermogravimetry,热解质量分析法
THC——total hydrocarbon,总碳氢化合物
THS——Toyota hybrid system,丰田混合动力系统
TNGA——Toyota new global architecture,丰田新一代全球平台
TPS——throttle position sensor,节气门位置传感器

TSGDI——two-stage gasoline direct injection,(清华)二次汽油缸内直喷
TSI——turbocharged supercharged injection,(大众)机械涡轮复合增压缸内直喷
TWC——three way catalyst,三效催化剂
UFC——under floor catalyst,底盘催化器
UHC——unburned hydrocarbon,未燃碳氢化合物
ULEV——ultra low emission vehicle,极低排放汽车
UNECE——United Nations Economic Commission for Europe,联合国欧洲经济委员会
UNIBUS——uniform bulky combustion system,(丰田)均质容积燃烧系统
VANOS——variable nockenwellen steuerung,(宝马)可变气门正时系统
VCR——variable compression ratio,可变压缩比
VE——volumetric efficiency,充量系数
VGT——variable geometry turbine,可变几何涡轮
VIM——variable intake manifold,可变进气吸管长度
VNT——variable nozzle turbine,可变喷嘴环式涡轮
VOC——volatile organic compounds,挥发性有机化合物
VTEC——variable valve timing and lift electronic control system,(本田)可变气门正时和升程电子控制系统
VVT——variable valve timing,可变气门正时
WHSC——world harmonized stationary cycle,世界统一稳态循环
WHTC——world harmonized transient cycle,世界统一瞬态循环
WLTC——world light vehicle test cycle,世界轻型车测试循环
WOT——wide open throttle,节气门全开
WWFC——world-wide fuel charter,世界燃料规范